Die Chronik-Bibliothek des 20. Jahrhunderts

Die Chronik-Bibliothek des 20. Jahrhunderts

Jutta Lemcke

Chronik 1944

Tag für Tag in Wort und Bild

Chronik Verlag

Abbildungen auf dem Schutzumschlag
(oben links beginnend)
NS-Werbung für die Meldung von Frauen zum Einsatz als Wehrmachtshilferin
Durch alliierte Bombenangriffe zerstörte Häuser
Hitler-Attentäter Claus Graf Schenk von Stauffenberg
US-Präsident Roosevelt (M. l.) und der britische Premierminister Churchill (M. r.) auf
der Konferenz in Quebec
Deutsche Flugbombe »V 1«
Alliierte Soldaten bei der Landung in der Normandie
Werbeplakat für das letzte deutsche Aufgebot, den »Volkssturm«

© Chronik Verlag
im Wissen Media Verlag GmbH, Gütersloh/München 2004

Redaktion: Ekkehard Kruse (Text), Ursula Vieth (Bild)
Fachautoren: Dr. Ingrid Loschek (Mode), Jochen Rentsch (Musik), Rainer Wachtel
(Architektur)
Anhang: Ludwig Hertel, Bernhard Pollmann, Karl Adolf Scherer
Herstellung: Barbara Reppold-Hinz, Annette Retinski
Gesamtherstellung: Mohndruck Graphische Betriebe GmbH, Gütersloh

Leihgeber für Zeitungen und Zeitschriften: Institut für Zeitungsforschung, Dortmund

ISBN 3-577-14044-5

Inhalt 1944

Der vorliegende Band aus der »Chronik-Bibliothek des 20. Jahrhunderts« führt Sie zuverlässig durch das Jahr 1944 und gibt Ihnen – aus der Sicht des Zeitzeugen, aber vor dem Hintergrund des Wissens von heute – einen vollständigen Überblick über die weltweit wichtigsten Ereignisse in Politik und Wirtschaft, Kultur und Sport, Alltag und Gesellschaft. Sie können das Jahr in chronologischer Folge an sich vorüberziehen lassen, die »Chronik 1944« aber auch als Nachschlagewerk oder als Lesebuch benutzen. Das »Chronik«-System verbindet eine schier unübersehbare Fülle von Artikeln, Kalendereinträgen, Fotos, Grafiken und Übersichten nach einheitlichen Kriterien und macht damit die Daten dieses Bandes mit jedem anderen Band vergleichbar. Wer die »Chronik-Bibliothek« sammelt, erhält ein Dokumentationssystem, wie es in dieser Dichte und Genauigkeit nirgends sonst zu haben ist.

Hauptteil (ab Seite 8)

Jeder Monat beginnt mit einem Kalendarium, in dem die wichtigsten Ereignisse chronologisch geordnet und in knappen Texten dargestellt sind. Sonn- und Feiertage sind durch farbigen Druck hervorgehoben. Pfeile verweisen auf ergänzende Bild- und Textbeiträge auf den folgenden Seiten. Faksimiles von Zeitungen und Zeitschriften, die im jeweiligen Monat des Jahres 1944 erschienen sind, spiegeln Zeitgeist und herausragende Ereignisse.
Wichtige Ereignisse des Jahres 1944 werden – zusätzlich zu den Eintragungen im Kalendarium – in Wort und Bild beschrieben. Jeder der 367 Einzelartikel bietet eine in sich abgeschlossene Information. Die Pfeile des Verweissystems machen auf Artikel aufmerksam, die an anderer Stelle dieses Bandes ergänzende Informationen zu dem jeweiligen Thema vermitteln.
531 teil farbige Abbildungen und grafische Darstellungen illustrieren die Ereignisse und Entwicklungen des Jahres 1944 und werden damit zu einem historischen Kaleidoskop besonderer Art.
Hinter dem Hauptteil (ab S. 212) geben originalgetreue Abbildungen einen Überblick über alle Postwertzeichen, die im Jahr 1944 im Deutschen Reich neu ausgegeben wurden.

Übersichtsartikel (ab Seite 25)

19 Übersichtsartikel, am blauen Untergrund zu erkennen, stellen Entwicklungen des Jahres 1944 zusammenfassend dar.
Alle Übersichtsartikel aus den verschiedenen Jahrgangsbänden ergeben – zusammengenommen – eine sehr spezielle Chronik zu den jeweiligen Themenbereichen (z. B. Film von 1900 bis 2000).

Anhang (ab Seite 214)

Der Anhang zeigt das Jahr 1944 in Statistiken und anderen Übersichten. Ausgehend von den offiziellen Daten für das Deutsche Reich (mit Österreich) und die Schweiz, regen die Zahlen und Fakten zu einem Vergleich mit vorausgegangenen und nachfolgenden Jahren an.
Für alle wichtigen Länder der Erde sind die Staats- und Regierungschefs im Jahr 1944 aufgeführt und werden wichtige Veränderungen aufgezeigt.
Die Zusammenstellungen herausragender Neuerscheinungen auf dem Buchmarkt sowie der Premieren auf Bühne und Leinwand werden zu einem Führer durch das kulturelle Leben des Jahres.
Das Kapitel »Sportereignisse und -rekorde« spiegelt die Höhepunkte des Sportjahres 1944.
Der Nekrolog enthält Kurzbiographien von Persönlichkeiten, die 1944 verstorben sind.

Register (ab Seite 233)

Das *Personenregister* nennt – in Verbindung mit der jeweiligen Seitenzahl – alle Personen, deren Namen in diesem Band verzeichnet sind.
Werden Personen abgebildet, so sind die Seitenzahlen kursiv gesetzt. Herrscher und Angehörige regierender Häuser mit selben Namen sind alphabetisch nach den Ländern ihrer Herkunft geordnet.
Wer ein bestimmtes Ereignis des Jahres 1944 nachschlagen möchte, das genaue Datum oder die Namen der beteiligten Personen aber nicht präsent hat, findet über das spezielle *Sachregister* Zugang zu den gesuchten Informationen.
Oberbegriffe und Ländernamen erleichtern das Suchen und machen zugleich deutlich, welche weiteren Artikel und Informationen zu diesem Themenfeld im vorliegenden Band zu finden sind. Querverweise helfen bei der Erschließung der immensen Informationsvielfalt.

Das Jahr 1944

1944 ist das Jahr des »totalen Krieges«. Nicht nur Europa, sondern die ganze Welt ist vom Strudel der Kriegsereignisse erfaßt. 40 Staaten befinden sich Ende des Jahres mit dem Deutschen Reich im Kriegszustand. Die Weltmächte Sowjetunion, USA und Großbritannien setzen alles daran, den nationalsozialistischen deutschen Staat mit Führer und Reichskanzler Adolf Hitler an der Spitze zur bedingungslosen Kapitulation zu zwingen.

»Germany first« heißt die Maxime von US-Präsident Franklin Delano Roosevelt für den Krieg in Europa. Gemeinsam mit dem britischen Premierminister Winston Churchill wird der entscheidende militärische Schlag gegen das Deutsche Reich geführt: Die Invasion der Westalliierten in der Normandie. Die bereits seit 1942 geplante und vorbereitete Operation war auch vom sowjetischen Staats- und Parteichef Josef W. Stalin nachdrücklich gefordert worden. Am 6. Juni 1944 landet eine gewaltige, US-amerikanisch-britisch geführte Streitmacht an der Küste Nordfrankreichs. Während die NS-Machthaber unerschütterlich propagieren, mit Hilfe des vielbeschworenen »Atlantikwalls« und der Kampfkraft der deutschen Soldaten den Feind zurück ins Meer zu schlagen, mehren sich in Kreisen der Wehrmacht die Stimmen, die eine Niederlage des Deutschen Reiches für unabwendbar halten. Tatsächlich gelingt es den Deutschen unter Aufbietung aller Kräfte, die Landungstruppen zunächst in Schach zu halten, doch Ende Juli bricht die Front zusammen: Die alliierten Truppen stoßen ins französische Hinterland vor.

Der zweiten alliierten Landung am 15. August 1944 in Südfrankreich setzen die Deutschen kaum noch Widerstand entgegen. Unterstützt durch die französische Résistance, ziehen die Alliierten am 25. August unter dem Jubel der Bevölkerung in Paris ein. Damit ist die große Stunde für General Charles de Gaulle gekommen: Er setzt sich an die Spitze einer selbsternannten Provisorischen Französischen Regierung, sichert sich die Zustimmung Roosevelts und Churchills und übernimmt die Leitung der Staatsgeschäfte in Frankreich.

Die britisch-US-amerikanische Armee hat unterdessen Frankreich hinter sich gelassen und dringt unaufhaltsam weiter gegen das Deutsche Reich vor. Anfang September werden Brüssel, Antwerpen und Lüttich befreit. Die deutschen Truppen ziehen sich auf den »Westwall« entlang der Reichsgrenze zurück. Am 17. September gelingt ihnen noch einmal ein letzter Abwehrerfolg gegen die Luftlandetruppen der westlichen Alliierten bei Arnheim, doch schon am 21. Oktober muß die deutsche Presse zugeben, daß mit Aachen die erste deutsche Großstadt in die Hände des Gegners gefallen ist.

Etwa zur gleichen Zeit wird auch an der Ostfront die Reichsgrenze überschritten. Nach drei Großoffensiven im Januar, März und Juni 1944 und dem rasanten Vormarsch der sowjetischen Truppen steht die Rote Armee im Herbst vor Ostpreußen und überschreitet am 16. Oktober die Grenze. Obwohl der sowjetische Vormarsch noch einmal kurzzeitig gestoppt werden kann, führt das vielerorts brutale Vorgehen der Rotarmisten gegen die deutsche Zivilbevölkerung dazu, daß die ersten ihre Habseligkeiten zusammenpacken und sich auf den großen Treck nach Westen begeben.

Stalin schickt seine Truppen jedoch nicht nur gezielt ins Deutsche Reich, sondern läßt sie auf breiter Front von Finnland bis nach Bulgarien Richtung Westen vorrücken. Im August 1944 überschreiten sie die Grenze nach Rumänien und dringen bald darauf in Bulgarien und Ungarn ein; alle drei Staaten fallen von ihrem bisherigen Bündnispartner, dem Deutschen Reich, ab. Die Wende in Ungarn hatte Hitler noch zu verhindern versucht, indem er das Land am 19. März des Jahres besetzen ließ; dies bedeutete auch für viele tausend ungarische Juden die Deportation nach Auschwitz. Doch am 31. Dezember stellt sich auch Ungarn – nach Bildung einer Gegenregierung – auf die Seite der Sowjetunion. Auch Finnland schließt am 19. September einen Waffenstillstand mit der UdSSR, der bereits seit Beginn des Jahres ausgehandelt wurde.

Mit dem raschen militärischen Vormarsch der Alliierten und der zu erwartenden Niederlage des Deutschen Reiches rückt die Frage der Nachkriegsordnung in Europa und der Behandlung des Deutschen Reiches nach der Kapitulation immer stärker in den Vordergrund. Vor allem Churchill ist beunruhigt, da er befürchtet, daß Stalin seine militärische Vormacht nutzen könnte, um Südosteuropa unter seinen Einflußbereich zu bekommen. Roosevelt ist jedoch vollauf damit beschäftigt, die US-amerikanische Machtposition im Pazifikraum auszubauen und Japan endgültig niederzuringen, so daß er auf die Europa betreffenden Überlegungen kaum eingeht. Churchill entschließt sich deshalb zu direkten Verhandlungen mit Stalin. Er reist nach Moskau und einigt sich mit dem sowjetischen Staatschef auf eine Aufteilung von Einflußzonen in Südosteuropa. Großbritannien bekommt Griechenland zugesprochen. Churchill kann die von ihm favorisierte Regierung von Jeorjios Papandreu jedoch nur unter Inkaufnahme eines Bürgerkriegs durchsetzen. Als größtes Problem erweist sich Polen: Stalin fordert alle Gebiete östlich der »Curzon-Linie«, was eine Westverschiebung des Landes bedeutet, und erklärt das prosowjetische »Lubliner Komitee« anstelle der polnischen Exilregierung in London zur einzig rechtmäßigen Regierung des Landes.

Was die Behandlung des Deutschen Reiches betrifft, so sind sich die »Großen Drei« in grundsätzlichen Fragen einig. Sie wollen das Reichsgebiet in Besatzungszonen aufteilen, und ein alliierter Kontrollrat soll eingerichtet werden. Während auf internationaler Ebene die Niederwerfung des Deutschen Reiches eine beschlossene Sache ist und man bereits die zukünftige Aufteilung der Welt diskutiert, werden im Deutschen Reich immer noch der »Endsieg« und eine deutsche Weltherrschaft propagiert. Die Fronten im Osten, im Westen und in Italien brechen zusammen, Reichspropagandaminister Joseph Goebbels möchte dem deutschen Volk aber trotzdem weismachen, daß die deutsche »Herrenrasse« Europa von den Bolschewisten und der »internationalen Judenclique« erretten werde. Doch zermürbt von den alliierten Bombenangriffen und der sich verschlechternden Versorgungslage, beginnt die Bevölkerung an den Parolen der Führung in Berlin zu zweifeln. Auch der Einsatz von »Wunderwaffen« und Düsenjägern kann nicht darüber hinwegtäuschen, daß sich die Lage zuspitzt. Zweifel werden laut, hier und da hört man Andeutungen einer möglichen Niederlage. Aber immer noch gelingt es der NS-Führungsspitze, die Menschen im Reich zum Arbeitseinsatz, zum Frontdienst und zum »Volkssturm« zu treiben.

Der »totale Krieg« wird proklamiert. Er dient als Rechtfertigung für drastische Einschränkungen im Zivilbereich. Das Kulturleben wird praktisch eingestellt. Nur Rundfunk und Kino – das noch 1944 mit Filmen wie »Die Feuerzangenbowle« oder »Große Freiheit Nr. 7« bedeutende Premieren feiert – sollen die Unterhaltung der Deutschen sichern.

Während große Teile der Bevölkerung die bevorstehende Niederlage noch nicht in aller Deutlichkeit erkennen, beginnt sich in Teilen der Wehrmacht die Erkenntnis durchzusetzen, daß dieser Krieg nicht mehr zu gewinnen ist. Eine Gruppe von Offizieren und bürgerlichen Regimegegnern um Claus Graf Schenk von Stauffenberg und Carl Friedrich Goerdeler entschließt sich zu einem Attentat auf Hitler und zur Übernahme der Staatsgewalt, um den Krieg zu beenden und das NS-Terrorregime zu zerschlagen. Am 20. Juli 1944 soll Hitler durch eine Bombe sterben; Zufälle, Fehlplanung und Unentschlossenheit lassen jedoch den Anschlag und den Staatsstreich scheitern.

Hitler, psychisch und körperlich nur noch ein Wrack, nimmt den Anschlag zum Anlaß einer umfangreichen Säuberungsaktion unter Widerstandskämpfern und NS-Gegnern. Mit Verfolgungen, Sippenhaft und Rachejustiz zeigt sich das nationalsozialistische Regime noch einmal von seiner brutalsten Seite, bevor es, militärisch handlungsunfähig, zusammenbricht.

Jutta Lemcke

◁ *Vormarsch der alliierten Truppen in der Normandie nach ihrer Landung an der Kanalküste zwischen Cherbourg und Caen am 6. Juni 1944*

Januar 1944

Mo	Di	Mi	Do	Fr	Sa	So
					1	2
3	4	5	6	7	8	9
10	11	12	13	14	15	16
17	18	19	20	21	22	23
24	25	26	27	28	29	30
31						

1. Januar, Neujahr

Generalfeldmarschall Erwin Rommel erhält den Oberbefehl über die deutsche Heeresgruppe B in Frankreich. Er übernimmt damit die Führung aller deutschen Kräfte nördlich der Loire. →S.21

Syrien und Libanon werden endgültig unabhängig. Die französische Exilregierung in Algier überträgt den einheimischen Regierungen sämtliche legislativen und administrativen Funktionen, die bisher die Mandatsmacht ausübte. →S.19

Das deutsche Reichspostministerium führt die Postleitzahlen ein.

Der US-amerikanische Spielfilm »Destination Tokyo« (Einsatzziel Tokio) von Delmer Daves mit Cary Grant in der Hauptrolle wird in den Vereinigten Staaten uraufgeführt.

2. Januar, Sonntag

US-Truppen landen bei Saidor an der Nordküste von Neuguinea.

Die britische Luftwaffe fliegt in der Nacht vom 2. auf den 3. Januar einen schweren Angriff gegen Berlin, bei dem Wohnviertel in verschiedenen Stadtteilen bombardiert werden. Der »Kampf um Berlin« geht mit sechs nächtlichen Großangriffen bis Ende Januar weiter (→25.3./S.54).

3. Januar, Montag

30 US-amerikanische Bürger werden in den Vereinigten Staaten wegen Verschwörung zur Errichtung eines faschistischen Regimes angeklagt.

Der aus Ostasien kommende deutsche Blockadebrecher »Weserland« wird auf dem Weg in seinen Heimathafen von einem US-amerikanischen Zerstörer durch schweren Artilleriebeschuß versenkt. 133 Besatzungsmitglieder können gerettet werden.

Die erste staatliche Eheberatungs- und Vermittlungsstelle für Kriegsversehrte im Deutschen Reich wird mit Thüringischen Landesamt für Rassewesen in Weimar errichtet. Die Behörde bezeichnet sich als besonders geeignet für die Ehestiftung, da sie u.a. über ein umfangreiches Erbarchiv verfüge. →S.23

4. Januar, Dienstag

Sowjetische Truppen überschreiten die polnisch-sowjetische Grenze von 1939, die »Curzon-Linie« (→22.2./S.37).

Die 5. britische Armee beginnt einen Angriff auf das Benediktinerkloster Montecassino in Italien (→15.2./S.32).

Generalfeldmarschall Erich von Manstein reist ins Führerhauptquartier »Wolfsschanze«, um den deutschen Führer und Reichskanzler Adolf Hitler davon zu überzeugen, daß der Dnjeprbogen an der Ostfront nicht zu halten ist. Hitler lehnt die Räumung des Gebietes und die Aufgabe von Nikopol kategorisch ab.

Der aus Ostasien kommende deutsche Blockadebrecher »Rio Grande« wird durch Artilleriebeschuß eines US-Kreuzers so schwer beschädigt, daß er mit der gesamten Besatzung untergeht. Nur ein Matrose überlebt die Katastrophe.

5. Januar, Mittwoch

Die polnische Exilregierung in London unter Ministerpräsident Stanisław Mikołajczyk fordert in einer Erklärung an die Alliierten die Achtung der territorialen Interessen Polens durch die Sowjetunion (→22.2./S.37).

Die britische Luftwaffe unternimmt mit starken Kräften einen Bombenangriff auf Stettin, den größten deutschen Hafen an der Ostseeküste.

Der dänische Schriftsteller Kaj Munk, Gegner des nationalsozialistischen Besatzungsregimes und Kämpfer für ein freies Dänemark, wird von der Geheimen Staatspolizei ermordet. Damit erreicht die Welle der politischen Morde in Dänemark einen Höhepunkt. →S.19

6. Januar, Donnerstag

Ein gleichzeitig in London und Washington veröffentlichtes Kommuniqué meldet die Entwicklung einer »propellerlosen Flugmaschine«. Dieses Jagdflugzeug mit Düsenantrieb soll in Kürze in die serienmäßige Produktion gehen. →S.24

Der Verband der Kleidungsbranche in Großbritannien legt einen Bericht über Nachkriegsregelungen vor. Darin wird im Sinne einer billigen Massenproduktion empfohlen, auch nach Aufhebung der Kriegskontrollen Stoffqualitäten und Größenmaße für Kleidungsstücke zu standardisieren.

7. Januar, Freitag

Das Oberkommando der deutschen Kriegsmarine fordert alle Frauen und Mädchen im Deutschen Reich auf, sich zum Dienst als Marinehelferinnen zu melden (→11.9./S.156).

Auf dem Militärflugplatz in Dübendorf bei Zürich landet ein viermotoriger US-Bomber. Der Pilot war, um seinen Verfolgern zu entgehen, in den schweizerischen Luftraum eingedrungen und dort von einem Abwehrgeschwader zur Landung aufgefordert worden.

8. Januar, Sonnabend

Ein Sondergericht in Verona verurteilt 19 Mitglieder des Großen Faschistischen Rates, die am 24. Juli 1943 gegen den italienischen Ministerpräsidenten und Duce Benito Mussolini gestimmt hatten, zum Tode. Fünf der Verurteilten, unter ihnen der Schwiegersohn Mussolinis, Galeazzo Ciano, Graf von Cortellazzo, werden am 11. Januar erschossen. →S.19

9. Januar, Sonntag

Britische Truppen stoßen nach Nordwestbirma vor und erobern gegen heftigen japanischen Widerstand das Dorf Maungdaw (50 km jenseits der indisch-birmanischen Grenze) (→4.2./S.41).

Die kommunistische Partei in den USA verzichtet offiziell auf »politischen Machtzuwachs« und löst sich damit faktisch selbst auf. Sie bleibt pro forma unter dem Namen »Kommunistischer Verband für politische Erziehung« bestehen.

In München gewinnt die Wienerin Marta Musilek zum dritten Mal in Folge die Deutsche Meisterschaft im Eiskunstlauf der Frauen. →S.27

10. Januar, Montag

Nach einer amtlichen Meldung der tschechoslowakischen Exilregierung in London sind im tschechischen Staatsgebiet von den dort in der Vorkriegszeit lebenden 90 000 jüdischen Bürgern 50 000 seit der deutschen Besetzung getötet worden. Das Schicksal von weiteren 30 000 Menschen ist ungewiß.

In einem Artikel der US-Zeitschrift »Wallstreet Journal« wird darüber berichtet, daß sich die Geschäftswelt der USA darauf vorbereite, nach Kriegsende im Rahmen des Wiederaufbaus der Welt sich vor allem im Wohnungs- und Städtebau zu engagieren. →S.24

11. Januar, Dienstag

Die sowjetische Regierung veröffentlicht eine Erklärung, in der sie auf der »Curzon-Linie« als polnische Ostgrenze besteht und Verhandlungen darüber mit der polnischen Exilregierung in London grundsätzlich ablehnt (→22.2./S.37).

In Marokko, das unter französischem Protektorat steht, verkündet eine 1943 gegründete Unabhängigkeitspartei ihr Autonomiemanifest.

Im Luftraum über Oschersleben, Halberstadt und Braunschweig kommt es zu einem heftigen Luftgefecht zwischen deutschen und US-amerikanischen Kampfflugzeugen.

Knapp 400 norwegische Studenten werden ins Deutsche Reich deportiert und in Konzentrationslagern interniert, da sie sich, wie von deutscher Seite erklärt wird, nicht loyal verhalten hätten. →S.21

Im Deutschen Reich werden die Vorschriften über den Nachrichtenverkehr mit dem »nichtfeindlichen« Ausland verschärft. Künftig können im nichtgeschäftlichen Bereich – ausgenommen Postkarten – pro Monat nur noch höchstens zwei Briefe ins Ausland gesandt werden, die jeweils nicht mehr als zwei Seiten umfassen dürfen.

12. Januar, Mittwoch

Das Oberkommando der deutschen Wehrmacht leitet für den Fall einer alliierten Landung in Portugal oder an der spanischen Biskayaküste die Vorbereitungen zur Sprengung der Pyrenäen ein (Operation »Nürnberg«).

US-Präsident Franklin Delano Roosevelt legt ein Gesetz über die Einführung einer nationalen Arbeitsdienstpflicht vor. Der Gesetzesvorschlag führt zu heftigen Protesten von seiten der Öffentlichkeit und der Gewerkschaften. →S.24

13. Januar, Donnerstag

Die US-amerikanische Kommission für Typhusbekämpfung gibt bekannt, daß die italienische Stadt Neapel von einer Typhusepidemie bedroht ist. Die Lage wird verschärft durch den Flüchtlingsstrom, der in vielen Wohnvierteln zu Übervölkerung führt.

Der Uhrmacher Camille Festernaets aus Sint-Truiden (Belgien) führt die von ihm in dreijähriger Arbeit hergestellte bislang kleinste Uhr der Welt vor. Das Kunstwerk soll an Stelle eines Edelsteins an einem Fingerring getragen werden.

14. Januar, Freitag

Sowjetische Truppen beginnen eine Großoffensive gegen die deutsche Heeresgruppe Nord an der Ostfront. In den folgenden Tagen erobern sie Nowgorod, Luga und Staraja Russa und drängen die deutschen Verbände auf die »Panther-Stellung« zurück. →S.16

In der Sowjetunion wird das 1918 abgeschaffte Zeugnis- und Zensurwesen für alle Schulen wieder eingeführt. Es gilt eine Fünf-Stufen-Einteilung von »sehr gut« bis »ungenügend«.

15. Januar, Sonnabend

Die alliierte »European Advisory Commission« (Beratende Europakommission) beschließt, das Deutsche Reich nach Beendigung des Krieges in verschiedene Besatzungszonen aufzuteilen.

In Marrakesch (Marokko) geht eine mehrtägige Konferenz zu Ende, auf der Charles de Gaulle, Chef des Französischen Befreiungskomitees, und der britische Premierminister Winston Churchill über eine mögliche Zusammenarbeit im Kampf gegen das Deutsche Reich beraten haben. →S.19

Ein schweres Erdbeben verwüstet die argentinische Provinzhauptstadt San Juan. Rund 5000 Menschen kommen bei der Katastrophe ums Leben, etwa 10 000 werden z.T. schwer verletzt. →S. 24

16. Januar, Sonntag

In einer Rede zum Thema »Freiheit des Geistes« im Deutschen Opernhaus in Prag erklärt Reichsminister Alfred Rosenberg, Reichsleiter der Nationalsozialistischen Deutschen Arbeiterpartei: »Unter dem verlogenen Mantel sog. Freiheitsproklamationen vollzieht sich heute der größte Krieg gegen die Freiheit indogermanischen Geistes.« →S.27

Trotz zusammenbrechender Fronten melden Zeitungen wie die »Berliner illustrierte Nachtausgabe« weiterhin Erfolge der deutschen Wehrmacht; Niederlagen werden beschönigt

Nr. 18 • Sonnabend

22. Januar 1944

Berliner illustrierte Nachtausgabe

10 Pf.
auswärts
15 Pf.

61 britische Terrorbomber vernichtet

Die Sowjets in schwerem Ringen abgeschlagen

Ausdehnung der harten Kämpfe in Süditalien

Der heutige Bericht des OKW

Nächtliche Angriffe auf London

Neue Erfolge der deutschen Luftverteidigungskräfte

Aus dem Führerhauptquartier, 22. Jan. Das Oberkommando der Wehrmacht gibt bekannt:

Zwischen Pripjet und Beresina verstärkte der Feind seine Angriffe. Er wurde in schweren Kämpfen abgewehrt.

[Spalten des Artikels mit dichtem Frakturtext fortgesetzt]

Zur Lage an den Fronten im Osten und Süden

Verlustreiche Winteroffensive

In den erbitterten Kämpfen hält der deutsche Soldat stand

Die sowjetische Winteroffensive, die am 24. Dezember begann, ist in der vierten Woche auf den Nordabschnitt der Ostfront übergesprungen.

[Spalten des Artikels mit dichtem Frakturtext fortgesetzt]

Das schlechte Wetter bleibt der Sündenbock

Die unangenehmen Mahnungen an die versprochene zweite Front in Westeuropa

Telegraphische Meldung

Stockholm, 22. Januar. Die neuen scharfen Mahnungen aus Moskau an die Westmächte die Invasion zu beschleunigen, die gleichzeitige geringschätzige Beurteilung der militärischen Leistungen der Engländer und Amerikaner in Süditalien haben Presse und Rundfunk Englands erneut auf den Plan gerufen.

[Spalten des Artikels mit dichtem Frakturtext fortgesetzt]

US-General Dwight D. Eisenhower übernimmt das Oberkommando über die alliierten Streitkräfte für die Invasion in Frankreich (→6.6./S.90).

17. Januar, Montag

Sowjetische Truppen eröffnen eine erfolgreiche Großoffensive zur endgültigen Befreiung Leningrads. Am 28. Januar endet die 900 Tage andauernde deutsche Blockade der Stadt (→28.1./S.17).

Die deutschen Besatzungsbehörden in Dänemark internieren in der Hauptstadt Kopenhagen das gesamte dänische Polizeikorps des Landes, dem etwa 5000 Personen angehören.

18. Januar, Dienstag

Die wochenlangen Kämpfe der deutschen Truppen an der Ostfront im Raum von Witebsk gegen die angreifende 1. Baltische Front finden ihr Ende. Bei den Kämpfen, die seit dem 13. Dezember 1943 von beiden Seiten verbissen geführt wurden, erlitten vor allem die sowjetischen Truppen hohe Verluste.

Ein deutsches Polizeistandgericht verurteilt in Rotterdam acht niederländische Zivilisten wegen »kommunistischer Umtriebe« zum Tode.

19. Januar, Mittwoch

Mit der Verhaftung von Helmuth James Graf von Moltke durch die Geheime Staatspolizei wird die deutsche Widerstandsgruppe »Kreisauer Kreis« zerschlagen. →S.22

Wegen der Bombardierungen Berlins ordnet das Hauptschulamt die Verlegung aller allgemeinbildenden Schulen aus der Reichshauptstadt in »Aufnahme- und Ausweichgebiete« an. Alle Eltern werden aufgefordert, ihre Kinder aufs Land zu verschicken (→31.3./S.55).

20. Januar, Donnerstag

Nach schweren Kämpfen befindet sich die sowjetische Stadt Nowgorod, wichtiges Industriezentrum und Verkehrsknotenpunkt, wieder in den Händen der Roten Armee (→14.1./S.16).

Der drohende Streik der US-amerikanischen Eisenbahner ist endgültig abgewendet. Das Kriegsministerium der Vereinigten Staaten kündigt daraufhin die Rückgabe der Eisenbahn, die wegen des Ausstandes am 27. Dezember 1943 unter staatliche Führung gestellt worden war, an die Privatunternehmer an. →S.24

Trotz des stetigen Kampfes des NS-Regimes gegen den »entarteten« Jazz flammt die Debatte um die »Niggermusik« immer wieder auf. In dem Brief eines Jazz-Gegners an den Reichsminister und Reichsleiter der Nationalsozialistischen Deutschen Arbeiterpartei, Alfred Rosenberg, heißt es dazu: »Keiner dieser Amerikanismen und überhaupt kein fremder Einfluß darf nach Deutschland hereingelassen werden.« →S.27

21. Januar, Freitag

Deutsche Luftwaffenverbände bombar-

dieren die britische Hauptstadt London. Diese Operation leitet eine bis zum 29. Mai andauernde Serie stärkerer deutscher Luftangriffe (Deckname »Steinbock«) auf London und andere Städte in Süd- und Südostengland ein. →S.20

Das Schauspiel »Hanneles Himmelfahrt« von Gerhart Hauptmann wird erstmals unter der Regie des Exildeutschen Erwin Piscator am »Dramatic Workshop« in New York aufgeführt.

22. Januar, Sonnabend

Alliierte Verbände landen südlich von Rom bei Anzio und Nettuno überraschend im Rücken der deutschen Truppen. Diese können jedoch vorerst die Ausweitung des feindlichen Brückenkopfes verhindern. →S.18

Das US-amerikanische Kampfschiff »Missouri« läuft in der Marinewerft von Brooklyn vom Stapel. Die »Missouri« ist mit 45 000 Bruttoregistertonnen, einer Länge von 270,5 m und einer Breite von 33 m das bislang größte Schlachtschiff der Welt. Ab November kommt sie im Pazifik gegen Japan zum Einsatz.

23. Januar, Sonntag

Die Evakuierung der bulgarischen Hauptstadt Sofia ist abgeschlossen. Die Bevölkerung sowie sämtliche Behörden mußten ausgelagert werden, da bei zwei Bombardierungen am 10. Januar 35% aller Häuser zerstört und 15% schwer beschädigt worden waren. →S.21

Im Hauptquartier »Wolfsschanze« empfängt Führer und Reichskanzler Adolf Hitler den norwegischen Ministerpräsidenten Vidkun Abraham Lauritz Quisling zu einer Unterredung über die »Zukunft der germanischen Völker«.

Der deutsche Reichsjugendführer und Reichsstatthalter von Wien, Baldur von Schirach, erklärt die Zahnsanierung zum »Pflichtdienst«. Alle Angehörigen des Jahrgangs 1929 müssen sich im Herbst zu einem Zahnarzt begeben.

24. Januar, Montag

»Raduga« (Regenbogen), ein sowjetischer Partisanenfilm, der das Schicksal eines von der deutschen Wehrmacht besetzten Dorfes schildert, wird in der Sowjetunion uraufgeführt.

25. Januar, Dienstag

Das Außenministerium in Washington gibt bekannt, daß die Vereinigten Staaten die neue Regierung in Bolivien, die seit einem Putsch am 20. Dezember 1943 im Amt ist, nicht anerkennen. Bis zum 27. Januar schließen sich Großbritannien, Uruguay, Kuba, Brasilien, Peru, Venezuela, Costa Rica, Guatemala, Haiti, Honduras, die Dominikanische Republik, Chile und El Salvador dieser Haltung an.

Der Senat und das Repräsentantenhaus der Vereinigten Staaten bewilligen eine Summe von 1,35 Milliarden US-Dollar als Beitrag der USA für die Hilfs- und Wiederaufbauorganisation der Vereinten Nationen.

26. Januar, Mittwoch

Die Sowjetunion spricht sich in einem Kommuniqué gegen eine US-amerikanische Vermittlung im Konflikt um die Festlegung der Grenze zwischen Polen und der UdSSR und eine Westverschiebung Polens aus (→22.2./S.37).

Unter dem Druck der Alliierten bricht die Regierung Argentiniens die diplomatischen Beziehungen zu den Achsenmächten ab und bekräftigt ihre weiterhin freundschaftliche Haltung gegenüber den Vereinigten Staaten.

Im Führungsstab der deutschen Wehrmacht wird mit der Ausarbeitung eines Plans für eine eventuelle Besetzung Rumäniens begonnen.

27. Januar, Donnerstag

Liberia erklärt dem Deutschen Reich und Japan den Krieg.

Der deutsche Führer und Reichskanzler Adolf Hitler hält in seinem Hauptquartier »Wolfsschanze« vor den Oberbefehlshabern der Ostfront eine Rede; er sagt darin u.a. »Wenn es jemals eine letzte Stunde gibt, dann hoffe ich, … daß Sie, meine Feldmarschälle, mit gezogenem Degen bei mir sind.«

Auf einer NS-Kundgebung in Erlangen wird der neue Wahlspruch der deutschen Studenten bekanntgegeben. Er lautet: »Dein Volk ist alles.«

28. Januar, Freitag

Die 900 Tage dauernde Belagerung Leningrads durch deutsche Truppen wird beendet. →S.17

Die US-Regierung veröffentlicht einen Bericht über die Behandlung von Kriegsgefangenen in Japan. Daraus geht hervor, daß US-amerikanische und philippinische Soldaten in japanischen Internierungslagern gefoltert, ausgehungert und z.T. ermordet werden. →S.21

Verschiedene italienische Widerstandsgruppen (darunter Kommunisten, Sozialisten, linksliberale und katholische Kräfte), die sich zu einem Komitee der nationalen Befreiung zusammengeschlossen haben, tagen in Bari: Sie wenden sich dabei gegen den italienischen König Viktor Emanuel III. und den von den Alliierten unterstützten Ministerpräsidenten Pietro Badoglio.

Bei einem nächtlichen Luftangriff auf Berlin werfen Bomber der britischen Luftwaffe rund 1000 t Sprengstoff auf Wohnviertel der Stadt.

»Die Feuerzangenbowle«, ein deutscher Spielfilm von Helmut Weiß nach dem gleichnamigen Roman von Heinrich Spoerl, wird in Berlin erstmals aufgeführt. Die Lausbubengeschichte mit Heinz Rühmann als Hauptdarsteller wird zu einem der beliebtesten deutschen Unterhaltungsfilme. →S.26

29. Januar, Sonnabend

Der deutsche Reichsminister Martin Bormann veröffentlicht eine Denkschrift, in der er die Zeugung außerehelicher Kinder

und die Bigamie nach Kriegsende propagiert. →S.23

Der Vorsitzende der Kommission für die Bestrafung von nationalsozialistischen Kriegsverbrechern, der Belgier Marcel de Baer, kündigt in New York die Bildung der ersten internationalen Gerichtshöfe an, die von Mitgliedern der Vereinten Nationen besetzt werden sollen. →S.19

30. Januar, Sonntag

Anläßlich des elften Jahrestages der nationalsozialistischen Machtergreifung hält der deutsche Führer und Reichskanzler Adolf Hitler eine Rundfunkansprache, in der er erneut scharfe Angriffe gegen Großbritannien richtet.

Unter dem Vorsitz von Charles de Gaulle, Chef des Französischen Befreiungskomitees, wird in Brazzaville (Kongo) teilt die bis zum 8. Februar dauernde Konferenz für das französische Kolonialreich eröffnet. Es sollen allgemeine politische und wirtschaftliche Fragen erörtert werden.

Die 8. US-amerikanische Luftflotte fliegt einen Großangriff gegen Braunschweig und Hannover.

Die Deutsche Reichspost gibt eine Sondermarke zum 30. Januar, dem elften Jahrestag der nationalsozialistischen Machtergreifung, heraus.

Die Berliner Philharmonie wird bei einem britischen Bombenangriff zerstört.

31. Januar, Montag

Im Zuge ihrer Offensive im Pazifik landen US-amerikanische Truppen auf den Marshallinseln und erobern sie innerhalb von 72 Stunden (→2.2./S.40).

Anläßlich des ersten Jahrestages der deutschen Niederlage bei Stalingrad (Wolgograd) teilt die Stadt in einer Botschaft an den sowjetischen Partei- und Staatschef Josef W. Stalin mit, daß bei den Aufräumarbeiten mehr als 147 000 tote deutsche Soldaten gefunden worden seien. 1,2 Millionen Minen mußten entfernt werden.

Bei britischen Flugzeugangriffen wurden im zurückliegenden Monat insgesamt 15 741 t Bomben auf deutsche Städte abgeworfen. Besonders betroffen waren Berlin, Magdeburg, Braunschweig und der Ostseehafen Stettin.

Die deutsche Luftwaffe hat im Zeitraum vom 1. bis zum 31. Januar 1 115 Jagdflugzeuge verloren.

Der Bavaria-Film »In flagranti«, eine Liebeskomödie unter der Regie von Hans Schweikart, wird in Berlin uraufgeführt.

Das Wetter im Monat Januar

Station	Mittlere Lufttemperatur (°C)	Niederschlag (mm)	Sonnenscheindauer (Std.)
Aachen	5,0 (1,8)	75 (72)	— (51)
Berlin	4,0 (−0,4)	71 (43)	23,5 (56)
Bremen	4,6 (0,6)	76 (57)	27,5 (47)
München	1,9 (−2,1)	68 (55)	50,2 (56)
Wien	(−0,9)	(40)	(56)
Zürich	2,2 (−1,0)	73 (68)	58 (46)

( ) Langjähriger Mittelwert für diesen Monat
− Wert nicht ermittelt

Eine der letzten Ausgaben des »Simplicissimus«, der den Friedenswillen Großbritanniens karikiert; die ehemals satirische Zeitschrift wird von den Nationalsozialisten zu einer belanglosen Witzschrift mit propagandistischen Inhalten umgewandelt und am 13. September 1944 »wegen Papiermangels« eingestellt

München, 26. Januar 1944
49. Jahrgang / Nummer 4

30 Pfennig

SIMPLICISSIMUS

VERLAG KNORR & HIRTH KOMMANDITGESELLSCHAFT, MÜNCHEN

John Bull, l' amico dei popoli

John Bull der Völkerfreund

(Erich Schilling)

„Wenn Ihr mir vertraut, werde ich Euch auf Händen tragen, und . . .

. . . für Euere Zukunft ist gesorgt!"

"Se voi vi fidate di me, io vi porterò in palma di mano, e . . .

. . . pel vostro avvenire s' è già provveduto!..

1944 – der »totale Krieg« bestimmt das Weltgeschehen

1. Januar. 1944 steht von Beginn an im Zeichen des »totalen Krieges«. In Europa, in Ostasien und im Pazifik liefern sich Achsenmächte und Alliierte erbitterte Kämpfe. 1944 ist aber auch das Jahr des militärischen Niedergangs der Achsenmächte. Italien war schon am 8. September 1943 ausgeschieden, Japan erlebt an der Birmafront und im Pazifik eine Niederlage nach der anderen, und das Deutsche Reich wird an der Ostfront, in Italien und ab dem → 6. Juni (S.90) auch im Westen immer stärker zurückgedrängt.

Obwohl die Alliierten ihren Feinden einen militärischen Schlag nach dem anderen zufügen, gelingt es ihnen nicht, sie bis Jahresende zur Kapitulation zu zwingen.

Japan verliert zwar in zwei Seeschlachten bei Leyte (→ 22.10./ S.173) und in der Philippinen-See (→ 20.6./S.98) einen Großteil seiner Flotte, hält aber in Verdrängung der Realität am Glauben an den Sieg fest. Genauso ist es im Deutschen Reich: Die Fronten brechen überall zusammen, und man beschwört zur gleichen Zeit den »Endsieg«. Die Alliierten ziehen in Rom ein, landen in der

Für diese deutschen Soldaten, die an der Italienfront in alliierte Kriegsgefangenschaft geraten sind, ist der Krieg schon im Jahre 1944 zu Ende

Normandie, befreien Paris und Brüssel, stehen am 21. Oktober in Aachen – und im Deutschen Reich redet man von militärischen Erfolgen. Die verbündeten Staaten Rumänien, Bulgarien, Finnland und Ungarn fallen ab – und im Deutschen Reich betrommelt man das Volk mit Durchhalteparolen. Doch außer Worten weiß man der aussichtslosen Lage nicht mehr entgegenzusetzen als einen schlecht ausgerüsteten Haufen von Kindern und Greisen, eine angebliche »Wunderwaffe« und eine letzte vergebliche Offensive in den Ardennen.

»Inselspringen« – US-Vorstoß im Pazifik

1. Januar. Kennzeichnend für den Krieg im Pazifik ist das »Inselspringen«. Auf diese Weise rücken US-amerikanische Verbände aus Richtung Osten immer weiter auf das japanische Mutterland vor.

Bereits im November 1943 waren die Truppen von US-Admiral Chester William Nimitz auf den Gilbertinseln im mittleren Pazifik gelandet und hatten dort – allerdings unter großen Verlusten – Fuß gefaßt. In einem nächsten Schritt sollen die Marshallinseln – erste Landung am → 2. Februar 1944 (S.40) – und unter US-General Douglas MacArthur im Südwestpazifik die Admiralitätsinseln – Beginn der Landung am 29. Januar 1944 – sowie das Bismarck-Archipel erobert werden.

Die Strategie der US-Amerikaner zielt darauf, nicht – wie die Japaner in den Jahren zuvor – überall gleichzeitig anzugreifen, sondern einen Inselstützpunkt nach dem anderen zu erobern (»Inselspringen«). Mit dieser Taktik unterbrechen sie vor allem den japanischen Nachschub. Zusätzlich versenkt die US-amerikanische Luftwaffe zahlreiche Handelsschiffe der Japaner, so daß diese verstärkt auf den Einsatz von U-Booten zur Sicherung ihrer Versorgung angewiesen sind.

Mit jeder Pazifikinsel, die von US-amerikanischen Truppen erobert wird, verlieren die Japaner für ihre Rüstungsindustrie wichtige Rohstoffquellen, während die US-Armee über einen scheinbar unerschöpflichen Nachschub verfügt.

Tote japanische Soldaten am Strand einer Pazifikinsel; sie sind im Kampf gegen die von Insel zu Insel vorrückenden US-amerikanischen Truppen gefallen

Kriegserklärung von 40 Staaten

Im Laufe des Zweiten Weltkrieges erklären bis zum Ende des Jahres 1944 insgesamt 40 Staaten dem Deutschen Reich den Krieg. Zwölf weitere Kriegserklärungen folgen noch bis zum Kriegsende im Jahre 1945.

Die Länder Polen, Dänemark, Norwegen, Niederlande, Belgien, Luxemburg, Jugoslawien, Griechenland und die Sowjetunion wurden alle ohne eine vorangegangene Kriegserklärung von den deutschen Truppen angegriffen.

Datum	Staat
1. 9.1939	Polen
3. 9.1939	Großbritannien
3. 9.1939	Australien
3. 9.1939	Indien
3. 9.1939	Neuseeland
3. 9.1939	Frankreich
6. 9.1939	Südafrikanische Union
10. 9.1939	Kanada
9. 4.1940	Dänemark
9. 4.1940	Norwegen
10. 5.1940	Niederlande
10. 5.1940	Belgien
10. 5.1940	Luxemburg
6. 4.1941	Jugoslawien
6. 4.1941	Griechenland
22. 6.1941	Sowjetunion
8.12.1941	China
11.12.1941	USA (gegenseitige Kriegserklärung)
11.12.1941	Costa Rica
11.12.1941	Dominikanische Republik
11.12.1941	Guatemala
12.12.1941	Kuba
12.12.1941	Nicaragua
12.12.1941	Haiti
12.12.1941	Honduras
12.12.1941	El Salvador
18.12.1941	Panama
22. 5.1942	Mexiko
22. 8.1942	Brasilien
9.10.1942	Äthiopien
16. 1.1943	Irak
7. 4.1943	Bolivien
9. 9.1943	Iran
13.10.1943	Italien
29.11.1943	Kolumbien
17. 1.1944	Liberia
25. 8.1944	Rumänien
8. 9.1944	Bulgarien
21. 9.1944	San Marino
31.12.1944	Ungarn (Gegenregierung)

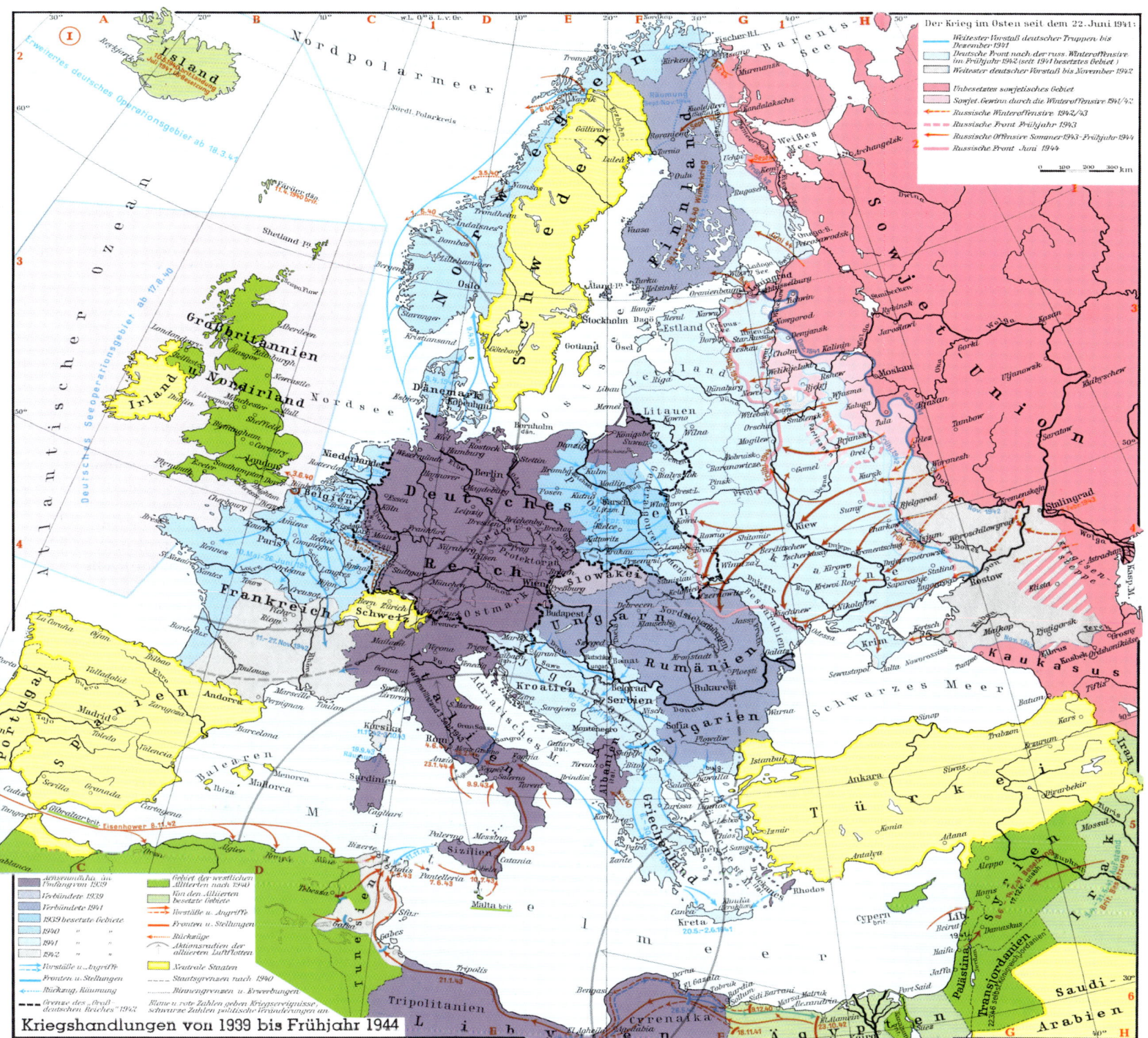

Kriegshandlungen von 1939 bis Frühjahr 1944

Die deutschen Truppen sind an der Ostfront und an der Italienfront zum Rückzug gezwungen

1. Januar. *Die deutschen Truppen befinden sich zu Beginn des Jahres 1944 an der Ostfront auf dem Rückzug und werden auch an der Front in Italien von den Streitkräften der Alliierten stark bedrängt und nach Norden getrieben.*

Im Osten sind die Verbände der deutschen Heeresgruppen in Auflösung begriffen. Ihr Rückzug gleicht mancherorts eher einer unkontrollierten Flucht, da die Gefahr besteht, daß sie durch sowjetische Truppen eingekesselt werden. Die Rote Armee dringt fächerförmig zu beiden Seiten der Linie Kiew-Schitomir vor, marschiert im Südabschnitt der Frontlinie gegen den Bug und weiter im Norden gegen Witebsk und Nowgorod.

Am 14. Januar bricht eine sowjetische Großoffensive im Raum Leningrad gegen die deutsche Heeresgruppe Nord los, die schließlich zur Befreiung der

Stadt führt (→ 28.1./S. 17). Am 28. Januar wird der deutsche Frontbogen bei Tscherkassy von den Verbänden der Roten Armee eingekesselt.

An der italienischen Front kämpfen deutsche Kräfte verbissen gegen britische und US-amerikanische Truppen, können jedoch nicht verhindern, daß diese an Terrain gewinnen. Zu Beginn des Jahres haben sie die »Gustav«-Linie südlich von Rom auf der Höhe Minturno-Garigliano-Montecassino erreicht und bereiten ihren Vormarsch auf Rom vor. Zur Unterstützung und Abkürzung des Feldzugs landen alliierte Truppen am → 22. Januar (S. 18) bei Anzio und Nettuno im Rücken der deutschen Front etwa auf halber Höhe zwischen der »Gustav«-Linie und der italienischen Hauptstadt (Abb.: Kampfhandlungen und Frontverläufe in Europa seit 1939).

Neujahrsreden unter dem Eindruck des weltweiten Krieges

Der weltweite Krieg, Siege, Niederlagen, das Leiden der Bevölkerung und die Hoffnung auf einen baldigen Frieden: Dies sind die vorherrschenden Themenschwerpunkte in den meisten diesjährigen Neujahrsansprachen. Die politischen Führer der alliierten Mächte genauso wie die der Achsen-mächte kündigen verstärkte Kriegsanstrengungen zur Niederwerfung ihrer Gegner an und sprechen die Hoffnung aus, im Jahr 1944 den endgültigen Sieg über den Feind zu erringen. Sie alle bereiten jedoch die Bevölkerung ihrer Länder auf eine Zeit noch größerer Entbehrungen vor.

In seiner Neujahrsansprache beschwört der deutsche Führer und Reichskanzler Adolf Hitler nochmals den »End-sieg«. Seine Worte an das deutsche Volk klingen vor dem Hintergrund der Rückschläge, die das Jahr 1943 für das Deutsche Reich gebracht hat, deutlich gedämpfter als in den vorangegangenen Jahren:

»Das Jahr 1944 wird harte und schwere Forderungen an alle Deutschen stellen. Das ungeheure Kriegsgeschehen wird sich in diesem Jahre der Krise nähern. Wir haben das volle Vertrauen, daß wir sie erfolgreich bestehen. Unser einziges Gebet an den Herrgott soll nicht sein, daß er uns den Sieg schenkt, sondern daß er uns gerecht abwägen möge in unserem Mut und in unserer Tapferkeit, in unserem Fleiß und nach unseren Opfern. Das Ziel unseres Kampfes ist ihm bekannt. Es ist kein anderes, als unserem Volk, das er selbst geschaffen hat, das Dasein zu erhalten. Unsere Opferwilligkeit, unser Fleiß werden ihm nicht verborgen bleiben. Wir sind bereit, alles zu geben und alles zu tun, um dem zu dienen. Seine Gerechtigkeit wird uns so lange prüfen, bis er sein Urteil sprechen kann. Unsere Pflicht ist es, dafür zu sorgen, daß wir vor seinen Augen als nicht zu leicht erscheinen, sondern jenen gnädigen Richterspruch erfahren, der ›Sieg‹ heißt und damit das Leben bedeutet.«

Der deutsche Reichs-propagandaminister Joseph Goebbels richtet seine Neujahrsbot-schaft über Radio an das deutsche Volk. Er bereitet seine Zuhörer auf ein hartes Jahr vor, da die Kriegsgeschehen in seine entscheidende Phase eintrete:

»Das Jahr 1943 ist für uns ein hartes, aber auch ein stolzes Jahr gewesen. Wir haben es bestanden. Das betrifft vor allem unsere Ostfront. Es ist erschütternd, sich vorzustellen, daß wir Deutschen in der Hauptsache allein mit wenigen kleinen, aber tapferen Bundesgenossen in diesen heißen und erbitterten Schlachten den Schutz eines Erdteils auf uns nehmen, der das zum großen Teil gar nicht verdient. Die Gefahr des Bolschewismus, die für ganz Europa droht, konnte auch im abgelaufenen Jahr gebannt werden... Wir vermuten, daß die Engländer und Amerikaner im kommenden Frühjahr in einer Westinvasion die Probe aufs Exempel machen wollen. Sie müssen das ja, weil Stalin, ihr oberster Herr und Gebieter, das so will... Es ist wahrscheinlich, daß der Krieg damit in sein entscheidendes Stadium eintreten wird. Niemals hat die deutsche Führung kommenden Ereignissen mit einer so souveränen Ruhe entgegengeschaut wie diesmal.«

Der Staatspräsident von China, Chiang Kai-shek, hält am Neujahrstag eine Rede vor den Mitgliedern der Regierung des Landes, in der er zum Kampf Chinas gegen das japanische Reich Stellung nimmt:

»Unsere größte Aufgabe im Jahr 1944 besteht in der Einleitung einer großangelegten Offensive gegen Japan. Die Vorbereitungen für eine Offensive gegen Japan und Deutschland sind abgeschlossen. Chinas Kriegsziele, die schon vor sieben Jahren bekanntgegeben wurden, sind nach der Veröffentlichung des in Kairo ausgegebenen gemeinsamen Kommuniqués die Kriegsziele aller Vereinten Nationen geworden. Wir dürfen aber nicht vergessen, daß der Sieg nicht leicht zu erringen sein wird...
Als mich Roosevelt über meine Ansicht befragte, anwortete ich ihm unverblümt: ›Ich vertrete die Auffassung, daß alle japanischen Militaristen ausgerottet und die letzten Spuren aggressiver Elemente im politischen System Japans beseitigt werden müssen.‹«

Der Bundespräsident der Schweiz für das Jahr 1944, Walter Stampfli, richtet über die Landes-sender am Neujahrsmit-tag eine Ansprache an die Schweizer:

»Nicht ohne Enttäuschung nehmen wir von dem alten Jahr Abschied. Den so sehnlich erwarteten Frieden hat es uns nicht gebracht. Mit größter Erbitterung kämpfen die Völker weiter. Zwar erflehen auch sie nicht weniger leidenschaftlich den Frieden, aber nur einen Frieden, den sie von einem Sieg über den Feind erwarten. Und darum geht der Krieg erbarmungslos weiter. Trotz ihrer nicht verhehlten Friedenssehnsucht geben sich die kriegführenden Völker hüben und drüben Rechenschaft darüber, daß sie noch schwere Anstrengungen, Leiden und Opfer auf sich nehmen müssen, bis sie die Waffen niederlegen können. Tiefstes Mitgefühl ergreift uns mit den vom Kriege so furchtbar heimgesuchten Nationen. Was sie zu erleiden und zu erdulden haben, übersteigt alle unsere Vorstellungen und muß uns um so dankbarer gegenüber einem gütigen Schicksal machen, das uns bis heute von Krieg und Hungersnot verschont hat.«

Zum Jahreswechsel hält der Vorsitzende des Präsidiums des Obersten Sowjets, Michail I. Kalinin, eine Ansprache, in der er sich an die Arbeiter, Bauern, Intellektuellen sowie an die Rote Armee, die Partisanen und die Politischen Kommissare wendet:

»Moskau tritt das neue Jahr im schweren Kampfe gegen den deutschen Eindringling an. Am heutigen Tage muß sich jeder Sowjetbürger fragen, was er zur Vertreibung des Feindes vom russischen Boden beigetragen hat. Wir dürfen sagen: Alle Sowjetbürger haben viel geleistet. Unsere militärischen Erfolge sind hervorragend ... Die Rote Armee rückt weiter nach Westen vor. Die Deutschen sprechen heute nicht mehr vom Ural und den Erdölfeldern Bakus, sondern von ›elastischem Rückzug‹... Auch unsere Verbündeten hatten im abgelaufenen Jahre bedeutende Erfolge zu verzeichnen. Nach der Eroberung Nordafrikas, Siziliens, Sardiniens und Korsikas nähern sie sich heute Rom. Auch die Luftangriffe gegen Deutschland spielen eine wichtige Rolle... Es lebe die Rote Armee, die... den Eindringling endgültig aus dem Land vertreibt!«

US-Präsident Franklin Delano Roosevelt läßt wegen einer Krankheit seine Neujahrsbot-schaft erst am 11. Januar vor dem Kongreß verlesen. Er fordert darin alle freiheitsliebenden Völker auf, sich zu einem dauerhaften System des Friedens zusammenzuschließen:

»Wir haben uns mit gleichgesinnten Völkern zusammengetan, um uns in einer Welt zu verteidigen, die durch eine Gangsterherrschaft ernstlich bedroht worden ist. Aber ich glaube nicht, daß sich ein einziger Amerikaner damit zufrieden geben wird, lediglich sein Leben zu erhalten. Die Opfer, die wir und unsere Alliierten bringen, bergen alle die heilige Verpflichtung in sich, dafür zu sorgen, daß unsere Kinder in diesem Krieg etwas Besseres als nur das nackte Leben gewinnen. Wir sind uns im Entschluß einig, daß diesem Krieg nicht eine Periode folgen darf, die uns in neues Elend führt. Die überwältigende Mehrheit unseres Volkes hat die Anforderungen dieses Krieges mit großartigem Mut und Verständnis aufgenommen; sie hat sich Unbequemlichkeiten, Härten und tragischen Opfern unterzogen, und sie ist bereit und willig, alle weiteren Beiträge, die notwendig sind, um diese Krieg zu gewinnen, so rasch als möglich zu leisten.«

Durch Bomben zerstörte Häuser

Das deutsche Volk hofft auf die Wende

In den geheimen Lageberichten des Sicherheitsdienstes der Schutzstaffel (SS) vom 6. Januar wird über die Gedanken und Wünsche der deutschen Bevölkerung zum Jahreswechsel berichtet:

»Die vorliegenden Meldungen bringen übereinstimmend den großen Ernst zum Ausdruck, der aus allen Meinungsäußerungen der Bevölkerung zur Gesamtlage am Jahresbeginn spreche… Wenn auch von einer unbedingten Siegesgewißheit im allgemeinen nicht gesprochen werden könne, so herrsche doch der Gedanke vor, daß wir ›die Zähne zusammenbeißen‹ und die Nerven behalten müßten. Daneben seien allerdings auch verschiedentlich Befürchtungen über unser weiteres Durchhaltevermögen laut geworden. Trotzdem zeige die Bevölkerung in haltungsmäßiger Hinsicht allgemein einen unbedingten Durchhaltewillen…

Die meisten Erwartungen gingen dahin, daß das Jahr 1944 eine kriegsentscheidende Wendung zu unseren Gunsten bringen müsse, und daß es das Jahr der Vergeltung und der Beendigung des Luftterrors werden würde. Stark ausgeprägt ist die Friedenssehnsucht, die im wesentlichen in dem Verlangen nach Beendigung des Blutvergießens und der Rückkehr der Soldaten zum Ausdruck komme, sonst aber keine Tendenzen für einen Kompromißfrieden oder einen Frieden um jeden Preis aufweise.«

»*Sehnsucht nach einem Ende des Grauens*«

In den ersten Ausgaben des neuen Jahres veröffentlicht die »Neue Zürcher Zeitung« zahlreiche Kommentare und Auslandsberichte, die sich mit der Situation in Europa und in den Vereinigten Staaten zum Jahreswechsel auseinandersetzen.

Der Leitartikel vom 1. Januar 1944 beschäftigt sich mit dem aktuellen Kriegsgeschehen und dem verbissenen, kompromißlosen Siegesstreben der kriegführenden Völker:

»Vier Monate liegt der Eintritt ins fünfte Jahr des Zweiten Weltkrieges schon zurück. Gegenüber der ehernen Zeitrechnung, die mit dem 1. September 1939 beginnt und deren Ende keineswegs abzusehen ist, tritt der kalendergemäße Jahreswechsel bescheidentlich in den zweiten Rang zurück. Wir haben uns allzusehr an die Aneinanderreihung von Daten gewöhnt, denen weltgeschichtliche Tragweite anhaftet, um im Anbruch des Jahres 1944 mehr als eine Tatsache trockenen Registrierens zu erblicken. Gleichwohl schleicht sich in die nüchternste Betrachtung des kalendarischen Faktums etwas ein von jenem ›Frühlingsglauben‹, der die Hoffnung auf Völkerfrieden noch nicht böslich verloren gab.

Keines der kriegführenden Völker wird sich am Silvesterabend lange bei Rückblicken auf die vergangenen Jahre aufhalten, die nach dem bekannten Ausspruch eines der führenden Staatsmänner nichts als ›Schweiß, Blut und Tränen‹ brachten. Noch im 18. Jahrhundert bezeichnete ein Zeitgenosse Voltaires den Krieg als den Luxus der Nationen. Im 20. Jahrhundert hat sich die – um Jahrzehnte zurückliegende – Voraussage des schon erwähnten Staatsmannes bewahrheitet, daß die Kriege der Völker schrecklicher sind als die der Könige…

Mit der Dauer des Krieges und der Ausdehnung seiner Schreckensherrschaft wächst in den Völkern … die Sehnsucht nach der Beendigung einer Ära des Grauens und der Verzweiflung. Diese Hoffnung nährt sich bald aus dramatischen Geschehnissen, wie wir sie im Zusammenbruch Italiens erlebten, bald aus den Voraussagen ›kompetenter‹ Persönlichkeiten, ist aber zutiefst in der psychischen Kriegsüberdrüssigkeit begründet – und darum trügerisch. Mit dem Begriff ›Frieden‹ verbinden sich zumeist Vorstellungen von Zuständen, wie sie vor Kriegsausbruch bestanden. Man mag sich ein Kriegsende dieser oder jener Schattierung ausmalen, so kann es nichts anderes bringen als einen Strudel umwälzender Ereignisse, gefolgt von ohnmächtiger Erschöpfung und dräuender Not… Die … Eigengesetzlichkeit des Krieges wird nicht von einem Tag auf den anderen durch eine gleichwertige Gesetzlichkeit einer neuen Ordnung ersetzt werden.«

Die Auslandskorrespondenten der »Neuen Zürcher Zeitung« berichten aus Großbritannien, den Vereinigten Staaten und dem Deutschen Reich über die Lage und die Stimmung in der Bevölkerung.

Aus London meldet der Reporter, daß die britische Bevölkerung die zuversichtliche Hoffnung hege, daß das siegreiche Kriegsende bevorstehe. Allerdings werde die »blutigste Kriegsphase« noch erwartet. Uneinigkeit herrsche über die Zukunft des Deutschen Reiches. Während von einer Seite die Aufteilung des Landes als einzige Garantie zur Sicherung eines Friedens in Europa angesehen werde, lehne die andere Seite die Zerstückelung des Deutschen Reiches als gefährlich, zumindest aber als unwirksam ab.

In seinem Bericht aus Washington meldet der Korrespondent, daß sich die Öffentlichkeit im klaren darüber sei, daß man bei den bevorstehenden Kämpfen mit großen Verlusten und finanziellen Opfern zu rechnen habe - das Vertrauen auf einen Enderfolg sei jedoch groß. Auch in den Vereinigten Staaten sei man über die Behandlung Deutschlands nach Beendigung des Krieges völlig uneinig.

Aus Berlin meldet der Korrespondent der »Neuen Zürcher Zeitung«, daß die Bevölkerung im allgemeinen keine große Hoffnung für 1944 hege und die Menschen schon zufrieden seien, wenn es nur nicht schlimmer werden würde. Die Stimmung in allen Kreisen des Volkes müsse als ernst bezeichnet werden. Mit einer Mischung aus Ergebenheit und Trotz sehe man den kommenden Ereignissen entgegen.

»Wann kommt endlich der Friede« – *mit dieser Maueraufschrift tut ein Unbekannter auf einer Häuserwand in Essen seine Friedenssehnsucht kund*

Ein deutsches Versorgungsflugzeug wirft Nachschub über ukrainischem Kampfgebiet ab

Sowjetische Soldaten beim Gefecht an der ukrainischen Front

Deutsche Rückzugsvorbereitungen bei Leningrad

Deutsche Verbände werden nach Westen verlegt

Verstopfte Straßen erschweren den Rückzug

Sowjetische Großoffensive gegen Heeresgruppe Nord

14. Januar. Die sowjetischen Truppen beginnen eine schon seit Jahreswechsel erwartete Großoffensive gegen die deutsche Heeresgruppe Nord. In der Folgezeit erobern sie Nowgorod (20. Januar), Luga (12. Februar) und Staraja Russa (18. Februar) und drängen die deutschen Verbände auf die »Panther-Stellung« (Narwa-Peipussee-Pleskau-Opotschka-Newel) zurück. Im Rahmen dieser umfassenden Offensive wird auch die von deutschen Kräften seit dem Jahre 1941 belagerte Stadt Leningrad am →28. Januar (S.17) endgültig entsetzt.

Zwei Jahre lang hatte die Heeresgruppe Nord unter Generalfeldmarschall Georg von Küchler nur unbedeutende Veränderungen des Frontverlaufs erlebt. Die 16. Armee hielt den Belagerungsring um Leningrad sowie einen Teil des Wolchowufers und des Ilmensees. Die 18. Armee stand an der Linie Staraja Russa-Cholm. Nachdem die Deutschen den Plan zur Eroberung Leningrads aufgegeben hatten, besaß der Nordflügel der Ostfront für sie nur noch

begrenzte strategische Bedeutung, und Küchler verfügte lediglich über 48 Divisionen – darunter keine einzige Panzerdivision -, um die Stellungen zu halten. Die deutschen Generale forderten zwar einen Rückzug der Verbände hinter die Narwa oder sogar hinter die Düna, um die Frontlinie zu verkürzen, Nachschublinien einzusparen und Truppenreserven freizusetzen, aber der deutsche Führer und Reichskanzler Adolf Hitler lehnte diesen militärisch sinnvollen Vorschlag kategorisch ab.

In dieser Situation beginnt die sowjetische Offensive mit dem Angriff der 42. und 2. Armee in Richtung auf Zarskoje-Selo. Gleichzeitig stößt die 59. sowjetische Armee zu beiden Seiten der Stadt Nowgorod auf Luga vor. Beide Stöße haben das Ziel, die 18. deutsche Armee einzuschließen, der jedoch – allerdings unter großen Verlusten und unter Aufgabe von Luga und Narwa – der Rückzug zu beiden Seiten des Peipussees gelingt. Nun ist die 16. deutsche Armee in Gefahr, da sie an ihrem Nordflügel umgangen zu werden droht. Die

Truppen werden zum Rückzug gezwungen, bis sie 200 km südwestlich wieder Anschluß an ihre nördliche Nachbararmee finden. Staraja Russa am Ilmensee und Cholm, die letzte deutsche Position am Lowat, müssen dabei aufgegeben werden. Ende Februar schließlich ist den russischen Streitkräften gelungen, was die Generale der deutschen Wehrmacht bei Hitler vergeblich versucht hatten durchzusetzen: Die Front der Heeresgruppe Nord läuft nun entlang der »Panther-Stellung«. Damit ist auch Leningrad nach 900tägiger Belagerung endgültig entsetzt.

Generalfeldmarschall von Manstein

Generalfeldmarschall Erich von Manstein (Abb.), Oberbefehlshaber der Heeresgruppe Süd an der Ostfront, beschwört den deutschen Führer und Reichskanzler Adolf Hitler immer wieder, die Front im Osten zurückzunehmen, um unnötige Verluste von Soldaten und Material zu vermeiden. Zwischen Hitler und Manstein kommt es z. T. zu heftigen Auseinandersetzungen über die Führung der militärischen Operationen, bis Hitler den Generalfeldmarschall dann schließlich am 30. März des Jahres als Befehlshaber der Heeresgruppe Süd absetzt. Bis zum Ende des Zweiten Weltkrieges zieht er sich auf sein Gut zurück.

Deutsche Soldaten im Kampf gegen die Rote Armee   *Mit Fahrrädern versuchen deutsche Verbände, im morastigen Gelände um Leningrad voranzukommen*

Rotarmisten vor der stark zerstörten Peter- und Pauls-Festung in Leningrad   *Sowjetische Nachschubkräfte in Leningrad auf dem Weg zur Front*

Belagerungsring um Leningrad gesprengt

28. Januar. Die 900 Tage dauernde Belagerung Leningrads ist beendet. Im Rahmen der Großoffensive gegen die deutsche Heeresgruppe Nord (→ 14.1./S.16) gelingt es der Roten Armee, den Blockadering um die Stadt zu sprengen.

Im September 1941 hatte der deutsche Führer und Reichskanzler Adolf Hitler den Befehl gegeben, Leningrad zu erobern. Die 16. deutsche Armee wurde jedoch wenige Kilometer vor der Stadt zum Stehen gebracht, und seither hält Leningrad der deutschen Belagerung stand. Bereits im Januar 1943 gelang es sowjetischen Kräften, den Blockadering zu lockern und mit der Eroberung von Schlüsselburg (Petrokrepost) östlich der Stadt einen 8 bis 11 km breiten Nachschubkorridor nach Leningrad zu öffnen. Der Belagerungsring um die südlichen Außenbezirke blieb jedoch bestehen.

Mit einem Angriff aus dem Brükkenkopf in Oranienburg westlich von Leningrad setzten sowjetische Verbände am 20. Januar 1944 zur endgültigen Entsetzung der Stadt an. Unterstützt von Bombenangriffen sowjetischer Kampfflugzeuge rückten sie gegen die deutschen Stellungen vor und drangen in den Befestigungsgürtel ein, der sich in 180 km Länge von der Kronstädter Bucht bis zum Ilmensee hinzog. Innerhalb von wenigen Tagen wurden die deutschen Stellungen vollständig aufgerieben, und die 16. Armee ist zum Rückzug gezwungen.

Leiden haben ein Ende gefunden

In einem Pressebericht aus Moskau vom 24. Januar 1944 zu den Kämpfen um Leningrad heißt es:
»Die erste Phase der Schlacht um Leningrad ist zum Abschluß gekommen. Ihr Hauptzweck war, die Stadt vom feindlichen Druck zu befreien… Militärisch weniger wichtig, aber um so bedeutender für die Leningrader Bevölkerung ist, daß das Artilleriebombardement der Stadt nach vielen Wochen anhaltender Beschießung endlich ein Ende gefunden hat.«

Am 28. Januar verkündet der sowjetische Partei- und Staatschef Josef W. Stalin in einem Tagesbefehl die endgültige Entsetzung Leningrads, und er läßt zu Ehren der kämpfenden Truppen der Leningradfront in der befreiten Stadt insgesamt 24 Salven aus 324 Geschützen abfeuern.

Für die Leningrader Bevölkerung bedeutet das Ende der deutschen Blockade auch das Ende von zweieinhalb Jahren voller Entbehrungen. Fast die ganze Zeit über lag die Stadt unter dem Artilleriebeschuß deutscher Kräfte und wurde zusätzlich von der Luftwaffe angegriffen. Die Zahl der Einwohner, die sich nahezu geschlossen an der Verteidigung aktiv beteiligten, hatte im September 1941 drei Millionen Menschen betragen. Während dieser größten und längsten Belagerung, die je eine moderne Stadt aushalten mußte, starben etwa 900 000 Menschen, viele an Hunger und Kälte, durch Granaten oder Bomben. Die Stadt konnte die meiste Zeit nur im Winter über den gefrorenen Ladogasee versorgt werden.

»Sie hielten in den Stellungen aus…«

Nach über zweieinhalb Jahren Belagerung durch die Truppen der deutschen Wehrmacht gelingt es der Roten Armee, den Belagerungszustand um Leningrad zu beenden. In dieser Zeit – es ist die längste Belagerung der modernen Kriegsgeschichte – sterben etwa 900 000 Menschen an den Folgen der deutschen Blockade. Während die vollständige Entsetzung Leningrads von deutscher Seite nicht weiter kommentiert wird, beschäftigt sich die internationale Presse ausführlich mit den Geschehnissen. In einem Bericht der »Neuen Zürcher Zeitung« heißt es:

»Leningrad feiert die Befreiung von der deutschen Belagerung, die mehr als zwei Jahre lang unbeschreibliche Leiden und Entbehrungen über die Stadt gebracht hat.

Zehn Kilometer vor der Stadt hatten die Truppen und Bürgerwehren Leningrads die deutschen Panzerdivisionen zum Stehen gebracht. Seither hielten sie in ihren Stellungen am inneren Verteidigungsgürtel aus, während die Bevölkerung trotz beinahe täglichen schweren Artillerie- und Luftbombardierungen in den Munitions- und Waffenfabriken weiterarbeitete.«

Alliierte landen bei Anzio

22. Januar. Alliierte Truppenverbände landen mit rund 70 000 Mann überraschend bei Anzio und Nettuno in Italien im Rücken der deutschen Front. Sie sollen die alliierten Streitkräfte, die weiter südlich an der »Gustav«-Linie stehen, bei dem Vormarsch auf Rom unterstützen. Das Unternehmen ist jedoch nur teilweise erfolgreich, da die Invasionstruppen zwar ihre Stellung verteidigen können, eine Ausweitung des alliierten Brückenkopfes jedoch durch die Verbände der deutschen Wehrmacht verhindert wird.

Da es den alliierten Truppen an der »Gustav«-Linie trotz erbitterter Kämpfe nicht gelingt, die deutsche Front zu durchbrechen, soll die Lan-

senbahnlinien, auf denen der Nachschub zur »Gustav«-Linie befördert wird, vorzustoßen, entschließt sich der kommandierende US-Generalmajor John P. Lucas, den Brückenkopf abzusichern, und gibt damit dem deutschen Militär Gelegenheit, Verstärkung heranzuschaffen. Einen Tag nach der Landung haben sich die Deutschen gefangen, und der deutsche Führer und Reichskanzler Adolf Hitler gibt der 14. Armee den Befehl, »die Warze von Anzio zum Verschwinden zu bringen«. Er läßt neun Divisionen in das Kampfgebiet einmarschieren und vereitelt die alliierten Pläne hinsichtlich eines schnellen Vormarsches auf die italienische Hauptstadt.

Ein britischer Lastkraftwagen versinkt während der Landeoperation bei Anzio in den Fluten; die rauhe See bereitet den Alliierten große Schwierigkeiten

Die 5. britische Armee landet in der Nähe von Nettuno; spezielle Schwimmkampfwagen werden im Verlauf der Landeoperation ans Ufer gebracht und bringen die Soldaten ins Landesinnere

Geschütz französischer Bauart, das die alliierten Truppenverbände von der deutschen Wehrmacht erbeutet haben

dung bei Anzio und Nettuno den entscheidenden Sieg bringen. In Vorbereitung der Operation mit dem Namen »Shingle« werden schon Tage zuvor die deutschen Nachschubwege von Rom bis zum Garigliano an der »Gustav«-Linie verstärkt aus der Luft angegriffen.

Die eigentliche Landung in der Nacht des 22. Januar, an der neun Transportschiffe, 226 Landungsfahrzeuge, ein Tanker und vier Lazarettschiffe beteiligt sind, erfolgt völlig problemlos. Ohne daß auch nur ein einziger Schuß fällt, werden die ersten Soldaten an Land gebracht. Die Deutschen sind völlig überrascht; ihr nur geringer Widerstand ist daher schnell gebrochen. Doch statt das Überraschungsmoment auszunutzen und sofort auf die ungeschützten Straßen und Ei-

Die eigentliche Absicht der Operation von Anzio ist durch die defensive Kampfführung von Generalmajor Lucas gescheitert. Er beschränkt sich auch in den folgenden Wochen lediglich darauf, den Brückenkopf in einer Tiefe von 11 km und einer Breite von 24 km mit einer Truppenstärke von 150 000 Mann zu halten. Doch auf der anderen Seite gelingt es auch den deutschen Kräften nicht, die an Land gegangenen alliierten Truppen ins Meer zurückzuwerfen. Bis Ende Februar beginnen sie mehrere Gegenoffensiven, die alle an dem hartnäckigen Widerstand und der Luftüberlegenheit des Gegners scheitern: Der Kampf um Anzio steht remis. Die Alliierten haben die Gelegenheit verpaßt, und auch den Deutschen gelingt nicht der entscheidende Sieg.

Truppen der 5. britischen Armee kurz nach ihrer Landung bei Anzio und Nettuno; in langen Reihen marschieren sie durch die Küstenebene ins Inland

Keine Gnade für Galeazzo Graf Ciano

8. Januar. In Verona beginnt der Prozeß gegen Mitglieder des Faschistischen Großrats, die am 24. Juli 1943 gegen den italienischen Ministerpräsidenten und Duce Benito Mussolini gestimmt hatten und ihn damit stürzten. Unter den Angeklagten befindet sich auch Galeazzo Ciano, Graf von Cortelazzo, der Schwiegersohn Mussolinis.

Der zweitägige Prozeß endet mit Todesurteilen für Ciano und vier seiner Mitangeklagten. Die Gnadengesuche der Mussolini-Tochter Edda Ciano werden ihrem mittlerweile einflußlosen Vater überhaupt nicht vorgelegt, und so finden am 11. Januar die Hinrichtungen statt.

Marschall de Bono; auch gegen ihn wird die Todesstrafe verhängt

Galeazzo Ciano, Graf von Cortelazzo, Schwiegersohn von Mussolini

Libanon und Syrien werden unabhängig

1. Januar. Gemäß einem Abkommen, das am 24. Dezember 1943 unterzeichnet wurde, wird den beiden französischen Völkerbundsmandaten Libanon und Syrien die Unabhängigkeit zuerkannt.

Die französische Exilregierung überträgt den beiden Ländern sämtliche legislativen und administrativen Funktionen, die bisher die Mandatsmacht ausübte. Wichtige Verwaltungszweige wie Zoll-, Post-, Telegrafen- und Verkehrswesen werden in den Verwaltungsbereich der einheimischen Regierungen überführt. Ferner wird den einheimischen Parlamenten für die Zukunft das Recht der Gesetzgebung zuerkannt.

Treffen Churchill – de Gaulle in Marrakesch

15. Januar. In der marokkanischen Provinzhauptstadt Marrakesch geht eine mehrtägige Konferenz zwischen dem britischen Premierminister Winston Churchill und Charles de Gaulle, dem Führer des französischen Befreiungskomitees, zu Ende. Die beiden Politiker berieten über Grad und Form der Zusammenarbeit im Kampf gegen das deutsche NS-Regime. Die Ergebnisse der Konferenz werden im einzelnen nicht öffentlich bekanntgegeben.

Die Hauptpunkte der Gespräche waren: 1. Versorgung der französischen Widerstandsbewegung mit Waffen; 2. Säuberungsaktion gegen die Mitglieder und Anhänger des fa-

schistischen französischen Vichy-Regimes; 3. Status des französischen Nationalkomitees bei der Befreiung Frankreichs. Besonders die Klärung des letzten Punktes war immer dringlicher geworden, da der Tag der

alliierten Invasion in Westeuropa bevorsteht (→6.6./S.90) und eine klare Abmachung darüber getroffen werden muß, wer in dem von deutscher Besatzung befreiten Frankreich die Macht ausüben soll.

◁ ◁ *General Charles de Gaulle, Führer des französischen Befreiungskomitees, fordert mehr Unterstützung*

◁ *Der britische Premierminister Winston Churchill, ein unerbittlicher Kämpfer gegen das NS-Regime*

Bestrafung von Kriegsvergehen

29. Januar. Der belgische Jurist Marcel de Baer kündigt die Bildung internationaler Gerichtshöfe an, die sich aus Mitgliedern der Vereinten Nationen zusammensetzen sollen und deren Aufgabe in der Bestrafung »nationalsozialistischer Kriegsvergehen« bestehen wird.

De Baer fordert harte Strafen für alle Kriegsverbrecher, da nur auf diese Weise künftig der Frieden in der Welt erhalten werden könne. Er erklärt: »Wir müssen durch drakonische Maßnahmen für alle Zeit beweisen, daß ein Krieg kein profitables Unternehmen ist und Verbrechen keinen Nutzen abwerfen.«

Befreiungskampf und Vergeltungsterror in Dänemark

5. Januar. Mit der Ermordung des dänischen Schriftstellers und Pfarrers Kaj Munk durch die deutsche Geheime Staatspolizei (Gestapo) erreichen der Widerstandskampf im besetzten Dänemark und der nationalsozialistische Gegenterror einen neuen Höhepunkt.

Der gewaltsame Tod Kaj Munks, der in seinen Dichtungen und Predigten zum aktiven Widerstand gegen die deutsche Besatzungsmacht aufgerufen hatte, löst Trauer und Zorn in der dänischen Bevölkerung aus. In Kopenhagen werden die Fahnen auf halbmast gehißt, und die Bücher des Schriftstellers sind am Abend seines Todestages in allen Buchhandlungen Dänemarks ausverkauft. Die

Vertreter der fünf Koalitionsparteien des dänischen Reichstags, der sich unter der deutschen Besatzung eine gewisse Bewegungsfreiheit bewahren konnte, verurteilen in einem gemeinsamen Aufruf die Gewaltmethoden im politischen Kampf und sprechen »im Namen der überwiegenden Mehrheit des Volkes« den Wunsch nach einer Beendigung der Attentate und Überfälle aus.

Die Ermordung von Kaj Munk ist Teil einer Terrorwelle in Dänemark, die schon Ende des Jahres 1943 ihren Anfang nahm. Mitte November 1943 hatten dänische Saboteure mit der Sprengung von Brücken und anderen Verkehrswegen begonnen, um auf diese Weise den gesamten

Verkehr in Nordjütland lahmzulegen. Als Antwort richteten die Deutschen am 22. November den Arbeiter Sven Eduard Rasmussen und den Bäcker Marius Jepesen hin. Sabotagen und Hinrichtungen folgten einander, und von Dezember an begannen die dänischen Widerstandsgruppen, alle Gestapo-Spitzel in ihren Reihen, derer sie habhaft werden konnten, zu liquidieren. Die Deutschen reagierten auf ihre Weise: Am 30. Dezember 1943 wurden Revolverattentate auf den Folketingsabgeordneten Ole Björn Kraft und den Journalisten Christian Damm, die beide als Patrioten bekannt waren, verübt; die Schüsse waren nicht tödlich. Die Ermordung

von Kaj Munk am 5. Januar bedeutet einen vorläufigen Höhepunkt, aber noch lange kein Ende der blutigen Gewalttaten.

Die deutsche Polizei geht in den folgenden Wochen nach dem Grundsatz »Bombe für Bombe und Leben für Leben« gegen die dänischen Freiheitskämpfer vor. Nach großen Sabotagen folgen beinahe regelmäßig Terroraktionen, die sich gegen Unternehmen, große Zeitungen, Kinos, Studentengebäude und viele andere Einrichtungen richten. Wird ein deutscher Spitzel erschossen, so folgt unmittelbar darauf der Vergeltungsmord – häufig an bekannten und bei der Bevölkerung beliebten dänischen Staatsbürgern.

Letzte deutsche Bomberoffensive gegen Großbritannien

21. Januar. Die letzte deutsche Bomberoffensive gegen Großbritannien (Deckname »Steinbock«) wird mit einem Großangriff auf London eingeleitet. Das Unternehmen »Steinbock«, von den Briten auch spöttisch »Baby Blitz« genannt, endet mit einem Angriff am 29. Mai.

Die Offensive gegen die britische Hauptstadt und Südengland wurde von dem deutschen Führer und Reichskanzler Adolf Hitler persönlich als »Vergeltungsaktion« angeordnet und steht unter dem Befehl von Reichsmarschall Hermann Göring, dem Oberbefehlshaber der deutschen Luftwaffe.

Der erste Angriff gegen London in der Nacht vom 21. auf den 22. Januar wird von knapp 100 Kampfflugzeugen durchgeführt. Die Bombereinheiten sammeln sich gegen Mitternacht über dem Deutschen Reich, überqueren in großer Höhe den Ärmelkanal und stoßen dann auf London zu. Über der Stadt gehen sie tiefer und ändern immer wieder ihren Kurs, um der britischen Flugabwehr die Erfassung zu erschweren. Bordfunker werfen alle fünf Sekunden Bündel von Stanniol-Radarstörstreifen ab – dann beginnt die Bombardierung. Insgesamt fallen im Verlauf dieser Nacht 268 t Bomben auf das Stadtgebiet.

Bis zum Ende der Aktion »Steinbock« am 29. Mai unternimmt die

Zerstörtes Stadtgebiet von London; Blick von der Cannon Street Richtung Süden, links die St. Nicholas-Kirche

Überall in London finden sich Ruinenfelder; zahlreiche Kirchen und historische Gebäude sind schwer beschädigt

Zerbombte und ausgebrannte Häuser prägen das Stadtbild Londons; die deutschen Luftangriffe richten sich vor allem auf das Zentrum und auf Wohngebiete

deutsche Luftwaffe noch 30 weitere Angriffe gegen London und Südengland – im Januar noch einen, im Februar neun, im März acht, im April neun und im Mai drei. Es kommen nie mehr als 100 Maschinen zum Einsatz, und die Verbände sind stark gemischt – von der viermotorigen »He 177« bis zum Schnellbomber »Me 410« –, da nicht mehr genügend Flugzeuge zur Verfügung stehen. Die deutsche Offensive, die als großer Vergeltungsschlag geplant war, gleicht eher unbedeutenden »Nadelstichen«. Der militärische Nutzen und die moralische Wirkung auf die Bevölkerung sind gleich Null.

Feindliche Bomben bringen Todesangst

Die deutschen Bombenangriffe auf London sollen neben Propagandazwecken im Reich vor allem dazu dienen, die Widerstandskraft und die Kriegsmoral der britischen Bevölkerung zu schwächen.

Meist tritt das Gegenteil ein: Der Haß gegen den Feind wird geschürt und der Durchhaltewillen angestachelt. Das ändert nichts daran, daß die Bombardierungen die größten Belastungen für die Zivilbevölkerung bringen: Der Fliegeralarm, die Flucht in die Luftschutzkeller, das Ausharren in den Bunkern, wenn rechts und links die Bomben einschlagen und gleichzeitig die Angst davor wächst, verschüttet zu werden – diese Situationen bringen die Menschen an die Grenzen ihrer psychischen Belastbarkeit.

Londoner Bürger sammeln sich vor dem Eingang eines Luftschutzkellers; mit Fahrstühlen oder über Treppen flüchten sie in die tief unter der Erde gelegenen Bunker, um sich vor einem deutschen Bombenangriff zu schützen

Mit Musik und Tanz vertreiben sich die Männer und Frauen in einem Londoner Luftschutzkeller die Zeit, während über ihnen die deutsche Luftwaffe ihre Bomben abwirft; die Musik wird von einem Funkgerät geliefert

Rommel jetzt an Westfront

1. Januar. Generalfeldmarschall Erwin Rommel übernimmt den Oberbefehl über die deutsche Heeresgruppe B in Frankreich, deren Befehlsbereich sich von der deutsch-niederländischen Grenze bis zur Loiremündung erstreckt. Außerdem soll er die bedrohten Küsten für den Fall einer Invasion der Westalliierten verteidigungsbereit machen.

Der populäre Heerführer, der wegen seiner zur Legende gewordenen erfolgreichen Wüstenkriegführung im Volksmund als »Wüstenfuchs« gefeiert wird, soll allein schon mit seinem Namen dafür bürgen, daß die Alliierten, sollten sie eine Landung wagen, sofort ins Meer zurückgeworfen werden. Da der Gegner die Luftüberlegenheit besitzt und damit jedes Unternehmen mit größeren Truppenbewegungen von vornherein zum Scheitern verurteilt ist, wenn die Alliierten bereits gelandet sind, sieht Rommel die einzige Chance darin, den Feind in dem Augenblick zu schlagen, wenn er seine Truppen an Land gehen läßt.

Deshalb setzt er alles in den Ausbau des »Atlantikwalls«. Er läßt die Küste mit den verschiedensten Hindernissen überziehen, in denen der Angriff des Feindes steckenbleiben soll. Die erste Wallinie wird unter Wasser aufgebaut, die zweite direkt am Strand und die dritte im Hinterland, wo ein Luftlandung zu befürchten ist (→6.6./S.90).

Deportation ins Deutsche Reich

11. Januar. Rund 400 norwegische Studenten werden in das Deutsche Reich deportiert und in einem Gefangenenlager in Thüringen untergebracht. Es handelt sich um aktive Gegner der deutschen Besatzungsmacht und des norwegischen Marionettenregimes von Vidkun Abraham Lauritz Quisling.

Damit erhöht sich die Zahl der derzeit im Deutschen Reich internierten Norweger auf 7000. Bereits am 9. Dezember 1943 waren 300 Studenten verschleppt worden, da sie gegen die nationalsozialistische Indoktrinierung der Universität Oslo protestiert hatten. Die norwegische Bevölkerung reagiert mit großer Erbitterung auf die Deportationen.

Alliierte Bomben verwüsten Sofia

23. Januar. Die Evakuierung der bulgarischen Hauptstadt Sofia ist weitgehend abgeschlossen. Ein Großteil der Bevölkerung mußte seinen Wohnort verlassen, und sämtliche Behörden wurden ausgelagert, da die Stadt durch zwei aufeinanderfolgende US-amerikanische Luftangriffe am 10. Januar zu weiten Teilen zerstört worden war.

Der Bombenhagel verwandelte etwa 35% aller Häuser in Schutt und beschädigte 15% so schwer, daß sie nicht mehr bewohnbar sind. Im Anschluß an den Luftangriff wüteten Großbrände durch die Stadt. Die Zahl der Toten, die unter den Trümmern begraben liegen, wird auf mehrere Tausend geschätzt.

Japan: US-Soldaten gefoltert

28. Januar. Die US-Regierung veröffentlicht einen Bericht, aus dem hervorgeht, daß die US-amerikanischen Kriegsgefangenen und Zivilinternierten in japanischen Lagern in Malaysia, Birma und Thailand systematisch mißhandelt werden.

In dem Papier, das sich auf eidlich bestätigte Erklärungen von drei US-Offizieren stützt, die aus japanischer Haft entkommen konnten, wird eingehend geschildert, wie Tausende US-amerikanischer und auch philippinischer Soldaten von den Japanern gefoltert, ausgehungert und teilweise ermordet werden. Es heißt u.a.: »Eine Kampagne der Brutalität wurde gegen die Gefangenen eröffnet. Man ließ sie den ... ›Todesmarsch‹ gehen ... Die Gefangenen mußten in Gruppen von 500 und 1000 Mann längs der Straße marschieren. Die Japaner gaben ihnen Ohrfeigen und Stockschläge, ohne daß die Gefangenen Wasser oder Nahrungsmittel erhalten hätten. Viele von ihnen wurden wahnsinnig, viele starben.«

Die US-amerikanische Bevölkerung reagiert mit Entsetzen und mit Empörung auf die Veröffentlichungen über die Mißhandlungen. Von japanischer Seite werden sie als »Greuelhetze« bezeichnet.

London im Flugabwehrlicht während eines nächtlichen Bombenangriffs der deutschen Luftwaffe; links die imposante Silhouette der St. Paul's Cathedral

Während eines deutschen Luftangriffs teilen Helferinnen in einem unterirdischen Londoner Luftschutzkeller Getränke und Mahlzeiten aus – ein eindrucksvolles Beispiel für den gut organisierten britischen Zivilschutz und den routinierten Umgang mit den feindlichen Bombenangriffen

Widerstandskämpfer Moltke von der Gestapo verhaftet

19. Januar. Helmuth James Graf von Moltke, Sachverständiger für Völkerrecht im Oberkommando der deutschen Wehrmacht (OKW) und einer der führenden Männer des deutschen Widerstands, wird von der Geheimen Staatspolizei (Gestapo) verhaftet. Mit seiner Festnahme zerfällt die bedeutende bürgerliche Widerstandsgruppe »Kreisauer Kreis«, die sich um Moltke gebildet hatte und ihre Aufgabe weniger in der Beseitigung des NS-Regimes als vielmehr in der Erarbeitung einer neuen geistigen und politischen Moral zum Aufbau eines demokratischen Deutschlands sah.

Moltkes Verhaftung hat nichts mit seiner Zugehörigkeit zum »Kreisauer Kreis« zu tun. Das Verhängnis nimmt auf anderem Wege seinen Lauf: Er hatte vergeblich versucht, den ehemaligen Generalkonsul Otto C. Kiep, Mitglied des antinazistischen Solf-Kreises in Berlin, vor dessen bevorstehender Verhaftung durch die Gestapo zu warnen. Der Sicherheitsdienst erfuhr davon und ordnete auch die Festnahme Moltkes an. Zuerst bringt man ihn in das Reichssicherheitshauptamt in der Prinz-Albrecht-Straße in Berlin, ver-

Helmuth James Graf von Moltke (r.), Gründer der christlich-liberalen Widerstandsgruppe »Kreisauer Kreis«, die die Beseitigung des NS-Regimes will

hört ihn dort ohne jeden Erfolg und verlegt ihn Anfang Februar nach Ravensbrück bei Fürstenberg.

Nach dem Attentat vom → 20. Juli (S. 115) wird auch Moltke des Verrats bezichtigt, obwohl er an der Planung des Anschlags gar nicht beteiligt war. Bei seinem Prozeß vor dem Volksgerichtshof in Berlin wirft man ihm letztlich kein spezielles Vergehen, sondern vor allem seine christliche Grundhaltung vor.

Moltke wird zum Tode verurteilt und am 23. Januar 1945 in Berlin hingerichtet. In seinem letzten Brief an seine Söhne schreibt er: »Ich habe mein ganzes Leben lang … gegen einen Geist der Enge, der Überheblichkeit, der Intoleranz und des Absoluten, erbarmungslos Konsequenten angekämpft, der in den Deutschen steckt und der seinen Ausdruck in dem nationalsozialistischen Staat gefunden hat.«

Der »Kreisauer Kreis« bricht auseinander

19. Januar. Die deutsche Widerstandsgruppe »Kreisauer Kreis«, die sich um Helmuth James Graf von Moltke gebildet hatte, löst sich nach dessen Verhaftung auf. Ein Teil der nicht entdeckten Mitglieder schließt sich dem militärischen Widerstandskreis um Oberst Claus Graf Schenk von Stauffenberg an.

Im Sommer 1940 hatten sich Konservative, Sozialisten, Gewerkschafter, Protestanten und Katholiken zum Widerstand gegen den deutschen Führer und Reichskanzler Adolf Hitler und die nationalsozialistische Herrschaft zusammengeschlossen. Ihr Treffpunkt war Moltkes Gut Kreisau bei Schweidnitz in Schlesien, das der Gruppe schließlich auch ihren Namen gab.

Zu den bekanntesten Mitgliedern des »Kreisauer Kreises« gehörten neben Moltke die Sozialdemokraten Julius Leber, Theodor Haubach und Carlo Mierendorff, die Jesuitenpater Alfred Delp und Eugen Gerstenmaier, der Pädagoge Adolf Reichwein, der Diplomat Adam von Trott

zu Solz, der ehemalige Oberbürgermeister von Leipzig Carl Friedrich Goerdeler und der Jurist Peter Graf Yorck von Wartenburg.

Ziel der Widerstandsgruppe war eine vollständige Neuordnung des Deutschen Reiches auf der Grund-

Moltkes Gut Kreisau in Schlesien, Treffpunkt der Widerstandsgruppe

lage christlicher Wertvorstellungen. Man wollte die ethische und geistige Erneuerung dem wirtschaftlichen und staatlichen Wiederaufbau voranstellen, da man der Meinung war, daß nur auf diesem Wege ein wirklich demokratisches politisches System entstehen könne.

Die Frage des gewaltsamen Umsturzes der nationalsozialistischen Herrschaft wurde gegensätzlich erörtert. Etwa seit 1943 waren die Kreisauer einhellig der Meinung, daß geistiger Widerstand allein nicht ausreiche, und man begann direkten Kontakt zur Widerstandsgruppe der Offiziere um Stauffenberg aufzunehmen, die ein Attentat auf Hitler planen (→ 20.7./S. 115).

Der Geheimen Staatspolizei gelingt es bis zuletzt nicht, dem »Kreisauer Kreis« vollständig auf die Spur zu kommen. Etwa die Hälfte der Kerngruppe wird im Zusammenhang mit dem Anschlag vom 20. Juli gefaßt und hingerichtet, andere kommen mit leichten Strafen davon oder werden gar nicht erst gefunden.

Die Mitglieder des »Kreisauer Kreises« streben eine grundlegende Neuordnung des Deutschen Reichs an, wobei sie ein demokratisches Gesellschaftssystem im Auge haben. Im Mittelpunkt staatlichen Lebens soll nach dem Willen der Kreisauer der einzelne Bürger und nicht der Staat stehen.

In ihrem Entwurf über die Grundsätze für die Neuordnung Deutschlands vom 9. August 1943 stellte die Widerstandsgruppe folgende Forderungen an eine zukünftige Staatsregierung auf:

»1. Das zertretene Recht muß wieder aufgerichtet und zur Herrschaft über alle Ordnungen des menschlichen Lebens gebracht werden. Unter dem Schutz gewissenhafter, unabhängiger und von Menschenfurcht freier Richter ist es Grundlage für alle zukünftige Friedensgestaltung.

2. Die Glaubens- und Gewissensfreiheit wird gewährleistet.

3. Brechung des totalitären Gewissenszwanges und Anerkennung der unverletzlichen Würde der menschlichen Person als Grundlage der zu erstrebenden Rechts- und Friedensordnung … Das Recht von Arbeit und Eigentum steht ohne Ansehen der Rassen-, Volks- und Glaubenszugehörigkeit unter öffentlichem Schutz.

4. Die Grundeinheit friedlichen Zusammenlebens ist die Familie …

5. Die Arbeit muß so gestaltet werden, daß sie die persönliche Verantwortungsfreudigkeit fördert …

6. Die persönliche politische Verantwortung eines jeden erfordert seine mitbestimmende Beteiligung an der neu zu belebenden Selbstverwaltung der kleinen und überschaubaren Gemeinschaften. In ihnen verwurzelt …, muß seine Mitbestimmung im Staat … durch selbstgewählte Vertreter gesichert … werden.«

Martin Bormann fordert die »Ehe zu dritt«

29. Januar. Der deutsche Reichsminister Martin Bormann, Sekretär von Führer und Reichskanzler Adolf Hitler, fordert in einer Denkschrift angesichts des Geburtenrückgangs eine »verstärkte Fortpflanzung« und schlägt die »Ehe zu dritt« vor. Bormann sorgt sich um den Bestand des deutschen Volkes, zumal infolge der hohen Zahl der Gefallenen immer weniger Kinder gezeugt werden. Er weist darauf hin, daß das Deutsche Reich nach Beendigung dieses Krieges wenigstens drei bis vier Millionen alleinstehende Frauen haben werde.

Kommandant beglückwünscht Soldaten zu seiner Eheschließung

Seine Lösung dieses Problems ist einerseits die Bigamie, andererseits die »freie Liebe«. Bormann schlägt vor, daß man es den Männern erlauben sollte, zwei Haushalte und zwei Frauen zu haben, denn Frauen könnten »ihre Kinder ja nicht vom Heiligen Geist bekommen, sondern nur von den dann noch vorhandenen deutschen Männern«.
Außer mit der Bigamie müsse die Bevölkerung auch mit dem Gedanken der freien Liebe vertraut gemacht werden. Man müsse den Ehebruch entdramatisieren und den Ausdruck »uneheliches Kind« unterbinden. Bormann bezeichnet die geltenden Ehegesetze als unmoralisch und heuchlerisch, weil sie den Mann zwingen würden, ein ganzes Leben mit einer einzigen Frau zusammenzusein. Nur die Einführung einer völlig neuen Lebensweise, die Männer dazu bringe, zu mehreren Frauen Beziehungen zu unterhalten, könne auf Dauer das Überleben des deutschen Volkes sichern.

Bormann – der Sekretär des Führers

Reichsminister Martin Bormann, Leiter der Parteikanzlei und der persönliche Sekretär des deutschen Führers und Reichskanzlers Adolf Hitler, ist gegen Ende des Zweiten Weltkrieges einer der mächtigsten Männer und praktisch Stellvertreter Hitlers.
Stets in nächster Nähe des Führers, genießt er dessen unbedingtes Vertrauen. Er kennt Hitlers Schwächen und persönliche Eigenheiten und nutzt sie geschickt aus, um seine eigene Macht gegenüber den Rivalen Göring und Goebbels zu festigen und immer weiter auszubauen.

Sinkende Moral bereitet Sorgen

3. Januar. Die »Lockerung der Sexualmoral« und die zunehmende »Zerrüttung der Ehen« bereiten den deutschen Machthabern die allergrößten Sorgen. Um auch in den Wirren des Kriegsgeschehens die Bildung und den Erhalt »ordentlicher« Familien zu sichern, errichtet das Thüringische Landesamt für Rassewesen in Weimar die erste staatliche Eheberatungs- und Ehevermittlungsstelle für Kriegsversehrte.
Mit dieser und ähnlichen Einrichtungen will man den »moralischen Niedergang des deutschen Volkes« aufhalten. Im Laufe des Krieges haben sich die Maßstäbe für den Umgang zwischen Männern und Frauen gewandelt. Viele Ehen gehen kaputt, weil sich die Männer oft jahrelang an der Front befinden. Die kurzen Urlaubsbegegnungen, die im Verständnis der Nationalsozialisten in erster Linie der Fortpflanzung dienen sollen, können in vielen Fällen eine zunehmende menschliche Entfremdung zwischen den beiden Ehepartnern nicht verhindern.
Besonders erbost sind die nationalsozialistischen Machthaber darüber, daß sich deutsche Frauen mit »fremdvölkischen« Männern, die im Deutschen Reich als Arbeitskräfte zwangsverpflichtet sind, einlassen. Frauen, denen eine Beziehung oder Freundschaft mit einem Ausländer nachgewiesen wird, müssen auf Grundlage der »Verordnung zum Schutz der deutschen Wehrkraft« mit harten Strafen rechnen.

Lebensborn – zum Schutz des »guten Blutes«

Der Lebensborn e.V., der 1935 von Reichsführer SS Heinrich Himmler gegründet wurde, hat seiner eigenen Satzung zufolge das Ziel, »den Kinderreichtum in der SS zu unterstützen, jede Mutter guten Blutes zu schützen und zu betreuen und für hilfsbedürftige Mütter und Kinder zu sorgen«.
In den Heimen des Lebensborns – während des Krieges gibt es 22 davon – werden vor allem auch diejenigen schwangeren Frauen aufgenommen, die ein uneheliches Kind erwarten. Gemäß der nationalsozialistischen Rassenlehre müssen sie jedoch »erbbiologische Gesundheit« nachweisen können, und es muß zu erwarten sein, daß sie »gleich wertvolle Kinder zur Welt bringen«. Der Verein vermittelt die Neugeborenen entweder an SS-Familien, oder sie bleiben zur Erziehung in den Heimen.
In den Lebensborn-Häusern werden außerdem Tausende von Kindern untergebracht, die wegen ihrer »reinrassischen äußeren Merkmale« aus den besetzten Gebieten ins Deutsche Reich verschleppt wurden. Sie sollen im Sinne des Nationalsozialismus erzogen und »germanisiert« werden.

Musterung von Frauen (Szene aus einem deutschen Nachkriegsfilm)

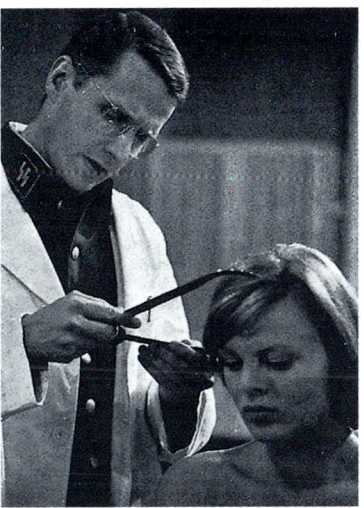

Schädelmessung (Film von 1960)

Alle Züge wieder in privater Hand

20. Januar. Der drohende Eisenbahnerstreik in den USA ist endgültig abgewendet, nachdem die Gewerkschaften und die Eisenbahngesellschaften sich auf einen Kompromiß in den strittigen Lohnfragen einigen konnten. Daraufhin werden die Eisenbahnen, die am 27. Dezember 1943 auf Anordnung von US-Präsident Franklin Delano Roosevelt beschlagnahmt und dem US-amerikanischen Kriegsministerium unterstellt worden waren, an die Privatunternehmen zurückgegeben.

Als die Eisenbahngewerkschaften nach gescheiterten Lohnverhandlungen Mitte Dezember 1943 an der Durchführung eines Streiks festhielten, hatte Roosevelt die Beschlagnahme sämtlicher Eisenbahnen durch den Staat verordnet. Seine Begründung: Er müsse dafür sorgen, daß der Nachschub für die US-amerikanischen Truppen nicht die geringste Verzögerung erfahre. Ein Streik der Eisenbahner sei zum derzeitigen Zeitpunkt ein Streik gegen die Regierung der Vereinigten Staaten.

Erst nachdem die Gewerkschaften ihre Lohnforderungen durchgesetzt und ihre Streikparole zurückgezogen haben, verfügt Roosevelt die Reprivatisierung der Eisenbahnen.

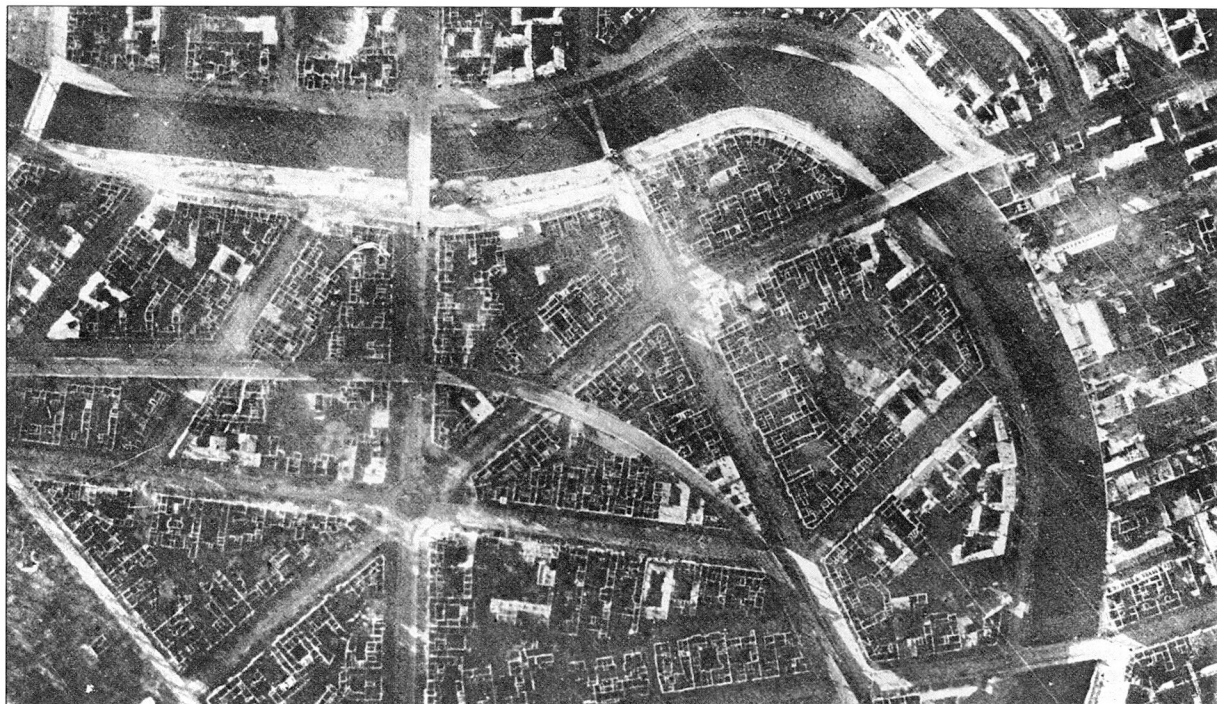

Nachkriegspläne der US-Wirtschaft: Wiederaufbau zerstörter Städte

10. Januar. *Die Geschäftswelt der Vereinigten Staaten bereitet sich schon auf die Nachkriegszeit vor. Ein Artikel im »Wallstreet Journal« beschäftigt sich eingehend mit der Rolle der US-amerikanischen Wirtschaft beim »Wiederaufbau der Welt« nach Kriegsende.*

Die Hauptaufgabe liege in der Neuerrichtung der durch Bomben zerstörten Städte. Dies solle im Sinne einer modernen Architektur mit neuen, zweckmäßigen Materialien erfolgen. Die US-Unternehmen hätten die Pflicht, Bau-

materialien in die verwüsteten Länder zu liefern und ihr Wissen zur Verfügung zu stellen.

Entscheidend ist nach Ansicht von US-Geschäftsleuten, daß beim Wiederaufbau moderne Wohn- und Verkehrsbedürfnisse berücksichtigt werden. Ausschlaggebende Faktoren sind hierbei steigender Lebensstandard, Industrialisierung und Bevölkerungswachstum. (Abb.: In der Wiedererrichtung kriegszerstörter Städte – wie hier in Berlin – sieht die US-Wirtschaft ihre Aufgabe.)

Schweres Erdbeben zerstört San Juan

15. Januar. Ein schweres Erdbeben erschüttert die argentinische Provinzhauptstadt San Juan. 5000 Menschen verlieren bei dem Unglück ihr Leben, rund 10 000 tragen z. T. schwere Verletzungen davon.

Innerhalb von wenigen Minuten wird die Stadt zu einem Trümmerfeld. Häuser stürzen ein, Erdrisse zeigen sich auf den Straßen, und kurz darauf brechen die ersten Brände aus. Fast 90 % der Gebäude sind zerstört, jeder dritte Einwohner ist tot oder verletzt.

Zur Eindämmung der Epidemiegefahr verfügen die Behörden die Bergung und sofortige Einäscherung aller Leichen sowie die Evakuierung der transportfähigen Einwohner. Die argentinische Regierung ordnet einen nationalen Trauertag an und verspricht außerdem umfangreiche Erdbebenhilfe. Auch das US-amerikanische Rote Kreuz bietet Argentinien seinen Beistand an.

Arbeitspflicht gefordert

12. Januar. US-Präsident Franklin Delano Roosevelt schlägt dem Kongreß ein Gesetz zur Einführung der Arbeitspflicht vor; er stößt damit aber auf heftige Ablehnung.

US-Präsident Franklin Delano Roosevelt; er amtiert seit elf Jahren

Der Präsident befürwortet eine Arbeitspflicht für die Dauer des Krieges, um Streiks zu verhindern und um jeden physisch geeigneten Erwachsenen in den USA unter Berücksichtigung einiger Ausnahmen für die Kriegsproduktion oder für einen anderen nationalen Dienst verfügbar zu machen. Wörtlich erklärt Roosevelt dazu: »Obschon ich glaube, daß wir und unsere Alliierten den Krieg auch ohne eine solche Maßnahme gewinnen können, bin ich überzeugt, daß nur die Totalmobilisierung aller unserer Hilfsmittel an Arbeitskräften und Kapital die rasche Entwicklung des Sieges und eine Abkürzung … des Blutvergießens gewährleisten wird.«

Roosevelt kann sich mit seinem Vorschlag nicht durchsetzen, da sowohl führende Politiker und Gewerkschafter als auch ein Großteil der Bevölkerung die Einführung einer Arbeitspflicht als unnötig und diktatorisch ablehnen.

Neues Flugzeug mit Düsenantrieb

6. Januar. Großbritannien und die Vereinigten Staaten teilen offiziell die Herstellung eines gemeinsam entwickelten »propellerlosen Flugzeuges« mit, das bald in die Serienproduktion gehen soll.

Die beiden verbündeten Staaten hoffen, mit dieser Konstruktion das Wettrennen der kriegführenden Mächte um die Entwicklung des Düsenflugzeuges zu gewinnen.

Strahltriebwerk für Düsenflugzeuge, entwickelt von Frank Whittle

Wirtschaft 1944:

Deutsche Rüstungsproduktion erreicht ihren Höchststand

Die Wirtschaftslage in den kriegführenden Ländern – besonders auch im Deutschen Reich – wird durch die Anforderungen des Krieges bestimmt. Die Produktion für den zivilen Bedarf geht immer mehr zugunsten der Herstellung von Rüstungsgütern zurück.

Während in allen kriegführenden Ländern die Gesamtproduktionsmengen eine sinkende Tendenz aufweisen, haben die Staaten im Interesse einer reibungslosen Kriegsfinanzierung auf eine weitere Kreditschöpfung nicht verzichtet. Dementsprechend hat sich auch die im Umlauf befindliche Geldmenge erhöht. Es ist jedoch im allgemeinen gelungen, durch Preiskontrollen und Subventionen eine inflationäre Preisentwicklung abzufangen. Dagegen ist die Auftriebstendenz der Löhne angesichts des Arbeitskräftemangels und der Notwendigkeit, Anreize zu Höchstleistungen zu schaffen, bestehen geblieben. Bei einem gleichzeitigen Mangel an verfügbaren Konsumgütern ist durch die Lohnentwicklung der Kaufkraftüberschuß in beträchtlichem Maße angewachsen.

Die Wirtschaftslage im Deutschen Reich ist dadurch gekennzeichnet, daß zum einen die Rüstungsproduktion im Sommer 1944 ihren Höchststand erreicht, daß zum anderen aber durch das Einsetzen alliierter Luftangriffe auf Industrie- und Treibstoffwerke der Krieg produktionstechnisch bereits als verloren betrachtet werden muß.

Die Höchstleistungen der deutschen Rüstungsindustrie gehen vor allem auf den Reichsminister für Rüstung und Kriegsproduktion, Albert Speer, zurück. Speer hatte nach dem Tod von Fritz Todt 1942 das Rüstungsministerium übernommen; seit Juni 1943 besitzt er die Kontrolle über die Marinerüstung, seit Herbst 1943 über die Konsumgüterproduktion und ab 22. Juni 1944 über die Flugzeugindustrie. Mit weitgehenden Vollmachten ausgestattet und bemerkenswertem Organisationstalent gelingt es ihm, die Produktionsreserven durch Rationalisierung und Massenfertigung bis ins Letzte auszunutzen und die gesamte Kriegsproduktion zu forcieren.

Wenn man den Index der Rüstungsproduktion Anfang 1942 mit 100 ansetzt, so lag er Ende 1942 bei 181, stieg im Oktober 1943 auf 242, erreicht dieses Niveau im Januar 1944 nach leichtem Absinken wieder und schnellt bis Juli 1944 auf 322 hinauf. Damit erreicht die deutsche Kriegsproduktion ihren Höchststand seit 1939. Noch Ende 1944, kurz vor dem Zusammenbrechen der Ostfront, erarbeiten die Fabriken trotz pausenloser Luftangriffe eine Indexzahl von 227.

Unter der Leitung von Speer steigt der Ausstoß bei Gewehrmunition von 917 Millionen Stück im Jahr 1941 auf 4732 Millionen 1944, bei Maschinengewehren von 85 810 auf 276 639, bei Panzerkampfwagen von 3250 auf 8339 und bei Flugzeugen von 12 234 auf 38 122. Diese Anstrengungen in der Rüstungsindustrie bilden den letzten Versuch, angesichts der sich rasch verschlechternden Frontlage die Versäumnisse der ersten Kriegsjahre aufzuholen. Die steigende Herstellung von Kriegsgeräten wird jedoch wertlos, da durch die Bombardierung deutscher Raffinerien und Hydrierwerke der Treib-

stoffbedarf der neuen Flugzeuge, Panzer und U-Boote nicht mehr gedeckt werden kann.

Hatten die britischen und US-amerikanischen Luftangriffe 1943 vor allem den Charakter von mehr oder weniger unkontrollierten Flächenangriffen, so beginnt im Frühjahr 1944 die gezielte Bombardierung deutscher Hydrieranlagen – vor allem im Ruhrgebiet –, die 90% des Flugbenzins liefern. Die Herstellungsmengen sinken rapide – von 175 000 t im April über 156 000 t im Mai und 53 000 t im Juni bis auf 29 000 t im Juli. Kaum setzt man ein Werk wieder in Gang, wird es von neuem durch Bombenangriffe zerschlagen. Insgesamt fallen 1944 650 000 t Bomben (1943: 120 000 t) auf deutsches Gebiet.

Als im August 1944 auch noch das rumänische Erdölgebiet Ploiesti in sowjetische Hand fällt, wird die Rüstungsproduktion mangels Treibstoff vollständig sinnlos. Die im Eiltempo zusammengebauten und teils von unterirdischen Fließbändern laufenden Flugzeuge, vor allem auch die neuen Düsenjäger »Me 262«, können kaum noch zum Kampfeinsatz kommen.

Ähnlich verhält es sich mit einer ganzen Reihe anderer Rohstoffe. Mit dem Abfall der Bundesgenossen Finnland, Bulgarien, Rumänien und Ungarn gehen der deutschen Kriegswirtschaft wichtige Rohstoffquellen verloren. Der Krieg konnte produktionstechnisch nur so lange geführt werden, wie die für die Wirtschaft benötigten Stoffe aus den eroberten Gebieten herausgeschafft oder aus neutralen Ländern bezogen werden konnten. Bedingt durch alliierte Luftangriffe, die neben Industrieanlagen auch den Verkehrswegen gelten, können vorhandene Waren und Materialien nicht mehr transportiert werden. So reduziert sich beispielsweise die Zahl der vom Ruhrgebiet abgehenden Kohlewagen von bis dahin täglich 22 000 ab Herbst 1944 auf 5000. Auch die Versorgung mit Nahrungsmitteln, die bisher gesichert war, beginnt problematisch zu werden. Zum einen gehen die besetzten Gebiete verloren, aus denen die Versorgungsgüter abgezogen wurden, zum anderen bricht auch das Transport- und Verteilungssystem für Lebensmittel zusammen.

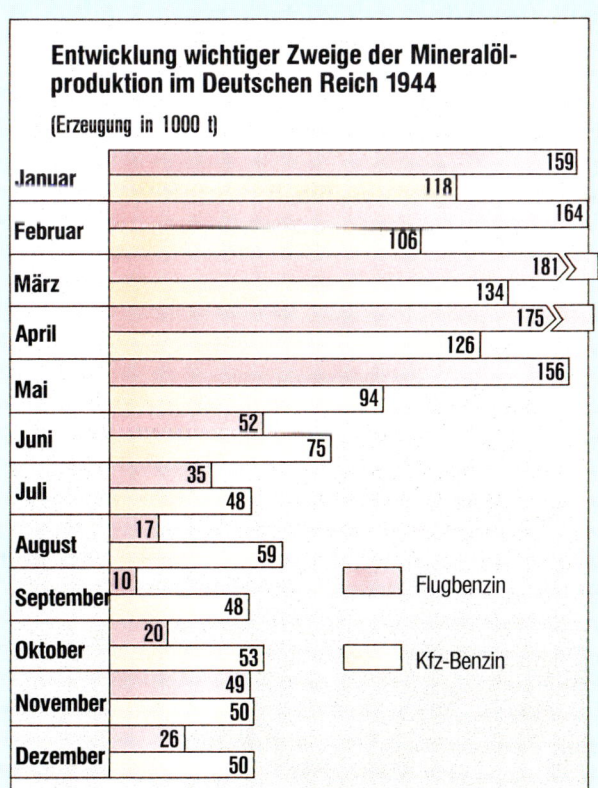

Entwicklung wichtiger Zweige der Mineralöl-produktion im Deutschen Reich 1944

(Erzeugung in 1000 t)

	Flugbenzin	Kfz-Benzin
Januar	159	118
Februar	164	106
März	181	134
April	175	126
Mai	156	94
Juni	52	75
Juli	35	48
August	17	59
September	10	48
Oktober	20	53
November	49	50
Dezember	26	50

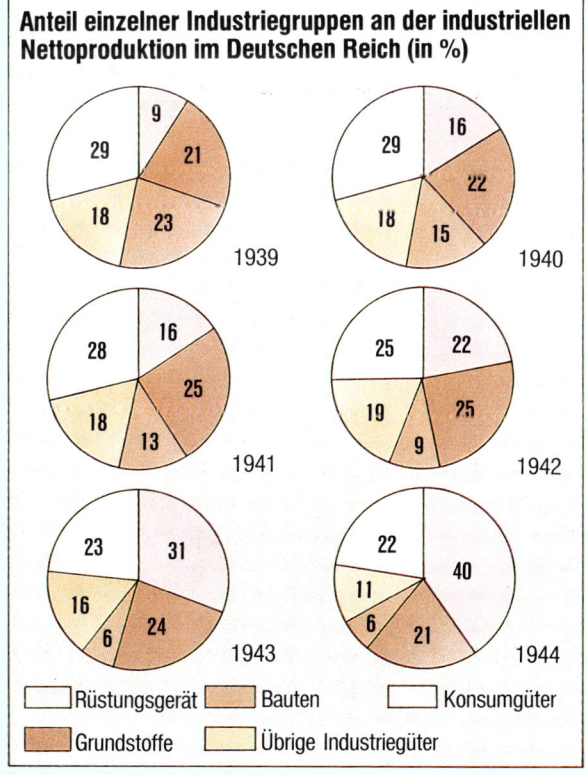

Anteil einzelner Industriegruppen an der industriellen Nettoproduktion im Deutschen Reich (in %)

1939: 9, 21, 23, 18, 29
1940: 16, 22, 15, 18, 29
1941: 16, 25, 13, 18, 28
1942: 22, 25, 9, 19, 25
1943: 31, 24, 6, 16, 23
1944: 40, 21, 6, 11, 22

Rüstungsgerät — Bauten — Konsumgüter — Grundstoffe — Übrige Industriegüter

Heinz Rühmann (l.) drückt als der Oberprimaner Pfeiffer die Schulbank in der beliebten Lausbubenkomödie »Die Feuerzangenbowle« (Regie: Helmut Weiß)

Schüler Pfeiffer (r.) zeigt nicht den geringsten Respekt vor seinen Lehrern; vor allem Professor Grey (Erich Ponto; l.) ist Ziel seiner witzigen Streiche

Neuer Filmspaß: »Die Feuerzangenbowle«

28. Januar. In Berlin wird der deutsche Spielfilm »Die Feuerzangenbowle« (Regie: Helmut Weiß) nach einem Roman von Heinrich Spoerl uraufgeführt. Heinz Rühmann spielt die Hauptrolle in dem beliebten Lausbubenstück, das zu einem Klassiker im Bereich der deutschen Filmkomödie wird.

In feuchtfröhlicher Runde beschließt der junge, erfolgreiche Schriftsteller Dr. Hans Pfeiffer (Heinz Rühmann), der von einem Privatlehrer erzogen wurde, den »besten Teil der Jugend« nachzuholen und als Oberprimaner nochmals die Schulbank zu drücken. Mit Nikkelbrille und Pennälermütze ausstaffiert, taucht er in einem kleinstädtischen Gymnasium auf und beginnt – zur Freude seiner Mitschüler –, mit Witz und Phantasie die »Pauker« bei jeder Gelegenheit zu ärgern. Die Situation spitzt sich zu, als der angebliche Primaner Pfeiffer sich in die Schülerin Eva, die Tochter des Direktors, verliebt. Schließlich werden jedoch – wie zu erwarten – alle Schwierigkeiten überwunden: Der Schüler Pfeiffer verwandelt sich in den Schriftsteller Pfeiffer zurück und bekommt seine Eva.

Die Uraufführung der »Feuerzangenbowle« hätte beinahe nicht stattgefunden: Das Reichserziehungsministerium hatte die Pennälerkomödie verboten, da sie die »deutschen Lehrer verächtlich« mache. Erst durch Intervention von Reichsmarschall Hermann Göring wurde der Film zur Vorführung in den deutschen Kinos freigegeben.

Der Komiker Heinz Rühmann

Heinz Rühmann, geboren am 7. März 1902 in Essen, gehört in den Jahren des Zweiten Weltkrieges zu den beliebtesten deutschen Filmkomikern. Seine rührend-humorige Art und sein lausbübisch-schüchterner Charme bringen die Menschen zum Lachen – auch oder vielleicht gerade in den Zeiten der Not, der Zerstörung und des Leidens während des Krieges. Rühmanns bisher bekanntesten Filme sind »Der Mustergatte« (1937) und »Quax, der Bruchpilot« (1941).

Wohnen und Design 1944:

Selbst Keller und Hausruinen werden als Wohnraum genutzt

Da die gesamte Wirtschaftskraft in den kriegführenden Ländern auf die Produktion von Rüstungsgütern konzentriert ist, kommen vor allem in Europa der Wohnungsbau und die Herstellung von Einrichtungs- und Haushaltsgegenständen fast völlig zum Erliegen. Die Folgen sind beträchtliche Wohnraumknappheit und eine allgemein desolate Lage, was den gesamten Bereich des Wohnens betrifft.

Im Deutschen Reich verschärft sich die Situation durch die katastrophalen Zerstörungen infolge der alliierten Bombenangriffe. So wird in über 40 deutschen Groß- und Mittelstädten mehr als die Hälfte des Wohnraums vernichtet. Die Menschen verlieren dabei häufig nicht

Spärlich ausgestatteter Schlafraum einer deutschen Landfamilie

nur ihre Wohnmöglichkeit, sondern auch sämtliche Gegenstände des täglichen Gebrauchs. Selbst die notwendigsten Dinge wie etwa Wohn- und Schlafmöbel, Bettwäsche, Eß- oder Kochgeschirr können jedoch nicht oder nur schwer ersetzt werden. Baumaterial und Bauzubehör werden in der Regel nur zur Erstellung oder Reparatur von »kriegswichtigen« Bauten ausgegeben.

Ein Teil der Stadtbewohner zieht zu Bekannten oder Verwandten aufs Land, die dort vom Krieg bislang noch weitgehend verschont geblieben sind. Ein anderer Teil hält inmitten von Trümmern aus, wohnt in Hausruinen oder nicht zerstörten Kellern. Doch während der Krieg noch in vollem Gange ist, wird vor

allem in den Vereinigten Staaten und in Großbritannien bereits über die Zukunft nachgedacht. Es werden Pläne für den Wiederaufbau der durch Bomben zerstörten Städte geschmiedet und Ideen für eine neue Linie im Bereich des Wohnens und Einrichtens entwickelt.

Der neue Trend heißt Fertigbauweise. Um den hohen Wohnungsbedarf der Nachkriegszeit zu decken, plant man die serienmäßige Herstellung von genormten Bauelementen, die dann im Schnellverfahren zusammengesetzt werden. Was die Innenausstattung betrifft, so möchte man den Wohnungen mit einem klaren, einfachen Design und funktionalen Möbeln eine neue, moderne Linie geben.

Im Kampf gegen den »Jazzbazillus«

20. Januar. Der Kampf des NS-Regimes gegen den Jazz, der als »musikalischer Bazillus« gilt, wird mit ungebrochener Härte weitergeführt. In einem Brief an Alfred Rosenberg, Leiter des Außenpolitischen Amtes der Nationalsozialistischen Deutschen Arbeiterpartei (NSDAP), fordert ein Parteigenosse den »Krieg« gegen den Jazz und andere »undeutsche« Einflüsse.

Er reagiert damit auf eine Äußerung Rosenbergs, in der dieser kürzlich zum Thema Jazz ausgeführt hatte, daß »jahrzehntelanges Betrommeln der Deutschen mit dem Gejaule und Gekreisch amerikanischer Niggersongs und Jazzmusik solche Schäden hinterlassen hat, daß so mancher Musik und Jazz noch nicht zu unterscheiden vermag«.

Über die Jazzmusik haben schon zahlreiche nationalsozialistische Musikkritiker ein vernichtendes Urteil abgegeben. So wird sie als »knieerweichende und haltlose Afterkunst« bezeichnet, die »deutsches Musikgut« zerstören würde. Jazz sei eine »als Musik getarnte Kulturpest und eine den niedersten Instinkten der Masse entgegenkommende Respektlosigkeit mit dem Zweck, die Kulturmusik des Abendlandes und hier im Speziellen des musikreichen Deutschlands zu besudeln und in jeder Form zu zerstören«.

Rede zur »Geistesfreiheit«

16. Januar. Reichsminister Alfred Rosenberg, Leiter des Außenpolitischen Amtes der Nationalsozialistischen Deutschen Arbeiterpartei (NSDAP), hält anläßlich einer Feierstunde der NSDAP in Prag einen ausführlichen Vortrag über die »Freiheit des Willens und des Geistes in Deutschland und Europa«.

In seiner Rede setzt sich Rosenberg, der den Status eines halboffiziellen Parteiphilosophen hat, einmal mehr mit dem »Herrschaftsstreben des Weltjudentums« und der USA auseinander, die »über alle Völker einen Weltpräsidenten einsetzen wollen«

Alfred Rosenberg, seit 1933 Leiter des Außenpolitischen Amtes der NSDAP

und mit einem »halb wahnwitzigen Geltungsbedürfnis« das Ziel verfolgen würden, die gesamte Welt auszubeuten und die Freiheit anderer Nationen zu unterdrücken. Rosenberg führt aus, daß »eine internationale Kommission von Juden und Judengenossen« unter dem »verlogenen Mantel sogenannter Freiheitsproklamationen« den »Krieg gegen die Freiheit indogermanischen Geistes« führen wolle und »der Nationalsozialismus den machtpolitischen Schutz dieser Freiheit übernommen« habe.

Rosenberg, der beansprucht, als führender Theoretiker der NS-Weltanschauung und der Außenpolitik zu gelten, hatte schon 1930 sein philosophisches Hauptwerk »Der Mythus des 20. Jahrhunderts« veröffentlicht, in dem er Wahrheit und Recht dem Nutzen der »germanischen Rasse« unterordnet und einen neuen, rassegemäßen Glauben fordert. Das Werk, das nach »Mein Kampf« von Führer und Reichskanzler Adolf Hitler als zweite »Bibel« der NS-Bewegung gilt, zeichnet sich durch eine abstruse Mischung aus Mystik, Pseudowissenschaft und nationalsozialistischer Ideologie aus. Selbst der deutsche Reichspropagandaminister Joseph Goebbels kam nicht umhin, Rosenbergs »Mythus« einmal als »philosophischen Rülpser« zu bezeichnen.

Marta Musilek, deutsche Eiskunstlaufmeisterin, mit einem Partner

Marta Musilek siegt im Eiskunstlaufen

9. Januar. Die Wienerin Marta Musilek gewinnt im Münchner Prinz-Regenten-Stadion nun bereits zum dritten Mal die Deutsche Eiskunstlaufmeisterschaft der Frauen.

Es gelingt ihr jedoch nicht, an ihre frühere Meisterform anzuknüpfen, und sie zeigt besonders in der Kür eine wesentlich schwächere Leistung als in den Jahren zuvor. Den zweiten Platz belegt die Deutsche Jugendmeisterin Eva Pawlik aus Wien vor Inge Jell aus München.

Ein in den USA entwickeltes Fertighaus für eine Person; die einzelnen Bauelemente werden serienmäßig in Fabriken gefertigt und zu den vorgesehenen Bauplätzen transportiert; dort wird das Haus im Schnellverfahren zusammengesetzt

Vorschlag für die Schlafzimmereinrichtung eines Fertighauses für zwei Personen; die Möbel in modernem Design sind speziell für die genormten Wohnräume konstruiert und können auf Wunsch beim Kauf eines Hauses gleich komplett mitgeliefert werden

Küchen- und Eßtrakt eines US-amerikanischen Containerhauses; eine nach funktionalen Gesichtspunkten entwickelte Küchenzeile wird durch Vorhänge von der Eßecke getrennt; die Möbel entsprechen mit geraden Linien und einfachen Formen dem neuen Stil

Februar 1944

Mo	Di	Mi	Do	Fr	Sa	So
	1	2	3	4	5	6
7	8	9	10	11	12	13
14	15	16	17	18	19	20
21	22	23	24	25	26	27
28	29					

1. Februar, Dienstag

Die französische Regierung in Vichy verabschiedet ein Gesetz über die Neuregelung des Arbeitseinsatzes. Künftig können – in Erweiterung einer Verordnung vom 4. September 1942 – alle Männer zwischen 16 und 60 Jahren (bisher zwischen 18 und 50 Jahren) und alle Frauen zwischen 18 und 45 Jahren (bisher zwischen 21 und 35 Jahren) zum Arbeitsdienst verpflichtet werden.

General Charles de Gaulle, dem Vorsitzenden des Französischen Befreiungskomitees, gelingt es, alle Kräfte der französischen Widerstandsbewegung in der »Forces françaises de l'Intérieur« (FFI) zusammenzufassen. →S.33

Der Oberste Sowjet beschließt eine Verfassungsänderung und gewährt den sowjetischen Einzelrepubliken größere Autonomie. Sie erhalten ein eigenes Volkskommissariat für Verteidigung sowie für Auswärtige Angelegenheiten. →S.37

2. Februar, Mittwoch

US-Truppen rücken im Pazifik beim »Inselspringen« immer weiter vor und besetzen die Marshallinsel Kwajalein. →S.40

Die sowjetische 1. Ukrainische Front (Oberbefehlshaber General Nikolaj S. Watutin) greift die deutsche Heeresgruppe Süd unter Generalfeldmarschall Erich von Manstein an und erobert Rowno und Luzk.

Ein portugiesischer Dampfer mit 900 jüdischen Flüchtlingen an Bord trifft in Haifa (Palästina) ein. Das Passagierschiff hatte am 23. Januar Lissabon verlassen.

Im Rahmen einer Veranstaltungsreihe im Deutschen Museum in München bringt die Bayerische Staatsoper als Erstaufführung in szenischer Form Carl Orffs »Carmina Burana« auf die Bühne. →S.45

3. Februar, Donnerstag

Der spanische Staatschef Francisco Franco Bahamonde betont die strikte Neutralität seines Landes, nachdem die Alliierten der spanischen Regierung freundschaftliche Beziehungen zu den Achsenmächten vorgeworfen hatten.

Der Präsident der tschechoslowakischen Exilregierung, Eduard Benes, erklärt in London, daß er die Schaffung eines Bundes zwischen den slawischen Nationen wie der Tschechoslowakei, Polen, der Ukraine und Weißrußland befürworte. Er fügt hinzu, daß auch Moskau diesem Plan zustimmen würde.

4. Februar, Freitag

In Birma kommt es zu einer Offensive der Japaner gegen die britisch-indische Armee, in deren Verlauf japanische Truppen die indische Grenze überschreiten und bis nach Assam vordringen. →S.41

Die US-amerikanische Flotte im Pazifik beschießt zum ersten Mal die Kurilen.

Im Théâtre de l'Atelier in Paris wird das Drama »Antigone« von Jean Anouilh, das sich inhaltlich eng an die gleichnamige Tragödie des Sophokles anlehnt, uraufgeführt. →S.45

Der französische Spielfilm »Le ciel est à vous« von Albert Valentin und Jean Grémillon mit Madeleine Renaud und Charles Vanel in den Hauptrollen kommt in Paris in die Kinos.

5. Februar, Sonnabend

In der Staatsoper in Dresden wird das Ballett »Turandot« von Gottfried von Einem uraufgeführt. →S.45

6. Februar, Sonntag

In der Nacht vom 6. auf den 7. Februar greifen rund 200 sowjetische Bomber Helsinki an. Es ist die schwerste Bombardierung der finnischen Hauptstadt seit Beginn des Krieges.

Eine Reihe von heftigen Erdstößen, die seit Anfang Februar in der Türkei registriert worden sind, haben bisher fast 1500 Todesopfer gefordert. Die Verbindung zu rund 100 Dörfern in Anatolien ist unterbrochen.

7. Februar, Montag

Als Vergeltung für die Ermordung des Chefs der Geheimen Staatspolizei von Warschau, Franz Kutschera, durch polnische Widerstandskämpfer werden 100 polnische Geiseln exekutiert und in den Straßen Warschaus zur Abschreckung liegengelassen.

Ein Gericht in Montevideo verurteilt sechs Deutsche zu Gefängnisstrafen zwischen fünf und 13 Jahren. Ihnen wird vorgeworfen, eine Organisation mit dem Ziel gebildet zu haben, Uruguay »durch fremde Truppen besetzen zu lassen, um es so in eine nationalsozialistische Kolonie zu verwandeln«.

8. Februar, Dienstag

Die 6. deutsche Armee muß den Brückenkopf Nikopol an der Ostfront aufgeben, weil die Gefahr der Abschnürung durch sowjetische Truppen zu groß ist.

Unter Androhung von Konsequenzen fordern die USA Finnland auf, umgehend Friedensverhandlungen mit den Alliierten aufzunehmen (→29.2./S.37).

Der deutsche Führer und Reichskanzler Adolf Hitler stiftet den »Dr.-Fritz-Todt-Preis«, der für erfinderische Leistungen, die für die »Volksgemeinschaft« von herausragender, d.h. kriegswichtiger Bedeutung sind, verliehen wird.

9. Februar, Mittwoch

Der Bischof von Chichester, George Bell, wendet sich in einer Rede vor dem britischen Oberhaus gegen die Verwüstungen europäischer Städte durch Bombardierungen. Wörtlich sagt er: »Eine ganze Stadt zu vernichten, weil einige militärische Ziele in dieser Stadt vorhanden sind, hieße, das Verhältnis von Mitteln und Zielen zu mißachten.«

Die italienische Regierung unter Ministerpräsident Pietro Badoglio setzt für die von den Alliierten besetzten Italien die faschistischen Rassengesetze außer Kraft.

Die Vereinten Nationen veröffentlichen einen Bericht, wonach Griechenland von einer schweren Hungersnot bedroht ist. Außerdem seien etwa zwei Millionen Menschen vom Sumpffieber befallen.

Ein 45jähriger Mann aus Birresborn wird vom Volksgerichtshof in Berlin zum Tode verurteilt, weil er »versucht hatte, sich mit zersetzenden Gesprächen an Soldaten heranzumachen«.

10. Februar, Donnerstag

Die britisch-türkischen Geheimverhandlungen in Ankara über eine »Bündnispflicht der Türken« auf Grundlage des britisch-türkischen Vertrages vom 19. Oktober 1939 werden ohne Ergebnis abgebrochen. →S.37

In Washington wird offiziell bestätigt, daß der 33jährige William Patrick Hitler, Neffe des deutschen Führers und Reichskanzlers Adolf Hitler, zum Dienst in der US-Kriegsmarine zugelassen worden ist.

US-amerikanische und australische Truppen vereinigen sich auf Neuguinea im Pazifik, um gemeinsam den Kampf gegen Japan fortzusetzen.

11. Februar, Freitag

Zur Erinnerung an die Einführung des Luftpostdienstes vor 25 Jahren gibt die Deutsche Reichspost drei Sondermarken heraus (grün: sechs und vier Reichspfennig; rot: zwölf und acht Reichspfennig; blau: 42 und 108 Reichspfennig).

Nach Zeitungsberichten aus Lissabon sind auf der Südseeinsel Kermadec 13 Australier entdeckt worden, die dort vor 17 Jahren nach einem Schiffsunglück strandeten und seitdem auf der Insel leben. Nachdem man den Bewohnern von den Kriegen in der ganzen Welt berichtet hatte, lehnten sie es ab, ihr »paradiesisches Eiland« zu verlassen.

12. Februar, Sonnabend

Wegen »nachrichtendienstlicher Pannen« erhält der Abwehrchef im Oberkommando der deutschen Wehrmacht, Admiral Wilhelm Canaris, seine Entlassung. Canaris – ein Gegner des deutschen Führers und Reichskanzlers Adolf Hitler – hatte in seiner Amtszeit Kontakte zu Widerstandskreisen geknüpft. →S.42

13. Februar, Sonntag

Die Nationalsozialistische Deutsche Arbeiterpartei veranstaltet in allen Gauen weltanschauliche Feierstunden zum Thema »Pflug und Schwert«.

Die deutschen Truppen an der Ostfront östlich des Peipussees können der Roten Armee nicht mehr standhalten und müssen dieses Gebiet räumen.

Die US-amerikanische Luftwaffe beginnt eine neue Offensive in Ostasien. US-Maschinen bombardieren Ziele im japanisch besetzten Teil von China sowie das Hafengebiet von Hongkong.

14. Februar, Montag

Das gesamte deutsche Nachrichten- und Spionagewesen wird vereinigt. Das Amt »Abwehr« des Oberkommandos der Wehrmacht wird dem Reichsführer SS und Chef der deutschen Polizei, Reichsinnenminister Heinrich Himmler, bzw. dem Chef des Reichssicherheitshauptamtes, Ernst Kaltenbrunner, unterstellt (→12.2./S.42).

Unter dem Vorsitz des deutschen Reichsinnenministers Heinrich Himmler tritt in Berlin eine Arbeitstagung zusammen, an der sämtliche Oberbürgermeister des Deutschen Reiches sowie die Landes- und Gauleiter der Nationalsozialistischen Deutschen Arbeiterpartei (NSDAP) teilnehmen. Auf der Tagesordnung steht die Erörterung der katastrophalen Lage, in der sich die bombengeschädigten Städte befinden.

15. Februar, Dienstag

Die US-amerikanische Luftwaffe bombardiert das im Jahr 529 erbaute Benediktinerkloster Montecassino in Italien, das dabei völlig zerstört wird. →S.32

Unter dem Oberbefehl von General Douglas MacArthur erobern US-amerikanische Truppen die bislang von japanischen Streitkräften besetzten Salomoninseln im Pazifik (→2.2./S.40).

Der Ministerpräsident der polnischen Exilregierung in London, Stanisław Mikołajczyk, erklärt sich auf Drängen des britischen Premierministers Winston Churchill dazu bereit, die Einrichtung einer sowjetischen Militärverwaltung für die Gebiete östlich einer Linie Wilna-Lemberg hinzunehmen, sofern dadurch nicht spätere Grenzregulierungen vorweggenommen würden (→22.2./S.37).

16. Februar, Mittwoch

Der Generalbevollmächtigte für den Arbeitseinsatz im Deutschen Reich, Fritz Sauckel, ruft alle nicht Arbeitspflichtigen zum »freiwilligen Ehrendienst in der deutschen Kriegswirtschaft« auf. Er wendet sich vor allem an Pensionäre und Frauen. →S.42

Berlin erlebt in der Nacht vom 15. auf den 16. Februar den bislang schwersten Luftangriff des Zweiten Weltkrieges. Mehr als 800 Bomber der britischen Luftwaffe werfen 2643 t Spreng- und Brandbomben über Wohngebieten, den Daimler-Benz- und den Siemenswerken ab (→25.3./S.54).

Deutsche Truppen beginnen eine Offensive gegen den alliierten Landekopf bei Anzio und Nettuno in Italien, um die gegnerischen Verbände wieder ins Meer zurückzudrängen. Sie setzen dabei mit großem Erfolg den ferngesteuerten Zwergpanzer »Goliath« ein. →S.42

Titelseite der Münchener Zeitschrift »Illustrierter Beobachter« vom 10. Februar 1944: Der Einsatz des populären Generalfeldmarschalls Erwin Rommel an der Westfront soll Hoffnungen auf einen deutschen Sieg wecken

Preis 20 Pfennig

JB Illustrierter Beobachter

DONNERSTAG, 10. FEBR. 1944
19. JAHRGANG ∴ FOLGE 6

Mit herzlichen Heimatgrüßen an die Front von:

VERLAG FRANZ EHER NACHF. G.M.B.H. MÜNCHEN 22

Copr. Franz Eher Nachf., G. m. b. H., München 22

Generalfeldmarschall Rommel an der Kanalküste

Während seiner Besichtigungsreise im Westen wird der Generalfeldmarschall auf einem Feldflugplatz von dem Kommodore eines Jagdgeschwaders, Eichenlaubträger Oberstleutnant Priller, begrüßt.

PK.-Aufnahme· Kriegsberichter Jesse (Wb.)

17. Februar, Donnerstag

Die östlich von Tscherkassy in der Ukraine seit dem 28. Januar von sowjetischen Truppen eingekesselten deutschen Verbände brechen unter schweren Verlusten aus. Generalfeldmarschall Erich von Manstein hatte den Ausbruch angesichts der aussichtslosen militärischen Lage entgegen der Order von Führer und Reichskanzler Adolf Hitler angeordnet. →S.38

In einer Rede in San Diego (US-Bundesstaat Kalifornien) weist US-Vizepräsident Henry Agard Wallace darauf hin, daß Südamerika zu der Interessenssphäre seines Landes zählt. Im Hinblick darauf fordert er eine stärkere politische und wirtschaftliche Zusammenarbeit der USA mit Lateinamerika.

Die schwedische Fluggesellschaft »Aerotransport« nimmt den regelmäßigen Flugverkehr zwischen Schweden und Großbritannien wieder auf, der im Herbst 1943 eingestellt worden war. Die Maschinen werden künftig mit voller Beleuchtung im Geleit deutscher Flugzeuge über norwegisches Gebiet auf einem durch besondere Leuchtfeuer gekennzeichneten Weg fliegen.

18. Februar, Freitag

Marschall Georgi K. Schukow wird in seiner Eigenschaft als Oberbefehlshaber der Roten Armee zum Stellvertreter des sowjetischen Partei- und Staatschefs Josef W. Stalin ernannt.

Der britische Wiederaufbauminister, Frederic James Woolton, gibt in London seine Nachkriegspläne bekannt, die hauptsächlich Vorschläge zur Bekämpfung der befürchteten Massenarbeitslosigkeit beinhalten.

19 kanadische und australische Bomber starten zu einem Sondereinsatz (Operation »Jericho«) gegen das Gefängnis in Amiens (Frankreich). Sie wollen mit ihrem Angriff den rund 700 dort inhaftierten und zum Tode verurteilten französischen Widerstandskämpfern den Ausbruch ermöglichen. 258 Gefangenen gelingt die Flucht, 100 Inhaftierte fallen den Bomben zum Opfer.

19. Februar, Sonnabend

Die deutsche Luftwaffe greift mit 187 Flugzeugen London an. Es ist die schwerste Bombardierung der britische Hauptstadt seit Mai 1941 (→21.1./S.20).

In Moskau wird bekanntgegeben, daß die Sowjetunion US-General Dwight D. Eisenhower, dem alliierten Oberbefehlshaber für die Invasion in Frankreich, den Suworow-Orden verliehen hat. Es handelt sich dabei um die höchste militärische Auszeichnung der UdSSR.

20. Februar, Sonntag

Die Alliierten starten eine knapp einwöchige Luftoffensive (»Big Week«) gegen das Deutsche Reich. Ziel der konzentrierten Angriffe sind in erster Linie Industrie- und Rüstungszentren. →S.34

Spanien zieht seine letzte Legion von der Kriegsfront im Osten zurück. Die Soldaten gehören zu der »Blauen Division«, die

der spanische Staatschef Francisco Franco Bahamonde trotz der Neutralitätserklärung seines Landes zu Beginn des Krieges gegen die Sowjetunion »zum Kampf gegen den Kommunismus« gesandt hatte. →S.37

Generalfeldmarschall Erwin Rommel, der Oberbefehlshaber der deutschen Heeresgruppe B an der Westfront, beendet eine viertägige Inspektionsreise zur Überprüfung der deutschen Verteidigungsfähigkeit an der Atlantikküste im Falle einer alliierten Invasion. Er berichtet Führer und Reichskanzler Adolf Hitler, daß der »Atlantikwall« allen Anforderungen gewachsen sei (→1.1./S.21).

Die deutschen Straßenverkehrsvorschriften werden geändert, da es infolge des »totalen Krieges« keine Blink- und Bremslichter für Zivilautos gibt. Zukünftig dürfen Kraftwagen auch ohne diese Signalvorrichtungen öffentliche Straßen benutzen. Es wird jedoch zu besonderer Vorsicht aufgerufen.

21. Februar, Montag

Der japanische Ministerpräsident Hideki Todscho übernimmt zusätzlich das Amt des Heeresstabschefs seines Landes. Der bisherige Marinestabschef Osima Nagano wird von Admiral Shigetaro Shimada abgelöst. →S.41

In Paris wird Missak Manouchian, einer der führenden französischen Widerstandskämpfer, hingerichtet.

Der britische Spielfilm »San Demetrio« (San Demetrio – Die schwimmende Hölle) wird uraufgeführt. Die Hauptrollen in dieser Geschichte um das von deutschen U-Booten in Brand geschossene Londoner Tankschiff »San Demetrio« sind mit Robert Beatty und Walter Fitzgerald besetzt.

22. Februar, Dienstag

Die deutschen Truppen müssen dem Druck der Roten Armee bei Kriwoi Rog weichen und räumen die ukrainische Stadt, ein bedeutendes Erzbergbauzentrum der UdSSR.

Der britische Premierminister Winston Churchill verteidigt vor dem Unterhaus in London die Gebietsverschiebung Polens nach Westen gegen den Widerstand der polnischen Exilregierung. →S.37

In Paris wird der französische Dichter und Widerstandskämpfer Robert Desnos verhaftet und später in das Konzentrationslager (KZ) Theresienstadt deportiert. Er stirbt am 8. Juni 1945 kurz nach seiner Befreiung aus dem KZ.

23. Februar, Mittwoch

Die Partisanenverbände Josip Titos, des Präsidenten des jugoslawischen »Antifaschistischen Rates der Nationalen Befreiung«, schließen sich der sowjetischen Roten Armee für den weiteren Kampf gegen das Deutsche Reich an.

Die britische Regierung erläßt das »Treasury Announcement«. Danach werden die Alliierten grundsätzlich kein Gold als Zahlungsmittel anerkennen, das von der

Deutschen Reichsbank in Verkehr gebracht wurde (»Raubgold«).

Das Gaupresseamt der Nationalsozialistischen Deutschen Arbeiterpartei (NSDAP) warnt die Bevölkerung vor gefälschten Lebensmittelkarten, die von alliierten Flugzeugen über deutschen Städten abgeworfen werden.

24. Februar, Donnerstag

Aus Anlaß des Gründungstages der Nationalsozialistischen Deutschen Arbeiterpartei (NSDAP) am 24. Februar 1920 findet eine Tagung der Reichsleiter, Gauleiter und Verbändeführer der NSDAP statt. Der Reichsminister für Volksaufklärung und Propaganda, Joseph Goebbels, fordert in seiner Ansprache das deutsche Volk auf, sich materiell, moralisch und seelisch auf die entscheidende Endphase des Krieges vorzubereiten.

Edelmiro Fárrell löst Pedro Pablo Ramírez als Staatspräsident von Argentinien ab und bildet eine neue Regierung. Die USA werfen dem Fárrell-Regime vor, die Achsenmächte zu unterstützen und brechen am 4. März die diplomatischen Beziehungen zu dem südamerikanischen Land ab. →S.41

Der deutsche Führer und Reichskanzler Adolf Hitler verleiht seinem Leibarzt, Theo Morell, das Ritterkreuz zum Kriegsverdienstkreuz.

25. Februar, Freitag

Am Nachmittag und in der darauffolgenden Nacht greifen US-Bomber Augsburg an. 730 Menschen werden getötet, viele hundert verletzt und zahlreiche historische Gebäude zerstört. →S.36

Königin Wilhelmina der Niederlande entgeht nur knapp dem Tode, als Bomben ihr Haus bei London zerstören. Zwei Hausbewohner werden getötet, die 63jährige Königin bleibt unverletzt.

Der französische Literaturpreis »Prix de la Pléiade« (100 000 Francs), eine Stiftung des Pariser Verlags Gallimard, wird dem 21jährigen Marcel Mouloudji für seinen Roman »Enrico« zuerkannt.

26. Februar, Sonnabend

Nach einem Treuebekenntnis des rumänischen Staatschefs Ion Antonescu gibt der deutsche Führer und Reichskanzler Adolf Hitler seine Pläne zur Besetzung Rumäniens auf (→25.8./S.136).

Die finnische Hauptstadt Helsinki wird von der sowjetischen Luftwaffe angegriffen und schwer bombardiert.

Das Amt für Kriegsrekrutierung der Vereinigten Staaten gibt bekannt, daß sich derzeit 10,6 Millionen US-Amerikaner unter Waffen befinden. Bis zum 1. Juli 1944 soll der Mannschaftsstand um 700 000 neue Rekruten auf 11,3 Millionen Soldaten erhöht werden. →S.41

Die »Essener Nationalzeitung« berichtet, daß Briefmarken, die im Deutschen Reich keiner Preiskontrolle unterliegen, zunehmend als Spekulationspapiere gehandelt werden. →S.43

27. Februar, Sonntag

Im Asphaltierwerk II des Hörder Vereins in Dortmund streikt die gesamte Belegschaft gegen eine Erhöhung der Panzerplattenproduktion.

Der Chef der US-amerikanischen Bundespolizei, J. Edgar Hoover, teilt mit, daß die Kriminalität der Jugendlichen in den Vereinigten Staaten seit einigen Jahren stark zugenommen habe. Hoover schreibt diese Entwicklung der teilweise durch den Krieg bedingten Zerrüttung der Familien zu.

28. Februar, Montag

In Birma beginnt eine neue Kampfphase mit schweren Gefechten zwischen anglo-indischen Truppen und japanischen Verbänden (→4.2./S.41).

500 australische Grubenarbeiter werden zur Armee eingezogen, da sie dem Befehl der Regierung, den bereits seit drei Wochen andauernden Streik zu beenden, nicht Folge geleistet haben.

Das Fürstentum Monaco, das lange Zeit von den Auswirkungen des Zweiten Weltkriegs weitgehend verschont geblieben ist, meldet Versorgungsengpässe und führt ein strenges Rationierungssystem ein. Außerdem müssen alle Ausländer, die sich als Touristen in Monaco aufhalten, bis zum 13. März 1944 ausreisen.

Die Reichsstelle Eisen und Metalle im Deutschen Reich erläßt eine Anordnung, wonach alle Einrichtungsgegenstände in Verwaltungsgebäuden und Büros, die aus Metall bestehen, als beschlagnahmt gelten und bis zum 30. April 1944 angemeldet werden müssen.

29. Februar, Dienstag

Finnlands Ministerpräsident Edwin Linkomies berichtet im finnischen Reichstag, daß sein Land Geheimverhandlungen mit der Sowjetunion über einen Waffenstillstand zwischen beiden Ländern aufgenommen habe. →S.37

US-amerikanische Truppen landen auf den Admiralitätsinseln im Südwestpazifik. Der japanische Widerstand wird schnell niedergeschlagen.

Aus einem Korrespondentenbericht der »Neuen Zürcher Zeitung« geht hervor, daß die Kindersterblichkeit in Europa dramatisch zugenommen hat. →S.33

Das Jahr 1944 ist nicht nur ein Schaltjahr, sondern weist auch noch die Besonderheit auf, daß es sich über 54 Wochen erstreckt. Dies ist nur viermal in 100 Jahren der Fall – das letzte Mal 1916 –, und zwar dann, wenn ein Schaltjahr mit einem Sonnabend beginnt.

Das Wetter im Monat Februar

Station	Mittlere Lufttemperatur (°C)	Niederschlag (mm)	Sonnenscheindauer (Std.)
Aachen	−0,1 (2,1)	53 (59)	— (74)
Berlin	0,5 (0,4)	45 (40)	49,3 (78)
Bremen	1,2 (0,9)	39 (48)	87,6 (68)
München	−3,6 (−0,9)	64 (50)	65,8 (72)
Wien	— (0,6)	— (41)	— (81)
Zürich	−1,6 (0,2)	92 (61)	40 (79)
( ) Langjähriger Mittelwert für diesen Monat – Wert nicht ermittelt			

Verharmlosung des Krieges in der Berliner Illustrierten »Die Woche« vom 2. Februar 1944

DIE WOCHE

BERLIN, 2. FEBRUAR 1944
HEFT 5 · PREIS 40 PFENNIG
FREI HAUS 45 PFENNIG

Struppi heißt der Staffelhund

Er darf zur Begrüßung in das Flugzeug kommen, wenn der Staffelkapitän vom Feindflug zurückgekehrt ist

PK-Aufnahme Kriegsberichter Seeger

Bomben auf Montecassino

15. Februar. 229 US-amerikanische Kampfflugzeuge werfen Bomben auf das 529 erbaute Benediktinerkloster Montecassino in Italien und zerstören es völlig. Der Kommandant der 2. neuseeländischen Division, General Bernard Freyberg, hatte zu dieser Aktion gedrängt, obwohl das Kloster bis dahin nicht in die deutschen Verteidigungsstellungen der »Gustav«-Linie einbezogen war und sich kein einziger deutscher Soldat im unmittelbaren Bereich der Abtei befand. Trotzdem wird am Morgen des 15. Februar die Bombardierung des traditionsreichen Klosters beschlossen und anschließend auch sofort durchgeführt.

Durch die von 142 US-amerikanischen »Fliegenden Festungen« und 87 weiteren Maschinen abgeworfenen Bomben, die mit außerordentlicher Präzision ihr Ziel treffen, wird das Kloster wie von einer gewaltigen Explosion erschüttert, und ein riesiger Rauchpilz steigt auf. Die Flugzeuge drehen ab, und unmittelbar darauf eröffnet die Artillerie ihr Feuer. Nach kurzer Zeit folgt schließlich noch eine zweite Bomberwelle, die das Zerstörungswerk fortsetzt.

Die Mönche von Montecassino, die es abgelehnt hatten, das von dem heiligen Benedikt von Nursia gegründete Kloster zu verlassen, halten gerade in den uralten Kellergewölben ihre zweite Morgenandacht, als das Bombardement beginnt. Mit ihnen in der Kapelle versammelt sind Flüchtlinge und Verwundete, Männer, Frauen und Kinder aus der Stadt Cassino und den zerstörten Dörfern im Tal. Obwohl nur wenige hundert Meter weiter der Kampf tobt, fühlen sie sich bei Gesängen und Gebet in den Mauern des Klosters sicher. Doch plötzlich dringt der Lärm der Flugzeugmotoren in die Gewölbe, und Bomben detonieren. Die jahrhundertealten Mauern wanken und brechen zusammen. Die Menschen flüchten ins Freie.

Die Krypta des Klosters mit den Gebeinen Benedikts bleibt unversehrt, und ebenso verliert keiner der Mönche sein Leben. Die heiligen Gebäude jedoch werden durch den alliierten Bombenangriff beinahe vollständig zerstört. Als sich der Rauch vom Gipfel des Berges verzieht, wird nichts als ein bizarrer Trümmerhaufen sichtbar.

Der malerisch gelegene Ort Cassino (Italien) mit dem darüberliegenden Benediktinerkloster Montecassino vor dem Angriff der US-amerikanischen Luftwaffe

Ein Benediktinerkloster als Ziel militärischer Operationen

Das jahrhundertealte Benediktinerkloster Montecassino wird von alliierten Kampfflugzeugen auf Veranlassung von General Bernard Freyberg bombardiert und dem Erdboden gleichgemacht. Die Zerstörung des heiligen Ortes, eines Kulturdenkmals ersten Ranges, ist das Ergebnis einer offenbaren Fehleinschätzung der militärischen Bedeutung des Klosters von seiten General Freybergs.

Montecassino liegt auf der deutschen »Gustav«-Linie, die im Herbst 1943 quer durch den Stiefel Italiens gezogen wurde, um den alliierten Vormarsch auf Rom zu stoppen. Seit Januar 1944 rennen alliierte Verbände gegen die deutsche Frontlinie an und versuchen, bei Montecassino in Richtung Norden durchzubrechen.

Um die Benediktinerabtei aus den Kämpfen herauszuhalten, hatte der Oberbefehlshaber der deutschen Truppen in Italien, Albert Kesselring, um das Kloster einen Sperr-

kreis von 300 m Durchmesser gelegt, den zu betreten allen deutschen Soldaten, selbst den verwundeten, streng verboten war. Die Kunstschätze und die Bibliothek des Klosters waren schon Ende 1943 nach Rom gebracht und dem Vatikan übergeben worden.

Freyberg jedoch, der Kommandant der 2. neuseeländischen Division, verlangt die Bombardierung des Klosters. Er behauptet, daß die Abtei von deutschen Truppen besetzt sei, wobei er sich auf die Aussage eines britischen Aufklärungsfliegers stützt, der Sendeantennen über

dem Kloster gesehen haben will. Obwohl US-General Mark Wayne Clark die Bombardierung zunächst als »Vandalismus« ablehnt, stimmt er schließlich doch zu, da er sonst den Rückzug aller neuseeländischen Truppen auf Veranlassung Freybergs befürchtet.

Der zentrale Hofplatz des italienischen Benediktinerklosters Montecassino, das 529 n. Chr. erbaut wurde

Das Grabmal von Pietro de Medici aus dem 16. Jahrhundert gehört zu den Schätzen des Klosters Montecassino

Noch halb von einer Rauchwolke bedeckt zeigt sich der nach einem alliierten Bombenangriff zerstörte Ort Cassino unterhalb des Klosters Montecassino

Blick in das Innere der Basilika von Montecassino; der heilige Raum ist mit Marmor, Mosaiken und zahlreichen Fresken aufs wertvollste ausgestattet

FFI – Armee der Résistance

1. Februar. General Charles de Gaulle, der Vorsitzende der französischen Exilregierung in Algier, vereint alle kämpfenden Kräfte der innerfranzösischen Widerstandsbewegung (Résistance) in der »Forces françaises de l'Intérieur« (FFI). Zum Oberkommandierenden der Widerstandsarmee wird General Marie Pierre Koenig berufen.

In der FFI werden die paramilitärischen Kräfte der drei größten Organisationen der Inlandsrésistance vereint: 1. die »Armée Secrète«, die Truppen der gaullistisch orientierten Widerstandsgruppe »Mouvements Unis de la Résistance«; 2. die »Francs-Tireurs et Partisans«, die Militärorganisation der kommunistischen »Front National«; 3. die »Organisation de Résistance de l'Armée«, die 1942 aus der Waffenstill-standsarmee hervorgegangen war. Die FFI kämpft mit großem Erfolg an der Seite der Alliierten und hat einen wesentlichen Anteil an der Befreiung Frankreichs von den deutschen Besatzungstruppen (→ 27.7./S.112).

Französische Widerstandskämpfer

Eine Einheit der französischen Befreiungsarmee trainiert in einem geheimen Ausbildungslager; den Truppen fehlt es vor allem an Waffen und Munition

Erhöhte Kindersterblichkeit

29. Februar. Durch Nahrungsmittelmangel und eine damit in Zusammenhang stehende steigende Zahl von Krankheitsfällen hat die Kindersterblichkeit in den vom Deutschen Reich besetzten Ländern in erschreckendem Maße zugenommen. Dies geht aus einem Bericht hervor, der in der »Neuen Zürcher Zeitung« veröffentlicht wird.

Die Sterblichkeit der Kinder unter einem Jahr erhöhte sich gegenüber der Vorkriegszeit in Belgien um 15 %, in Frankreich um 16%, in den Niederlanden um 28% und in Warschau um 78%. Ähnlich erschreckende Zahlen gelten für andere Altersgruppen. In den Niederlanden z.B. stieg die Sterberate bei den 15 bis 24jähri-gen um 43%. Der Hauptgrund für diese katastrophale Entwicklung liegt in der Schwächung der körperlichen Widerstandskraft durch eine unzureichende und qualitätsmäßig schlechte Versorgung mit Lebensmitteln. Milch und Fette beispielsweise sind in vielen Gebieten überhaupt nicht mehr zu bekommen.

Eines der größten Probleme ist die Tuberkulose, die vor allem Kinder befällt. In Frankreich hat die Zahl der Erkrankungen im Vergleich zur Vorkriegszeit um 40%, in manchen Gegenden Belgiens um 800% zugenommen. Der Mangel an Seife und anderen Hygieneartikeln begünstigt die Verbreitung von Haut- und Infektionskrankheiten.

»Big Week« – Luftoffensive gegen deutsche Industrieziele

20. Februar. Die alliierte Luftoffensive »Big Week« beginnt. Hauptziel der schweren Bombenangriffe, die für die Dauer von zehn Tagen angesetzt sind, aber schon am 25. Februar wegen schlechter Wetterlage abgebrochen werden, ist die vollständige und endgültige Vernichtung der deutschen Flugzeugindustrie und wichtiger Zulieferfabriken.

Die »Double-Blow«-Taktik

Ab Februar 1944 wenden die alliierten Bomber verstärkt die »Double-Blow«-Taktik (Doppelangriff) an, die darin besteht, dasselbe Ziel kurz hintereinander mehrmals anzugreifen. Damit soll verhindert werden, daß wertvolle Einrichtungen, die beim ersten Bombardement verschont geblieben sind, rechtzeitig geborgen werden können.

Die Kugellagerfabriken in Schweinfurt sind das erste Ziel eines »Double-Blow«-Angriffs. Sie werden erst von US-amerikanischen und nur wenige Stunden später von britischen Flugzeugen bombardiert.

Der erste Angriff im Rahmen der »Big Week« wird am 20. Februar von 1000 viermotorigen US-Bombern durchgeführt. Er gilt den Luftfahrtindustriezentren Oschersleben, Braunschweig, Tutow, Hamburg und Posen, vor allem aber den im Raum Leipzig gelegenen Flugzeugwerken, die über ein Drittel der Jäger vom Typ »Me 109« und vom Typ »Me 110« herstellen.

Am ersten Tag der »Big Week« fallen insgesamt 3830 t Bomben. Der deutschen Luftabwehr gelingt es lediglich, sieben der feindlichen Kampfflugzeuge und zusätzlich 13 Begleitjäger abzuschießen.

Der nächste Großangriff im Rahmen der Luftoffensive erfolgt am 24. Februar mit einer »Double-Blow«-Operation gegen die Kugellagerwerke in Schweinfurt. Der erste Teil des Doppelangriffs wird von 266 »Fliegenden Festungen« der US-Luftwaffe durchgeführt. Wegen des starken Jagdschutzes durch Mustang- und Thunderbolt-Jäger kann die deutsche Abwehr nur elf Flugzeuge abschießen. Knapp zwölf Stunden später befinden sich 662 britische Bomber im Anflug auf Schweinfurt. Aber dieser zweite Teil der »Double-Blow«-Aktion mißlingt: Nur 22 Maschinen können das Ziel ausfindig machen. Die übrigen 640 Flugzeuge laden ihre Bombenlast in der weiteren Umgebung ab. 33 britische Bomber werden bei der Operation abgeschossen.

Am 25. Februar bricht die US-Luftwaffe die Offensive »Big Week« wegen einer Schlechtwetterperiode ab. Bei den Tagesangriffen zwischen dem 20. und 25. Februar werden fast 10 000 t Bomben auf Anlagen der deutschen Luftfahrtindustrie geworfen. Die effektiven Produktionsausfälle bei der Flugzeugherstellung bleiben jedoch insgesamt gering.

Kriegsproduktion wird fortgesetzt

Die deutsche Rüstungsproduktion wird trotz der alliierten Luftoffensive fast ohne Einschränkungen fortgesetzt.

Dies wird dadurch ermöglicht, daß man ab Herbst 1943 dazu übergegangen war, die Fabrikationsprozesse für die Herstellung von Rüstungsgütern zu unterteilen, räumlich zu trennen und z. T. unter die Erde zu verlegen.

Auch in Großbritannien geht die Produktion von Kriegsgerät ungebrochen weiter. Vor allem Rüstungsmaterial für die Luftschlacht – Bomben, Sprengstoffe und Flugzeugteile – werden in steigenden Mengen fabriziert.

Den Blick nach oben gerichtet, beobachtet ein Bauer die näherkommenden feindlichen Flugzeuge; gleichgültig, ob die Bombenangriffe Industriewerken, Verkehrsanlagen oder Städten gelten – meistens sind Zivilisten die Leidtragenden

Britische Frau beim Verarbeiten von geschmolzenem Sprengstoff

US-amerikanische Kampfflugzeuge auf ihrem Weg zu Angriffszielen im Deutschen Reich; die US Air Force und die britische Royal Air Force kontrollieren mittlerweile nahezu den gesamten Luftraum über dem Reichsgebiet; deutsche Abfangjäger können nur noch geringe Erfolge erzielen

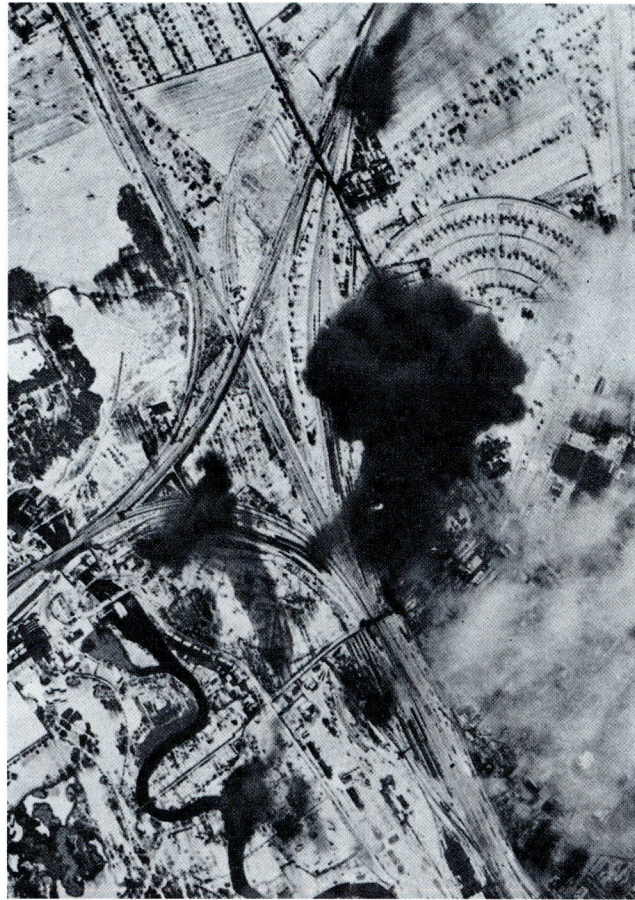

Braunschweig während eines US-amerikanischen Bombenangriffs; Ziel sind Produktionsstätten der Luftfahrtindustrie

Britische Arbeiterinnen bei der Rüstungsproduktion; unter Einsatz aller verfügbaren Arbeitskräfte und mit Massenfertigungsverfahren wird versucht, die Kriegsproduktion zu steigern

Leipzig wird von den Kampfflugzeugen der US Air Force angegriffen; die Brand- und Sprengbomben werden in erster Linie auf die Flugzeugwerke Junkers und Messerschmitt abgeworfen

Ein stark zerstörter Platz in Augsburg nach einem alliierten Doppelangriff; neben Wohnhäusern sind auch zahlreiche historische Gebäude schwer beschädigt

Augsburg wird von alliierten Bombenangriffen verwüstet

25. Februar. Am Nachmittag wird die Stadt Augsburg von US-amerikanischen und in der darauffolgenden Nacht von britischen Luftstreitkräften bombardiert. Bei dem Doppelangriff verlieren 730 Einwohner ihr Leben und zahlreiche, darunter viele historische Gebäude werden vollständig zerstört.

Der erste Angriff wird von US-Bombern der Typen »fliegende Festung« und »Liberator« durchgeführt, die von Großbritannien und Italien aus starten und neben Augsburg auch Regensburg, Fürth und Stuttgart mit ihren Bomben belegen. Bei klarem Wetter gelingt es ihnen trotz heftiger deutscher Jagdabwehr, zahlreiche Industrieziele und ausgedehnte Wohngebiete in Schutt und Asche zu legen.

Das Bombardement der US-Geschwader auf Augsburg gilt in erster Linie den Messerschmitt-Werken, die zu den bedeutendsten Flugzeugfabrikations- und -montagebetrieben im Deutschen Reich

zählen. Nur wenige Stunden nach Ende dieser ersten Zerstörungswelle fliegt in der folgenden Nacht ein britischer Verband einen 45minütigen, vernichtenden Angriff auf die Stadt selbst, in dessen Folge einige Großbrände entstehen. Kaum haben die Augsburger Feuerwehren, unterstützt von der Bevölkerung, den Kampf gegen das Feuer aufgenommen, als ein zweiter britischer Großangriff von gleicher Dauer einsetzt. Das Chaos in der zerbombten Stadt sowie Angst und Schrecken unter der Bevölkerung erreichen ihren Höhepunkt.

Als die Kampfflugzeuge abziehen, sind rund 2450 Sprengbomben, 45 000 Phosphorbomben, 1200 Flüssigkeitsbomben und 250 000 Stabbrandbomben auf Augsburg gefallen. Am schwersten betroffen und zu großen Teilen zerstört sind das Krankenhausviertel, die Jakober Vorstadt, die Innenstadt und daneben auch die Vorstädte Lechhausen, Pfersee und Oberhausen.

Verstörte Menschenmassen flüchten aus den brennenden und zerstörten Gebieten oder versuchen, sich aus ganz oder teilweise eingestürzten Häusern zu retten. Etwa 3000 größere und 1500 Kleinbrände sind in allen Ecken der Stadt ausgebrochen, und der Feuerwehr, deren Arbeit durch verminderten Wasserdruck und Vereisung erschwert wird, gelingt es nur mit Mühe, Großflächenbrände und Feuerstürme zu verhindern.

Als die letzten Feuer gelöscht sind und sich die Folgen des verheerenden Doppelangriffs absehen lassen, ergibt sich, daß 730 Menschen den Tod gefunden haben und zahlreiche Einwohner z.T. schwer verletzt worden sind. Das Rathaus mit dem berühmten »Goldenen Saal« ist völlig zerstört. Ausgebrannt sind die St.-Moritz-, die St.-Stephans-, die katholische Heiligkreuz-, die St.-Max-Kirche, die Barfüßer- und St.-Jakobskirche; verwüstet sind die Fuggerhäuser, viele der schönen

Privatbauten der Altstadt und ein Teil der Fuggerei. Stadttheater und Justizgebäude sind ausgebrannt. Auch ein Großteil der Industriebetriebe im Stadtgebiet und im näheren Umland ist schwer getroffen.

Die Zerstörung von Augsburg ist ein Beispiel für die verheerende Wirkung des Luftkrieges, unter dem vor allem die deutsche Bevölkerung zunehmend zu leiden hat. Während 1940 noch rund dreimal mehr deutsche Bomben auf Großbritannien fielen als alliierte Bomben auf das Deutsche Reich, hat sich dieses Verhältnis nun umgekehrt. Im Laufe des Jahres 1944 gehen 1 188 577 t Bomben auf das Deutsche Reich nieder; die deutsche Luftwaffe dagegen wirft einschließlich der »Vergeltungs«-Waffen (→ 12.6./S.100) nur noch 9151 t auf Großbritannien. Allein im ersten Halbjahr 1944 werden an 36 Tagen und 55 Nächten 102 größere Angriffe auf 36 Städte im deutschen Reichsgebiet unternommen.

Konflikt um eine Westverschiebung Polens

22. Februar. Der britische Premierminister Winston Churchill äußert sich in einer Rede vor dem Unterhaus in London zum polnisch-sowjetischen Konflikt über den Gebietsstand Polens. Ganz im Sinne des sowjetischen Partei- und Staatschefs Josef W. Stalin fordert er von der polnischen Exilregierung unter Führung von Ministerpräsident Stanisław Mikołajczyk, einer Westverschiebung des Landes zuzustimmen (→3.8./S.135; 24.11.–S.193). Mikołajczyk solle laut Churchill auf die 1939 an die UdSSR verlorenen Gebiete östlich der »Curzon«-Linie verzichten und dafür als Entschädigung deutsche Territorien östlich der Oder annehmen. Wörtlich sagt der Premierminister: »Ich fühle für Polen eine lebhafte Sympathie; aber ich stehe auch dem russischen Standpunkt sympathisch gegenüber… Ich habe nicht das Gefühl, daß die russischen Forderungen hinsichtlich der Westgrenzen das übersteigen, was man als vernünftig und gerecht bezeichnen darf. Zwischen Stalin und mir herrscht auch Einigkeit darüber, daß Polen eine Kompensation auf Kosten Nord- und Westdeutschlands gegeben werden muß.«

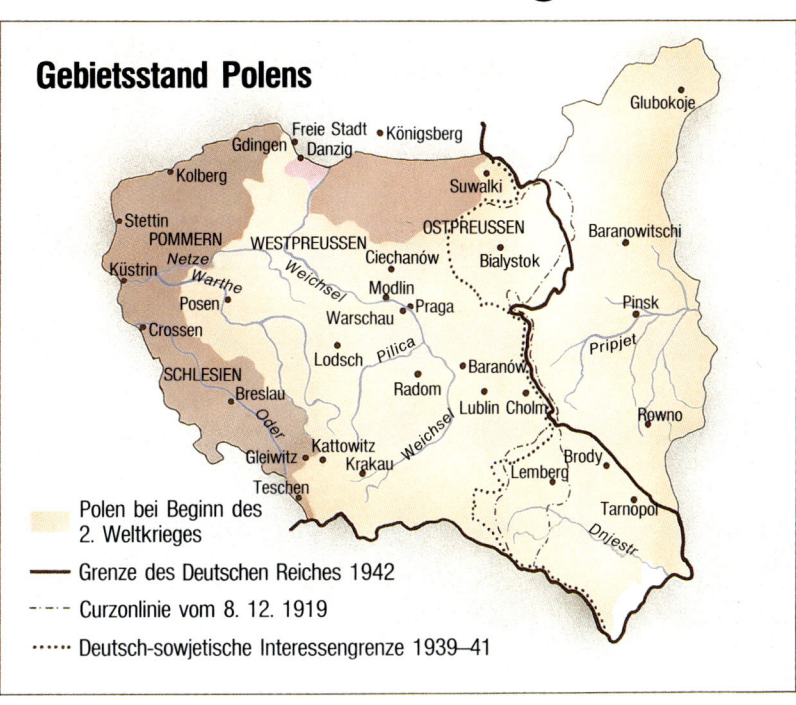

Gebietsstand Polens

Polen bei Beginn des 2. Weltkrieges

—— Grenze des Deutschen Reiches 1942

–·–·– Curzonlinie vom 8. 12. 1919

········ Deutsch-sowjetische Interessengrenze 1939–41

Die polnische Exilregierung in London, die 1943 die Beziehungen zur Sowjetunion abgebrochen hatte, weigert sich jedoch, die »Curzon«-Linie als polnisch-sowjetische Grenze anzuerkennen. Dieser Konflikt führt einerseits zu einer Verschlechterung des Verhältnisses zwischen den Alliierten und der polnischen Exilregierung und andererseits zur Bildung des »Lubliner Komitees«, einer von der UdSSR unterstützten, kommunistischen polnischen Gegenregierung (→22.7./S.113).

Abzug von Spaniens »Blauer Division«

20. Februar. Das im Zweiten Weltkrieg neutrale Spanien zieht seine letzte Legion von der Kriegsfront im Osten zurück. Die Soldaten gehören zu der »Blauen Division«, die der spanische Staatschef Francisco Franco Bahamonde trotz seiner wiederholten Neutralitätsbekundungen »zum Kampf gegen den Kommunismus« entsandt hatte.
Die »Blaue Division« war im Juni 1941 aus Freiwilligen gebildet worden. Sie hatte eine Gesamtstärke von fast 50 000 Mann mit 2272 Unteroffizieren und 640 Offizieren. Unter General Agustín Muñoz Grandes wurden die Soldaten ins Deutsche Reich geschickt, dort am 31. Juli 1941 vereidigt und dann als 250. Infanteriedivision im Nordabschnitt der Ostfront eingesetzt.
Auf Verlangen Francos kehrte ein Großteil der Truppe schon am 8. Oktober 1943 nach Spanien zurück. Lediglich eine Legion blieb an der Front, bis auch diese jetzt auf alliierten Druck abgezogen wird.

Finnland erwägt Frieden

29. Februar. Der Ministerpräsident Finnlands, Edwin Linkomies, berichtet vor dem finnischen Reichstag, daß seine Regierung seit Mitte Februar in Stockholm Geheimver-

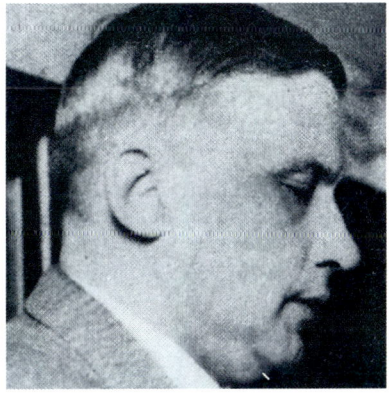

Der finnische Ministerpräsident Edwin Linkomies; bereits seit Sommer 1943 unternimmt er Anstrengungen, um Finnland aus dem Krieg gegen die Sowjetunion herauszuführen; die Verhandlungen scheiterten bislang aber an den harten Bedingungen der UdSSR für einen Waffenstillstand

handlungen mit der Sowjetunion über einen möglichen Waffenstillstand zwischen beiden Ländern führt. Er informiert über die sowjetischen Bedingungen für einen Frieden, die zwar hart seien, aber nicht das Ziel hätten, die Selbständigkeit des Landes zu vernichten.
Finnland hatte schon im Sommer 1943 einen ersten Versuch unternommen, aus dem Krieg auszuscheiden. Mit dem Vordringen der Roten Armee nach Westen und dem Zusammenbruch der deutschen Ostfront war der Druck gewachsen, die Friedensverhandlungen mit der UdSSR voranzutreiben.
Als Ergebnis der Stockholmer Gespräche stellt die UdSSR folgende Hauptbedingungen für einen Waffenstillstand: 1. Abbruch der Beziehungen zum Deutschen Reich; 2. Internierung der in Finnland befindlichen deutschen Truppen; 3. Rückzug der finnischen Truppen auf die Grenzen von 1940. Der endgültige Friedensvertrag wird am →19. September 1944 (S.135) unterzeichnet.

Die UdSSR ändert ihre Verfassung

1. Februar. Der Oberste Sowjet beschließt, die Verfassung der UdSSR zu ändern, so daß jede der einzelnen Sowjetrepubliken künftig eine größere Selbständigkeit erhält. Hintergrund der Entscheidung ist der sowjetische Wunsch, in den Vereinten Nationen Anspruch auf mehrere Stimmen zu haben.
Die Änderung der Verfassung bestimmt, daß für alle 16 Einzelrepubliken ein eigenes Verteidigungs- und Außenkommissariat geschaffen wird, so daß sie die Möglichkeit erhalten, in direkte Beziehungen zu fremden Mächten zu treten, eigene Abkommen zu unterzeichnen und auf Wunsch diplomatische Beziehungen abzubrechen. Ferner soll jede Sowjetrepublik künftig eine eigene Armee aufstellen, die dann als geschlossene Einheit in die Rote Armee eingegliedert wird.

Türkei lehnt einen Kriegseintritt ab

10. Februar. Die britisch-türkischen Geheimverhandlungen in Ankara über eine »Bündnispflicht der Türken« gegenüber den Alliierten werden ergebnislos abgebrochen. Daraufhin stellt Großbritannien am 2. März die Lieferung von Militärgütern an die Türkei ein.

İsmet İnönü, Staatspräsident der Türkei; İnönü setzt die Neutralitätspolitik der Türkei auch nach Beginn des Zweiten Weltkrieges konsequent fort, er widersetzt sich bislang allen Forderungen der Alliierten, die diplomatischen Beziehungen zum Deutschen Reich abzubrechen und eine Kriegserklärung auszusprechen.

In den im vergangenen Jahr begonnenen Gesprächen hatte Großbritannien die Türkei wiederholt aufgefordert, auf Seiten der Alliierten in den Krieg gegen das Deutsche Reich einzutreten oder zumindest klare Position als verbündeter Staat zu beziehen. Diese Forderungen lehnte die Türkei ab – einerseits, da sie kein Interesse an einer Verwicklung in das Kriegsgeschehen hat, andererseits aus Ärger darüber, daß sie von den Alliierten nicht in deren langfristige politische und militärische Pläne eingeweiht wurde.

Deutscher Ausbruch bei Tscherkassy fordert 20 000 Tote

17. Februar. Die seit dem 28. Januar in der Ukraine bei Tscherkassy eingeschlossenen deutschen Truppen brechen aus, obwohl der deutsche Führer und Reichskanzler Adolf Hitler befohlen hatte, den Kessel unter allen Umständen zu halten. Nur 30 000 der insgesamt 50 000 Soldaten gelingt es, sich in Richtung Westen durchzuschlagen.

Die Lage der beiden westlich des Dnjeprs eingekesselten Armeekorps (XI. und XXXXII. Armeekorps) war so aussichtslos geworden, daß der Oberbefehlshaber der deutschen Heeresgruppe Süd, Generalfeldmarschall Erich von Manstein, entgegen der Anordnung Hitlers dem Oberkommandierenden der eingeschlossenen Truppen, General Wilhelm Stemmermann, befohlen hatte, seine Soldaten auf jeden Fall durchbrechen zu lassen.

Stemmermann sammelte daraufhin die schon völlig erschöpften Männer und bereitete den Ausbruch vor. Am Abend des 17. Februars läßt er die letzten Granaten verschießen. Dann formieren sich die noch kampffähigen Soldaten hinter den übriggebliebenen deutschen Panzern zu drei Kolonnen. In der Nacht wirft sich der verzweifelte Haufen, bewaffnet nur mit Seitengewehren, auf die sowjetischen Belagerungskräfte. Diese sind von dem Angriff völlig überrascht, so daß immerhin noch 30 000 deutschen Soldaten der Durchbruch gelingt. Die allgemeine Verwirrung ist so groß, daß hinterher keiner der

Ein deutsches Sturmgeschütz schießt sich im Kampf bei Tscherkassy den Weg frei; der Rauch einer soeben abgefeuerten Granate vernebelt die Sicht

Eine deutsche Vierlingsflak sichert den Versorgungsflugplatz bei Tscherkassy

Toter Soldat im Schützengraben

Überlebenden eine zusammenhängende Darstellung von dem Ablauf des Kampfgeschehens geben kann. Die nationalsozialistische Propaganda feiert die Aktion als eine Heldentat und einen erneuten Beweis für den ungebrochenen deutschen Kampfgeist. Die überlebenden Soldaten sind dagegen äußerst erstaunt, als sie von ihrem angeblichen »großen Sieg« hören.

In Wirklichkeit sind zwei weitere deutsche Armeekorps geschlagen, da Hitler auf seiner Taktik »Halten um jeden Preis« beharrt. Zur Befreiung der Eingeschlossenen hatte er zwar eine großangelegte Operation mit acht Panzerdivisionen eingeleitet; diesen gelang es jedoch nicht, bis nach Tscherkassy vorzudringen. Die Panzer blieben tagsüber im halbaufgetauten Boden stecken und froren nachts in der Erde fest. Zwei Panzerkorps gelangten zwar bis auf wenige Kilometer an den Kessel heran, stießen dort jedoch auf erbitterten sowjetischen Widerstand und konnten deshalb nicht zu den Eingeschlossenen vordringen.

Auch die von Hitler angeordnete Lufthilfe erwies sich als völlig unzureichend. Über den Flugplatz von Korsun konnte nur ein Teil des Nötigsten herangeschafft werden. Als er in sowjetische Hand fiel, brach die Nahrungsmittel- und Munitionsversorgung vollständig zusammen.

SS-Hauptsturmführer Léon Degrelle (M.) mit Soldaten seiner Einheit, die versucht, die sowjetischen Linien zu durchstoßen und aus dem Kessel von Tscherkassy auszubrechen

Auf einem Sturmgeschütz aufsitzende deutsche Soldaten beim Kartenstudium; nur durch sofortigen Rückzug nach Westen kann ein Großteil der Truppen noch gerettet werden

Deutscher Panzer beim Vorstoß ▷ über die verschneite Ebene in der Umgegend von Tscherkassy (Ukraine)

US-Soldaten auf der Insel Roi; im Hintergrund brennende japanische Stützpunkte

Im Kampf gefallene Japaner auf der Pazifikinsel Namur

Pazifikkrieg: US-Streitkräfte stoßen weiter auf Japan vor

2. Februar. Die Truppen unter US-Admiral Chester William Nimitz landen auf der Marshallinsel Kwajalein im Pazifik und haben damit die Eroberung der gesamten Inselgruppe innerhalb von nur 72 Stunden abgeschlossen. Während die Truppen von Nimitz durch den mittleren Pazifik unaufhaltsam auf Japan vordringen, nähert sich US-General Douglas MacArthur aus südwestlicher Richtung.

Die Eroberung der Marshallinseln hatte am Morgen des 31. Januar mit Angriffen auf das Herzstück der Inselgruppe, Kwajalein, begonnen. Gut 40 000 US-Soldaten sowie mehrere hundert amphibische Fahrzeuge und Zugmaschinen wurden bei dem Landungsunternehmen eingesetzt. Die knapp 9000 Japaner, die zur Verteidigung der Atolle bereitstanden, hatten gegen diese Übermacht keine Chance, und nach dreitägigem Kampf sind alle mit Ausnahme von 265 Gefangenen getötet. Unter den US-Truppen zählt man 272 Gefallene und Vermißte.

Admiral Nimitz hat einen schnellen und vollständigen Sieg errungen. Er verzichtet darauf, die sechs übrigen japanischen Stützpunkte auf den Marshallinseln anzugreifen, da sie nun keine militärische Bedeutung mehr haben. Nur das Atoll Eniwetok wird noch eingenommen.

▷ *Die Generäle Douglas MacArthur (l.) und George Catlett Marshall leiten die Operationen gegen Japan.*

Die Karolinen und die Marianen bilden die nächsten Etappen des US-Vorstoßes im mittleren Pazifik. Noch im Februar beginnt die Bombardierung von Truk, einer bedeutenden japanischen Flottenbasis auf den Karolinen. Mehrere Dutzend japanische Schiffe und annähernd 300 ihrer Flugzeuge werden vollständig zerstört oder stark beschädigt.

Während die Japaner durch Admiral Nimitz eine Niederlage nach der anderen hinnehmen müssen, werden sie im Südwest-Pazifik durch die Truppen von General MacArthur bedrängt. Dank ihrer enormen militärischen Schlagkraft können es sich die Vereinigten Staaten leisten, auf zwei parallelen Wegen gegen die japanischen Streitkräfte vorzudringen. General MacArthur steht im Februar mit seinen Truppen auf den Salomoninseln. Sein Plan ist zunächst die Zerschlagung des japanischen Luftwaffen- und Flottenstützpunktes Rabaul, um dann den Weg über Neuguinea, die Molukken und die Philippinen Richtung Westen auf das japanische Mutterland zu nehmen (→ 20.6./S.98).

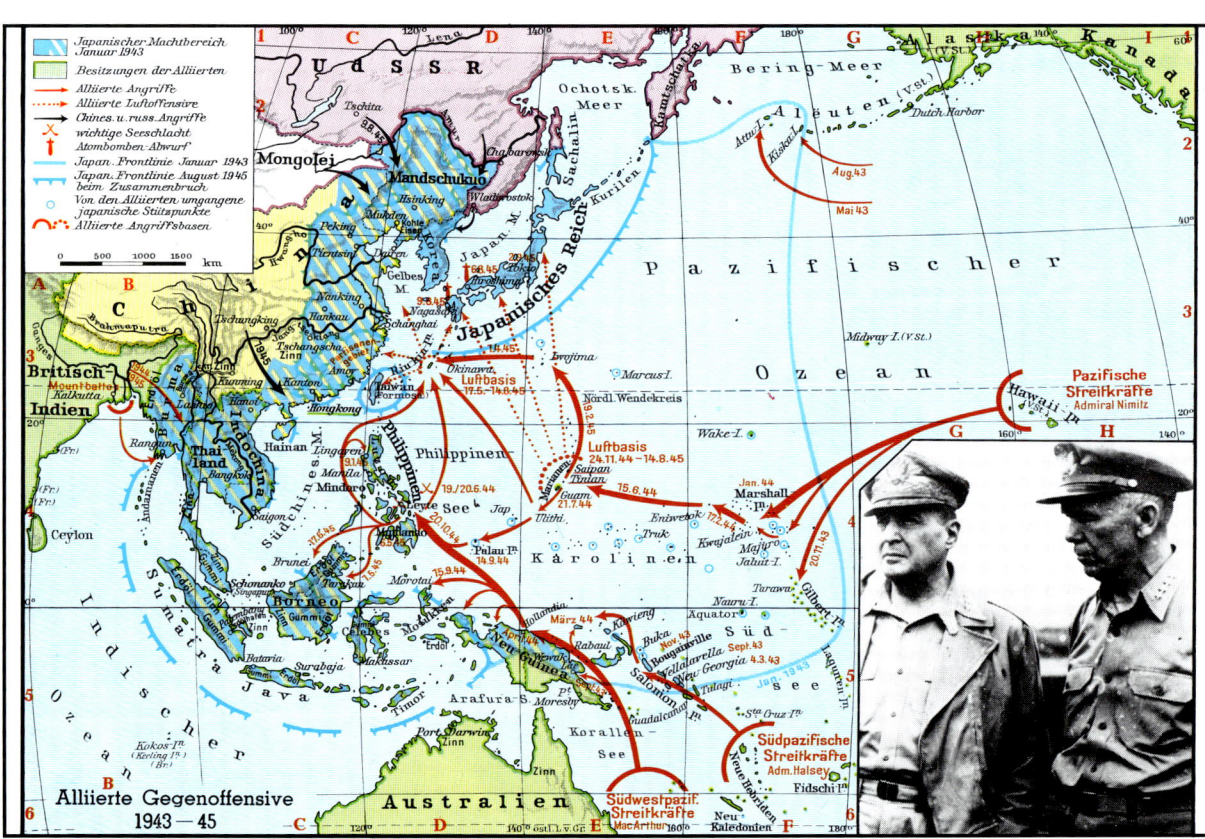

Soldaten der anglo-indischen Armee beim Gegenstoß nach Birma

Der britische Admiral Louis Mountbatten (2. v. l.) mit Offizieren im Hauptquartier in Birma

Indienoffensive der japanischen Armee

4. Februar. In Westbirma kommt es zu einer Offensive der Japaner gegen anglo-indische Truppen, in deren Verlauf japanische Verbände die indische Grenze überschreiten. Zum ersten Mal kämpfen auf Seiten Japans auch Einheiten der nationalindischen Befreiungsarmee unter Subhas Chandra Bose.

Die Japaner, die das von ihnen besetzte Birma bislang hauptsächlich als Verteidigungsflanke genutzt hatten, entschließen sich nun doch zu einem Einfall nach Indien, zumal der radikale indische Unabhängigkeitskämpfer Bose erklärt hatte, daß er in diesem Fall im indischen Bundesstaat Assam einen nationalen Aufstand gegen die britische Vorherrschaft entfachen wolle.

Drei Divisionen der 15. japanischen Armee beginnen mit der Offensive in der Ebene von Imphal im Zentrum der Frontlinie entlang der indisch-birmesischen Grenze. Die Japaner besitzen jedoch nicht mehr ihre frühere militärische Durchschlagskraft, und so gelingt es den anglo-indischen Truppen unter dem Oberbefehl des britischen Admirals Louis Mountbatten, sie aus Indien wieder zu vertreiben.

Während die Japaner bei Imphal in die Offensive gehen, werden sie an anderen Frontabschnitten in Birma ihrerseits bedrängt. Im Küstengebiet und im Norden dringen britische und im Osten chinesische Truppenverbände in das Land ein.

Forderung nach Aufstockung der US-Truppen

26. Februar. Rund 10,6 Millionen US-Amerikaner befinden sich nach Mitteilung des Kriegsrekrutierungsamtes der USA gegenwärtig unter Waffen. US-Präsident Franklin Delano Roosevelt ruft jedoch zu noch härterem Kriegseinsatz auf und fordert neben einer Erhöhung der Rüstungsproduktion eine Aufstockung des Mannschaftsstandes der Armee des Landes durch Verschärfung der Einberufungsbestimmungen.

Allein bis zum Juli sollen weitere 700 000 Männer eingezogen werden, so daß dann 11,3 Millionen im aktiven Kriegsdienst stehen. Insgesamt sind in den Vereinigten Staaten zur Zeit rund 22 Millionen Männer im Alter zwischen 18 und 37 Jahren bei den Erhebungsstellen registriert. Etwa 3,5 Millionen gelten als kriegsuntauglich, und nochmal soviele sind vom Militärdienst befreit, weil sie einer kriegswichtigen Beschäftigung nachgehen. Gut 4,5 Millionen Männer wurden bislang nicht einberufen, da sie als einzige Ernährer ihrer Familien unabkömmlich sind.

Die Forderung Roosevelts nach einer weiteren Erhöhung des US-Truppenbestandes bedeutet, daß auch Familienväter einberufen werden können, da eine Herabsetzung des Gesundheitsstandards vorerst nicht sinnvoll ist.

Die Verschärfung der Einberufungsbestimmungen wird notwendig, da die USA für die bevorstehende Invasion in Frankreich (→ 6.6./S.90) Truppen aufstellen müssen und die Kriegslage es nicht erlaubt, Kräfte aus Süditalien oder dem Pazifik abzuziehen.

Machtwechsel in Argentinien

24. Februar. Einige argentinische Offiziere, die für ihre freundliche Haltung gegenüber den Achsenmächten bekannt sind, zwingen Staatspräsident Pedro Pablo Ramírez, der in letzter Zeit einen neutraleren Kurs eingeschlagen hatte, gewaltsam zum Rücktritt. Daraufhin brechen die USA am 4. März ihre Beziehungen zu Argentinien ab.

Die Putschisten stellen sich gegen Ramírez, weil er von seiner achsenfreundlichen Haltung immer mehr abgerückt war und schließlich im Januar die diplomatischen Beziehungen zum Deutschen Reich und zu Japan abgebrochen hatte. Als bekannt wird, daß er außerdem die Bildung einer neuen, liberaleren Regierung durchsetzen will, zwingen ihn einige rechtsradikale Offiziere, von seinem Amt zurückzutreten, und setzen Edelmiro Fárrell als neuen Staatspräsidenten Argentiniens ein.

Diese Entwicklung veranlaßt die USA dazu, ihre schon gegen die Regierung Ramírez ausgesprochene Drohung wahrzumachen und ihre diplomatischen Vertreter aus Argentinien zurückzurufen. Ein weiterer Grund für diesen Schritt besteht darin, daß die deutsche Botschaft in Buenos Aires schon seit langer Zeit als deutsches Spionagezentrum für die gesamte westliche Welt gilt. Am 6. März bricht auch Großbritannien die diplomatischen Beziehungen zu Argentinien ab (→ 27.6./S.98).

Heeresführung in Japan umbesetzt

21. Februar. In Japan werden die Konsequenzen aus den jüngst im Pazifik erlittenen Niederlagen der japanischen Flotte gezogen und Umbesetzungen in der militärischen Kommandoführung vorgenommen.

Zum Heeresstabschef wird Ministerpräsident und Kriegsminister Hideki Todscho ernannt. Als Stabschef der Marine wird Marineminister Shigetaro Shimada berufen.

Zu der Verschmelzung von Staatspolitik und Kriegführung erklärt Todscho, daß der Augenblick gekommen sei, »Front und Heimat zusammenzufassen, um in gemeinsamer Kraftanstrengung den Feind niederzuwerfen«.

Abwehrchef Canaris erhält die Entlassung

12. Februar. Die deutsche Widerstandsbewegung wird von einem harten Schlag getroffen: Admiral Wilhelm Canaris, Chef der deutschen Abwehr des Geheimdienstes im Oberkommando der Wehrmacht (OKW), wird entlassen. Unter seiner Leitung hatte sich die Abteilung »Abwehr« zu einem organisatorischen Zentrum des deutschen Widerstands entwickelt.

Bereits im April 1943 war die Abwehrabteilung im OKW in Verruf geraten, und die Mitarbeiter von Canaris, Hans Oster, Hans von Dohnanyi und Helmuth Groscurth, waren wegen ihrer Widerstandsaktionen gegen das NS-Regime entlassen bzw. von der Geheimen Staatspolizei (Gestapo) verhaftet worden. Der vernichtende Schlag der nationalsozialistischen Machthaber gegen Canaris und die gesamte Abteilung blieb jedoch damals noch aus.

Erst ein neuer »Skandal« im Bereich der Abwehr – der deutsche Abwehrbeauftragte in der Türkei war zum britischen Geheimdienst übergelaufen – bringt das Ende für Canaris. Der deutsche Führer und Reichskanzler Adolf Hitler konstatiert ein generelles Versagen des Geheimdienstes, enthebt Admiral Canaris seines Postens und unterstellt den Gesamtbereich dem Reichssicherheitshauptamt (RSHA), wo er von SS-Gruppenführer Walter Schellenberg übernommen wird.

Dies bedeutet einen schweren Rückschlag für den deutschen Widerstand. Einige führende Offiziere der Geheimdienstabteilung waren NS-Gegner und hatten unter dem Schutz von Canaris aktiv am Sturz Hitlers gearbeitet. Die Abwehr hatte vor allem organisatorische Bedeutung. Sie besorgte Sprengstoff für Attentate, stellte echte und gefälschte Papiere für Verschwörer und Verfolgte aus und organisierte mehrfach eine Kontaktaufnahme deutscher Widerstandskämpfer zum Vatikan sowie zu Großbritannien und den Vereinigten Staaten.

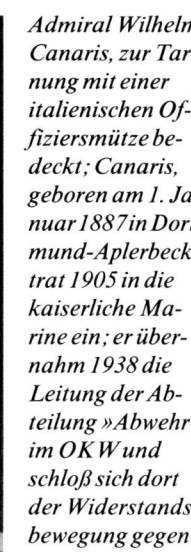

Admiral Wilhelm Canaris, zur Tarnung mit einer italienischen Offiziersmütze bedeckt; Canaris, geboren am 1. Januar 1887 in Dortmund-Aplerbeck, trat 1905 in die kaiserliche Marine ein; er übernahm 1938 die Leitung der Abteilung »Abwehr« im OKW und schloß sich dort der Widerstandsbewegung gegen Adolf Hitler an

Canaris: Patriot und Hitler-Gegner

Welche Rolle der deutsche Abwehrchef Wilhelm Canaris in der Widerstandsbewegung gespielt hat, läßt sich letztlich nicht eindeutig erklären. Seine Position bleibt undurchsichtig und widersprüchlich.

Einerseits war er der Meinung, daß der deutsche Führer und Reichskanzler Adolf Hitler das Deutsche Reich ins Verderben führe und wünschte deshalb als Patriot seine Beseitigung. Außerdem verabscheute er als kultivierter Mensch das Brutale am Nationalsozialismus. Andererseits unterstützte er mit seiner Tätigkeit als Geheimdienstchef das NS-Regime und arbeitete mit dem Sicherheitsdienst und der Geheimen Staatspolizei zusammen.

Er war zwar der große Schutzherr des militärischen Widerstands, scheute aber selber vor einem »Landesverrat« zurück. Canaris wurde nach dem → 20. Juli (S.115) verhaftet, bald darauf zum Tode verurteilt und am 9. April 1945 hingerichtet.

Aufruf zum Arbeitsdienst

16. Februar. Der Generalbevollmächtigte für den Arbeitseinsatz im Deutschen Reich, Fritz Sauckel, ruft zur freiwilligen Tätigkeit in der Kriegswirtschaft auf. Jeder, der nicht von Gesetzes wegen zur Arbeit verpflichtet sei, solle sich möglichst sofort in »einem freiwilligen Ehrendienst« zur Verfügung stellen.

Obwohl bereits für alle deutschen Männer bis zu 65 Jahren und alle deutschen Frauen bis zu 45 Jahren eine gesetzliche Arbeitsdienstpflicht besteht und zusätzlich Hunderttausende von Ausländern meist gegen ihren Willen zu Tätigkeiten in deutschen Fabriken gezwungen werden, kann der Bedarf der Rüstungs- und Kriegsindustrie an Arbeitskräften immer noch nicht auch nur annähernd gedeckt werden.

Mit seinem Aufruf an die »Freiwilligen« wendet sich Sauckel nun an die allerletzten Reserven. Eindringlich fordert er vor allem Pensionäre und Frauen auf, ernsthaft ihr Gewissen zu prüfen und sich dann soweit wie möglich für »die deutsche Kriegswirtschaft und damit für den Sieg zur Verfügung zu stellen«. Dem guten Willen zur Annahme einer Beschäftigung, so Sauckel, seien keinerlei Grenzen gesetzt.

Pensionär, der in der deutschen Rüstungsindustrie beschäftigt ist

Deutscher Zwergpanzer

16. Februar. Im Rahmen einer Offensive gegen den alliierten Landekopf bei Anzio (→ 22.1./S.18) setzt die deutsche Wehrmacht mit großem Erfolg den ferngesteuerten Zwergpanzer »Goliath« ein.

Der neuentwickelte Panzer kann rund 90 kg Sprengstoff tragen und soll Brücken, Hindernisse, Feldbefestigungen u.a.m. ohne Einsatz von Menschenleben vernichten. Beide Typen des »Goliath«, »B-1-A« und »B-1-B«, sind 1,6 m lang, 0,66 m breit, 0,67 m hoch und erreichen eine Geschwindigkeit von 19 km/h. »B-1-A« wird mit Hilfe von Funkwellen gesteuert und hat eine Reichweite von 1000 m; »B-1-B« wird über Draht gesteuert, und seine Reichweite beträgt 610 m.

Zwergpanzer »Goliath« mit Kabelrolle für Steuerung und Zündung; der 1,6 m lange, 66 cm breite und 67 cm hohe Kleinpanzer kann 90 kg Sprengstoff tragen

Bildungswesen 1944:

Kriegsdienst statt schulischer Ausbildung

Bildung und Erziehung stehen im Deutschen Reich ganz und gar im Zeichen der nationalsozialistischen Weltanschauung und werden 1944 durch die Anforderungen des »totalen Krieges« bestimmt.

Der geregelte Schulbetrieb bricht fast vollständig zusammen, weil Lehrer und Schüler »kriegswichtige« Aufgaben übernehmen müssen oder weil die fortdauernden Bombenangriffe einen Unterricht unmöglich machen.

In besonders luftkriegsgefährdeten Gebieten, also vor allem in den Großstädten, werden die Schulen geschlossen und viele Kinder im Rahmen der Kinderlandverschickung (KLV) in ländliche Gebiete nach Ost- und Süddeutschland, in das Protektorat Böhmen und Mähren, in die Slowakei oder auch nach Ungarn gebracht. Ganze Schulklassen und sogar die Belegschaften ganzer Schulen sind von dieser Maßnahme betroffen.

Die Erziehung in den KLV-Lagern, die in der Hand der Hitlerjugend liegt, beschränkt sich im wesentlichen auf eine Charakterschulung im Sinne des Nationalsozialismus und eine vormilitärische Ausbildung. Der Einfluß der Eltern ist nahezu ausgeschaltet. Der Schulunterricht und damit die intellektuelle Ausbildung wird immer weiter eingeschränkt, vor allem da nicht mehr genügend kompetente Lehrkräfte zur Verfügung stehen.

Viele Kinder und Jugendliche erhalten im Deutschen Reich 1944 überhaupt keine schulische Ausbildung mehr, da sie zum Kriegs- oder Arbeitsdienst herangezogen werden. Dies betrifft alle Oberschüler ab der achten Klasse und von September an auch alle Mädchen dieser Stufe. Die siebten Klassen der Oberschulen sollen neben dem Unterricht zum »Sozialeinsatz« herangezogen werden.

Neben dem schulischen kommt auch der universitäre Betrieb 1944 fast zum Erliegen. Zahlreiche Hochschulen bzw. Fakultäten werden geschlossen oder zusammengelegt, da die Fortsetzung eines Studiums nur ausgewählten Studenten ermöglicht wird. Eine Erstimmatrikulation wird nur Frauen und Kriegsversehrten gestattet, die nicht der allgemeinen Arbeitspflicht unterliegen.

Lediglich die Ausbildung an den Eliteschulen des Nationalsozialismus, den »Adolf-Hitler-Schulen« und den »Nationalpolitischen Erziehungsanstalten« (Napola), wird so weit als möglich weitergeführt. Hier soll der »völlig gesunde, rassisch einwandfreie, charakterlich saubere und geistig überdurchschnittlich begabte« nationalsozialistische Führungsnachwuchs herangezogen werden.

Lehrsaal einer deutschen Heeres-Nachrichten-Schule, in dem das vollständige Fernschreibnetz eines ganzen Frontabschnitts aufgebaut ist

Frau eines gefallenen Soldaten setzt ihr Studium fort

Studenten an der Technischen Universität Berlin

Briefmarken als Spekulationsobjekt

26. Februar. Mit Fortdauer des Krieges und der damit einhergehenden Verschlechterung der Versorgungslage wird im Deutschen Reich ein verstärkter illegaler Schleich- und Tauschhandel sowie eine Zunahme von Spekulationsgeschäften registriert. Mit dieser bedenklichen Entwicklung beschäftigen sich Ende des Monats Februar zahlreiche deutsche Presseberichte.

Die »Essener Nationalzeitung« vom 26. Februar wie auch die »Münchner Neuesten Nachrichten« weisen auf eine besondere Erscheinung im Briefmarkengeschäft hin. Der Handel mit Postwertzeichen gehört zu den wenigen Gebieten, die auch bis ins Jahr 1944 noch keiner Preiskontrolle unterworfen sind. Dies hat zur Folge, daß sich im Laufe der Jahre zunehmend Spekulanten diesem Markt zugewandt haben und die Preise für Briefmarken stark gestiegen sind. Derzeit werden sie weniger von Sammlern als vielmehr von

Tausch- und Schleichhandel

In den ersten Kriegsjahren war der illegale Tausch- und Schleichhandel im Deutschen Reich kaum verbreitet und wurde von der Bevölkerung abgelehnt. Allmählich sind viele Menschen jedoch dazu übergegangen, sich alle erdenklichen Waren zu besorgen, die auf regulären Wegen nicht erhältlich sind. Vor allem Tabakwaren gelten als das »Neue Geld«. So kann man beispielsweise auf dem Lande für ein Paket Pfeifentabak ein Pfund Speck oder Butter bekommen. Als Gegenwert für eine Zigarette erhält man in der Regel ein Ei oder auch 5 g Fett.

Leuten erworben, die Briefmarken als Spekulationspapiere betrachten, deren Kurs von staatlicher Seite nicht überwacht wird.

Ein Beispiel dafür ist etwa »Das braune Band 1938«, das ursprünglich 1,50 Reichsmark (RM) kostete, im Michelkatalog 1943 mit 35 RM notiert wurde, und für das nun bereits eine Summe von 140 RM gefordert und auch bezahlt wird.

Der »Nothilfeblock 1933«, der damals 3,50 RM kostete, brachte im August 1943 schon 500 RM und wird nun für einen Preis in Höhe von 1400 RM verkauft.

Kunst 1944:

Moderne Kunst im NS-Regime verpönt

Die moderne Kunst, besonders die Stilrichtungen des Kubismus, Dadaismus und Surrealismus sowie jede Art von abstrakter bzw. konkreter Kunst, gilt im Deutschen Reich nach wie vor als »entartet« und wird unerbittlich verfolgt. Die Vertreter dieser Kunstrichtungen sind fast alle mit einem Berufs-und Ausstellungsverbot belegt, befinden sich in der »inneren Emigration« oder im Exil – die meisten in den Vereinigten Staaten.

Das NS-Regime duldet nur Bilder und Skulpturen, die auf der Linie der nationalsozialistischen Kunstpolitik liegen. Es handelt sich dabei in der Regel um monumentale Werke, die entweder dem Idealbild von der »germanischen Rasse« entsprechen, den Krieg verherrlichen oder mit altertümlichen Bauerndarstellungen die nationalsozialistische »Blut-und-Boden«-Ideologie unterstützen.

Eine Zusammenstellung höchsten nationalsozialistischen Kunstgeschmacks bietet die »Große Deutsche Kunstausstellung«, die seit 1937 jedes Jahr in München stattfindet. Hier soll nach dem Willen der NS-Größen »nur das Vollkommenste, Fertigste und Beste« gezeigt werden, »was deutsche Kunst zu vollbringen vermag«. Das entscheidende Kriterium für die Auswahl der dargebotenen Bilder ist zumeist der persönliche Geschmack des deutschen Führers und Reichskanzlers Adolf Hitler. 1944, im Jahr des »totalen Kriegs«, ist außerdem ein prozentual beträchtlicher Anstieg der sog. Frontkunst zu verzeichnen.

Seit 1937 durften über 2000 NS-Künstler ihre Werke im Rahmen der nationalsozialistischen Bilderschau zeigen; viele erhielten kulturelle Auszeichnungen oder wurden, wie etwa Willy Kriegel oder Werner Peiner, in die »Liste der Unsterblichen« aufgenommen.

Ziel des faschistischen Kulturdiktats ist die »Ausmerzung« jeder Art von moderner Kunst. »Entartete Kunst« wird aus der Öffentlichkeit entfernt, und gegen die unliebsamen Künstler verhängt man Berufs- und Ausstellungsverbote. Ein Teil der verfolgten Maler, darunter

»Schwimmbad Cap Martin«, Gemälde von Max Beckmann, entstanden 1944, Öl auf Leinwand, Format 60 × 95 cm

Willi Baumeister, Otto Dix, Ernst Wilhelm Nay, Emil Nolde und Oskar Schlemmer, haben sich für die »innere Emigration« entschieden. Viele andere befinden sich im Exil; zu diesen Künstlern zählen Max Beckmann, Max Ernst, Lyonel Feininger, George Grosz, John Heartfield, Wassily Kandinsky, Paul Klee, Oskar Kokoschka und Kurt Schwitters. Zu den wichtigsten 1944 fertiggestellten Werken der exilierten Maler gehören Beckmanns expressionistische Gemälde »Stilleben mit grünen Gräsern« und »Schwimmbad Cap Martin«, Feiningers Aquarelle »Flußdampfer auf dem Yukon« und »Hafen« sowie »Kain oder der Zweite Weltkrieg« von George Grosz.

»Die schönen Radfahrerinnen«, Gemälde von Fernand Léger, entstanden 1944, Öl auf Leinwand, Format 112 × 128,5 cm, Sammlung Nathan Cummings, New York; charakteristisch für das spätere Werk Légers sind die große Figurengruppe im Mittelpunkt des Gemäldes, die Umrißzeichnungen sowie die großflächigen Farbbänder

Ebenfalls im Jahr 1944 entstehen die international bedeutenden Gemälde »Man hört dem Haushahn zu« von Marc Chagall, die beiden spätfauvistischen Werke »Das weiße Kleid« und »Der blaue Hut« von Henri Matisse und Pablo Picassos »Stilleben mit Kerze«.

Das zweifellos bedeutendste Kunstereignis des Jahres im Bereich der modernen Malerei in Europa ist die Ausstellung »Konkrete Kunst« in Basel. Sie präsentiert erstmals Bilder und Skulpturen der gegenstandslosen Kunst im internationalen Überblick. Gezeigt werden u.a. Werke von Hans (Jean) Arp, Willi Baumeister, Alexander Calder, Wassily Kandinsky, Paul Klee, László Moholy-Nagy, Piet Mondrian und Henry Moore. Die Ausstellung greift die seit den 30er Jahren bestehende Forderung auf, in der gegenstandslosen Malerei zwischen abstrakter und konkreter Kunst zu unterscheiden. In der abstrakten Malerei bezieht sich der Künstler immer noch auf ein gegenständliches Vorbild, das bis zur Unkenntlichkeit abstrahiert sein kann. Die konkrete Malerei dagegen arbeitet mit völlig eigenständigen geometrischen Formen (→ 18.3./S.58).

Uraufführung von Einems »Turandot«

5. Februar. In der Staatsoper in Dresden findet die Uraufführung des Balletts »Turandot« von Gottfried von Einem statt. Dieses erste von dem Komponisten veröffentlichte Werk findet beim Publikum außergewöhnlich großen Anklang. Das Ballett zeigt die mythisch-märchenhafte Fabel von der schönen und grausamen Kaiserstochter Turandot, die jeden Brautbewerber, der die drei von ihr erdachten Rätsel nicht lösen kann, gnadenlos dem Henker übergibt. In den elf Einzelnummern der Komposition wechseln sich rhythmisch-dramatische Passagen mit melodisch-lyrischen in einem reizvollen Gegensatz ab. Einem gelingt eine musikalisch besonders prägnante Charakterisierung der einzelnen Personen.

Libretto, Ausstattung und Dekoration sind von Luigi Malipiero, die Choreographie gestaltete Tatjana Gsovsky. Die Prinzessin Turandot wird von Evelyne Marek und Prinz Kalaf von Franz Karhanek getanzt.

Szenenbild aus Jean Anouilhs »Antigone« mit Monelle Valentin als Antigone und Jean Davy als König Kreon, aufgeführt im Théâtre de l'Atelier in Paris

Neue »Antigone« von Jean Anouilh

4. Februar. Im Théâtre de l'Atelier in Paris wird das Drama »Antigone« des französischen Dramatikers Jean Anouilh uraufgeführt. Das Stück lehnt sich inhaltlich eng an das gleichnamige Werk des griechischen Tragikers Sophokles an.

Anouilh rückt in seiner Bearbeitung – anders als in der antiken Überlieferung des Stoffes – die Auseinandersetzung zwischen Kreon, König von Theben, und seiner Nichte Antigone in den Mittelpunkt des Stückes und modernisiert den Dialog.

Viele Franzosen sehen in dem kompromißlosen Kampf Antigones gegen den Machthaber Kreon eine Widerspiegelung ihrer eigenen Situation und empfinden das Anouilh-Drama als ein Widerstandsstück gegen die deutsche Besatzungsmacht. Andere dagegen werfen Anouilh vor, den Herrscher Kreon zu human gezeichnet zu haben bzw. der Staatsräson den Sieg zuzugestehen und mit dieser Darlegungsweise den Faschismus zu sehr zu verharmlosen.

Starkult um »göttliche« deutsche Filmdiven

Die weiblichen Stars des deutschen Films stehen im Mittelpunkt höchster Verehrung. Ob Revue-, Liebes- oder Propagandafilm, kaum ein erfolgreicher Kinostreifen kommt ohne eine der »göttlichen« Schauspielerinnen aus.

Der Nazi-Film hat verschiedene Frauentypen zu bieten. Beliebt ist etwa die »große Dame«, z.B. Lil Dagover oder Olga Tschechowa. Auch Henny Porten, obwohl eher die gute Mutter als Salondame, zählt dazu. Moralisch verdächtig, aber faszinierend und deshalb beliebt ist die »femme fatale« wie Zarah Leander. Ihr Gegenstück ist der gefühlvoll leidende Frauentyp (Kristina Söderbaum) oder das ehrliche »Mädchen von nebenan« (Renate Müller, Lilian Harvey).

Olga Tschechowa in »Bel Ami, der Liebling schöner Frauen«

Kristina Söderbaum als Anna im Harlan-Film »Die Goldene Stadt«

Lilian Harvey mit J. Galland in der frz. Version von »Schwarze Rosen«

Neuinszenierung: »Carmina Burana«

2. Februar. Die Bayerische Staatsoper bringt Carl Orffs szenische Kantate »Carmina Burana« – uraufgeführt 1937 – als Neuinszenierung

Carl Orff, deutscher Komponist und Musikpädagoge; er entwickelte in der »Carmina Burana« seine musikalischen Prinzipien; Orff strebt eine Einheit von Musik, Sprache und Bewegung und damit insgesamt eine Erneuerung des Musiktheaters an

heraus. Da das Münchner Nationaltheater 1943 bei einem alliierten Bombenangriff zerstört worden war, findet die Vorstellung auf der provisorischen Bühne im Deutschen Museum statt.

Die Münchner Neuaufführung der Orffschen Chor- und Sologesänge, deren Texte einer Liedersammlung der Abtei Benediktbeuern aus dem 13. Jahrhundert entstammen, findet großen Anklang beim Publikum. Beachtenswert ist vor allem die einfühlsame musikalische Leitung von Bertil Wetzelsberger.

März 1944

Mo	Di	Mi	Do	Fr	Sa	So
		1	2	3	4	5
6	7	8	9	10	11	12
13	14	15	16	17	18	19
20	21	22	23	24	25	26
27	28	29	30	31		

1. März, Mittwoch

Der deutsche Führer und Reichskanzler Adolf Hitler empfängt in seinem Hauptquartier »Wolfsschanze« führende Politiker des faschistischen Unabhängigen Staates Kroatien zu Gesprächen über aktuelle politische Fragen.

Fritz Sauckel, Generalbevollmächtigter für den Arbeitseinsatz im Deutschen Reich, gibt auf einer Planungskonferenz bekannt, daß von den »Millionen ausländischen Arbeitskräften, die nach Deutschland gekommen sind, keine 200 000 freiwillig« kamen. →S.52

Der deutsche Reichsminister für Rüstung und Kriegsproduktion, Albert Speer, gibt die Gründung des »Jägerstabs« bekannt. Der Organisation fällt die Aufgabe zu, die durch Fliegerangriffe beschädigten Produktionsstätten wieder instand zu setzen.

Auf der »Verlags-Sperrliste März 1944« erscheinen u.a. der Brockhaus-Verlag, der Goldmann-Verlag sowie die Verlage Schöningh und Westermann. →S.58

2. März, Donnerstag

Großbritannien stellt die Lieferung von Militärgütern an die Türkei ein (→10.2./S.37).

Das Landesernährungsamt in Straßburg teilt mit, daß alliierte Flugzeuge in den letzten Tagen gefälschte Lebensmittelkarten über elsässischem Gebiet abgeworfen haben. Jeder, der diese Marken verwendet, – so die behördliche Mitteilung – werde als Kriegsverbrecher eingestuft und müsse mit schwersten Zuchthausstrafen oder sogar mit der Verhängung der Todesstrafe rechnen.

Die britische Regierung spendet 3873 Pfund an das Internationale Rote Kreuz. Die Hilfsorganisation soll mit diesem Geld eine Zweigstelle in Schanghai eröffnen.

Der US-amerikanische Spielfilm »Casablanca« mit Humphrey Bogart und Ingrid Bergman in den Hauptrollen erhält bei der »Oscar-Verleihung« drei der begehrten Trophäen. →S.57

3. März, Freitag

Der sowjetische Partei- und Staatschef Josef W. Stalin lehnt Verhandlungen mit der polnischen Exilregierung in London ab. Er erklärt sich nur zu Gesprächen mit dem kommunistisch orientierten »Lubliner Komitee« bereit (→22.7./S.113).

Bei einem Eisenbahnunglück in Süditalien kommen über 500 Menschen ums Leben. Sie ersticken an giftigen Gasen, da sich der Unfall in einem Tunnel ereignet.

In Wien findet die Uraufführung des Spielfilms »Schrammeln« von Géza von Bolváry mit Paul Hörbiger, Hans Moser, Marte Harell und Hans Holt in den Hauptrollen statt. →S.57

Der Spielfilm »Familie Buchholz« von Carl Froelich wird in Berlin uraufgeführt. Das Lustspiel mit Henny Porten, Paul Westermeier, Käthe Dyckhoff, Grethe Weiser und Elisabeth Flickenschildt wird ein großer Erfolg. →S.57

4. März, Sonnabend

An der Ostfront beginnt auf 1100 km Breite die sowjetische Frühjahrsoffensive. Die deutschen Truppen werden aus der Ukraine verdrängt. →S.50

In Norditalien beginnt ein fünftägiger Streik der Arbeiter gegen die Zwangsverpflichtungen ins Deutsche Reich.

Im Zuge der Mobilmachung für den »totalen Kriegseinsatz« in Japan werden Studenten und Frauen zum Arbeitsdienst herangezogen. Das kulturelle Leben wird weitgehend eingestellt.

US-amerikanische Truppen erobern die bisher von Japanern besetzten Gilbertinseln im Pazifik.

5. März, Sonntag

Marschall Georgi K. Schukow übernimmt das Kommando über die Ukrainische Front der Roten Armee.

Der französische surrealistische Dichter und Maler Max Jacob stirbt nach seiner Verhaftung am 24. Februar in dem deutschen Konzentrationslager Drancy in der Nähe von Paris.

In Sankt Anton am Arlberg werden die Deutschen Alpinen Skimeisterschaften beendet. Meister in der Kombination werden bei den Herren Engele Haider und bei den Damen Mirl Fischer.

6. März, Montag

Die US-amerikanische Luftwaffe greift Berlin an. 800 »fliegende Festungen« werfen Brand- und Sprengbomben über der Stadt ab (→25.3./S.54).

Finnland leitet intensive Verhandlungen mit der Sowjetunion über einen eventuellen Waffenstillstand ein (→29.2./S.37).

In Birma beginnt eine fünfmonatige alliierte Luftlandeoperation, bei der anglo-indische Verbände mit Flugzeugen hinter der japanischen Front abgesetzt werden. Dort werden Stützpunkte (»Strongholds«) errichtet, die als Basislager für weitere Vorstöße dienen.

7. März, Dienstag

Im Deutschen Reich soll mit einer Werbeaktion dem Mangel an Arbeitskräften entgegengetreten werden. Mitglieder der NS-Frauenschaft ziehen von Haus zu Haus, um Frauen für den Arbeitseinsatz zu gewinnen. →S.53

8. März, Mittwoch

Der deutsche Führer und Reichskanzler Adolf Hitler erläßt den »Führerbefehl Nr. 11«, in dem der »Kommandant des fe-sten Platzes« als ein Soldat definiert wird, der bis zum Ende die Stellung hält.

Anläßlich des Internationalen Frauentages heben zahlreiche Presseberichte in der UdSSR die bedeutende Rolle sowjetischer Frauen und Mädchen bei der Landesverteidigung hervor.

Nach einer amtlichen Mitteilung aus Stockholm wurden seit Kriegsbeginn insgesamt 67 ausländische Kampfflugzeuge in Schweden zur Landung gezwungen, da sie in den Luftraum des Landes eingedrungen waren.

Mit der Forderung nach Lohnerhöhungen tritt ein Großteil der Bergarbeiter in Wales in den Streik. Die mehrere Wochen andauernden Arbeitsniederlegungen beeinträchtigen die gesamte Wirtschaft Großbritanniens (→18.4./S.68).

9. März, Donnerstag

Nach Angaben der US-amerikanischen Indianerbehörde stehen etwa 23 000 Indianer im Kriegsdienst der Vereinigten Staaten; sie werden vorwiegend als Kundschafter eingesetzt.

Die siebenfache Giftmörderin Helene Möller wird von einem Sondergericht in Rostock zum Tode verurteilt. Die Angeklagte, die fünfmal verheiratet war, hatte von 1935 bis 1943 sieben Menschen, darunter ihre beiden Kinder aus erster Ehe und drei ihrer Ehemänner, durch Gift ermordet und dies auch noch bei neun weiteren Personen versucht. Die Motive der Taten bleiben ungeklärt.

10. März, Freitag

Die britische Regierung ordnet die Einstellung des Reiseverkehrs zwischen Großbritannien und Irland an. Damit soll die neutrale Republik, die entgegen der Forderung der Alliierten Kontakte zu den Achsenmächten unterhält, aus Sicherheitsgründen so weit wie möglich isoliert werden (→17.4./S.68).

Der US-amerikanische Spielfilm »The Fighting Seabees« (Alarm im Pazifik) mit John Wayne in der Hauptrolle wird uraufgeführt. →S.57

11. März, Sonnabend

Auf dem »Berghof« bei Berchtesgaden will Rittmeister Eberhard von Breitenbuch auf Betreiben von Henning von Tresckow ein Attentat auf den deutschen Führer und Reichskanzler Adolf Hitler verüben. Das Vorhaben scheitert, da Breitenbuch nicht in das Beratungszimmer Hitlers gelangt (→20.7./S.115).

Der ehemalige Innenminister der französischen Regierung von Vichy, Pierre Pucheu, wird von einem Kriegsgericht der französischen Exilregierung in Algier zum Tode verurteilt. Ihm wird die Zusammenarbeit mit den Deutschen zur Last gelegt. Das Urteil wird am 20. März durch Erschießen vollstreckt.

12. März, Heldengedenktag

Papst Pius XII. bittet die kriegführenden Mächte, die Stadt Rom vor Kämpfen und Zerstörung zu bewahren. →S.51

Die Haussammlung zum siebten Opfersonntag des Winterhilfswerks im Deutschen Reich erbringt 64 740 672,70 Reichsmark; dies bedeutet gegenüber der gleichen Sammlung des Vorjahres eine Steigerung um 12,8%. →S.53

Zum Heldengedenktag gibt die Deutsche Reichspost eine Reihe von 13 Sondermarken heraus, auf denen die Wehrmacht und ihre Waffen dargestellt sind.

Der deutsche Schriftsteller Carl Zuckmayer, der im US-amerikanischen Exil an dem Drama »Des Teufels General« schreibt, meldet sich zu Wort. Zum Tode des deutschen Widerstandskämpfers Carlo Mierendorff hält er in New York eine Rede, in der er dem Deutschen Reich schwere Vorwürfe macht, eine Kollektivschuld des gesamten deutschen Volkes jedoch nicht anerkennen will. →S.59

13. März, Montag

Zum sechsten Jahrestag des »Anschlusses von Österreich an das Deutsche Reich« erklärt der britische Außenminister Robert Anthony Eden mit Hinweis auf die sog. Moskauer Erklärung, in der Österreich als Opfer der Nationalsozialisten bezeichnet wurde: »Ich hoffe, es wird heute das letzte Mal sein, daß Sie des Jahrestages unter dem Joch Hitlers gedenken müssen.« →S.51

Ein deutsches U-Boot torpediert den griechischen Handelsdampfer »Peleus«. Um den Zwischenfall zu vertuschen, läßt der deutsche U-Boot-Kapitän auf die Überlebenden, die sich auf Flöße gerettet haben, das Feuer eröffnen.

14. März, Dienstag

Die polnische Exilregierung in London gibt bekannt, daß rund 10 000 Personen, die in Konzentrationslagern bei Lemberg inhaftiert waren, von Deutschen umgebracht worden seien.

Das surrealistische Drama »Wie man Wünsche beim Schwanz packt« von Pablo Picasso wird das erste Mal aufgeführt. In der Pariser Wohnung des Schriftstellers Michel Leiris lesen Jean-Paul Sartre, Simone de Beauvoir, Albert Camus u.a. das Theaterstück vor zahlreichen Gästen mit verteilten Rollen. →S.58

»Jacobowsky und der Oberst«, eine Komödie von Franz Werfel, in der er eigene Erlebnisse aus der Zeit seiner Emigration verarbeitet, wird in der englischen Fassung am Martin Beck Theatre in New York uraufgeführt. →S.58

15. März, Mittwoch

Auf Veranlassung des Sonderkommandos Adolf Eichmann beginnen die deutschen Behörden auf dem griechischen Festland mit dem Aufspüren der mehr als 10 000 griechischen Juden. 5000 werden festgenommen und ab April von Athen aus ins Vernichtungslager Auschwitz transportiert. →S.53

In der Sowjetunion wird ein Dekret über die Mißstände in der Landwirtschaft und deren Beseitigung veröffentlicht. Eine Steigerung der Ernteerträge wird als unbedingt notwendig erachtet.

Die Titelseite der »Berliner Illustrierten Zeitung« zeigt einen besorgten Reichspropaganda- minister Joseph Goebbels nach den Bombenangriffen auf Berlin

Nummer 9 2. März 1944
Copr. 1944 Deutscher Verlag

53. Jahrgang   Preis 20 Pfennig

Berliner
Illustrierte Zeitung

Die Reichshauptstadt
in der Kampflinie

Während einer Terrornacht: Der Gauleiter der Reichshauptstadt Reichsminister Dr. Goebbels vor der Leuchtkarte Berlins.

Auf dieser Karte werden während des Angriffs Bombenschäden und Brände eingezeichnet. Der erste Mitarbeiter des Reichsverteidigungskommissars Gauleiter Dr. Goebbels, Gerhard Schach, der kürzlich mit dem Ritterkreuz des Kriegsverdienstkreuzes mit Schwertern ausgezeichnet wurde, berichtet dem Minister laufend über die Lage und über die Maßnahmen, welche von der Partei zur Bekämpfung der Luftnot ergriffen werden.

PK.-Aufnahme· Kriegsberichter Erwin Baas

16. März, Donnerstag

Rumänien nimmt Verhandlungen mit den Alliierten über einen möglichen Kriegsaustritt auf (→25.8./S.136).

US-amerikanische Bomber fliegen einen Großangriff auf die Kurilen im Pazifik.

In London wird der deutsche Spion John Job hingerichtet. Job war im November 1943 mit dem Auftrag nach Großbritannien gekommen, Informationen über den in England angerichteten deutschen Bombenschaden und die Moral der Bevölkerung des Landes zu sammeln. Seine Mission scheiterte jedoch völlig.

17. März, Freitag

Die US-amerikanische Luftwaffe greift erstmals während des Zweiten Weltkrieges Wien an.

18. März, Sonnabend

Bei einem schweren Luftangriff auf Frankfurt am Main werfen britische Kampfflugzeuge eine Bombenlast von 3000 t über der Stadt ab.

Die japanische Regierung beschließt Maßnahmen für umfassende Leistungssteigerungen in der Wirtschaft.

In Basel wird die Ausstellung »Konkrete Kunst« eröffnet, auf der bis zum 16. April u.a. Werke von Hans (Jean) Arp und Willi Baumeister zu sehen sind. →S.58

19. März, Sonntag

Einheiten der deutschen Wehrmacht und der Schutzstaffel besetzen Ungarn. Das Sonderkommando Adolf Eichmann beginnt mit der Verfolgung und Deportation der ungarischen Juden. →S.50

In seinem letzten öffentlichen Interview äußert sich der deutsche Führer und Reichskanzler Adolf Hitler gegenüber dem Berliner Vertreter der schwedischen Zeitung »Stockholms Tidningen« zur Finnland-Frage. Er verurteilt die Waffenstillstandsverhandlungen des Landes mit der Sowjetunion (→21.6./S.99).

Sowjetische Truppen besetzen an der Ostfront die Städte Mogiljow und Podolsk, überschreiten den Dnjestr und dringen in Bessarabien ein (→4.3./S.50).

20. März, Montag

Die Rote Armee erobert die Stadt Winniza in der Ukraine (→4.3./S.50).

Der französische Intellektuelle und ehemalige Journalist Pierre Brossolette, als Berater von Charles de Gaulle im Widerstand aktiv, begeht Selbstmord. Er stürzt sich aus einem Fenster der Zentrale der Geheimen Staatspolizei in Paris, wo er seit einem Monat festgehalten wurde.

Das Schiff »Caritas II« wird im Hafen von Baltimore (USA) offiziell in den Dienst des Internationalen Roten Kreuzes gestellt.

Nach 70 Jahren kommt es wieder zu einem heftigen Ausbruch des Vesuv. Der ausgestoßene Lavastrom zerstört in den folgenden Tagen zwei italienische Dörfer und bedroht zahlreiche Orte. →S.56

König Peter II. von Jugoslawien und Prinzessin Alexandra von Griechenland werden in London getraut. Zahlreiche Mitglieder europäischer Königshäuser wohnen der Zeremonie bei. →S.56

21. März, Dienstag

Die finnische Regierung lehnt die sowjetische Forderung nach einer Einstellung der Kriegshandlungen ab (→21.6./S.99).

Der neue argentinische Staatspräsident Edelmiro Fárrell (→24.2./S.41) erklärt in einem Interview, daß Argentinien eine Politik der nationalen Unabhängigkeit nach außen und der Sauberkeit und Einheit des Landes im Inneren anstrebe.

Die Schweiz und Schweden schließen ein Handelsabkommen. Darin wird vereinbart, daß die Schweiz Textilien, Maschinen, Uhren und chemisch-pharmazeutische Erzeugnisse liefert, während Schweden Eisen, Stahl, Zellulose und Papier an das Partnerland ausführt.

22. März, Mittwoch

In der Nacht zum 23. März brechen alliierte Fliegeroffiziere aus dem Luftwaffen-Gefangenenlager Stalag III in niederschlesischen Sagan aus. 26 von ihnen gelingt die Flucht; 50 werden gefaßt und auf Anordnung des deutschen Führers und Reichskanzlers Adolf Hitler exekutiert.

Im britischen Unterhaus wird bekanntgegeben, daß infolge der Hungersnot in Indien über eine halbe Million Menschen gestorben sind. Die Regierung beschließt weitere Getreidehilfen für das Hungergebiet (→20.5./S.79).

23. März, Donnerstag

In der Nacht vom 22. auf den 23. März werfen britische Bomber insgesamt 3200 t Spreng- und Brandbomben über Frankfurt am Main ab. Die Stadt wird zu großen Teilen verwüstet.

Japanische Truppen erobern das Manipur-Tal 40 km vor der indischen Stadt Imphal (→13.4./S.68).

24. März, Freitag

Nachdem 33 deutsche Polizisten in Rom einem Sprengstoffattentat zum Opfer gefallen sind, läßt SS-Obersturmbannführer Herbert Kappler 335 Geiseln als Vergeltung in den Ardeatinischen Höhlen durch Genickschuß umbringen. →S.51

US-Präsident Franklin Delano Roosevelt gibt im Namen der Alliierten eine Erklärung über Judenverfolgungen im Deutschen Reich ab. Er bezeichnet die systematische Menschenvernichtung als das schlimmste Verbrechen der Geschichte und kündigt an, daß die Täter bestraft werden würden. →S.51

In Kairo endet eine mehrtägige britische Militärkonferenz. Sie diente der Abstimmung zwischen den britischen Kommandostellen in Nordafrika und im Mittleren Osten für die gemeinsamen Operationen gegen den europäischen Kontinent.

Der deutsche Spielfilm »Neigungsehe« von Carl Froelich wird in Berlin uraufgeführt. Der erste Teil dieses erfolgreichen Lustspiels wurde am 3. März unter dem Titel »Familie Buchholz« gezeigt. →S.57

25. März, Sonnabend

Der deutsche Reichsjustizminister Otto Georg Thierack kündigt die »Ausrottung aller Elemente« an, die den »Siegesglauben durch staatsfeindliche Reden und falsche Nachrichtenverbreitung zu untergraben versuchen«.

Bei dem letzten Nachtangriff der britischen Luftflotte im Rahmen der Berlinoffensive »Schlacht um Berlin« werfen 720 Bomber 2500 t Sprengstoff über der Reichshauptstadt ab. →S.54

An der Ostfront wird die seit November 1943 abgerissene Verbindung zwischen den deutschen Heeresgruppen Süd und Mitte wiederhergestellt. Erst seit dem 17. März in Kowel eingeschlossenen deutschen Truppen können befreit werden.

26. März, Sonntag

Die linksorientierte griechische Widerstandsbewegung EAM (Ellenikon Apelevtherikon Metopon = Nationale Befreiungsfront) bildet einen Befreiungsrat, der Anspruch auf die politische Macht in Griechenland erhebt. →S.51

Sowjetische Truppen marschieren in Galizien ein und erobern die Stadt Kamenez-Podolski (→4.3./S.50).

Britische Flieger bombardieren versehentlich das schwedische Rotkreuzschiff »Hallaren« im Adriatischen Meer. Der Frachter, der seit dem Frühjahr 1942 Hilfsgüter nach Griechenland transportiert, wird nur leicht beschädigt.

Bei den Deutschen Tischtennismeisterschaften in Breslau gewinnt der Hamburger Heinz Benthin den Titel im Herren-Einzel. Das Endspiel der Damen gewinnt die Wienerin Trude Pritzi.

27. März, Montag

Die britische Luftwaffe fliegt schwere Bombenangriffe auf die Städte Essen und Oberhausen.

Der britische Premierminister Winston Churchill analysiert in einer Rundfunkansprache die militärische Lage Großbritanniens und prophezeit einen baldigen Sieg der alliierten Kräfte.

In Großbritannien wird die Ehrenwoche der Soldaten (»Salute the Soldier«) mit einem Zapfenstreich, Ansprachen und militärischen Paraden feierlich eröffnet.

28. März, Dienstag

Sowjetische Truppen erobern die Stadt Nikolajew am Schwarzen Meer und verdrängen die deutschen Verbände aus der Südukraine (→4.3./S.50).

Von der Ostfront wird eine Kältewelle gemeldet. Abgesehen von der Krim, wo die Temperaturen über dem Nullpunkt liegen, sinken die Werte im Kampfgebiet bis zu 30 °C unter den Gefrierpunkt.

29. März, Mittwoch

Das »Nationalkomitee Freies Deutschland« mit Sitz in Moskau richtet einen Appell an das deutsche Volk und fordert es auf, den Kampf gegen Führer und Reichskanzler Adolf Hitler aufzunehmen. Dies sei der einzige Weg, um eine drohende Katastrophe abzuwenden (→8.12./S.205).

Truppen des jugoslawischen Befreiungskomitees unter Josip Tito besetzen die Insel Hvar südlich von Split. Der Angriff wird von alliierten Kriegsschiffen und Flugzeugen unterstützt.

Im Rahmen einer Veranstaltungsreihe vom 23. bis zum 29. März zur Unterstützung des Roten Kreuzes in den USA wird der dokumentarische Kurzfilm »Bericht von der Front« von und mit Humphrey Bogart gezeigt, in dem er u.a. um Spenden für die Hilfsorganisation bittet.

30. März, Donnerstag

Der Oberbefehlshaber der deutschen Heeresgruppe Süd, Generalfeldmarschall Erich von Manstein, wird durch Generalfeldmarschall Walter Model abgelöst. Manstein hatte am 25. März erneut versucht, den deutschen Führer und Reichskanzler Adolf Hitler zum Rückzug im Osten zu bewegen (→4.3./S.50).

Das britische Unterhaus lehnt mit 425 gegen 23 Stimmen einen Antrag ab, der für weibliche Lehrkräfte die gleiche Besoldung wie für männliche Lehrkräfte vorgesehen hatte.

31. März, Freitag

Der deutsche Reichsminister für Volksaufklärung und Propaganda, Joseph Goebbels, äußert sich in Berlin zur deutschen Kriegslage. Er weist darauf hin, daß der Feind weit vor den Grenzen des Reiches stehe und die Situation somit sehr viel weniger gefährlich sei als 1933.

Im Deutschen Reich werden die Eltern dazu aufgefordert, der Kinderlandverschickung zuzustimmen und ihre Kinder aus den luftkriegsgefährdeten Städten evakuieren zu lassen. →S.55

In Ungarn tritt eine Verordnung in Kraft, die allen Juden die Betätigung in einem öffentlichen Amt verbietet (→1.4./S.65).

Die britische Luftwaffe bombardiert in der Nacht vom 30. auf den 31. März die Stadt Nürnberg. Deutsche Nachtjagdgeschwader fügen der Royal Air Force schwere Verluste zu. →S.55

Aus Protest gegen die deutsche Besatzung treten in Griechenland zahlreiche Eisenbahner in den Streik. Die deutsche Polizei läßt 50 Geiseln erschießen.

Das Wetter im Monat März

Station	Mittlere Lufttemperatur (°C)	Niederschlag (mm)	Sonnenscheindauer (Std.)
Aachen	2,2 (5,5)	50 (49)	— (125)
Berlin	1,9 (3,9)	57 (31)	96,8 (151)
Bremen	2,6 (4,0)	42 (42)	123,9 (117)
München	−0,8 (3,3)	83 (46)	62,7 (142)
Wien	— (4,9)	— (42)	— (135)
Zürich	1,9 (4,2)	56 (69)	92 (118)
( ) Langjähriger Mittelwert für diesen Monat — Wert nicht ermittelt			

Bestell-Nr. Serie 624-J / 80 Pf.
Beyer's Schnittbogen-Hefte

Heft J

Alles aus Restern

Kappen, Taschen, Handschuhe, Gamaschen und vieles andere zum Selbstarbeiten

1. Kleidsame Kappe und praktische Umhängetasche aus Tuch, Ledersamt oder anderen Restern festen Stoffes herzustellen. — Schnitt I auf Bogen A.— Beyer-Schnitt V 1317 zur Kappe erhältlich.

2. Kappe aus Samt, Tuch oder ähnlichem Material, mit weich gefaltetem Oberteil und einer Bandschleife als Garnierung. — Erf.: 70/70 cm Stoff. Schnitt II auf Bogen A. — Beyer-Schn. V 225 erhältlich.

3. Sandaletten mit Kork- oder Holzsohlen und Oberteilen aus Leder- oder Stoffrestern. Man kann sie als Hausschuhe oder im Sommer auf der Straße tragen. Schnitt III für Größe 38 auf Bogen A.

4. Schmaler Gürtel, vorn unter der Schleife mit einem Haken zu schließen. Er ist 2 cm breit und 77 cm lang, der Streifen zur Schleife 14 cm lang zu arbeiten. — Als Material dient Fischleder, Tuch oder Samt.

5. Praktische Handschuhe, die aus einem Rest Häkelkunstseide für die Stäbchenhäkelei und einem 30/45 cm großen Leder- oder Stoffrest herzustellen sind. — Schn. II a. Bg. A. — B.-Schn. V 22299 erh.

6. Ein gehäkeltes Haarnetz ist besonders zum sommerlichen Anzug eine beliebte Ergänzung. Es kann mit Bandschleifen oder Filzblumen verziert werden. — Die Beschreibung 6a befindet sich auf Bogen A.

7. Hübscher Gürtel in geteilter Form, der sich leicht aus verschiedenfarbigen Leder- oder Stoffrestern herstellen läßt und vorn mit einer Schnalle geschlossen wird. — Schnitt III auf Schnittbogen A.

8. Die schöne Tasche und gleichfarbigen Handschuhe können passend zum Kleid oder Mantel gearbeitet werden. — Erford.: für Größe 6½ etwa 0,75 m Stoff, 80 cm breit. — Schnitt IV auf Bogen A.

VERLAG OTTO BEYER · LEIPZIG · BERLIN · WIEN

Rote Armee stößt nach Westen vor

4. März. Unter dem Oberbefehl von Marschall Georgi K. Schukow beginnt die sowjetische Frühjahrsoffensive gegen die deutschen Heeresgruppen Süd (Generalfeldmarschall Erich von Manstein) und A (Generalfeldmarschall Ewald von Kleist) in der Ukraine. Die Rote Armee rückt unaufhaltsam Richtung Westen vor und kesselt Ende März die 1. deutsche Panzerarmee bei Kamenez-Podolski ein. Ende April befindet sich die gesamte Ukraine wieder in sowjetischer Hand.

Die Offensive beginnt mit einem Vorstoß der 1. Ukrainischen Front gegen die östlich des Dnjestr stehende 1. deutsche Panzerarmee und gegen die im Norden der Heeresgruppe Süd stehende 4. Panzerarmee. Am 5. März tritt auch die 2. Ukrainische Front zum Angriff gegen diese beiden Armeen an.

Nur 24 Stunden später, am 6. März, beginnt auf einer Breite von 800 km ein Großangriff der 3. Ukrainischen Front gegen die deutsche Heeresgruppe A in der Südukraine.

Alle angegriffenen deutschen Verbände werden zum Rückzug gezwungen, der sich außerordentlich schwierig gestaltet, da die Schlammperiode begonnen hat. Fahrzeuge

Nur noch mit Pferden und Maultieren kommen die Deutschen über den aufgeweichten Boden der Ukraine voran

Deutsche Infanteristen warten in einem Versteck auf den Befehl zum erneuten Angriff gegen die Rote Armee

bleiben in dem aufgeweichten Boden stecken, und die erschöpften Soldaten kommen nur langsam und unter den größten Anstrengungen voran. Der sowjetische Vormarsch ist schließlich schneller als der deutsche Rückzug. Am 24. März erreichen Verbände der 1. Ukrainischen Front vor den Deutschen den Dnjestr und schließen die 1. Panzerarmee unter Oberbefehl von General Hans Valentin Hube ein.

Auf Vorschlag Mansteins bricht Hube nicht direkt nach Süden aus, sondern bewegt sich mit seinen Truppen als »wandernder Kessel« am Dnjestr entlang langsam Richtung Westen. Am 6. April erreicht er die 4. Panzerarmee und hat damit – unter relativ geringen Menschenverlusten – den Anschluß an die deutsche Front wiedererlangt.

Am 8. April beginnt ein heftiger Angriff sowjetischer Verbände gegen die Landenge von Perekop, der die Befreiung der Krim von der dort stationierten 17. deutschen Armee zum Ziel hat (→ 12.5./S.78).

Führer und Reichskanzler Adolf Hitler will sich mit der Rücknahme der deutschen Front im Osten nicht abfinden und ordnet wiederholt an, daß die Stellungen unbedingt zu halten seien. Für den Zusammenbruch der Ostfront macht Hitler Manstein und Kleist verantwortlich. Beide erhalten am 30. März ihre Entlassungen. Generalfeldmarschall Walter Model übernimmt als Nachfolger Mansteins die Heeresgruppe Süd, Generalfeldmarschall Ferdinand Schörner die Heeresgruppe A.

Deutsche Truppen übernehmen die Macht in Ungarn

19. März. Einheiten der deutschen Wehrmacht und der Schutzstaffel dringen in Ungarn ein und übernehmen alle Schlüsselstellen in Verwaltung und Regierung sowie im Militärbereich. Der deutsche Führer und Reichskanzler Adolf Hitler hatte den ungarischen Reichsverweser Miklós Horthy, den er für politisch unzuverlässig hält, unter Druck gesetzt und gezwungen, der Besetzung seines Landes zuzustimmen.

Hitler befürchtete einen Frontwechsel Ungarns, da die sowjetischen Truppen bereits bis an die Grenzen des Landes vorgedrungen sind und Horthy schon früher Anstrengungen unternommen hatte, um aus dem Krieg auszuscheiden.

Unter einem Vorwand ließ Hitler Horthy nach Schloß Kleßheim kommen, isolierte ihn dort und übte so lange Druck auf ihn aus, bis sein Widerstand gebrochen war und er einer Besetzung zugestimmt hatte. In Ungarn läßt Horthy kurz darauf bekanntgeben: »Um im Rahmen der gemeinsamen Kriegführung der im Dreimächtepakt verbundenen europäischen Nationen gegen den gemeinsamen Feind Ungarn zur Seite zu stehen,… sind auf Grund gegenseitiger Verständigung deutsche Truppen in Ungarn eingetroffen.«

Als Horthy nach Budapest zurückkehrt, muß er auf deutsche Anord-

Deutsches Militär kurz nach dem Einmarsch in die ungarische Hauptstadt

nung den bisherigen ungarischen Botschafter in Berlin, Döme Sztojay, zum neuen Ministerpräsidenten und Außenminister Ungarns ernennen. Die neue Marionettenregierung schaltet sofort die Oppositionsparteien aus, läßt führende Persönlichkeiten des politischen und wirtschaftlichen Lebens verhaften und verbietet zahlreiche Zeitungen. Ein Teil der landwirtschaftlichen Erzeugnisse Ungarns wird beschlagnahmt und ins Deutsche Reich abtransportiert, wo sie Lücken im Bereich der deutschen Lebensmittelversorgung ausfüllen sollen.

Mit der Besetzung Ungarns beginnt auch die Deportation der ungarischen Juden, die bisher von Verfolgungen relativ verschont geblieben waren. Die deutsche Geheime Staatspolizei richtet in Budapest eine »Leitstelle« ein, die den Abtransport in deutsche Vernichtungslager, vor allem nach Auschwitz, organisiert (→ 28.4./S.64).

Eden zur »Österreich-Frage«

13. März. Zum sechsten Jahrestag des »Anschlusses Österreichs an das Deutsche Reich« spricht der britische Außenminister Robert Anthony Eden die Hoffnung aus, daß Österreich bald von der »Hitler-Tyrannei« befreit sein werde.

Österreich war am 13. März 1938 dem Deutschen Reich gewaltsam eingegliedert worden, nachdem der deutsche Führer und Reichskanzler

Robert Anthony Eden, britischer Außenminister; Eden war erstmals 1935 in dieses Amt berufen worden, trat jedoch 1938 zurück, da er mit seiner Politik der Unnachgiebigkeit gegenüber den diktatorischen Staaten nicht durchdrang; im Dezember 1940 wurde der Konservative erneut zum Außenminister ernannt

Adolf Hitler zwei Tage zuvor unter Androhung von Gewalt die Ernennung des nationalsozialistischen Politikers Arthur Seyß-Inquart zum österreichischen Bundeskanzler erzwungen hatte. Der überwiegende Teil des Bevölkerung begrüßte die Vereinigung, und erst im Laufe der Jahre ist der Widerstand gegen die nationalsozialistische Herrschaft immer stärker gewachsen.

Die alliierten Mächte, die 1938 nur formell gegen den »Anschluß Österreichs« protestiert hatten, beschäftigen sich erstmals im Rahmen ihrer Diskussionen über die Nachkriegsordnung in Europa intensiv mit der »Österreich-Frage«. In ihrer gemeinsamen Moskauer Erklärung vom 1. November 1943 bezeichneten sie Österreich als ein Opfer der deutschen Herrschaftspolitik und äußerten den Wunsch nach Wiederherstellung eines freien, geeinten und unabhängigen Österreichs.

Unter Bezugnahme auf die Moskauer Beschlüsse erklärt der britische Außenminister zum sechsten Jahrestag des »Anschlusses Österreichs«: »Ich hoffe, es wird heute das letzte Mal sein, daß Sie dieses Jahrestages unter dem Joch Hitlers gedenken müssen. Ich hoffe, daß Österreich sich bald jener Freiheit und Unabhängigkeit erfreuen wird, zu der die Erklärung der Moskauer Konferenz den Weg gewiesen hat. Vergessen Sie aber nicht, daß Ihnen selbst eine wichtige Aufgabe obliegt bei der Befreiung Ihres Landes von der Tyrannei. Ein geeintes Österreich, das mithilft, die eigene Freiheit wiederzugewinnen, wird auch zur Stabilität und zum Wohlstand ganz Europas beitragen.«

Appell des Papstes

12. März. *Papst Pius XII. (Abb.) bittet die kriegführenden Mächte in eindringlichen Worten, die »ewige Stadt« Rom, den Sitz der Oberhäupter der katholischen Kirche, vor Kampf und Zerstörung zu bewahren. Vom Hauptbalkon der Peterskirche verkündet er: »Niemand darf Rom, die erhabene Stadt, verstümmeln. Rom darf nicht zum Schlachtfeld werden, es darf nicht zum Kriegsschauplatz herabsinken.«*

Kämpfe innerhalb des Widerstands

26. März. Die linksorientierte griechische Widerstandsgruppe EAM (Ellenikon Apelevtherikon Metopon = Nationale Befreiungsfront) bildet einen nationalen Befreiungsrat, der anstelle der königlich-griechischen Exilregierung in Kairo Anspruch auf die politische Machtausübung in Griechenland erhebt. Damit erreicht der Kampf um die Regierungsübernahme in Griechenland einen neuen Höhepunkt.

Die Auseinandersetzungen nahmen ihren Anfang, als deutsche Truppen 1940 Griechenland besetzten und König Georg II. das Land verlassen mußte. Während er eine Exilregierung bildete, entstanden in Griechenland selbst zwei rivalisierende Widerstandsgruppen: Die radikale, kommunistische EAM mit ihrem Kampfverband ELAS (Ellenikon Laikon Apelevtherikon Straton = Griechische Volksbefreiungsarmee) und die bürgerliche EDES (Ellenikon Demokratikon Ethenikon Straton = Nationaldemokratische Griechische Vereinigung). Zunächst wurde die EAM, später die EDES von Großbritannien unterstützt. Beide Gruppen kämpfen jedoch mehr gegeneinander als gegen die deutsche Besatzungsmacht.

335 Geiseln nach Attentat getötet

24. März. Als Vergeltung für einen Sprengstoffanschlag auf eine deutsche Polizeikompanie in Rom, bei dem 33 Menschen ums Leben gekommen sind, werden auf Anordnung des deutschen Führers und Reichskanzlers Adolf Hitler 335 italienische Geiseln erschossen.

Ein unbekannter Täter in Straßenfegeruniform hatte auf ein Zeichen seines Gefährten in der Via Rasella eine Sprengladung genau in dem Moment zur Explosion gebracht, als der deutsche Polizei-LKW den Tatort passierte. Die Urheber des Attentats konnten entkommen.

An ihrer Stelle büßen 335 unbeteiligte Geiseln den Anschlag mit ihrem Leben. Ursprünglich hatte Hitler sogar die Erschießung von je 50 Italienern für jeden toten deutschen Polizisten gefordert. Generalfeldmarschall Albert Kesselring, Oberbefehlshaber in Italien, senkte das Verhältnis jedoch auf 10:1 und ordnete

Eine Gruppe italienischer Regierungsvertreter verläßt die Ardeatinischen Höhlen, in denen 335 italienische Geiseln von Deutschen hingerichtet wurden

an, die Geiseln aus bereits zum Tode verurteilten italienischen Gefangenen auszuwählen.

Da der deutsche Polizeichef von Rom, Herbert Kappler, dem die Verantwortung für die Exekutionen übertragen wurde, nur 280 in Frage kommende Opfer fand, forderte er

50 weitere Gefangene an. Geschickt wurden 55, so daß schließlich 335 Geiseln dem Massaker zum Opfer fallen. Sie werden in die Ardeatinischen Höhlen bei Rom geführt und dort erschossen. Nach der Massenhinrichtung wird der Grotteneingang in die Luft gesprengt.

US-Präsident über Judenverfolgung

24. März. US-Präsident Franklin Delano Roosevelt gibt im Namen der alliierten Staaten eine Erklärung zur Judenverfolgung und -vernichtung durch das NS-Regime ab. Er bezeichnet die systematische Ermordung der europäischen Juden als eines der schlimmsten Verbrechen in der Geschichte und kündigt die gnadenlose Verfolgung und Verurteilung der Schuldigen nach Kriegsende an.

Ferner fordert er das deutsche Volk dazu auf, »Hitlers Verbrechen gegen die Menschlichkeit« nicht zu unterstützen, sondern alles zu tun, um den unschuldigen Opfern zu helfen und »sie vor den nationalsozialistischen Henkern zu retten«.

Roosevelt spricht den Wunsch aus, daß »alle freien Völker Europas... ihre Grenzen den Opfern der Unterdrückung... öffnen« mögen, damit diese der Erfassung und Ermordung durch die »deutschen Scharfrichter« entkommen könnten.

Sieben Millionen Zwangsarbeiter im Deutschen Reich

1. März. Der deutsche Generalbevollmächtigte für den Arbeitseinsatz, Fritz Sauckel, stellt auf einer Planungskonferenz fest, daß von den »Millionen ausländischer Arbeitskräften, die nach Deutschland gekommen sind, keine 200 000 freiwillig« kamen. Sauckel ist verantwortlich für die massenhafte Verschleppung von »Fremdarbeitern« ins Deutsche Reich.

Der deutsche Führer und Reichskanzler Adolf Hitler hatte Sauckel am 21. März 1942 zum »Generalbevollmächtigten für den Arbeitseinsatz« ernannt und ihn am 30. September 1942 ermächtigt, »nach seinem Ermessen im Großdeutschen Reich, einschließlich des Protektorats sowie im Generalgouvernement und in den besetzten Gebieten, alle Maßnahmen zu treffen, die den… Arbeitseinsatz für die deutsche Kriegswirtschaft unter allen Umständen gewährleisten«.

Da der Bedarf an Arbeitskräften vor allem in der Rüstungs- und Bauindustrie sowie in der Landwirtschaft höher ist als das Angebot und die Lücke durch freiwillige Fremdarbeiter nicht zu schließen ist, ordnete Sauckel in verstärktem Maß

Eine Ostarbeiterin, wie unzählige andere Menschen zwangsweise ins Deutsche Reich verschleppt, bei ihrer Arbeit an der Drehbank eines Rüstungsbetriebes

Zwangsrekrutierungen an. Bereits 1940 waren im besetzten Polen die ersten Arbeitsverpflichtungen erfolgt. Die Maßnahme betrifft seit 1942 auch Sowjetbürger, Franzosen, Belgier und Niederländer. Die Anzahl der Fremdarbeiter im Deutschen Reich betrug 1941 3 Millionen, 1942 4,2 Millionen, 1943 6,3 Millionen (jeweils Ende Mai) und im Frühjahr 1944 rund 7,0 Millionen.

Verordnungen für Ostarbeiter

»Ostarbeiter« dürfen im Deutschen Reich ihren Aufenthaltsort nicht wechseln, ihre Unterkunft nachts nicht verlassen, keine öffentlichen Verkehrsmittel benutzen, keine Gaststätten oder kulturellen bzw. gesellschaftlichen Veranstaltungen besuchen, keine Radios oder Zeitungen besitzen und keinen Kontakt zu deutschen Frauen aufnehmen. Polen und Sowjetbürger müssen das Zeichen »P« bzw. »OST« gut sichtbar an der Kleidung tragen.

Da die Beschäftigungs- und Lebensverhältnisse katastrophal sind und vor allem polnische und russische Arbeiter zu Hunderttausenden sterben, muß man davon ausgehen, daß die deutschen Behörden rund 14 Millionen Ausländer verschleppt haben, um für 1944 eine Zahl von 7 Millionen zu erreichen.

Die Zwangsrekrutierungen werden von Einsatzkommandos der Arbeitsämter, unterstützt von Einheiten der Sicherheitspolizei und der Schutzstaffel, mit brutaler Gewalt durchgeführt. Besonders in Polen und in der Sowjetunion werden Männer, Frauen und Jugendliche oft auf offener Straße ergriffen, gefesselt zu den Bestimmungsbahnhöfen gebracht und anschließend ins Deutsche Reich deportiert.

Dort zwingt man sie ohne ausreichende Ernährung und unter z.T. lebensgefährlichen Bedingungen zu harter Arbeit. Sie erhalten einen minimalen Verdienst, der meist nicht ausreicht, um die ihnen zugeteilte Verpflegung und Unterkunft in Baracken, Ställen oder Kellern zu bezahlen. »Alle diese Menschen«, so die Worte Sauckels, »müssen so ernährt, untergebracht und behandelt werden, daß sie bei denkbar sparsamstem Einsatz die größtmögliche Leistung hervorbringen.«

Verfaulte Kartoffeln und Steckrübenbrühe

Für die Nationalsozialisten sind all die Millionen ausländischer Zwangsarbeiter im Deutschen Reich nichts als wirtschaftlich nutzbringendes »Menschenmaterial«, das verbraucht und bei Bedarf ersetzt werden kann. Jeder Kontakt zwischen den »fremdvölkischen Untermenschen« und der deutschen Bevölkerung wird verboten und unter Strafe gestellt.

Durch die engen Arbeitsbeziehungen in Fabriken oder landwirtschaftlichen Betrieben werden jedoch Feindseligkeiten bis zu einem gewissen Grad abgebaut, und es entstehen persönliche Kontakte zwischen den Zwangsarbeitern und der einheimischen Bevölkerung. Diese Entwicklung wird von den deutschen Machthabern mit Sorge betrachtet, da man eine Verringerung des »volkstumsmäßigen Abstandes« befürchtet.

Das unterschiedliche Verhalten der Deutschen gegenüber den Aus-

ländern schildert ein »Ostarbeiter«, der drei Jahre lang zwangsweise in einem Rüstungsbetrieb beschäftigt war. Er berichtet einerseits über die Repressalien des NS-

Fritz Sauckel, Generalbevollmächtigter für den Arbeitseinsatz

Regimes, über Hunger und Gewalttätigkeiten, andererseits aber auch über die Hilfeleistungen, die ihm von einigen Deutschen zuteil wurden. In dem Lager, in dem er und seine Leidensgenossen untergebracht gewesen seien, so erzählt der zwangsweise verpflichtete Mann, habe es nur verfaulte Kartoffeln, eine Art Steckrübensuppe und ab und zu ein Stück mit Sägemehl vermischtes Brot zu essen gegeben. Oft sei er aus Hunger über den Zaun aus dem Lager geflohen und habe in den umliegenden Dörfern von gutherzigen Bauern Brot, Kartoffeln und Äpfel erhalten. »Vielleicht wäre der Tod unvermeidlich gewesen«, heißt es in seinem Bericht, »wenn unter den Frauen, Arbeitern, Bauern und der Intelligenz nicht … Deutsche gewesen wären, die sich nicht von der … Verkommenheit des Faschismus mit seiner menschenhassenden Theorie beeinflussen ließen.«

Deportationen von Juden aus ganz Europa

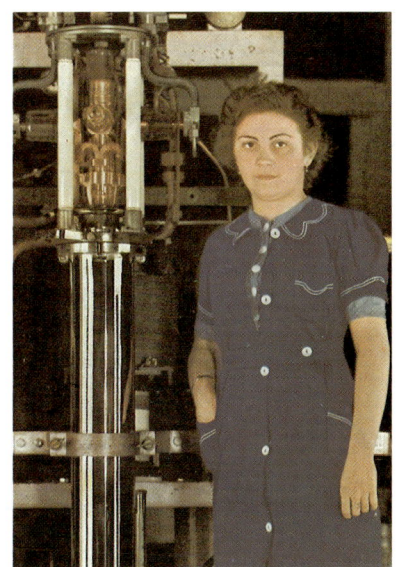

Industriearbeiterin; sie füllt den Arbeitsplatz eines Frontsoldaten aus

Arbeitsaufruf an deutsche Frauen

7. März. Im Deutschen Reich soll mit einer großangelegten Werbeaktion dem Arbeitskräftemangel entgegengetreten werden. Mitglieder der NS-Frauenschaft ziehen von Haus zu Haus und versuchen – allerdings ohne großen Erfolg –, alle nicht berufstätigen Frauen für den Arbeitseinsatz »im Dienste der Volksgemeinschaft« zu gewinnen.

Da ein Großteil der männlichen Berufstätigen an der Front dient und ihre Arbeitsplätze, soweit sie nicht mit ausländischen Zwangsarbeitern aufgefüllt werden konnten, unbesetzt bleiben, hatte der deutsche Generalbevollmächtigte für den Arbeitseinsatz, Fritz Sauckel, schon 1943 angeordnet, daß alle Frauen zwischen 17 und 45 Jahren auf ihre Eignung für eine Beschäftigung in der Industrie zu prüfen seien. Die meisten Frauen verspüren jedoch wenig Lust, sich der Kriegswirtschaft zur Verfügung zu stellen, und so lassen sich von 3 Millionen registrierten Frauen über 2 Millionen aus gesundheitlichen oder familiären Gründen von der Einteilung zum Erwerbsdienst befreien.

Mit Hilfe der Werbeaktion appelliert Sauckel nochmals an das Pflichtgefühl der deutschen Frauen. Diese reagieren jedoch in den meisten Fällen ablehnend bis unwillig, da sie einerseits von einer allgemeinen Kriegsmüdigkeit erfaßt und andererseits mit der Lösung der kriegsbedingten Alltagsprobleme vollkommen ausgelastet sind.

15. März. Im Rahmen seines Judenvernichtungsprogramms ordnet SS-Obersturmbannführer Adolf Eichmann, Leiter des Judenreferats im Reichssicherheitshauptamt (RSHA) in Berlin, die systematische Suche nach mehreren tausend Juden in Griechenland an. Wie in vielen anderen besetzten Ländern Europas sind die Fängertrupps der Schutzstaffel (SS) bei ihrer grausamen Jagd nur teilweise erfolgreich.

Zur Durchsetzung seiner Maßnahme läßt Eichmann in Griechenland auf dem gesamten Festland Trupps mit Lastwagen und Wachpersonal zusammenstellen, die sich dann auf eine systematische Suche nach den über 10 000 Juden begeben. Der Hälfte der Verfolgten gelingt es, in die Berge zu fliehen und Schutz bei den dort ansässigen Bauern zu finden, sich griechischen Partisaneneinheiten anzuschließen oder über das Ägäische Meer in die neutrale Türkei zu entkommen.

Viele überleben auf Grund der Anordnung von Erzbischof Damaskinos, daß alle Mönchs- und Nonnenklöster in Athen und in den Provinzstädten verfolgten Juden Schutz gewähren sollen. Doch mehr als 5000 griechische Juden fallen in die Hände der SS. Sie werden festgenommen, in Auffanglagern gesammelt und ab April in das deutsche Vernichtungslager Auschwitz bei Krakau in Polen transportiert. Hunderte sterben bereits auf der achttägigen Bahnfahrt in versiegelten Viehwaggons. Ein Großteil der anderen wird in Auschwitz in die Gaskammern geschickt oder stirbt an Hunger oder Krankheiten.

Die Deportationen der europäischen Juden in deutsche Konzentrationslager hatten 1942 ihren Anfang genommen. Eichmann errichtete »Judenreferate« in den von Deutschen besetzten Gebieten, die mit unterschiedlichem Erfolg Festnahmen und Zwangsverschickungen einheimischer Juden durchführten.

Als erstes wandte sich Eichmann den Niederlanden zu, wo er tatkräftige Unterstützung durch den Leiter der Zivilverwaltung, Reichskommissar Arthur Seyß-Inquart, einen überzeugten Nationalsozialisten, fand. Schwerer gestalteten sich die Judendeportationen aus Belgien und Frankreich, weil die Befehlsgewalt in den Händen deutscher Militärmachthaber lag, die dem Vorgehen eher distanziert gegenüberstanden. In Griechenland arbeitet die Wehrmacht zwar mit der SS zusammen, aber genau wie in Italien stößt Eichmann auf heftigen Widerstand der einheimischen Bevölkerung. Selbst die deutschen Satellitenstaaten Slowakei, Rumänien und Bulgarien stellen die Auslieferung der Juden ein, als die Massenvernichtung bekannt wird. Auch Finnland verweigert die Auslieferung. Ein Fiasko erlebt Eichmann in Dänemark: Nur knapp 500 der über 80 000 Juden fallen in die Hände der SS.

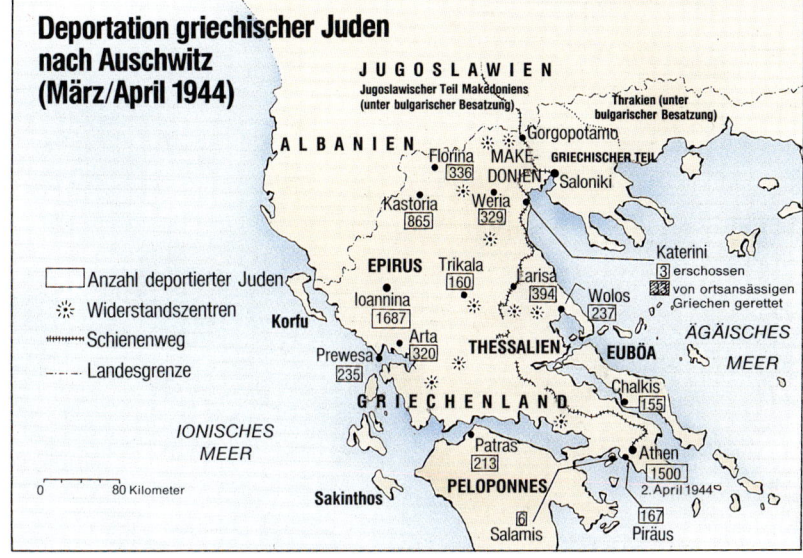

Deportation griechischer Juden nach Auschwitz (März/April 1944)

JUGOSLAWIEN
Jugoslawischer Teil Makedoniens (unter bulgarischer Besatzung)
Thrakien (unter bulgarischer Besatzung)
ALBANIEN
GRIECHISCHER TEIL
Gorgopotamo
Florina 336
MAKEDONIEN
Weria 329
Salonika
Kastoria 865
3 erschossen
Katerini
33 von ortsansässigen Griechen gerettet
EPIRUS
Trikala
Larisa
Ioannina 1687
Trikala 160
Wolos 237
Korfu
ÄGÄISCHES MEER
Arta 320
THESSALIEN
EUBÖA
Prewesa 235
Chalkis 155
GRIECHENLAND
IONISCHES MEER
Patras 213
Athen 1500
2. April 1944
PELOPONNES
Sakinthos
6
Salamis
167
Piräus

☐ Anzahl deportierter Juden
✴ Widerstandszentren
▬ Schienenweg
–·– Landesgrenze

0 ——— 80 Kilometer

Spendenaktion des Winterhilfswerks

12. März. *Zu den zahlreichen Sammel- und Spendenaktionen, die im Deutschen Reich vor allem während des Krieges durchgeführt werden, gehören die alljährlich mit großem Propagandaaufwand veranstalteten Haus- und Straßensammlungen des Winterhilfswerks. Alle, die sich an der »freiwilligen« Spendenaktion beteiligen, werden in Listen eingetragen und erhalten ein Abzeichen fürs Knopfloch oder eine Plakette für die Haustür, so daß eine Kontrolle darüber möglich ist, wer seine »Pflicht gegenüber der Volksgemeinschaft« erfüllt hat (Abb.: Soldaten sammeln für Winterhilfe).*

Brautpaar in Berlin; trotz Bomben und Kriegssorgen ist der Durchhaltewillen vielfach ungebrochen

An einem Straßenbrunnen holen Anwohner Wasser; die Leitungen sind nach einem Angriff zerstört

Briefträgerinnen notieren sich Adressen der neuen Zufluchtsstätten von Berliner Einwohnern

Der nächtliche Bombenangriff ist vorbei; eine Gruppe von ausgebombten Berlinern sucht mit ihrer geretteten Habe Schutz im Stettiner Bahnhof

Berliner Straßenzug nach einem heftigen Bombardement; obwohl viele Häuser Ruinen gleichen, bieten sie noch zahlreichen Menschen notdürftig Unterkunft

Berlin durch Bombardierungen zerstört

25. März. Im Rahmen der seit 1943 andauernden alliierten Luftoffensive gegen Berlin fliegt die britische Royal Air Force (RAF) mit 726 Maschinen in der Nacht vom 24. auf den 25. März ihren letzten Angriff auf die deutsche Reichshauptstadt; die Flugzeuge werfen knapp 2300 t Spreng- und Brandbomben ab.
Die Alliierten stellen die »Schlacht um Berlin« vorläufig ein, da sie ihre Luftstreitkräfte im Vorfeld der Invasion in Frankreich (→ 6.6./S.90) umgruppieren müssen. Die Bomber werden in den folgenden Monaten hauptsächlich auf Ziele angesetzt, die produktions- oder verkehrstechnische Bedeutung haben.
Im Zuge der »Schlacht um Berlin« waren seit 1943 16 Großangriffe geflogen worden. Die US-Luftwaffe beteiligte sich erst in der Endphase

mit Tagesangriffen an der Offensive. Sie verlor 140 Maschinen gegenüber 537 abgeschossenen britischen Kampfflugzeugen.
Unter der Berliner Bevölkerung fordern die Bombardierungen 6166

Alliierte Luftangriffe auf Berlin

2.1.:	386 RAF-Bomber
3.1.:	311 RAF-Bomber
21.1.:	697 RAF-Bomber
28.1.:	481 RAF-Bomber
29.1.:	596 RAF-Bomber
31.1.:	489 RAF-Bomber
16.2.:	806 RAF-Bomber
6.3.:	730 US-Bomber
8.3.:	540 US-Bomber
9.3.:	330 US-Bomber
25.3.:	726 RAF-Bomber

(Zahlen Januar bis März 1944)

Tote und 18 431 Schwerverletzte. Die Stadt ist auf einer Gesamtfläche von 9,5 km^2 zerstört, und 1,5 Millionen Menschen haben ihr Obdach verloren. Von den 103 als kriegswichtig eingestuften Industriewerken erhalten 43 schwere Bombentreffer. Als eine Folge der Luftangriffe bricht das Verkehrssystem fast vollständig zusammen. Verwaltung und Versorgung der Bevölkerung sind stark eingeschränkt.
Die ständigen schweren Bombenangriffe bringen extreme nervliche Belastungen für die Einwohner mit sich, ohne daß ihr Durchhaltewillen – worauf die Alliierten spekulieren – grundsätzlich gebrochen wird. Die Menschen arrangieren sich so gut wie möglich mit Angst, Not und Elend und versuchen, in der zerstörten Stadt Berlin zu überleben.

Kriegsmüdigkeit und Lebensangst

In den geheimen Lageberichten des Sicherheitsdienstes der Schutzstaffel wird über die gedrückte Stimmung in der Berliner Bevölkerung angesichts der fortwährenden Bombenangriffe auf die Hauptstadt des Deutschen Reiches berichtet:

»Zu der bedrückenden Auffassung vom ganzen Krieg komme in den luftgefährdeten Gebieten … nach den Tagesangriffen mit dem Abwurf zahlreicher … Sprengbomben, eine ausgesprochene Lebensangst …
Während man sich bisher in den Nachtangriffen verbittert, nicht frei von Furcht, aber mit einem gewissen Stoizismus in den Keller geduckt habe, beginne jetzt am hellichten Tage vielfach eine ›Rennerei um das Leben‹ mit der Absicht, es möglichst sicher in Bunkern unterzubringen.«

Kinder aufs Land verschickt

31. März. Im Deutschen Reich üben Staat und Partei einen zunehmenden Druck auf die Eltern aus, um sie zu zwingen, ihre Kinder im Rahmen der Kinderlandverschickung (KLV) aus den Luftnotgebieten in weniger gefährdete, meist ländliche Gegenden umquartieren zu lassen.

Da in zahlreichen Großstädten wegen der Luftangriffe die Schulen geschlossen sind, bleibt vielen Eltern keine Wahl, als sich von ihren Kindern zu trennen und sie der KLV anzuvertrauen. Dort, so heißt es in der NS-Propaganda, wird die »erzieherische Betreuung durch ausgesuchte Lehrkräfte« gesichert.

Vor allem aus den Großstädten werden die Kinder zu Hunderttausenden evakuiert und in KLV-Lagern untergebracht. Diese befinden sich in Dörfern und Kleinstädten in Ostbayern, Brandenburg, Österreich, Sachsen, Schlesien, dem Sudetenland, Thüringen und annektierten polnischen Gebieten und zum Kriegsende hin auch in Mecklenburg, Pommern, Ostpreußen, Hessen, Württemberg und Baden. Außerhalb des Reichsgebiets gibt es Lager im Protektorat Böhmen und Mähren, im Generalgouvernement Polen und in der Slowakei.

Die Organisation und Betreuung der KLV-Lager liegt in der Hand der Hitlerjugend (HJ). Das bedeutet, daß die Jungen und Mädchen dort völlig unter nationalsozialistischem Einfluß stehen und im Sinne der Reichsjugendführung weltanschaulich geschult werden können. Heimat-

abende, nationalpolitischer Unterricht und vormilitärische Ausbildung verdrängen den traditionellen Schulunterricht. Der Tagesablauf der Kinder wird von HJ-Führern geplant und beaufsichtigt und läßt keine Möglichkeit für eine persönliche Freizeitgestaltung.

Um die Vorbehalte der Eltern gegen die Verschickungsmaßnahmen zu zerstreuen, stellt die NS-Propaganda die Verhältnisse in den KLV-Lagern im günstigsten Licht dar. Argumentiert wird mit guter Verpflegung, Ruhe und gesunden Lebensbedingungen, und vor allem, so wird geworben, sei es »immer noch besser, seine Kinder außerhalb in Sicherheit gegen Luftgefahr und Bombenterror zu wissen als für immer auf dem heimischen Friedhof«.

Mädchen bei einem Spaziergang: ihre Freizeit ist streng reglementiert

Improvisierter Schulunterricht im Freien; die Ausbildungsbedingungen für die Kinder in den ländlichen KLV-Lagern sind in vielen Fällen ungenügend

RAF-Nachtangriff im Raum Nürnberg

31. März. *Bei dem Angriff eines britischen Bomberverbandes in der Nacht vom 30. auf den 31. März auf Nürnberg werden 96 von 795 Maschinen durch deutsche Nachtjagdgeschwader abgeschossen. Es ist der für die britische Royal Air Force (RAF) verlustreichste Nachteinsatz des Zweiten Weltkrieges.*

Die fast 800 in Großbritannien gestarteten Halifax- und Lancasterbomber erreichen bei Aachen deutsches Reichsgebiet, überqueren zwischen Bonn und Bingen den Rhein und nehmen über Fulda und Hanau Kurs auf Nürnberg. Das Täuschungsmanöver durch die den Maschinen vorausfliegenden »Mosquitos« (Schnellbomber) gelingt nicht, und so ist die deutsche Luftabwehr über den Kurs des Bomberverbandes genau unterrichtet.

Anders als bisher üblich, greifen die deutschen Nachtjäger das feindliche Geschwader diesmal nicht erst über dem Einsatzziel, sondern schon beim Anflug an. Bereits kurz hinter Aachen werden die ersten 30 Maschinen eines Halifax-Verbandes abgeschossen. Es folgen auf der 450 km langen Flugstrecke pausenlose Angriffe und Abschüsse durch deutsche Nachtjäger.

Zermürbt von dem langen Anflug und den ständigen Luftkämpfen klinken die RAF-Besatzungen ihre Sprengladungen mehr oder weniger ziellos im Raum Nürnberg aus. Der Schaden, den die 2460 t abgeworfener Bomben anrichten, ist dementsprechend relativ gering. In Nürnberg wird eine Fabrik teilweise zerstört, drei weitere werden leicht beschädigt. Auch die Einwohner der Stadt kommen vergleichsweise glimpflich davon: 60 Zivilisten und 15 ausländische Zwangsarbeiter kommen ums Leben.

Während die deutsche Luftwaffe nur zehn Maschinen verliert, kehren von 795 britischen Bombern 96 überhaupt nicht und 71 schwer beschädigt zurück; von ihnen gehen zwölf bei der Landung zu Bruch.

Der britische Fehlschlag erklärt sich durch die neue deutsche Taktik, die Bomberströme bereits im Anflug zu bekämpfen, und hat zur Folge, daß die RAF ihre Luftoffensive bei Nacht vorübergehend einstellt (Abb.: Absturz eines viermotorigen britischen Kampfflugzeuges).

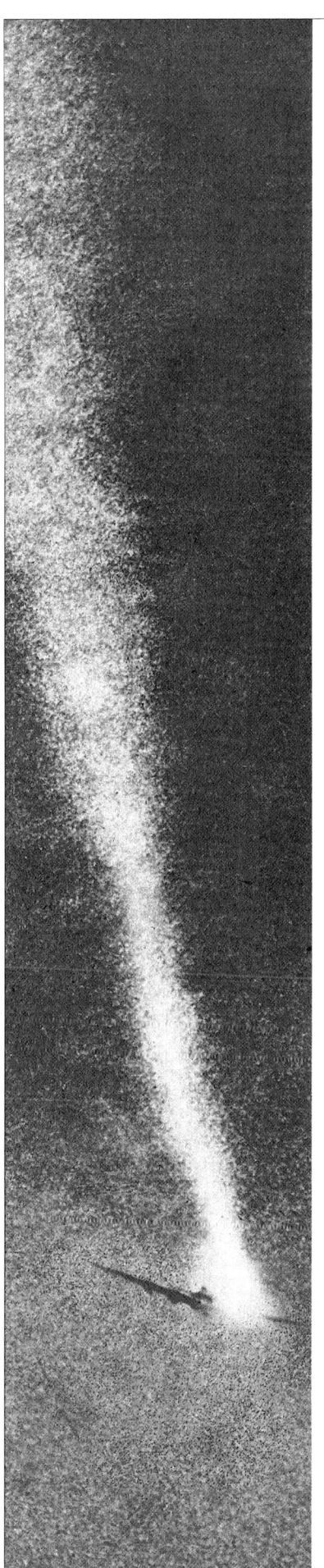

Wissenschaft und Technik 1944:

Technischer Fortschritt nur für den Krieg

Die Entwicklungen in den Bereichen Wissenschaft und Technik während des Zweiten Weltkrieges sind ein Beleg für die in der Geschichte immer wieder nachweisbare Eigenschaft des Menschen, technologische Höchstleistungen besonders auf dem Gebiet der Rüstung zu erzielen: Es werden immer wieder neue und immer wirkungsvollere Waffen konstruiert. Noch 1944, als das Kriegsende schon absehbar ist, werden neue Waffensysteme entwickelt und gegen den jeweiligen Gegner eingesetzt. Die größte Rolle spielen dabei Konstruktionen im Bereich der Luftfahrt, da sich herausgestellt hat, daß dieser Krieg nur von der Seite zu gewinnen ist, die den Sieg in der Luft davonträgt.

Technisch am bedeutendsten sind dabei Bau und Entwicklung von Düsenflugzeugen und ferngelenkten Geschossen, beides zukunftweisende Neukonstruktionen, die im Zweiten Weltkrieg jedoch kaum noch zum Einsatz kommen.

Im Bereich der Flugzeuge mit Strahlantrieb ist man im Deutschen Reich am weitesten. Bis Mitte des Jahres wird die Serienfabrikation des Düsenjägers Messerschmitt »Me 262« auf etwa 250 Stück je Monat gesteigert. Die Maschinen kommen aber nicht mehr voll zum Einsatz, da es an Treibstoff und ausgebildeten Piloten fehlt. Der britische Düsenjäger

Gloster »Meteor« wird ab Juli vereinzelt zur Bekämpfung der deutschen »V-1«-Rakete eingesetzt. Auch die US-amerikanische Bell »P 59 A« (»Airacomet«), ausgerüstet mit zwei Strahlturbinen, gelangt ab Herbst des Jahres gegen die »V 1« zur Anwendung.

Auch im Bereich der Fernlenkwaffen kann das Deutsche Reich einen Vorsprung verbuchen. Die »fliegenden Bomben« »V 1« und »V 2« werden serienmäßig hergestellt und am 12. Juni bzw. 8. September erstmals von deutschem Boden auf Großbritannien abgeschossen. Bei der »V 1« handelt es sich um eine rückstoßgetriebene Flugbombe mit starrer Flugbahn, die

Industrielle Produktion des Antibiotikums Penicillin in Großbritannien

eine Geschwindigkeit von 500 bis 600 km/h erreicht. Eine vollkommen neuartige, unbemannte Langstreckenwaffe ist die unter Werner von Braun entwickelte »V 2« – die erste große ballistische Rakete der Welt. Sie erreicht eine Geschwindigkeit von 5000 km/h und entzieht sich damit der gegnerischen Flugabwehr.

Auch in anderen Bereichen der Waffentechnik warten die kriegführenden Staaten mit Neuentwicklungen auf. Die USA produzieren ab Januar 1944 den viermotorigen Langstreckenbomber Boeing »B 29« (»Superfortress«) in Serie und setzen ihn am 15. Juni erstmals gegen Japan ein. Im Bereich der Bomben konstruieren alle kriegführenden Nationen verbesserte Versionen im Hinblick auf ihre Wirkung und die Ballistik. Bei den Geräten ist eine Steigerung der Präzision bei Radar-Zielgeräten zu verzeichnen, aber auch die Entwicklung von verbesserten Modellen bei Navigations- und Blindfluginstrumenten.

Fern vom Kriegsgeschehen sind für das Jahr 1944 im technisch-wissenschaftlichen Bereich vor allem Entwicklungen auf dem Gebiet der Medizin erwähnenswert. Alfred Blalock gelingt erstmals die Operation eines »blauen Babys«. Außerdem wird das Antibiotikum Penicillin in großen Mengen synthetisch hergestellt (→8.6./S.103).

König Peter II. von Jugoslawien und Braut Prinzessin Alexandra

Eine Königshochzeit ganz ohne Prunk

20. März. In der jugoslawischen Botschaft in London werden König Peter II. von Jugoslawien und Prinzessin Alexandra von Griechenland getraut. Das Hochzeitsfest wird ohne Prunk und große Feierlichkeiten in aller Stille durchgeführt.

Unter den anwesenden Gästen bei der Trauungszeremonie und dem anschließenden schlichten Empfang in den Räumen der Botschaft befinden sich König Georg II. von Griechenland, die Brautmutter Aspasia von Griechenland, Königin Wilhelmina der Niederlande, Prinz Bernhard der Niederlande und der norwegische Kronprinz Olaf.

Vesuv stößt Asche und heiße Lava aus

20. März. Es kommt zu einem heftigen Ausbruch des Vesuv am Golf von Neapel (Süditalien). In den folgenden Tagen werden zwei Ortschaften, deren rund 7000 Einwohner man vorher evakuiert hatte, unter den Lavamassen begraben.

Der Vulkan ist in einen roten Feuerschein gehüllt und stößt Lava aus, die in mehreren Strömen abwärts fließt. Der Hauptstrom am Südhang ist 20 m hoch und erreicht eine Breite von fast 350 m. Die Steinmassen begraben die Orte San Sebastiano und Massa di Somma. Drei Küstenstädte am Golf von Neapel, die ebenfalls bedroht werden, entgehen nur knapp der Zerstörung.

Der US-amerikanische Langstreckenbomber Boeing »B 29« (»Superfortress«); der schwere Bomber mit einer Reichweite von 5230 km wurde speziell für den Einsatz im Pazifik entwickelt und wird seit Anfang 1944 in Serie produziert

Neuer Film: »Schrammeln«

3. März. Der deutsche Spielfilm »Schrammeln« (Regie: Géza von Bolváry; Buch: Ernst Marischka) kommt in Wien zur Uraufführung. In den Hauptrollen sind Paul Hörbiger, Hans Moser (r.), Hans Holt (l.), Fritz Imhoff, Marte Harell und Fita Benkhoff zu sehen.
Der Film erzählt die Geschichte des berühmten Wiener Quartetts um Josef und Johann Schrammel. Die beiden Brüder geraten in Streit, aber Fiakermilli versöhnt die Zankenden und rettet auf diese Weise das Quartett.

Von Liebe und Herzeleid

3. März. In Berlin findet die Uraufführung der Filmkomödie »Familie Buchholz« von Carl Froelich nach dem gleichnamigen Roman von Julius Stinde statt. Henny Porten (r., mit Elisabeth Flickenschildt) spielt die Gattin eines Fabrikanten (Paul Westermeier), die versucht, ihre beiden Töchter Betti (Käthe Dyckhoff) und Emmi (Marianne Simson) an den richtigen Mann zu bringen. Der als »künstlerisch wertvoll« und »volksbildend« eingestufte Film wird zu einem großen Erfolg.

»Neigungsehe« in den Kinos

24. März. Als Fortsetzung des Erfolgsfilms »Familie Buchholz« wird der zweite Teil dieser Familienkomödie unter dem Titel »Neigungsehe« in Berlin uraufgeführt. Nachdem es Wilhelmine Buchholz (Henny Porten) gelungen ist, ihre Tochter Emmi erfolgreich zu verheiraten, soll nun deren ältere Schwester Betti (Käthe Dyckhoff, l.) unter die Haube gebracht werden. Diese unterläuft jedoch die gutgemeinten Bemühungen ihrer Mutter und ehelicht in aller Heimlichkeit den Maler Holle (Albert Hehn, r.).

Aktueller US-Kriegsfilm »Alarm im Pazifik«

10. März. Der US-amerikanische Spielfilm »The Fighting Seabees« (Alarm im Pazifik) mit John Wayne in der Hauptrolle wird in den Vereinigten Staaten uraufgeführt. Zahlreiche US-Filme des Jahres 1944 so auch »Alarm im Pazifik« – greifen das aktuelle Kriegsthema auf und beschäftigen sich mit der Situation von US-Soldaten, die weit entfernt der Heimat im Kampf für ihr Land das eigene Leben einsetzen.

»Alarm im Pazifik« schildert das Schicksal des Ingenieurs Wedge Donovan (John Wayne), der zusammen mit dem Berufsoffizier Commander Robert Yarrow (Dennis O'Keefe) die Aufgabe übernommen hat, die »Seabees« – ein aus Bauarbeitern und Ingenieuren zusammengestelltes Baubataillon – bei der Anlage von US-Flugplätzen auf Pazifikinseln zu beaufsichtigen. Es kommt zum Kampf zwischen den militärisch nur ungenügend ausgebildeten »Seabees« und feindlichen japanischen Truppen, die ein wichtiges Ölfeld bedrohen. Yarrow wird verwundet, und Donovan rettet schließlich unter Verlust seines eigenen Lebens in einem spektakulären Alleingang die Lage.
Neben »Alarm im Pazifik« beschäftigen sich auch die im selben Jahr uraufgeführten US-Spielfilme »Destination Tokyo« (Einsatzziel Tokio) mit Cary Grant und »The Story of Dr. Wassell« (Dr. Wassells Flucht aus Java) mit Gary Cooper in der Hauptrolle mit dem Krieg zwischen Japan und den USA im Pazifik.

Humphrey Bogart in dem »Oscar«-prämierten US-Film »Casablanca«

Drei Film-»Oscars« für »Casablanca«

2. März. Der US-Spielfilm »Casablanca« mit Humphrey Bogart und Ingrid Bergman erhält bei der »Oscar«-Verleihung drei der begehrten Film-Trophäen (Produktion, Regie, Drehbuch). Er wird zum »besten Film« des Jahres 1943 erklärt.

Filmausschnitt aus dem US-Kinostreifen »The Fighting Seabees« (Alarm im Pazifik); John Wayne (stehend r.) ist in der Rolle des Ingenieurs Wedge Donovan zu sehen, der im Kampf gegen japanische Landetruppen sein Leben verliert

Sprachwandel im Deutschen Reich

Während der Jahre des Nationalsozialismus und des Krieges entwickelt sich in vielen Bereichen ein spezifischer deutscher Sprachgebrauch. Auffällig sind zum einen die von offizieller Seite geprägten bombastisch-schwulstigen Sprachwendungen und zum anderen der in manchen Fällen ironische bis entlarvende Sprachgebrauch der einfachen Soldaten.

In der offiziellen NS-Sprache gibt es zahlreiche Wortneubildungen und Umbenennungen. Aus »Arbeiter« wird der »Soldat der Arbeit«, aus »Produktion« »Erzeugungsschlacht« und die »Arbeit« wird als »Dienst an Führer und Volk« bezeichnet. Kritik und Ironie stecken häufig in den Sprachwendungen der Soldaten. Der Militärgeistliche heißt in ihrem Jargon »Höllenabwehrkanone«, das Maschinengewehr wird »Schnatterpuste« genannt und der Erste Weltkrieg »Anno Scheiße«.

Verbote für viele Verlage

1. März. Der Präsident der deutschen Reichspressekammer, Max Amann, gibt die »Verlags-Sperrliste März 1944« heraus. Aufgeführt sind u.a. der Brockhaus-Verlag, der Goldmann-Verlag sowie die Verlage Schöningh und Westermann.

Amann setzt damit seinen Feldzug gegen alle Buch- und Zeitungsverlage fort, die entweder nicht vollständig auf nationalsozialistischer Linie liegen oder von nicht-arischen Verlegern geführt werden.

1922 war Amann zum Direktor des Zentralverlages der Nationalsozialistischen Deutschen Arbeiterpartei, des Franz-Eher-Verlages, ernannt worden und hatte seitdem dafür gesorgt, daß dieser sich zu einem der größten Presse- und Verlagsverbunde der Welt entwickelte. Getrieben von persönlicher Habgier und bar jeder Skrupel geht Amann in seiner Eigenschaft als Präsident der Reichspressekammer (seit 1933) gegen unliebsame Verleger vor.

Auf nach nationalsozialistischem Rechtsverständnis legalem Weg zwingt er sie durch repressive Maßnahmen zum Verkauf, erwirbt die

Max Amann, Präsident der deutschen Reichspressekammer (seit 1933)

Verlage zu einem Spottpreis und beseitigt auf diese Weise nach und nach die freie Presse. Anfang 1944 kontrolliert der Eher-Konzern 82,5% aller Auflagen, die im Deutschen Reich erscheinen.

Flüchtlingsstück von Franz Werfel

14. März. Am Martin Beck Theatre in New York wird die »Komödie einer Tragödie«, so der Untertitel zu »Jacobowsky und der Oberst« von Franz Werfel in der englischen Fassung, uraufgeführt. Die deutsche Erstaufführung findet am 17. Oktober 1944 in Basel statt.

Werfel, der 1938 aus Wien nach Frankreich emigrierte und seit 1940 in den USA lebt, verarbeitet in dem Stück eigene Erlebnisse aus der Zeit seiner Flucht vor den nationalsozialistischen Machthabern.

Im Mittelpunkt des Dramas steht die Auseinandersetzung zwischen dem Händler Jacobowsky, einem Ostjuden, der von den Deutschen verfolgt wird, und Oberst Stjerbinsky, einem Offizier der geschlagenen polnischen Armee. Dabei erweist sich der freundliche, bescheidene und innerlich heitere Zivilist Jacobowsky im Endeffekt als der Überlegene von beiden, da er gefährliche Situationen mit fröhlicher Gelassenheit und innerer Weisheit sehr viel souveräner meistert als der aristokratisch-militärische Oberst Stjerbinsky.

»Konkrete Kunst« in Basel zu sehen

18. März. In Basel wird die Ausstellung »Konkrete Kunst« eröffnet, die bis zum 16. April Bilder und Skulpturen aus dem Bereich der gegenstandslosen Kunst in einem internationalen Überblick präsentiert.

Gezeigt werden u.a. Werke von Hans (Jean) Arp, Willi Baumeister, Alexander Calder, Wassily Kandinsky, Paul Klee, László Moholy-Nagy, Piet Mondrian und Henry Moore. Initiator der Ausstellung ist der Maler, Bildhauer und Architekt Max Bill, der gleichzeitig die Zeitschrift »abstrakt/konkret« gründet. Ausstellung und Zeitschrift greifen die seit den 30er Jahren diskutierte Forderung auf, in der gegenstandslosen Malerei zwischen konkreter und abstrakter Kunst zu unterscheiden.

Die konkrete Kunst grenzt sich von der abstrakten dadurch ab, daß ihre Objekte nicht von Naturformen abgeleitet sind, sondern unabhängig davon eine eigene Realität besitzen. Arp schreibt dazu im Ausstellungskatalog: »Die konkrete Kunst möchte die Welt verwandeln und sie erträglicher machen.«

Albert Camus, frz. Schriftsteller

Pablo Picasso im Atelier in Paris

Existenzialist Jean-Paul Sartre

Picasso-Drama: Hunger, Kälte und Liebe

14. März. Das surrealistische Drama »Wie man Wünsche beim Schwanz packt« des spanischen Malers, Graphikers und Bildhauers Pablo Picasso wird in Paris in einer nicht-öffentlichen Vorstellung in Anwesenheit des Autors erstmals aufgeführt.

In der Wohnung des mit Picasso befreundeten Schriftstellers Michel Leiris lesen und spielen Jean-Paul Sartre, Simone de Beauvoir, Leiris, seine Frau Louise Leiris u.a. das Stück vor zahlreichen Gästen. Der Maler Georges Braque und viele andere Schriftsteller und Künstler haben sich eingefunden. Die Aufführung wird – nicht zuletzt wegen der berühmten Mitspieler – von den Anwesenden einstimmig als ein denkwürdiges Theaterereignis gefeiert.

Die Inszenierung des Dramas, das Picasso im Januar 1941 innerhalb von vier Tagen geschrieben hatte, wurde dem Schriftsteller Albert Camus übertragen, der auch die Aufgabe hat, die Akte anzukündigen, die Dekors zu beschreiben und die Mitspieler vorzustellen.

Das Stück selbst setzt sich aus einer losen Folge von Assoziationen zusammen. Als Personen treten u.a. auf der Schriftsteller »Plumpfuß«, sein Freund »Zwiebel«, die »fette und die magere Angst«, das »Schweigen«, die »Gardine«, die »Torte«, die »Cousine«, »Klümpchen« und die beiden »Wauwaus«. Diese sonderbare Gesellschaft unterhält sich in oft drastischer Sprache voll poetischer Metaphern fast ausnahmslos über drei Dinge: Hunger, Kälte und Liebe.

Carl Zuckmayer: Es gibt keine deutsche Kollektivschuld

12. März. Der in den USA im Exil lebende deutsche Schriftsteller Carl Zuckmayer hält anläßlich des Todes des deutschen Widerstandskämpfers Carlo Mierendorff, gestorben am 4. Dezember 1943, in New York eine öffentliche Rede, in der er die These von einer deutschen Kollektivschuld ablehnt.

Anders als seine Jugendfreunde Mierendorff und Theodor Haubach, die sich aktiv im deutschen Widerstand engagierten bzw. engagieren, verließ Zuckmayer schon 1938 das Deutsche Reich und ging in die Vereinigten Staaten ins Exil. Er konnte sich jedoch niemals mit der US-amerikanischen Lebensweise anfreunden und zog sich deshalb trotz eines Hollywood-Angebotes bald auf eine Farm in Vermont/ Virginia zurück. Dort führte er – ohne zu schreiben – zusammen mit seiner Frau und seinen beiden Kindern jahrelang ein einfaches, naturverbundenes Leben.

Dabei ließ ihn niemals der Gedanken an seine Heimat und seine Freunde los, die unter Einsatz ihres Lebens gegen die nationalsozialistische Gewaltherrschaft kämpfen. Immer wieder beschäftigt ihn die Frage, welche Schuld jeder einzelne Deutsche an den Schreckenstaten trägt, die im Namen aller Deutschen durch das NS-Regime verübt werden. Anders als einige deutsche Schriftsteller, die das Deutsche Reich verlassen haben und ins Exil gegangen sind, lehnt Zuckmayer es jedoch ab, sich der Verzweiflung hinzugeben. Als er 1942 von dem Selbstmord Stefan Zweigs in Brasilien hörte, schrieb und veröffentlichte er das Flugblatt »Aufruf zum Leben«. Darin heißt es: »Vergiß nicht, wie Brot schmeckt… Vergiß nicht, wie Wein mundet – in den Stunden, in denen du hungrig und durstig bist. Vergiß nicht die Macht Deiner Träume. Gebt nicht auf, Kameraden!«

Als Zuckmayer Anfang 1944 die Nachricht erhielt, daß sein Freund Mierendorff am 4. Dezember 1943 in Leipzig bei einem Bombenan-

Carl Zuckmayer; der deutsche Schriftsteller lebt im Exil in den USA

griff ums Leben gekommen war, entschloß er sich, bei der offiziellen Trauerfeier in New York die Totenrede zu halten. Er gedenkt nicht nur eines Freundes und eines gegen Nazi-Deutschland kämpfenden Sozialdemokraten, sondern legt in seiner Rede ein offenes Bekenntnis zum deutschen Volk ab:

»Wenn ein Carlo Mierendorff in Deutschland gelebt hat, sein Leben lang für das deutsche Volk gearbeitet hat und ihm in Not und Leiden treu geblieben ist – dann ist dieses Volk nicht verloren, dann ist es wert zu leben – dann wird es leben!… Deutschland, Carlos und unser Vaterland sind durch eine Tragödie gegangen, die so tief und so schaurig ist wie der Tod… Deutschland ist schuldig geworden vor der Welt. Wir aber, die wir es nicht verhindern konnten, gehören in diesem großen Weltprozeß nicht unter seine Richter. Zu seinen Anwälten wird man uns nicht zulassen. So ist denn unser Platz auf der Zeugenbank, auf der wir Seite an Seite mit unseren Toten sitzen – und bei aller Unversöhnlichkeit gegen seine Peiniger und Henker werden wir Wort und Stimme immer für das deutsche Volk erheben.«

Literatur 1944:

Exilliteratur – das moralische Gewissen der Deutschen

Nahezu alle ernstzunehmenden deutschen Schriftsteller wurden nach der nationalsozialistischen Machtübernahme im Deutschen Reich verfolgt, vertrieben, z.T. inhaftiert und ermordet, ihre Werke beschlagnahmt, verboten und verbrannt. Viele verließen im Laufe der Jahre ihre Heimat und befinden sich 1944 im Exil. Andere, soweit sie sich nicht mit dem Hitler-Regime arrangieren konnten oder wollten, haben sich in die »innere Emigration« begeben.

Zurückgeblieben und öffentlich aktiv sind nationalsozialistisch gesinnte völkische Dichter, die in erster Linie »Blut-und-Boden«-Literatur der trivialsten Sorte oder kämpferisch-heroische Helden- und Marschgedichte produzieren. Diese von der Reichsschrifttumskammer zensierten und für gut befundenen Werke werden in hohen Auflagen unters Volk gebracht. Keines dieser von nationalsozialistischem Gedankengut durch-

tränkten Bücher, die auch 1944 noch zahlreich produziert werden, bleibt dauerhaft erwähnenswert.

Doch auch die »anderen« deutschen Dichter, die vertriebenen und verfolgten, sind nicht verstummt. Sie, die den Anspruch haben, das moralische und intellektuelle Gewissen ihres Volkes wachzuhalten, arbeiten unter teilweise schwierigen finanziellen und psychischen Bedingungen weiter.

Von Anna Seghers erscheint 1944 in Mexiko und in Boston der Roman »Transit«, der sich wie der bereits 1942 von ihr veröffentliche, weltberühmte antifaschistische Roman »Das siebte Kreuz« mit dem deutschen NS-System und seiner Schreckensherrschaft auseinandersetzt. Ebenfalls 1944 vollendet Ricarda Huch ihren Gedichtband »Herbstfeuer«, der von ihrer inneren Auflehnung gegen das Hitler-Regime zeugt und eine leidenschaftliche Anklage gegen das faschistische System darstellt.

Die Literatur in Frankreich steht im Zeichen des Existenzialismus. 1943 hatte Jean-Paul Sartre sein philosophisches Werk »Das Sein und das

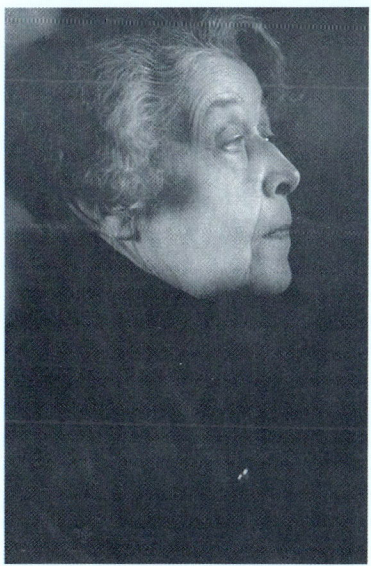
Ricarda Huch; sie veröffentlicht den Gedichtband »Herbstfeuer«

Nichts« vollendet. Die darin von ihm entwickelte existenzialistische Auffassung von der Unfähigkeit zur Mitmenschlichkeit setzt er in dem 1944 fertiggestellten und aufgeführten Drama »Bei geschlossenen Türen« in Szene. Ebenfalls in Frankreich erscheint der von Kritik und Publikum schockiert aufgenommene und von Sartre hochgelobte Roman »Notre-Dame-desfleurs« von Jean Genet, den der bislang unbekannte Dichter im Gefängnis schrieb.

Als weitere bedeutende literarische Neuerscheinungen auf dem Buchmarkt des Jahres 1944 sind zu nennen der französische Roman »Gigi« von Colette, die englischen Romane »Des Pudels Kern« von Joyce Cary und »Wiedersehen mit Brideshead« von Evelyn Waugh, die Romane »Herr über den Tau« des Haitianers Jacques Roumain, »Nada« der Spanierin Carmen Laforet und »Tage und Nächte« von Konstantin M. Simonow.

April 1944

Mo	Di	Mi	Do	Fr	Sa	So
					1	2
3	4	5	6	7	8	9
10	11	12	13	14	15	16
17	18	19	20	21	22	23
24	25	26	27	28	29	30

1. April, Sonnabend

Der Gauleiter der Nationalsozialistischen Deutschen Arbeiterpartei von Berlin, Reichspropagandaminister Joseph Goebbels, wird zum Stadtpräsidenten von Berlin ernannt.

Die schweizerische Stadt Schaffhausen wird irrtümlich von rund 30 US-Flugzeugen bombardiert. Bei diesem schwersten Bombenangriff des Krieges auf die Schweiz sterben 40 Menschen. →S.66

In Ungarn werden nach der deutschen Besetzung des Landes am →19. März (S.50) strenge Rassengesetze eingeführt, die alle Juden aus dem gesellschaftlichen, politischen und wirtschaftlichen Leben ausschließen. →S.65

Durch einen Sabotageakt wird in der Nähe der französischen Stadt Lille ein deutscher Militärzug zum Entgleisen gebracht. Als Vergeltung erschießen SS-Angehörige kurz darauf 86 Zivilisten, darunter auch Kinder. →S.67

Das erste brasilianische Expeditionskorps, das aus 12 000 Soldaten zusammengesetzt ist, tritt offiziell seinen Dienst an. Der Truppenverband soll demnächst Brasilien verlassen und an der Seite der Alliierten in Übersee zum Kampf gegen die Achsenmächte antreten.

2. April, Sonntag

Der deutsche Führer und Reichskanzler Adolf Hitler erläßt den »Operationsbefehl Nr. 7«: »Die russische Offensive im Süden der Ostfront hat ihren Höhepunkt überschritten ... Es ist jetzt der Zeitpunkt gekommen, das russische Vorgehen endgültig zum Stehen zu bringen.«

Die Rote Armee dringt nach Rumänien ein. Gleichzeitig erklärt die Sowjetregierung, sie beabsichtige nicht, »sich irgendein Teilgebiet des rumänischen Territoriums anzueignen oder die bestehende Gesellschaftsordnung Rumäniens zu verändern«. →S.67

Der ungarische Ministerpräsident Döme Sztojay bekräftigt in einer Grundsatzrede die Bündnistreue seines Landes zum Deutschen Reich. →S.65

Die sowjetische Regierung warnt die nationalchinesischen Truppen davor, in die Äußere Mongolei einzudringen.

In der Nacht vom 2. auf den 3. April werden im Deutschen Reich die Uhren auf Sommerzeit umgestellt.

3. April, Montag

Das in Norwegen liegende größte deutsche Schlachtschiff »Tirpitz« wird bei einem Angriff der britischen Luftwaffe stark beschädigt. →S.67

Im Zuge eines Großangriffs der US-Luftwaffe auf Budapest werden mehrere hundert Tonnen Sprengstoff vor allem auf Eisenbahnanlagen abgeworfen. Die ungarische Hauptstadt ist praktisch von der Außenwelt abgeschlossen.

Ein Sprecher der tschechoslowakischen Exilregierung fordert seine Landsleute über Radio London zur Sabotage gegen das deutsche Besatzungsregime auf und gibt detaillierte Hinweise für die Herstellung und Handhabung von Minen, Handgranaten und Zündschnüren.

In den Vereinigten Staaten tritt ein Gesetz in Kraft, das US-Bürgern in allen Teilen der Welt ermöglicht, ihre Stimme zur Wahl des US-Präsidenten, Vizepräsidenten und der Kongreßmitglieder abzugeben. Damit ist eine kontrovers geführte Debatte beendet, die sich vor allem an dem Wahlrecht der in Ostasien und Europa kämpfenden US-amerikanischen Soldaten entzündet hatte.

4. April, Dienstag

In Algier wird das französische Befreiungskomitee umgebildet; zwei Kommunisten werden in den Ausschuß berufen. Fernand Grenier übernimmt das Luftfahrtministerium; François Billou wird zu einem der vier Staatskommissare ernannt. →S.66

Die Behörden in Budapest sperren alle Ausgänge der ungarischen Hauptstadt. Mit dieser Maßnahme soll verhindert werden, daß die Bevölkerung die Stadt nach den schweren Bombenangriffen der letzten Tage fluchtartig verläßt.

Aus einer in Großbritannien veröffentlichten amtlichen Statistik geht hervor, daß seit Beginn des Zweiten Weltkrieges rund 50 000 Zivilisten bei Bombenangriffen der deutschen Luftwaffe auf Südengland ums Leben gekommen sind.

Als Folge des mehrwöchigen Bergarbeiterstreiks in Großbritannien sieht sich die Regierung gezwungen, die staatlich festgelegten Elektrizitäts- und Gasquoten für Industriebetriebe und Privathaushalte um 25% bzw. 10% herabzusetzen (→18.4./S.68).

5. April, Mittwoch

Die Alliierten beginnen von Italien aus mit einer Luftoffensive gegen das rumänische Erdölgebiet Ploiesti und die deutschen Nachschub- und Verkehrslinien in Rumänien (→12.5./S.83).

Das schwedische Rote Kreuz setzt drei weitere Schiffe ein, um die notleidende griechische Bevölkerung mit Lebensmitteln und Medikamenten zu versorgen. Die monatlichen Hilfssendungen sollen von 24 000 t auf 31 200 t erhöht werden.

6. April, Donnerstag

Der deutsche Führer und Reichskanzler Adolf Hitler ernennt Herbert Backe zum neuen Reichsminister für Ernährung und Landwirtschaft. Backe, seit 1933 Staatssekretär im Reichsministerium für Ernährung und Landwirtschaft, hatte sein neues Amt bereits 1942 kommissarisch übernommen.

Im britischen Unterhaus in London wird über die Ursachen und Folgen der Hungersnot im britischen Vizekönigreich Indien debattiert. Allein 1943, so lauten die offiziellen Angaben, sind über eine halbe Million Inder direkt oder indirekt an Unterernährung gestorben. →S.68

Ein 60jähriger Mann aus Otterskirch wird vom Volksgerichtshof in Berlin zum Tode verurteilt, weil er über ein Jahr lang ausländische Radiosender (»Feindsender«) gehört hatte. Das Urteil wird sofort vollstreckt (→5.5./S.82).

Der deutsche Kriminalfilm »Der Verteidiger hat das Wort« mit Heinrich George, Rudolf Fernau, Carla Rust u.a. wird in Berlin uraufgeführt.

7. April, Karfreitag

Sowjetische Truppen beginnen eine Großoffensive zur Befreiung der von deutschen Verbänden besetzten Krim. Zuerst stoßen sie in Richtung auf Simferopol, die Hauptstadt der Halbinsel, vor (→12.5./S.78).

Der deutsche SS-Führer Klaus Barbie, der als Leiter der Geheimen Staatspolizei von Lyon auf unmenschliche Weise Jagd auf französische Partisanen macht und als »Schlächter von Lyon« in die Geschichte eingeht, meldet seiner vorgesetzten Dienststelle, daß er die Liquidierung eines jüdischen Kinderheims soeben erfolgreich beendet habe.

Der in Bergen (Norwegen) ankernde deutsche Dampfer »Bärenfels« (7569 Bruttoregistertonnen) wird von einem britischen U-Boot versenkt.

8. April, Sonnabend

Der deutsche Führer und Reichskanzler Adolf Hitler erläßt eine Verordnung, wonach der Reichsarbeitsdienst für die weibliche Jugend um ein halbes auf anderthalb Jahre verlängert wird.

9. April, Ostersonntag

Der deutsche Reichsfinanzminister Johann Ludwig Graf Schwerin von Krosigk antwortet in einer Rundfunkrede auf die Frage, wie der Krieg finanziert wird: »Durch unsere Arbeit, durch unsere Disziplin, durch unsere Steuern, durch unser Sparen.« →S.69

In einer Rundfunkansprache wendet sich US-Außenminister Cordell Hull an die neutralen Staaten und fordert sie auf, endgültig alle politischen und wirtschaftlichen Beziehungen zu den Achsenmächten abzubrechen. →S.66

Der Chef des französischen Befreiungskomitees mit Sitz in Algier, General Charles de Gaulle, wird zusätzlich noch zum Oberbefehlshaber der »Streitkräfte des kämpfenden Frankreichs« ernannt (→1.2./S.33).

Da die Einwohnerzahl von Rom in den letzten Monaten auf das Doppelte (2,7 Millionen) gestiegen ist und die Stadt den Problemen der Übervölkerung nicht mehr gewachsen ist, verweigern die Behörden – besonders über die Osterfeiertage – jedem Besucher den Zutritt.

---

10. April, Ostermontag

Die 6. deutsche Armee räumt die Stadt Odessa in der Ukraine. Konstanza wird der neue Nachschubhafen für die von jeder Landverbindung abgeschnittene 17. deutsch-rumänische Armee, die auf der Krim stationiert ist. →S.67

Aus Argentinien werden ausgedehnte Überschwemmungen gemeldet, die sich auf die gesamte Provinz Buenos Aires erstrecken. Zahlreiche Dörfer sind von der Außenwelt abgeschnitten und müssen aus der Luft versorgt werden.

11. April, Dienstag

Angesichts der schlechten Ernährungslage im Deutschen Reich erläßt der Reichsminister für Ernährung und Landwirtschaft, Herbert Backe, eine Anordnung, die eine Einschränkung der Kleintierhaltung vorschreibt. Ausgenommen sind Tierbesitzer, die über Viehfutter aus eigener Erzeugung verfügen.

Die Schweiz erhält von den USA einen Scheck über eine Million US-Dollar als erste Beitragszahlung für die Wiedergutmachung der durch die Bombardierung von Schaffhausen am →1. April (S.66) entstandenen Schäden.

12. April, Mittwoch

Die Sowjetunion übergibt Rumänien die »Minimalbedingungen« für einen Waffenstillstand zwischen beiden Ländern (→2.4./S.67).

Der italienische König Viktor Emanuel III. kündigt an, daß er am Tage des Einmarsches der Alliierten in Rom zugunsten des Kronprinzen Humbert II. abdanken werde (→5.6./S.97).

Bei einem heftigen Unwetter, das von Überschwemmungen begleitet wird, kommen in den US-Bundesstaaten Kansas, Oklahoma, Colorado und Texas 30 Menschen ums Leben.

13. April, Donnerstag

Die japanischen Truppen gehen in Nordbirma zur Offensive über. Sie bedrängen die anglo-indischen Verbände und rücken bis auf vier Kilometer an Imphal im indischen Staat Manipur heran. →S.68

Die Sowjetunion und Neuseeland nehmen diplomatische Beziehungen auf.

Die USA und Großbritannien fordern Schweden auf, seine Kugellagerlieferungen an das Deutsche Reich einzustellen.

Trotz eines gegenteiligen Beschlusses des Obersten Gerichtshofes der USA will die Verwaltung des US-Bundesstaates South Carolina farbigen Wählern das Stimmrecht verweigern.

14. April, Freitag

Der Generalbevollmächtigte für den Arbeitseinsatz, Fritz Sauckel, äußert sich über die Gesamtlage des Arbeitsdienstes im Deutschen Reich. Dabei hebt er insbesondere die Leistung der Frauen hervor und geht auf die Probleme beim Einsatz von Zwangsarbeitern ein.

Die »Kölnische Illustrierte Zeitung« zeigt Adolf Hitler anläßlich seines 55. Geburtstags auf einem Feldflugplatz

20. April 1944
Nummer 16 / 19. Jahrgang

Kölnische Illustrierte Zeitung

Preis **20** Pfg.

Druck und Verlag von M.
DuMont Schauberg, Köln
Auslandspreise auf der Rückseite

Aufnahme: Heinrich Hoffmann

DER FÜHRER

begeht am 20. April seinen 55. Geburtstag. Die Aufnahme zeigt ihn beim Start auf einem Feldflugplatz

Le 20. avril, le Führer fête son 55ᵉ anniversaire ● El Führer celebra el 20 de Abril su 55. aniversario

Im Hafengebiet der indischen Stadt Bombay ereignet sich nach einem Feuer eine schwere Explosion, bei der 700 Menschen ums Leben kommen.

Nach Angaben des US-amerikanischen Informationsbüros für Kriegsfragen kommen bei Arbeitsunfällen in kriegsindustriellen Betrieben der Vereinigten Staaten mehr Menschen zu Tode als bei direkten Kampfhandlungen. Die Vergleichszahlen seit Anfang 1942: Rund 140 000 US-Soldaten sind im Krieg gefallen oder wurden verwundet; rund 190 000 Personen starben bei Arbeitsunfällen in der Industrie.

15. April, Sonnabend

Der italienische Philosoph und Antifaschist Benedetto Croce wird in das Kabinett Pietro Badoglio als Minister ohne Geschäftsbereich aufgenommen. Einen weiteren Posten ohne Portefeuille übernimmt der aus der Emigration zurückgekehrte liberale Politiker Carlo Graf Sforza. →S.66

Der italienische Philosoph und faschistische Politiker Giovanni Gentile – ein Gegenspieler von Benedetto Croce – wird in Florenz von italienischen Widerstandskämpfern ermordet.

16. April, Sonntag

Die Rote Armee erobert die Hafenstadt Jalta auf der Krim (→12.5./S.78).

Angesichts eines sich verschärfenden Textilmangels in Dänemark beschließt das Handelsministerium Maßnahmen zur Einschränkung der Herstellung von »luxusbetonten« Bekleidungsartikeln. Dazu gehören u.a. Strand- und Bademoden, Gesellschaftskleider sowie Röcke und Mäntel mit großem Stoffverbrauch.

30 deutsche Fußball-Gaumeister eröffnen mit ihren Ausscheidungsspielen die Deutsche Fußballmeisterschaft 1944 (→18.6./S.105).

17. April, Montag

Großbritannien beschließt Reisebeschränkungen für alle Diplomaten außer denen der USA und der UdSSR. Ferner dürfen keine kodierten Telegramme mehr aufgegeben werden. →S.68

Ein US-amerikanischer Fliegeroffizier teilt in einem amtlichen Bericht mit, daß er bei einem Erkundungsflug in Westchina einen etwa 10 000 m hohen Berg entdeckt habe – der damit höher wäre als der Mount Everest im Himalaja (8848 m). Fachleute halten es für durchaus möglich, daß die Angaben zutreffen.

18. April, Dienstag

Die britische Regierung beschließt drakonische Maßnahmen gegen die seit Anfang März in immer neuen Schüben streikenden Arbeiter. Künftig soll die Aufforderung zum Ausstand mit fünf Jahren Zuchthaus und 500 Pfund Buße bestraft werden. →S.68

Im Metropolitan Opera House in New York wird das Ballett »Fancy Free« (Musik: Leonard Bernstein; Libretto und Choreographie: Jerome Robbins) uraufgeführt. »Fancy Free« bildet die Grundlage für das am 28. Dezember ebenfalls in New York uraufgeführte Musical »On the Town«. →S.70

19. April, Mittwoch

125 deutsche Flugzeuge greifen die britische Hauptstadt London an. Es ist der letzte Großangriff, den die deutsche Luftwaffe auf das Gebiet Großbritanniens durchführt (→21.1./S.20).

Die britische Admiralität teilt mit, daß sie im Seekrieg verstärkt »lebende Torpedos« einsetzen werde. Dieses Unterwasserkampfgerät – zwei Taucher sitzen rittlings auf einem Torpedo und transportieren eine Sprengladung zum Angriffsziel – hatte sich schon im Januar 1943 im Hafen von Palermo bewährt.

Ernst Rudin, Professor für Psychiatrie an der Universität München, erhält für seine Verdienste als »Pfadfinder auf dem Felde der Erbgesundheit« den Adlerschild des Deutschen Reiches verliehen. →S.69

20. April, Donnerstag

Auf dem »Berghof« nimmt der deutsche Führer und Reichskanzler Adolf Hitler die Glückwünsche der Wehrmacht, der Waffen-SS und Prominenter aus Partei und Regierung zu seinem 55. Geburtstag entgegen. Die Zahl der ausländischen Gäste und Gratulanten wird von Jahr zu Jahr geringer.

Die Geheime Staatspolizei verhaftet in Dänemark etwa 100 Personen mit der Begründung, es seien drakonische Strafmaßnahmen notwendig, um den »politischen Gangstern« zu zeigen, daß sie nicht ungestraft »Terror ausüben dürfen« (→25.4./S.68).

In Philadelphia (USA) beginnt eine dreiwöchige Vollkonferenz des Internationalen Arbeitsamtes, an der Delegierte aus 40 Ländern teilnehmen. →S.68

Die provisorische jugoslawische Regierung unter Marschall Josip Tito und die radikale griechische Untergrundbewegung »Nationale Befreiungsfront« nehmen diplomatische Beziehungen auf. Die britische Regierung reagiert überrascht, da sie zwar bereit ist, die Volksfront Titos anzuerkennen, der »Nationalen Befreiungsfront« jedoch eher ablehnend gegenübersteht (→3.12./S.200).

21. April, Freitag

Auf Druck der Alliierten stellt die Türkei die Lieferung von Chrom und Erz an das Deutsche Reich ein.

In Ungarn werden sämtliche jüdische Geschäfte geschlossen; das Eigentum der vermögenden Juden wird beschlagnahmt (→1.4./S.65).

In der norwegischen Hafenstadt Bergen kommt es zu einer schweren Explosionskatastrophe, als ein Sprengsatz an Bord eines im Hafen liegenden Schiffes detoniert. Bei dem Unglück – es wird ein Sabotageakt vermutet – kommen 61 Menschen ums Leben. Zahlreiche historische Häuser werden durch Feuer zerstört.

Prinzessin Elisabeth von England feiert ihren 18. Geburtstag und wird damit volljährig. Die britische Presse würdigt das Ereignis mit großen Bildberichten über die zukünftige Königin. →S.70

22. April, Sonnabend

Der erste große alliierte Bombenangriff auf Hamm fordert 234 Todesopfer.

US-Truppen landen ohne nennenswerten japanischen Widerstand an einer 250 km langen Küstenfront bei Hollandia (Djajapura) auf Neuguinea.

23. April, Sonntag

Die sowjetische Regierung und die Exilregierung Dänemarks nehmen diplomatische Beziehungen auf.

Wegen Plünderung wird in Wien ein 40jähriger Mann von einem Sondergericht zum Tode verurteilt. Er hatte nach einem Fliegerangriff aus einem beschädigten Fleischerladen vier Würste entwendet (→5.5./S.82).

Bei den 25. Deutschen Meisterschaften der Amateurboxer, die in Breslau in acht Gewichtsklassen ausgetragen werden, gewinnt der Gau Hamburg vier Titel.

Die deutsche Schwimmerin Gisela Graß verbessert in Leipzig ihren Hallen-Weltrekord über 100 m Brust auf 1:19,4 min.

24. April, Montag

Der faschistische italienische Ministerpräsident Benito Mussolini beendet einen zweitägigen Besuch beim deutschen Führer und Reichskanzler Adolf Hitler in dessen Hauptquartier »Wolfsschanze«. In einem Kommuniqué bezeichnet Mussolini die von ihm am 12. September 1943 gegründete Republik von Salò als die einzige rechtmäßige Vertretung des italienischen Volkes. →S.69

Die US-Luftwaffe verzeichnet einen ungewöhnlichen Rekord: Innerhalb von zwei Stunden landen 14 US-Bomber auf Flughäfen der Schweiz. Die Flieger geben sich lieber in Internierungslager, als weiterhin an den gefährlichen Feindflügen teilzunehmen.

25. April, Dienstag

Der deutsche Führer und Reichskanzler Adolf Hitler unterzeichnet einen »Erlaß über die Wehrpflicht und Reichsarbeitsdienstpflicht von Staatenlosen«; diese sollen nun ebenso wie deutsche Staatsangehörige einberufen werden.

In Dänemark leitet die deutsche Besatzungsmacht eine »Säuberungsaktion« ein, um der verstärkten Sabotagetätigkeiten dänischer Patrioten entgegenzutreten. Die Geheime Staatspolizei führt Razzien durch und verhaftet rund 200 Personen als Geiseln. →S.68

26. April, Mittwoch

Panzergeneral Werner Kreipe, Oberbefehlshaber der deutschen Truppen auf Kreta, wird auf der Insel von britischen Kommandotruppen im Handstreich gefangengenommen.

27. April, Donnerstag

In der Nacht vom 27. auf den 28. April wirft die britische Luftwaffe mehr als 1000 t Bomben über Friedrichshafen am Bodensee ab. Vor allem die Flugzeugwerke und andere große Industrieanlagen sind Ziel des Angriffs.

Die griechische Exilregierung in London berichtet über großangelegte Zwangsrekrutierungen griechischer Männer für den deutschen Militärdienst.

Aus Stockholm wird mitgeteilt, daß der gesamte Schiffsverkehr zwischen dem Deutschen Reich und Schweden unterbrochen werden muß, da alliierte Flieger die Ostsee vollständig vermint haben. Auch der Fährverkehr zwischen Schweden und Dänemark wird eingestellt.

28. April, Freitag

Im Vernichtungslager Auschwitz trifft der erste Transport ungarischer Juden ein. Mit ihrer Deportation war am →19. März (S.50) begonnen worden, nachdem deutsche Streitkräfte Ungarn besetzt hatten. →S.64

Der US-amerikanische Wirtschafts- und Börsenfachmann Bernard Mannes Baruch stiftet 1,1 Millionen US-Dollar für die medizinische Forschung in den Vereinigten Staaten. Ein Schwerpunkt soll nach seinem Willen in der Hilfe für Kriegsverwundete liegen.

29. April, Sonnabend

Ein deutsches Jagdflugzeug vom Typ »Me 110« landet irrtümlich auf dem Flugplatz Dübendorf bei Zürich. Die Maschine wird am 19. Mai zerstört, da die schweizerischen Behörden einer Rückgabe nicht zustimmen wollen.

30. April, Sonntag

Josip Tito, Präsident des jugoslawischen »Antifaschistischen Rates der nationalen Befreiung« fordert von den Alliierten die Anerkennung als jugoslawischer Regierungschef. →S.66

2200 t Sprengstoffe und Brandbomben werden von US-Fliegern über Berlin abgeworfen. Es ist das größte Tagesbombardement, das bisher in der Luftschlacht um Berlin durchgeführt wurde.

Deutsche U-Boote haben im Atlantik, im Mittelmeer und im Indischen Ozean seit dem 1. März des Jahres 27 alliierte Handelsschiffe versenkt.

Die Luftstreitkräfte Großbritanniens und der USA haben bei ihren Angriffen gegen deutsches Reichsgebiet im April 1944 1392 Flugzeuge verloren.

Das Wetter im Monat April

Station	Mittlere Lufttemperatur (°C)	Niederschlag (mm)	Sonnenscheindauer (Std.)
Aachen	10,6 (8,8)	35 (63)	— (178)
Berlin	9,1 (8,3)	33 (41)	184,9 (193)
Bremen	9,2 (8,2)	29 (50)	176,0 (185)
München	8,5 (8,0)	28 (59)	148,0 (173)
Wien	— (9,6)	— (54)	— (173)
Zürich	11,0 (8,0)	49 (88)	167,0 (173)
( ) Langjähriger Mittelwert für diesen Monat — Wert nicht ermittelt			

Titelseite der »Illustrirten Zeitung Leipzig« vom April 1944: Grafik von Emil Block zum Geburtstag Hitlers mit Schwert, Pflug und Eiche

ILLUSTRIRTE
ZEITUNG
LEIPZIG

ZUM GEBURTSTAG DES FÜHRERS / GRAPHIK VON EMIL BLOCK

101 · JAHRGANG

NR. 5036 · APRIL 1944 · VERLAG J. J. WEBER · LEIPZIG · BERLIN · WIEN

PREIS DIESES HEFTES IN DEUTSCHLAND RM 1.50

Ungarische Juden werden in das KZ Auschwitz deportiert

28. April. Im Vernichtungslager Auschwitz trifft der erste Großtransport ungarischer Juden ein. In den folgenden Monaten werden unter dem »Sonderkommando Adolf Eichmann« schätzungsweise 500 000 Menschen aus Ungarn deportiert, nach Auschwitz verschleppt und dort in den Gaskammern ermordet. In Übereinstimmung mit dem deutschen Führer und Reichskanzler Adolf Hitler hatte Eichmann, Leiter des Judenreferats im Reichssicherheitshauptamt, sofort nach dem Einmarsch deutscher Truppen in Ungarn am → 19. März (S. 50) mit der systematischen Verfolgung der dort lebenden Juden begonnen.

Eichmann begab sich persönlich mit seinen Sondereinheiten nach Budapest und begann von dort aus, die Ghettoisierung der Juden zu organisieren. Sie wurden durch das »Sonderkommando Eichmann« aufgespürt und gezwungen, in speziell eingerichtete Sammellager umzuziehen. Dort hielt man sie unter menschenunwürdigen Bedingungen und ohne ausreichende Ernährung gefangen. Nachdem Eichmann sichergestellt hatte, daß das Lager in

Juden nach ihrer Ankunft im KZ bei der Selektion für die Gaskammern

Auschwitz die technischen Möglichkeiten besitzt, eine halbe Million Menschen innerhalb kürzester Zeit zu ermorden und anschließend zu verbrennen, gab er den Befehl, mit den Massendeportationen aus Ungarn zu beginnen.

Die für den Abtransport vorgesehenen Juden werden gewaltsam aus den Ghettos auf die Bahnhöfe getrieben. Bereits dabei erleiden sie häufig grausamste Folterungen (Schläge, Stromstöße, Auspeitschungen), womit sie gezwungen

werden sollen, ihre Verstecke für Geld und Wertgegenstände zu verraten. Den Menschen wird alles abgenommen – auch Wasser und Lebensmittel –, und man pfercht sie zu Hunderten in Viehwaggons. »Packt sie hinein wie die Heringe«, lautet die Anweisung, die Eichmann für den Transport gibt. Schon während der mehrtägigen Reise mit der Reichsbahn sterben viele an Hunger, Durst und Erschöpfung; nicht wenige fallen in den Wahnsinn.

Die Judendeportationen aus Ungarn werden mit unglaublicher Geschwindigkeit durchgeführt. Zuweilen treffen fünf Züge mit etwa 14 000 Menschen an einem einzigen Tag in Auschwitz ein. Der unmenschliche Massenmord wird zu einem technischen Problem. Da mehr Personen im KZ ankommen als pro Tag umgebracht werden können, wendet sich der stellvertretende Inspekteur der deutschen Konzentrationslager (KZ) und ehemalige Lagerkommandant von Auschwitz, Rudolf Höß, mit der Bitte an Eichmann, das Tempo der Deportationen zu verlangsamen. Man einigt sich schließlich in gemeinsamer Absprache auf einen »Fahrplan«, der abwechselnd zwei Züge an einem Tag und drei Transporte am darauffolgenden vorsieht. Angekommen in Auschwitz, geraten Frauen, Männer und Kinder unentrinnbar in die Vernichtungsmaschinerie der KZ. Bei der Ankunft im Lager führen Angehörige der Schutzstaffel und Ärzte »Selektionen« durch. Die Häftlinge werden je nach aktueller Bedarfslage, Alter und Geschlecht in arbeitsfähige und nicht arbeitsfähige Personen eingeteilt. Mit einer Handbewegung weist der Arzt die einen nach links, die anderen nach rechts und entscheidet damit, wer sofort den Gang in den Tod antreten muß. Etwa 30% der Ankömmlinge werden als Arbeitskräfte in das Lager überwiesen, die anderen – Kranke, Invaliden, Mütter mit Kindern, schwangere Frauen sowie Personen von schwächerer körperlicher Konstitution – werden in die Gaskammern geschickt.

Die genaue Zahl der vergasten Juden ist umstritten. Nach Angaben von Ex-Kommandant Höß sind in Auschwitz insgesamt 1 135 000 Menschen vergast worden. Andere Schätzungen gehen von zwei bis drei Millionen Ermordeten aus.

Die Schreckensreise mit der Reichsbahn

Schon auf ihrer Fahrt in die deutschen Vernichtungslager, die für die meisten eine Reise in den Tod ist, bekommen die von den Nationalsozialisten verfolgten Juden die Unmenschlichkeit ihrer Peiniger in ganzer Härte zu spüren.

Bei klirrender Kälte genauso wie bei glühender Hitze werden die Menschen zu Hunderten in Viehwaggons der Reichsbahn gepfercht. Ohne Luftzufuhr, ohne Wasser und ohne Nahrung kommt es während der mehrtägigen Fahrten unter den eingeschlossenen Menschen häufig zu den schrecklichsten Szenen. In vielen Fällen überlebt nicht mehr als die Hälfte der Deportierten die grauenvolle Reise zum Vernichtungslager.

Ein ungarischer Jude berichtet von seiner Fahrt nach Auschwitz: »Es war eine Schreckensreise... Wir hatten vor der Abfahrt etwas Wasser hergerichtet, aber die SS-Leute schütteten es aus... Es gab nicht einmal Platz zum Stehen... Am

Juden beim Einsteigen in Waggons, mit denen sie ins KZ deportiert werden

Abend... setzte sich der Zug in Bewegung. Wir wußten nicht, wohin der Zug fuhr... Frauen wurden ohnmächtig, aus der Ecke kamen Seufzer ›Wasser, Wasser‹. Doch es gab keins... Nach drei Tagen kam der Zug auf einem Nebengleis zum Stehen; wir wußten nicht, wo wir waren. Nachdem wir drei Stunden... gestanden hatten, da sahen

wir Schornsteine und Feuer und nahmen einen seltsamen, schauerlichen Geruch wahr. Auf die Frage, woher denn dieser Geruch käme, sagte man uns, daß man hier ganz einfach Lumpen verbrenne. Aber nachher... zeigte einer der Häftlinge auf den Schornstein und sagte: ›Bald geht ihr da durch‹... Wir waren in Auschwitz.«

Deportierte Juden nach der Ankunft im Lager Auschwitz kurz vor ihrer Selektion für die Vergasung

Höß: Vergasungen als technische Aufgabe

Auschwitz – der Name dieses Vernichtungslagers, 50 km westlich von Krakau (Polen), steht symbolisch für den Völkermord in den Konzentrationslagern des NS-Regimes. Allein hier werden vermutlich zwei bis drei Millionen der insgesamt schätzungsweise sechs Millionen im Dritten Reich ermordeten Juden vergast.

Rudolf Höß, vom 1. Mai 1940 bis zum 9. November 1943 Lagerkommandant von Auschwitz, erwies sich dabei in seinem Amt als offenbar vollkommen gefühlloser Massenmörder, der ohne menschliche Regungen gemäß dem Auftrag seiner Vorgesetzten das ihm unterstellte Lager zum bisher größten Menschenvernichtungszentrum der Geschichte ausbaute.

Als kleinbürgerlich-pflichtbewußter Befehlsempfänger war er lediglich daran interessiert, die ihm gestellte Aufgabe mit der größtmöglichen Wirksamkeit zu erledigen, und er verwendete dabei keinen Gedanken auf die unbeschreiblichen Qualen seiner Opfer. Sein Denken kreiste nur um praktische Probleme – das Einhalten von Zeitplänen, die Größe der Häftlingstransporte, die Typen der Verbrennungsöfen und die Methoden der Vergasung. Höß rühmt sich, als erster erfolgreich Zyklon B zur Vergasung von Häftlingen eingesetzt zu haben, da ihm dieses Tötungssystem »hygienischer« und »vernünftiger« erscheint als Massenerschießungen und Blutvergießen.

Diese unmenschlich-gefühllose Haltung spricht auch aus dem Bericht von Höß über die Vernichtungsvorgänge im Lager: »Als ich das Vernichtungsgebäude in Auschwitz errichtete, gebrauchte ich also Zyklon B, eine kristallisierte Blausäure, die wir in die Todeskammer durch eine kleine Öffnung einwarfen... Es dauerte 3 bis 15 Minuten, je nach den klimatischen Verhältnissen, um die Menschen in der Todeskammer zu töten. Wir wußten, wann die Menschen tot waren, weil ihr Kreischen aufhörte. Wir warteten gewöhnlich eine halbe Stunde, bevor wir die Türen öffneten und die Leichen entfernten. Nachdem die Leichen fortgebracht waren, nahmen unsere Sonderkommandos die Ringe ab und zogen das Gold aus den Zähnen...

Eine andere Verbesserung... war, daß wir Gaskammern bauten, die 2000 Menschen auf einmal fassen konnten... Die Art und Weise, wie wir unsere Opfer auswählten, war folgendermaßen: Zwei SS-Ärzte waren in Auschwitz tätig, um die einlaufenden Gefangenentransporte zu untersuchen. Die Gefangenen mußten vor einem der Ärzte vorbeigehen, der bei ihrem Vorbeimarsch durch Zeichen die Entscheidung fällte. Diejenigen, die zur Arbeit taugten, wurden ins Lager geschickt. Andere wurden sofort in die Vernichtungsanlagen geschickt, Kinder im zarten Alter wurden alle unterschiedslos vernichtet, da sie auf Grund ihrer Jugend unfähig waren, zu arbeiten... Eine andere Verbesserung... war ..., daß ... wir uns bemühten, die Opfer zum Narren zu halten, indem sie glaubten, daß sie ein Entlausungsverfahren durchzumachen hätten. Natürlich erkannten sie auch häufig unsere wahren Absichten, und wir hatten deswegen manchmal Aufruhr und Schwierigkeiten. Sehr häufig wollten Frauen ihre Kinder unter den Kleidern verbergen, aber wenn wir sie fanden, wurden die Kinder natürlich zur Vernichtung hineingesandt. Wir sollten diese Vernichtungen im geheimen ausführen, aber der faule und Übelkeit erregende Gestank, der von der ununterbrochenen Körperverbrennung ausging, durchdrang die ganze Gegend, und alle Leute, die in den umliegenden Gemeinden lebten, wußten, daß in Auschwitz Vernichtungen im Gange waren.«

Neue Rassengesetze in Ungarn erlassen

1. April. Nach dem Einmarsch deutscher Truppen in Ungarn am → 19. März (S.50) beginnt die Verfolgung der ungarischen Juden (→ 28.4./ S.64). Die neue Regierung, die auf Verlangen der Deutschen eingesetzt worden war, erläßt zahlreiche Rassengesetze mit dem Ziel, alle Juden aus dem politischen, gesellschaftlichen und wirtschaftlichen Leben des Landes auszuschließen.

Die ersten drei »Verordnungen zur Regelung der Judenfrage« treten am 1. April in Kraft: 1. In jüdischen Haushalten und in Haushalten, in denen auch Juden wohnen, dürfen keine Nicht-Juden als Hausangestellte beschäftigt werden. 2. Alle jüdischen Angestellten, die im staatlichen, kommunalen oder sonstigen öffentlichen Dienst beschäftigt sind, müssen entlassen werden. 3. Juden werden aus der Presse-, Theater- und Filmkammer ausgeschlossen.

Die Regierung ordnet ferner an, daß in Ungarn jede jüdische Person, die ihr sechstes Lebensjahr überschritten hat, ohne Unterschied des Geschlechts offen sichtbar einen Judenstern tragen muß.

Im Laufe des Jahres treten noch zahlreiche weitere Gesetze in Kraft, die allmählich zur vollständigen Entrechtung der gesamten jüdischen Bevölkerung in Ungarn führen.

Sztojay über »Ehre des Ungarntums«

2. April. Der ungarische Ministerpräsident Döme Sztojay, der nach dem Einmarsch deutscher Truppen in Ungarn am → 19. März (S.50) von dem ungarischen Reichsverweser Miklós Horthy in dieses Amt berufen worden war, verkündet in einer Grundsatzrede das zukünftige Programm seiner Regierung.

An erster Stelle der ungarischen Politik – so Sztojay – stehe das politische und militärische Bündnis mit dem Deutschen Reich. Gemeinsam wolle man »im aufgezwungenen Schicksalskampf Schulter an Schulter in alter Waffenbrüderschaft gegen den Feind antreten«. Ferner kündigt Sztojay die gnadenlose Verfolgung aller oppositionellen Kräfte im Inneren des Landes an. Er werde »alle Keime der Zersetzung vernichten«, da die »Ehre des Ungarntums auf dem Spiel stehe«.

Tito will politisch anerkannt werden

30. April. Josip Tito, Führer der jugoslawischen Befreiungsarmee und seit 1943 Präsident des »Antifaschistischen Rates der nationalen Befreiung«, fordert von den Alliierten

Josip Tito, Führer der jugoslawischen Widerstandsbewegung; er ist seit 1920 am Aufbau einer kommunistischen Partei Jugoslawiens beteiligt und wurde 1943 zum Präsidenten des »Antifaschistischen Rates der Nationalen Befreiung« ernannt

seine offizielle Anerkennung als Regierungschef Jugoslawiens, nachdem diese ihn bereits im Jahre 1943 als ihren militärischen Verbündeten akzeptiert hatten.

Die Alliierten hatten ursprünglich die von Draža Mihailović, dem Kriegsminister der jugoslawischen Exilregierung, geführte Widerstandsbewegung »Četnici« unterstützt, mußten aber erkennen, daß deren Gegner Tito der politisch und militärisch Mächtigere ist.

De Gaulle nimmt Kommunisten auf

4. April. Das »Französische Komitee der nationalen Befreiung« mit Sitz in Algier wird umgebildet. Charles de Gaulle, der Chef der Exilregierung, gibt dem Wunsch der Wider-

General Charles de Gaulle, Chef des »Französischen Komitees der Nationalen Befreiung«, das seinen Sitz in Algier hat; am 9. April 1944 wird de Gaulle zum Oberbefehlshaber der französischen Streitkräft ernannt

standsbewegung in Frankreich nach und beruft zwei kommunistische Politiker – es handelt sich dabei um Fernand Grenier und François Billou – in den Ausschuß.

Grenier übernimmt das Luftfahrtministerium; Billou wird zum Staatskommissar ernannt.

Am 9. April beschließt das Befreiungskomitee in einer Sondersitzung, General de Gaulle zum Oberbefehlshaber der französischen Streitkräfte zu bestimmen.

US-Regierung droht neutralen Staaten

9. April. US-Präsident Franklin Delano Roosevelt und US-Außenminister Cordell Hull wiederholen ihre Forderung an die neutralen Staaten, die politischen und wirtschaftlichen

US-Außenminister Cordell Hull; der 72jährige Politiker ist seit 1933 im Amt; er fördert die Unterstützung Großbritanniens im Zweiten Weltkrieg und verficht eine unnachgiebige Politik gegenüber Japan

Beziehungen zum Deutschen Reich endgültig abzubrechen.

Sie wenden sich dabei vor allem an Schweden, Spanien, die Schweiz, Irland und die Türkei. In einer Erklärung heißt es: »Wir können nicht … damit einverstanden sein, daß diese Nationen die Hilfsmittel der alliierten Welt in Anspruch nehmen, wenn sie gleichzeitig zum Tode unserer Soldaten beitragen. Wir fordern sie auf, die Hilfeleistung für unsere Feinde einzustellen.«

Kabinett Badoglio wird umgebildet

15. April. Auf Druck der Alliierten tritt der italienische Ministerpräsident Pietro Badoglio zusammen mit dem gesamten Kabinett zurück und beginnt mit Gesprächen für eine Re-

Pietro Badoglio, italienischer Regierungschef seit dem Sturz des Ministerpräsidenten und Duce Benito Mussolini 1943; er schloß am 3. September 1943 einen separaten Waffenstillstand mit den Alliierten

gierungsneubildung. Die Alliierten hatten von Badoglio gefordert, die verschiedenen demokratischen Kräfte Italiens zu einigen und eine Regierung auf breiter Grundlage unter Einbeziehung sämtlicher einflußreichen Parteien zu bilden.

Nach schwierigen Verhandlungen stellt Badoglio am 22. April das neue Kabinett vor, dem nun Vertreter aller sechs antifaschistischen Parteien – u.a. auch der Kommunist Palmiro Togliatti – angehören.

Die schweizerische Stadt Schaffhausen nach dem US-Bombenangriff

Von US-Bomben getroffene und zerstörte Gebäude in Schaffhausen

US-Kampfflugzeuge werfen ihre Bombenlast auf die schweizerische Stadt Schaffhausen

1. April. *US-amerikanische Kampfflugzeuge bombardieren irrtümlich Schaffhausen. Es ist dies der schwerste Luftangriff auf das Gebiet der neutralen Schweiz während der gesamten Zeit des Zweiten Weltkrieges.*

Drei Geschwader mit insgesamt rund 30 viermotorigen US-Maschinen vom Typ »Liberator« werfen fast 400 Brand- und Sprengbomben über der Stadt ab. 40 Menschen kommen bei dem Angriff ums Leben, über 100 Personen werden verletzt, davon etwa ein Drittel schwer. Mehr als 50 Großbrände brechen als Folge der Bombardierung im Stadtgebiet aus. 66 Gebäude werden zerstört *oder stark beschädigt, darunter der westliche Flügel des Museums in der ehemaligen Benediktinerabtei zu Allerheiligen. Der entstandene Sachschaden – vor allem durch Feuer – beträgt insgesamt etwa 8,5 Millionen US-Dollar. Die Vereinigten Staaten geben den verhängnisvollen Irrtum ihrer Luftwaffe zu und erklären sich zu Entschädigungszahlungen bereit. Noch im selben Monat erhält die schweizerische Regierung in Bern den ersten Wechsel in Höhe von einer Million US-Dollar. Insgesamt zahlt die US-Regierung rund 13 Millionen US-Dollar als Wiedergutmachung für die Bombardierung.*

Ausrüstung, von den Deutschen in Odessa zurückgelassen

Im befreiten Odessa wird die sowjetische Flagge gehißt

Rote Armee dringt in Rumänien ein

2. April. Im Zuge ihres Vormarsches gen Westen überschreiten Verbände der Roten Armee bei Jassy den Pruth und marschieren in Rumänien ein. Trotz starker Gegenwehr können deutsche und rumänische Kräfte nicht verhindern, daß die sowjetischen Truppen in den darauffolgenden Tagen rasch immer weiter in das Land eindringen.

Anläßlich des Einmarsches erklärt der sowjetische Außenminister Wjatscheslaw M. Molotow im Namen seiner Regierung, daß die UdSSR nicht beabsichtige, sich irgendwelche Teile des rumänischen Gebietes anzueignen oder die gegenwärtige Gesellschaftsstruktur des Staates zu ändern. Der Einmarsch in rumänisches Territorium erfolge einzig aus militärischen Gründen und diene allein dem »Zwecke der Zerschmetterung des Widerstandes der feindlichen Truppen«.

Die sowjetische Erklärung wird von den Westalliierten begrüßt, die zudem die Hoffnung äußern, daß sie die antifaschistischen Kräfte Rumäniens zu unterstützenden Aktionen veranlassen könnte.

Odessa von sowjetischen Truppen befreit

10. April. Die 6. deutsche Armee unter General Maximilian de Angelis ist gezwungen, die Stadt und den Hafen von Odessa an der Schwarzmeerküste zu räumen und sich bis an den Dnjestr zurückzuziehen. Damit befindet sich der wichtigste Versorgungshafen der 17. deutsch-rumänischen Armee, die auf der Krim abgeschnitten ist, wieder in den Händen sowjetischer Truppen.

In völliger Fehleinschätzung der militärischen Lage hatte der deutsche Führer und Reichskanzler Adolf Hitler noch am 2. April behauptet: »Die russische Offensive im Süden der Ostfront hat ihren Höhepunkt überschritten. Der Russe hat seine Verbände abgenutzt … Es ist der Zeitpunkt gekommen, das russische Vorgehen endgültig zum Stehen zu bringen.« Nur sechs Tage später begann die heftige sowjetische Offensive gegen den Südabschnitt der Ostfront, die zur Befreiung Odessas am 10. April und zur Befreiung der Krim am → 12. Mai (S.78) führt.

SS-Vergeltung in Frankreich

1. April. Als Vergeltung für einen Sprengstoffanschlag auf einen deutschen Militärzug ermordet die deutsche Schutzstaffel (SS) in Asq in Frankreich insgesamt 120 unbeteiligte Zivilisten. Mit diesem Verbrechen nimmt der unheilvolle Kreislauf von Gewalt und Gegengewalt in Frankreich seinen Fortgang.

Der deutsche Militärzug, der sich auf dem Weg nach Amiens befindet, ist Ziel eines Sabotageaktes der französischen Widerstandsbewegung Résistance. Als er in der Nacht vom 1. auf den 2. April den Bahnhof von Asq nahe der Stadt Lille passiert, ereignen sich zwei heftige Explosionen. Mehrere Zugwaggons entgleisen; Menschen kommen jedoch nicht zu Schaden.

Die Deutschen reagieren prompt und grausam auf den Anschlag. SS-Männer betreten das Bahnhofsgebäude und erschießen auf der Stelle den Bahnhofsvorsteher und zwei Reisende. Dann begeben sie sich in die Stadt. Sie dringen in die Häuser ein, wecken die Männer und treiben sie auf einer Wiese zusammen. 60 von ihnen, darunter ein elfjähriger Junge, werden erschossen. Zur gleichen Zeit streifen andere SS-Angehörige durch Asq und ermorden insgesamt 26 weitere willkürlich ausgewählte Einwohner.

Insgesamt fallen 120 Menschen dem Massaker zum Opfer. 86 finden sofort den Tod, die anderen erliegen später ihren Verletzungen. Aus Protest gegen das grausame Vorgehen der SS treten am 2. April zahlreiche Eisenbahnangestellte in Paris für einen Tag in den Streik.

Der Sprengstoffanschlag auf den deutschen Militärzug ist einer der zahlreichen Sabotageakte, die seit etwa einem halben Jahr systematisch und in immer stärkerem Maße von Résistance-Mitgliedern durchgeführt werden. Die Partisanenanschläge konzentrieren sich vor allem auf Hochspannungsleitungen, Eisenbahnen, Kanäle und Straßen. Sie bringen die Stromversorgung der für die deutsche Kriegsindustrie arbeitenden Betriebe beinahe zum Erliegen und behindern den Eisenbahn- und Straßenverkehr beträchtlich.

Briten greifen Schlachtschiff »Tirpitz« an

3. April. *Das letzte und größte deutsche Schlachtschiff »Tirpitz« (42 900 Bruttoregistertonnen), das im Altafjord (Nordnorwegen) vor Anker liegt, wird von einem britischen Flottenverband angegriffen. An der Operation (Deckname »Tungsten«) sind die britischen Träger »Furious« und »Victorious« mit 41 »Barracuda«-Bombern beteiligt (Abb.: Britische Lagebesprechung vor dem Angriff). Die »Tirpitz« erhält 14 Treffer und wird so stark beschädigt, daß sie in eine Reparaturwerft gebracht werden muß und für drei Monate ausfällt. 122 Besatzungsmitglieder finden bei dem Angriff den Tod, 316 weitere werden teilweise schwer verwundet (→ 12.11./S.188).*

Großbritannien erläßt Reisesperre

17. April. Die britische Regierung teilt mit, daß es ab sofort allen diplomatischen Vertretern in Großbritannien strengstens verboten ist, aus dem Land auszureisen oder kodierte Telegramme zu versenden.

Im Vorfeld der alliierten Invasion in Westeuropa (→6.6./S.90) – so heißt es in der Begründung des Auswärtigen Amtes – müsse man sicherstellen, daß dem Gegner nicht die geringste Information über die militärische Operation zugespielt werde, da dies die erfolgreiche Durchführung beträchtlich behindern könne.

Aufruf zum Streik wird hart bestraft

18. April. Zur Eindämmung der seit Anfang März immer wieder ausbrechenden Streiks in Großbritannien beschließt die Regierung drakonische Maßnahmen gegen Agitatoren wilder Streiks. Diese sollen künftig mit fünf Jahren Haft und 500 Pfund Buße bestraft werden können. Seit Kriegsbeginn besteht bereits ein allgemeines Streikverbot in kriegswichtigen Betrieben.

Der Beschluß ist u.a. eine Reaktion auf den Ausstand der Bergarbeiter in Yorkshire und Südwales, der ohne Zustimmung der Gewerkschaften durchgeführt wird und – in der entscheidenden Kriegsphase – ein Absinken der täglichen Kohleförderung um eine Gesamtmenge von 20000 t zur Folge hat.

Internationales Arbeitsamt tagt

20. April. In Philadelphia (USA) beginnt eine Vollkonferenz des Internationalen Arbeitsamtes, auf der 350 Delegierte aus 40 Ländern bis zum 10. Mai Fragen der sozialen Sicherheit und der Arbeitsorganisation in der Übergangszeit vom Krieg zum Frieden diskutieren.

Als Ergebnis der Tagung wird die »Philadelphia-Charta« verfaßt, in der u. a. ausgeführt wird: »Jeder Mensch ohne Unterschied der Rasse, der Religion oder des Geschlechts hat Anspruch auf materielles Wohlergehen und geistige Entwicklung auf der Grundlage von Freiheit, Würde, wirtschaftlicher Sicherheit und gleicher Möglichkeiten.«

Schiffswerft in Kopenhagen nach einer Sabotageaktion

Dänische Schuhfabrik, von Freiheitskämpfern gesprengt

Gestapo-Aktion gegen die Widerstandsbewegung in Dänemark

25. April. *In Dänemark leitet die deutsche Besatzungsmacht eine umfassende »Säuberungsaktion« gegen Mitglieder der dänischen Widerstandsbewegung ein. Die Deutschen reagieren damit auf eine umfassende Sabotagewelle, bei der während der vergangenen drei Tage im ganzen Land insgesamt 72 Partisanenüberfälle auf deutsche Depots, Fabriken, die Deutsche beliefern, Bahnanlagen, zentrale Verkehrsknotenpunkte und Wehrmachtskasernen verübt worden waren.*

Im Verlauf der großangelegten Aktion führt die deutsche Geheime Staatspolizei (Gestapo) in allen Teilen des Landes Razzien durch und verhaftet etwa 200 Personen, darunter auch rund 50 Mitglieder der konservativen Jugendverbände. Ferner wird von Seiten der deutschen Besatzungsbehörden damit gedroht, daß die rund 100 als Geiseln festgehaltenen dänischen Widerstandskämpfer erschossen werden, falls »Elemente der Unterwelt weiterhin deutsche Interessen angreifen würden«.

Birma: Offensive der Japaner

13. April. Die Japaner gehen in Nordbirma zur Offensive über und drängen die anglo-indischen Truppen in den indischen Staat Manipur zurück. Sie rücken bis vier Kilometer an die Stadt Imphal heran und kesseln drei dort stationierte britische Divisionen ein. Mit dieser militärischen Aktion gelingt den Japanern ein Teilsieg im harten, wechselvollen Kampf in den unwegsamen, mit Urwald bedeckten Bergen der Provinz Manipur. Die anglo-indischen Verbände treten jedoch Ende April in die Gegenoffensive, und Mitte Juni wird der Belagerungsring der japanischen Truppen um Imphal wieder gesprengt (→8.12./S.204).

Ein in der anglo-indischen Armee kämpfender Gurkha auf einem Außenposten südlich der umkämpften Stadt Imphal im indischen Bundesstaat Manipur

Debatte über den Hunger in Indien

6. April. Das britische Indienministerium legt der Regierung in London einen Bericht vor, in dem auf die anhaltende Hungersnot im britischen Vizekönigreich Indien hingewiesen wird. Allein 1943 seien über eine halbe Million Inder an Unterernährung gestorben. Zusätzlich seien rund 20 Millionen Menschen von Epidemien – vor allem der Cholera – befallen. Als Gründe für die Hungersnot werden u. a. der Geburtenüberschuß, das Fehlen eines effektiven Verteilungssystems für Nahrungsmittel, der Monsun und der kriegsbedingte Wegfall der Reismärkte in Birma genannt.

Bezugnehmend auf die Debatte in Großbritannien, nimmt der indische Freiheitskämpfer Mohandas Karamchand, genannt Mahatma Gandhi, kurz nach seiner Haftentlassung (→20.5./S.79) zu der Hungersnot Stellung. Er führt die Lebensmittelknappheit in erster Linie auf die britische Ausbeutungspolitik zurück. Seinem Land – so erklärt der Freiheitskämpfer – seien ungeheure Lebensmittelvorräte entzogen worden, um die Ernährung der britischen Streitkräfte zu sichern.

Maßnahmen zur Bekämpfung der Inflation

9. April. Der deutsche Reichsfinanzminister Johann Ludwig Graf Schwerin von Krosigk spricht im Rundfunk über das Thema »Die Finanzierung des Krieges«. Er kündigt Steuererhöhungen an und ruft die Deutschen zu größter Sparsamkeit auf, um auf diese Weise überschüssiges Geld abzuschöpfen und die Inflationsgefahr zu bremsen.

In seiner Rede versucht Schwerin von Krosigk die Bevölkerung hinsichtlich der Inflationsgefahr zu beruhigen und fordert erneut zum Sparen auf. Wörtlich sagt er: »Wenn man infolge der kriegsbedingten Warenknappheit nicht alles kaufen kann, wozu die meisten nach dem Inhalt ihrer Geldtasche in der Lage wären, so handelt es sich um eine vorübergehende Stillegung von Kaufkraft, nicht aber um eine Entwertung des Geldes. Auch in der Tatsache, daß im Schwarzhandel steigende Preise gezahlt werden, kann eine Entwertung des Geldes nicht erblickt werden.« Schwerin von Krosigk fordert die Menschen auf, ihr

Finanzminister Schwerin von Krosigk

»Geld jetzt nicht für überflüssige Dinge zu überhöhten Preisen« auszugeben, sondern auf die Sparkasse zu bringen, da sonst die »Geldmenge einen Druck auf die Preise ausüben und infolgedessen inflatorische Gefahren heraufbeschwören kann«.

Nach Kriegsende werde sich zeigen, so erklärt Schwerin von Krosigk, »daß das Sparen sich gelohnt hat«. Die zusammenfassende Antwort des Reichsfinanzministers auf die Frage, wie der Krieg finanziert wird, lautet: »Durch unsere Arbeit, durch unsere Disziplin, durch unsere Steuern, durch unser Sparen.«

Die Kriegskosten sind im Laufe der Jahre stark gestiegen. Trotz Steuererhöhungen können nur 25 % der Staatsausgaben durch Steuereinnahmen gedeckt werden. Das ergibt ein gewaltiges Haushaltsdefizit, und die Reichsschuld summiert sich von 30,8 Milliarden Reichsmark (RM) 1939 auf 387 Milliarden RM im Jahre 1944. Der Geldumlauf erhöht sich im selben Zeitraum von 9,1 Milliarden RM auf 56,6 Milliarden RM, d.h. um 621%. Trotz dieser Aufblähung hält sich die Inflation in Grenzen, da das angesammelte Geld, das nicht für Einkäufe verwendet werden kann, an Kreditinstitute geht, die es dann wiederum dem Staat zur Verfügung stellen.

Ernst Rudin, Professor für Psychiatrie

Wegbereiter der NS-Rassenlehre

19. April. An seinem 70. Geburtstag wird Ernst Rudin, Professor für Psychiatrie an der Universität München und einer der Wegbereiter der nationalsozialistischen Rassenhygiene, als »Pfadfinder auf dem Felde der Erbgesundheit« offiziell gefeiert und erhält für seine Verdienste auf diesem Gebiet den Adlerschild des Deutschen Reiches verliehen.

Sterilisation oder »Euthanasie«
Die Nationalsozialisten erklären das Leben geistig oder körperlich kranker Menschen, die als unheilbar gelten, zum »lebensunwerten Leben«. Diese Personen werden zwangssterilisiert oder im Rahmen des Euthanasieprogramms ermordet. Betroffen sind Menschen mit folgenden Krankheiten: Schwachsinn, Schizophrenie, Epilepsie, senile Erkrankungen, Gehirnentzündungen, erbliche Blindheit und Taubheit, schwere körperliche Mißbildungen, schwerer Alkoholismus, Veitstanz.

Hitler empfängt Benito Mussolini

24. April. Der Ministerpräsident der faschistischen italienischen Republik von Salò, Benito Mussolini, beendet einen zweitägigen Besuch bei Führer und Reichskanzler Adolf Hitler in dessen Hauptquartier »Wolfsschanze«. Obwohl der Niedergang der beiden verbündeten Diktatoren bereits absehbar und nicht mehr aufzuhalten ist, gebärden sie sich weiterhin als siegreiche »Führer« ihrer Nationen.

Mussolini, der am 25. Juli 1943 als Ministerpräsident und Duce Italiens gestürzt worden war, bezeichnet die von ihm am 15. September 1943 im Norden des Landes gegründete faschistische Republik von Salò als alleinige Vertretung des italienischen Volkes. Er versichert Hitler seine ungebrochene Bündnistreue und verspricht eine Aktivierung des italienischen Kriegseinsatzes.

Auch Hitler zieht es vor, die absehbare Niederlage des Deutschen Reiches in seinen Ausführungen zu ignorieren. Er kündigt »gewaltige Kraftanstrengungen« und den »Einsatz neuer Machtmittel« an, die das siegreiche Ende des Krieges herbeiführen sollen, und spricht über seine

Der deutsche Führer und Reichskanzler Adolf Hitler (r.) begrüßt Benito Mussolini, Ministerpräsident der faschistischen Republik von Salò in Norditalien

Zielsetzungen für die Nachkriegszeit. Er bekräftigt die Entschlossenheit der verbündeten Länder des Dreimächtepaktes, »den Krieg gegen die Bolschewisten des Ostens und die Juden und Plutokraten des Westens siegreich zu beenden und den Völkern ein Leben auf der Grundlage einer neuen und gerechten Ordnung zu gewährleisten«.

In dem von deutscher Seite herausgegebenen offiziellen Kommuniqué über die Zusammenkunft der beiden Staatsmänner, an der auch der deutsche Reichsminister des Auswärtigen, Joachim von Ribbentrop, und der Chef des Oberkommandos der Wehrmacht, Generalfeldmarschall Wilhelm Keitel, teilnahmen, heißt es, daß sich Hitler und Mussolini »im Geiste alter Freundschaft« versichert hätten, den »Kampf Seite an Seite bis zur Erringung des Endsieges« fortzuführen.

Rudin hatte maßgeblichen Anteil an der Erarbeitung des »Gesetzes zur Verhütung erbkranken Nachwuchses« vom 14. Juli 1933, das den Zweck verfolgt, die deutsche »Rasse« von »unreinen« Elementen zu säubern. In der Praxis heißt dies, daß »unerwünschte« Menschen durch Maßnahmen, die von Sterilisation bis zum Mord reichen, an der Fortpflanzung gehindert werden. Bei Frauen, die als erbkrank eingestuft sind, werden Schwangerschaftsabbrüche vorgenommen.

Windsor-Prinzessin Elisabeth wird 18

21. April. Prinzessin Elisabeth, ab 1952 – nach dem Tode ihres Vaters König Georg VI. – als Elisabeth II. Königin des Vereinigten Königreichs Großbritannien und Nordirland, wird 18 Jahre alt und erreicht damit die Mündigkeit.

Der Geburtstag der Prinzessin wird angesichts der Kriegsereignisse ohne große Feierlichkeiten begangen. Anläßlich des Ehrentages findet lediglich ein Festessen im Kreise der Königlichen Familie statt.

In der britischen Presse wird das Ereignis ausführlich gewürdigt. Die Wochenzeitschrift »London News« bringt einen umfassenden Bild- und Textbericht über Leben und Ausbildung der zukünftigen Königin.

In der Reportage heißt es u. a.: »Elisabeth wurde gründlich auf ihre verantwortungsvolle Aufgabe vorbereitet. Sie hat die französische und deutsche Sprache erlernt, erhielt Unterricht in Geschichte, Tanzen, Musik und Benehmen. Von den Geschehnissen des Krieges hat sie vermutlich nicht viel mehr gehört als andere Mädchen in ihrem Alter.«

Prinzessin Elisabeth an ihrem 18. Geburtstag; die künftige Königin von Großbritannien und Nordirland hat damit die Volljährigkeit erreicht

»Fancy Free« wird Publikumsschlager

18. April. Das Ballet Theatre bringt im Metropolitan Opera House in New York das Ballett »Fancy Free« (Musik: Leonard Bernstein; Libretto und Choreographie: Jerome Robbins) zur Uraufführung. Die Vorstellung wird vom Publikum mit Begeisterung aufgenommen.

Die Handlung von »Fancy Free« dreht sich um einen alltäglichen Flirt auf den Straßen von New York: Drei Matrosen (John Kriza, Harold Lang und Jerome Robbins) treffen an einem heißen Sommerabend zu einem Kurzaufenthalt in der Stadt ein und suchen Zerstreuung. Sie begegnen drei Mädchen (Muriel Bentley, Janet Reed und Shirley Eckl) und werben tanzend um ihre Gunst. Zu dieser Geschichte schuf Jerome Robbins eine humorvolle, abwechslungsreiche und außergewöhnlich lebendige Choreographie. Er verwendet Jitterbug-Schritte und Bewegungen moderner Tänze.

Das Ballett bildet die Grundlage für das Musical »On the Town« (Uraufführung am 28. 12. 1944 im Adelphi Theatre in New York).

Chandler: »Die simple Kunst des Mordens«

April. Der US-amerikanische Kriminalautor Raymond Thornton Chandler – einer der erfolgreichsten in diesem Fach – beendet sein Essay »The Simple Art of Murder« (»Die simple Kunst des Mordens«). Darin legt er seine Auffassung zur Gestaltung des realistischen Kriminal- bzw. Detektivromans dar.

Nach Chandlers Meinung soll der Kriminalroman von intellektueller Spielerei und gekünstelter Charakterisierung befreit werden und das Leben schildern, wie es in der Wirklichkeit ist. Er beruft sich dabei auf Dashiell Hammett, der mit seinen realistischen zwischen 1929 und 1934 veröffentlichten Romanen einen neuen Typ US-amerikanischer Kriminalliteratur begründete: »Hammett brachte den Mord zu der Sorte von Menschen zurück, die mit wirklichen Gründen morden, nicht nur, um dem Autor eine Leiche zu liefern, und mit realistischen Gegenständen, nicht mit handgearbeiteten Duellpistolen, Curare (Pfeilgift) und tropischen Fischen. Er brachte diese Menschen aufs Papier, wie sie waren, und er ließ sie in der Sprache re-

den, ... für die ihnen ... der Schnabel gewachsen war.«

Auch Chandler verzichtet in seinen Romanen auf billige Spannung. In seinen Geschichten, die sich um den Privatdetektiv Philip Marlowe drehen, schildert er soziale Mißstände in der US-amerikanischen Gesellschaft und die Korrumpierbarkeit des einzelnen Menschen.

In seinem Essay über den realistischen Kriminal- und Detektivroman schreibt Chandler über seinen Helden Marlowe: »Er ist ein relativ armer Mann, sonst wäre er ja nicht Detektiv. Er ist ein einfacher Mann, sonst könnte er nicht mit einfachen Menschen umgehen. Er hat Sinn für Charakter, sonst verstünde er nichts von seinem Beruf.«

Klassiker des Detektivromans

Raymond Thornton Chandler wurde am 23. Juli 1888 in Chicago geboren. Nach Tätigkeiten als Journalist, im Bankwesen und im Ölgeschäft kam er erst mit fast 50 Jahren zur Literatur. Mit seinen Romanen (u. a. »Der tiefe Schlaf«, 1939; »Das hohe Fenster«, 1942) avancierte er neben Dashiell Hammett zum wichtigsten US-amerikanischen Kriminalautor. Held und Ich-Erzähler seiner Romane ist Privatdetektiv Philip Marlowe, der nicht zuletzt dank seiner filmischen Verkörperung durch Humphrey Bogart zu den bekanntesten Gestalten der modernen Literatur zählt.

Kleid mit einem raffinierten Ausschnitt für den Nachmittag

Eng tailliert mit kleinem Kragen; der Mantel für die moderne Frau

Die neue Linie 1944: Schmaler Schnitt mit betonter Schulterpartie

Weich fallender Mantel; dazu wird ein ausladender Hut getragen

die von der Regierung auferlegte »Nützlichkeitskleidung« gibt es jedoch nicht einmal mehr Knöpfe, so daß die Frauen vom Mantel zum Cape übergehen müssen.

Nur im besetzten Frankreich sieht die Situation etwas anders aus: Dort hält man sich weniger an die auferlegten Einschränkungen. Sind offi-

ziell für ein Kleid knapp drei Meter Stoff erlaubt, so verwendet mancher Pariser Schneider 15 m. Trägt die deutsche Frau ihr Haar hochgesteckt, so läßt es die Französin lose herunterfallen. Doch selbst in Paris gibt es nur einen Friseur, der Haare trocknen kann; der benötigte Strom wird mit Fahrrädern erzeugt.

Nach der Befreiung von Paris im August gibt es für die Couturiers kein Halten mehr – zumindest auf dem Zeichenblock. Die neue Frauenzeitschrift »Marie France« wird gegründet, und im Dezember erscheint wieder die französische Mode- und Frauenzeitschrift »Vogue« mit einer Befreiungsausgabe.

Die verbliebenen Couture-Häuser planen eine gemeinsame große Schau, die den Ruf der Pariser Mode in der Welt wieder festigen soll: Es handelt sich um eine Modenschau mit etwa 30 cm großen Püppchen, bekleidet mit den neuesten Pariser Modellen – ein bescheidener Anfang auf dem Weg zum Erfolg.

Kinounterhaltung soll von Not und Elend des Krieges ablenken

die Erfolgskomödien »Familie Buchholz« und »Neigungsehe«, die anspruchsvolle Gefühlsschnulze »Opfergang« mit Kristina Söderbaum und »Die Frau meiner Träume«, ein Revuefilm, der einigen Skandal aufwirft, weil Hauptdar-

stellerin Marika Rökk, die strengen »moralischen« Maßstäbe des Regimes mißachtend, nackte Haut zeigt. In vielen ausländischen Kinofilmen findet eine inhaltliche Auseinandersetzung mit dem aktuellen Kriegsgeschehen statt. Zu nennen sind der

britische Streifen »San Demetrio«, der US-Film »Alarm in Pazifik« mit John Wayne oder auch »Regenbogen« aus der Sowjetunion. Zu den Filmen, die über das aktuelle Kinoereignis hinaus Bedeutung erlangen, gehören die US-Produktionen

»Arsen und Spitzenhäubchen« (Arsenic and Old Lace), ein Meisterwerk des schwarzen Filmhumors mit Cary Grant in der Hauptrolle, und »Das Haus der Lady Alquist« (Gaslight), ein subtiler Psychostreifen mit Ingrid Bergman.

Szene aus dem erfolgreichen britischen Kinofilm »San Demetrio«

Kristina Söderbaum in der Schlußszene des deutschen Films »Opfergang«; Regie führte Veit Harlan

Ingrid Bergman als Paula Alquist und Charles Boyer als Gregory Anton in dem US-Psychothriller »Das Haus der Lady Alquist«

Mai 1944

Mo	Di	Mi	Do	Fr	Sa	So
1	2	3	4	5	6	7
8	9	10	11	12	13	14
15	16	17	18	19	20	21
22	23	24	25	26	27	28
29	30	31				

1. Mai, Maifeiertag

Der Maifeiertag im Deutschen Reich dient auf Anordnung von Führer und Reichskanzler Adolf Hitler »ausschließlich der Entspannung der schaffenden Bevölkerung«. Veranstaltungen finden nicht statt; Beflaggung unterbleibt.

Der sowjetische Partei- und Staatschef Josef W. Stalin fordert Bulgarien, Rumänien und Ungarn zum Abfall vom Deutschen Reich auf. Von den Vereinigten Staaten und Großbritannien verlangt er erneut die Errichtung einer zweiten Front im Westen. → S.78

In einem Außenlager des deutschen Konzentrationslagers Flossenbürg kommt es zu einer Revolte sowjetischer Kriegsgefangener. Einigen Aufständischen gelingt die Flucht.

Im italienischen Frontgebiet von Minturno finden drei US-Soldaten in den Ruinen einer zerschossenen Kirche mehrere Kisten, in denen sich eine kostbare Sammlung alter Bücher, Manuskripte und Zeichnungen befindet – u.a. Originale von Leonardo da Vinci. Die Kunstschätze gehören der Universität Neapel und werden an sie zurückgegeben.

2. Mai, Dienstag

In Prag werden 14 tschechoslowakische Staatsangehörige, darunter fünf Frauen, auf Anordnung der deutschen Behörden hingerichtet, weil sie Flüchtlinge und Kriegsgefangene beherbergt und mit Lebensmitteln versorgt hatten.

Chinesische Truppen räumen nach achttägigen, erbitterten Kämpfen mit japanischen Verbänden den Hulakowan-Paß 32 km westlich von Chenghsien in der Provinz Kansu.

Bei einem alliierten Luftangriff auf das nordfranzösische Eisenbahnnetz werden auch zwei vollbesetzte Personenzüge von Bomben getroffen. Etwa 100 Menschen finden den Tod, 200 Personen werden verletzt in Krankenhäuser eingeliefert (→26.5./S.79).

In London wird eine internationale Luftverkehrskonferenz eröffnet. 40 Delegierte aus 14 Ländern beraten bis zum 4. Mai über Fragen der Luftfahrt.

Das medizinische Forschungszentrum der US-Marine stellt eine neuentwickelte Notation für Schiffbrüchige vor. Sie wird in Tablettenform hergestellt, beansprucht wenig Platz und kann auch bei völliger Austrocknung des Mundes eingenommen werden. → S.84

3. Mai, Mittwoch

Der deutsche Reichsminister für Volksaufklärung und Propaganda, Joseph Goebbels, erörtert in einem Artikel der Zeitschrift »Das Reich« die Möglichkeit einer bevorstehenden Invasion britischer und US-amerikanischer Verbände im deutschen Reichsgebiet. Er warnt die Alliierten vor »Überraschungen, die das deutsche Weltheer bei einer Landung bereithält«. → S.81

Die USA und Großbritannien schließen nach monatelangen Verhandlungen ein Abkommen mit Spanien. Darin erklärt sich das iberische Land u.a. dazu bereit, die Wolframexporte in das Deutsche Reich einzustellen, sämtliche Truppen von der Ostfront zurückzuziehen und das deutsche Generalkonsulat in Tanger (Marokko) zu schließen. → S.79

Die Deutsche Reichspost gibt sechs Sondermarken »Kameradschaftsblock der Deutschen Reichspost« heraus.

4. Mai, Donnerstag

Das britische Ministerium für den Wirtschaftskrieg in London veröffentlicht einen Bericht über die Auswirkungen der alliierten Luftangriffe auf das französische und belgische Eisenbahnnetz. In dem Papier heißt es, die Bombenschäden seien so schwerwiegend, daß der Schienenverkehr nur noch für Militär- und für Kohlentransporte aufrechterhalten werden könne (→26.5./S.79).

In London endet eine 14tägige britisch-US-amerikanische Erdölkonferenz. Im Schlußkommuniqué wird der gemeinsame Wunsch nach einer Sicherung der Erdölversorgung geäußert und die Erschließung neuer Ölvorkommen im Nahen Osten angekündigt (→30.10./S.180).

Großbritannien gewährt China einen Kredit über 50 Millionen Pfund und verspricht außerdem umfangreiche Lieferungen von Waffen, Munition und Ausrüstungsgegenständen.

5. Mai, Freitag

In einer Geheimrede erklärt der Reichsführer SS und Chef der deutschen Polizei, Heinrich Himmler, zur Judenfrage im Deutschen Reich: »Sie wurde entsprechend dem Lebenskampf unseres Volkes, der um die Existenz unseres Blutes geht, kompromißlos gelöst«. → S.81

Im Deutschen Reich werden die insgesamt 46 gesetzlich festgelegten Tatbestände, die mit der Todesstrafe bedroht sind, abgeschafft. Nunmehr wird die Todesstrafe ganz allgemein für alle vorsätzlichen und fahrlässigen Tatbestände angedroht, die »Kriegführung und Sicherheit des Reiches gefährden«. → S.82

Bei einem schweren US-amerikanischen Luftangriff auf das rumänische Erdölzentrum Ploiesti, das für die deutsche Energieversorgung wichtig ist, werden 25 000 t Treibstoff vernichtet.

Jan Stanislaw Jankowski, stellvertretender Ministerpräsident der polnischen Exilregierung in London, beruft in Polen einen »Ministerrat im Lande«.

In der Sowjetunion wird eine dritte Kriegsanleihe in Höhe von 25 Milliarden Rubel aufgelegt.

6. Mai, Sonnabend

Die oberste Polizeibehörde im besetzten Norwegen teilt mit, daß es künftig bei Strafe verboten ist, in Eisenbahnzügen stehenzubleiben, wenn noch leere Sitzplätze vorhanden sind. Diese Maßnahme erfolgt, weil eine Großzahl norwegischer Fahrgäste sich weigert, neben Deutschen Platz zu nehmen.

Der indische Freiheitskämpfer Mohandas Karamchand, genannt Mahatma Gandhi wird aus der Haft entlassen, da sich sein Gesundheitszustand zunehmend verschlechtert hat (→20.5./S.79).

Die Vereinigten Staaten setzen 68 irische Firmen auf die schwarze Liste, da sie angeblich wirtschaftliche Beziehungen zum Deutschen Reich unterhalten.

7. Mai, Sonntag

Die deutsche Bevölkerung wird zur Spinnstoff-, Wäsche- und Kleidersammlung 1944 aufgerufen. In der Presse werden Bedenken gegen die Aktion geäußert, da die Kleiderkarte für einen Großteil der Bevölkerung seit Mitte 1943 gesperrt ist und so gut wie kein Haushalt über entbehrliche Textilwaren verfügt.

Die sowjetische Kommission zur Aufdeckung deutscher Kriegsverbrechen teilt mit, daß im Gebiet von Rowno in der Ukraine mehr als 102 000 Zivilpersonen von Deutschen getötet worden seien. Diese Angaben stützen sich auf Augenzeugenberichte und Dokumente, die in der Residenz des Reichskommissars für die Ukraine, Erich Koch, gefunden wurden.

Der Führer der dänischen Nationalsozialisten, Fritz Clausen, der vor einiger Zeit in einer Alkoholentwöhnungsanstalt bei Würzburg untergebracht werden mußte, tritt von der Leitung seiner Partei zurück.

Alliierte Bombergeschwader greifen mit 2000 Kampfflugzeugen Berlin (→25.3./S.54) und mit 1000 Maschinen die rumänische Hauptstadt Bukarest an.

Die Zahl der in Schweden lebenden Flüchtlinge beträgt 47 000, darunter 22 000 Norweger und 14 000 Dänen. Sie dürfen sich mit geringen Einschränkungen im ganzen Land frei bewegen.

8. Mai, Montag

In der Woche vom 8. bis zum 14. Mai wird im Deutschen Reich eine Fleischzulage von 100 g abgegeben. Diese Erhöhung der Ration rührt von der Abschlachtung von Kälbern her, für deren Ernährung nicht mehr genügend Futtermittel vorhanden ist (→1.10./S.179).

Die UdSSR und die tschechoslowakische Exilregierung schließen ein Abkommen über die Befreiung der ČSR durch die Rote Armee.

Als ein Zeichen drohenden Unheils interpretiert die Bevölkerung Neapels, daß erstmals seit 60 Jahren das sog. Blutwunder nicht eintritt. Das erstarrte Blut des heiligen Gennaro, das in der Kathedrale von Neapel in zwei Fläschchen aufbewahrt wird und sich jedes Jahr bei einer Zeremonie verflüssigt hatte, bleibt dieses Jahr fest. → S.84

9. Mai, Dienstag

Sewastopol auf der westlichen Krim wird von der Roten Armee eingenommen. Die 17. deutsche Armee muß die Stadt unter schweren Verlusten aufgeben, nachdem Führer und Reichskanzler Adolf Hitler eine rechtzeitige Räumung der Krim untersagt hatte (→12.5./S.78).

Die Westalliierten verlangen von der Schweiz und Schweden die sofortige Einstellung von Warenlieferungen an das Deutsche Reich (→9.4./S.66).

Der vom NS-Regime hofierte deutsche Komponist Hans Pfitzner erhält in Würdigung seines musikalischen Schaffens ein offizielles Glückwunschtelegramm zu seinem 75. Geburtstag.

10. Mai, Mittwoch

Das Oberkommando der deutschen Wehrmacht informiert erstmals ausführlich über eine »Unterwassersetzung Hollands«. Es wird berichtet, daß Dörfer und ganze Landschaften in einer mehrwöchigen Aktion überflutet worden seien, um auf diese Weise ein Vordringen der Alliierten in dem genannten Gebiet unmöglich zu machen. → S.84

Pater Karl Roman Scholz und Karl Lederer, zwei führende Mitglieder einer Wiener Widerstandsgruppe, die sich im April 1940 zusammengeschlossen hatte, werden hingerichtet (→18.1./S.205).

Zum elften Jahrestag der Bücherverbrennung im Deutschen Reich veranstaltet das »Women's Council For Post War Europe« im Town Hall Club in New York einen Gedenktag, um die Erinnerung an die verbrannten und verbotenen Bücher wachzuhalten. → S.85

11. Mai, Donnerstag

Der deutsche Reichsgesundheitsführer, Leonardo Conti, fordert »Geburtenhöchstleistungen« von allen Müttern des Landes, denn man könne bei Soldaten »die gesunde Ansicht hören: Jetzt habe ich ein Kind, jetzt kann ich beruhigt wieder an die Front« (→21.5./S.83).

US-amerikanische Flieger zerstören bei einem Präzisionsangriff ein Verwaltungsgebäude in Den Haag. In dem Haus waren Listen mit den Namen von niederländischen Staatsangehörigen aufbewahrt worden, die für die Deportation ins Deutsche Reich vorgesehen sind.

Das schwedische Außenministerium teilt mit, daß künftig täglich lediglich einer Maschine der Deutschen Lufthansa das Überfliegen Schwedens gestattet werde. Die Mitnahme von Passagieren in Uniform sei verboten.

Der US-amerikanische Spielfilm »Once upon a time« (Es war einmal) des Regisseurs Alexander Hall mit Cary Grant in der Hauptrolle wird in den Vereinigten Staaten uraufgeführt.

12. Mai, Freitag

Sowjetische Truppen überwältigen die letzten deutschen Verbände auf der Halbinsel Cherson südwestlich von Sewastopol: Die Krim ist befreit. → S.78

Das Illustrierte Blatt

Frankfurter Illustrierte / Nr.18
32. Jahrgang / 6. Mai 1944
Preis 20 Pfennig

Die junge Zeitschrift für Haus und Familie, behagliche Freude, für Freizeit, Jugend und unterhaltsames Wissen

Zeit- und Sittengeschichte 1933—1944

Hinter den Kulissen
der Kabinette und Generalstäbe

„Verschaffen Sie mir Informationen!... Ich kann alles gebrauchen..."

Treibt der „Juwelenhändler" Pantrap Singh ein doppeltes Spiel?

„Wir ziehen aus Indien einen außerordentlichen Reichtum..." — 8000 Beamte beziehen 14 Millionen Pfund jährlich — Londoner Dilemma: welchen Titel soll Lord Linlithgow noch bekommen? — „Der Bobby braucht nicht zu wissen, wohin wir fahren"

Hinter der Fassade

Ein dreimaliges Blinken einer Taschenlampe, ein rhythmisches Klopfzeichen — Singh sieht auf Vorsicht — und es dauert eine ganze Weile, bis Kamala die drei indischen Studenten durch einen rückwärtigen Eingang einläßt. Sie müssen einen unordentlichen Hof passieren, der in seiner Verwahrlosung die vornehme Fassade von P. Singh & Comp. Lügen straft, noch eine Tür wird aufgeschlossen, und dann erst können sie das Privatkontor des Chefs betreten.

Für die Studenten ist dies nächtliche Rendezvous ein Abenteuer, und außerdem gibt es ihnen Gelegenheit, sich als Patrioten zu fühlen. Sie sind gutwillig und ihr Glaube, der Sache der indischen Unabhängigkeit in England auf geheime Weise dienen zu können, ist echt. Aber sie sind sich bewußt, wie wurzellos sie bereits ohne den unmittelbaren Zusammenhang mit ihrer Heimat geworden sind. Es geht ihnen wie so manchem der etwa 10 000 Inder, die ständig in Großbritannien leben: sie gleichen sich, vielleicht ohne es zu wollen, dem britischen Wesen an und sie verlieren den Kontakt mit dem, was in Indien wirklich vorgeht. In der Hand eines Gewissenlosen sind sie daher, gerade weil sie guten Glaubens sind, willige Werkzeuge . . .

Singh ist ihnen gegenüber nicht mehr der Chef einer Juwelenfirma — er ist der Geheimagent, der auf gefährlichen Wegen der Sache der indischen Freiheit dient, ein Biedermann, der die Hochachtung, die ihm diese jungen Leute deswegen entgegenbringen, mit einer bescheidenen Geste beiseite schiebt.

Die Studenten merken kaum, daß Singh die Besprechung, die sogleich mit Lebhaftigkeit einsetzt, nachdem man es sich bequem gemacht und Kamala sich zurückgezogen hat, nach seinem Willen lenkt. „Waren Sie inzwischen einmal wieder im Unterhaus?" fragt er den einen der drei, einen hochaufgeschossenen Burschen, dessen Turban ihn als Moslem ausweist. „Sie haben doch Beziehungen, nicht wahr?"

„Ja," erwidert dieser mit Eifer. „Aber es war langweilig. Debatten über Indien werden ja von den Abgeordneten immer schlecht besucht. Und selbst Cripps hatte keine große Zuhörerschaft, als er den Fehlschlag seiner Mission zu rechtfertigen versuchte. Er machte die üblichen Redensarten. Immerhin kann er sich ja noch auf Churchill als Stütze berufen."

„Noch," bemerkt Singh mit ironischer Betonung. „Churchill wird seinen blamierten Rivalen schon bald aus der Regierung ausschiffen. Sie werden sehen."

„Wir müssen die Enttäuschung, die hier über das deadlock, den toten Punkt, in Indien herrscht, — und Cripps hat ja ganz offenkundig gemacht — weiter für unsere Zwecke nützen." Der Student, der dies sagt, ist noch sehr jung. Auf Singh, der ihn, wie die anderen, wachsam beob-

achtet, ohne daß sein schläfriges Aussehen dies merken ließe, machte er nach seiner Kleidung und nach seinem ganzen Auftreten den Eindruck, daß er über mehr Geld verfügt als einem so jungen Manne gut täte.

„Haben Sie die Dame mit dem Brief geschickt?" sagt Singh unvermittelt und ohne auf die Anregung einzugehen. „Charmant — ich beglückwünsche Sie zu Ihrem Geschmack."

Eine etwas betretene Stille folgt auf diese direkte Anzüglichkeit. „Wissen Sie, Gentlemen, was zur Zeit das größte Dilemma der Londoner Amtsstellen Indien betreffend ist?" fährt Singh unbeirrt fort. Seine Miene bleibt undurchschaubar. Er spielt jetzt den Gönner der jungen Leute. „Sie werden nicht so leicht darauf kommen, aber es verhält sich wirklich so: die Titelfrage für Lord Linlithgow, den demnächst abzulösenden Vizekönig. Früher war es üblich, einen Vizekönig am Ende seiner Amtszeit mit einem ,step in the peerage', einer Adelserhöhung, zu belohnen. So wurde Lord Willingdon von einem Earl zu einem Marquis befördert. Nun hat aber Linlithgow unglücklicherweise schon als Marquis in Delhi zu amtieren begonnen. Er könnte also noch Duke, Herzog, werden, aber seit den siebziger Jahren ist das abgekommen; nur noch Mitglieder der königlichen Familie macht man zu Herzögen. Den Hosenbandorden hat Linlithgow auch bereits, und der gilt auch nur als ein Zeichen hohen Ranges, nicht aber des Verdienstes, denn an ihn knüpft sich nun einmal das alte Wort: ,Mit dem Hosenbandorden ist kein verdammtes Verdienst verbunden (There is no damned merit about the garter)'. Wie soll

man also den schon so vielfach geehrten Lord noch weiter ehren — das ist die Frage. Sie lächeln, meine Herren, aber solche Dinge muß man wissen, wenn man die herrschende Schicht dieses Königreichs beurteilen will."

„Wir müssen, wenn Linlithgow nach London zurückkehrt, gleich am Bahnhof eine indische Demonstration organisieren," erklärt der dritte Student, eine schmächtige Gestalt mit brennenden Augen.

„Das ist eine gute Idee," bemerkt Singh. „Nehmen Sie das in die Hand. Ich werde Sie gern dabei unterstützen. Aber ich muß dabei völlig im Hintergrund bleiben, das werden Sie verstehen. Ich habe noch wichtigere Dinge zu tun."

Die Studenten sehen Singh respektvoll an. Sie ahnen nicht, welches Spiel dieser dicke Mann, der vor ihnen den freundlichen Gastgeber macht, mit ihrem echten Patriotismus treibt.

„Nützen Sie ihre Verbindungen..."

Das kleine elegante, in einer Nebenstraße des Londoner Westends gelegene Schmuckgeschäft ist um diese Abendstunde wie eine geheimnisvolle Insel, die die rußige Dämmerung der City von ihrer lauten Umwelt, dem Vergnügungsviertel, abschließt. Das auf und abschwellende Geräusch der hastig an den geschlossenen Rolläden der Ladenfront vorbeieilenden Schritte der Passanten, die um diese Stunde die Nachtklubs und Tanzbars aufzusuchen beginnen, wird rasch von der rigorosen Verdunkelung verschluckt und dringt nicht bis in die etwas überhitzte Isolierung des Privatkontors von Mr. Pantrap Singh.

Singh, mehr liegend als sitzend in seinen Sessel geräkelt, beobachtet hinter schläfrigen Lidern seine drei Besucher, gutwillige, aber bereits entwurzelte indische Studenten, und taxiert den Nützlichkeitswert ab, den diese jungen und unerfahrenen Männer für ihn haben können. Der eine, entschieden, er mit den Beziehungen zum India-Office, dem Indien-Amt, käme als Werkzeug vielleicht, als Informant bestimmt in Frage — Kamala wird sich seinen Namen merken müssen. Die anderen beiden . . .? Man wird sehen, denkt er lauernd, das beste ist, sie reden lassen und seine Rolle zu spielen. Sie ist jetzt nicht die des mondänen Juwelenhändlers. Man muß diesen Leuten das Gefühl geben, daß sie es mit einem einflußreichen und gewiegten Mann zu tun haben, der alles für das große Ziel der Freiheit Indiens einsetzt . . .

Singhs fette Finger trommeln einige Augenblicke ungeduldig auf der Lehne des Sessels. Er ändert seine lässige, ja faule Haltung jedoch um keine Nuance, als er dann wie absichtslos auf einen Klingelknopf drückt.

„Bringe bitte noch etwas zu trinken"

Alle lächeln selbstgefällig...
Aber in Wirklichkeit wird ein Mann empfangen, der selbst nach englischer Meinung seine Aufgabe in Indien nicht erfüllt hat. Englische Aufnahme von der Ankunft des abgelösten Vizekönigs Lord Linlithgow (Mitte) auf einem Londoner Bahnhof.

Die Alliierten beginnen eine Luftoffensive gegen die deutsche synthetische Treibstoffindustrie (Leunawerke in Merseburg, Tröglitz und Böhlau, Hydrierwerke in Pölitz und Brüx). →S.83

Alliierte Truppen setzen in Italien zur Offensive an, um den Weg nach Rom freizukämpfen. Am 16. Mai gelingt es ihnen, die deutsche »Gustav«-Linie zu durchbrechen (→4.6./S.96).

Die japanische Armee erringt die völlige Kontrolle über die Eisenbahnlinie Peking-Hankow (Wuhan).

In Paris wird eine Ausstellung mit Bildern des französischen Malers Nicolas de Staël eröffnet.

Der deutsche Spielfilm »Ich brauche Dich« mit Marianne Hoppe, Paul Dahlke u.a. unter der Regie von Hans Schweikart wird in Kiel uraufgeführt.

13. Mai, Sonnabend

Die UdSSR, die USA und Großbritannien fordern Ungarn, Rumänien, Bulgarien und Finnland auf, den Krieg an der Seite des Deutschen Reiches einzustellen.

Spanien und Argentinien schließen einen Handelsvertrag, der Vereinbarungen über einen umfangreichen Warenaustausch enthält. Argentinien wird vor allem Getreide liefern, Spanien Eisen.

In Portugal wird ein Zehnjahresplan zur Bekämpfung des Analphabetentums verkündet. Nur 20% der Bevölkerung des Landes können lesen und schreiben.

14. Mai, Sonntag

Die deutschen Generäle Erwin Rommel und Karl-Heinrich von Stülpnagel planen die Verhaftung des deutschen Führers und Reichskanzlers Adolf Hitler und seine Aburteilung durch ein deutsches Gericht. →S.80

In einem feierlichen Appell wenden sich die französischen Kardinäle und Bischöfe an ihre geistlichen Kollegen in Großbritannien und den USA und fordern sie auf, sich dafür einzusetzen, daß die »grausame Bombardierung französischer und europäischer Städte« eingestellt wird.

Nach Verhandlungen mit Finnland und den USA erteilt Schweden 110 staatenlosen Juden, die 1938 aus dem Deutschen Reich nach Finnland geflüchtet waren, die Genehmigung zur Einreise.

15. Mai, Montag

Die alliierte Luftwaffe bombardiert verschiedene oberitalienische Städte und richtet dabei schwere Schäden an. In Bologna, Vicenza und Padua werden zahlreiche Kirchen und historische Gebäude von Bomben getroffen.

Erstmals fliegen US-Kampfflugzeuge vom Typ »Mosquito« ohne Zwischenlandung von Nordamerika nach Großbritannien. Eine in Kanada gebauten und mit Merlin-Rolls-Royce-Motoren ausgerüsteten Maschinen legt die Strecke in der Rekordzeit von 6:46 h zurück.

16. Mai, Dienstag

Ein Sondergericht in Frankfurt an der Oder verurteilt einen Angeklagten zum Tode, weil er neun Abtreibungen durchgeführt hat. Er wird als »gefährlicher Gewohnheitsverbrecher« bezeichnet und sofort hingerichtet (→5.5./S.82).

In London geht die Empirekonferenz zu Ende. Der britische Premierminister Winston Churchill, die Premierminister der vier Dominions Neuseeland, Südafrika, Kanada und Australien sowie Vertreter Indiens hatten seit dem 1. Mai über Fragen der Empirepolitik und der Kriegführung gegen Japan debattiert. →S.79

Patriarch Sergius, Oberhaupt der russisch-orthodoxen Kirche, stirbt 78jährig in Moskau.

Die britische Labourpartei sagt ihren traditionellen Pfingstkongreß in London ab. Sie begründet dies damit, daß mit Rücksicht auf militärische Bedürfnisse Bahnfahrten und lange Reisen im Land möglichst unterbleiben sollten.

17. Mai, Mittwoch

In US-amerikanischen Gefangenenlagern sind gegenwärtig 184 000 Kriegsgefangene (133 000 Deutsche, 50 000 Italiener, 1000 Japaner) interniert. Ein Großteil von ihnen hatte in der deutsch-italienischen Heeresgruppe Afrika gekämpft.

18. Mai, Christi Himmelfahrt

Die Alliierten nehmen Montecassino ein. Das italienische Kloster ist seit Februar (→15.2./S.32) heftig umkämpft. →S.76

Eine Gruppe US-amerikanischer Juden gründet in Washington ein »Jüdisches Befreiungskomitee« als Schritt zur Errichtung einer eigenen, auf alliierter Seite kämpfenden »hebräischen Nation«.

Das Fischereiabkommen zwischen Japan und der Sowjetunion wird um fünf Jahre verlängert. →S.78

Eine neue Verfügung bestimmt, daß deutsche Gastwirte in ihren Restaurants künftig für das bisher markenfreie »Stammgericht« Nährmittelmarken verlangen dürfen. Diese Verordnung war notwendig geworden, weil immer mehr Gäste das »Stammgericht« bestellt hatten, um ihre Lebensmittelkarten nicht angreifen zu müssen. →S.83

19. Mai, Freitag

Der Ministerpräsident der griechischen Exilregierung, Jeorjios Papandreu, bezeichnet die radikale Untergrundbewegung (→26.3./S.51) als Feind seines Landes.

»Der große Preis«, ein deutscher Spionagefilm, wird in Stuttgart uraufgeführt. In den Hauptrollen sind Gustav Fröhlich und Carola Höhn zu sehen.

20. Mai, Sonnabend

Der am 6. Mai aus der Haft entlassene indische Freiheitskämpfer Mohandas Karamchand, genannt Mahatma Gandhi wirft Großbritannien vor, Indien gegen-über eine Ausbeutungspolitik zu betreiben und keine wirkliche Unabhängigkeit gewähren zu wollen. →S.79

21. Mai, Sonntag

Zum Muttertag hält die deutsche Reichsfrauenführerin, Gertrud Scholtz-Klink, eine Rede, in der sie die deutschen Mütter dazu auffordert, ihrem Volk mehr Kinder zu gebären. →S.83

Der britische Rundfunk startet eine neue, für Europa bestimmte Senderreihe. In den verschiedenen Landessprachen werden Ratschläge erteilt, wie sich die Bevölkerung unter der deutschen Besatzung auf die »Endphase des Freiheitskampfes« vorbereiten soll. →S.80

22. Mai, Montag

Eine Delegation des polnischen »Landesnationalrates« (das spätere »Lubliner Komitee«) wird in Moskau von dem sowjetischen Staats- und Parteichef Josef W. Stalin offiziell empfangen und damit anerkannt (→22.7./S.113).

Das Hauptquartier der britischen Luftwaffe gibt erstmals Einblick in die Flugblattpropaganda der Alliierten. Allein von der Royal Air Force sind seit Kriegsbeginn 1,25 Milliarden Flugblätter und Broschüren über dem Deutschen Reich und den von ihm besetzten Gebieten abgeworfen worden (→21.5./S.80).

23. Mai, Dienstag

Deutsche Luftlandetruppen greifen das Hauptquartier von Josip Tito, dem Führer der jugoslawischen Widerstandsbewegung, in den Bergen von Bosnien an. Tito kann sich im letzten Moment in Sicherheit bringen. →S.79

Das VI. US-Korps bricht aus dem Landekopf im Raum Anzio-Nettuno (Italien), der am 22. Januar (S.18) errichtet wurde, aus. Das II. US-Korps überschreitet die »Hitler«-Linie auf der Höhe Terracina/Pontecorvo/Atina.

24. Mai, Mittwoch

Spanien schließt auf Wunsch der Alliierten (→3.5./S.79) das deutsche Konsulat in Tanger, der Hauptstadt des von Spanien besetzten Marokko.

Ein Sondergericht in Stuttgart verhängt gegen eine 37jährige Frau wegen »Hochstapelei« die Todesstrafe. Ihr wird vorgeworfen, durch »ihre äußere Erscheinung und gewandtes Auftreten eine Reihe von Männern an sich gefesselt und ihnen Geldbeträge entlockt zu haben« (→5.5./S.82).

25. Mai, Donnerstag

Reichsführer SS Heinrich Himmler plant die Errichtung von Forschungsstätten in Konzentrationslagern. Dort sollen inhaftierte jüdische Gelehrte im Auftrag des NS-Regimes wissenschaftliche Arbeiten durchführen.

Zur Feier ihres 75jährigen Bestehens findet in der Wiener Staatsoper eine Festaufführung der Oper »Fidelio« von Ludwig van Beethoven statt.

26. Mai, Freitag

Als Vorbereitung für die geplante Invasion in der Normandie (→6.6./S.90) greift die alliierte Luftwaffe vor allem Verkehrswege in Frankreich an. Bei den Bombardierungen von Lyon, Nizza und Saint-Étienne kommen an einem Tag 3760 Menschen ums Leben. →S.79

27. Mai, Sonnabend

Der britische Düsenjäger De Havilland »Vampire« erreicht eine Geschwindigkeit von 814 km/h und überschreitet damit erstmals die 800 km/h-Marke (→S.84).

Das Drama »Bei geschlossenen Türen« (»Huis clos«) von Jean-Paul Sartre wird am Théâtre du Vieux-Colombier in Paris mit großem Erfolg uraufgeführt. →S.85

28. Mai, Pfingstsonntag

Alliierte Luftangriffe auf mehrere Städte in Frankreich über die Pfingstfeiertage fordern rund 3500 Todesopfer. Besonders betroffen sind Avignon, Marseille, Nizza, Lyon und Paris.

29. Mai, Pfingstmontag

Der Präsident von Ecuador, Carlos Alberto Arroye del Río, wird durch einen Militärputsch gestürzt. Am 31. Mai kehrt der frühere Präsident, José María Velasco Ibarra, aus seinem Exil in Kolumbien nach Ecuador zurück und übernimmt erneut die Präsidentschaft.

30. Mai, Dienstag

Reichsminister Martin Bormann, der persönliche Sekretär des Führers, erläßt eine Verordnung an alle NS-Reichs-, Gau- und Kreisleiter, daß gegen die Lynchjustiz an abgeschossenen alliierten Fliegern nicht einzuschreiten ist. →S.81

Die deutschen Finanzbehörden teilen mit, daß selbst ein totaler Bombenschaden ein Unternehmen nicht von der Pflicht entbinde, eine Jahresabschlußbilanz aufzustellen. Das gelte auch im Fall einer verlorengegangenen Buchhaltung.

31. Mai, Mittwoch

Die Bildung einer eigenen Flotte für den Vatikan wird Wirklichkeit. Spanien stellt dem Kirchenstaat das erste Schiff zur Verfügung, das unter der gelb-weißen Kirchenflagge fährt und die Lebensmittelversorgung der geistlichen Würdenträger sichern soll.

Die ägyptischen Behörden decken einen deutschen Schmugglerring auf, der im Nahen Osten mit Opium gehandelt hatte. 53 Mitglieder der Rauschgiftorganisation werden bei Razzien in Ägypten, Palästina und Syrien verhaftet.

Das Wetter im Monat Mai

Station	Mittlere Lufttemperatur (°C)	Niederschlag (mm)	Sonnenscheindauer (Std.)
Aachen	12,0 (12,8)	35 (67)	— (205)
Berlin	12,7 (13,7)	39 (46)	229,0 (239)
Bremen	11,8 (12,8)	52 (56)	243,8 (231)
München	11,6 (12,5)	38 (103)	195,7 (217)
Wien	— (14,6)	— (71)	— (173)
Zürich	13,3 (12,5)	38 (107)	215 (207)
( ) Langjähriger Mittelwert für diesen Monat — Wert nicht ermittelt			

Mai 1944

Heft 10

DIE

ZWEITES MAIHEFT 1944

Heftpreis 25 Rpf. frei Haus

KRIEGSMARINE

DER BOOTSMANNSMAAT DER WACHE

Aufnahme: Oblt. (MA) Warnke, OKM

»Gustav«-Linie aufgegeben – Montecassino wird geräumt

18. Mai. Das monatelang heiß umkämpfte und am →15. Februar (S.32) durch alliierte Bomben völlig zerstörte ehemalige Benediktinerkloster Montecassino in Mittelitalien wird von den Alliierten eingenommen. Zur gleichen Zeit durchbrechen sie die deutsche Verteidigungslinie Minturno-Garigliano-Cassino, genannt die »Gustav«-Linie, auch an mehreren anderen Stellen. Die deutschen Truppen sind zum Rückzug gezwungen und können den raschen Vormarsch der Alliierten auf die Hauptstadt Rom (→4.6./S.96) nicht mehr verhindern. In der Nacht vom 11. auf den 12. Mai hatte die 5. US-Armee unter General Mark Wayne Clark, unterstützt durch die 8. britische Armee, zum Sturm gegen die »Gustav«-Linie angesetzt. Die Hauptlast des Vorstoßes trug an der Küste des Tyrrhenischen Meeres das II. US-Korps zusammen mit dem französischen Expeditionskorps unter General Alphonse Juin. Beiderseitig von Cassino hatten das XIII. britische und das II. polnische Korps unter General Władisław Anders Stellung bezogen. Ihnen gegenüber lagen Einheiten der 10. und 14. deutschen Armee. Insgesamt standen 22 alliierte gegen 18 – stark angeschlagene – deutsche Divisionen.

Der Angriff begann in der Nacht gegen 23 Uhr auf ein Zeichen des britischen Rundfunks. In dem Frontabschnitt zwischen der Küste und dem Rapido-Tal auf einer Länge von 30 km eröffneten die Alliierten ein Trommelfeuer aus etwa 2000 Geschützen und tauchten das Gelände in einen Feuerschein. Kurz darauf stürmten die Verbände los. Die Briten am Rapido, die Polen am Montecassino, die Franzosen in den Aurunkischen Bergen und die US-Amerikaner im Küstensektor.

In verbissenen Kämpfen gelang es den alliierten Einheiten in den folgenden Tagen, die deutschen Verbände zurückzudrängen. Stück für Stück rückten sie in dem unwegsamen, gebirgigen Gelände vor. Ein entscheidender Durchbruch gelang den marokkanischen Einheiten, die dem französischen Korps unterstellt sind. Die Soldaten überwanden innerhalb von vier Tagen die zerklüfteten Aurunkischen Berge, die von deutscher Seite kaum gesichert wurden, da man ihre Überquerung für unmöglich gehalten hatte. Nach diesem Einbruch geriet die deutsche Front ins Wanken. Das II. US-Korps rückte rasch an der Küste vor und vereinigt sich am 18. Mai mit den Truppen am Brückenkopf bei Anzio-Nettuno (→22.1./S.18).

Während der ganzen Zeit rannten polnische Einheiten gegen den von der 1. deutschen Fallschirmjägerdivision unter General Richard Heidrich gehaltenen Montecassino an. General Anders führte die verbissen kämpfenden Männer immer wieder den Berg hinauf, an dem im Laufe der Monate schon soviele Angreifer gescheitert waren. Die Polen erlitten

Alliierte Soldaten stürmen das Kloster Montecassino, in dem sie deutsche Scharfschützen vermuten; um jeden Meter des Klosters wird verbissen gekämpft

furchtbare Verluste, doch die Stellung war uneinnehmbar. Das Ende für Montecassino kommt auf anderem Wege: Angesichts der aussichtslosen Gesamtlage der deutschen Italienfront befahl ihr Oberbefehlshaber, Albert Kesselring, am 17. Mai den Abzug aus dem zerstörten Kloster. Am Morgen des 18. Mai stürmen daraufhin die polnischen Verbände die Stellung, ohne auf Widerstand zu stoßen. Sie finden nur einige Schwerverwundete vor. Damit ist die Schlacht von Montecassino zu Ende. Fast 12000 alliierte und 20000 deutsche Soldaten fanden bei den viermonatigen, erbittert geführten Kämpfen den Tod.

Mit schwerem MG ausgerüstet, verteidigen die deutschen Soldaten ihre Stellung an der italienischen Front entlang der umkämpften »Gustav«-Linie

Deutsche Soldaten im Kampf an der Italienfront; angesichts des alliierten Vorsturms muß Oberbefehlshaber Albert Kesselring den Rückzugsbefehl geben

Häuserkampf in Mittelitalien; deutsche Kräfte kämpfen um jeden Meter, können aber auf Dauer dem Druck der feindlichen Truppen nicht standhalten

Ein alliierter Sieg mit Symbolkraft

18. Mai. Die Einnahme von Montecassino stellt für die Alliierten nicht nur einen militärischen Erfolg dar, sondern hat auch symbolische Bedeutung. Der Fall des bei den Kämpfen völlig zerstörten Klosters, das seit Beginn des Jahres (→15.2./S.32) von den Deutschen gehalten wurde, gilt den Alliierten als Zeichen dafür, daß die Durchschlagskraft der gegnerischen Streitkräfte in Italien endgültig gebrochen ist und sie nach Norden abziehen müssen.

Tatsächlich bedeutet der deutsche Rückzug von Montecassino die endgültige Aufgabe der »Gustav«-Linie, die als Verteidigungslinie quer durch den Stiefel Italiens gezogen worden war, um den alliierten Vormarsch auf Rom zu stoppen. Nach dem Abmarsch der Deutschen ist der Weg für die 5. US-amerikanische Armee und die 8. britische Armee nach Norden in Richtung auf die italienische Hauptstadt frei (→4.6./S.96).

Bei den Alliierten herrscht Genugtuung über den so hart erstrittenen Sieg im Kampf um den Klosterberg. In dem Telegramm des britischen Oberbefehlshabers der alliierten Streitkräfte in Italien, General Lord Harold Alexander, an den britischen Premierminister Winston Churchill heißt es wörtlich: »Cassino und das Kloster sind erobert… Die Einnahme Cassinos bedeutet mir und meinen beiden Armeen sehr viel. Sie scheint mir viele propagandistische Möglichkeiten zu bieten.«

Die britische und die polnische Flagge wehen als Zeichen der Eroberung über den Ruinen des Klosters Montecassino

Die 8. britische Armee an der Italienfront: Die Soldaten haben sich mit ihren Maschinengewehren in einem Gebüsch versteckt, bevor sie einen Waldpfad stürmen; der Vorstoß führt schließlich zur vollständigen Eroberung von Sant' Angelo

Deutsche Soldaten, die im Verlauf der Kämpfe an der »Gustav«-Linie in die Hände der Alliierten gefallen sind, tragen ihre eigenen Verwundeten auf Krankenbahren zum nächsten Feldlazarett hinter die feindliche alliierte Front

Häuserruinen in der zerstörten Stadt Sewastopol (Krim); nach der Befreiung durch die Rote Armee kann die Bevölkerung in ihre Heimatstadt zurückkehren

Deutsche und rumänische Soldaten warten auf ihre Einschiffung im Hafen von Sewastopol, um über das Schwarze Meer in Sicherheit gebracht zu werden

Krim wird von deutschen Truppen geräumt

12. Mai. Die Offensive der Roten Armee gegen die Krim, die unter General Fedor I. Tolbuchin am 5. Mai eingeleitet wurde, endet mit einer deutschen Niederlage. Die 17. deutsche Armee und das 1. rumänische Gebirgskorps müssen die Halbinsel räumen. Von rund 250 000 Mann werden 150 000 im letzten Moment über das Schwarze Meer nach Rumänien eingeschifft.

Noch Anfang April war der Oberbefehlshaber der deutschen Heeresgruppe Südukraine, Generalfeldmarschall Ferdinand Schörner, davon überzeugt, daß die Verteidigung der Krim gesichert sei. Am 8. April trat Tolbuchin zum Angriff an. Der

Fedor I. Tolbuchin, sowjetischer General, 1942 Oberbefehlshaber der 57. Armee, am Kampf um Stalingrad beteiligt; ab April 1943 Oberbefehlshaber der Südfront, ab Oktober 1943 der 4. Ukrainischen Front und im Mai 1944 zum Oberbefehlshaber der 3. Ukrainischen Front ernannt

schnelle sowjetische Vormarsch zwang die deutsch-rumänischen Verbände zum Rückzug. Am 16. April erreichten sie unter Verlust von zwei Dritteln ihres Materials Sewastopol im Süden der Krim und schlossen sich dort ein.

Bereits am 9. April hatte der Oberbefehlshaber der 17. Armee, Generaloberst Erwin Jaenecke, erstmals vergeblich von Führer und Reichskanzler Adolf Hitler die Erlaubnis verlangt, die Krim räumen zu dürfen. Als Jaenecke weiterhin auf dieser Forderung beharrte, ließ Hitler ihn verhaften und durch General Karl Allmendinger ersetzen.

Doch die Situation war bereits aussichtslos und erreichte ihren dramatischen Höhepunkt, als Tolbuchin am 5. Mai zum Sturm gegen Sewastopol antrat. Schörner gab schließlich am 8. Mai auf seine eigene Verantwortung den Befehl, den Rückzug einzuleiten.

Verschiffung über das Schwarze Meer

Obwohl sich die deutschen Verbände auf der Krim in einer aussichtslosen Lage befinden, lautet der Befehl des deutschen Führers und Reichskanzlers Adolf Hitler: »Kein kampffähiger Mann darf sich einschiffen«. Angesichts der Situation unterlaufen die deutschen Militärbefehlshaber diese Anordnung und beginnen am 8. Mai damit, die Soldaten über das Schwarze Meer nach Rumänien abzutransportieren. 150 000 Mann können so noch in Sicherheit gebracht werden.

Stalin will zweite Front im Westen

1. Mai. Der sowjetische Partei- und Staatschef Josef W. Stalin erneuert in seiner Rede zum 1. Mai die an die USA und Großbritannien gerichtete Forderung nach Errichtung einer zweiten Front im Westen.

Stalin lobt die Erfolge der Roten Armee im Kampf gegen das faschistische Deutsche Reich, an denen die USA und Großbritannien auch beteiligt seien, da sie die Italienfront halten, die UdSSR mit Waffen versorgen und das deutsche Reichsgebiet bombardieren würden. Die endgültige »Zerschmetterung Hitler-Deutschlands« sei jedoch lediglich durch einen kombinierten Schlag von Ost und West möglich.

Deutsche Front im Mai 1944 kurz vor der alliierten Invasion in Nordfrankreich (6. 6. 1944)

Fischereiabkommen Japan–Sowjetunion

18. Mai. Das japanisch-sowjetische Fischereiabkommen, das bereits seit 1928 besteht, wird für die Dauer von fünf Jahren verlängert.

In diesem Vertrag ist festgeschrieben, daß die japanische Nordpazifik-Ozeanfischerei-Kontrollgesellschaft gegen Zahlung von Pacht Fischereirechte in sowjetischen Gewässern erhält. Die Pachtgebühren sind gegenüber dem ersten Abschluß von 1928 um 30% erhöht worden. Bei den japanischen Fischfängen handelt es sich hauptsächlich um Hundslachs, Rotlachs und Lachsforellen, die an Ort und Stelle in schwimmenden Konservenfabriken verarbeitet werden.

Spanien beugt sich alliiertem Druck

3. Mai. Großbritannien und die Vereinigten Staaten schließen ein Abkommen mit Spanien, das die Beziehungen des Landes zum Deutschen Reich in einigen strittigen Punkten neu regelt. Der Einigung ging ein monatelanger Konflikt voraus, der sich daran entzündet hatte, daß Spanien trotz wiederholter Neutralitätserklärungen den Achsenmächten in verschiedenen Bereichen Unterstützung zukommen läßt.

Erst nachdem die Alliierten ihre Drohung wahrgemacht und die Erdöllieferungen nach Spanien eingestellt hatten, erklärte sich die Regierung in Madrid zu folgenden Zugeständnissen bereit: 1. Ausweisung aller Agenten der Achsenmächte aus Spanien; 2. Schließung des deutschen Generalkonsulats in Tanger; 3. Freilassung aller in spanischen Häfen festgehaltenen italienischen Handelsschiffe; 4. Rückzug aller spanischen Streitkräfte, die noch an der Ostfront kämpfen (→ 20.2./ S.37); 5. Reduzierung der kriegswichtigen Wolframlieferungen an das Deutsche Reich.

Josip Tito entgeht knapp deutschem Angriff

25. Mai. *Deutsche Fallschirmjäger landen bei Drvar in Bosnien und greifen das Hauptquartier des Oberbefehlshabers der jugoslawischen Volksbefreiungsarmee, Josip Tito, an. Der erfolgreiche Partisanenführer soll ausgeschaltet werden, um den Widerstand der Jugoslawen zu brechen.*
Im letzten Moment gelingt es Tito jedoch, sich aus der Höhle, die ihm als Befehlsquartier dient, zu retten. Er flieht durch einen Notausgang, während rund 100 jugoslawische Soldaten die Deutschen aufhalten. Tito entkommt mit einem britischen Flugzeug über Italien auf die Adriainsel Vis, wo er ein neues Hauptquartier einrichtet und die Leitung des Partisanenkampfes wieder aufnimmt (Abb.: Tito [r. am Geländer] mit zwei Journalisten).

Bombardement soll Aufmarsch stören

26. Mai. Im Vorfeld der alliierten Invasion (→ 6.6./S.90) in der Normandie führen die britische und die US-amerikanische Luftwaffe zahlreiche Bombenangriffe auf französisches Gebiet durch, die eine systematische Zerstörung des Verkehrsnetzes zum Ziel haben. Die Angriffe fordern häufig große Opfer unter der Bevölkerung: Allein am 26. Mai kommen 3760 Menschen, die meisten unter ihnen sind Zivilisten, durch Bombenabwürfe ums Leben.

Die alliierten Luftangriffe zur Vorbereitung der Invasion hatten Anfang März begonnen. Sie zielen in erster Linie auf die Zerstörung der Eisenbahnanlagen, um auf diese Weise den deutschen Truppentransport zu behindern. Schon Mitte März war in Nordfrankreich der Eisenbahnverkehr auf 20% im Vergleich zum Vormonat gesunken. Ende Mai beträgt er im Norden nur noch 13% und in ganz Frankreich 50% des früheren Umfangs. Seit Anfang März sind insgesamt 67 000 t Bomben auf französische Eisenbahnanlagen gefallen.

Konferenz der Premierminister in London

16. Mai. In London geht die Empirekonferenz zu Ende, an der neben dem britischen Premierminister Winston Churchill die Premierminister der vier Dominions Neuseeland, Südafrika, Kanada und Australien sowie Vertreter Indiens teilgenommen hatten. Zu den Themen der Beratungen seit dem 1. Mai gehörten allgemeine Fragen zur Politik des British Empire, die Fortsetzung des Krieges gegen Japan und das Deutsche Reich und die Neuordnung in Europa nach Kriegsende.

Im Mittelpunkt der Gespräche stand die aktuelle Kriegslage. Die Premierminister der Dominions (britische Kronländer) billigen in einer Entschließung zum Abschluß der Konferenz das Vorgehen der britischen Regierung im Kampf gegen die Achsenmächte und sagen ihre volle Unterstützung zu. In diesem Zusammenhang wird mitgeteilt, daß Neuseeland gegenwärtig 189 000, Südafrika 269 000, Kanada 750 000, Australien 870 000 und Indien 2 Millionen Mann an Truppen im Krieg stehen haben. Große Erwartungen setzen die Staatsmänner in die bevorstehende alliierte Invasion in Westeuropa (→ 6.6./S.90). Man rechnet zwar mit harten und verlustreichen Kämpfen, bekundet aber eine unbedingte Siegesgewißheit.

In ihrem Schlußkommuniqué formulieren die Premierminister ihre Prinzipien für die Nachkriegszeit. Auf ihrem Programm stehen die Forderungen nach demokratischer Selbstbestimmung der Völker, Wohlfahrt und sozialem Fortschritt, gegenseitiger Hilfeleistung und einer wirksamen Friedenssicherung.

Treffen der Premierminister in London (v. l.): William Lyon Mackenzie King (Kanada), Jan Christiaan Smuts (Südafrika), Winston Churchill (Großbritannien), Peter Fraser (Neuseeland), John Joseph Curtin (Australien)

Gandhi wieder im Kampf für Freiheit

20. Mai. Nach seiner Haftentlassung am 6. Mai nimmt der indische Freiheitskämpfer Mohandas Karamchand, genannt Mahatma Gandhi den Kampf um die Unabhängigkeit Indiens wieder auf.

Der indische Freiheitskämpfer Mohandas Karamchand, genannt Mahatma Gandhi (»dessen Seele groß ist«); Gandhi wird vor allem aufgrund seiner Methode des gewaltfreien Widerstands weltweit anerkannt und geachtet

In einem Presseinterview beschuldigt Gandhi die Regierung Großbritanniens, sein Land mit immer festerem Griff an sich zu reißen und nichts als Verachtung für die indische Unabhängigkeitsbewegung übrig zu haben. Angesichts der starren, kompromißlosen britischen Haltung sei er nicht bereit, die »Verlaßt-Indien«-Resolution vom August 1942 zurückzuziehen.

Deutscher Widerstand verstärkt den Kampf gegen Hitler

Im Deutschen Reich verstärken sich im Mai die Aktivitäten der Widerstandskreise gegen Führer und Reichskanzler Adolf Hitler und seine Schreckensherrschaft. Schon im Vorfeld des Hitler-Attentats am → 20. Juli (S.115) konkretisieren sich bei mehreren Gruppen die Pläne, Hitler zu beseitigen oder ihm die Macht zu entreißen und eine neue Staatsführung einzusetzen. Vor allem aus den Reihen der Wehrmacht werden angesichts der immer hoffnungsloseren Kriegslage mehrere Staatsstreichversuche unternommen, von denen jedoch keiner zum gewünschten Erfolg führt.

Generalfeldmarschall Rommel, Oberbefehlshaber in Nordfrankreich

General Karl-Heinrich von Stülpnagel, Militärbefehlshaber in Frankreich

Führer Adolf Hitler; der Widerstand gegen seine Herrschaft wächst

14. Mai. Generalfeldmarschall Erwin Rommel, Befehlshaber der deutschen Heeresgruppe B in Nordfrankreich (→1.1./S.21), plant gemeinsam mit dem Militärbefehlshaber in Frankreich, General Karl-Heinrich von Stülpnagel, die Verhaftung von Führer und Reichskanzler Adolf Hitler und seine Aburteilung durch ein deutsches Gericht.
Rommel wie Stülpnagel lehnen eine Ermordung Hitlers ab, da sie die psychologischen Folgen fürchten. Das deutsche Volk, so lautet ihr Argument, werde für die unausweichliche militärische Niederlage des Reiches die Verschwörer verantwortlich machen und Hitler erst recht zum Helden der Nation erheben. Die beiden Generäle wollen ihn deshalb vor Gericht stellen und dort vor den Augen aller Deutschen mit seinen verhängnisvollen Fehlentscheidungen und Schreckenstaten konfrontieren. Ihre Pläne beinhalten ferner die Aufnahme von Waffenstillstandsverhandlungen mit den Westalliierten bei gleichzeitigem Rückzug der deutschen Truppen auf die Reichsgrenzen. Im Osten soll die Frontlinie von der Stadt Memel über Lemberg bis zur Donaumündung aufrecht erhalten werden.
Wie viele andere führt auch dieser Staatsstreichplan nicht zum Erfolg. Trotz zweier Besuche an der Frankreichfront entgeht Hitler der geplanten Verhaftung. Das erste Mal zögert Rommel zu lange, das zweite Mal reist Hitler vor Ende der Besprechung, nach der die Verhaftung erfolgen sollte, unerwartet wieder ab. Während Stülpnagel bereits seit 1939/40 zum Kreis der Hitler-Gegner zählt, gelangte Rommel erst mit Beginn des Jahres 1944 zu der Überzeugung, daß man Hitler aktiven Widerstand entgegensetzen müsse. Sein Hauptquartier im französischen La Roche-Guyon wird zu einem Treffpunkt für zahlreiche führende Persönlichkeiten aus dem Reich, die dort, fern von den Fängen der Geheimen Staatspolizei, über Maßnahmen gegen die Hitler-Diktatur diskutieren.

Obwohl es gegenüber Rommel als »Protektionskind« des Führers von Seiten mancher Widerstandskreise Bedenken gibt, sind andere von der Aufrichtigkeit seines Charakters überzeugt. Einig ist man sich über seinen nicht zu unterschätzenden Wert für eine Verschwörung: Ihm allein wird aufgrund seiner Popularität zugetraut, im Falle eines Putsches auch die nationalsozialistischen Frontoffiziere mitzureißen.

Flugblatt- und Rundfunkpropaganda der Westalliierten

21. Mai. Die staatliche britische Rundfunkanstalt British Broadcasting Corporation (BBC) beginnt mit der Ausstrahlung einer neuen Propagandasendung. Die Bevölkerung der vom Deutschen Reich besetzten Gebiete soll angesichts der kurz bevorstehenden alliierten Invasion (→6.6./S.90) über Rundfunk die letzten Instruktionen erhalten.

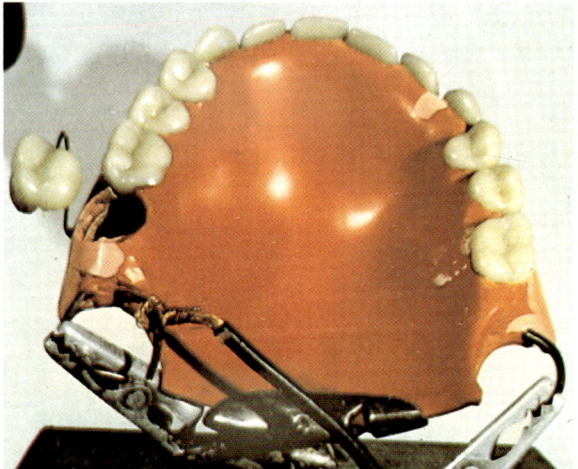

Rundfunkempfänger, zur Tarnung in eine Zahnprothese eingebaut; ein norwegischer Soldat hatte diese Konstruktion in einem Kriegsgefangenenlager bei Breslau hergestellt; er und seine Kameraden konnten damit die für Europa bestimmten Meldungen der British Broadcasting Corporation hören

Die Botschaften der BBC, die in mehreren Sprachen verlesen werden, enthalten die Aufforderung an die Bevölkerung, Informationen jeder Art über die deutschen Besatzer und ihre Machenschaften zu sammeln und festzuhalten. Für die Alliierten von besonderem Interesse seien die Standorte deutscher Hauptquartiere, Minenfelder, Vorratslager und anderer strategisch wichtiger Einrichtungen.
Zu der Propagandakampagne der Alliierten gehört neben Rundfunksendungen vor allem der Abwurf von Flugblättern. Allein von der britischen Luftwaffe wurden seit Kriegsbeginn 1,25 Milliarden Broschüren über deutschem und deutsch besetztem Gebiet abgeworfen. Zusätzlich verteilen die britischen Flugzeuge Zeitschriften in der jeweiligen Landessprache.

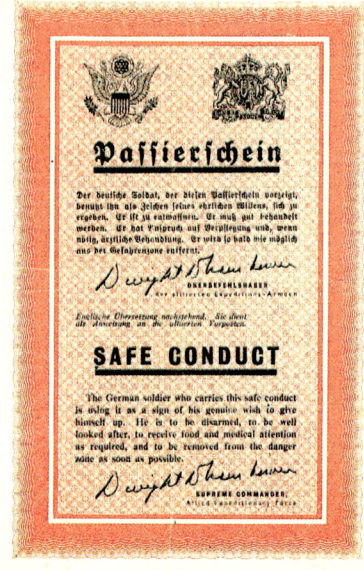

Passierschein, von den Briten über dem Deutschen Reich abgeworfen

Goebbels rechnet mit alliierter Invasion

3. Mai. *In einem Artikel der Zeitschrift »Das Reich« beschäftigt sich der deutsche Reichspropagandaminister Joseph Goebbels (Abb.) mit der bevorstehenden alliierten Invasion (→ 6.6./S. 90) in Europa, die nicht nur von ihm und anderen NS-Größen, sondern auch von einem Großteil der europäischen Bevölkerung in allernächster Zukunft erwartet wird.*

Goebbels vertritt die Ansicht, daß die Vorbereitungen der Alliierten für eine Landung in Westeuropa abgeschlossen seien und daß man die Aktion jeden Tag erwarten könne. Ruhig und gelassen – so Goebbels – sehe das Deutsche Reich den kommenden Ereignissen entgegen, denn es sei nichts versäumt worden, um den Feind gebührend zu empfangen.

Schließlich geht der Reichsminister auf das Lieblingsthema der NS-Propaganda ein – die »bösen Überraschungen«, die das deutsche »Weltheer« für die Alliierten bei einer Landung bereithalte. Goebbels erwähnt »eine Anzahl von unbekannten Vorbereitungen, die kennenzulernen man die angreifenden feindlichen Truppen nur beglückwünschen kann. Denn wenn sie sich die Invasion so vorstellen, wie sie in den Londoner Zeitungen ... erläutert wird, so sind sie sehr zu bemitleiden.« Es steckten noch einige Trümpfe im Spiel, die bisher sorgfältig verborgen gehalten worden seien, aber selbstverständlich auf den Tisch kämen, wenn die entscheidende Stunde gekommen sei. Wörtlich führt Goebbels dazu aus: »Kurz und gut: Sollte der Feind wirklich das denken, was er sagt und schreibt und tatsächlich die Absicht haben, mit einem so bodenlosen Leichtsinn ein Unternehmen zu starten, von dem alles abhängt, dann gut Nacht!« Abschließend versichert der Reichspropagandaminister, daß die Deutschen sich nur beglückwünschen könnten, wenn der Feind diese Andeutungen nicht ernst nehmen würde.

Lynchjustiz wird gebilligt

30. Mai. Der deutsche Reichsminister Martin Bormann, Leiter der Parteikanzlei und persönlicher Sekretär des deutschen Führers und Reichskanzlers Adolf Hitler, erläßt eine Verordnung an alle NS-Reichs-, Gau- und Kreisleiter, die besagt, daß gegen die Lynchjustiz an abgeschossenen alliierten Fliegern nicht mehr einzuschreiten sei. Die Ermordung von gegnerischen Soldaten wird damit offiziell vom nationalsozialistischen Regime gebilligt.

Bormann reagiert mit dem Runderlaß auf einen am 27. Mai veröffentlichten Zeitungsartikel von Reichspropagandaminister Joseph Goebbels. Dieser hatte darin unter der Überschrift »Ein Wort zum feindlichen Luftterror« festgestellt, daß man angesichts der »verbrecherischen Kampfweise« alliierter Piloten kein Recht habe, die »von rasender Wut ergriffene« deutsche Bevölkerung daran zu hindern, zur Selbstwehr zu schreiten und Gleiches mit Gleichem zu vergelten.

Martin Bormann, Leiter der Parteikanzlei und persönlicher »Sekretär des Führers«; ehemals ein kleiner, unauffälliger NS-Funktionär, ist Bormann zum engsten Mitarbeiter Hitlers und zu einem der mächtigsten Männer im NS-Staat aufgestiegen

Himmler: Judenfrage gelöst

5. Mai. Heinrich Himmler, Reichsführer der Schutzstaffel (SS), Leiter der deutschen Polizei und Reichsminister des Innern, äußert sich in einer nichtöffentlichen Rede über die systematische Vernichtung der jüdischen Bevölkerung durch das nationalsozialistische Regime.

Der von fanatischem Rassenhaß getriebene SS-Führer, der die oberste Verantwortung für die Ermordung von mehreren Millionen Menschen in den Konzentrationslagern trägt, erklärt wörtlich in seinen Ausführungen: »Die Judenfrage ist in Deutschland und im allgemeinen in den von Deutschland besetzten Ländern gelöst. Sie wurde entsprechend dem Lebenskampf unseres Volkes, der um die Existenz unseres Blutes geht, kompromißlos gelöst.« Jenseits aller allgemein anerkannten menschlichen Werte und Normen stellt Himmler die Behauptung auf, daß die »Ausrottung der Juden« eine »schwere Bürde« und eine »lästige Pflicht« für das deutsche Volk sei. Die Erfüllung dieser Aufgabe ist nach Ansicht des SS-Führers »hart und schwer für die Truppe, die es zu tun hat, aber sie hat es zu tun und hat es getan. Und ich kann hier etwas sagen ...: Daß sie es überstehen konnte, ohne daß sie an ihrer Moral oder an ihrer Seele Schaden gelitten hat, das rechne ich ihr als Gründer dieser SS und als Reichsführer SS als das schwerste und als das am meisten in die Waagschale Fallende an.«

Heinrich Himmler, Reichsführer der Schutzstaffel, Leiter der deutschen Polizei und Reichsminister des Innern; Himmler ist maßgeblich für die systematische Ausrottung von Millionen von Juden in deutschen Konzentrationslagern verantwortlich

Arbeit und Soziales 1944:

Mobilisierung aller Arbeitskraftreserven

Die Arbeitsmarkt- und Sozialpolitik im Deutschen Reich untersteht 1944 fast ausschließlich einer einzigen Maxime: Mobilisierung aller noch vorhandenen Arbeitskraftreserven zur Aufrechterhaltung der Kriegswirtschaft. Mit jedem erdenklichen Mittel versucht das nationalsozialistische Regime, dem Arbeitskräftemangel entgegenzutreten, der dadurch entstanden ist, daß einerseits immer mehr Männer zum Kriegsdienst eingezogen werden, andererseits aber die Rüstungsproduktion stetig weiter gesteigert werden soll.

Der deutsche Generalbevollmächtigte für den Arbeitseinsatz, Fritz Sauckel, versucht auf zwei Wegen, den Arbeitskräftemangel zu beheben. Zum einen will er bisher noch nicht Berufstätige in den Arbeitsprozeß einbeziehen; zum anderen soll aus den bereits Erwerbstätigen ein Höchstmaß an Leistung herausgeholt werden.

In diesem Sinne wird am 31. August 1944 eine Verordnung erlassen, mit der die wöchentliche Arbeitszeit von 48 auf 60 Stunden heraufgesetzt wird. Eine verlängerte Arbeitszeit ist letztlich auch der Grund dafür, daß viele Arbeiter 1944 mehr Lohn nach Hause tragen als zu Kriegsbeginn. Das Einkommen an sich steigt dagegen nur unerheblich von 68,1 Reichspfennig (RPf) pro Stunde im Jahr 1939 auf 69,6 RPf 1944.

Einer höchstmöglichen Ausnutzung der Arbeitszeit dient auch der Kampf gegen das »Bummelantentum«. Eine Anordnung vom 23. September 1944 droht allen Arbeitnehmern, die sich der »Bummelei« schuldig machen, eine empfindliche Bestrafung durch finanzielle Einbußen, zwangsweise verordneter Nacharbeit und Entzug von Lebensmittelkarten an.

Da die Intensivierung der Arbeitsleistung ihre Grenzen hat, ist Sauckel gezwungen, auf neue, bislang nicht erwerbstätige Kräfte zurückzugreifen. Bereits seit 1943 unterstehen im Deutschen Reich alle Männer vom 16. bis zum 65. Lebensjahr und alle Frauen vom 17. bis zum 45. Lebensjahr einer Meldepflicht bei den Arbeitsämtern und können bei Bedarf vermittelt werden. Im Juli 1944 wird die Altersgrenze für Frauen auf 50 Jahre erhöht. Gerade für sie gelten jedoch zahlreiche Ausnahmeregelungen, so daß die allgemeine Arbeitspflichtbestimmung für Frauen stark aufgeweicht ist.

Generell bleibt der Versuch des NS-Regimes, Frauen in die Arbeitswelt zu integrieren, wenig erfolgreich. Die Anzahl der weiblichen Erwerbstätigen nimmt von Kriegsbeginn an kaum zu; sie steigt von 14,6 Millionen im Jahre 1939 auf 14,8 Millionen im Jahre 1944. Trotz großangelegter Propagandafeldzüge verspüren viele Frauen

wenig Lust, ihre Arbeitskraft zur Verfügung zu stellen. Die Lösung ihrer Alltagsprobleme steht ihnen näher als die Sorge um die deutsche Kriegswirtschaft. Das NS-Regime zögert bis zuletzt, die Frauen mit Gewalt zur Arbeit zu zwingen, da man einerseits eine Verschlechterung der »Massenstimmung« befürchtet und sich andererseits das Bild von der Industriearbeiterin nicht mit der nationalsozialistischen Vorstellung von der deutschen Frau als treusorgende Hausfrau und liebende Mutter deckt.

Da diese Maßnahmen alle nicht ausreichen, um den Arbeitskräftebedarf zu decken – 1944 beträgt die Anzahl der männlichen deutschen Arbeitskräfte nur noch 55% des Vorkriegsstandes –, werden im Deutschen Reich zunehmend Ausländer zur Arbeit zwangsverpflichtet. Im Herbst 1944 sind 7,5 Millionen ausländische Zwangsarbeiter und Kriegsgefangene in der deutschen Wirtschaft beschäftigt und stellen damit ein Fünftel aller zivilen Arbeitskräfte. Mit der Rekrutierung von Fremdarbeitern und ihrer Verschleppung ins Deutsche Reich war 1942 in großem Stil begonnen worden. Die Arbeits- und Lebensbedingungen vor allem der sog. Ostarbeiter sind unbeschreiblich schlecht. Hunderttausende von ihnen sterben innerhalb kurzer Zeit an Hunger, Auszehrung und Krankheiten.

Otto Georg Thierack, deutscher Reichsminister der Justiz (seit 1942)

NS-Justiz erhält noch mehr Macht

5. Mai. Der deutsche Reichsminister der Justiz, Otto Georg Thierack, gibt eine Strafrechtsänderung bekannt: Die bislang einzeln festgelegten Tatbestände, die mit der Todesstrafe bedroht sind, werden zugunsten einer allgemeinen Regelung abgelöst. Künftig muß mit der Todesstrafe rechnen, wer vorsätzlich oder fahrlässig Taten begeht, die die Kriegführung und Sicherheit des Deutschen Reiches gefährden. Durch diese Neuverordnung wird der gesetzliche Rahmen für die Willkürherrschaft der nationalsozialistischen Justiz noch mehr erweitert.

Im Deutschen Reich wird die Todesstrafe nicht nur für Landes- und Hochverrat, sondern auch für die »Zersetzung der Wehrkraft« verhängt. Unter diesen Begriff fallen z. B. Delikte wie privater Umgang mit Kriegsgefangenen, kritische Äußerungen über das nationalsozialistische Regime oder die bloße Verdächtigung derselben, das »Abhören von Feindsendern« und die Aufforderung zum Ungehorsam.

Alle diese Delikte werden vor Sondergerichten verhandelt, deren Kompetenzen seit ihrer Einrichtung 1933 immer größer geworden sind. Sie können Urteile fällen, ohne den Fall vorher mündlich verhandelt und ohne Zeugen gehört oder Beweise geprüft zu haben. Der Angeklagte hat kein Recht auf einen Verteidiger. Die Vollstreckung des Urteils – das vielfach auf Tod lautet – erfolgt in der Regel sofort.

Deutsche Arbeiter in einer Rüstungsfabrik; im »totalen Krieg« wird jede verfügbare Arbeitskraft für den Dienst in der Kriegswirtschaft verpflichtet

Rüstungsarbeiter; sie sollen immer neue Höchstleistungen erbringen

Aufruf zu neuen Geburtenhöchstleistungen

21. Mai. Anläßlich des Muttertages, der im Jahr 1944 im Deutschen Reich unter dem Leitwort »Mütter, ihr tragt das Vaterland« steht, fordert Reichsfrauenführerin Gertrud Scholtz-Klink alle deutschen Frauen einmal mehr zu neuen »Geburtenhöchstleistungen« auf.

Scholtz-Klink bezeichnet es als die Pflicht jeder deutschen Mutter, gerade in Kriegszeiten eine große Anzahl Kinder zur Welt zu bringen. Als »Trägerin der Zukunft« sei es ihre Aufgabe, die »Säulen von morgen« zu gebären und das Weiterbestehen des Volkes zu sichern. Dieser »fanatische Lebens- und Erhaltungswille«, so die oberste Frauenführerin in ihrer Rede, liege »instinktiv in jeder wirklichen Mutter«.

Flugblatt zum Muttertag (1. Seite)

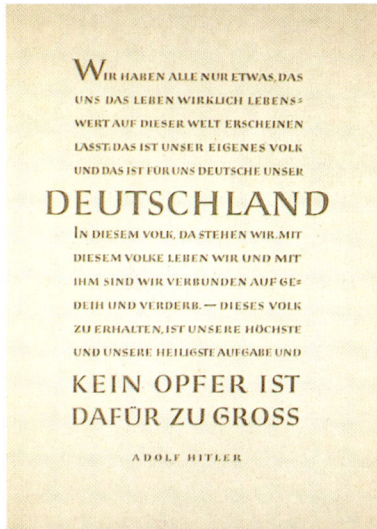

Rückseite der Muttertags-Schrift

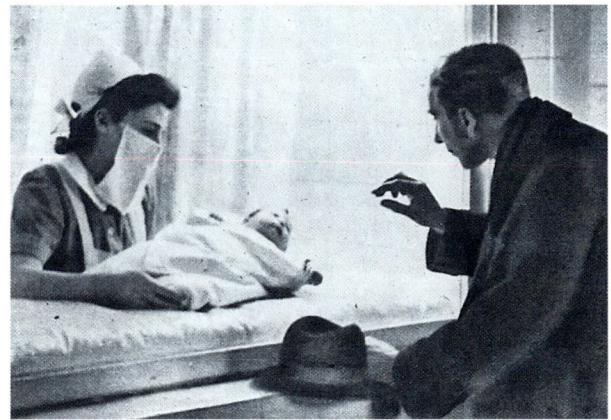

»Glücklicher Vater«: Mit solchen Bildern wird in der deutschen Presse für eine Geburtensteigerung geworben

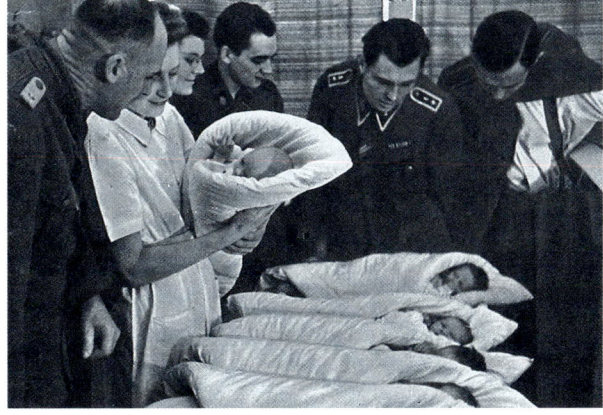

NS-Propagandabild, das Kinderwünsche wecken soll: Soldaten betrachten hingerissen neugeborene Babys

Markenabgabe für das Stammgericht

18. Mai. Im Deutschen Reich wird die Abgabe von Lebensmittelmarken in Restaurants durch eine Verordnung neu geregelt. Anders als bisher dürfen die Gaststätten künftig auch für das »Stammgericht« Nahrungscoupons verlangen.

Die Neuregelung tritt in Kraft, weil immer mehr Bürger dazu übergegangen sind, im Restaurant zu essen und dort das markenfreie »Stammgericht« zu bestellen, um ihre eigenen Lebensmittelcoupons aufzusparen. Das Gericht, das ursprünglich zur Versorgung derjenigen gedacht war, die kriegsbedingt auswärts speisen müssen, ist mittlerweile so beliebt geworden, daß viele Gästen schon lange vor der Essensausgabe wartend an ihren Tischen sitzen. Besonders Hungrige beköstigen sich auf diese Weise sogar mehrmals hintereinander in verschiedenen Lokalen. Der Anteil der meist aus Gemüse und Kartoffeln bestehenden Mahlzeit, zu deren Abgabe die Restaurants verpflichtet sind, ist von ursprünglich 10% um das siebenfache auf rund 70% der ausgegebenen Speisen angestiegen.

Um diese Entwicklung zu stoppen, dürfen die Gaststätten künftig bis zu 100 g Brot- oder bis zu 50 g Nährmittelmarken von den Gästen verlangen, sofern die markenfreien Nahrungsmittel nicht ausreichen, um das »Stammgericht« anzubieten.

Bomberoffensive gegen die deutsche Treibstoffindustrie

12. Mai. Gegen Nachmittag führen 935 Bomber der US-Luftwaffe einen Vernichtungsschlag gegen deutsche Industrieanlagen, in denen synthetischer Treibstoff hergestellt wird. Die Leunawerke bei Merseburg werden zu 60%, bei Tröglitz zu 100% und bei Böhlau zu 50% zerstört. Das Hydrierwerk in Brüx bei Prag wird vollständig ausgebombt. Albert Speer, deutscher Reichsminister für Rüstung und Kriegsproduktion, kommentiert die Ereignisse mit den Worten: »An diesem Tag wurde der technische Krieg entschieden.« Neben der Bombardierung der Verkehrswege fügen die Luftangriffe auf die Treibstoffanlagen dem Deutschen Reich den größten Schaden zu. Schon im April war das rumänische Erdölgebiet Ploiesti, eine der wichtigsten Quellen zur Deckung

Die Wesselring-Ölraffinerie in Berlin nach einem alliierten Bombenangriff; durch Bomben zerstörte Fabrikanlagen: (A) Gas-Anlage, (B) Gasbehälter, (C) Zentrales Kraftwerk, (D) Haupt-Kompressor-Anlage, (E) Kühl-Anlagen

des deutschen Treibstoffbedarfs, von alliierten Bomben stark beschädigt worden. Nachdem nun außerdem die synthetische Treibstoffherstellung zu weiten Teilen lahmgelegt wird, spitzt sich die Lage dramatisch zu. Der Ausstoß an künstlichem Kraftstoff beträgt im März noch 927 000 t, im Mai 715 000 t und sinkt im Juni auf nur noch 472 000 t.

Die Treibstoffknappheit nimmt solche Ausmaße an, daß die Durchführung militärischer Operationen gefährdet ist und die Ausbildung des Luftwaffennachwuchses beträchtlich eingeschränkt werden muß. Damit haben die Alliierten ihr Ziel erreicht: Ohne Treibstoff sind die bereits geschwächten deutschen Armeen nicht mehr in der Lage, der alliierten Offensive wirkungsvoll standzuhalten.

Blutwunder bleibt nach 60 Jahren aus

8. Mai. Zum ersten Mal seit 60 Jahren bleibt das sog. Blutwunder in der Kathedrale von Neapel aus. Da dies als ein Anzeichen drohenden Unheils gilt, verbreitet sich in weiten Kreisen der Bevölkerung große Unruhe. Ein Prälat der Kathedrale erklärt, die Stadt Neapel müsse mit der Möglichkeit einer schweren Heimsuchung rechnen. Als das Blutwunder im Jahre 1884 das letzte Mal ausgeblieben wäre, sei eine furchtbare Cholera-Epidemie ausgebrochen.

Das Blutwunder von Neapel ereignet sich normalerweise jedes Jahr 18mal an den Festtagen des Schutzpatrons der Stadt, des heiligen Gennaro. An diesen Tagen verflüssigt sich das in zwei verschlossenen kleinen Flaschen aufbewahrte Blut des Heiligen, das sich das restliche Jahr über in einem erstarrten Zustand befindet. Dieser ungewöhnliche Vorgang soll erstmals im Jahre 1389 beobachtet worden sein und sich seither regelmäßig wiederholt haben.

Eine befriedigende wissenschaftliche Erklärung für die Verflüssigung, bei der sich das Volumen der in den Ampullen befindlichen Substanz bis auf das Doppelte steigert, ist bislang nicht gefunden worden.

Um Essen zu holen, watet dieser Mann durch das Wasser; zum Schutz gegen Angreifer wurden Teile des Landes überflutet

Weite Teile Hollands werden überflutet

10. Mai. Das Oberkommando der deutschen Wehrmacht informiert erstmals ausführlich über eine »Unterwassersetzung Hollands«. Es wird berichtet, daß Dörfer, Städte und ganze Landstriche in mehrwöchigen Aktionen überflutet worden sind, um das Vordringen der gegnerischen Truppen im Falle einer Invasion unmöglich zu machen.

Infolge der Maßnahme sind Hunderttausende von Holländern gezwungen, ihre Behausungen fluchtartig zu verlassen; riesige Mengen an Agrarland gehen verloren.

Düsenantrieb soll Propeller ablösen

Die Entwicklung der modernen Luftfahrttechnologie nimmt im Deutschen Reich und in Großbritannien einen weitgehend ähnlichen Verlauf. Dies betrifft auch die Forschungs- und Entwicklungsarbeiten für den revolutionären Luftstrahlantrieb, der den herkömmlichen, mit Kolbenmotor angetriebenen Propeller ablösen soll. Beiden Ländern gelingt es 1944 erstmals, ein Düsenflugzeug zum Einsatz zu bringen: Die deutsche Messerschmitt »Me 262« und die britische Gloster »Meteor«.

Daneben wird noch eine Reihe anderer Typen von Strahlflugzeugen entwickelt und eingesetzt: Auf britischer Seite die de Havilland »Vampire« und auf deutscher Seite der Versuchsjäger »He 280«, die Arado »Ar 234« als Aufklärer und Bomber und die beiden Abfangjäger Heinkel »He 162« und Messerschmitt »Me 163«.

Messerschmitt »Me 262«, deutscher Düsenbomber mit zwei Strahlturbinen

Deutscher strahlgetriebener Abfangjäger Heinkel »He 162« (»Salamander«)

Notration besteht aus drei Tabletten

2. Mai. Das medizinische Forschungsinstitut der US-amerikanischen Kriegsmarine präsentiert eine neu entwickelte Notration für Schiffbrüchige, die in Tablettenform hergestellt wird, ganz wenig Raum beansprucht und auch bei einer völligen Austrocknung der Mundhöhle von den in Not Geratenen noch genossen werden kann.

Eine Tagesration setzt sich aus drei verschiedenen Tabletten zusammen und wiegt 140 g. Die erste Tablette besteht aus Zitronensäure zur Anregung des Speichelflusses und als Fruchtanteil, die zweite aus Saccharose, Maissirup sowie Zitronensäure mit Fettzusatz und die dritte aus Saccharose, Maissirup und gemalzter Milch. Die Tablettennahrung, die vier Tage lang von 18 Freiwilligen getestet worden ist, soll die bisherige Schiffbrüchigenration ersetzen, die mit 300 g mehr als doppelt soviel wiegt und u.a. auch Biskuits und Schokolade enthält.

Unterhaltung 1944:
Kultureller Kahlschlag im Deutschen Reich

Der »totale Krieg« beeinträchtigt in zunehmendem Maße auch das Freizeit- und Kulturleben im Deutschen Reich. Während man in den ersten Kriegsjahren noch Wert darauf gelegt hatte, die »Volksgenossen« durch unterhaltende Theater-, Film- und Musikdarbietungen vom trüben Kriegsalltag abzulenken, bricht 1944 im Angesicht der drohenden militärischen Niederlage die nationalsozialistische Kulturfassade praktisch vollständig zusammen.

Anders als in den USA, Großbritannien und sogar im besetzten Frankreich, wo man noch bei Musicalaufführungen, im Kino oder Theater hin und wieder Zerstreuung findet, geht es mit den Vergnügungen im Deutschen Reich nun endgültig zu Ende. Joseph Goebbels, der als Propagandaminister lange Zeit ein Förderer deutscher Kultur nationalsozialistischer Prägung war, sieht die Zeit der Einschränkungen im Kulturleben angesichts der Kriegsereignisse für gekommen. Kurz nach seiner Ernennung zum »Generalbevollmächtigten für den totalen Kriegseinsatz« ordnet er mit Wirkung vom 1. September 1944 die Stillegung der »gesamten schöngeistigen Unterhaltung« an: Alle Theater, Varietés und Kabaretts werden geschlossen; Orchester, Musikschulen, Konservatorien und alle Kunstschulen müssen bis auf ganz wenige Ausnahmen ihre Tätigkeit einstellen. Kunstausstellungen finden überhaupt nicht mehr statt. Alle im Unterhaltungsbereich freiwerdenden Kräfte sollen entweder an die Front geschickt oder in der Kriegsindustrie eingesetzt werden. Das gleiche Schicksal trifft auch die NS-Organisation »Kraft durch Freude« (KdF), deren Aufgabe bislang darin bestand, die Freizeit der arbeitenden Bevölkerung und der kämpfenden Truppen in nationalsozialistischem Sinne zu gestalten: Goebbels verfügt die Einstellung der KdF-Truppenbetreuung und den Abbruch von Gastspiel-, Konzert- und Theaterreihen.

Nur zwei Bereiche bleiben von dem kulturellen Kahlschlag weitgehend verschont: Der Rundfunk und der Film. Sie sollen künftig die Unterhaltung des Volkes übernehmen, denn – so die Worte des deutschen Propagandaministers – »sie erfassen unter geringstem Aufwand an Menschen und Material die weitestmöglichen Kreise«.

Sowohl für das Radio als auch für das Kino gilt die Parole: Je schrecklicher der Krieg, umso fröhlicher das Programm. Die Radiohörer werden demgemäß Tag für Tag mit leichter Unterhaltungsmusik berieselt. Die breite Zuhörerschaft, so meinen die Verantwortlichen, braucht Frohsinn und Heiterkeit, damit ihr Mut gestärkt wird. Schon länger verbannt und höchstens im »Feindsender« British Broadcasting Corporation (BBC) London zu hören ist dagegen die vom NS-Regime zutiefst gehaßte und erbittert verfolgte Jazz-Musik.

Unterhaltung, Erholung und Ablenkung sind auch die Aufgaben, die dem Film im Dritten Reich zugedacht werden. Noch kurz vor Kriegsende, und besonders nach Schließung der Theater, strömt das Publikum in die Kinos. Gefragt ist alles, was Not und Elend des Krieges vergessen läßt: Musik-und Tanzfilme, Lustspiele und immer wieder Liebesfilme. Und noch 1944, als das Reich schon zusammenbricht, produziert man Heile-Welt-Filme wie die Komödien »Familie Buchholz« und »Neigungsehe« und sogar den wahrhaft gelungenen Pennälerspaß »Die Feuerzangenbowle«.

»Froh und heiter« – unter diesem Motto versucht eine Amateurkapelle ihre Zuhörer mit leichter Tanzmusik von den Kriegssorgen abzulenken

Szene aus dem Ufa-Film »Unter den Brücken«, der noch 1944/45 gedreht wird

Zum Gedenken an verbrannte Bücher

10. Mai. Zum elften Jahrestag der Bücherverbrennung im Deutschen Reich veranstaltet das »Women's Council For Post War Europe« (Frauenrat für das Nachkriegseuropa) im Town Hall Club in New York einen Gedenktag, um die Erinnerung an die von den Nationalsozialisten verbrannten und verbotenen Schriften wachzuhalten.

In einem Aufruf anläßlich der Gedenkfeier heißt es: »Wir wollen, daß nach der Befreiung [vom Nationalsozialismus] der 10. Mai nicht nur der Tag der Wiederverbreitung dieser Bücher wird, sondern auch ein Tag, gewidmet der Toleranz… und der Achtung vor den ewigen Werten der Menschheit, wie sie in den Kulturen der Völker der Welt zum Ausdruck kommen.«

Französischer Existentialist und Besatzungsgegner Jean-Paul Sartre

Sartre-Drama in Paris uraufgeführt

27. Mai. Obwohl Frankreich unter der Kontrolle der deutschen Besatzungsmacht steht, findet am Pariser Théâtre du Vieux-Colombier die Uraufführung des Dramas »Bei geschlossenen Türen« (»Huis clos«) des Existentialisten und Besatzungsgegners Jean-Paul Sartre statt. Drei Menschen – ein Deserteur, eine Lesbierin und eine Kindermörderin – sind gemeinsam in einem Hotelzimmer gefangen. Nach dem gescheiterten Versuch, einander zu beherrschen, machen sie sich gegenseitig das Leben zur Hölle. Sie können nicht ausbrechen – nicht aus dem Zimmer und in übertragenem Sinne nicht aus ihrer Existenz.

Juni 1944

Mo	Di	Mi	Do	Fr	Sa	So
			1	2	3	4
5	6	7	8	9	10	11
12	13	14	15	16	17	18
19	20	21	22	23	24	25
26	27	28	29	30		

1. Juni, Donnerstag

Der neue bulgarische Ministerpräsident Iwan Bagrjanow stellt sein Kabinett vor.

Über italienische Radiosender wird bekanntgegeben, daß in Kürze alliierte Fallschirmtruppen zur Unterstützung des italienischen Widerstands im Frontbereich landen werden. Die Partisanen werden aufgefordert, den Rückzug der Deutschen durch Zerstörung aller Verkehrswege zu verzögern (→4.6./S.96).

Das Justizministerium der Vereinigten Staaten meldet den bisher größten Betrugsfall in der US-amerikanischen Kriegsindustrie. 53 Angestellte einer Schiffswerft in Boston werden beschuldigt, sich für nicht ausgeführte Schweißarbeiten eine Summe von rund 500 000 US-Dollar zum Nachteil der Regierung verschafft zu haben.

In mehreren Provinzen Kanadas breiten sich verheerende Waldbrände aus. Neun Ortschaften und zahlreiche Einzelsiedlungen fallen, nachdem sie evakuiert worden sind, den Flammen zum Opfer.

2. Juni, Freitag

Regierungsvertreter der Sowjetunion und Rumäniens gelangen bei Geheimverhandlungen in Stockholm zu einer grundsätzlichen Einigung über die Bedingungen für ein Ausscheiden Rumäniens aus dem Krieg (→25.8./S.136).

Die britische und die US-amerikanische Luftwaffe erproben erstmals das »shuttle bombing«: Die Kampfflugzeuge pendeln zwischen Flugbasen im Westen und in der Sowjetunion und bombardieren auf ihrem Weg die feindlichen Ziele.

3. Juni, Sonnabend

Angesichts der bevorstehenden Invasion der Alliierten (→6.6./S.90) ändert das »Französische Komitee der Nationalen Befreiung« in Algier seinen Namen in »Provisorische Regierung der französischen Republik«.

In Italien wird die Einheitsgewerkschaft »Confederazione Generale Italiana di Lavoro« gegründet.

4. Juni, Sonntag

Alliierte Truppen marschieren in Rom ein. Der deutsche Generalfeldmarschall Albert Kesselring hatte kurz zuvor die italienische Hauptstadt zur »offenen Stadt« erklärt und bis auf eine Nachhut alle Truppen abgezogen. →S.96

Im Endspiel um die Deutsche Meisterschaft im Feldhockey in Magdeburg unterliegt Titelverteidiger TV Sachsenhausen 57 nach zweimaliger Verlängerung dem Luftwaffen-SV Hamburg mit 0:1.

Deutscher Meister im Damenfeldhockey wird in Hamburg der einheimische Harvesterhuder THC durch ein 7:1 über den Düsseldorfer SC 99.

5. Juni, Montag

König Viktor Emanuel III. von Italien tritt seine Regierungsrechte an Kronprinz Humbert II. ab. Dieser wird zum »Generalstatthalter des Königreichs Italien« ernannt. →S.97

Seit dem 1. Januar 1944 wurden bisher an 36 Tagen und 55 Nächten 102 größere Luftangriffe auf deutsches Reichsgebiet unternommen. Insgesamt wurden 36 Städte angegriffen. →S.102

6. Juni, Dienstag

Alliierte Truppen landen an der Küste der Normandie und bilden eine zweite Front im Westen. →S.90

Portugal stellt die Wolframlieferungen an das Deutsche Reich ein.

Der Schriftsteller Alfred Andersch, der als deutscher Soldat an der Arno-Front in Italien kämpft, desertiert und läuft zu den US-Truppen über. Dieses Ereignis verarbeitet er später in seinem 1952 erscheinenden autobiographischen Bericht »Kirschen der Freiheit«. →S.105

7. Juni, Mittwoch

Der deutsche Führer und Reichskanzler Adolf Hitler empfängt auf dem »Berghof« bei Berchtesgaden den ungarischen Ministerpräsidenten Döme Sztojay zu einer Unterredung über die deutsch-ungarische Zusammenarbeit in der gemeinsamen Kriegführung (→19.3./S.50).

Der Ministerpräsident der polnischen Exilregierung, Stanisław Mikołajczyk, trifft zu einer Unterredung mit US-Präsident Franklin Delano Roosevelt in Washington ein. Roosevelt sagt seine Vermittlung zur möglichst baldigen Beilegung der polnisch-sowjetischen Spannungen zu (→22.2./S.37).

König Leopold III. von Belgien kommt in deutsche Kriegsgefangenschaft und wird nach Dresden deportiert.

8. Juni, Donnerstag

Papst Pius XII. empfängt Hunderte von britischen, US-amerikanischen, französischen, polnischen, australischen und kanadischen Soldaten zu einer Audienz.

Howard Walter Florey, Professor an der Universität Oxford, teilt mit, daß in den USA und Großbritannien Großversuche zur synthetischen Herstellung von Penicillin durchgeführt werden. →S.103

Aus den USA wird ein sensationeller Fall von Bigamie gemeldet. Die 35jährige Marion Stankowich hat seit ihrem 17. Lebensjahr 15 Männer geheiratet, ohne sich ein einziges Mal scheiden zu lassen.

9. Juni, Freitag

In Italien tritt das Kabinett unter Pietro Badoglio zurück. Nachfolger von Badoglio als Ministerpräsident wird Ivanoe

Bonomi. Der Vorsitzende der italienischen Kommunistischen Partei, Palmiro Togliatti, wird zu Bonomis Stellvertreter ernannt. →S.97

US-Präsident Franklin Delano Roosevelt erklärt sich bereit, Charles de Gaulle, den Chef der »Provisorischen Regierung der Französischen Republik«, in Washington zu empfangen (→6.7./S.111).

Die deutschen Truppen in Italien befinden sich auf dem Rückzug und müssen die Toskana räumen.

Eine sowjetische Offensive gegen Finnland auf der Karelischen Landenge führt zum Rückzug der finnischen Verbände. Am 20. Juni besetzt die Rote Armee die Stadt Wiborg (→21.6./S.99).

In dem Londoner Auktionshaus Christie's wird eine bedeutende private Kunstsammlung versteigert. Rund 40 Gemälde, darunter Werke von Peter Paul Rubens und Jan van Goyen, stehen zum Verkauf.

10. Juni, Sonnabend

Verbände der deutschen Schutzstaffel (SS) zerstören den französischen Ort Oradour-sur-Glane als Vergeltung für die Entführung eines SS-Offiziers. 642 Menschen werden ermordet. →S.95

Aus Oberitalien wird sechs Tage nach dem Einmarsch der Alliierten in Rom (→4.6./S.96) eine starke Zunahme der Partisanentätigkeit gemeldet. Italienische Untergrundkämpfer verüben zahlreiche Anschläge auf Verkehrswege und neofaschistische Einrichtungen. Mehrere Neofaschisten werden ermordet.

Untergrundkreise aus Albanien teilen die Bildung einer »Nationalen Befreiungsarmee« mit, der etwa 20 000 bewaffnete Partisanen angehören und die von den Alliierten mit Waffen und Munition versorgt werden soll. Albanien verfügt nun neben der »Nationalen Front« und der Untergrundvereinigung von Major Abas Kupi über eine dritte einflußreiche Widerstandsorganisation.

11. Juni, Sonntag

Der deutsche Komponist Richard Strauss erhält zu seinem 80. Geburtstag ein offizielles Glückwunschtelegramm, obwohl er sich zu Beginn des Jahres mit einer regimekritischen Äußerung den Unmut der NS-Führung zugezogen hatte. →S.105

In Genf wird die »Schweizerische Vereinigung für den Schutz der Kunstschätze in Europa« gebildet. Die Organisation will verhindern, daß in Europa weiterhin Tag für Tag unersetzbare Kunstwerke vernichtet werden oder verloren gehen.

12. Juni, Montag

Die deutsche Luftwaffe beschießt die britische Hauptstadt London erstmals mit einer »V-1«-Rakete. →S.100

US-Präsident Franklin Delano Roosevelt erteilt seine Zustimmung zu einer geplanten sowjetisch-britischen Abmachung über militärische Operationszonen in Südosteuropa. Darin ist vorgesehen, daß Griechenland und Jugoslawien in den

britischen, Rumänien und Bulgarien in den sowjetischen Machtbereich fallen sollen (→7.10./S.171).

Die Verantwortung für die Flüchtlingslager im Nahen Osten, die bisher in britischer Hand lag, wird an die Vereinten Nationen übergeben. Die Organisation plant den Ausbau von sechs Lagern zur Unterbringung von rund 40 000 Flüchtlingen, bei denen es sich vor allem um Frauen und Kinder aus Griechenland und Jugoslawien handelt.

13. Juni, Dienstag

Das US-Finanzministerium teilt mit, daß die Vereinigten Staaten für die Kriegführung seit Kriegseintritt 200 Milliarden US-Dollar ausgegeben haben. 95 Milliarden US-Dollar sollen bis Jahresende noch hinzu kommen.

14. Juni, Mittwoch

Der Umfang ausländischer Verbände in der deutsche Wehrmacht erreicht seinen Höhepunkt. Rund 500 000 ausländische Soldaten stehen unter deutscher Führung im »Kampf Europas gegen den Bolschewismus«. →S.102

Zehn Tage nach dem Einmarsch alliierter Truppen normalisiert sich die Lage in Rom. Die Bevölkerung der italienischen Hauptstadt, die am 4. Juni (→S.96) die einmarschierenden Soldaten mit Begeisterung empfangen hatte, nimmt das politische, wirtschaftliche und kulturelle Leben wieder auf. →S.97

Von sog. transportablen Startbahnen, die im französischen Invasionsgebiet in kürzester Zeit installiert worden waren, fliegt die alliierte Luftwaffe zahlreiche Einsätze gegen deutsche Stellungen in der Normandie (→6.6./S.90).

15. Juni, Donnerstag

Der deutsche Reichspropagandaminister Joseph Goebbels äußert sich zu der Situation an der Invasionsfront in Frankreich. Er bezeichnet die Lage als ernst, aber nicht hoffnungslos. →S.95

Aus dem Hauptquartier der Invasionstruppen in London verlautet, daß weibliche deutsche Soldaten, die mit Kleinwaffen ausgerüstet waren, gefangengenommen worden sind. Diese Behauptung wird am darauffolgenden Tag von deutscher Seite als Lüge bezeichnet, da »die deutsche Wehrmacht keine Frauen unter Waffen stellt«.

US-Truppen landen auf der bisher von Japanern besetzten Marianeninsel Saipan im Pazifik.

16. Juni, Freitag

Die alliierten Truppen setzen zur Offensive gegen die deutsche Front Pisa-Florenz-Rimini in Italien an.

Die US-amerikanische Luftwaffe beginnt von ihrem Stützpunkt Tschöngtu in China aus mit der Offensive gegen japanisches Territorium. Der erste Angriff der US-amerikanischen Boeing »B29« (»Superfortress«) gilt den Stahlwerken auf der Insel Kiuschu.

Stuttgarter Jllustrierte

STADT DER AUSLANDSDEUTSCHEN
Nr. 25   21. Juni 1944   20 Pfg.

Frei Haus 22 Pfg. Ausland mit ermäß. Porto 30 Pfg., Italien 2 Lire, Frankreich 4 frs., Schweiz 40 Rappen, Spanien Ptas. 1.25, Portugal 2 Esc., Ungarn Filler -.36, Belgien 2 bfrs., Holland 20 Cents, Bulgarien 8 Lewa, Rumänien 20 Lei, Schweden 0.50 Kr.

INVASION!
Die deutschen Gegenmaßnahmen laufen!

Bereits in den ersten Gefechten haben sich die Panzergrenadiere der SS-Panzer-Division „Hitler-Jugend" hervorragend geschlagen. Schnell hat sich die Härte des Geschehens in ihre jungen Gesichter gegraben.

PK-Aufnahme: SS-Kriegsberichter Zschäckel (PBZ.)

17. Juni, Sonnabend

Der deutsche Führer und Reichskanzler Adolf Hitler begibt sich nach Frankreich und trifft in Margival bei Soissons mit den Generalfeldmarschällen Erwin Rommel und Gerd von Rundstedt zusammen. Hitler wirft den Generälen vor, die Invasion der Alliierten in der Normandie (→6.6./S.90) nicht verhindert zu haben.

Die deutsche Geheime Staatspolizei (Gestapo) entdeckt in Paris die versteckte Druckerei der französischen Untergrundzeitung »Combat«.

Island erklärt sich zur »Freien Unabhängigen Republik« unter Auflösung der Personalunion mit Dänemark. Erster Staatspräsident wird Sveinn Björnsson. →S.99

Die italienische Insel Elba wird von freifranzösischen Truppen unter General Jean de Lattre de Tassigny besetzt. →S.97

Der Oberbefehlshaber der deutschen Kriegsmarine, Großadmiral Karl Dönitz, stiftet in Anerkennung des Einsatzes der U-Boot-Besatzungen die U-Boot-Frontspange in Bronze. Auch die Verleihung an Gefallene und die Aushändigung an die Hinterbliebenen ist vorgesehen.

18. Juni, Sonntag

Britische Truppen besetzen die italienische Stadt Assisi.

Die älteste Kirche Hamburgs, die Jacobikirche, brennt nach einem alliierten Bombenangriff vollständig aus.

Deutscher Fußballmeister wird vor rund 70 000 Zuschauern im Berliner Olympiastadion erneut der Dresdner SC durch ein 4:0 über die Mannschaft des Luftwaffen-SV Hamburg. →S.105

19. Juni, Montag

Der deutsche Führer und Reichskanzler Adolf Hitler unterzeichnet einen »Erlaß über die Konzentration der Rüstung und der Kriegsproduktion«.

Sowjetische Partisanen zerstören als Auftakt zur sowjetischen Sommeroffensive an 9600 Stellen die Schienennachschubwege der deutschen Heeresgruppe Mitte. Es ist das größte Sabotageunternehmen des Zweiten Weltkrieges. →S.98

20. Juni, Dienstag

In der Philippinensee endet eine zweitägige See- und Luft-Schlacht zwischen japanischen und US-amerikanischen Streitkräften. Bei den Gefechten wird die japanische Flugzeugträgerflotte fast vollständig vernichtet. →S.98

21. Juni, Mittwoch

Nach dem Vormarsch der Roten Armee auf der Karelischen Landenge und dem Fall der Stadt Wiborg am 20. Juni wächst die Unruhe in Finnland. Angesichts der kritischen militärischen Lage wird die Forderung nach raschen politischen Entschlüssen immer lauter. →S.99

Die 8. US-Luftflotte bombardiert mit etwa 2500 Flugzeugen Ziele im Raum Berlin. Der Angriff gilt vor allem den Flugzeugwerken und dem Regierungsviertel der Stadt (→25.3./S.54).

Alle jüdischen Einwohner der ungarischen Hauptstadt Budapest müssen in spezielle »Judenhäuser« umziehen, die mit einem gelben Stern auf schwarzem Grund gekennzeichnet sind. Für jede Familie ist lediglich ein Wohnraum vorgesehen (→1.4./S.65).

22. Juni, Donnerstag

Auf Veranlassung der Schweiz treffen die deutsche und die britische Regierung eine Vereinbarung, wonach alle in gegenseitigem Gewahrsam befindlichen Zivilpersonen ausgetauscht werden sollen.

Die Rote Armee startet im Raum Witebsk-Bobruisk eine Großoffensive gegen die deutsche Heeresgruppe Mitte. →S.99

Den anglo-indischen Truppen gelingt es, nach 88 Tagen den japanischen Belagerungsring um die indische Stadt Imphal zu sprengen (→13.4./S.68).

Das britische Luftfahrtministerium veröffentlicht eine detaillierte schematische Schnittzeichnung der deutschen »fliegenden Bombe« »V 1«. Seit dem ersten Einsatz der »Geheimwaffe« am →12. Juni (S.100) waren in Großbritannien fieberhafte Anstrengungen unternommen worden, um die Funktionsweise der Bombe herauszufinden.

23. Juni, Freitag

35 000 deutsche Soldaten werden bei Witebsk von sowjetischen Truppen eingeschlossen. Ein Ausbruchsversuch endet am 27. Juni mit der Vernichtung des Korps (→22.6./S.99).

Die am 20. Dezember 1943 neugebildete bolivianische Regierung wird von den USA, Großbritannien und 18 lateinamerikanischen Staaten offiziell anerkannt. Der Schritt erfolgt, nachdem Bolivien sich deutlich von den Achsenmächten distanziert hatte.

In London wird der deutsche Spion Pierre Richard Charles Neukermans hingerichtet. Er hatte seit Juli 1943, getarnt als belgischer Flüchtling, britische Militärgeheimnisse ausspioniert.

Ein Wirbelsturm in den US-Bundesstaaten Pennsylvania und Virginia fordert über 150 Todesopfer und richtet Sachschäden in Millionenhöhe an.

24. Juni, Sonnabend

Der deutsche Reichsaußenminister Joachim von Ribbentrop besucht den finnischen Staatspräsidenten Risto Heikki Ryti und sagt weitere Waffenhilfe zu, falls Finnland Friedensverhandlungen mit der UdSSR ablehne (→21.6./S.99).

Die ohnehin gespannten Beziehungen zwischen den USA und Argentinien verschärfen sich, da bei einer Razzia in Buenos Aires 30 US-amerikanische, britische und niederländische Staatsangehörige festgenommen werden, weil man sie der Spionage für die Vereinigten Staaten verdächtigt (→27.6./S.98).

Britische und chinesische Truppen dringen in die Stadt Mogaung ein, einen wichtigen japanischen Stützpunkt in Nordbirma. An der Operation beteiligen sich auch alliierte Luftstreitkräfte.

Dem deutschen Schriftsteller Thomas Mann, der 1938 in die USA emigriert war, wird das Bürgerrecht der Vereinigten Staaten verliehen. →S.105

25. Juni, Sonntag

Als Antwort auf verstärkte Aktivitäten dänischer Befreiungskämpfer proklamieren die deutschen Besatzungsbehörden das Standrecht in Kopenhagen, um sich die »Möglichkeit einer schnelleren Behandlung von Verbrechen zu verschaffen, wie sie mehrere Male von der Kopenhagener Unterwelt verübt worden sind« (→30.6./S.99).

26. Juni, Montag

Der französische Hafen von Cherbourg wird von den Alliierten erobert, ist jedoch so vermint, daß er erst nach zwei Monaten für den Schiffsverkehr genutzt werden kann (→6.6./S.90).

Japanische Truppen durchbrechen die äußeren Verteidigungslinien um das wichtige Eisenbahnzentrum Hengyang in der chinesischen Provinz Hunan. Sie setzen dabei erneut Senfgasgranaten ein, die zu beträchtlichen Verlusten unter den alliierten Truppen führen.

Alliierte Kampfflugzeuge bombardieren das Gebiet der neutralen Republik San Marino. Die Regierung des Landes protestiert aufs schärfste gegen die Neutralitätsverletzung.

In Zürich gehen die seit dem 3. Juni andauernden Theaterwochen zu Ende. Die Theaterbegeisterung der Schweizer ist inmitten der Kriegswirren ungebrochen, und das Interesse an den zahlreichen Opern- und Schauspielaufführungen war dementsprechend groß.

In Berlin wird der Ufa-Film »Sommernächte« mit René Deltgen unter der Regie von Karl Ritter uraufgeführt.

27. Juni, Dienstag

Nach einer Stellungnahme des deutschen Reichsjustizministers, Otto Georg Thierack, fällt der nationalsozialistischen Justiz die »volkshygienische Aufgabe« zu, den »gesunden Volkskörper« vor der »Seuchengefahr, die von kriminellen und oppositionellen Bazillenträgern« ausgeht, zu schützen.

Die Regierung der USA veröffentlicht eine offizielle Erklärung, in der sie Argentinien eine achsenfreundliche Haltung vorwirft. →S.98

28. Juni, Mittwoch

Im Deutschen Reich wird das Meldepflichtalter für den Arbeitseinsatz von Frauen von 45 auf 50 Jahre heraufgesetzt.

In der deutschen SS-Panzerdivision, die südlich der französischen Stadt Caen eingesetzt wird, befinden sich zahlreiche »Hitlerjungen«. Die 17- bis 18jährigen zeichnen sich durch einen besonders fanatischen Kampfgeist aus.

Der französische Staatssekretär für Information und Propaganda, Philippe Henriot, wird in seinem Pariser Ministerium von Anhängern der Résistance ermordet. Der extrem rechte Politiker hatte immer wieder die Zusammenarbeit mit den Deutschen gefordert und die Landung der Alliierten in Frankreich am →6. Juni (S.90) als Aggression bezeichnet.

Sowjetische Truppen erobern Petrosawodsk, die Hauptstadt der Karelischen Autonomen Sowjetrepublik, zurück.

29. Juni, Donnerstag

Als Vergeltung für die Erschießung von drei deutschen Soldaten durch italienische Partisanen ermorden Angehörige der deutschen Schutzstaffel 153 Männer, Frauen und Kinder auf der Piazza ihrer Heimatstadt Civitella (Provinz Arezzo).

Der viertägige Parteikongreß der Republikaner in Chicago nominiert den Gouverneur von New York, Thomas Edmund Dewey, mit 1056 gegen eine Stimme zum Kandidaten für die Präsidentschaftswahl in den Vereinigten Staaten (→7.11./S.190).

In der UdSSR wird die allgemeine Waffenstillstandskommission beim Volkskommissariat für Auswärtige Angelegenheiten in eine Waffenstillstandskommission für das Deutsche Reich und eine zweite für Finnland, Ungarn und Rumänien umgewandelt.

30. Juni, Freitag

Der Betriebsarzt der Aktion »T 4« zur Vernichtung »lebensunwerten« Lebens, Curd Runckel, fordert eine verstärkte Durchsetzung des nationalsozialistischen »Euthanasie«-Programms. →S.103

In Kopenhagen bricht ein spontaner Generalstreik gegen die deutsche Besatzungsmacht aus. →S.99

Die USA brechen die diplomatischen Beziehungen zu Finnland ab, da die Regierung des Landes am 28. Juni offiziell verkündet hatte, daß sie den Kampf an der Seite des Deutschen Reiches weiterführen werde (→21.6./S.99).

Im Brückenkopf der Alliierten in der Normandie, den sie am →6. Juni (S.90) errichtet hatten, befinden sich bereits 850 279 Soldaten, 148 803 Fahrzeuge und 570 505 t Material.

Im Deutschen Reich verminderte sich im Juni der Ausstoß an synthetischem Treibstoff auf 107 000 t. Gegenüber dem Vormonat bedeutet dies einen Rückgang um zwei Drittel (→12.5./S.83).

Das Wetter im Monat Juni

Station	Mittlere Lufttemperatur (°C)	Niederschlag (mm)	Sonnenscheindauer (Std.)
Aachen	14,3 (15,9)	100 (77)	— (200)
Berlin	15,8 (16,5)	54 (62)	175,1 (244)
Bremen	14,0 (16,0)	77 (59)	188,1 (218)
München	14,2 (15,8)	153 (121)	155,8 (201)
Wien	— (17,6)	— (68)	— (246)
Zürich	15,3 (15,5)	147 (138)	185 (220)
( ) Langjähriger Mittelwert für diesen Monat			
— Wert nicht ermittelt			

Titelseite der
New Yorker
Kunstzeitschrift
»View«, dem
Sprachrohr
der US-
amerikanischen
Surrealisten

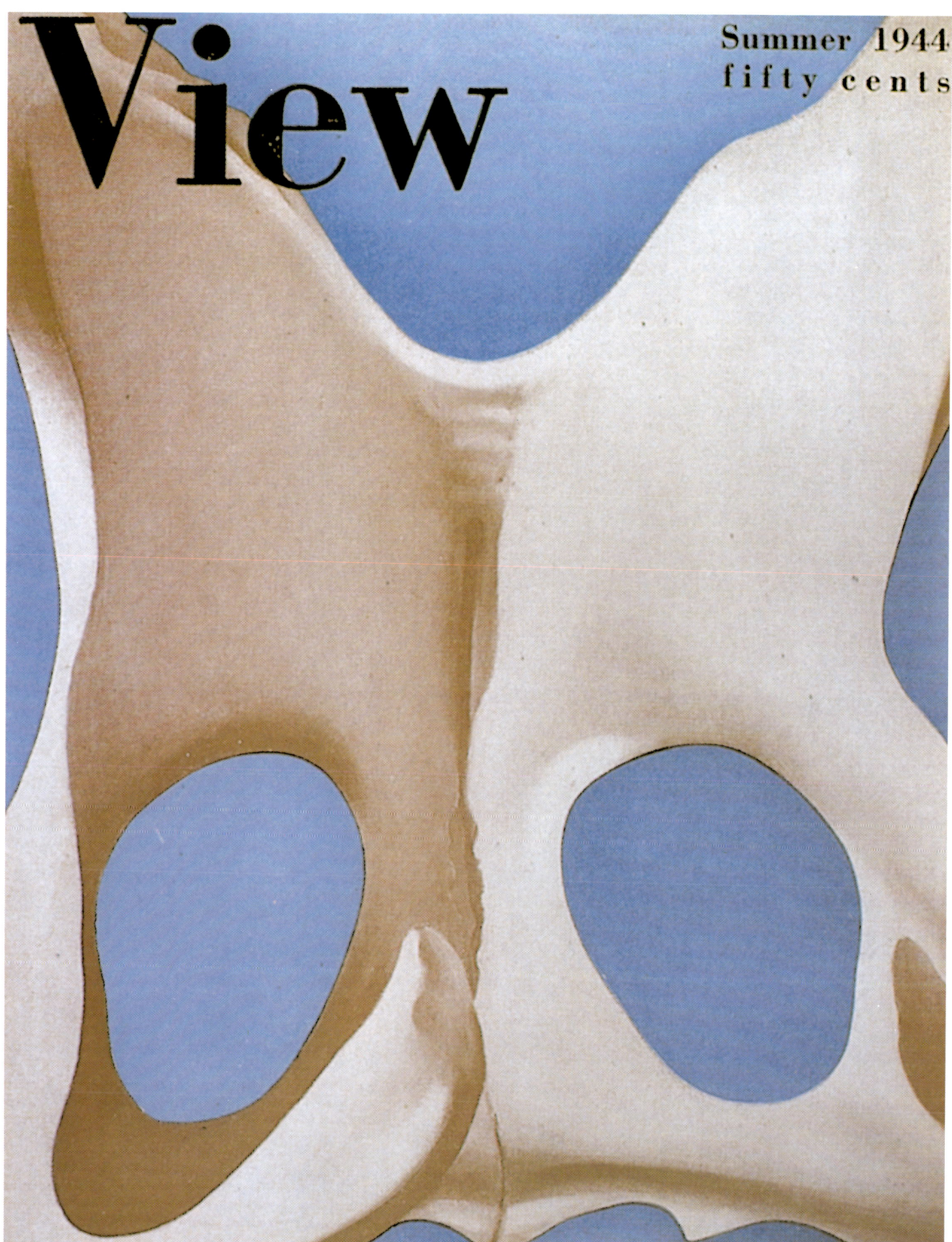

View

Summer 1944
fifty cents

Erfolgreiche Landung der Alliierten in der Normandie

6. Juni. Alliierte Truppen landen an der Küste der Normandie – die weltweit erwartete Invasion in Westeuropa, die das Ende für den deutschen Nationalsozialismus bringen soll, hat begonnen.

Eine Armada von gut 6000 Schiffen setzt die gewaltige britisch-US-amerikanische Streitmacht im Küstenabschnitt zwischen Cherbourg und Caen an Land. Unterstützt wird der Sturm auf die »Festung Europa« durch den Einsatz von rund 14 000 alliierten Bombern, die einen dichten Schutzschirm über Flotte und Bodentruppen spannen. Am Abend des ersten Invasionstages halten die Alliierten mehrere Landeköpfe, die bis zu zehn Kilometer ins Landesinnere hinein reichen. Rund 150 000 alliierte Soldaten befinden sich bereits auf französischem Boden.

In den folgenden Tagen können die alliierten Truppen ihre Brückenköpfe ausbauen. Am 8. Juni ziehen

sie in Bayeux ein, am 14. Juni rücken sie auf der Halbinsel Cotentin vor, am 19. Juni sind die ersten behelfsmäßigen Flugbasen im Invasionsraum fertiggestellt, und am 26. Juni wird die Festung Cherbourg erobert. Einen wesentlichen Anteil am Erfolg der Invasion hat der kurz nach der Landung begonnene Aufbau künstlicher Häfen (»mulberries«), der es den Alliierten ermöglicht, den benötigten Nachschub heranzuschaffen. Ende Juni befinden sich schließlich rund 850 000 Soldaten, 150 000 Fahrzeuge und 570 000 t Material in der Normandie.

Die deutsche Führungsspitze hatte die Invasion zwar erwartet, ohne jedoch Zeitpunkt oder Landungsgebiet zu kennen (→ 3.5./S.81). Irregeleitet durch alliierte Ablenkungsmanöver, war Führer und Reichskanzler Adolf Hitler davon überzeugt, daß der feindliche Schlag bei Calais stattfinden würde. Hitler hält

die Invasion in der Normandie für ein Täuschungsmanöver und verweigert deshalb für mehrere Tage die Entsendung von Verstärkung in das Kampfgebiet.

Die deutsche Abwehr ist dem alliierten Angriff nicht gewachsen. Der von der Propaganda als uneinnehmbar beschworene »Atlantikwall« ist – vor allem im Invasionsgebiet – unzureichend. Die deutschen Truppen sind angeschlagen und außerdem schlecht ausgerüstet.

Entscheidend ist die Tatsache, daß die Alliierten die Luftherrschaft besitzen. Schon im Vorfeld der Invasion hatten sie das Verkehrsnetz in Frankreich so weit zerstört, daß es den Deutschen kaum noch möglich ist, die Front mit Nachschub zu versorgen (→ 26.5./S.79).

Wenige Tage nachdem die alliierten Truppen in Frankreich an Land gegangen sind, besteht kein Zweifel mehr am Erfolg der Invasion. Neben

der Ostfront und der Front in Italien setzen die Alliierten nun auch von Westen zum Angriff auf die »Festung Europa« an. Das Deutsche Reich ist von drei Fronten umzingelt. Bereits im Januar 1943, auf der Konferenz in Casablanca, hatten US-Präsident Franklin Delano Roosevelt und der britische Premierminister Winston Churchill erste Pläne für eine Landung in Frankreich besprochen und diese im Sommer 1943 in Quebec weiter ausgearbeitet. Die Entscheidung fiel im November 1943, als sich Roosevelt, Churchill und der sowjetische Staats- und Parteichef Josef W. Stalin in Teheran trafen. Stalin drängte seine Verbündeten, nun endlich eine zweite Front im Westen aufzubauen, damit die Ostfront entlastet werde. Trotz Bedenken Churchills einigte man sich auf Mai 1944 als Termin für die Invasion, verschob die Durchführung aber schließlich auf Juni.

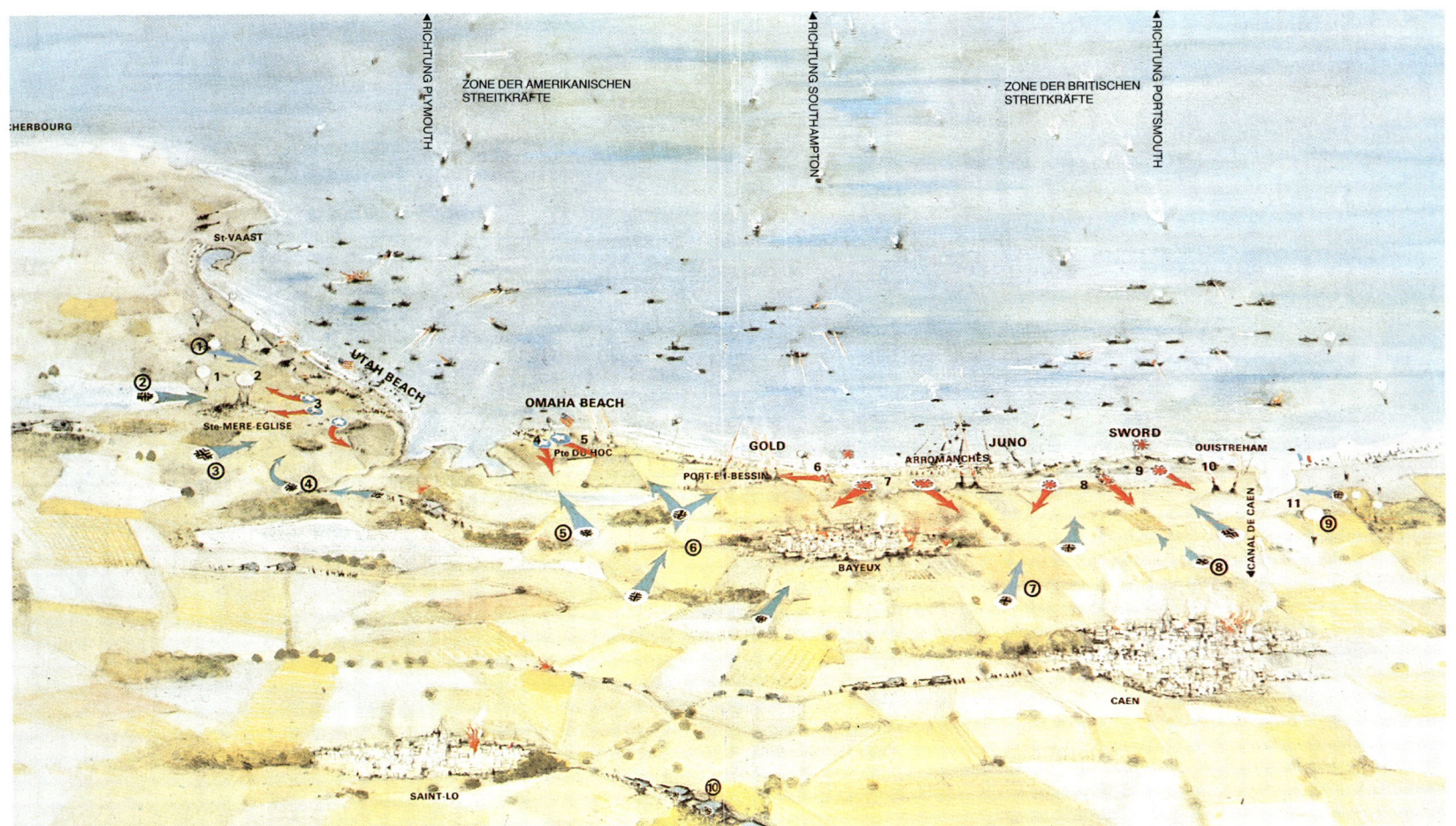

Truppenaufstellung nach der alliierten Landung an der Küste der Normandie:
Die deutschen Streitkräfte: ① 1058. Grenadierregiment; ② 1057. Grenadierregiment; ③ 6. Fallschirmjägerregiment; ④/⑤ 352. Infanteriedivision; ⑥ 716. Infanteriedivision; ⑦ 21. Panzerdivision; ⑧ 12. Panzerdivision; ⑨ 711. Infanteriedivision; ⑩ Panzerdivision Lehr
Die alliierten Streitkräfte: 1. 82. Fliegerdivision (USA); **2.** 101. Fliegerdivision (USA); **3.** 4. Division (USA); **4.** 2. Bataillon der Rangers; **5.** 1. US-Division; **6.** 50. Britische Division; **7.** 7. Britische Panzerdivision; **8.** 2. Kanadische Division; **9.** 3. Kanadische Division; **10.** Französisches Kommando

△ In den Stunden nach der alliierten Landung in der Normandie: Alliierte Panzer, Kampfwagen und militärische Ausrüstung werden von Transportschiffen entladen und an ihre Bestimmungsorte gebracht; die Alliierten hatten für diese größte amphibische Operation des Zweiten Weltkrieges spezielle Transport- und Landungsfahrzeuge entwickelt, da nur ein schnelles Ausschiffen von riesigen Mengen Material den Erfolg dieses Unternehmens sichern kann

◁ Küstenabschnitt in der Normandie; während die soeben ausgeschifften Soldaten auf ihre Einsatzbefehle warten, geht die Entladung von Kriegs- und Versorgungsmaterial weiter; im Hintergrund sind die großen Landungsschiffe und die kleineren Küstenschiffe zu sehen; im Watt wurden Kräne zum Entladen aufgerichtet, Geschütze und Fahrzeuge bedekken den Strand; bei der Invasion gelingt es den Alliierten, gewaltige Mengen von Material und Hunderttausende von Soldaten innerhalb kürzester Zeit von Großbritannien nach Westfrankreich zu transportieren

91

6. Juni 1944 – der Startschuß für die Operation »Overlord«

6. Juni. Die Invasion in der Normandie (Operation »Overlord«) läuft um 0.15 Uhr mit der alliierten Landungsoperation »Neptun« an. Auf einer Breite von 80 km werden im Laufe des Tages gut 150 000 Soldaten der 1. US-amerikanischen und der 2. britischen Armee an der französischen Küste zwischen Cherbourg und Caen abgesetzt. Über 4000 Landungsschiffe und gut 2000 Kampfschiffe sind an dieser größten amphibischen Operation des Zweiten Weltkrieges beteiligt. 14 000 Kampfflugzeuge unterstützen das Landungsunternehmen. Trotz des angeblich gut befestigten »Atlantikwalls« und heftiger Gegenwehr können die deutschen Besatzungstruppen die feindliche Invasion nicht verhindern: Die »Festung Europa« fällt.

Die alliierte Vorbereitung

Die militärische Durchführung der Operation »Overlord« wurde von den Westalliierten bereits seit Dezember 1942 vorbereitet und ist bis ins Detail vorausgeplant. Zum Oberbefehlshaber der Invasionstruppen war US-General Dwight D. Eisenhower ernannt worden; die Leitung der gesamten Operationen der Bodentruppen wurde in die Hände des britischen Feldmarschalls Bernard Law Montgomery gelegt.

Nach langen Diskussionen hatten sich die Alliierten auf die Küste zwischen Cherbourg und Caen als Landungszone geeinigt, weil Strände und Gezeitenverhältnisse an diesem Abschnitt für eine amphibische Operation besonders geeignet sind und die deutsche Befestigung dort Schwachstellen aufweist.

Zu Beginn des Jahres 1944 wurde mit der Ausarbeitung des endgültigen Plans und mit den technischen Vorbereitungen begonnen. Unter Aufbietung aller Kräfte nahmen Großbritannien und die USA die Aufstellung einer Landungstruppe und die Beschaffung des erforderlichen Kriegsmaterials in Angriff. Riesige Truppenmassen mitsamt ihrer Ausrüstung mußten in Großbritannien zusammengezogen werden. Kurz vor der Invasion befanden sich 3 500 000 Soldaten und Kriegsmaterial im Gewicht von 20 000 000 t auf der britischen Insel.

Für die Operation »Overlord« wurden spezielle Transport- und Landungsfahrzeuge entwickelt und innerhalb kürzester Zeit in großen Mengen gebaut. Fachleute konstruierten künstliche Nachschubhäfen (»mulberries«) zur Installation im französischen Landungsgebiet.

Wegen unerwarteter Verzögerungen verschob man den ursprünglich auf den 1. Mai festgelegten Termin für die Invasion um einen Monat auf Anfang Juni. Die genaue Festlegung des Datums hing von den meteorologischen Voraussetzungen ab.

Zwei Armeen nehmen an der Landung teil: Die 1. US-Armee und die 2. britische Armee. Das Invasionsgebiet wird in fünf unabhängige Landungszonen (»beaches«) aufgeteilt. Von Westen nach Osten sind dies: »Utah« (4. US-Division), »Omaha« (1. US-Division), »Gold« (50. britische Division), »Juno« (3. kanadische Division) und die Landungszone »Sword« (3. britische Division).

Die deutsche Vorbereitung

Auf deutscher Seite rechnete man zwar mit einer alliierten Invasion, war sich jedoch sowohl im Hinblick auf das Landungsgebiet als auch auf den Zeitpunkt völlig im unklaren. In der militärischen Führungsspitze war man sich weitestgehend darüber einig, daß die feindliche Landung – nachdem sie im Mai ausgeblieben ist – frühestens im Monat August zu erwarten sei. Man vermutet sie in der Gegend von Calais.

Die Atlantikküste ist nicht halb so gut befestigt, wie es die deutsche Propaganda immer gern betont. Zudem sind die deutschen Abwehrkräfte infolge des langen Krieges beträchtlich angeschlagen. Im Invasionsgebiet stehen zwei Heeresgruppen bereit: Die Heeresgruppe G unter Generaloberst Johannes Albrecht Blaskowitz und die Heeresgruppe B unter Generalfeldmarschall Erwin Rommel. Den Oberbefehl über beide Gruppen hat Generalfeldmarschall Gerd von Rundstedt. Die Schwäche der deutschen Abwehr liegt jedoch nicht in erster Linie in einem Mangel an Bodentruppen, sondern in der Ohnmacht von Luftwaffe und Flotte. In der Luft besitzen die Alliierten eine 50fache Überlegenheit, und der alliierten Flotte aus über 6000 Schiffen können die Deutschen nur drei Zerstörer, 36 Schnellboote, 309 Minensucher sowie eine Anzahl kleinerer Boote entgegensetzen.

Unter diesen militärischen Voraussetzungen beginnt kurz nach Mitternacht des 6. Juni die kriegsentscheidende Operation »Overlord«.

Chronik des 6. Juni

0 Uhr bis 1 Uhr: Ein Luftlandeunternehmen leitet die Invasion ein. Kurz nach Mitternacht setzen sechs britische Lastensegler im Invasionsgebiet auf. Der 160 Mann starken Truppe gelingt es, zwei strategisch wichtige Brücken zu erobern. Um 0.15 Uhr springt die 101. US-Luftlandedivision im Westen und gegen 1 Uhr die 6. britische Luftlandedivision im Osten der Küstenzone ab.

1 Uhr bis 6 Uhr: Zwischen 1 und 2 Uhr erhalten die deutschen Militärdienststellen aus verschiedenen Gegenden des Invasionsgebietes Meldungen über die Landung von Fallschirmjägern. Man beginnt zu ahnen, daß eine größer angelegte Operation der Alliierten bevorsteht.

»Über unseren Köpfen brausten die Bomber«

Ein britischer Pressefotograf, der am 6. Juni bei der Landung der alliierten Truppen an der Küste der Normandie vor Ort war, berichtet rückschauend über die Ereignisse:

»Die amerikanischen Landungsboote gingen mit der Flut dem Ufer zu; sie hatten gefährliche Hindernisse zu überwinden, die im Wasser lagen, das vermint war … Eine ziemlich große Zahl von Minen explodierte im Wasser und am Ufer. Als die ersten Truppen an Land gingen, wurden sie durch das Kreuzfeuer deutscher Maschinengewehre niedergemäht. Die nachfolgenden Detachements [Truppen] mußten über die Leichen ihrer Kameraden klettern, und erst nachdem viele Mannschaften gefallen waren, gelang es den Truppen, am Ufer Fuß zu fassen.

Trotz des hartnäckigen Widerstands der Deutschen herrschte unter den Landungstruppen eine bewundernswerte Ruhe. Die Aktion war vorzüglich organisiert. Die Truppen waren ihres Erfolges von Anfang an völlig sicher. Die Leute saßen inmitten ihrer … tödlichen Waffen und zeigten nicht die geringste Spur von Aufregung … Man gewann wirklich den Eindruck, als führten sie die Operation nicht zum ersten Mal, sondern zum hundersten Male durch.

Während der Landungsoperation besorgten viele Hunderte von Flugzeugen den Luftschutz. Dieser Flugzeugschirm hatte eine ausgezeichnete Wirkung auf die Truppen … Der Flugzeugschirm war von geradezu unvorstellbarer Dichte … Man konnte unmöglich zum Himmel emporsehen, ohne ein großes Geschwader zu sehen, das bald in dieser, bald in jener Richtung flog. Direkt über unseren Köpfen brausten die Bomber einher und zerschmetterten die deutschen Verteidigungsanlagen.«

Ein deutscher Kriegsberichterstatter gibt folgende Beschreibung der Landung:

»Die Flut kam. Manchmal ließ der Wind nach, und der Regen ergoß sich wie befreit von einem Zwang in sanften Wasserschleiern auf die Gräben … Ferner erklang das Rauschen der Brandung … Plötzlich war es, als beugte sich die Erde, und die Felsen der Dünen schwankten wie von einem Erdbeben. Lichter wie Perlenschnüre erhellten die Nacht. Grüne und rote Geschosse verschwanden, gegen die unendliche Höhe der Finsternis aufsteigend, im Himmel, und mit dem Bersten und Krachen explodierender Granaten und Geschosse ertönten gleich entferntem Glockengeläut die Alarmzeichen. Strahlend erhellte sich die Regennacht von den weißen, durch die Nebel bis zur Wolkendecke tastenden Fangarme der Scheinwerfer küstenauf- und küstenabwärts. Unter den Abschüssen der Batterien begann die Erde nun zu wanken. Der Wind versank darin. Feuer brachen wie aus dem Rachen eines Ungeheuers von See und von Land aus der Dunkelheit … Die Batterien hielten ihre Salven auf den Gegner, der von der englischen Küste mitten in der Nacht mit anglo-amerikanischen und kanadischen Truppen den Überfall auf das europäische Vorfeld gewagt hatte.«

Währenddessen befestigen die britischen Luftlandetruppen ihre Brückenköpfe östlich der Orne. Um 2.45 Uhr und um 3.30 Uhr landen erneut britische Fallschirmjägerbataillone. Sie nehmen die beiden Städtchen Varaville und Merville ein.

Die US-Luftlandetruppen haben größere Schwierigkeiten bei der Landung. Sie werden durch Nebel und Wind behindert und gehen außerdem auf morastigem Boden nieder. Von den 13 200 Mann der 82. und 101. Luftlandedivision finden sich nur 2500 sofort bei den festgelegten Sammelstellen ein. Der größte Erfolg der US-amerikanischen Truppen ist die Einnahme von Sainte-Mère-Eglise durch das 505. US-Regiment.

Inzwischen wird auf deutscher Seite höchste Alarmbereitschaft gegeben. Kurz vor 6 Uhr erfolgt die erste Meldung über die Landungsoperation an den Chef des Führungsstabs im Oberkommando der deutschen Wehrmacht, Alfred Jodl.

Rund 1000 britische Bomber beginnen inzwischen mit der Bombardierung der deutschen Stellungen im Küstengebiet der Normandie.

Um 2.29 Uhr geht das »schwimmende Hauptquartier« des VII. US-Korps vor »Utah Beach« und um 2.34 Uhr das »schwimmende Hauptquartier« des V. US-Korps vor »Omaha Beach« vor Anker. Die Angriffsgruppen der Landungsboote beginnen sich zu formieren.

Auch die britischen Schiffe nähern sich ihren Strandabschnitten und bereiten sich auf den Angriff vor. Kurz nach 5.30 Uhr eröffnen ihre Geschütze das Feuer auf die Landungszonen »Sword«, »Juno« und »Gold«. Die Beschießung von »Omaha« und »Utah« beginnt um 5.50 Uhr. Die Landungsboote befinden sich noch drei Kilometer von der französischen Küste entfernt.

6 Uhr bis 12 Uhr: Um 6.30 Uhr betreten die ersten US-Soldaten »Utah Beach«. Sie treffen nur auf geringe deutsche Gegenwehr, und die Landung gelingt ohne größere Verluste. Anders sieht es bei »Omaha Beach« aus: Das Meer ist stark bewegt, und ein Großteil der ins Wasser gelassenen amphibischen Panzer geht mitsamt der Besatzung unter. Die an Land gehenden Soldaten werden vom Geschoßhagel der schlagkräftigen 352. deutschen Infanteriedivision empfangen. Der ganze Strand ist mit brennenden Panzerfahrzeugen und Schiffen sowie mit Verwundeten und Toten bedeckt.

Oberkommandierende der Invasion (v. l.): Admiral Ramsay, US-General Eisenhower, Feldmarschall Montgomery

Auch die Briten haben in allen drei Zonen mit dem Meer Schwierigkeiten. Trotz einiger Verluste gelingt es ihnen jedoch zu landen und im weiteren Verlauf des Vormittags ins Landesinnere vorzurücken.

Auf deutscher Seite wird Rundstedt mittlerweile von Jodl telefonisch mitgeteilt, daß dieser nicht über die beiden im Hinterland stationierten deutschen Reservedivisionen verfügen könne, da sie unter Adolf Hitlers Oberbefehl stünden und dieser noch schliefe. Kurz nach 6 Uhr ist Rommel unterrichtet worden. Er glaubt genausowenig wie Jodl, daß es sich um die langerwartete Invasion handelt, begibt sich aber vorsichtshalber an die Westfront.

12 Uhr bis 20 Uhr: Gegen Mittag teilt der britische Premierminister Winston Churchill im Unterhaus mit, daß die Invasion begonnen habe und sich planmäßig entwickle. Inzwischen verkündet Hitler, daß er die Landung für ein Täuschungsmanöver halte und nicht glaube, daß es sich um die eigentliche Invasion handle.

In der Normandie gehen die Kämpfe weiter. Die alliierten Truppen erzielen Geländegewinne; selbst die Einheiten in der Zone »Omaha« stoßen ins Landesinnere vor, als am Nachmittag das deutsche Feuer nachläßt. Dem deutschen Panzergrenadierregiment 192 gelingt es, zwischen den britischen Zonen »Juno« und »Sword« bis ans Meer vorzustoßen und einen Keil zwischen sie zu treiben. Die 21. deutsche Panzerdivision soll nachstoßen, wird jedoch von britischen Bodentruppen und alliierten Bombern angegriffen und ist gezwungen, sich an den Stadtrand von Caen zurückzuziehen.

20 Uhr bis 24 Uhr: Die alliierten Luftstreitkräfte beginnen mit der Bombardierung des gesamten Gebietes, um die Heranführung deutscher Truppenreserven zu verhindern. Die Kampfhandlungen selbst lassen nach. Die alliierten Kräfte sind erschöpft, und den Deutschen fehlen die Mittel für einen erfolgreichen nächtlichen Gegenangriff.

Die Bilanz um Mitternacht: 83 115 Briten und 73 000 US-Amerikaner befinden sich auf französischem Boden. Es ist ihnen gelungen, bis zu zehn Kilometer weit ins Landesinnere vorzustoßen. Die Alliierten haben zwar ihre für den Abend des 6. Juni gesetzten taktischen Ziele nicht erreicht, doch hat ihnen dieser Tag einen entscheidenden Sieg gebracht. Der endgültige militärische Zusammenbruch des Deutschen Reiches ist nicht mehr aufzuhalten.

Erklärungen zur Invasion

6. Juni. Der britische Premierminister Winston Churchill gibt vor dem Unterhaus eine Sondererklärung zur Landung der Alliierten in der Normandie ab, in der es u.a. heißt: »Ich habe dem Hause mitzuteilen, daß wir im Laufe der heutigen Nacht und der frühen Morgenstunden die erste einer Reihe von Großlandungen auf dem europäischen Festland vorgenommen haben. Eine ungeheure Flotte von über 4000 Schiffen, mehrere tausend Kleinfahrzeuge nicht eingerechnet, hat den Kanal überquert... Bis jetzt berichten die Befehlshaber, daß sich alles genau nach Plan entwickelt. Und nach was für einem Plan! Es ist ganz zweifellos, daß diese Operation die komplizierteste und schwierigste ist, die jemals unternommen wurde ... Eines darf ich noch sagen, innerhalb der alliierten Armeen herrscht völlige Einmütigkeit. Die Waffenbrüderschaft zwischen uns und unseren Freunden aus den Vereinigten Staaten ist aufrichtig ... Es war, wie ich aus persönlichem Augenschein bezeugen kann, ein großartiges Erlebnis, den Kampfgeist und -eifer der in den letzten Tagen eingeschifften Truppen zu beobachten. Nichts ist vernachlässigt worden, was Voraussicht, Wissenschaft und Technik zu tun vermögen, und die Regierungen der Vereinigten Staaten und Großbritanniens sowie die Befehlshaber werden mit der äußersten Entschlossenheit den Aufbau dieser neuen, großen Front betreiben.

Am Tag der Invasion verliest US-Präsident Franklin Delano Roosevelt ein Gebet, das im US-Rundfunk ausgesendet wird: »Allmächtiger Gott! Unsere Söhne, der Stolz unserer Nation, haben an diesem Tag den gewaltigen Kampf um die Erhaltung unserer Republik, unserer Religion und unserer Zivilisation und um die Befreiung der leidenden Menschheit begonnen. Sie werden Deinen Segen brauchen. Ihre Straße wird lang und hart sein. Der Feind ist stark; und er mag unsere Streitkräfte zurückwerfen. Der Erfolg mag vielleicht nicht schnell kommen; aber wir werden immer wieder zurückkehren, und wir wissen, daß unsere Söhne durch Deine Gebete und durch die Gerechtigkeit unserer Sache triumphieren werden. Amen.«

Der sowjetische Staats- und Parteichef Josef W. Stalin äußert sich erstmals am 12. Juni in einem Presseinterview zu der Landung der Alliierten in Nordfrankreich: »Wenn man die Ergebnisse der siebentägigen Kämpfe der Befreiungstruppen der Alliierten in Nordfrankreich zusammenfaßt, so kann man ohne zu zögern sagen, daß die groß angelegte Überquerung des Ärmelkanals und die Massenausschiffung der Landungstruppen der Verbündeten in Nordfrankreich vollständig gelungen ist. Es ist ohne Zweifel ein glänzender Erfolg unserer Verbündeten. Man muß anerkennen, daß die Kriegsgeschichte kein Unternehmen kennt, das diesem in der Gewaltigkeit des Plans, der Großartigkeit der Maßstäbe und der Meisterschaft der Durchführung gleichkäme.

Bekanntlich scheiterte seinerzeit der ›unbesiegbare‹ Napoleon schmählich mit seinem Plan, den Kanal zu bezwingen und die Britischen Inseln zu erobern. Der Hysteriker Hitler, der zwei Jahre lang prahlte, er werde den Kanal bezwingen, riskierte nicht einmal den Versuch, seine Drohung wahrzumachen. Allein den britischen und amerikanischen Truppen gelang es, den grandiosen Plan der Bezwingung des Kanals und der Massenlandung von Truppen ehrenvoll zu verwirklichen. Die Geschichte wird diese Tat als einen Erfolg größten Formats buchen.«

General Charles de Gaulle, der Chef der »Provisorischen Regierung der Französischen Republik«, richtet am 15. Juni eine Begrüßungsansprache an die Bevölkerung der Stadt Bayeux im Invasionsgebiet; er sagt darin u.a.: »Wir sind alle durch die Tatsache bewegt, daß wir uns in der ersten befreiten Stadt des französischen Mutterlandes befinden. Es ist jetzt keine Zeit, von bewegten Gefühlen zu sprechen. Was das Land von euch in den rückwärtigen Linien erwartet, ist, den Kampf weiterzuführen, wie ihr ihn seit Beginn des Krieges und seit dem Juni 1940 geführt habt... Wir werden für Frankreich kämpfen, mit Leidenschaft, jedoch auch mit Vernunft. Ihr, die ihr unter der feindlichen Sklaverei gelitten habt und der Widerstandsbewegung angehörtet, wißt, was Krieg ist. Ich verspreche euch, daß wir diesen Krieg zu Ende führen werden, bis jeder Zoll französischen Bodens wieder uns gehört. Niemand wird uns aufhalten... Der Sieg, den wir erringen werden, wird der Sieg der Freiheit und der Sieg Frankreichs sein.«

Premierminister Winston Churchill
Winston Churchill (* 30.11.1874) wurde ab 1940 als Premierminister einer großen Kriegskoalition in Großbritannien zum Motor der britischen Kriegspolitik. Er wies alle deutschen Friedensangebote ab und verbündete sich trotz grundsätzlich antikommunistischer Haltung mit der UdSSR (1941). Sein Bestreben, den sowjetischen Einfluß in Europa zu begrenzen, kann er allerdings gegenüber den Vereinigten Staaten und der Sowjetunion nicht durchsetzen.

US-Präsident Franklin D. Roosevelt
Franklin Delano Roosevelt (*30.1. 1882) wurde 1933 zum 32. Präsidenten der USA gewählt und 1936 und 1940 in diesem Amt bestätigt. Innenpolitisch förderte er die Entwicklung des Landes zu einem Sozialstaat. Nach dem japanischen Angriff auf den US-Flottenstützpunkt Pearl Harbor (7.12.1941) und der deutschen Kriegserklärung (11.12.1941) beteiligten sich die Vereinigten Staaten unter Roosevelt in zunehmendem Maße an dem Kriegsgeschehen.

Sowjetischer Staatschef Stalin
Josef W. Stalin (*21.12.1879) begann als Generalsekretär des Zentralkomitees der Kommunistischen Partei der Sowjetunion (ab 1922), seine Position zu diktatorischer Machtfülle auszubauen und seine Gegner rücksichtslos auszuschalten. Nach dem Pakt mit dem deutschen Führer und Reichskanzler Adolf Hitler (1939) wurde er von dem deutschen Angriff 1941 überrascht. Unter Einsatz aller Kräfte und mit westlicher Hilfe sitzt sein Land schließlich am Tisch der Sieger.

Befreiungsführer Charles de Gaulle
Der französische General Charles de Gaulle (*22.11.1890) rief nach der französischen Kapitulation (1940) zur Fortsetzung des Krieges gegen das Deutsche Reich auf und erklärte sich zum legitimen Repräsentanten Frankreichs. Nach Ausschaltung seiner Gegenspieler setzte er sich an die Spitze des in Algier residierenden »Französischen Komitees der Nationalen Befreiung«, das er im Mai 1944 zur »Provisorischen Regierung der Französischen Republik« erklärte.

Minister Goebbels: »Die Lage ist ernst«

15. Juni. Im Deutschen Reich beginnt man in Führungskreisen genauso wie in der Bevölkerung, sich Sorgen über den Verlauf der Invasion in Frankreich (→6.6./S.90) zu machen. Berichte über alliierte Erfolge einerseits und deutsche Verluste und Niederlagen andererseits lassen das Schlimmste befürchten.

Als die Meldung von der Landung alliierter Truppen am 6. Juni das Deutsche Reich erreichte, war Erleichterung, ja sogar Freude die erste Reaktion. Man war allgemein der Ansicht, daß man den Gegner, da er nun greifbar ist, endlich entscheidend schlagen könne. Auf ein baldiges Kriegsende hoffend, war das durch die Propaganda geschürte Vertrauen der Bevölkerung in die deutschen Abwehrkraft nach wie vor groß. Erst im Verlauf der folgenden Tage, ausgelöst durch die Frontberichte, beginnt sich die Stimmung zu wandeln. Enttäuschung und Pessimismus breiten sich aus.

Dem Ernst der Lage entsprechend, äußert sich auch Reichspropagandaminister Joseph Goebbels zu der Invasion. Er richtet einen leidenschaftlichen Appell an das deutsche Volk und bereitet es auf schwere Zeiten vor. Wörtlich erklärt er u.a.: »Es wäre tragisch und verhängnisvoll, wenn das deutsche Volk sich angesichts des gigantischen Zusammenpralls der Waffen im Westen unseres Kontinents der Illusion hingeben wollte, es handle sich hier um ein leichtes und risikoloses Unternehmen, das mit Blitzesschnelle ... die Gesamtlage des Krieges verändern könne und werde. Schließlich stehen wir hier zwei Weltreichen gegenüber ... Wir stehen in der ernstesten und entscheidendsten Phase dieses Krieges. Ein leichtfertiges Verkennen der damit für unser ganzes Volk aufgeworfenen, tiefgreifenden Lebensprobleme wäre hier mehr als zynisch. Wir brauchen keine Furcht zu haben. Wir dürfen uns aber auch nicht in Selbstgefälligkeit wiegen. Der Krieg ist noch in keiner Weise entschieden und kein Hoffnungsschimmer, er könne heute oder morgen zu Ende gehen, weit und breit zu entdecken. Also müssen wir die Zähne zusammenbeißen und uns weiter durch sein Dickicht ... hindurcharbeiten. Nur so werden wir aus ihm und seinem Leiden einen Ausweg finden.«

SS-Massaker im Dorf Oradour-sur-Glane

10. Juni. Als Vergeltung für die Entführung eines Offiziers der deutschen Schutzstaffel (SS) durch die französische Widerstandsbewegung ermorden Angehörige des SS-Regiments »Der Führer« 642 Einwohner des Dorfes Oradour-sur-Glane und machen den Ort vollkommen dem Erdboden gleich. Die einzigen Überlebenden sind eine Frau, fünf Männer und ein Kind. Gegen Mittag erscheinen die SS-Soldaten in dem kleinen französischen Ort und beginnen ihr Vergeltungswerk. Sie holen die Einwohner aus den Häusern und treiben sie auf dem Marktplatz zusammen. Während die Frauen in der Dorfkirche eingesperrt werden, müssen sich die Männer in fünf Gruppen aufteilen, werden in Scheunen geführt und dort mit Maschinengewehren niedergemetzelt. In einer mehrstündigen Aktion brennen die SS-Angehörigen anschließend das ganze Dorf nieder. Gegen 17 Uhr dringen sie in die Kirche ein und stellen ein Erstickungsgerät auf. Zusätzlich feuern sie durch die Fenster und Türen auf die eingeschlossenen Frauen und Kinder, die zu entkommen versuchen. Nach einiger Zeit betreten sie das Kirchengebäude nochmals, um die letzten Überlebenden zu erschießen und alles niederzubrennen.

Obwohl die deutschen Soldaten am darauffolgenden Tag die Reste ihrer Opfer verscharren, wird das Massaker bald bekannt und schürt den Haß vieler Franzosen gegen die deutsche Besatzungsmacht und die französischen Kollaborateure.

Kirche in Oradour-sur-Glane, in der die Frauen und Kinder des Dorfes eingeschlossen und von Angehörigen der SS bei lebendigem Leib verbrannt wurden

Verkohlte Leichen der von SS-Männern ermordeten Frauen und Kinder

Straßenzug in der vollkommen zerstörten Ortschaft Oradour-sur-Glane

Ausgebrannte Häuser in Oradour; das Dorf wird als Vergeltung für Partisanenaktionen völlig zerstört

Oradour-sur-Glane nach dem Massaker; 642 Dorfeinwohner sind von der SS grausam ermordet worden

Rom feiert seine Befreiung

4. Juni. Alliierte Truppen ziehen drei Wochen nach Beginn ihrer Offensive in Mittelitalien in Rom ein. Um die »Ewige Stadt« vor der Zerstörung zu bewahren, hatte der deutsche Oberbefehlshaber in Italien, Albert Kesselring, Rom am Tag vorher zur »offenen Stadt« erklärt und seine Truppen abziehen lassen. Zurück bleiben nur wenige Soldaten zur Deckung des Rückzugs.

Hauptstadt und der Welt die Leuchte der Kultur wiedergegeben. Die Befreiung Roms ist vollständig.« Die Einnahme der italienischen Hauptstadt hat für die Alliierten weniger militärische als vielmehr politische Bedeutung. Sie steht symbolisch für die völlige Befreiung Italiens und die allmähliche Zerschlagung des gesamten Bündnissystems des Deutschen Reiches.

Alliierte Soldaten ziehen mit ihren Geschützen in der italienischen Hauptstadt Rom ein; sie werden von der Bevölkerung mit Begeisterung empfangen

Soldaten der 5. US-amerikanischen Armee marschieren durch die befreite italienische Hauptstadt; im Hintergrund das Denkmal »Vittorio Emanuele«

Am Morgen des 4. Juni erreichen Einheiten der 8. britischen Armee und der 5. US-amerikanischen Armee die südöstlichen Außenbezirke der Stadt, ohne auf nennenswerten Widerstand gestoßen zu sein. Deutsche Nachhutverbände hatten lediglich versucht, durch Artilleriebeschuß den gegnerischen Vormarsch zu verzögern, um den zwischen den Albaner Bergen und dem Meer befindlichen eigenen Verbänden den Rückzug zu sichern.

Die alliierten Truppen werden von der Bevölkerung mit Begeisterung empfangen, als sie die römische Stadtgrenze erreichen. Die jubelnde Menschenmenge läßt es sich nicht nehmen, gemeinsam mit den alliierten Soldaten in die Innenbezirke Roms einzumarschieren. Einige bezahlen diesen Wunsch mit dem Leben, denn noch immer halten sich deutsche Nachhuten in der Stadt auf und leisten vereinzelt Widerstand. Im Laufe des Tages werden jedoch alle noch in Rom befindlichen deutschen Kräfte überwältigt, und um 21.15 Uhr meldet das alliierte Hauptquartier: »Die Truppen der Vereinten Nationen sind in Rom einmarschiert. Sie haben Italien seine

Kesselring erklärt Rom zur »offenen Stadt«

Die Stadt Rom ist von den zerstörerischen Auswirkungen des Zweiten Weltkrieges weitgehend verschont geblieben. Dies bedeutet nicht nur die Rettung vieler Menschenleben, sondern auch den Erhalt unersetzbarer Kulturdenkmäler und -schätze. Es zeigt aber auch, daß selbst in diesem vor keiner Grausamkeit zurückschreckenden Krieg menschliche Vernunft und Verzicht auf Gewalt und Zerstörung in Einzelfällen nicht vollkommen unmöglich geworden sind.

Schon als die Alliierten noch weit vor Rom standen, hatte es eine stille Übereinkunft zwischen den Kriegführenden gegeben, die Stadt aus den Kämpfen möglichst herauszuhalten. Das deutsche Oberkommando verzichtete darauf, die durch Rom führenden Verkehrswege für militärische Zwecke zu nutzen, und im Gegenzug hielten sich die alliierten Luftstreitkräfte mit Bombardierungen zurück.

Am 3. Juni, einen Tag vor dem Einmarsch, wird von alliierter Seite mitgeteilt, daß man keine militärischen Handlungen gegen Rom unternehmen werde, falls die Deutschen auf eine Verteidigung verzichteten. Am Abend desselben Tages erklärt der deutsche Oberbefehlshaber in Italien, Albert Kesselring, Rom zur »offenen Stadt« und beginnt mit dem Abzug seiner Truppen. Er unterläßt auch die üblichen Zerstörungsmaßnahmen.

A. Kesselring (l.); auf seinen Befehl wird Rom zur »offenen Stadt« erklärt

Viktor Emanuel III. dankt ab

5. Juni. Einen Tag nach dem Einmarsch der alliierten Truppen in Rom (→ 4.6./S.96) unterzeichnet der italienische König Viktor Emanuel III. seine Abdankungsurkunde. Er überträgt alle königlichen Rechte und Vollmachten an seinen Sohn, Kronprinz Humbert II., der den Titel »Generalstatthalter des Königreiches Italien« erhält.

König Viktor Emanuel kommt damit einem Versprechen nach, das er auf Druck der antifaschistischen Kräfte in Italien am 12. April abgegeben hatte. Damals hatte er – an das italienische Volk gerichtet – in einer Ansprache, die über den Rundfunk verbreitet wurde, verkündet:

»Ich habe beschlossen, … mich von den Staatsgeschäften zurückzuziehen und meinen Sohn, den Prinzen von Piemont, zum Gouverneur des Königreiches zu ernennen. Diese Ernennung wird durch die formelle Übertragung der Macht an dem Tage wirksam werden, da die alliierten Truppen in Rom einziehen. Dieser Entschluß, der, wie ich glaube, der Sache der nationalen Einigkeit dient, ist … unwiderruflich.«

Der italienische König sieht sich zur Abdankung gezwungen, da ihm von vielen Seiten seine engen Verbindungen zum Faschismus vorgeworfen werden. Viktor Emanuel hatte 1922 Benito Mussolini zum Ministerpräsidenten ernannt und ihn viele Jahre unterstützt und im Amt gehalten, bevor er zusammen mit dem Faschistischen Großrat im Juli 1943 dessen Sturz herbeiführte.

Viktor Emanuel III., König von Italien seit 1900; der Monarch dankt am 5. Juni zugunsten seines Sohnes ab

Kronprinz Humbert II. von Italien; ihm werden von seinem Vater alle königlichen Rechte übertragen

Rom nach der Befreiung durch die Alliierten

Nur wenige Tage nach der weitgehend unblutig verlaufenden Befreiung Roms am → 4. Juni (S.96) durch alliierte Truppen beginnt sich die Lage in der Stadt zu normalisieren. Mit Begeisterung hatte die Bevölkerung ihre Befreier empfangen, und mit einem Gefühl der Erlösung und im Vertrauen auf die Zukunft nehmen die Römer ihr Leben wieder auf.

Viele tausend Menschen, die sich in der Zeit der deutschen Besetzung versteckt gehalten hatten, können sich jetzt wieder offen und ungehindert bewegen. Die Straßen sind erfüllt von einem lebhaften, geschäftigen Treiben; es herrscht trotz Versorgungsengpässen Hochstimmung.

Die alliierten Soldaten laufen im Gegensatz zu den deutschen Mannschaften unbewaffnet durch Rom. Sie zeigen großes Interesse für die Kulturdenkmäler und Sehenswürdigkeiten der italienischen Hauptstadt, schlendern auf dem Petersplatz umher und besuchen zu Tausenden die Papst-Audienzen, die Pius XII. prinzipiell Soldaten aller Nationen gewährt.

Der allgemeinen Hochstimmung, die angesichts der politischen Ereignisse unter der Bevölkerung Roms herrscht, steht die Tatsache gegenüber, daß die wirtschaftliche Lage nach wie vor schwierig ist. Es bestehen vor allem beträchtliche Engpässe bei der Belieferung mit Lebensmitteln (Abb.: Mit den wenigen Nahrungsmitteln, die sie auftreiben konnten, bereiten die Frauen eine dürftige Mahlzeit zu). Eine Reihe von Versorgungseinrichtungen – wie etwa das Telefonnetz – funktionieren noch nicht wieder.

Ivanoe Bonomi stellt neues Kabinett vor

9. Juni. Die Befreiung Roms von deutscher Besetzung (→4.6./S.96) zieht nicht nur die Abdankung des italienischen Königs Viktor Emanuel III. nach sich, sondern hat auch eine Regierungsumbildung zur Folge. Der sozialistische Politiker Ivanoe Bonomi wird neuer Ministerpräsident anstelle des autoritär-monarchistisch ausgerichteten Marschall Pietro Badoglio.

Angesichts der neuen Lage, die sich aus dem Fall von Rom ergibt, hatte Badoglio am 6. Juni dem »Generalstatthalter des Königreiches Italien«, Kronprinz Humbert II., das Rücktrittsgesuch seines Kabinetts überreicht und war von diesem mit der Neubildung der Regierung beauf-

tragt worden. Bei einer am 8. Juni in Rom stattfindenden Sondersitzung wurde Badoglio allerdings von allen im Kabinett vertretenen Parteien einstimmig als Regierungschef abgelehnt. Humbert beauftragte daraufhin Ivanoe Bonomi mit der Bildung einer neuen Regierung.

Diese Aufgabe gelingt überraschend schnell. Schon am 9. Juni stellt Bonomi sein neues Kabinett vor, in dem Christdemokraten, Liberale, Vertreter der Aktionspartei und der demokratischen Arbeiterpartei, sozialistische und kommunistische Mitglieder vertreten sind.

Die Minister legen ihren Eid erstmals nicht auf das Königreich, sondern auf das Vaterland ab.

Pietro Badoglio, italienischer Regierungschef bis zum 6. Juni 1944

Freifranzösische Truppen auf Elba

17. Juni. Freifranzösische Truppenverbände unter dem Oberbefehl von General Jean de Lattre de Tassigny landen auf der italienischen Insel Elba im Tyrrhenischen Meer.

Da auf Elba nur schwache deutsche Verbände stationiert sind, gelingt es den Freifranzosen innerhalb von drei Tagen, die gesamte Insel einzunehmen. Am 20. Juni erobern sie Porto Longone und brechen damit auch den letzten deutschen Widerstand im Osten der Insel. Ein Teil der deutschen Garnison wird auf das italienische Festland überführt. 800 Soldaten und beträchtliche Mengen an Kriegsmaterial fallen jedoch in die Hände der Freifranzosen.

Sabotageakte im Osten nehmen zu

19. Juni. Im Vorfeld der sowjetischen Sommeroffensive (→ 22.6./ S.99) gegen die deutsche Heeresgruppe Mitte in Weißrußland verstärken die dortigen Partisanen ihre Aktivitäten. In der Nacht vom 19. auf den 20. Juni holen die Freischärler zum größten Sabotageakt des Zweiten Weltkrieges aus.

Fast 150 000 Partisanen zünden im Rücken der Heeresgruppe Mitte gleichzeitig rund 10 000 Sprengsätze an Eisenbahnen, Brücken und Nachrichtenverbindungen im Gebiet zwischen Dnjepr und der Gegend westlich von Minsk. Zusätzlich werden zahlreiche deutsche Versorgungslager angegriffen.

Infolge der Sabotageakte sind die Nachschublinien der Heeresgruppe Mitte auf Tage hin unterbrochen. Ebenso fatal ist darüber hinaus, daß das deutsche Oberkommando den Zusammenhang der Aktionen mit der bevorstehenden Offensive der Roten Armee nicht erkennt und so am 22. Juni von dem feindlichen Angriff völlig überrascht wird.

Die Heeresgruppe Mitte ist von allen deutschen Kräften an der Ostfront am stärksten von Partisanenaktivitäten betroffen. Rund 250 000 Freischärler verstecken sich in den ausgedehnten Wald- und Sumpfgebieten Weißrußlands. Sie werden aus der Luft mit Nachschub versorgt und sind generalstabsmäßig organisiert, so daß sie auch größere Operationen wie diejenige vom 19. auf den 20. Juni durchführen können.

Schwere Vorwürfe gegen Argentinien

27. Juni. Die Spannungen zwischen den alliierten Staaten und Argentinien verschärfen sich. Die USA veröffentlichen eine offizielle Erklärung, in der sie der argentinischen Regierung eine achsenfreundliche Haltung vorwerfen und sie beschuldigen, den Feinden der Vereinigten Staaten trotz wiederholter gegenteiliger Beteuerungen ständig Hilfe zukommen zu lassen.

Argentinien sei das einzige Land der westlichen Welt, heißt es weiter, das den Kampf gegen das Deutsche Reich untergrabe und so »in diesem kritischen Augenblick der Geschichte« der »Sache der Alliierten gewaltigen Schaden« zufüge.

US-amerikanische Flugzeugträger, Kampfschiffe und Zerstörer ankern zwischen den Seegefechten in einer Lagune

See- und Luftschlacht in der Philippinensee

20. Juni. In der Philippinensee kommt es am 19. und 20. Juni zu einer entscheidenden See- und Luftschlacht zwischen Streitkräften der USA und Japans. Die Kämpfe westlich der Marianeninseln Guam und Saipan enden mit der fast völligen Zerstörung der japanischen Trägerwaffe. Die US-amerikanische Flotte erleidet nur geringe Verluste.

Der japanische Verband (Vizeadmiral Jizaburo Ozawa) mit neun Flugzeugträgern und die US Task Force 58 (Vizeadmiral Mark A. Mitscher) mit 15 Flugzeugträgern operierten rund 600 km voneinander entfernt in der Philippinensee, als japanische Aufklärer am 19. Juni die US-Flotte ausmachten. Ozawa ließ 375 Flugzeuge aufsteigen und Kurs auf den Feind nehmen. Nur eine geringe Anzahl von Jägern bleibt zum Schutz der eigenen Flotte zurück.

Die US-Amerikaner, die den Angriff vorerst nicht bemerkten, orten die gegnerischen Flugzeuge auf ihren Radarschirmen, als sie noch 270 km entfernt sind. Sofort steigen US-Jäger auf und verwickeln die japanischen Maschinen schon beim Anflug in schwere Luftkämpfe. Sie schießen 218 Flugzeuge ab und verlieren selber nur 29 ihrer Maschinen. Unterdessen greifen US-amerikanische Unterseeboote den japanischen Flottenverband an und versenken die beiden Flugzeugträger »Shokaku« und »Taiho«.

Trotz der schweren Verluste will Ozawa sich nicht geschlagen geben. Er läßt seine Flotte abdrehen und beschließt, am 20. Juni seine Treibstoffvorräte aufzufüllen und am 21. Juni erneut anzugreifen. Doch US-Vizeadmiral Mitscher kommt ihm zuvor. Ein US-Aufklärer entdeckt am 20. Juni gegen 15 Uhr die japanische Flotte wieder. Mitscher läßt sofort 216 Maschinen starten und die nur noch durch 35 Flugzeuge gesicherten japanischen Einheiten angreifen. Trotz heftigen Flaksperrfeuers können die US-Bomber den Flugzeugträger »Hiyo« sowie zwei Tanker versenken und einige weitere Schiffe schwer beschädigen.

Die zweitägige Schlacht ist beendet. Die japanische Flotte, die am Morgen des 19. Juni noch über 430 Flugzeuge verfügte, besitzt nur noch 35 Maschinen; drei Flugzeugträger sind versenkt. Damit hat die japanische Trägerwaffe ihre Schlagkraft verloren und spielt bis Kriegsende keine entscheidende Rolle mehr.

Die US-Luftflotte bombardiert die Hafenanlagen auf Saipan (Marianen); dort befindet sich ein wichtiger Stützpunkt der japanischen Flugzeugträgerflotte

Offensive der Roten Armee in Weißrußland

22. Juni. Die Rote Armee startet eine Großoffensive gegen die deutsche Heeresgruppe Mitte in Weißrußland. Bis Ende Juni sind die sowjetischen Verbände rund 300 km nach Westen vorgedrungen und haben die deutsche Ostfront in einer Länge von 350 km von Polozk an der Düna im Norden bis zum Pripjet bei Pinsk aufgerissen. Die Heeresgruppe Mitte ist vernichtend geschlagen.

Die sowjetische Sommeroffensive wird gestaffelt von Norden nach Süden durchgeführt. Am 22. Juni geht die 1. Baltische Front gegen die 3. deutsche Panzerarmee beiderseits von Witebsk vor. Am 23. Juni tritt die 2. Weißrussiche Front zur Offensive gegen die 4. deutsche Armee an, und etwa 24 Stunden später erfolgt dann schließlich der Angriff der 1. Weißrussischen Front gegen die 9. deutsche Armee.

Den sowjetischen Kräften gelingt es, an mehreren Stellen durchzubrechen und zu einer Zangenbewegung anzusetzen. Umfangreiche deutsche Verbände werden bei Witebsk, Orscha, Mogiljow und Bobruisk eingekesselt, die der deutsche Führer und Reichskanzler Adolf Hitler zu »festen Plätzen« erklärt hatte. Die Stellungen müssen jedoch bald unter großen Verlusten aufgeben werden. Am 26. Juni fällt Witebsk, am 27. Juni Orscha, am 29. Juni kapituliert die 9. deutsche Armee bei Bobruisk, und schon vier Tage später, am 3. Juli, erreicht die Rote Armee Minsk und erobert die Stadt.

Wenige Tage nach Beginn der sowjetischen Offensive sind die 3. deutsche Panzerarmee und die 9. deutsche Armee vernichtet, die 4. deutsche Armee ist von den feindlichen Verbänden eingeschlossen.

350 000 Soldaten sind gefallen oder in Kriegsgefangenschaft geraten. Der Vormarsch der Roten Armee ist nun nicht mehr aufzuhalten. Sie dringt weiter vor bis tief in polnisches Gebiet und steht Ende Juli vor Warschau (→1.8./S.135).

In der Deckung eines Panzers stoßen Soldaten der Roten Armee im Zuge der sowjetischen Sommeroffensive gegen die deutschen Linien Richtung Westen vor

Dänemark: Streik in der Hauptstadt

30. Juni. In Kopenhagen bricht ein spontaner Generalstreik aus, der sich an der Ermordung von drei dänischen Freiheitskämpfern entzündet und gegen die deutsche Besatzungsmacht gerichtet ist. Das deutsche Militär reagiert mit einer Reihe von Verhaftungen und zahlreichen anderen Terrormaßnahmen.

Der Streik erfaßt rund eine halbe Million Menschen. Trotz eines Ausgehverbotes kommt es zu Großdemonstrationen, bei denen britische, US-amerikanische und sowjetische Flaggen gehißt werden. Deutsche Truppen besetzen daraufhin öffentliche Gebäude, sperren die Gas-, Wasser- und Elektrizitätsversorgung sowie die Lebensmittelzufuhr. Die Lage beginnt sich erst zu entspannen, als der »Dänische Freiheitsrat« die Bevölkerung am 3. Juli zur Wiederaufnahme der Arbeit auffordert, da der Zeitpunkt für einen »offenen Widerstand« noch nicht gekommen sei (→25.4./S.68).

Island erklärt Souveränität

17. Juni. Island erklärt sich unter Aufkündigung der Personalunion mit Dänemark zur »Freien unabhängigen Republik«. Zum ersten is

Staatspräsident S. Björnsson unterzeichnet die Verfassung Islands

ländischen Staatspräsidenten wird Sveinn Björnsson bestimmt.

Diese bereits im Februar und März vom isländischen Parlament beschlossene und vorgeschlagene Unabhängigkeitserklärung war am 23. Mai in einer Volksabstimmung von der überwältigenden Mehrheit der rund 80 000 wahlberechtigten Isländer angenommen worden.

Island ist bereits seit 1918 ein souveräner Staat mit einer eigenständigen Verwaltung, assoziiert mit Dänemark durch den gemeinsamen dänischen König Christian X. Als Dänemark 1940 von deutschen Truppen besetzt wurde, übernahm die isländische Regierung die Funktionen des Königs sowie die auswärtigen Angelegenheiten, die bis dahin in dänischer Hand lagen. Angesichts dieser Situation verstärkte sich in Island die Forderung nach vollständiger Unabhängigkeit – entgegen dem Wunsch von Christian X., der diese Entscheidung auf die Zeit nach dem Krieg verschieben wollte.

Helsinkis Dilemma: Hitler oder Stalin

21. Juni. Nach dem Vormarsch der Roten Armee auf der Karelischen Landenge und dem Fall der finnischen Stadt Wiborg am 20. Juni sind in Finnland angesichts der kritischen militärischen Lage rasche politische Entschlüsse erforderlich. Sowohl das Deutsche Reich als auch die Sowjetunion versuchen nun, die finnische Regierung, die sich bisher noch zu keiner endgültigen Entscheidung durchringen konnte, auf ihre Seite zu ziehen.

Bereits im Februar (→29.2./S.37) hatte es Geheimverhandlungen zwischen der UdSSR und dem mit dem Deutschen Reich verbündeten Finnland über einen möglichen Waffenstillstand gegeben. Die finnische Regierung war jedoch damals nicht bereit, die sowjetischen Friedensbedingungen anzunehmen und hatte die Gespräche zunächst abgebrochen.

Jetzt wird die Möglichkeit eines Waffenstillstandsvertrages mit der UdSSR erneut in Erwägung gezogen, da die Rote Armee inzwischen auf finnisches Gebiet vorgedrungen ist. In militärisch bedrängter Lage gibt die Regierung Moskau zu verstehen, daß sie zur Wiederaufnahme der Gespräche bereit ist.

Diese Entwicklung will der deutsche Führer und Reichskanzler Adolf Hitler nicht hinnehmen. Unter Anwendung von Druck und diplomatischem Geschick gelingt es ihm, den Abfall des Verbündeten noch einmal zu verhindern.

Um Waffenbrüderschaft zu demonstrieren, schickte Hitler – trotz eigener Bedrängnis – Mitte Juni Truppen nach Finnland, die das Land beim Kampf gegen die eindringende sowjetische Armee unterstützen sollen. Kurz darauf, am 24. Juni, trifft der deutsche Außenminister Joachim von Ribbentrop überraschend in Helsinki ein, um Finnland weitere Waffenhilfe zuzusichern, falls das Land einen Sonderfrieden mit der UdSSR ablehne. Unter dem Druck Hitler-freundlicher Kräfte entscheidet sich die finnische Regierung gegen Kapitulation und Waffenstillstand mit der Sowjetunion und für das scheinbar verlockende Hilfsangebot Ribbentrops. Am 28. Juni gibt der finnische Staatspräsident Risto Heikki Ryti bekannt, daß sein Land den Kampf an der Seite des Deutschen Reiches bis zum Sieg weiterführen werde (→19.9./S.153).

»Wunderwaffe« gegen Großbritannien abgeschossen

12. Juni. Die von der deutschen Propaganda als »Wunderwaffe« gepriesene »V 1« (»V« für Vergeltungswaffe), eine rückstoßgetriebene Flugbombe, kommt erstmals gegen Großbritannien zum Einsatz. Im Deutschen Reich spricht man von einem durchschlagenden Erfolg – in Wirklichkeit jedoch ist die militärische ebenso wie die psychologische Wirkung der fliegenden Bomben verhältnismäßig gering.

In der Nacht vom 12. auf den 13. Juni werden die ersten Vergeltungswaffen von Abschußrampen in Nordfrankreich in Richtung London abgeschossen. Kurz nach 4 Uhr schlägt die erste Bombe in dem Städtchen Swanscombe in der südenglischen Grafschaft Kent ein, 32 km entfernt von dem eigentlichen Ziel. Die zweite Bombe fällt in Cuckfield, die dritte im Londoner Stadtteil Bethnal Green. Sechs Menschen kommen dabei ums Leben.

In der Nacht vom 15. auf den 16. Juni beginnen die Deutschen mit einem verstärkten Einsatz von fliegenden Bomben. Bis zum Mittag des 16. Juni werden 244 »V-1«-Flugkörper auf London abgefeuert. Am 18. Juni erreicht die 500. Bombe London; eine stürzt auf die Wellington-Kaserne, nur wenige hundert Meter vom Buckingham-Palast entfernt, und tötet 121 Menschen.

Bis Ende August werden von deutscher Seite 8000 »V 1« abgeschossen. Rund 2000 fallen durch technische Mängel gleich nach dem Start aus, ein Großteil wird von britischen Jägern und von der Flugabwehr zerstört. Etwa 2400 erreichen London

oder Südengland, richten dort einigen Schaden an und fordern insgesamt 4000 bis 5000 Todesopfer unter der Zivilbevölkerung.

Auf den ersten Einsatz der deutschen Vergeltungswaffe reagiert die britische Öffentlichkeit noch mit Schrecken und Angst vor einer womöglich schlagkräftigen feindlichen Waffe. Doch der Schock wird schnell überwunden, als man feststellt, daß der militärische Wert der angeblichen deutschen Wunderwaffe letztlich recht gering ist.

Britischen Technikern und Wissenschaftlern gelingt es rasch, das Geheimnis um die »V 1« zu lüften. Sie stellen fest, daß es sich um ein flugzeugähnliches Gerät handelt, das zudem relativ langsam ist. Zur Abwehr setzt man Jagdflugzeuge ein, die einen Großteil der »V-1«-Geschosse bereits über dem Kanal abfangen. Zahlreiche Flügelbomben werden durch Fesselballons vorzeitig zur Explosion gebracht.

Trotz des geringen Erfolges schlachtet die deutsche Propaganda die vermeintliche Wunderwaffe für ihre Zwecke aus und spricht von einer verheerenden Wirkung. In der gleichgeschalteten Reichspresse wird die »V 1« als ein »donnernder Komet« bezeichnet, der eine »furchtbare Sprengkraft« habe, mit »unheimlicher Geschwindigkeit« über den Kanal »orgelt« und »Vernichtung« über ganz Großbritannien bringen werde.

Startvorbereitungen für die »V 1« ▷

Die »Flügelbombe« nimmt Kurs ▷▷
auf die britische Hauptstadt

»V 1« – Propagandatrick des NS-Regimes

In Großbritannien reagiert man zunächst mit Schrecken auf die neue deutsche »Wunderwaffe«, da man noch nicht einschätzen kann, welche Wirkung sie tatsächlich hat. Bald wird jedoch deutlich, daß die militärische Schlagkraft der »V 1« gering ist und sich kaum von einer »normalen« Bombe unterscheidet. In der britischen Öffentlichkeit und vor allem in der Presse wertet man den Einsatz der »V 1« in erster Linie als einen Propagandatrick des NS-Regimes, mit dem das Ziel verfolgt wird, das langsam immer mehr dahinschwindende Ver-

trauen des deutschen Volkes in seine Führung wieder zu stärken.

In der »Sunday Times« heißt es dazu: »Das deutsche Radio hat sich in der Übertreibung der Wirksamkeit dieses fliegenden Sprengmittels ebenso übertroffen wie in seiner sadistischen Freude. Wir sehen darin das Zeichen der wachsenden Panik, von der Hitler, Goebbels und ihre Freunde erfaßt sind. Der Zweck dieser Waffe ist völlig klar. Das neue deutsche Kampfmittel dient einzig und allein dazu, den Verfall des Vertrauens im eigenen Volk aufzuhalten.«

»V 1«, die auf ihrem Flug nach London bereits in Frankreich abgestürzt ist

Technische Daten der deutschen »V 1«

12. Juni. Bei der »V 1« (»V« für Vergeltungswaffe), die in der Nacht vom 12. auf den 13. Juni erstmals gegen Großbritannien eingesetzt wird, handelt es sich um eine Flügelbombe mit Strahltriebwerk .

Der mit Tragflächen und Leitwerk versehene Flugkörper wird von einer Rampe aus gestartet und mit Hilfe einer Selbststeuerungsanlage auf Kurs gehalten. Angetrieben wird die »V-1«-Flügelbombe durch ein Pulso-Triebwerk, das schubweise eine bestimmte Luftmenge ansaugt, dazu in die Verbrennungskammer Flugbenzin einspritzt und das entzündete Gemisch dann durch eine Heckdüse austreten läßt.

Die 7,90 m lange fliegende Bombe erreicht eine Höchstgeschwindigkeit von 650 km/h und kann eine Sprengladung von 850 kg rund 330 km weit transportieren. Am vorbestimmten Endpunkt des Fluges wird sie in den Sturzflug gebracht, indem der Kraftstoffzufluß und damit das Triebwerk gestoppt wird.

Entwickelt wurde die »V 1« von den Gerhard Fieseler Werken. Der erste Versuchsabschuß – kein Bodenstart, sondern ein Abwurf von einem Bomber – fand 1942 über der Raketenversuchsanstalt Peenemünde statt. Unter der Tarnbezeichnung »Reichenberg« war ein Teil der »V-1«-Flugkörper mit Cockpits ausgerüstet worden. Die Piloten sollten nach Ausrichtung der Bombe auf das Ziel mit Fallschirmen abspringen oder sich selbst mit herabstürzen. Die bemannte »V 1« kommt jedoch nicht zum Einsatz.

Deutsche Soldaten schieben die »Wunderwaffe« »V 1« zur Startrampe; die strahlgetriebene Flügelbombe ist 7,90 m lang und kann 850 kg Sprengstoff tragen

»V-1«-Bombe kurz vor ihrem Start von einer Preßluftstartanlage; die Abschüsse auf Großbritannien erfolgen von der nordfranzösischen Kanalküste

Mehr als 100 Angriffe in gut fünf Monaten

5. Juni. Die Bilanz des alliierten Luftkrieges gegen das Deutsche Reich in der Zeit vom 1. Januar bis zum 5. Juni, einen Tag vor der Invasion in der Normandie (→6.6./S.90), zeigt folgendes Bild: Insgesamt un-

Straßenzug im zerstörten Berliner Stadtteil Tempelhof; Berlin war vom 1. Januar bis zum 5. Juni 1944 17mal Ziel schwerer Angriffe der alliierten Luftwaffe

ternahmen die Luftflotten der USA und Großbritanniens an 36 Tagen und in 55 Nächten 102 größere Angriffe. Sie warfen ihre Bomben auf 36 Städte, darunter 17mal auf Berlin, 13mal auf Braunschweig, acht-

mal auf Frankfurt am Main und jeweils fünfmal auf die Städte Hannover und Schweinfurt.

Die Schwerpunkte des alliierten Luftkrieges traten dabei immer klarer zutage: Im Januar und Februar bildeten die deutschen Flugzeugwerke und ihre Zubehörindustrie das Hauptziel. Im März richtete sich der Schwerpunkt der Angriffe gegen Flugplätze und allgemeine Industrieziele, während im April neben den Flugplätzen wieder die Flugzeugwerke in den Vordergrund traten. Im Mai wurden verstärkt Eisenbahnziele bombardiert. Dazu kamen Großangriffe auf Hydrierwerke und Ölraffinerien. Ab März begannen die Luftangriffe auf Ziele im späteren Invasionsgebiet in Frankreich, und Anfang Juni wurden schließlich alle Kräfte der alliierten Flugwaffe auf die Vorbereitung der Invasion konzentriert.

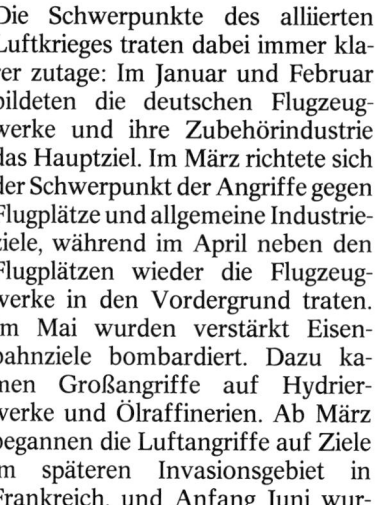

Die schwersten Nachtangriffe auf das Deutsche Reich in der Zeit vom 1. 1. bis 5. 6. 1944:
20.1.: Berlin (über 2300 t)
21.1.: Magdeburg (2024 t)
15.2.: Berlin (über 2600 t)
15.2.: Leipzig (2300 t)
26.2.: Augsburg (1730 t)
23.3.: Frankfurt a. M. (3116 t)
24.3.: Berlin (über 2500 t)
31.3.: Nürnberg (2460 t)
21.5.: Duisburg (2000 t)

Die schwersten Tagesangriffe auf das Deutsche Reich in der Zeit vom 1. 1. bis 5. 6. 1944:
11.1.: Flugzeugwerke
31.1.: Klagenfurt
20.–25.2.: Flugzeugwerke
6.3.: Berlin (1500 t)
17.3.: Wien
12.5.: Gdingen, Marienburg

Ausländische Verbände in den Reihen der deutschen Armee

14. Juni. Der Umfang ausländischer Verbände in der deutschen Wehrmacht erreicht einen Höhepunkt. Hatte Führer und Reichskanzler Adolf Hitler anfangs noch erklärt, daß »nur Deutsche eine Waffe zu tragen würdig« seien, ist er nun oberster Kriegsherr eines Heeres mit Soldaten aus den unterschiedlichsten Völkern.

Die Waffen-SS, ursprünglich als ein Symbol der »germanischen

Rasse« gedacht, steht bereits seit 1940 Freiwilligen aus Westeuropa offen. Franzosen, Belgier, Niederländer und Skandinavier bildeten die Verbände »Charlemagne«, »Wallonien«, »Flandern«, »Nederland« und »Nordland«. Hinzu kamen die spanische »Blaue Division« (→20.2./S.37) und die französische Freiwilligenlegion.

Im Februar 1942 stimmte Hitler, der sich bis dahin gegen den Einsatz

von »slawischen Untermenschen« gesträubt hatte, der Aufstellung von »Osttruppen« zu. Sie werden entweder zur Zeit der deutschen Besetzung im Lande selbst angeworben oder aus den Kriegsgefangenenlagern herangezogen. Im Sommer 1944 erreicht ihre Zahl rund eine halbe Million.

Einen Begriff von dem bunten Völkergemisch, das in den Verbänden der deutschen Wehrmacht kämpft,

vermittelt ein Blick in die Zusammensetzung der Truppen an der Westfront. Vertreten sind dort Franzosen, Italiener, Kroaten, Ungarn, Rumänen, Polen, Finnen, Letten, Litauer, Nordafrikaner, Schwarzafrikaner, Asiaten, Ukrainer, Ruthenen, Baschkiren, Nordkaukasier, Georgier, Aserbeidschaner, Armenier, Turkmenen, Wolgatataren, Wolgafinnen, Krimtataren, Kalmücken und Inder.

Ein flämischer Verband, der unter deutscher Flagge kämpft, marschiert durch Antwerpen

Lettische Soldaten werden für ihren Einsatz im Kampf gegen die Rote Armee ausgezeichnet

Estische Rekruten; sie sollen gemeinsam mit deutschen Soldaten an der Ostfront kämpfen

»Euthanasie« – Massenmord im NS-Staat

30. Juni. Das nationalsozialistische »Euthanasie«-Programm – zwar im August 1941 auf Anordnung des deutschen Führers und Reichskanzlers Adolf Hitler offiziell eingestellt – bietet inoffiziell weiterhin die Grundlage für die Ermordung von zahlreichen Menschen, die als »lebensunwert« eingestuft werden.

Bereits 1939 hatte Hitler Reichsleiter Philipp Bouhler beauftragt, »die Befugnisse namentlich zu bestimmender Ärzte so zu erweitern, daß nach menschlichem Ermessen unheilbar Kranken bei kritischster Beurteilung ihres Krankheitszustandes der Gnadentod gewährt werden kann«. Um die von Hitler geforderte strenge Geheimhaltung der Tötungsaktion zu gewährleisten, gründete Bouhler daraufhin Tarnorganisationen, deren Aufgabe darin besteht, die von den Nationalsozialisten als unheilbar krank eingestuften Menschen in den Krankenanstalten herauszusuchen, den Transport in die Tötungsanstalten zu organisieren und die Tötung durchzuführen. Das »Euthanasie«-Programm läuft unter der Tarnbezeichnung »T 4«, benannt nach dem Sitz der Zentrale der Mordaktion in Berlin, Tiergartenstraße 4.

Die Erfassung der für Aktion »T 4« vorgesehenen Patienten erfolgt über Meldebögen. Diese werden von den Heilanstalten unter Angabe des jeweiligen Krankheitszustandes für jeden einzelnen Patienten ausgefüllt und der »Reichsarbeitsgemeinschaft der Heil- und Pflegeanstalten« zuge-

leitet. Ein Gutachtergremium entscheidet ausschließlich aufgrund dieser Formulare über Leben oder Tod der Menschen.

Die Patienten, die als »nicht lebenswert« eingestuft werden, verlegt man in spezielle »Euthanasie«-Anstalten, wo sie entweder vergast oder durch Medikamente umgebracht werden. Neben »unheilbar Kranken« fallen auch eine ganze Reihe von politisch Unliebsamen, Ostarbeitern oder Altersschwachen diesem Massenmord zum Opfer.

Trotz strengster Geheimhaltung der Mordaktion gelangten Gerüchte an die Öffentlichkeit, so daß sich Hitler im August 1941 gezwungen sah, die Anweisung zur Einstellung der Ak-

Schalldruckexperimente an einem KZ-Häftling im Lager Dachau

tion »T 4« zu geben. Das ändert nichts daran, daß die sog. wilde Euthanasie fortgesetzt wird. In zahlreichen Anstalten werden weiterhin geistig oder körperlich Kranke direkt getötet oder durch langsames Verhungern umgebracht.

Euthanasiebericht von Runckel

Curd Runckel, Betriebsarzt der geheimgehaltenen »Euthanasie«-Aktion (Tarnname »T 4«), legt am 30. Juni einen Bericht über seine Besuche bei verschiedenen Heil-und Pflegeanstalten des Deutschen Reiches vor. Darin heißt es u.a.:

»Ich frage überall in den Anstalten die leitenden Ärzte nach Therapie und auch, was das Problem der Euthanasie anbetrifft, und habe bisher außer in den Anstalten, mit denen wir zusammenarbeiten, für eine aktive Tätigkeit in dieser Richtung keine Liebe gefunden. In Ostpreußen... ist man ebenso gegen das Problem der Euthanasie wenn nicht ablehnend, so doch zumindest völlig inaktiv eingestellt... Nirgendwo ist es mir begegnet, daß sich ein Anstaltsdirektor darüber beklagte, ihm seien die Hände gebunden, um irgendwelche Eu[thanasie]-Arbeiten zu verrichten... Was mich immer wieder erstaunt, ist die einerseits ablehnende Haltung vieler Direktoren gegenüber der Sterbehilfe, andererseits die selbstverständliche Billigung der verminderten Ernährung unheilbar Geisteskranker, die auf manchen Anstalten wirklich unschöne Formen zeigt. Man lehnt es ab, den Patienten die Leiden zu verkürzen durch Darreichung von Medikamenten und ist aber absolut damit einverstanden, daß der Patient ...unterernährt eines Tages den Weg geht, den man ihm durch eine kleine Hilfe hätte erleichtern können.«

Ab März 1941 begannen in den Konzentrationslagern (KZ) unter dem geheimen Kennzeichen »14 f 13« als Weiterentwicklung der »T 4« Selektionen von Häftlingen, die nicht nur nach gesundheitlichen, sondern auch nach »rassischen« und politischen Gesichtspunkten durchgeführt werden. Ein Großteil der Betroffenen wird getötet, andere fallen in die Hände der berüchtigten KZ-Ärzte, die an ihnen grausame »medizinische« Versuche durchführen.

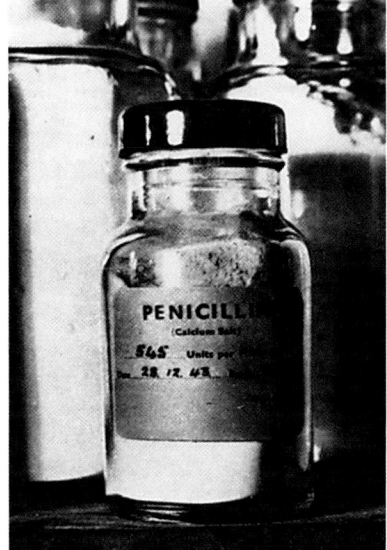

Penicillin, ein Stoffwechselprodukt bestimmter Schimmelpilze

Penicillin nur für Soldaten erlaubt

8. Juni. Howard Walter Florey, Professor an der Universität Oxford (Großbritannien), teilt mit, daß in den Vereinigten Staaten und in Großbritannien umfangreiche Versuche zur synthetischen Herstellung von Penicillin stattfinden. Florey hat sich zusammen mit Ernst Boris Chain und Alexander Fleming, der das Penicillin 1928 entdeckte, bereits große Verdienste bei der Erfor-

Prof. A. Fleming   Prof. H. W. Florey

schung von Wirkung und Struktur des Antibiotikums erworben.

Bislang verfügen die Mediziner jedoch nur über sehr geringe Mengen des gegen Infektionskrankheiten wirksamen Medikaments. Die US-Regierung gestattet daher die Verwendung von Penicillin allein für die Streitkräfte und nur in Ausnahmefällen für Zivilpersonen. Bis August können in den USA die Herstellungsmengen jedoch so weit gesteigert werden, daß nicht nur der Eigenbedarf gedeckt ist, sondern sogar der Export in bestimmte neutrale Länder gestattet wird.

Heilanstalt Bethel bei Bielefeld; ihr Leiter, Friedrich von Bodelschwingh, ahnt früh den wahren Charakter der Aktion »T 4«, kann Abtransport und Ermordung von Betheler Patienten jedoch nicht verhindern

Architektur 1944:

Wiederaufbau der zerstörten Städte wird vorbereitet

Mit der Landung der Alliierten in der Normandie und dem sowjetischen Vormarsch nach Westen ist das Ende des Zweiten Weltkrieges in greifbare Nähe gerückt. Zu diesem Zeitpunkt liegen ganze Städte in Schutt und Asche. Hunderttausende sind in den Trümmern und Feuerstürmen umgekommen, Millionen sind obdachlos.

Die deutschen Städteplaner reagieren angesichts der drohenden Niederlage in zweifacher Form: Einerseits werden, um das Durchhaltevermögen der Bevölkerung zu stärken, zahllose Entwürfe für Triumphbögen, Siegesalleen und Denkmäler zur Feier des baldiges »Endsieges« publiziert. Andererseits bereiten die Planungsstäbe um Albert Speer den Wiederaufbau der zerstörten Städte auf modernstem bautechnischem Niveau vor. Fragen der Rationalisierung, Mechanisierung und Typisierung stehen dabei im Vordergrund. Wohnbauten werden dadurch zu industriellen Massenprodukten.

Ähnliche Überlegungen – allerdings aus ganz anderen Beweggründen – stellen auch die international renommierten Architekten Walter Gropius und Le Corbusier an. Gropius, dem es inzwischen ge-

lungen ist, die Staatsbürgerschaft der USA zu erhalten, beschäftigt sich wegen fehlender Aufträge mit der Entwicklung stark standardisierter, am Fließband produzierbarer Fertigteilhäuser im schlichten Landhausstil, in erster Linie gedacht für den aufstrebenden Mittelschicht-Amerikaner, zur Schnellmontage in den sich immer weiter ausbreitenden Teppichsiedlungen im Dunstkreis der Metropolen.

Le Corbusier macht sich mangels lukrativerer Aufgaben Gedanken über die Anforderungen, denen die Städte in Zukunft prinzipiell genügen müssen, um ihren Bewohnern ein menschenwürdiges Leben zu ermöglichen. Besonderes Augenmerk richtet er dabei auf die Spannungszonen zwischen Wohnen und Arbeiten, Freizeit und Verkehr. Es entstehen städtebauliche Theorien, die er später einmal in den 50er Jahren bei der Planung und Ausführung der indischen Provinzhauptstadt Chandigarh in die Realität umsetzen kann.

Außerdem studiert Le Corbusier die Vorteile der Beton-Fertigteilmontage und des Trockenausbaues bei der Errichtung dringend benötigter Notwohnungen. Seine Forschungen münden schließlich

in der Idee einer »unité d'habitation«: 500 zweigeschossige Wohnungen in einem langgestreckten, hohen Gebäude, erschlossen durch innenliegende Flure in jedem dritten Geschoß, mit Läden, Sport-und Freizeiträumen, Kindergarten, Wäscherei und Theatersaal. Er weist nach, daß so auf einer Fläche von nur 160 x 160 m die gleiche Anzahl von Wohnungen untergebracht werden kann wie auf 450 x 450 m in üblicher Bauweise, wobei die flächensparende »unité« den zusätzlichen Vorteil großer, zusammenhängender Grünanlagen bietet – angesichts der Kriegsverheerungen und der ungewissen Zukunft Europas ein sicherlich faszinierender architektonischer Entwurf.

In Großbritannien, Frankreich und den Niederlanden ist man realistisch genug, den Wiederaufbau vorrangig als raumordnerisches und städtebauliches Problem zu betrachten. Weitsichtige Politiker und Architekten sehen die Chance, die zukünftigen Stadtstrukturen von historisch bedingten Fehlentwicklungen zu befreien und Platz zu schaffen für die veränderten Bedürfnisse des modernen Lebens. Die Städte sollen Raum bieten für durchgrünte Wohnquartiere mit

viel Luft und Sonne; Gewerbe und Industrie sollen in Randgebiete verlagert werden, weitläufige Freizeitreviere sollen entstehen.

Das markanteste Beispiel für eine solche Planungsweise ist Rotterdam. Am 14. Mai 1940 dem Erdboden gleichgemacht, soll die Stadt nach Beendigung des Krieges unter großzügigen, modernen Gesichtspunkten Schritt für Schritt wiederaufgebaut werden.

Während man noch mit der Beseitung des Schutts und dem Abriß zerstörter Gebäude beschäftigt ist, fallen die grundlegenden Planungsentscheidungen für den Wiederaufbau: Das Stadtzentrum soll völlig neu gestaltet werden. Geplant ist ein rechtwinklig ausgelegtes Straßennetz, um möglichst normierte Bauparzellen zu erhalten. Der Wohn- und Geschäftskomplex »Lijnbaan« der Architekten Johannes Hendrik van den Broek und Jacob Berend Bakema befindet sich 1944 noch im Entwurfsstadium. Ihr zukunftsweisendes Konzept sieht die Errichtung einer großzügig angelegten Einkaufszone mit breiten Fußgängerstraßen, zahlreichen Geschäften, überdachten Gängen, Kiosken, Bäumen und Bänken vor (errichtet 1952–1954).

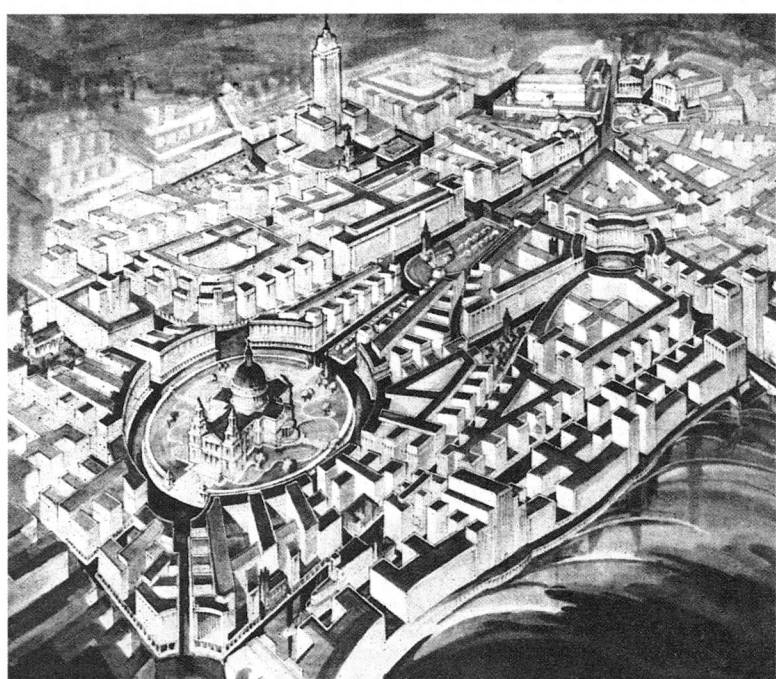

Plan für den Wiederaufbau und die Neugestaltung der Londoner Innenstadt; die Idee stammt von den Architekten K. Lindy und B. A. P. Winton Lewis

Vorschlag zur Umgestaltung der Gegend um St. Paul's Cathedral; auch in anderen Städten Europas beschäftigt man sich mit Wiederaufbauplänen

Glückwünsche für Strauss

11. Juni. Zu seinem 80. Geburtstag erhält der prominente deutsche Komponist Richard Strauss (Abb.) ein offizielles Glückwunschtelegramm des deutschen Führers und Reichskanzlers Adolf Hitler, obwohl er zu Beginn des Jahres mit der Bemerkung »Meinetwegen braucht kein Soldat zu kämpfen« den Unmut der Führung in Berlin auf sich gezogen hatte. Strauss dient gegen seinen Willen als musikalisches Aushängeschild des nationalsozialistischen Regimes.

Th. Mann wird US-Bürger

24. Juni. Dem deutschen Schriftsteller Thomas Mann (Abb.), der 1933 das nationalsozialistische Deutsche Reich verlassen hatte und seit 1938 in den USA lebt, wird die Staatsbürgerschaft der Vereinigten Staaten verliehen.
Weltweite Beachtung finden die antifaschistischen Radioansprachen, die Thomas Mann seit 1940 in regelmäßigen Abständen über die British Broadcasting Corporation (BBC) London an die Bevölkerung seiner früheren Heimat richtet.

Kinohit: »Die große Liebe«

Juni. Nach Angaben des deutschen Filmunternehmens Universum Film AG hat der 1942 uraufgeführte Spielfilm »Die große Liebe« mit Zarah Leander (Abb.) in der Hauptrolle seit Kriegsbeginn die meisten Zuschauer in die Kinos gelockt. In dem Liebesfilm, der mit den Prädikaten »künstlerisch und politisch wertvoll« sowie »volkstümlich wertvoll« ausgezeichnet wurde, singt Zarah Leander den populären Schlager »Ich weiß, es wird einmal ein Wunder geschehn«.

Flucht als Widerstandsakt

6. Juni. Der Schriftsteller Alfred Andersch, der als deutscher Soldat an der Arno-Front in Italien kämpft, desertiert von seiner Truppe und läuft zu den US-amerikanischen Streitkräften über. Dieses für sein Leben entscheidende Ereignis verarbeitet er später in dem 1952 erscheinenden autobiographischen Bericht »Die Kirschen der Freiheit«.

Andersch, 1914 in München geboren und ab 1929 für die Kommunistische Partei tätig, sah wie viele andere der nationalsozialistischen Machtübernahme tatenlos zu. 1933 wurde er zweimal verhaftet und verbrachte drei Monate im Konzentrationslager Dachau. Politisch zog er sich in den folgenden Jahren völlig aus dem öffentlichen Leben zurück. Neben seiner Beschäftigung als kaufmännischer Angestellter betrieb er literarische Studien und schrieb Gedichte. Als er zur Wehrmacht eingezogen wurde, begann ihn der Gedanke an »Flucht« immer mehr zu beschäftigen – Flucht wird von ihm verstanden als politischer Widerstand und vor allem als eine Entscheidung für die »Freiheit des menschlichen Denkens«.
Am 6. Juni führt er seinen Plan aus. Er entfernt sich von der Truppe,

schlägt sich im Niemandsland zwischen den Fronten durch und nähert sich einem US-amerikanischen Verband. In der Gewißheit, daß seine Desertion geglückt ist, pflückt und ißt er auf einem Feld eine Handvoll Kirschen. Es sind die – wie er später schreibt – »wilden Wüstenkirschen meiner Feiheit«.

Der deutsche Schriftsteller Alfred Andersch; der 30jährige NS-Gegner entschließt sich 1944 zur Desertion

Dresdner SC gewinnt mit 4:0

18. Juni. Im vollbesetzten Berliner Olympiastadion stehen sich der Titelverteidiger Dresdner Sport-Club und der Luftwaffen-Sport-Verein Hamburg im Endspiel um die Deutsche Fußballmeisterschaft gegenüber. Die Dresdner Elf schlägt die Hamburger Mannschaft mit 4:0 überlegen und gewinnt mit diesem Sieg erneut den Meistertitel.
Vor 70 000 Zuschauern zeigt der Dresdner SC ein technisch hochklassiges und kämpferisch gut geführtes Spiel. Überragender Akteur auf dem Platz ist der Halbrechte Helmut Schön, der Spielgestalter des DSC. Die Torschützen für Dresden sind: Helmut Schön (1), Heinz Schaffer (2) und Rudi Voigtmann (1).
Die Hamburger können gegen die Dresdner Elf nichts ausrichten. Ihr Sturm scheitert immer wieder an der Dresdner Deckung um den souveränen Torhüter Willibald Kreß. Die LSV-Abwehr ist bei allem Bemühen dem Dresdner Angriffsschwung nicht gewachsen.
Für die Ausscheidungsspiele hatten sich insgesamt 30 Klubs qualifiziert. Das Endspiel im Berliner Olympiastadion ist die letzte deutsche Fußballmeisterschaft vor dem Zusammenbruch des Dritten Reiches.

Es ist zugleich auch das letzte große Sportereignis unter nationalsozialistischer Obhut; danach erstirbt das sportliche Leben angesichts des »totalen Krieges« immer mehr. Ab August sind nur noch Sportveranstaltungen erlaubt, die – wie es offiziell heißt – der »Stärkung von Wehr- und Schaffenskraft« dienen.

Halbstürmer Helmut Schön (M. l.) und Torhüter Willibald Kreß (M. r.) zeigen herausragende Leistungen

Juli 1944

Mo	Di	Mi	Do	Fr	Sa	So
					1	2
3	4	5	6	7	8	9
10	11	12	13	14	15	16
17	18	19	20	21	22	23
24	25	26	27	28	29	30
31						

1. Juli, Sonnabend

Jorge Ubico Castañeda, Präsident von Guatemala, wird gestürzt. Eine Militärjunta übernimmt die Staatsmacht.

Aus Amsterdam wird gemeldet, daß in den besetzten Niederlanden alle privaten Telefonanschlüsse außer Betrieb gesetzt worden sind. Lediglich die für die deutsche Kriegsführung, die Wirtschaft und die Volksernährung notwendigen Anschlüsse bleiben funktionsbereit.

In Bretton Woods (USA) wird eine dreiwöchige Währungskonferenz eröffnet. Sie beschließt die Errichtung eines Internationalen Währungsfonds und einer Internationalen Bank für Wiederaufbau und Entwicklung. →S.123

2. Juli, Sonntag

Prinzessin Charlotte von Monaco verzichtet auf ihr Thronfolgerecht. Der regierende Fürst Ludwig II. von Monaco ernennt daraufhin seinen Enkel, Prinz Rainier, zum offiziellen Thronanwärter und verleiht ihm den Titel Erbprinz.

In der Dresdner Staatsoper wird die Oper »Die Hochzeit des Jobs« von Joseph Haas uraufgeführt. Karl Schelmendorff dirigiert die musikalische Schelmengeschichte aus dem 18. Jahrhundert.

3. Juli, Montag

Hans Günther von Kluge wird von dem deutschen Führer und Reichskanzler Adolf Hitler zum neuen Oberbefehlshaber an der Westfront ernannt. Er löst Gerd von Rundstedt ab.

Mit der Besetzung von Minsk durch die Rote Armee endet die »Kesselschlacht von Minsk«. Die 4. deutsche Armee ist vernichtend geschlagen. →S.110

Die italienische Stadt Siena wird von US-amerikanischen und freifranzösischen Truppen besetzt.

4. Juli, Dienstag

Julius Leber, einer der führenden sozialdemokratischen deutschen Widerstandskämpfer, wird verhaftet. Der Volksgerichtshof in Berlin verurteilt ihn am 20. Oktober zum Tode. →S.114

Im Hafen der dänischen Stadt Århus ereignet sich ein schweres Explosionsunglück, bei dem 80 Personen getötet und etwa 300 Menschen verletzt werden. Ein anschließend ausbrechendes Feuer zerstört zahlreiche Gebäude. →S.123

5. Juli, Mittwoch

Der deutsche Führer und Reichskanzler Adolf Hitler erklärt in einer Ansprache vor 200 führenden Vertretern der Rüstungsindustrie, daß der »deutsche Erfindergeist« die Voraussetzungen dafür schaffe, »das Steuer des Krieges endgültig herumzureißen«.

Im deutschen Konzentrationslager Buchenwald wird die sozialdemokratisch orientierte Widerstandsgruppe »Volksfrontkomitee« gegründet.

Der britische Außenminister Robert Anthony Eden berichtet vor dem Unterhaus in London, daß glaubhafte Meldungen über »barbarische Deportationen« von Juden aus Ungarn und Polen durch die deutschen und ungarischen Behörden vorlägen. →S.113

6. Juli, Donnerstag

Charles de Gaulle, Chef des französischen Befreiungskomitees, trifft in Washington ein. Während seines einwöchigen Besuchs führt er u.a. Gespräche mit US-Präsident Franklin Delano Roosevelt über die Anerkennung der von ihm ausgerufenen »Provisorischen Regierung der Französischen Republik«. →S.111

Der britische Premierminister Winston Churchill gibt vor dem Unterhaus eine ausführliche Erklärung ab über die Wirkung der seit dem →12. Juni (S.100) von den Deutschen auf Südengland abgeschossenen Flugbombe »V1«.

Im Zirkus Ringling Brothers Barnum Bailey, der in Hartford, im US-amerikanischen Bundesstaat Connecticut, ein Gastspiel gibt, ereignet sich ein schweres Unglück. Während der Nachmittagsvorstellung bricht ein Feuer aus, dem 124 Zirkusbesucher zum Opfer fallen.

7. Juli, Freitag

Bei der Luftschlacht über Leipzig gehört es zur Taktik deutscher Abfangjäger, die feindlichen Maschinen gegebenenfalls durch einen »Rammstoß« zum Absturz zu bringen und sich danach mit dem Fallschirm zu retten.

In einem Brief an den deutschen Reichspropagandaminister Joseph Goebbels empfiehlt Reichsfilmintendant Fritz Hippler, den 1943 gedrehten Spielfilm »Der verzauberte Tag« (Regie: Peter Pewas) nicht für die Öffentlichkeit zuzulassen, da er einer »Verhöhnung des deutschen Bürgers« gleichkäme. →S.124

Der Schwede Gunder Hägg verbessert in Göteborg den 1500-m-Weltrekord seines Landsmannes Arne Andersson um zwei Sekunden auf 3:43,0 min.

8. Juli, Sonnabend

In einer Propagandarede bezeichnet der deutsche Reichspropagandaminister Joseph Goebbels den Zweiten Weltkrieg als eine »einmalige historische Auseinandersetzung«, die nicht mit vergangenen Kriegen verglichen werden könne. Es gehe – so die Worte Goebbels – um Sein oder Nichtsein der Nation.

Juan Domingo Perón, späterer Präsident von Argentinien, wird zum Vizepräsident des Landes ernannt. Er leitet ein umstrittenes Sozialprogramm ein.

9. Juli, Sonntag

Die französische Hafenstadt Caen wird nach vierwöchigen erbitterten Kämpfen von britischen und kanadischen Truppen eingenommen. →S.111

US-Truppen erobern die Marianeninsel Saipan. Nach schweren und verlustreichen Kämpfen, die seit dem 14. Juni andauern, gelingt es ihnen, unterstützt von sieben Schlachtschiffen, vier Flugzeugträgern und elf Kreuzern, mit fast 70 000 Soldaten auf der Pazifikinsel zu landen.

Die sowjetische Regierung erläßt ein neues Gesetz, das eine Erhöhung der Geburtenrate zur Folge haben soll. Im einzelnen sind u.a. ein verbesserter Mutterschutz, Mutterauszeichnungen und ein Abtreibungsverbot vorgesehen.

Titelverteidiger Richard Vogt bleibt im heimischen Hamburg durch einen K.-o.-Sieg in der achten Runde gegen Jean Kreitz Deutscher Meister im Halbschwergewicht der Profiboxer.

10. Juli, Montag

Der jugoslawische Exilkönig Peter II. Kardordevic erkennt den Widerstandsführer seines Landes, Josip Tito, als »Chef aller militärischen Verbände in Jugoslawien« an (→12.9./S.154).

11. Juli, Dienstag

Das von Claus Graf Schenk von Stauffenberg für heute auf dem Berchtesgadener »Berghof« geplante Attentat auf den deutschen Führer und Reichskanzler Adolf Hitler wird nicht ausgeführt. Stauffenberg unterläßt die Zündung des mitgebrachten Sprengstoffs, da Reichsführer SS Heinrich Himmler und der Oberbefehlshaber der Luftwaffe, Hermann Göring, die auch ausgeschaltet werden sollen, nicht anwesend sind (→20.7./S.115).

Das Landgericht Zweibrücken verurteilt eine 25jährige Frau zu einer Zuchthausstrafe von einem Jahr, weil sie einem im Krankenhaus liegenden kanadischen Kriegsgefangenen Blumen und eine Orange geschenkt hatte.

Aus Frankreich wird als Folge von Bombardierungen und Sabotageakten eine erhebliche Verschlechterung der Versorgungslage gemeldet. Die Zivilbevölkerung kann nur unzureichend mit Lebensmitteln beliefert werden. Der Verkehr ist stark eingeschränkt. →S.111

12. Juli, Mittwoch

Da immer mehr deutsche Männer zur Wehrmacht eingezogen werden und als Arbeitskräfte ausfallen, fordert Albert Speer, Reichsminister für Rüstung und Kriegsproduktion, den verstärkten Einsatz von Frauen in der Wirtschaft.

Die Zahl der Insassen im Konzentrations- und Vernichtungslager Auschwitz beträgt 92 208. Während die Massenmorde weitergehen, werden Vorbereitungen für eine stufenweise Auflösung des Lagers getroffen.

Die Regierung der Schweiz erläßt neue Richtlinien für die Behandlung von Flüchtlingen: Juden werden erstmals als allgemein gefährdet eingestuft und generell als Verfolgte anerkannt. →S.113

Nahezu die gesamte Bevölkerung Kopenhagens befolgt den Aufruf des dänischen »Freiheitsrates«, die 93 Todesopfer des Generalstreiks (→30.6./S.99) durch zwei Schweigeminuten zu ehren. Die eindrucksvolle Demonstration bezeugt die Stärke der dänischen Widerstandsbewegung und den großen Einfluß des »Freiheitsrates« und der illegalen Presse.

Die Gloster »Meteor Mk 1«, ein britisches Düsenkampfflugzeug, wird bei der Royal Air Force in Dienst gestellt (→S.56).

13. Juli, Donnerstag

Durch einen Erlaß des deutschen Führers und Reichskanzlers Adolf Hitler wird die bisherige Militärverwaltung in Belgien und Nordfrankreich durch eine Zivilverwaltung ersetzt.

Die 1. Ukrainische Front der Roten Armee beginnt eine Offensive gegen die deutsche Heeresgruppe Nord.

Sowjetische Truppen erobern Wilna in Litauen. Danach entwaffnen und internieren sie die polnische Heimatarmee (»Armia Krajowa«), die sie bei der Eroberung der Stadt unterstützt hatte.

In Kolumbien endet ein Putschversuch gegen Präsident Alfonso López Pumarejo mit der Verhaftung der Aufständischen. Am 11. Juli war López bei einem Militärmanöver von Offizieren gefangengenommen worden, und Vizepräsident Dario Echandia hatte vorübergehend den Präsidentenposten übernommen.

14. Juli, Freitag

Die US-amerikanische Luftwaffe leistet eine umfangreiche Hilfsaktion für die französische Widerstandsbewegung »Résistance«. 200 Maschinen werfen sechs Stunden lang Container mit Waffen und Munition zur Ausrüstung von etwa 7000 Widerstandskämpfern über einer durch Bettlaken gekennzeichneten Abwurfstelle im französischen Zentralmassiv ab (→27.7./S.112).

In Breslau findet die Uraufführung des historischen Films »Die Affäre Roedern« um Dietrich von Roedern, den Festungsbaumeister Friedrichs II., des Großen, statt. Die Regie führte Erich Waschnek.

15. Juli, Sonnabend

Der deutsche Generalfeldmarschall Erwin Rommel sendet ein Blitzfernschreiben an Führer und Reichskanzler Adolf Hitler. Darin schildert er die aussichtslose Lage an der Invasionsfront in der Normandie. →S.114

Claus Graf Schenk von Stauffenberg muß das für das heutige Tag geplante Sprengstoffattentat auf den deutschen Führer und Reichskanzler Adolf Hitler im Hauptquartier »Wolfsschanze« verschieben, da er Hitler nicht im Besprechungszimmer antrifft (→20.7./S.115).

Der frühere französische Innenminister Georges Mandel wird von der Miliz der Vichy-Regierung ermordet. →S.111

US-amerikanische Infanterie im Angriff auf deutsche Stellungen bei Cherbourg (Nordfrankreich): Titelseite der britischen Zeitschrift »The Illustrated London News« vom 1. Juli 1944

THE ILLUSTRATED LONDON NEWS

The World Copyright of all the Editorial Matter, both Illustrations and Letterpress, is Strictly Reserved in Great Britain, the British Dominions and Colonies, Europe, and the United States of America.

SATURDAY, JULY 1, 1944.

THE DUST AND HEAT OF WAR HANG OVER THE NORMANDY COUNTRYSIDE AS AMERICAN ANTI-TANK GUNNERS GO INTO ACTION IN THE BATTLE OF THE CHERBOURG PENINSULA.

In less than three weeks following their first landings by parachute and glider on the Cherbourg peninsula, American infantrymen had won the admiration of the world. Seventeen days of magnificent and ceaseless fighting had placed them in the outskirts of Cherbourg itself, the vital port so soon to fall into their hands as the final prize of the battle. The German defenders, given no chance of recovering from the initial airborne assault, were smashed and relentlessly pursued to the shores of the English Channel, there to fight desperately and perish, or to throw down their arms in surrender. Our American allies may well be proud of this gallant lightning campaign.

16. Juli, Sonntag

Der Ministerpräsident der italienischen faschistischen Republik von Salò, Benito Mussolini, reist zu einem viertägigen Besuch ins Deutsche Reich (→20.7./S.118).

Das italienische Kabinett unter Ministerpräsident Ivanoe Bonomi (→9.6./S.97) tritt zum ersten Mal in Rom zusammen. Auf der Tagesordnung stehen Beratungen über die Teilnahme Italiens am Krieg und die Verabschiedung von Gesetzen zur Liquidierung des Faschismus.

Verbände der Roten Armee erobern die Stadt Grodno an der Memel.

Aus den USA wird die bisher größte Weizenernte in der Geschichte des Landes gemeldet. Das US-Handelsministerium muß zahlreiche Verfügungen erlassen, um eine geregelte Verteilung des Getreides sicherzustellen. →S.123

17. Juli, Montag

Generalfeldmarschall Hans Günther von Kluge übernimmt den Oberbefehl über die deutsche Heeresgruppe B an der Westfront anstelle des bei einem Luftangriff schwer verletzten Generalfeldmarschalls Erwin Rommel.

Im Deutschen Reich treten Reisebeschränkungen im Eisenbahnverkehr in Kraft. Ohne eine Sondergenehmigung sind in Eil- und Personenzügen nur noch Reisen bis 100 km gestattet (→S.208).

58 000 deutsche Kriegsgefangene werden in einer langen Kolonne durch die Straßen Moskaus geführt. →S.110

Bei ihrem Vormarsch an der Ostfront erreichen sowjetische Verbände die »Curzon-Linie« in Polen (→22.2./S.37).

Der bekannte sowjetische Schriftsteller Alexandr J. Korneitschuk wird seines Amtes als Außenkommissar der Sowjetukraine enthoben und zum Vorsitzenden des Amtes für Kunstwesen beim Rat der Volkskommissare der Ukrainischen Sowjetrepublik ernannt.

Auf zwei Ozeandampfern, die im Hafen von Chicago (US-Bundesstaat Illinois) liegen und mit Munition beladen sind, ereignet sich eine gewaltige Explosion. Über 350 Menschen kommen um.

Sechs schwerbewaffnete Personen überfallen in der Nähe von Saint-Germain-en-Laye bei Paris einen Geldtransporter der »Banque de France« und erbeuten 105 Millionen Francs.

18. Juli, Dienstag

Der deutsche Widerstandskämpfer Carl Friedrich Goerdeler entschließt sich zur Flucht, da er von seiner bevorstehenden Verhaftung durch die Geheime Staatspolizei erfährt. →S.114

Zum Zwecke der Benzinersparnis beginnt in Hamburg die Stückgutbeförderung auf mehreren Linien der Straßenbahn. Andere Städte folgen dem Hamburger Beispiel.

Nach der US-amerikanischen Landung auf den Marianen im Pazifik und dem

Zusammenbruch des japanischen Gegenstoßes in der Flugzeugträgerschlacht in der Philippinensee (→20.6./S.98) ist das japanische Kriegskabinett von Ministerpräsident Hideki Todscho zum Rücktritt gezwungen. →S.110

Der Schwede Arne Andersson verbessert in Malmö seinen eigenen Meilen-Weltrekord auf 4:01,6 min.

19. Juli, Mittwoch

Der Kongreß der demokratischen Partei der USA nominiert den amtierenden US-Präsidenten Franklin Delano Roosevelt zum Kandidaten für die bevorstehende Präsidentschaftswahl (→7.11/S.190).

20. Juli, Donnerstag

Claus Graf Schenk von Stauffenberg verübt im Hauptquartier »Wolfsschanze« ein Bombenattentat auf den deutschen Führer und Reichskanzler Adolf Hitler. Mehrere Personen werden getötet, Hitler wird nur leicht verletzt. →S.115

Zur Entlastung des in den letzten Kriegsjahren übermäßig durchforsteten deutschen Waldes soll nach Mitteilung der Reichsbehörde für Forstwirtschaft auf eine neue Quelle der Holzreserven zurückgegriffen werden. Gemeint sind die Holzbestände an Landstraßen und Alleen, in Parks und in Gärten.

Die Rote Armee überschreitet auf ihrem Vormarsch den nördlichen Bug.

21. Juli, Freitag

Der deutsche NS-Gegner Generalmajor Henning von Tresckow nimmt sich einen Tag nach dem gescheiterten Attentat auf Führer und Reichskanzler Adolf Hitler (→20.7./S.115) in einem Waldstück nahe Białystok in Polen das Leben.

Jakob Kastelic, neben Pater Karl Roman Scholz und Karl Lederer – beide hingerichtet am 10. Mai 1944 – der dritte bedeutende Führer des österreichischen Widerstands, wird in Berlin hingerichtet.

Der schweizerischen Polizei gelingt es, in Genf einer Geheimdruckerei auf die Spur zu kommen. In dem Versteck waren seit Mitte Mai gefälschte Rationierungsmarken für Lebensmittel gedruckt worden.

US-Truppen landen auf der Marianeninsel Guam im Pazifik. Sie treffen nur auf geringen japanischen Widerstand.

22. Juli, Sonnabend

US-amerikanische Truppen dringen in die italienische Stadt Pisa ein.

In Chełm wird das moskaunahe »Polnische Komitee der Nationalen Befreiung« gegründet. Es übernimmt die Regierungsgeschäfte in den von der Roten Armee befreiten polnischen Gebieten. →S.113

Die Sowjetunion und Syrien nehmen diplomatische Beziehungen auf.

23. Juli, Sonntag

Sowjetische Truppen befreien das deutsche Vernichtungslager Majdanek bei

Lublin (Polen). Insgesamt 1,5 Millionen Menschen aus 26 Nationen – die meisten von ihnen Juden – sind in Majdanek ermordet worden. →S.113

Auf Vorschlag des Oberbefehlshabers der deutschen Luftwaffe, Reichsminister Hermann Göring, wird in der Wehrmacht der »Deutsche Gruß« eingeführt.

Radio Moskau verbreitet einen Aufruf des »Nationalkomitees Freies Deutschland«, in dem die deutsche Armee und das deutsche Volk aufgefordert werden, den Kampf gegen das NS-Regime aufzunehmen (→8.12/S.205).

Paris erlebt einen Sonntag ohne Metro. Die vorläufig eintägige Einstellung aller Linien der Untergrundbahn wurde aus Gründen der Stromersparnis angeordnet.

24. Juli, Montag

Bei britischen Luftangriffen auf Stuttgart, die bis zum 29. Juli andauern, werden fast 900 Zivilisten getötet. Mehr als 100 000 Menschen verlieren ihr Obdach.

König Georg VI. von Großbritannien und Nordirland trifft in Italien ein, um die britischen Truppen an der dortigen Front zu besuchen.

Die polnische Exilregierung in London protestiert gegen die Bildung des »Polnischen Komitees der Nationalen Befreiung« am →22. Juli (S.113).

25. Juli, Dienstag

Der deutsche Reichspropagandaminister Joseph Goebbels wird zum »Reichsbevollmächtigten für den totalen Kriegseinsatz« ernannt. →S.122

Die alliierte »European Advisory Commission« (Beratende Europakommission) stellt den Text einer Kapitulationsurkunde für das Deutsche Reich vor.

Die Regierung der UdSSR veröffentlicht einen Aufruf von 16 Generälen der zerschlagenen deutschen Heeresgruppe Mitte, in dem die deutschen Truppen an der Ostfront zur Aufgabe des Kampfes aufgefordert werden.

Der Ministerpräsident der italienischen faschistischen Republik von Salò, Benito Mussolini, verfügt eine Umbildung der »Faschistischen Republikanischen Partei« auf militärischer Grundlage. Alle Parteiangehörigen von 18 bis 60 Jahren, die nicht der Wehrmacht angehören, werden künftig in das militärische »Hilfskorps der Schwarzen Brigaden« eingegliedert.

26. Juli, Mittwoch

In Moskau unterzeichnen die UdSSR und das »Lubliner Komitee« (Polen) einen Freundschafts- und Bündnisvertrag. Die Aufnahme diplomatischer Beziehungen wird angekündigt (→22.7./S.113).

27. Juli, Donnerstag

1000 schwere Flugzeuge der US-amerikanischen Luftwaffe mit fast 50 000 Brandbomben an Bord bombardieren die Leunawerke in Merseburg, den größten deutschen Betrieb für die Herstellung von

synthetischem Brennstoff. Das Betriebsgelände gerät in einer Ausdehnung von mehreren Kilometern in Brand (→12.5./S.83).

Das Höhlenlazarett einer französischen Widerstandsgruppe, die in den Bergen des Vercors gegen die deutschen Besatzer kämpft, wird von deutschen Soldaten entdeckt. Verwundete, Ärzte und Pflegepersonal werden erschossen oder verschleppt. →S.112

Die »Bank of England« feiert ihr 250jähriges Bestehen. →S.123

28. Juli, Freitag

Der deutsche Reichsminister für Rüstung und Kriegsproduktion, Albert Speer, legt Führer und Reichskanzler Adolf Hitler die katastrophale Lage bei der synthetischen Treibstoffherstellung infolge der alliierten Bombenangriffe auf die Hydrierwerke dar (→12.5./S.83).

29. Juli, Sonnabend

Die Rote Armee überquert die Weichsel und bildet auf dem Westufer im Raum Baranow einen Brückenkopf. Bei den deutschen Gegenangriffen kommt erstmals der Kampfpanzer »Tiger II« (»Königstiger«) zum Einsatz.

Der diesjährige Salzburger Theater- und Musiksommer wird angesichts der Kriegsereignisse abgesagt (→14.8./S.145).

30. Juli, Sonntag

Im Deutschen Reich tritt ein »Terror- und Sabotageerlaß« in Kraft: In den besetzten Gebieten sind Widerstandskämpfer nicht mehr der Wehrmachtsgerichtsbarkeit auszuliefern, sondern an Ort und Stelle zu erschießen oder der Sicherheitspolizei zu übergeben. →S.122

London erlebt die bislang schwersten Bombenangriffe des Krieges durch die deutsche Luftwaffe (→21.1./S.20).

Ein im Auftrag der NS-Führung gedrehter Film über die Betreuung von Kriegsversehrten wird unter dem Titel »Der Wille zum Leben« in Berlin uraufgeführt.

31. Juli, Montag

Den alliierten Streitkräften gelingt in der einwöchigen Panzerschlacht von Avranches der kriegsentscheidende Durchbruch gegen die deutschen Stellungen an der Westfront. →S.111

Der französische Schriftsteller Antoine de Saint-Exupéry kehrt von einem Aufklärungsflug nicht zurück. Seine Maschine wurde vermutlich bei Korsika von deutschen Jägern abgeschossen. →S.124

Das Wetter im Monat Juli

Station	Mittlere Lufttemperatur (°C)	Niederschlag (mm)	Sonnenscheindauer (Std.)
Aachen	17,1 (17,5)	102 (75)	— (190)
Berlin	19,4 (18,3)	54 (70)	217,1 (242)
Bremen	17,7 (17,4)	122 (92)	200,9 (207)
München	16,4 (17,5)	150 (137)	173,9 (226)
Wien	— (19,5)	— (84)	— (265)
Zürich	18,0 (17,2)	93 (139)	188 (238)

( ) Langjähriger Mittelwert für diesen Monat
— Wert nicht ermittelt

Titelseite der Berliner Zeitschrift »Die Woche« vom 12. Juli 1944; die Werke des flämischen Malers Peter Paul Rubens werden von den Kunstideologen der Nationalsozialisten vereinnahmt

DIE WOCHE

BERLIN, 12. JULI 1944
HEFT 28 · PREIS 40 PFENNIG
FREI HAUS 45 PFENNIG

Peter Paul Rubens
Die Söhne des Künstlers (Ausschnitt)
Zu unserem Beitrag:
Ewige Kunst Europas

Rote Armee rückt weiter nach Westen vor

Neue japanische Führungsspitze

3. Juli. Im Rahmen der sowjetischen Sommeroffensive (→ 22.6./S.99) gegen die deutsche Heeresgruppe Mitte erobern Einheiten der 2. Weißrussischen Front die Stadt Minsk. Die Rote Armee stößt danach weiter nach Westen vor, und erst als sie Ende Juli im Norden vor Ostpreußen und Warschau und im Süden vor Belgrad steht, wird ihre Offensive vorübergehend gestoppt. Die Einnahme von Minsk durch sowjetische Verbände besiegelt das Ende der 4. deutschen Armee, die östlich der Stadt eingeschlossen wird. Das XII. Armeekorps kapituliert noch am selben Tag. Das XXVII. Armeekorps wird zersplittert; nur wenigen Soldaten gelingt der Ausbruch aus dem Kessel. Nach der 3. deutschen Panzerarmee und der 9. deutschen Armee ist nun auch die 4. deutsche Armee durch die sowjetische Sommeroffensive vernichtet worden. Die deutsche Heeresgruppe Mitte besteht damit nur noch aus acht regulären und acht Nachschubdivisionen. Auf der Seite des Gegners steht ihnen eine Über-

Rotarmisten im Gespräch mit Einwohnern der Stadt Minsk, die im Verlauf der sowjetischen Sommeroffensive durch die 2. Weißrussische Front befreit wird

macht von 132 Divisionen und 62 Panzerbrigaden gegenüber.
In den folgenden Tagen rückt die 2. Weißrussische Front weiter vor, erobert am 8. Juli Baranowitschi, am 9. Lida und am 13. Juli Wilna.
Die sowjetische Offensive verliert in der Mitte an Stoßkraft; dafür greifen nun die beiden Flügel an. Im Norden

erreicht die sowjetische 1. Baltische Front am 29. Juli den Golf von Riga und nimmt am 31. Juli Kaunas. Südlich der Heeresgruppe Mitte überschreitet die Rote Armee am 22. Juli den Bug, nimmt am 24. Juli Lublin, am 27. Białystok, überschreitet die Weichsel und steht Ende Juli vor der polnischen Hauptstadt Warschau.

18. Juli. Als Konsequenz aus den jüngsten Niederlagen Japans im Pazifikkrieg ist die Regierung in Tokio unter Ministerpräsident Hideki Todscho zum Rücktritt gezwungen. Vier Tage später, am 22. Juli, stellt der neue Ministerpräsident, General Kunaiki Koiso, sein Kabinett vor.
Der Regierungsneubildung war eine Krise in der politischen und militärischen Führung des Landes vorausgegangen, die sich an der Niederlage der japanischen Trägerflotte bei der Schlacht in der Philippinensee (→ 20.6./S.98) entzündet hatte. Die Gegner der von Todscho betriebenen, aggressiven Kriegspolitik nahmen das militärische Desaster zum Anlaß, mit Nachdruck seine sofortige Ablösung als Kriegsminister und Ministerpräsident zu fordern.
Der neue Ministerpräsident, General Koiso, wird dem gemäßigteren Flügel zugerechnet. Dennoch betont er in seiner ersten Regierungserklärung, daß er fest entschlossen sei, den Krieg bis zum endgültigen Sieg Japans weiterzuführen.

Deutsche Kriegsgefangene auf ihrem Marsch durch Moskau

Bewacht von Rotarmisten, ziehen die deutschen Männer durch die Straßen

58 000 deutsche Kriegsgefangene werden in einer langen Kolonne durch Moskau geführt

17. Juli. *In einer langen Kolonne werden 58 000 deutsche Kriegsgefangene durch die Straßen von Moskau geführt, bevor sie in Gefangenenlager überstellt werden. Vorbei an Tausenden von triumphierenden Sowjetbürgern müssen die Soldaten den erniedrigenden Marsch durch die Hauptstadt des Landes machen, gegen das sie einstmals in den Krieg gezogen waren.*
In Reihen mit jeweils 20 Männern nebeneinander bewegt sich der insgesamt etwa drei Kilometer lange Zug auf dem Sadowoj-Ring durch die Sowjetmetropole. 19 deutsche Generäle führen die »Parade« der Gefangenen an.
Der sowjetische Staats- und Parteichef Josef W. Stalin hatte den Marsch befohlen, um den sowjetischen Bürgern die Befriedigung zu verschaffen, die Geg-

ner, die sich selbst zur »Herrenrasse« erklärt hatten, nun als Besiegte und Gefangene erleben zu können. Die Deutschen hatten Tod und Verwüstung über viele Dörfer und Städte in der Sowjetunion gebracht – nun will man ihnen die Schmach ihrer Niederlage deutlich vor Augen führen.
Die durch Moskau geführten Männer sind durchweg Soldaten der Heeresgruppe Mitte, die im Verlauf der erfolgreichen sowjetischen Sommeroffensive (→ 22.6./S.99; 3.7./S.110) gefangengenommen worden waren.
Auch die US-amerikanische und britische Presse berichten mit Genugtuung über die Gefangenenkolonne. Großformatige Bilder zeigen den schmachvollen Gang der deutschen Soldaten durch die feindliche Hauptstadt.

Normandie: Caen von Alliierten erobert

Begrüßung in Washington: F. D. Roosevelt (l.) und Charles de Gaulle

De Gaulle zu Gast im Weißen Haus

6. Juli. General Charles de Gaulle, Chef des »Französischen Komitees der Nationalen Befreiung« in Algier, trifft auf Einladung von US-Präsident Franklin Delano Roosevelt in Washington ein. Im Mittelpunkt ihrer gemeinsamen Gespräche steht die von de Gaulle geforderte Anerkennung der »Provisorischen Regierung der Französischen Republik« als offizielle und legitime Regierung im befreiten Frankreich.

Nach der Landung der Alliierten in der Normandie (→6.6./S.90) hatte es Differenzen zwischen de Gaulle einerseits und den USA und Großbritannien andererseits über die zukünftige Stellung Frankreichs und die Verteilung der Machtkompetenzen in den befreiten Gebieten gegeben. De Gaulle hatte verlangt, daß er bis auf weiteres als Staatschef anerkannt werde und seine Vertreter die Regierungsmacht anstelle der von den Alliierten eingesetzten Militärkommandanten übernehmen. Was die Frage der Neuordnung Europas nach Kriegsende betrifft, forderte er, daß Frankreich neben den Vereinigten Staaten und Großbritannien als vollwertiger und gleichberechtigter Partner akzeptiert werde.

Obwohl de Gaulle sich in Washington gegenüber Roosevelt nicht in allen Punkten durchsetzen kann, kommt er einen entscheidenden Schritt weiter: Die USA erkennen de Gaulles Befreiungskomitee zwar nicht als offizielle, aber als amtierende vorläufige Regierung des französischen Mutterlandes an und übertragen ihm die »derzeitige Autorität über die Zivilverwaltung.«

9. Juli. Die französische Stadt Caen wird nach vierwöchigen erbitterten Kämpfen von alliierten Truppen eingenommen; einige Stadtviertel im Osten bleiben jedoch noch bis zum 19. Juli in deutscher Hand.

Nach dem Plan der Alliierten hatte Caen unmittelbar nach der Landung in der Normandie (→6.6./S.90) erobert werden sollen. Die in diesem Raum stationierten britischen und kanadischen Kräfte trafen jedoch auf unerwarteten Widerstand des 1. deutschen SS-Panzerkorps.

Am 7. Juli setzten die Alliierten zum entscheidenden Schlag gegen Caen an. Am Morgen begann die 9. US-Luftflotte mit der Bombardierung der Stadt. Obwohl die Piloten angehalten waren, eine Sicherheitszone rund um die Kirche auszusparen, wurden zahlreiche Zivilisten getötet. Kurz nach Beginn des Luftangriffes rückten die Verbände des 1. britischen Korps vor und eroberten, aus Nordwesten kommend, einen Vorort nach dem anderen.

Nach zweitägigen Kämpfen sind die stark dezimierten deutschen Kräfte schließlich gezwungen, sich über die Orne in die östlichen Stadtteile zurückzuziehen. Am 19. Juli müssen sie Caen völlig aufgeben.

Im Kampfgebiet der Normandie: Ein US-amerikanischer Infanterist zerstört mit einer Bazooka (Panzerabwehrwaffe) einen deutschen Panzer

US-Truppen stoßen bei Avranches vor

31. Juli. Nach sechstägigen Kämpfen gelingt es der 12. US-Heeresgruppe, die Stellungen der deutschen Wehrmacht bei Avranches (Nordfrankreich) zu durchstoßen. Damit ist der deutsche Verteidigungsring um die gegnerischen Truppen im räumlich begrenzten Invasionsgebiet (→6.6./S.90) nicht mehr geschlossen.

Durch die nur 20 km breite Frontlücke rollen starke US-Panzerkräfte in Richtung Rennes und stoßen gleichzeitig nach Osten vor. Von deutscher Seite wird sofort ein Gegenschlag eingeleitet, der jedoch nicht verhindern kann, daß die 1. US-Armee am 4. August Rennes nimmt. Die 3. US-Armee dringt zur gleichen Zeit Richtung Osten vor und gelangt auf diese Weise in den Rücken der in der Normandie stehenden deutschen Heeresgruppe B. Damit ist es den Alliierten endgültig gelungen, aus dem begrenzten Landungsgebiet auszubrechen und nach ganz Frankreich vorzustoßen.

Versorgungskrise in ganz Frankreich

11. Juli. Die Versorgungslage in Frankreich ist gut einen Monat nach der alliierten Invasion in der Normandie (→6.6./S.90) besorgniserregend. Infolge der fortdauernden Bombardierungen durch die alliierte Luftwaffe und die Sabotageakte der französischen Widerstandsgruppen sind weite Teile des Verkehrsnetzes außer Betrieb gesetzt. Lebensmittel und eine Reihe anderer Versorgungsgüter können deshalb nicht mehr in ausreichenden Mengen transportiert und verteilt werden.

In der Südzone Frankreichs, die auf die Kornsendungen aus dem Norden angewiesen ist, kann die Brotversorgung nicht mehr sichergestellt werden. Im gesamten Land sind die Fleisch- und Fettrationen drastisch reduziert worden. Paris wird nur noch in sehr begrenztem Maße mit Früchten und Gemüse beliefert. Erhebliche Einschränkungen gibt es außerdem auch landesweit im Bereich des Reise- und Postverkehrs.

Exminister Mandel von Miliz ermordet

15. Juli. Der frühere französische Innenminister, Georges Mandel, der sich 1940 der Kapitulation Frankreichs vor den Deutschen vehement widersetzt hatte, wird von der Miliz der Vichy-Regierung ermordet.

Georges Mandel, eigtl. Louis Rothschild, (* 5. 6. 1885), einflußreicher französischer Politiker; widersetzte sich als Kolonialminister (1938–1940) und Innenminister (1940) der Kapitulation vor der NS-Politik

Seit 1940 im Deutschen Reich inhaftiert, sollte Mandel an Frankreich ausgeliefert werden. Auf dem Weg zu dem vorgesehenen Aufenthaltsort wird das Auto, in dem er sich befindet, bei Fontainebleau überfallen. Mandel wird aus nächster Nähe mit sieben Schüssen ermordet.

Résistance steht im Kampf für die Befreiung Frankreichs

27. Juli. Der französische Widerstand, der in den Bergen des Vercors gegen die deutsche Besatzung kämpft, wird erneut von einem harten Schlag getroffen. Deutsche Soldaten dringen in ein Höhlenlazarett bei Luire ein und ermorden Verwundete, Ärzte und Pflegepersonal. Ein Teil der entdeckten Résistance-Angehörigen wird verschleppt und später dann hingerichtet.

Das Widerstandszentrum im Vercors, einem Gebirgskessel in den Voralpen südwestlich von Grenoble, sollte nach dem Wunsch der Alliierten nach der Landung in der Normandie (→6.6./S.90) als innerfranzösischer Brückenkopf dienen, in dem sich alle aktiven Kräfte des

Ein verwundeter französischer Partisanenführer gibt den Angehörigen seiner Gruppe Anweisungen für einen Überfall

Bewacht von seinen Kameraden, montiert ein Résistance-Angehöriger eine Sprengladung für einen Sabotageakt

Der französische Widerstand

Nachdem Frankreich sich 1940 dem Deutschen Reich unterworfen hatte, begann sich die französische Widerstandsbewegung (Résistance) zu organisieren. Sie bekam im Laufe des Krieges einen zunehmenden Einfluß und leistet schließlich einen wesentlichen Beitrag zur militärischen Befreiung des Landes von der deutschen Besatzungsmacht.

Die erst unabhängig voneinander operierenden einzelnen Widerstandsgruppen wurden im Mai 1943 im »Conseil National de la Résistance« zusammengefaßt. Dieser Widerstandsrat erkannte Charles de Gaulle als Chef des »Nationalen Befreiungskomitees« an und baute eine eigene Armee auf.

Die Résistance verteilt Flugblätter, betreibt Spionagesender, versteckt Flüchtlinge, verübt Sabotage u.ä. Vor der Invasion in der Normandie (→6.6./S.90) versorgte sie die Alliierten mit militärisch wichtigen Informationen. Seitdem führt sie zahlreiche örtlich begrenzte Befreiungskämpfe gegen die Deutschen.

Widerstands sammeln und gegen die Deutschen organisieren sollten. Anfang Juni zählte die Résistance im Vercors rund 4000 Kämpfer. Am 13. Juni begann die deutsche Wehrmacht mit ihren Aktionen gegen die Partisanen. Da die Freischärler zahlenmäßig unterlegen waren, mußten sie sich trotz erbitterten Widerstands zurückziehen. Die Deutschen ermordeten rund 200 Zivilisten und über 600 Untergrundkämpfer.

◁ △ Résistance-Angehörige, die sich Lebensmittelmarken beschafft haben, beim Einkauf in einem französischen Dorf; da sich die Widerstandskämpfer außerhalb der Legalität bewegen, haben sie offiziell keinerlei Anspruch auf eigene Lebensmittelkarten

△ Uniformierte französische Widerstandskämpfer haben sich in einem Haus im Loire-Tal versammelt; sie schalten den Radioapparat ein, um die von den Alliierten über den britischen Rundfunksender British Broadcasting Corporation London ausgestrahlten Botschaften zu empfangen

◁ Mitglieder der französischen Résistance erweisen einem gefallenen Kameraden auf einem versteckten Waldfriedhof die letzte Ehre. Vor dem traditionellen Kreuz (rechtes Grab) steht das Lothringer Kreuz – das Emblem für das Freie Frankreich; die meisten der französischen Partisanen kämpfen lieber bis zu ihrem Tod, als in die Gefangenschaft der deutschen Besatzer zu geraten

Welt erfährt von Judenvernichtung

5. Juli. Die Kenntnis von den Massendeportationen und -vernichtungen ungarischer Juden nach der deutschen Besetzung des Landes am → 19. März (S.50) dringt an die Weltöffentlichkeit. Der britische Außenminister Robert Anthony Eden berichtet vor dem Unterhaus über die »barbarischen« Judendeportationen in Konzentrationslager durch deutsche und ungarische Behörden. »Viele« Personen, so wird berichtet, seien dabei getötet worden.

Die polnische Exilregierung in London teilt am 8. Juli mit, daß bislang rund 400 000 ungarische Juden nach Polen verschleppt wurden, davon ein Großteil nach Auschwitz, wo sie in den Gaskammern ermordet werden. Die ersten 62 Eisenbahnwaggons seien am 15. Mai eingetroffen. Täglich kämen sechs weitere Züge in dem Lager an (→ 28.4./S.64).

Polen: »Lubliner Komitee«

22. Juli. In Chełm wird das »Polnische Komitee der Nationalen Befreiung« gegründet. Am 24. Juli übersiedelt es nach Lublin und übernimmt mit sowjetischer Billigung als »Lubliner Komitee« die Regierungsgeschäfte in den von der Roten Armee befreiten polnischen Gebieten.

Das »Lubliner Komitee« unter dem Vorsitz von Edward Osóbka-Morawski war auf Veranlassung des sowjetischen Staats-und Parteichefs Josef W. Stalin als Gegenmacht zur polnischen Exilregierung unter Stanisław Mikołajczyk gebildet worden. Durch die Einsetzung einer moskauhörigen Regierung möchte Stalin seine – von der Exilregierung abgelehnten – Gebietsforderungen an Polen durchsetzen. Er verlangt in Absprache mit Großbritannien und den Vereinigten Staaten alle Gebiete, die östlich der »Curzon-Linie« liegen (→ 22.2./S.37).

Sitzung des neugegründeten »Polnischen Komitees der Nationalen Befreiung«; der Vorsitzende Osóbka-Morawski (l.) und Bolesław Bierut

Schweiz gibt Juden Flüchtlingsstatus

12. Juli. In der Schweiz werden neue Regelungen zur Behandlung von Asylsuchenden erlassen: Juden gelten danach erstmals als allgemein gefährdete Personen und werden generell als Flüchtlinge anerkannt.

Damit erfahren die restriktiven Maßnahmen vom August 1942 eine weitere Lockerung. Damals war festgelegt worden, daß rassisch verfolgte Flüchtlinge nicht als politische Flüchtlinge einzustufen seien. Im gleichen Zuge wurde außerdem eine nahezu totale Grenzsperre für alle Asylsuchenden verordnet.

Angesichts immer neuer Schreckensmeldungen über die Ermordung von Juden durch das deutsche NS-Regime erklärt sich die Schweiz nun bereit, zu den bislang rund 40 000 schon in der Schweiz befindlichen Zivilflüchtlingen 14 000 Juden aus Ungarn aufzunehmen.

Erstes Vernichtungslager von der Roten Armee befreit

23. Juli. Sowjetische Truppen erreichen das deutsche Konzentrationslager Majdanek bei Lublin in Polen. Es ist das erste Massenvernichtungslager, das von alliierten Kräften befreit wird. Obwohl die Weltöffentlichkeit aus zahlreichen Berichten bereits über die systematische Ausrottung der Juden informiert ist, rufen die fotografischen Zeugnisse von den nationalsozialistischen Greueltaten tiefste Abscheu und fassungsloses Entsetzen hervor.

Die Lagerinsassen von Majdanek waren angesichts der näherrückenden Roten Armee bereits im März 1944 nach Westen evakuiert worden. Die Kranken wurden direkt ins Lager Auschwitz gebracht und in den dortigen Gaskammern ermordet. Die anderen männlichen Gefangenen brachte man nach Groß-Rosen, die Frauen in die Lager Ravensbrück und Natzweiler.

Noch während sich die Rote Armee Majdanek nähert, zerstören Kommandos der Schutzstaffel einen Teil der Lageranlagen. Es gelingt ihnen jedoch nicht, die Spuren des Massenmordes zu beseitigen. Die sowjetischen Truppen entdecken die Räume, in denen rund 1,5 Millionen Menschen vergast wurden, die Behälter mit dem Giftgas Zyklon B und die Krematorien, die der Verbrennung der Leichen dienten.

Gaskammern im Vernichtungslager Majdanek; nachdem die Häftlinge eingesperrt waren, wurde Zyklon B eingeleitet

Journalisten betrachten einen Haufen mit Schlüsseln, die den Häftlingen von Majdanek abgenommen worden waren

Reisepässe und Personalausweise einiger Opfer im Lager Majdanek

Krematorium im Vernichtungslager Majdanek, in dem die Leichen der zuvor durch Giftgas ermordeten, meist jüdischen Häftlinge verbrannt wurden

Julius Leber von der Gestapo verhaftet

4. Juli. Julius Leber und Adolf Reichwein, die dem sozialdemokratischen Flügel des deutschen Widerstands angehören und Mitglieder des »Kreisauer Kreises« waren (→19.1./S.22), werden von der Geheimen Staatspolizei (Gestapo) verhaftet. Die deutsche Opposition verliert damit zwei weitere führende Mitglieder. Leber und Reichwein hatten im

Julius Leber, sozialdemokratischer deutscher Widerstandskämpfer; 1933 bis 1937 in KZ- und Gefängnishaft, danach in engem Kontakt zum »Kreisauer Kreis«; an den Vorbereitungen zum Hitler-Attentat beteiligt

Auftrag des »«Kreisauer Kreises« Kontakt zur kommunistischen Untergrundbewegung aufgenommen und am 22. Juni ein Gespräch mit Anton Saefkow und Franz Jakob (→18.9./S.157), Funktionären der Kommunistischen Partei Deutschlands, geführt. Wenige Tage nach dem Treffen werden sie ebenso wie ihre Gesprächspartner verhaftet. Am 20. Oktober verurteilt der Volksgerichtshof Leber und Reichwein zum Tode. Reichwein wird noch am selben Tag in der Haftanstalt Berlin-Plötzensee gehängt; das Todesurteil gegen Julius Leber wird am 5. Januar 1945 vollstreckt.

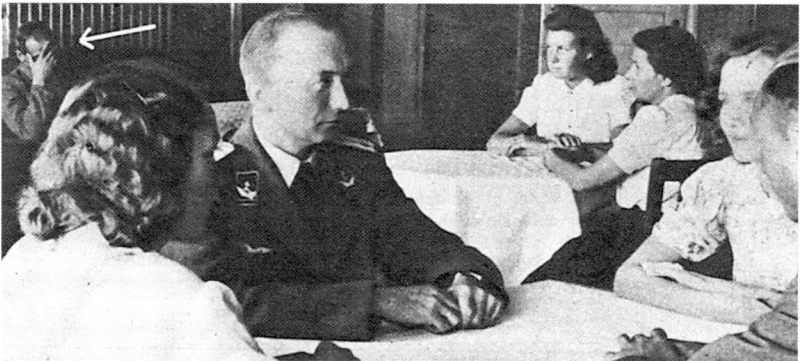

Goerdeler wird im Gasthaus von der Stabshelferin erkannt (Szene nachgestellt)

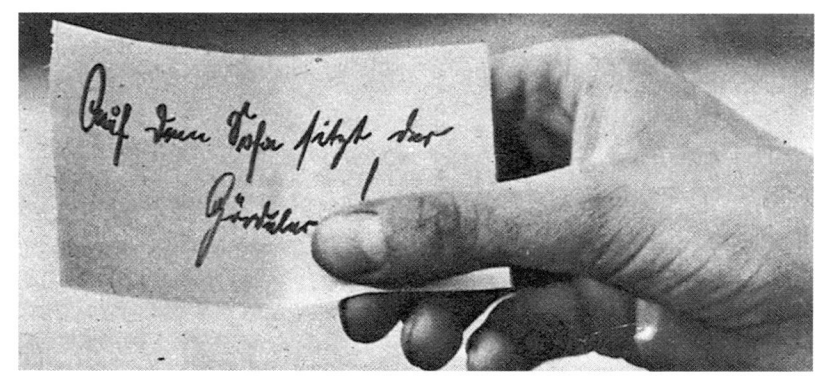

Zettel, mit dem die Stabshelferin auf ihre Entdeckung aufmerksam macht

Stabshelferin, die Goerdeler verriet

Hitler-Gegner Goerdeler auf der Flucht

18. Juli. Das deutsche Reichssicherheitshauptamt ordnet die Verhaftung des früheren Oberbürgermeisters von Leipzig, Carl Friedrich Goerdeler an, der zu den führenden Männern des bürgerlich-konservativen Widerstands zählt. Goerdeler erfährt von der bevorstehenden Festnahme und entschließt sich, zu fliehen und unterzutauchen.

Er reist nach Ostpreußen und verbirgt sich bei Bekannten und Gesinnungsfreunden. Auf seine Ergreifung wird ein Kopfgeld von einer Million Reichsmark ausgesetzt. Am 12. August erkennt ihn eine Luftwaffenhelferin, und er wird verhaftet. Am 8. September vom Volksgerichtshof zum Tode verurteilt, wird Goerdeler nach fünf Monaten Haft

schließlich am 2. Februar 1945 in Berlin-Plötzensee hingerichtet. Goerdeler war seit 1937 unermüdlich für den deutschen Widerstand tätig gewesen. Er hatte vor allem konservative und bürgerlich-nationalistische Kräfte um sich gesammelt und immer wieder versucht, auch die führenden Generäle zum Widerstand zu gewinnen.

Rommel: »Der ungleiche Kampf neigt dem Ende entgegen«

Der Oberbefehlshaber der deutschen Heeresgruppe B in Nordfrankreich, Generalfeldmarschall Erwin Rommel, informiert den deutschen Führer und Reichskanzler Adolf Hitler am 15. Juli in einem Fernschreiben über die aussichtslose militärische Situation, in der sich die deutschen Truppen im alliierten Invasionsgebiet in Frankreich (→6.6./S.90) befinden:

»Die Lage an der Front der Normandie wird von Tag zu Tag schwieriger, sie nähert sich einer schweren Krise. Die eigenen Verluste sind bei der Härte der Kämpfe... derartig hoch, daß die Kampfkraft der Divisionen rasch absinkt. Ersatz aus der Heimat kommt nur sehr spärlich... Rund 97 000 Mann an Verlusten..., also durchschnittlich pro Tag 2500 bis 3000 Mann, stehen bis jetzt insgesamt 6000 Mann Ersatz gegen-

über... Die neuzugeführten Divisionen sind kampfungewohnt und bei der geringen Ausstattung mit Artillerie... und Panzerbekämpfungsmitteln nicht imstande, feindliche Großangriffe nach mehrstündigem Trommelfeuer und starken Bombenangriffen auf die Dauer erfolgreich abzuwehren. Wie die Kämpfe gezeigt haben, wird bei dem feindlichen Materialeinsatz auch die tapferste Truppe Stück für Stück zerschlagen. Die Nachschubverhältnisse sind... derart schwierig, daß nur das Allernötigste herangebracht werden kann... Auf der Feindseite fließen Tag für Tag neue Kräfte... und Mengen an

Generalfeldmarschall E. Rommel

Kriegsmaterial der Front zu... Unter diesen Umständen muß damit gerechnet werden, daß es dem Feind in absehbarer Zeit – 14 Tagen bis drei Wochen – gelingt, die eigene dünne Front... zu durchbrechen und in die Weite des französischen Raumes zu stoßen. Die Folgen werden unübersehbar sein. Die Truppe kämpft allerorts heldenmütig, jedoch der ungleiche Kampf neigt dem Ende entgegen. Ich muß Sie bitten, die Folgerungen aus dieser Lage unverzüglich zu ziehen. Ich fühle mich verpflichtet, als Oberbefehlshaber der Heeresgruppe dies klar auszusprechen... Rommel, Feldmarschall.«

Hitler-Attentat gescheitert – Terrorregime schlägt zurück

20. Juli. Bei einem Bombenanschlag in seinem Hauptquartier »Wolfsschanze« wird der deutsche Führer und Reichskanzler Adolf Hitler leicht verletzt. Attentäter ist Oberst Claus Graf Schenk von Stauffenberg, der zusammen mit Angehörigen des militärischen und politischen Widerstands Hitler beseitigen und das nationalsozialistische Regime stürzen will. Nachdem Attentat und Staatsstreich mißglückt sind, wird auf Befehl Hitlers eine umfassende »Säuberungsaktion« durchgeführt, die das Ende für die organisierte Widerstandsbewegung im Deutschen Reich bedeutet.

Die Opposition gegen Hitler war angesichts der drohenden militärischen Niederlage des Deutschen Reiches auch in den Kreisen der Wehrmacht immer stärker angewachsen. Nachdem sich Stauffenberg aus Empörung über die nationalsozialistische Terrorherrschaft dem Widerstand angeschlossen hatte, war vor allem er derjenige, der das Umsturzvorhaben mit größter Entschiedenheit vorantrieb.

Der Plan der Verschwörer sah vor, nach dem Tod Hitlers den Alarmbefehl »Walküre« auszugeben, der eigentlich für eine Mobilisierung des Ersatzheeres bei inneren Unruhen im Reich vorgesehen ist. Nach Übernahme der Staatsgewalt sollte eine vom Widerstand gebildete neue Regierung eingesetzt werden und umgehend in Friedensgespräche mit den Westmächten treten.

Stauffenberg, seit dem 1. Juli 1944 Stabschef beim Befehlshaber des Ersatzheeres, kommt in den Plänen zum Staatsstreich eine zentrale Rolle zu. Er führt das Attentat selbst durch, weil er aufgrund seiner Position direkten Zugang zu Hitler hat, und kehrt dann nach Berlin zurück, um den Umsturz zu leiten. Auf die Nachricht, daß Hitler nur leicht verletzt ist, reagieren Stauffenbergs Mitverschwörer in Berlin jedoch mit Unentschlossenheit und geben so regimetreuen Kräften die Gelegenheit, Gegenmaßnahmen zu ergreifen. Der Putsch bricht gegen Abend zusammen; vier der Verschwörer, darunter auch Stauffenberg, werden sofort erschossen. In den folgenden Wochen geraten Tausende von NS-Gegnern in die Hände des Regimes. Rund 200 Personen werden in direktem Zusammenhang mit dem Attentat vom 20. Juli hingerichtet.

3. August 1944
Nummer 31 / 19. Jahrgang

Kölnische Illuſtrierte Zeitung

Preis **20** Pfg.

Druck und Verlag von M. DuMont Schauberg, Köln
Auslandspreise auf der Rückseite

Ein historisches Bilddokument vom 20. Juli

Aufnahme: Gerd Baatz (Laux)

Das erste Bild des deutschen Führers und Reichskanzlers Adolf Hitler nach dem mißglückten Anschlag; Hitler hat sich zum Bahnhof Rastenburg begeben, um den Ministerpräsidenten der italienischen faschistischen Republik von Salò, Benito Mussolini, den er zu einem Staatsbesuch erwartet, zu empfangen. Hitler wurde von der Bombe, die in der Lagebaracke detonierte und ihn töten sollte, nur leicht verletzt; geschützt durch einen massiven Eichentisch, hat er lediglich Hautabschürfungen, leichte Verbrennungen, Blutergüsse und ein geplatztes Trommelfell davongetragen; um alle Gerüchte über seinen Tod von vornherein zu zerstreuen, zeigt Hitler sich bereits unmittelbar nach dem Attentat in der Öffentlichkeit; viele sehen sich durch sein Glück in ihrem Glauben an die Unverletzlichkeit des »vom Schicksal bestimmten Führers« bestätigt

Chronik des 20. Juli 1944 – das Bombenattentat auf Adolf Hitler

20. Juli. Nach mehreren vergeblichen Versuchen wird das lang geplante Attentat deutscher Widerstandskämpfer auf Führer und Reichskanzler Adolf Hitler durchgeführt. Trotz intensiver Vorbereitung scheitert der Staatsstreich an Mißverständnissen, fehlender Tatkraft und Unentschlossenheit mancher Offiziere, Fehlern bei der Planung und nicht zuletzt an unberechenbaren Zufällen.

Oberst Claus Graf Schenk von Stauffenberg, Chef des Generalstabs beim Oberbefehlshaber des Ersatzheeres, hat die Aufgabe übernommen, Hitler zu beseitigen. Stauffenberg ist zwar körperlich gehandikapt – er hat nach einer Kriegsverletzung nur noch eine Hand mit drei Fingern – ist aber andererseits einer der wenigen Offiziere des Verschwörerkreises, der bisweilen zu den Besprechungen Hitlers im strengbewachten Führerhauptquartier »Wolfsschanze« eingeladen wird. Der ursprüngliche Plan Stauffenbergs, sich zur Sicherheit zusammen mit Hitler in die Luft zu sprengen, wird verworfen, da Stauffenberg für die Organisation des geplanten Umsturzes in der Bendlerstraße in Berlin unabkömmlich ist. Von dort aus sollen nach dem Tode Hitlers der »Walküre«-Plan in Gang gesetzt und alle nationalsozialistischen Machtzentren, also die wichtigsten Dienststellen von Partei, Verwaltung, Polizei, Geheimer Staatspolizei und Schutzstaffel (SS), ausgeschaltet werden. Doch dazu kommt es nicht mehr: Der folgende zeitliche Ablauf des 20. Juli zeigt, wie und warum das Attentat scheitert.

Vorabend: An die 30 dem Verschwörerkreis angehörende Offiziere – unter ihnen Stauffenberg, Generalfeldmarschall Erwin von Witzleben, Generaloberst Erich Hoepner und der Wehrmachtskommandant von Berlin, Paul von Hase – finden sich zu einer letzten Besprechung zusammen. Alle erfahren, daß am nächsten Tag die Bombe gezündet werden soll. Nach der Zusammenkunft begibt sich Stauffenberg in seine Wohnung.

Kurz nach 6 Uhr: Stauffenberg verläßt in Begleitung seines Bruders Berthold seine Wohnung und läßt sich von seinem Fahrer in die Innenstadt bringen. Dort stößt dann Oberstleutnant Werner Karl von Haeften zu ihnen; sie fahren gemeinsam zum Flugplatz Rangsdorf.

7 Uhr: Eine »He 111« mit Stauffenberg und Haeften an Bord startet Richtung Rastenburg. Die Verschwörer haben jeder eine Aktentasche mit einer Bombe bei sich, die mit lautlos arbeitenden chemischen Zündern versehen sind. Stauffenbergs Bruder begibt sich vom Flughafen in die Bendlerstraße, wo das Reichswehrministerium und der Generalstab ihren Sitz haben.

10.15 Uhr: Stauffenberg und Haeften landen in Rastenburg. Am Flugplatz steht ein Wagen bereit, der sie beide ins Führerhauptquartier »Wolfsschanze« bringt. Im inneren Sperrkreis des Führerhauptquartiers angekommen, frühstückt Stauffenberg im Kasino und begibt sich anschließend zu General Erich Fellgiebel, dem Chef des Wehrmachtsnachrichtendienstes, der in die Attentatspläne eingeweiht ist. Er soll die Verschwörer in der Berliner Bendlerstraße später vom Gelingen des Anschlags verständigen und das Führerhauptquartier »Wolfsschanze« von allen Nachrichtenverbindungen abschneiden.

Etwa 11.30 Uhr: Stauffenberg trifft sich mit Generalfeldmarschall Wilhelm Keitel, dem Chef des Oberkommandos der Wehrmacht. Keitel teilt Stauffenberg mit, daß die Lagebesprechung um eine halbe Stunde auf 12.30 Uhr vorverlegt wird und außerdem wegen der großen Hitze dieses Mal in der »Lagebaracke« stattfindet.

Kurz vor 12.30 Uhr: Keitel bricht zu der Besprechung auf. Stauffenberg fragt, wo er noch schnell ein Hemd wechseln könne. Der Adjutant Ernst John von Freyend geleitet ihn in ein Schlafgemach. Hier schaltet der Attentäter den Säurezünder der Bombe ein. Er kommt nicht mehr dazu, auch noch die zweite mitgebrachte Bombe scharf zu machen, denn noch ehe er die erste in der Aktentasche verstaut hat, reißt Freyend plötzlich die Tür zu dem Zimmer auf und mahnt zur Eile.

Stauffenberg (l.) und Mertz im Bendlerblock (Foto: 18. oder 19. 7.)

Stauffenberg geht nun zur Besprechung in die Lagebaracke.

Kurz nach 12.30 Uhr: Keitel und Stauffenberg betreten den Konferenzraum, wo die Besprechung bereits begonnen hat. Außer Hitler befinden sich weitere 23 Personen in der Holzbaracke. Sie haben sich um einen schweren Eichentisch mit dicker Platte und massiven Beinen ver-

sammelt und studieren die ausgebreiteten Lagepläne. Stauffenberg erhält einen Platz rechts neben Hitler. Während der Vortrag über die Lage an der Ostfront weitergeht, schiebt er die Aktentasche mit der Bombe so weit wie möglich in die Nähe Hitlers unter den Tisch.

Etwa 12.37 Uhr: Fünf Minuten bevor die Bombe explodiert, verläßt Stauffenberg unauffällig den Raum. Unterdessen stellt ein Besprechungsteilnehmer die Aktentasche mit der Bombe auf die von Hitler abgewandte Seite des schweren Eichentischbeins, weil sie ihn beim Betrachten der Karten stört.

Etwa 12.42 Uhr: Mit einem ohrenbetäubenden Knall explodiert die Bombe. Die Anwesenden werden durch die Druckwelle zu Boden geschleudert, der Tisch zerbirst und die Decke stürzt herab. Fast alle sind leicht oder schwer verwundet; vier Personen sterben. Hitler, geschützt durch die massive Tischplatte und das Tischbein, trägt lediglich Blutergüsse, Hautabschürfungen, leichte Verbrennungen und ein geplatztes Trommelfell davon. Stauffenberg und Haeften beobachten die Explosion aus einiger

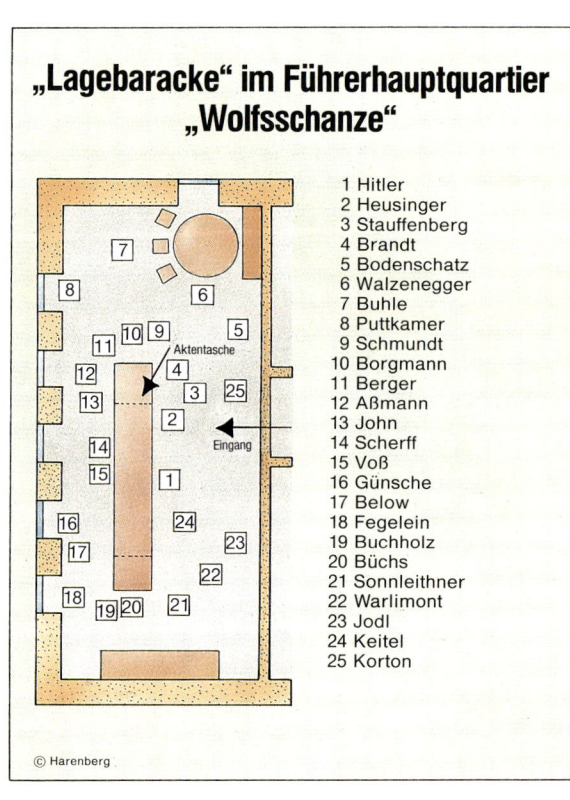

»Lagebaracke« im Führerhauptquartier »Wolfsschanze«

1 Hitler
2 Heusinger
3 Stauffenberg
4 Brandt
5 Bodenschatz
6 Walzenegger
7 Buhle
8 Puttkamer
9 Schmundt
10 Borgmann
11 Berger
12 Aßmann
13 John
14 Scherff
15 Voß
16 Günsche
17 Below
18 Fegelein
19 Buchholz
20 Büchs
21 Sonnleithner
22 Warlimont
23 Jodl
24 Keitel
25 Korton

Aktentasche

Eingang

© Harenberg

Durch eine Verstrickung widriger Umstände wird Hitler nicht durch die explodierende Bombe getötet; Stauffenberg hatte die Aktentasche mit der Sprengladung auf der linken, Hitler zugewandten Seite des schweren Eichentischbeins deponiert, doch als er die Lagebaracke verlassen hat, stellt Oberst Heinz Brandt sie auf die andere Seite des Sockels, da sie ihn bei der Betrachtung der Lagekarte stört; die Wucht der Explosion wird so von Hitlers Körper weg nach rechts geleitet

scheitert, der Staatsstreich der Offiziere wird niedergeschlagen

Bendlerblock in Berlin, Befehls- und Verwaltungszentrum des deutschen Heeres; in diesem Gebäude spielen sich die Hauptereignisse des 20. Juli ab

Entfernung und gewinnen die Überzeugung, daß Hitler tot ist. Obwohl der Alarm schon ausgelöst ist, gelingt es ihnen, das Gelände der »Wolfsschanze« zu verlassen.

13.15 Uhr: Die beiden Verschwörer starten von Rastenburg wieder in Richtung Berlin. Dort erfährt Friedrich Olbricht, Chef des Allgemeinen Heeresamtes und einer der Mitverschwörer, unterdessen telefonisch, daß der Anschlag stattgefunden, Hitler aber überlebt hat.
Während Stauffenberg sich auf dem zweieinhalbstündigen Flug nach Berlin befindet, bahnt sich dort das Verhängnis an. Verunsichert durch die Meldung von dem mißglückten Attentat, passiert dort viele Stunden lang fast nichts.

15.45 Uhr: Stauffenberg landet in Berlin-Rangsdorf und übermittelt Friedrich Olbricht telefonisch die Nachricht: »Hitler ist tot!«

16.00 Uhr: Erst jetzt begibt sich Olbricht zu Generaloberst Friedrich Fromm, der als Befehlshaber des Ersatzheeres zur Unterzeichnung der offiziellen »Walküre«-Pläne berechtigt ist. Fromm besteht darauf, sich erst selbst vom Tode Hitlers zu vergewissern; er ruft in Rastenburg an, erfährt von Keitel, daß Hitler lebt und weigert sich daraufhin, den Mobilisierungsbefehl »Walküre« amtlich in Gang zu setzen.

Inzwischen sind jedoch schon die ersten Maßnahmen angelaufen. Die in Berlin stationierten Truppen, die Infanterieschule in Döberitz und das Berliner Wachbataillon unter dem Befehl von Major Otto Ernst Remer, werden alarmiert und in Marsch gesetzt. Die Dinge entwickeln sich jedoch nur zögernd, da allgemein Unklarheit darüber besteht, was passiert ist und welchen Befehlen man gehorchen soll.

Gegen 16.30 Uhr: Stauffenberg und Haeften treffen gleichzeitig mit Generaloberst Ludwig Beck und anderen Mitverschwörern in der Bendlerstraße ein. Gemeinsam drängen sie Fromm, sich der Verschwörung anzuschließen und »Walküre« zu unterschreiben. Als dieser sich immer noch standhaft weigert, wird er festgenommen und in einen Nebenraum gesperrt.
Während die Verschwörer in Berlin nur langsam zur Tat schreiten, geht der Staatsstreich in Paris auf Befehl von General Karl-Heinrich von Stülpnagel, Militärbefehlshaber in Frankreich, zügig voran. In einer Großaktion werden die 1200 Angehörigen der SS und des Sicherheitsdienstes von Paris verhaftet. Doch auch im Westen scheitert der Putsch, und zwar an Generalfeldmarschall Hans Günther von Kluge, dem Oberbefehlshaber der Heeresgruppe B in Frankreich. Als Kluge nach dem Attentat erfährt,

daß Hitler noch am Leben ist, läßt er Stülpnagel festsetzen und gibt den Befehl, die bereits eingeleiteten Verhaftungsmaßnahmen rückgängig zu machen. Die Großaktion läßt sich allerdings nicht mehr stoppen, und bis 22.30 Uhr befinden sich in Paris alle NS-Leute in Haft.

Nachmittag: Während in Paris die Verhaftungswelle anläuft, entgleitet dem Berliner Wehrmachtskommandanten Hase, der für die Mobilisierung der Truppen verantwortlich ist, die Situation: Hase hatte Major Remer mitgeteilt, daß Hitler tot sei und ihm befohlen, sein Bataillon bereitzuhalten. Ein zufällig anwesender NS-Funktionär kann Remer davon überzeugen, sich erst einmal bei Reichspropagandaminister Joseph Goebbels über die Richtigkeit der Angaben zu vergewissern. Auf diese Weise erfährt Goebbels von den Vorgängen. Er erfaßt sofort, daß es sich um einen Putsch großen Stils handelt und beordert Remer zu sich. Es gelingt Goebbels – und das ist zu diesem Zeitpunkt verhängnisvoll für die Verschwörer – eine Telefonverbindung mit Hitler herzustellen, der Remer auf der Stelle zum Oberst befördert und ihm befiehlt, mit seinen Truppen den Putsch niederzuschlagen.

Gegen 19 Uhr: Nur ein Teil der von den Putschisten mobilisierten Truppen hat sich auf die ihnen zugedachten Positionen begeben. Die Befehle der Verschwörer werden, wenn überhaupt, nur zögernd befolgt, zumal zu dieser Zeit bereits die ersten Gegenbefehle durchdringen. Gegen Abend sind Reichskanzlei, Reichspropagandaministerium, Reichssicherheitshauptamt und vor allem die Rundfunksender noch nicht besetzt, so daß bis 19 Uhr im Rundfunk bereits mehrmals die Nachricht vom fehlgeschlagenen Attentat auf Hitler gemeldet wird.

20 Uhr: Oberst Remer sammelt seine Truppen und bereitet, wie von Hitler angeordnet, den Angriff auf die Bendlerstraße vor. Gegen 21 Uhr kontrollieren seine Verbände das gesamte Stadtzentrum.

22.40 Uhr: Eine von den Verschwörern angeforderte Kompanie der

Heereswaffenmeisterschule trifft zur Sicherung des Gebäudes in der Bendlerstraße ein. Doch kurz darauf erreicht auch Remers Wachbataillon die Bendlerstraße, entwaffnet die Schulkompanie und belagert den Gebäudekomplex. Die Verschwörer sind ohne Hoffnung auf Verstärkung eingeschlossen.

22.45 Uhr: Stauffenberg telefoniert nach Paris und teilt mit, daß endgültig alles verloren ist.

22.50 Uhr: Einige Hitler-treue Offiziere stürmen das Büro, in dem sich Stauffenberg, sein Bruder Berthold, Haeften, Beck, Peter Graf Yorck von Wartenburg, Eugen Gerstenmaier und Albrecht Mertz von Quirnheim versammelt haben. Fromm, der inzwischen befreit worden ist, betritt kurz darauf den Raum: »So meine Herren«, sind seine Worte, »jetzt mache ich mit Ihnen das, was Sie heute nachmittag mit mir machen wollten«. Er entwaffnet die Verschwörer und erklärt sie für verhaftet. Der pensionierte Generaloberst Beck bittet darum, sich selbst erschießen zu dürfen. Fromm läßt ihn gewähren. Beck richtet zweimal die Pistole an seine Schläfe, doch beide Schüsse sind nicht tödlich. Ein Feldwebel gibt ihm den »Gnadenschuß«.
Fromm fordert als Chef eines selbsternannten Standgerichts die Verschwörer auf, rasch noch eine Notiz für ihre Angehörigen niederzuschreiben. Er geht in sein Büro, kehrt nach fünf Minuten zurück und verkündet: »Es werden Oberst im Generalstab von Mertz, General Olbricht«, er deutet auf Stauffenberg, »der Oberst, den ich mit Namen nicht mehr nennen will, und der Oberstleutnant von Haeften zum Tode verurteilt.«

Gegen Mitternacht: Die vier Männer werden in den Hof der Bendlerstraße geführt. Wehrmachtsfahrzeuge geben mit ihren Scheinwerfern Licht für die Exekution. Nacheinander werden Olbricht, Haeften, Stauffenberg und dann Mertz vor einen Sandhaufen gestellt und erschossen. Stauffenberg stirbt mit dem Ausruf: »Es lebe das heilige Deutschland«. Der Aufstand der Offiziere ist beendet.

Hitler: »Ich selbst bin unverletzt…«

20. Juli. Bald nachdem gegen 12.42 Uhr die von Claus Graf Schenk von Stauffenberg gezündete Bombe in dem Führerhauptquartier »Wolfs-schanze« explodiert ist, stellt sich heraus, daß der deutsche Führer und Reichskanzler Adolf Hitler dem Anschlag beinahe unversehrt entgangen ist. Sofort werden Maßnahmen zur Ergreifung der Attentäter und zur Niederschlagung des angelaufenen Staatsstreichs ergriffen.

Hitler reagiert zunächst unerwartet ruhig auf den Anschlag. Gegen 14 Uhr fährt er zum Bahnhof Rastenburg, um den für diese Zeit angekündigten Ministerpräsidenten der italienischen faschistischen Republik von Salò, Benito Mussolini, zu empfangen. Gemeinsam kehren sie zur »Wolfsschanze« zurück, und Hitler zeigt Mussolini die durch die Explosion zerstörte Baracke. Erst als sich die beiden Diktatoren zum Tee niedersetzen, bekommt Hitler plötzlich einen Anfall rasender Wut. Tobend und lauthals schreiend droht er den Widerstandskämpfern und ihren Familien die schrecklichsten Vergeltungsmaßnahmen an.

Währenddessen befindet sich Reichsführer SS Heinrich Himmler bereits auf dem Weg nach Berlin, seine Ernennug zum Befehlshaber des Ersatzheeres in der Tasche. In Zusammenarbeit mit Reichspropagandaminister Joseph Goebbels soll er den Putsch niederschlagen.

Um der von den Verschwörern verbreiteten Meldung vom Tod Hitlers entgegenzuwirken, wird in der »Wolfsschanze« eine Ansprache vorbereitet, die der Führer über Rundfunk an das deutsche Volk richten soll. Da kein Übertragungsgerät zur Stelle ist, kann die Rede erst in der Nacht auf den 21. Juli gegen 1 Uhr gesendet werden: »Eine ganz kleine Clique ehrgeiziger, gewissenloser und zugleich verbrecherischer, dummer Offiziere hat ein Komplott geschmiedet, um mich zu beseitigen… Die Bombe, die von dem Oberst Graf von Stauffenberg gelegt wurde, krepierte zwei Meter an meiner rechten Seite… Ich selbst bin völlig unverletzt bis auf ganz kleine Hautabschürfungen, Prellungen oder Verbrennungen. Ich fasse das als eine Bestätigung des Auftrages der Vorsehung auf, mein Lebensziel weiter zu befolgen, so wie ich es bisher getan habe…«

Hermann Göring (M.), Oberbefehlshaber der Luftwaffe, besichtigt mit einigen Offizieren die durch das Bombenattentat verwüstete Lagebaracke; durch die starke Detonation ist das Mobiliar zerborsten und die Decke herabgestürzt

Nach dem Attentat: Der nur leicht verletzte Hitler (l.) zusammen mit Göring (r.) in der durch die Explosion zerstörten Lagebaracke im Führerhauptquartier »Wolfsschanze«

Führer und Reichskanzler Adolf Hitler nach dem Attentat; während im Hauptquartier größte Aufregung herrscht, reagiert Hitler zunächst unerwartet ruhig auf den Anschlag

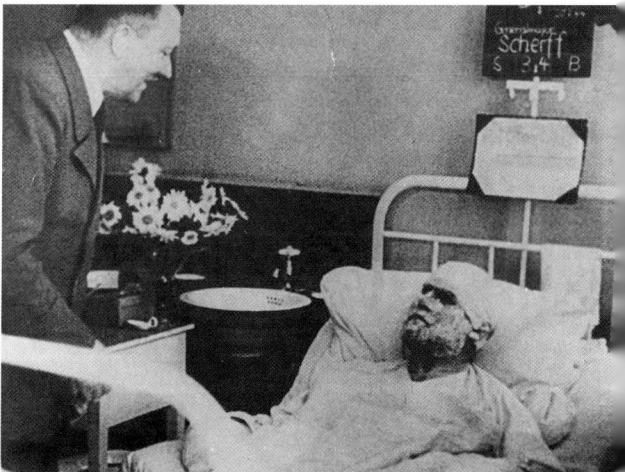

Hitler besucht die bei dem Bombenattentat Verwundeten im Krankenhaus; von den 24 Personen, die bei der Explosion anwesend waren, starben vier an ihren Verletzungen

Göring (l.) und Hitler (r.) blicken auf den durch die Bombendetonation verwüsteten Besprechungsraum

Wenige Stunden nach dem Attentat in der »Wolfsschanze« (v.l.): Benito Mussolini, Ministerpräsident der Republik von Salò, Reichsleiter Martin Bormann, Großadmiral Karl Dönitz, Adolf Hitler, Reichsmarschall Hermann Göring

Reichsaußenminister Joachim von Ribbentrop (l.) im Gespräch mit Hitler

Reichskanzler Adolf Hitler zeigt dem Ministerpräsidenten der italienischen faschistischen Republik von Salò, Benito Mussolini, die Wirkung der Bombe; Mussolini war kurz nach dem Attentat zu einem Staatsbesuch eingetroffen

Reichskanzler Adolf Hitler (l.) im Gespräch mit Generalfeldmarschall Wilhelm Keitel (r.), Chef des Oberkommandos der Wehrmacht, der bei dem Anschlag zugegen war und ebenso wie Hitler nur leichte Verletzungen davongetragen hat

Rache des NS-Regimes: Verfolgung, Folter und Hinrichtung

20. Juli. Nach dem gescheiterten Attentat auf den deutschen Führer und Reichskanzler Adolf Hitler beginnt die gnadenlose Jagd des Regimes auf die Täter und Mitwisser. Verfolgung, Terror, Folterungen und Hinrichtungen treffen nicht nur diejenigen, die an der Verschwörung direkt beteiligt sind, sowie ihre Familien, sondern auch viele andere einer antifaschistischen und hitler-feindlichen Haltung Verdächtigte.

Schon in der Nacht nach dem Anschlag beginnen die Bluttaten. Die Attentäter und Verschwörer Claus Graf Schenk von Stauffenberg, Albrecht Mertz von Quirnheim, Werner Karl von Haeften und Friedrich Olbricht werden auf der Stelle hingerichtet. Ludwig Beck hatte kurz vorher Selbstmord begangen. Die Leichen der fünf Männer werden unmittelbar nach den Hinrichtungen beigesetzt, am nächsten Tag jedoch auf Befehl von Reichsführer SS Heinrich Himmler wieder ausgegraben und verbrannt; die Asche wird über einen Acker verstreut.

Das NS-Regime nimmt die erste Rache an den Toten; danach sind dann die Lebenden an der Reihe.

Himmler bildet bei der Geheimen Staatspolizei (Gestapo) eine »Sonderkommission 20. Juli«, der 400 Beamte angehören. Die Menschjagd beginnt. Erbarmungslos werden die Armeestäbe durchleuchtet, Kopfgelder ausgesetzt und Verhaftungen vorgenommen. Unter Anwendung von Folter verhört die Gestapo die Verhafteten und erfährt so die Namen weiterer Gegner des nationalsozialistischen Regimes.

Kaum einer der Verschwörer hatte Vorbereitungen zur Flucht im Falle eines Scheitern des Staatsstreichs getroffen. Die wenigsten versuchen unterzutauchen. Sie rechnen damit, vor ein Ehrengericht gestellt, verurteilt und erschossen zu werden und halten es für ihre Pflicht, mit Anstand zu sterben. Immer noch unterschätzen sie das Regime, das nicht nur ihren Tod, sondern eine möglichst grausame Tötung und die Ausrottung ganzer Geschlechter will.

Einer der ersten Verschwörer, die festgenommen werden, ist General Erich Fellgiebel. Wie viele nach ihm schickt man ihn nach seiner Verhaftung am Nachmittag des 20. Juli in der »Wolfsschanze« sofort in die Folterkammern der Gestapo. Nicht anders ergeht es den Verschwörern, die noch am Abend des 20. Juli zusammen mit Stauffenberg in der Widerstandszentrale in der Bendlerstraße in Berlin überwältigt und festgenommen werden.

Einige der Staatsstreichteilnehmer entziehen sich durch Selbstmord der zu erwartenden Verhaftung und den grausamen Folterungen.

General Karl-Heinrich von Stülpnagel, der als Militärbefehlshaber in Frankreich den Putsch auslöste, erhält am Morgen des 21. Juli den Befehl, sich in Berlin zu melden. Auf der Fahrt schießt er sich eine Kugel in den Kopf, die ihn jedoch nicht tötet und auch nicht vor der Hinrichtung bewahrt. Ebenfalls am 21. Juli erschießt sich General Henning von Tresckow, einer der Drahtzieher der

Verschwörung, in einem Wald an der Ostfront. Auch Generalquartiermeister Eduard Wagner, Oberstleutnant Werner Schrader und der Major Hans Ulrich von Oertzen begehen nach dem mißglückten Putsch Selbstmord, um nicht in die Hände der Gestapo zu fallen.

Die Gesamtzahl der Verhaftungen im Zusammenhang mit dem 20. Juli beträgt schätzungsweise 7000, darunter zahlreiche Mitglieder kommunistischer Organisationen. Die Zahl der unmittelbaren Opfer dürfte etwa bei 170 liegen. Davon gehören mindestens 20 der Widerstandsgruppe um Carl Friedrich Goerdeler (→ 18.7./S.114) an, mindestens 60 kommen aus dem Kreise der Wehrmacht, mindestens zehn vom Geheimdienst, acht aus dem »Kreisauer Kreis« (→ 19.1./S.22), sechs aus dem Solf-Kreis, zehn vom sozialdemokratischen Widerstand und acht bis zehn aus christlichen Gruppen. Dazu kommen noch etwa 700 Wehrmachtsangehörige, die zum Tode verurteilt und hingerichtet werden.

Henning von Tresckow (*10.1.1901) gehört zu den führenden Mitgliedern der Widerstandsbewegung. Ab 1941 scharte er als Erster Generalstabsoffizier der Heeresgruppe Mitte an der Ostfront eine Gruppe von Offizieren um sich, die zu einem Attentat entschlossen waren. Nachdem mehrere Versuche 1943 fehlschlugen, beteiligte er sich an der Vorbereitung des von Claus Graf Schenk von Stauffenberg geplanten Staatsstreichs. Nach dessen Scheitern begeht Tresckow am 21. Juli bei Białystok Selbstmord.

Friedrich Olbricht (*4.10.1888) ist Chef des Allgemeinen Heeresamtes und einer der führenden Männer des 20. Juli. Olbricht hat seit 1938 Kontakt zu Widerstandskreisen und ist seit 1943 aktiv an der Vorbereitung eines Staatsstreichs beteiligt. Zusammen mit Claus Graf Schenk von Stauffenberg plante er die »Operation Walküre«, die vorsieht, daß Teile des Ersatzheeres nach dem Attentat dem Befehl der Widerstandskämpfer unterstellt werden. Olbricht wird am Abend des 20. Juli erschossen.

Ludwig Beck (*29.6.1880), zwischen 1935 und 1938 Generalstabschef des deutschen Heeres, war an der Vorbereitung und Durchführung des Attentats am 20. Juli maßgeblich beteiligt. Als entschiedener Gegner der nationalsozialistischen Kriegspolitik trat Beck 1938 von seinem Posten zurück, wurde aus der Wehrmacht entlassen und steht seitdem im Mittelpunkt des militärisch-konservativen Flügels der Widerstandsbewegung. Beck wird nach einem gescheiterten Selbstmordversuch am 20. Juli erschossen.

Claus Graf Schenk von Stauffenberg (*15.11.1907), seit dem 1. Juli 1944 Stabschef beim Befehlshaber des Ersatzheeres, spielt die führende Rolle beim Attentat am 20. Juli. Zunächst von den Erfolgen des Führers und Reichskanzlers Adolf Hitler beeindruckt, wuchs seine Empörung über die nationalsozialistische Terrorpolitik, und seit 1942 befaßt er sich mit Umsturzplänen. Trotz einer schweren Kriegsverletzung führt er das Attentat auf Hitler persönlich aus. Am Abend des 20. Juli wird er erschossen.

»Ungeheuerliches hat sich abgespielt...«

Die Verschwörer um Claus Graf Schenk von Stauffenberg hatten einen Aufruf vorbereitet, den sie nach einem erfolgreichen Attentat auf den deutschen Führer und Reichskanzler Adolf Hitler und einem gelungenen Staatsstreich an das deutsche Volk richten wollten:

»Deutsche!

Ungeheuerliches hat sich in den letzten Jahren vor unseren Augen abgespielt. Hitler hat ganze Armeen gewissenlos wider den Rat der Sachverständigen seiner Ruhmsucht, seinem Machtdünkel, seiner gotteslästerlichen Wahnidee geopfert, berufenes und begnadetes Werkzeug der ›Vorsehung‹ zu sein.

Nicht vom deutschen Volk gerufen, sondern durch Intrigen schlimmster Art an die Spitze der Regierung gekommen, hat er durch dämonische Künste und Lügen, durch ungeheuerliche Verschwendungen,... die das deutsche Volk in gewaltige Schulden gestürzt haben, Verwirrung angerichtet. Um sich an der Macht zu halten, hat er damit eine zügellose Schreckensherrschaft verbunden, das Recht zerstört, den Anstand in Acht erklärt, die göttlichen Gebote reinen Menschentums verhöhnt und das Glück von Millionen von Menschen vernichtet.

Mit tödlicher Sicherheit mußte seine wahnwitzige Verachtung aller Menschen unser Volk ins Unglück stürzen, sein blutiger Terror gegen Wehrlose den deutschen Namen der Schande überantworten. Rechtlosigkeit, Vergewaltigung der Gewissen, Verbrechen und Korruption hat er in unserem Vaterlande, das von jeher stolz auf seine Rechtlichkeit und Redlichkeit war, auf den Thron gesetzt, Wahrheit und Wahrhaftigkeit, zu denen selbst das kleinste Volk seine Kinder zu erziehen für seine größte Aufgabe hält, werden bestraft und verfolgt. So droht dem öffentlichen Wirken und dem Leben des einzelnen tödliche Vergiftung. Das aber darf nicht sein, so geht es nicht weiter! Dafür dürfen Leben und Streben unserer Männer, Frauen und Kinder nicht fernerhin mißbraucht werden. Unserer Väter wären wir nicht würdig, von unseren Kindern müßten wir verachtet werden, wenn wir nicht den Mut hätten, alles, aber auch alles zu tun, um diese furchtbare Gefahr von uns abzuwenden und

wieder Achtung vor uns selbst zu erringen.

Zu diesem Zweck haben wir, nachdem wir unser Gewissen vor Gott geprüft haben, die Staatsgewalt übernommen. Unsere tapfere Wehrmacht ist Bürge für Sicherheit und Ordnung. Die Polizei wird ihre Pflicht erfüllen... Helfe jeder durch Disziplin und Vertrauen mit. Erfüllt Euer Tagewerk mit neuer Hoffnung. Helft einander! Eure gepeinigten Seelen sollen wieder ruhig und getrost werden.

Fern jedes Hasses werden wir der inneren, in Würde der äußeren Versöhnung zustreben. Unsere erste Aufgabe wird es sein, den Krieg

von seinen Entartungen zu reinigen und die verheerenden Vernichtungen von Menschenleben, Kultur- und Wirtschaftswerken hinter den Fronten zu beenden. Wir wissen alle, daß wir nicht Herren über Krieg und Frieden sind. Im festen Vertrauen auf unsere unvergleichliche Wehrmacht und im zuversichtlichen Glauben an die von Gott der Menschheit gestellten Aufgaben wollen wir alles zur Verteidigung des Vaterlandes und zur Wiederherstellung einer gerechten... Ordnung opfern, wieder in Achtung vor den göttlichen Geboten, in Sauberkeit und Wahrheit, für Ehre und Freiheit leben!«

Geplante Regierung des 20. Juli

Reichspräsident oder Reichsverweser:
Generaloberst Ludwig Beck
oder Generalfeldmarschall Erwin von Witzleben

Reichskanzler: Carl Friedrich Goerdeler oder Julius Leber	**Vizekanzler:** Wilhelm Leuschner
Oberbefehlshaber der Wehrmacht: Generalfeldmarschall Erwin Rommel oder Erwin von Witzleben, Friedrich Olbricht	**Staatssekretär:** Peter Graf Yorck von Wartenburg
Justiz: Joseph Wirmer	**Inneres:** Julius Leber
Finanzen: Ewald Loeser	**Wirtschaft:** Paul Lejeune-Jung
	Arbeit: Bernhard Letterhaus
Kultur: Kurt Schuschnigg oder Eugen Bolz, Johannes Popitz	**Äußeres:** Ulrich von Hassell oder Friedrich Werner Graf von der Schulenburg

Zusammensetzung der geplanten Regierung

Die Widerstandsgruppe um Claus Graf Schenk von Stauffenberg hatte sich vor dem Attentat auf den deutschen Führer und Reichskanzler Adolf Hitler bereits auf die Zusammensetzung einer neuen Reichsregierung geeinigt, die nach der Durchführung des Staatsstreichs die Macht übernehmen sollte. Für einige Besetzungen der Regierungsfunktionen gibt es Alternativvorschläge.

Für das Amt des Reichspräsidenten oder Reichsverwesers war an erster Stelle Ludwig Beck ausersehen. Der 1880 in Berlin geborene Generaloberst, seit 1911 im Generalstab tätig, hatte 1933 die Leitung des Truppenamtes übernommen und wurde 1935 an die Spitze

des Generalstabs des Heeres berufen. Während der Sudetenkrise im August 1938 trat er aus Opposition gegen die Pläne von Führer und Reichskanzler Adolf Hitler zur vollständigen Zerschlagung der Tschechoslowakei von seinem Posten zurück. In der Folgezeit wurde er immer stärker zum Mittelpunkt der militärischen und nichtkommunistisch-zivilen Widerstandsbewegung im Deutschen Reich.

Reichskanzler sollte der frühere Leipziger Oberbürgermeister Carl Friedrich Goerdeler werden (→ 18.7./S.114). Er tritt für die Rückkehr zum parlamentarischen Rechtsstaat mit einer starken Regierungsgewalt ein.

Alliierte Reaktion auf das Attentat

20. Juli. Dem Attentat auf den deutschen Führer und Reichskanzler Adolf Hitler und dem gescheiterten Staatsstreich im Deutschen Reich werden von alliierter Seite keine große Bedeutung zugemessen. Man ist im allgemeinen der Ansicht, daß es sich lediglich um eine Krise in der Führungsspitze handelt, die angesichts der kritischen militärischen Situation entstanden ist. Es wird sogar der Verdacht geäußert, daß der Anschlag womöglich von den Nationalsozialisten selbst inszeniert wurde, um als Rechtfertigung für eine umfassende Säuberungsaktion in Oppositionskreisen zu dienen.

In der alliierten Presse wird das Attentat als Beweis für einen ernsten Konflikt zwischen Nationalsozialisten und hohen Militärs gewertet. Die Reaktion auf die Krise könne jedoch nur sein, die militärischen Anstrengungen zur Niederwerfung des nationalsozialistischen Staates zu verstärken. »Wenn der Gegner verwirrt ist oder schwankt«, schreibt der »Daily Express«, »läßt kein Boxer nach, sondern er schlägt um so erbarmungsloser zu«.

Die Widerstandskämpfer und ihre Beweggründe werden mit Skepsis bis Ablehnung betrachtet. Die »Times« schreibt: »Sind es nicht die gleichen Männer, die sich der nationalsozialistischen Bewegung als Mittel zur Weltherrschaft bedienen wollten? Die gleichen, die Hitler getreulich dienten, solange alles gut ging? Sie lehnen sich nicht gegen den Krieg auf, sondern nur gegen den Mißerfolg.« Auch der britische Premierminister Winston Churchill beschränkt sich auf die Erklärung, daß der Anschlag gegen »the old bastard« zeige, wie sehr sich der deutsche Generalstab über den für das Deutsche Reich negativen Ausgang des Krieges im klaren sei.

Es klingt sogar durch, daß man ein fehlgeschlagenes Attentat einem geglückten vorzieht. Der »Manchester Guardian« kommentiert: »Um der Zukunft willen mag es gut sein, daß die Verschwörung stattfand – und besser vielleicht noch, daß sie fehlschlug.« Und aus dem britischen Informationsministerium verlautet: »Hitlers Strategie stellt einen der größten Vorteile der Alliierten dar. Wir haben alles Interesse daran, ihn und seine Institution uns bis Kriegsende zu erhalten.«

»Terror- und Sabotageerlaß« tritt in Kraft

Totaler Einsatz für Rüstung und Krieg

30. Juli. Auf Anordnung des deutschen Führers und Reichskanzlers Adolf Hitler tritt ein »Terror- und Sabotageerlaß« in Kraft: In den von Deutschen besetzten Gebieten sind Partisanen und Saboteure, die auf frischer Tat ertappt werden, sofort an Ort und Stelle zu erschießen. Wer später ergriffen wird, soll künftig nicht mehr der Wehrmachtsgerichtsbarkeit ausgeliefert, sondern der deutschen Sicherheitspolizei übergeben werden. Als Mitläufer verdächtigte Personen sollen zur Zwangsarbeit verpflichtet werden.

Die deutsche Führung reagiert mit diesen Bestimmungen auf die Tatsache, daß die Aktivitäten der Partisanengruppen, die überall in Europa im Kampf gegen die deutsche Besatzungsmacht stehen, angesichts der bevorstehenden Niederlage des Deutschen Reiches in den letzten Monaten immer mehr zugenommen haben. Die nationalen Widerstandsbewegungen wollen an der Befreiung ihrer Länder teilhaben und unterstützen mit ihren Guerillatätigkeiten die regulären alliierten Armeen. Vor allem in Frankreich (→ 27.7./ S.112) und an der Ostfront (→ 19.6./ S.98) beeinträchtigen Sabotagakte, Anschläge auf Verkehrseinrichtungen, Fabriken und militärisch wichtige Ziele sowie Attentate auf deutsche Soldaten und Kollaborateure die deutsche Kampfkraft erheblich.

Ein deutsches Exekutionskommando legt auf einen französischen Widerstandskämpfer an; auf frischer Tat ertappte Partisanen werden sofort erschossen

25. Juli. Der deutsche Führer und Reichskanzler Adolf Hitler setzt einen Erlaß über den »totalen Kriegseinsatz« in Kraft. Zur Durchsetzung der Verordnung wird Reichspropagandaminister Joseph Goebbels bestellt, dem der Titel »Reichsbevollmächtigter für den totalen Kriegseinsatz« verliehen wird.

Goebbels soll sämtliche Bereiche des gesellschaftlichen, politischen und wirtschaftlichen Lebens den Erfordernissen des Krieges anpassen, um unter Einsatz aller Kräfte die drohende militärische Niederlage des Deutschen Reiches abzuwenden. Im einzelnen ist vorgesehen, alle öffentlichen Anstalten, Einrichtungen und Betriebe sowie den gesamten Staatsapparat einschließlich Reichsbahn und Reichspost mit dem Ziel zu überprüfen, ob durch Rationalisierung oder Stillegung Arbeitskräfte für den Dienst an der Front oder in der Kriegsindustrie freigesetzt werden können.

Insbesondere sollen sämtliche kulturellen Veranstaltungen stark eingeschränkt werden, damit sie »Wehrmacht und Rüstung keine Kräfte entziehen«. Wörtlich führt Goebbels zu seinem Vorhaben aus: »Ich werde meine Vollmachten dazu benutzen, ... jeden, der irgend dazu in der Lage ist, zu einer kriegswichtigen Arbeit anzuhalten.«

Reaktionen der deutschen Bevölkerung auf Hitler-Attentat

In den geheimen Lageberichten des Sicherheitsdienstes der Schutzstaffel wird beschrieben, welche Reaktionen das Attentat auf Führer und Reichskanzler Adolf Hitler und der Staatsstreichversuch vom → 20. Juli (S.115) in der deutschen Bevölkerung hervorgerufen haben. Aus den Meldungen geht hervor, daß allgemein die Meinung vorherrscht, daß es sich bei den Putschisten um Verräter und Gegner des Deutschen Reiches handle, die versucht hätten, ihrem Heimatland in den Rücken zu fallen:

»Der mißglückte Anschlag auf den Führer und der Putschversuch der Offiziersclique haben die Erörterungen über die Lage an den Fronten in den Hintergrund treten lassen. Nachdem sich der erste Schreck über das Attentat selbst gelegt hat, beschäftigen sich die Volksgenossen in ihren Gesprächen mehr mit den Hintergründen und den evtl. Folgen des Ereignisses ... Die Bevölkerung atmet erleichtert auf, daß der Führer dem Anschlag nicht zum Opfer fiel. Fast durchweg ist die Bindung an den Führer vertieft und das Vertrauen zur Führung gestärkt worden, die sich als Herr der Lage gezeigt hat ... Nur hin und wieder werden Befürchtungen laut, daß die Ereignisse des 20. Juli unsere politische Lage dem Ausland gegenüber beeinträchtigen würden. Dagegen macht sich allgemein eine Erhöhung des Kampfgeistes und des Willens zum unbedingten Durchhalten bemerkbar ...

Die Volksgenossen können sich immer noch nicht damit abfinden, daß der Anschlag auf den Führer überhaupt möglich war. Sie ergehen sich in den verschiedensten Vermutungen über die ›Drahtzieher‹ und machen ihren Verwünschungen gegen die Täter in sehr drastischer Weise Luft. Immer wieder wird bedauert, daß ›das gerade bei uns passieren mußte, während es bei den anderen bestimmt nicht möglich sei‹. Hin und wieder wird gefragt, ob denn unsere Lage so schlimm sei, daß selbst Männer aus der nächsten Umgebung des Führers den Glauben an den Sieg und den Mut verloren hätten ...

Die Bekanntgabe der Namen von 23 an dem Verbrechen beteiligten Stabsoffizieren und Generälen wird von der breiten Masse des Volkes zum Anlaß schon vereinzelt ausgesprochener Vermutungen genommen, daß Verrat und Sabotage im Heer und in der gesamten Wirtschaft und der Verwaltung anscheinend weit größeres Ausmaß angenommen hatten, als man dem Volke Glauben machen wollte ... Der überwiegende Teil der Bevölkerung gewinnt immer mehr die Überzeugung, daß die Offiziers- und Verräterclique ... schon seit längerer Zeit systematisch auf allen Gebieten der Verteidigung Sabotage betrieben habe, so daß die Ostfront weder mit dem nötigen Nachschub noch mit den notwendigen Waffen und Munition versehen wurde ... Man vermutet, daß noch wesentlich mehr mit dieser Clique unter einer Decke stecken würden, ... so daß sie ... ihre Wühlarbeit fortsetzen könnten. Die Ausstoßung der Verräter und ihre Überantwortung an den Volksgerichtshof ... wird allgemein begrüßt, weil ... für solche ›Halunken‹ eine Kugel zu schade sei.«

Währungskonferenz zu Nachkriegsfragen

80 Menschen bei Explosion getötet

1. Juli. In Bretton Woods (USA) treffen sich Delegierte aus 44 Nationen zu einer dreiwöchigen Währungskonferenz über Außenhandels- und Finanzprobleme der Nachkriegszeit. Sie beschließen auf Anregung des britischen Nationalökonomen John Maynard Keynes, Baron Keynes of Tilton, und des US-amerikanischen Finanzministers Henry Morgenthau jr. die Schaffung eines Internationalen Währungsfonds (Kapital: 8,8 Milliarden US-Dollar) sowie die Errichtung einer Internationalen Bank für Wiederaufbau und Entwicklung (Kapital: 10 Milliarden US-Dollar). Der Währungsfond soll zur Stabilisierung der nationalen Währungen und zur Belebung des Welthandels geschaffen werden. Die Internationale Bank dient der Förderung von Auslandsinvestitionen besonders in wirtschaftlich unterentwickelten Gebieten. Dabei sollen vor allem

John Maynard Keynes, Baron Keynes of Tilton, Wirtschaftsexperte

Henry Morgenthau jr., Finanzminister der Vereinigten Staaten

auch die Staaten berücksichtigt werden, die sich in der schwierigen Übergangsphase von der Kriegs- zur Friedenswirtschaft befinden.

Von der finanziellen Zusammenarbeit versprechen sich die Mitgliedsländer einen hohen Lebensstandard und allgemeinen Wohlstand.

4. Juli. In der dänischen Stadt Århus kommt es zu einem schweren Explosionsunglück, bei dem 80 Personen getötet und etwa 300 Menschen z.T. schwer verletzt werden. Die Katastrophe ereignet sich, als an Bord eines im Hafen liegenden deutschen Munitionsschiffes eine vermutlich durch Sabotage von Widerstandskämpfern verursachte Detonation stattfindet und das ganze Schiff in die Luft gesprengt wird.

Die Explosion erfaßt auch die Munitionsvorräte auf dem Hafenkai. Drei Lagerhäuser stürzen zusammen, mehrere Gebäude, darunter das Gaswerk, geraten in Brand. Tausende von Sprengstücken schleudern durch die ganze Stadt, und im Zentrum zerspringt etwa ein Drittel aller Fensterscheiben. Auch der Dom und das Rathaus im Zentrum von Århus werden stark beschädigt.

US-Weizenernte unerwartet hoch

16. Juli. Aus den Vereinigten Staaten wird die bisher größte Weizenernte in der Geschichte des Landes gemeldet. Landwirtschaftsexperten rechnen damit, daß in Kanada und den USA im laufenden Jahr zusammen rund 40 Millionen Tonnen Getreide eingebracht werden. Das ist ein annähernd doppelt so hoher Ernteertrag wie im Jahr zuvor.

Angesichts der unerwartet hohen Weizenmenge treten Verteilungs- und Transportprobleme auf. Das Handelsministerium in Washington setzt aus diesem Grunde eine Verfügung in Kraft, nach welcher die Weizenproduzenten erst eine Einwilligung der Marktbehörden einholen müssen, ehe sie mit der Verladung der Ware beginnen dürfen.

Es fehlt vor allem an Eisenbahnwaggons zum Transport des Getreides und an Arbeitskräften für die Verladung. Selbst Büroangestellte, Hausfrauen und Kinder werden herangezogen, um die Millionen von Bushels (Maßeinheit) abzufertigen. Die Eisenbahngesellschaften bilden im Schnellkurs neue Leute aus, die den Frachtdienst versehen können.

Während die diesjährige Weizenernte quantitativ alle Erwartungen bei weitem übertrifft, ist die Qualität nur befriedigend; der Eiweißgehalt liegt insgesamt zu niedrig.

Kundenschalter und Schreibbüro in der »Bank of England« (Sitz in London); die neue Halle ist eine originalgetreue Rekonstruktion der ursprünglichen

Elektrische Presse zur Prägung von Goldbarren mit Zahlenkennungen

250jähriges Jubiläum der »Bank of England«

27. Juli. Die »Bank of England«, die Zentralnotenbank Großbritanniens mit Sitz in London, feiert ihr 250jähriges Bestehen. Das ehrwürdige Institut, von den Engländern auch liebevoll »Old Lady of Threadneedle Street« genannt, blickt auf eine lange und ereignisreiche Geschichte zurück.

Im Jahre 1694 als Privatbank gegründet, übernahm die »Bank of England« im Laufe des 18. Jahrhunderts die Verwaltung der Staatsschulden und später auch die Führung der Staatskasse. 1834 wurden die Banknoten der »Bank of England« gesetzliches Zahlungsmittel. 1928 erhielt sie das alleinige Notenprivileg.

Als die Bank im Jahre 1694 ihre Geschäfte aufnahm, beschäftigte sie 17 Angestellte. 250 Jahre später sind es über 4000.

Trotz schwerer Bombentreffer setzt das Geldinstitut seine Arbeit während des Krieges ununterbrochen fort. Allerdings wurden einige Papiere in bombensichere Tresore ausgelagert und Militärpolizei im Haus stationiert.

Safe im Kellergewölbe der Bank

Saint-Exupéry verschollen

31. Juli. Der französische Schriftsteller und Pilot Antoine de Saint-Exupéry (eigtl. Marie Roger Graf von Saint-Exupéry) kehrt von einem Aufklärungsflug nicht zurück; seine Maschine ist vermutlich in der Gegend von Korsika von deutschen Jägern abgeschossen worden.

Saint-Exupéry, geboren am 29. Juni 1900, absolvierte als 21jähriger seinen Militärdienst bei der Luftwaffe und war seitdem als Pilot tätig. Zunächst flog er für eine zivile Luft-

fahrtgesellschaft, 1929 übernahm er die Direktion der Aeroposta Argentina in Buenos Aires, und 1934 trat er in den Dienst der Air France. Seit 1939 flog er zahlreiche Einsätze für die alliierte Luftwaffe.

In seinen Romanen, Erzählungen und Tagebüchern geht Saint-Exupéry von seinen persönlichen Erlebnissen als Flieger aus. Daran schließen sich zivilisationskritische und ethische Reflektionen an. Aus der Verachtung für die moderne Gesellschaft, verbunden mit Skepsis gegenüber dem technischen Fortschritt, entwickelte Saint-Exupéry seine Vorstellung von Humanismus als geistiger und seelischer Verbindung zwischen den Menschen. Sinnvolles, »menschliches« Leben ist nach der Vorstellung des Dichters nur in der Abkehr von Macht- und Besitzstreben möglich.

Neben den Romanen »Wind, Sand und Sterne«, »Nachtflug« und Tagebuchwerken erlangt vor allem die 1943 veröffentlichte Erzählung »Der kleine Prinz« Berühmtheit. In diesem »Weltraummärchen« schildert Saint-Exupéry in lyrischer Sprache die Erlebnisse des »kleinen Prinzen«, der auf seiner Reise durch den Kosmos schließlich zur Erde gelangt und dort Freundschaft und Liebe – das Geheimnis menschlicher Bindung – kennenlernt.

Antoine de Saint-Exupéry, französischer Pilot und Schriftsteller

Verbot für deutschen Film

Szene aus dem deutschen Spielfilm »Der verzauberte Tag«, der für die Öffentlichkeit verboten wird

7. Juli. Fritz Hippler, ehemaliger deutscher Reichsfilmintendant, plädiert in einem Schreiben an Reichspropagandaminister Joseph Goebbels dafür, den deutschen Spielfilm »Der verzauberte Tag« (Regie: Peter Pewas) nicht für die deutsche Öffentlichkeit freizugeben.

In der Begründung heißt es, der Film weise gefährliche Tendenzen auf, da er im Halbweltmilieu spiele und außerdem den Beamten Krummholz zu trottelhaft und die Verkäuferin Anni zu kokett darstellen würde.

Der 1943 gedrehte Spielfilm handelt von den beiden Verkäuferinnen Christine und Anni und ihrer Sehnsucht nach dem Fernen und Unbekannten. Vor allem das rebellische Wesen der beiden Frauen und ihr Protest gegen die ihnen vorherbestimmte Rolle passen nicht in das nationalsozialistische Frauenbild. Sie stoßen deshalb auf Ablehnung.

Werbung für den »Endsieg«: Die Togalwerke bitten um Verständnis, daß Efasit-Fußpflegemittel derzeit nur für Soldaten zur Verfügung stehen

»Die Erfolge deutscher Wissenschaft«, so lautet der Text zu dieser Werbeanzeige, »finden in den weltberühmten Bayer-Arzneimitteln ihren Ausdruck«

Werbung 1944:
Werbung wird zur NS-Propaganda

Selbst im Kriegsjahr 1944 hält die deutsche Wirtschaft den Schein aufrecht und wirbt für Produkte, die zum Teil gar nicht mehr erhältlich sind. Die Werbeanzeigen stehen ganz im »Dienst der Sache« und zielen weniger auf die Präsentation einer Ware, sondern preisen Volk und Vaterland, das Regime, den Führer und den Endsieg. Wirtschaftliche und politische Werbung sind kaum noch zu unterscheiden; sie verschmelzen zu einem einzigen NS-Propagandafeldzug.

Die Kosmetikfirma Tarsia etwa hat kein Produkt anzubieten, sondern wirbt mit dem Ratschlag: »Glauben, Vertrauen und die Ruhe bewahren auch in harten Zeiten – das ist das beste Mittel, sich Jugendfrische und Schönheit zu bewahren.« »4711 – Kölnisch Wasser« behauptet in den Werbeanzeigen, das Parfüm zum »deutschen Wesen« zu sein und die Frau »sieghaft«, den Mann »gestrafft« erscheinen zu lassen. Ersatz- und Austauschstoffe werden mit dem Hinweis angepriesen, daß man bis Kriegsende Rohstoffe sparen müsse. Der Verbraucher solle sich solange mit Malzkaffee oder Tee-Ersatz begnügen oder etwa den praktischen, zehnmal wiederverwendbaren »F.D.B.« (Feldpost-Dauer-Briefumschlag) benutzen.

Allem feigen Bombenterror zum Trotz

geht das Leben in den betroffenen Städten Europas weiter. Auch die Gesundheitspflege — lebenswichtig für Front und Heimat — steht unerschütterlich.

Der deutsche Zahnarzt und der deutsche Dentist wirken gemeinsam mit ihren europäischen Kollegen unermüdlich zum Wohle ihrer Mitmenschen. In bekannter Vollkommenheit helfen ihnen dabei heute wie gestern und morgen

REX - ZAHNWAREN

REX-STAHLZÄHNE rostfrei und mundbeständig
REXOFLEX die flexible Separierscheibe
REXODONT Phosphatzement für Kronen und Brücken
REXODUR Universal-Zement
REXILIT der künstliche Zahnschmelz
HETTLESS-STEINE schleifen ohne zu hitzen
PUTRIMORS heilt gangränöse Zähne

REX

PAUL KÖNIG / LEIPZIG C 1

◁ ◁ △ »Die Brücke zum Frieden« möchte der Klöckner-Konzern mit seinen »Elektro-Zentralen« schlagen; obwohl der Krieg noch in vollem Gange ist, denken einige deutsche Firmen schon an die Zukunft; ihnen ist daran gelegen, ihre Kriegsprodukte auch in künftigen Friedenszeiten absetzen zu können

◁ △ Mit dynamischem Emblem werben die Arado-Flugzeugwerke für ihre Erzeugnisse; immer wieder werden z. B. die »unermüdlichen Spitzenleistungen« deutscher Arbeiter als Garanten für den siegreichen Ausgang des Krieges ins Feld geführt

△ Auch die Werbung der Commerzbank steht vollkommen im Einklang mit der nationalsozialistischen »Endsieg«-Propaganda; mit einem Panoramabild der Weltstadt Hamburg im Hintergrund versichert das Bankinstitut seinen Kunden, daß nur ein »deutscher Sieg« die »Gewähr für eine ersprießliche kontinentale Zusammenarbeit« bieten würde

◁ Mit nationalsozialistischen Durchhalteparolen wird für Rex-Zahnwaren geworben; der »deutsche Zahnarzt«, so wird bildhaft dargestellt, kommt auch in seiner durch Bomben zerstörten Praxis noch »unerschütterlich« seiner Pflicht nach – nicht das Produkt, sondern die Aufforderungen an das deutsche Volk, bis zum endgültigen Sieg durchzuhalten, stehen in dieser Anzeige im Vordergrund

August 1944

Mo	Di	Mi	Do	Fr	Sa	So
	1	2	3	4	5	6
7	8	9	10	11	12	13
14	15	16	17	18	19	20
21	22	23	24	25	26	27
28	29	30	31			

1. August, Dienstag

Der finnische Reichspräsident Risto Heikki Ryti tritt zurück. Sein Nachfolger wird Carl Gustaf Emil Freiherr von Mannerheim, der Oberbefehlshaber der finnischen Streitkräfte. →S.135

In Warschau bricht ein Aufstand der nationalpolnischen Heimatarmee unter General Tadeusz Bór-Komorowski aus, der am 2. Oktober mit der Kapitulation vor den Deutschen endet. →S.135

Der Bundespräsident der Schweiz, Walter Stampfli, bekräftigt anläßlich des schweizerischen Nationalfeiertags die Neutralität seines Landes. →S.134

Die Gesamtzahl der in der Schweiz internierten US-Piloten ist auf 1100 angewachsen. Es handelt sich fast ausschließlich um die Besatzungen von US-amerikanischen Kampfflugzeugen, die in der neutralen Schweiz notgelandet sind.

2. August, Mittwoch

Auf alliierten Druck bricht die Türkei ihre diplomatischen und wirtschaftlichen Beziehungen zum Deutschen Reich ab.

Die Rote Armee überquert im Rahmen ihres Vormarsches die Weichsel in Polen.

In Philadelphia (US-Bundesstaat Pennsylvania) treten rund 5800 Transportarbeiter aus Protest gegen die Einstellung von acht schwarzen Arbeitern in einen viertägigen Streik.

Im Zeichen der »totalen Kriegführung« entfallen im Deutschen Reich künftig sämtliche Reichsmeisterschaften in den einzelnen Sportzweigen. →S.144

3. August, Donnerstag

Im nationalsozialistischen Vernichtungslager Auschwitz-Birkenau werden im Zeitraum vom 1. bis 3. August über 6000 Sinti und Roma vergast. →S.142

Einheiten der sowjetischen 1. Weißrussischen Front werden durch die 9. deutsche Armee südöstlich von Warschau eingeschlossen und vernichtet.

In den Niederlanden schließen sich die Widerstandsgruppen zur »Grote Comissie der Illegalität« zusammen.

Stanisław Mikołajczyk, Ministerpräsident des polnischen Exilkabinetts, wird in Moskau von dem sowjetischen Staats- und Parteichef Josef W. Stalin zu Gesprächen über die Neubildung und Anerkennung einer polnischen Regierung empfangen; sie werden am 10. August ergebnislos abgebrochen. →S.135

Die Sowjetunion und der Libanon nehmen diplomatische Beziehungen auf.

4. August, Freitag

Der vom deutschen Führer und Reichskanzler Adolf Hitler eingesetzte »Ehrenhof des deutschen Heeres« verstößt die Attentäter vom 20. Juli aus der Wehrmacht (→8.8./S.138).

US-amerikanische Kampfflugzeuge bombardieren die deutsche Raketenversuchsanstalt Peenemünde auf der Halbinsel Usedom. →S.137

Anne Frank, die Tochter eines jüdischen Bankiers, wird zusammen mit ihrer Familie in ihrem Versteck in Amsterdam von der deutschen Geheimen Staatspolizei verhaftet und ins Deutsche Reich deportiert. Die 15jährige, die später durch ihre Tagebuchaufzeichnungen bekannt wird, stirbt im März 1945 im Konzentrationslager Bergen-Belsen. →S.141

Die deutsche Wehrmacht räumt die italienische Stadt Florenz und sprengt bis auf die berühmte Ponte Vecchio alle Brücken über den Arno.

Aus dem Machtbereich der faschistischen Republik von Salò unter Ministerpräsident Benito Mussolini in Norditalien werden umfangreiche Partisanenaktivitäten der italienischen »Resistenza« gemeldet (→12.8./S.134).

5. August, Sonnabend

Der deutsche Reichsminister für Propaganda und Volksaufklärung, Joseph Goebbels, wird zum Regierungspräsidenten von Berlin ernannt. Er übernimmt in dieser Funktion auch den Aufgabenbereich des Polizeipräsidenten. *

Die größte Stadt Nordbirmas, Myitkyina, seit 1942 ein strategisch wichtiger Stützpunkt der japanischen Streitkräfte, wird von alliierten Truppen erobert.

Bei Stockton (US-Bundesstaat Georgia) stoßen zwei Eisenbahnzüge zusammen. Ein Wagen wird völlig zertrümmert; alle 47 Insassen kommen ums Leben.

6. August, Sonntag

Rund 27 000 Juden wurden bislang angesichts des Vormarsches der Roten Armee aus verschiedenen deutschen Konzentrationslagern östlich der Weichsel in die Lager Dachau, Bergen-Belsen oder Auschwitz deportiert. →S.142

Sowjetische Einheiten der 4. Ukrainischen Front nehmen das Ölzentrum Drogobytsch in Galizien ein.

In einer Villa bei Florenz können kostbare Kunstschätze, darunter Gemälde von Sandro Botticelli und Fra Filippo Lippi, sichergestellt werden. US-Soldaten hatten sie als Schlafunterlage benutzt, bevor ein kunstverständiger Offizier auf die Bilder aufmerksam wurde →S.145.

7. August, Montag

Die zur deutschen Reichsverteidigung eingesetzte Flakartillerie verfügt über 154 schwere, 644 mittlere und leichte Batterien sowie über 376 Scheinwerferbatterien und 57 Luftsperreinheiten. Viele der Geschütze sind jedoch veraltet und nicht voll funktionstüchtig. →S.137

Griechische Partisanen

Griechische Partisanen überfallen auf dem Peloponnes vier Fahrzeuge des Internationalen Roten Kreuzes und rauben die für die Zivilbevölkerung bestimmte Verpflegung.

An der Harvard University (USA) wird der erste programmgesteuerte Computer der USA (»MARK I«) der Öffentlichkeit vorgestellt. Die etwa 2,5 m hohe und 16 m lange Anlage, die in einer Drittelsekunde addiert bzw. subtrahiert und in sechs Sekunden multipliziert, soll nach Angaben ihres Erfinders, Howard Hathaway Aiken, jedes mathematische Problem der Erde lösen können. →S.142

8. August, Dienstag

Vor dem Volksgerichtshof in Berlin endet der erste Prozeß gegen die Beteiligten am Attentat vom →20. Juli (S.115). Die acht Angeklagten werden wie erwartet zum Tode verurteilt und zwei Stunden später erhängt. →S.138

Alliierte Truppen besetzen die französische Stadt Le Mans.

In Fortsetzung der Evakuierung von London verlassen über 17 000 Frauen und Kinder die britische Hauptstadt. Etwa 100 000 Menschen sind bereits wegen der andauernden Bombenangriffe der deutschen Luftwaffe in andere Landesteile gebracht worden.

9. August, Mittwoch

Ein Sondergericht in Dortmund verurteilt mehrere Personen wegen Unterschlagung und kleinerer Diebstähle zum Tode bzw. zu schweren Zuchthausstrafen (→5.5./S.82).

In der Nacht vom 8. auf den 9. August erscheinen über Warschau erstmals in Italien gestartete alliierte Flugzeuge, um Versorgungsbehälter mit Waffen und Munition für die polnische Heimatarmee abzuwerfen, die sich seit dem →1. August (S.135) in erbitterten Kämpfen gegen die deutsche Besatzungsmacht zur Wehr setzt.

Britische Flugzeuge werfen große Mengen von Flugblättern über den von Deutschen besetzten Gebieten in der Normandie ab, in denen aus alliierter Sicht über das Hitler-Attentat vom →20. Juli (S.115) berichtet wird.

10. August, Donnerstag

Ein Bomberkommando der britischen Luftwaffe belegt den Dortmund-Ems-Kanal mit Minen.

US-amerikanische Flugzeuge bombardieren die japanische Hafenstadt Nagasaki.

Der ägyptische Ministerpräsident Mustafa Nahhas Pascha protestiert im Namen der arabischen Staaten gegen die wiederholte Forderung von US-Politikern nach Schaffung eines jüdischen Gemeinwesens in Palästina. →S.136

Der deutsche Reichspropagandaminister Joseph Goebbels untersagt in seiner Eigenschaft als Reichsbevollmächtigter für den totalen Kriegseinsatz »alle öffentlichen Veranstaltungen nicht kriegsgemäßen Charakters«. →S.144

11. August, Freitag

Sechs britische »Mosquito«-Kampfflugzeuge bombardieren in einem Spezialeinsatz die Kunstgalerie in Den Haag, in der auch die Einwohnermeldekartei der Stadt verwahrt wird. Die Unterlagen werden vernichtet, damit die deutsche Geheime Staatspolizei sie nicht für Maßnahmen gegen niederländische Widerstandskämpfer benutzen kann.

Eine Schneelawine, die auf ein Kupferbergwerk in den chilenischen Anden niedergeht, begräbt mehrere Wohnhäuser unter sich. 50 Menschen sterben.

12. August, Sonnabend

Der Oberbefehlshaber der deutschen und faschistisch-italienischen Truppen in Italien, Albert Kesselring, befiehlt scharfe Vergeltungsmaßnahmen gegen italienische Partisanen. →S.134

In dem monatlich veröffentlichten Kommuniqué der Alliierten über den U-Bootkrieg wird die Zahl der deutschen U-Boote, die bisher im Zweiten Weltkrieg versenkt wurden, mit 500 angegeben.

Der britische Premierminister Winston Churchill trifft zu einem zweitägigen Besuch in Italien ein. Zweck der Reise sind Gespräche mit dem Präsidenten des jugoslawischen Befreiungskomitees, Josip Tito, über die politische und militärische Entwicklung im Balkangebiet.

Die sowjetische Regierung verlangt von Bulgarien den Bruch mit dem Deutschen Reich (→8.9./S.153).

13. August, Sonntag

Die deutsche Truppen in Frankreich ziehen sich von der Seine zurück, um der Einkesselung zu entgehen.

Das deutsche Reichspostministerium verfügt weitgehende Einschränkungen im Paketdienst. Lediglich die Versendung von rüstungs- und lebenswichtigen Gütern bleibt gesichert.

14. August, Montag

Der deutsche Diplomat und Widerstandskämpfer Adam von Trott zu Solz wird vom Volksgerichtshof in Berlin wegen Beteiligung am Attentat vom →20. Juli (S.115) zum Tode verurteilt. Er wird am 26. August in Berlin-Plötzensee hingerichtet (→8.8./S.138).

Im Rahmen des Salzburger Theater- und Musiksommers, der am 29. Juli angesichts der Kriegslage abgesagt worden war, findet ein einziges Konzert statt. Die Wiener Philharmoniker spielen im Salzburger Festspielhaus die Symphonie Nr. 8 c-moll von Anton Bruckner (Dirigent: Wilhelm Furtwängler). →S.145

15. August, Dienstag

Im Deutschen Reich wird das Arbeitsdienstpflichtalter für Frauen von 45 auf 50 Jahre heraufgesetzt (→7.3./S.53).

Alliierte Truppen landen zwischen Cannes und Toulon in Südfrankreich, ohne auf nennenswerten deutschen Widerstand zu stoßen. →S.130

Das Titelblatt der »Wiener Illustrierten« vom 2. August 1944 zeigt Adolf Hitler wenige Stunden nach dem mißglückten Attentat vom 20. Juli 1944 beim Empfang des Ministerpräsidenten der italienischen Republik von Salò, Benito Mussolini

Wiener Illustrierte

63. Jahrgang Nr. 31   Wien, 2. August 1944

Preis **20** Pf.
Zuzüglich 2 Pfennig
bei Hauszustellung

Eine Schicksalsfügung von weltgeschichtlicher Bedeutung

Unmittelbar nach dem mißlungenen Mordanschlag hat der Führer wieder seine Arbeit aufgenommen und — wie vorgesehen — den Duce zu einer längeren Aussprache empfangen ◆ Aufnahme: Funkbild Presse-Hoffmann

16. August, Mittwoch

Die britische Regierung übermittelt der Regierung von Transjordanien eine Erklärung, in der es heißt, daß Großbritannien nicht damit einverstanden sei, das Mandatsland vor Kriegsende in die Unabhängigkeit zu entlassen.

In Salzburg findet eine nichtoffizielle Uraufführung der Oper »Die Liebe der Danae« von Richard Strauss statt. →S.145

17. August, Donnerstag

Der deutsche Führer und Reichskanzler Adolf Hitler läßt den französischen Ministerpräsidenten Pierre Laval verhaften, weil er Zweifel an dessen Zuverlässigkeit hat. →S.130

Die französische Hafenstadt Saint-Malo wird von den Alliierten besetzt.

Die japanische Regierung richtet eine Grußbotschaft an das Deutsche Reich: »Es bedarf nicht der Hervorhebung, daß Japan und Deutschland, die auf dem Boden der Gerechtigkeit und Menschlichkeit stehen und das gemeinsame Ziel verfolgen, der ganzen Welt wahren Frieden und Glück zu bringen, den absoluten Sieg in den Händen halten.«

18. August, Freitag

Ernst Thälmann, von 1925 bis 1933 Vorsitzender der Kommunistischen Partei Deutschlands, wird im Konzentrationslager Buchenwald nach über elf Jahren Einzelhaft ermordet. →S.140

Nach einer Meldung des US-amerikanischen Industrieausschusses sind die Lebenshaltungskosten seit Beginn des Zweiten Weltkrieges in Bolivien um 213%, in Chile um 98%, in Mexiko um 88%, in Kuba um 70%, in Peru um 57% und in Kolumbien, Argentinien und Paraguay um je 35% gestiegen.

19. August, Sonnabend

Der deutsche Generalfeldmarschall Hans Günther von Kluge, Oberbefehlshaber an der Westfront, begeht Selbstmord, da er im Verdacht steht, Kontakte zu Widerstandsgruppen zu haben. →S.141

Alliierte Truppen stehen kurz vor Paris. Angesichts dieser Tatsache beginnen in der Stadt Befreiungskämpfe gegen die Deutschen (→25.8./S.132).

In Frankreich endet die Kesselschlacht von Falaise. Die an der Westfront eingesetzten deutschen Panzerkräfte sind fast vollständig vernichtet. →S.131

Der Ministerpräsident der griechischen Exilregierung, Jeorjios Papandreu, gibt bekannt, daß die konkurrierenden griechischen Parteien und Freiheitsbewegungen zu einer Einigung gekommen seien und den Beschluß gefaßt hätten, sich an einer »Regierung der Nationalen Einheit« unter der Führung von Papandreu zu beteiligen (→3.12./S.200).

20. August, Sonntag

127 US-Bomber fliegen einen Angriff auf die Anlagen zur Herstellung von synthetischem Treibstoff im Gelände des Konzentrationslagers Auschwitz-Birkenau. Die Vernichtungsanlagen werden nicht gezielt bombardiert. →S.142

Eine sowjetische Offensive gegen Rumänien führt zur Einschließung eines Großteils der 6. deutschen Armee südwestlich von Kischinjow.

Hermann Nacke springt in Kiel mit 2,01 m neuen deutschen Hochsprungrekord.

21. August, Montag

Auf der Konferenz von Dumbarton Oaks bei Washington (21.8.-7.10.) beschließen die USA, Großbritannien, die UdSSR und China die Ersetzung des Völkerbundes durch die Vereinten Nationen. →S.136

Im Deutschen Reich wird die Zuteilung von Tabakwaren an zivile Verbraucher um ein Drittel auf zwei Zigaretten pro Tag heruntergesetzt.

Die französische Zeitschrift »Combat«, herausgegeben von der gleichnamigen Widerstandsgruppe, erscheint erstmals im freien Verkauf. Der Leitartikel stammt von dem französischen Schriftsteller Albert Camus.

22. August, Dienstag

Auf Anordnung von Reichsinnenminister Heinrich Himmler werden die drei bisher im Deutschen Reich noch bestehenden öffentlichen Spielbanken – in Baden-Baden, in Zoppot und in Baden bei Wien – geschlossen.

Der slowakische Staatspräsident Jozef Tiso verhandelt mit dem deutschen Reichsjugendführer Artur Axmann über den Kriegseinsatz der Jugend.

Ein schwerer Wirbelsturm auf der Antilleninsel Jamaika zerstört zahlreiche Ortschaften und vernichtet nahezu die gesamte Bananenernte.

23. August, Mittwoch

Der spätere deutsche Bundeskanzler Konrad Adenauer wird verhaftet und in das Lager Köln-Deutz gebracht. Nach Flucht und erneuter Verhaftung wird Adenauer Ende Oktober auf Betreiben seines Sohnes Max freigelassen.

Das deutsche Sammellager für Deportationen in Drancy bei Paris wird von alliierten Truppen befreit.

24. August, Donnerstag

Reichspropagandaminister Joseph Goebbels verordnet Einschränkungen im deutschen Pressewesen. →S.142

Angesichts der Zerstörung zahlreicher Filmtheater im Deutschen Reich durch alliierte Bombenangriffe fordert Reichsfilmintendant Hans Hinkel in einem Brief an Reichspropagandaminister Joseph Goebbels die Schaffung von »Freilicht-Filmtheatern«.

Im von Deutschen besetzten Ungarn werden alle politischen Parteien aufgelöst. Ihr gesamtes Vermögen wird beschlagnahmt (→19.3./S.50).

»Das Mißverständnis« (»Le malentendu«), ein Schauspiel in drei Akten von Albert Camus, wird im Théâtre des Mathurins in Paris uraufgeführt. →S.145

25. August, Freitag

US-amerikanische und freifranzösische Truppen rücken in Paris ein und befreien die französische Hauptstadt von der deutschen Besatzung. Die »Provisorische Französische Regierung« unter General Charles de Gaulle nimmt am nächsten Tag ihre Tätigkeit auf. →S.132

Rumänien erklärt dem Deutschen Reich den Krieg, nachdem am 23. August der rumänische Regierungschef Ion Antonescu und sein Regime gestürzt worden sind. →S.136

Die finnische Regierung nimmt geheime Kontakte zur Sowjetunion bezüglich möglicher Waffenstillstandsverhandlungen auf (→1.8./S.135).

Georg Jacobys Tanz- und Revuefilm »Die Frau meiner Träume« mit Marika Rökk in der Hauptrolle ist in Berlin erstmals im Kino zu sehen. →S.144

Der Finne Viljo Heino stellt in Helsinki mit 29:35,4 min einen 10 000-m-Weltrekord auf. Damit ist er 17,2 sec schneller als sein Landsmann Taisto Mäki, der 1939 als erster Langstreckenläufer unter 30 min geblieben war.

26. August, Sonnabend

Der bulgarische Ministerpräsident Iwan Bagrjanow erklärt den »Rückzug Bulgariens aus dem Krieg« (→8.9./S.153).

Bei britischen Luftangriffen, die bis zum 30. August andauern, wird die Innenstadt von Königsberg weitgehend zerstört.

Der Führer der »Provisorischen Französischen Regierung«, General Charles de Gaulle, zieht in Paris ein. →S.133

27. August, Sonntag

Verbände der Roten Armee dringen in Zentralrumänien ein und rücken auf die Hauptstadt Bukarest vor. Der deutsche Widerstand ist fast völlig zusammengebrochen (→25.8./S.136).

Palmiro Togliatti, Minister ohne Geschäftsbereich in der italienischen Regierung unter Ivanoe Bonomi, fordert die Teilnahme der Frauen am politischen Leben und eine Unterstützung der kommunistischen Frauenbewegung.

28. August, Montag

Bei einem Luftangriff auf die Umgebung von Weimar wird das Konzentrationslager Buchenwald von Sprengbomben getroffen. Nach offiziellen Meldungen gehören die früheren Reichstagsabgeordneten Ernst Thälmann und Rudolf Breitscheid zu den Opfern unter den Häftlingen. In Wahrheit wurde Thälmann bereits am →18. August (S.140) ermordet.

Freifranzösische Truppen erobern die südfranzösische Hafenstadt Marseille. Bald darauf wird mit der Verhaftung von Kollaborateuren begonnen.

In Stockholm stellt die Schwedin Anna Larsson in 2:15,9 min einen 800-m-Weltrekord auf. Sie verbessert die alte Bestmarke, die 1928 von der Deutschen Lina Batschauer-Radke aufgestellt worden war, um neun Zehntelsekunden.

29. August, Dienstag

In der Slowakei bricht ein nationaler Aufstand aus. Die deutsche Führung läßt Alarmeinheiten einmarschieren, die auf erbitterten Widerstand stoßen. →S.135

Das US-amerikanische Kriegsdepartement legt eine Statistik über die Häufigkeit von Nachnamen in der US-Armee vor. Am weitesten verbreitet ist der Name »Smith« – er kommt 72 000mal vor –, so daß man theoretisch fünf Divisionen aufstellen könnte, in denen alle Soldaten auf den gleichen Namen hören würden.

30. August, Mittwoch

Karl-Heinrich von Stülpnagel, bis zu seiner Verhaftung am 21. Juli Militärbefehlshaber in Frankreich, wird wegen Beteiligung am Attentat vom →20. Juli (S.115) zum Tode verurteilt und kurz darauf in Berlin-Plötzensee gehängt.

Das deutsches U-Boot »U 482« vernichtet nur 15 Seemeilen vor der britischen Küste einen US-amerikanischen 10 000-t-Tanker und am darauffolgenden Tag eine britische Korvette sowie zwei Handelsschiffe. Es ist einer der letzten größeren deutschen Erfolge im U-Boot-Krieg.

Kanadische Truppen besetzen die französische Stadt Rouen.

31. August, Donnerstag

Die Gesundheitsabteilung des deutschen Reichsinnenministeriums verfügt in einem Runderlaß an alle Heil- und Pflegeanstalten, daß künftig die Pflicht zur Erstellung von Meldebögen für jeden einzelnen Patienten aufgehoben sei. Die Bögen bildeten seit 1939 die Grundlage für das nationalsozialistische »Euthanasie-Programm« (→30.6./S.103).

Die Rote Armee marschiert in der rumänischen Hauptstadt Bukarest ein. Am Tag zuvor hatte sie das für die deutsche Benzinversorgung wichtige Erdölgebiet Ploiesti besetzt (→25.8./S.136).

Britische Truppen marschieren in der französischen Stadt Amiens ein.

In Dresden wird die Oper »Der Freischütz« von Carl Maria von Weber aufgeführt. Es ist die letzte Vorstellung in der alten, von dem Architekten Gottfried Semper entworfenen Oper, die am 13./14. Februar 1945 durch alliierte Bombenangriffe völlig zerstört wird.

Das Wetter im Monat August

Station	Mittlere Lufttemperatur (°C)	Niederschlag (mm)	Sonnenscheindauer (Std.)
Aachen	19,9 (17,2)	46 (82)	— (188)
Berlin	21,6 (17,2)	18 (68)	294,7 (212)
Bremen	20,0 (17,1)	28 (79)	301,5 (182)
München	19,4 (16,6)	139 (96)	243,3 (211)
Wien	— (18,6)	— (68)	— (242)
Zürich	21,1 (16,6)	98 (132)	256 (219)
( ) Langjähriger Mittelwert für diesen Monat – Wert nicht ermittelt			

Alliierte Truppen landen in Südfrankreich

15. August. Alliierte Truppen landen an der französischen Mittelmeerküste zwischen Toulon und Cannes (Deckname der Landeoperation: »Dragoon«). Die Streitkräfte, bestehend aus der 7. US-Armee mit dem VI. US-Korps und dem französischen II. Korps, treffen lediglich auf geringen deutschen Widerstand und stoßen in den folgenden Tagen rasch in Richtung Norden vor.

Bereits in der Nacht auf den 15. August springen Tausende britischer und US-amerikanischer Fallschirm-jäger der 1. US-Luftlandedivision über der Provence ab. Fast 2000 Schiffe, darunter fünf Schlachtschiffe, 23 Kreuzer, Zerstörer, Truppentransporter und Landungsboote, nähern sich zur selben Zeit der französischen Riviera. Sie erreichen im Morgengrauen das Küstengebiet. Nach heftigem Bombardement vom Meer und aus der Luft setzen die Truppen zur Landung an, und gegen 8 Uhr betreten die ersten Soldaten fast gleichzeitig in den Buchten von Saint-Raphael, Saint-

Tropez, Cavalaire und Anthéor französischen Boden. Zur Unterstützung der Landeoperation setzt die alliierte Luftwaffe rund 5000 Kampfflugzeuge ein.

Zur Überraschung der Alliierten treffen sie kaum auf Widerstand. Die deutschen Abwehrkräfte reichen bei weitem nicht aus, um eine Landung zu verhindern. Die französische Mittelmeerküste wird von der 19. deutschen Armee unter General Friedrich Wiese verteidigt. Dieser hatte jedoch schon Verbände an die Normandiefront und zur Bekämpfung der Résistance abtreten müssen, so daß er nur noch über sieben bodenständige Divisionen und eine Panzerdivision verfügt. Dem deutschen Oberkommando ist klar, daß der neuen Invasion (erste Invasion am →6.6./S.90) kein ernsthafter Widerstand entgegengesetzt werden kann, und am 16. August erteilt der deutsche Führer und Reichskanzler Adolf Hitler den Befehl zum schrittweisen Rückzug aus Südfrankreich. Unter diesen Voraussetzungen können die Alliierten die Operation »Dragoon« ungehindert fortsetzen. Am 17. August befinden sich 90 000 Soldaten mit rund 12 000 Fahrzeugen und 45 000 t Material an Land. Die Truppen stoßen zügig nach Norden vor und erreichen schon in wenigen Tagen die Atlantikhäfen Brest, Lorient und Saint-Nazaire.

Pierre Laval, Ministerpräsident des französischen Vichy-Regimes

Der Zusammenbruch des Vichy-Regimes

17. August. Der deutsche Führer und Reichskanzler Adolf Hitler läßt den französischen Ministerpräsidenten Pierre Laval und am 20. August auch Chef d'État Marschall Philippe Pétain verhaften. Er befürchtet, daß das Vichy-Regime, das seit 1940 in Kooperation mit den Deutschen regiert, angesichts der alliierten Siege und des deutschen Rückzugs in Frankreich womöglich die Fronten wechseln könnte.

Tatsächlich hatten sowohl Laval als auch Pétain die Absicht, in ihrer provisorischen Hauptstadt Vichy auszuharren und dort die Alliierten zu erwarten. Sie hegten die Hoffnung, sich in Absprache mit den »Befreiern« an die Spitze einer Übergangsregierung stellen zu können.

Als Laval von deutscher Seite aufgefordert wird, Vichy zu verlassen, nach Belfort umzuziehen und dort die Regierungsgeschäfte in deutschem Sinne weiterzuführen, weigert er sich. Daraufhin wird er am 17. August festgenommen. Das gleiche Schicksal ereilt Pétain: Er wird am 20. August mit Waffengewalt aus seinem Hotelzimmer entführt. Zunächst werden die beiden Politiker nach Belfort gebracht, am 8. September jedoch ins Deutsche Reich überführt und in Sigmaringen in Baden-Württemberg interniert.

Damit ist die Vichy-Regierung nach einem langen Auflösungsprozeß endgültig zusammengebrochen – der Weg für General Charles de Gaulle (→26.8./S.133) ist frei.

Alliierte Luftlandetruppen, bestehend aus Tausenden von Fallschirmjägern, gehen in Südfrankreich nieder, kurz bevor die Seestreitkräfte an der Küste landen

Deutsche Soldaten, die in Frankreich in alliierte Kriegsgefangenschaft geraten sind; im Hintergrund britische Panzer

Zwei deutsche Armeen werden bei Falaise eingeschlossen

19. August. Die Kesselschlacht bei Falaise in der Normandie endet mit einem Teilerfolg für die Alliierten. Es gelingt ihnen nach mehrtägiger Vorbereitung, die 7. deutsche Armee und Teile der 5. Panzerarmee einzukesseln. Von den rund 125 000 deutschen Soldaten können sich jedoch im letzten Moment 50 000 unter hohen Verlusten und starken Materialeinbußen retten.

Die Kesselschlacht hatte sich bereits seit einigen Tagen angebahnt. Sieben deutsche Armeekorps befanden sich am 15. August in einer 50 km langen und 20 km breiten Zone. Noch war der Rückzug nach Osten offen, aber die Lage verschärfte sich beinahe stündlich. Von Norden drängte die 1. kanadische Armee und von Süden die 1. US-Armee vor, um den Kessel zu schließen. Da der Oberbefehlshaber der US-Armee, General Omar Nelson Bradley, zu lange zögerte, hatten die Deutschen Gelegenheit, einen Teil ihrer Truppen zu retten. In der Nacht vom 16. auf den 17. August gab Generalfeldmarschall Hans Günther von Kluge den Befehl, mit allen Kräften aus dem derzeit noch nicht ganz geschlossenen Kessel auszubrechen. Wegen Treibstoffmangel müssen alle Fahrzeuge zurückgelassen werden, und die Soldaten machen sich zu Fuß auf den Weg. Starken Verbänden gelingt es, über die letzte intakte Brücke die Ostseite der Orne zu erreichen und schließlich zwischen Trun und Chambois über die Dives endgültig zu entkommen. Als die Alliierten den Rückzug der Deutschen bemerken, verstärken sie ihre Offensive. Doch erst am 19. August kann die 1. polnische Panzerdivision die letzte deutsche Stellung auf der Höhe des Ormel einnehmen und sich mit dem 317. US-Infanterieregiment vereinen: Der Kessel ist geschlossen. In einem Rechteck von 10 x 12 km sind mehr als 50 000 deutsche Soldaten zusammengedrängt; etwa genausoviele sind bereits entkommen. Auch in den folgenden Tagen gelingt noch einigen kleineren Verbänden der Ausfall.

Alles in allem bringt die Schlacht bei Falaise einen beachtlichen Erfolg für die Alliierten. Neben den Gefangenen, darunter sind auch drei Generäle, fallen über 400 Panzer und Sturmgeschütze, weit mehr als 7000 Kraftfahrzeuge und rund 990 Geschütze in ihre Hände.

△ *Brennende und zerschossene deutsche Militärfahrzeuge liegen entlang der Straße nach Falaise, auf der alliierte Kräfte vorstoßen; sie versuchen, die über 100 000 deutschen Soldaten, die in einem immer kleiner werdenden Kessel zusammengedrängt sind, vollständig zu umzingeln, um sie dann zur Kapitulation zu zwingen; viele Deutsche können jedoch noch durch eine Lücke im Kessel nach Osten entkommen; da sie über keinen Treibstoff mehr verfügen und die Versorgung aus der Luft absolut unzureichend ist, werden fast alle Fahrzeuge zurückgelassen; die Männer der 7. Armee und der 5. Panzerarmee müssen sich zu Fuß auf den Weg machen*

◁ *Kesselschlacht bei Falaise: Soldaten der alliierten Streitkräfte liegen auf der Lauer und warten auf weitere Befehle für einen Vorstoß gegen die feindlichen deutschen Verbände; diese leisten verbissenen Widerstand, und es gelingt ihnen tatsächlich, bis zum 19. August eine etwa 8 km große Lücke in dem Kessel als Fluchtweg offenzuhalten; erst als die Hälfte der Eingeschlossenen entkommen ist, vereint sich die 1. polnische Panzerdivision mit dem 317. US-Infanterieregiment zur vollständigen Umzingelung; auch in den folgenden Nächten durchbrechen noch einige versprengte Trupps die alliierten Linien*

Paris feiert seine Befreiung

25. August. Die Alliierten befreien Paris: Kurz nach Mitternacht ziehen freifranzösische und US-amerikanische Truppen in der Stadt ein, und gegen Mittag befinden sich alle wichtigen Stützpunkte in ihren Händen. Der deutsche Stadtkommandant von Groß-Paris, General Dietrich von Choltitz, entschließt sich entgegen einer strikten Anweisung des deutschen Führers und Reichskanzlers Adolf Hitler zur Kapitulation und bewahrt mit dieser Entscheidung die Stadt vor der Zerstörung. Bereits am 19. August hatte in Paris angesichts der bevorstehenden Befreiung eine Erhebung gegen die deutsche Besatzung begonnen. Wehrmachtsoldaten wurden er-

»Halten oder in Trümmer legen«

Am 23. August gibt der deutsche Führer und Reichskanzler Adolf Hitler telegrafisch den Befehl, Paris zu halten oder in ein Trümmerfeld zu verwandeln: »Die Verteidigung des Brückenkopfs Paris ist von entscheidender militärischer und politischer Bedeutung. Sein Verlust reißt die gesamte Küstenfront nördlich der Seine auf und nimmt uns die Basis für den Fernkampf gegen England. In der Geschichte bedeutete der Verlust von Paris aber auch bisher immer den Fall von ganz Frankreich… Innerhalb der Stadt muß gegen erste Anzeichen von Aufruhr mit schärfsten Mitteln eingeschritten werden, z.B. Sprengung von Häuserblocks, öffentliche Exekutierung der Rädelsführer, Evakuierung des betroffenen Stadtteils, da hierdurch eine weitere Ausbreitung am besten verhindert wird. Die Seinebrücken sind zur Sprengung vorzubereiten. Paris darf nicht oder nur als Trümmerfeld in die Hand des Feindes fallen.«

mordet, deutsche Fahrzeuge in Brand gesetzt, die Polizeipräfektur und andere Gebäude besetzt. Choltitz reagierte auf den Aufruhr nicht mit den erwarteten Repressalien, sondern bot am 20. August einen Waffenstillstand »bis zur deutschen Räumung von Paris« an. Er erreichte damit zwar nicht die Beendigung der Kämpfe, aber immerhin eine Eindämmung des Aufstands. In den darauffolgenden Tagen kam es nur noch gelegentlich zu gewaltsamen Zusammenstößen.

Der Einmarsch in Paris hat weniger militärische als vielmehr politische Bedeutung. Die unterschiedlichen nationalen Kräfte genauso wie die Alliierten haben ein Interesse daran, an der Befreiung direkt beteiligt zu sein, um damit einen politischen Machtanspruch erheben zu können. Die kommunistischen Führer der Résistance unterstützten den Aufstand in Paris. Ihr Ziel ist, die wichtigsten Machtpositionen zu besetzen, bevor General Charles de Gaulle, Führer der »Provisorischen Regierung der französischen Republik«, gemeinsam mit den Alliierten in Paris einmarschiert.

De Gaulle wiederum fürchtet nicht nur den kommunistischen Machtanspruch, sondern vor allem auch den Einfluß der Alliierten. Er forderte von ihnen, daß nicht US-amerikanische oder britische, sondern französische Verbände als erste in der Hauptstadt einziehen.

Die Alliierten willigten ein und setzten die 2. französische Panzerdivision unter Marschall Jacques Philippe Marie Leclerc in Marsch auf Paris. Sie wurde von der 4. US-Infanteriedivision unterstützt.

Am Abend des 24. August stand Leclerc mit seinen Truppen vor den Toren der Stadt. Eine Abteilung stieß noch am selben Tag durch das 8. Arrondissement vor und erreichte gegen Mitternacht das Rathaus. Eine Stunde später beginnen die Glocken sämtlicher Pariser Kirchen mit einem feierlichen Geläut.

Am Morgen des 25. August wird der Befreiungsmarsch durch die von jubelnden Menschen bevölkerten Straßen von Paris fortgesetzt. Einheiten der 2. Panzerdivision fahren durch den Arc de Triomphe und über die Champs-Élysées, erreichen die École Militaire, den Invalidendom sowie das Außenministerium und die Kommandantur auf dem Place de l'Opéra. Die US-amerikanischen Verbände stehen gegen Mittag im Zentrum der französischen Hauptstadt. Um 12.30 Uhr flattert die Trikolore als Zeichen der Befreiung auf dem Eiffelturm.

General Choltitz, der schon in der Nacht den Befehl zum Rückzug der deutschen Truppen gegeben hatte, unterzeichnet am Nachmittag die Kapitulationsurkunde. Sein Befehl zur Niederlegung der Waffen wird überall befolgt. Die deutschen Soldaten gehen in Gefangenschaft.

Laut jubelnd und feiernd begrüßt die Pariser Bevölkerung die westalliierten Truppen, die als Befreier in die französische Hauptstadt einmarschieren

Eine riesige Menschenmenge hat sich vor dem »Hôtel de Ville« versammelt; sie bereitet den einziehenden US-Truppen einen begeisterten Empfang

Britische Soldaten salutieren nach ihrem Einzug in die französische Hauptstadt vor dem Grabmal des Unbekannten Soldaten am Arc de Triomphe

Jubelnder Empfang für Charles de Gaulle

26. August. General Charles de Gaulle, Führer der »Provisorischen Regierung der Französischen Republik«, zieht unter dem Jubel der Bevölkerung in Paris ein.

Sein Siegesmarsch über die Champs-Élysées ist nicht ohne Risiko. In der Stadt befinden sich noch bewaffnete deutsche Soldaten, aber auch militante politische Gegner de Gaulles. Zudem bietet die Parade ein verlockendes Ziel für einen deutschen Luftangriff. De Gaulle nimmt das Wagnis auf sich; er will die Stunde der Befreiung nutzen, um sich feiern zu lassen und seine Macht zu zeigen. Aufrecht schreitet er – hinter sich sein Gefolge – über die Pariser Prachtstraße. Eine riesige Menschenmenge jubelt ihm von Gehsteigen, Balkonen und Fenstern aus zu. Selbst als wiederholt Schüsse fallen und viele Menschen sich verschreckt zu Boden werfen, setzt er unbeirrt seinen Weg fort und erscheint damit in den Augen des Volkes als beinahe mythische Gestalt.

General de Gaulle (in Uniform) an der Spitze eines Triumphzuges auf der Pariser Prachtstraße Champs-Élysées

General Charles de Gaulle inspiziert die 2. französische Panzerdivision

De Gaulle verläßt Notre Dame nach dem Besuch eines Dankgottesdienstes

Deutsche Soldaten, die in Paris stationiert waren und nach dem alliierten Einmarsch gefangengenommen und in einer Kaserne zusammengetrieben wurden

500 in einem Gebäude verbarrikadierte deutsche Soldaten kapitulieren; ein deutscher und ein französischer Offizier handeln die Übergabebedingungen aus

Gnadenlose Verfolgung von Kollaborateuren

In den befreiten Gebieten Frankreichs beginnt ein blutiger Rachefeldzug gegen all diejenigen Personen, die in den vergangenen vier Besatzungsjahren mit den Deutschen kollaboriert haben.

Überall machen Widerstandskämpfer und erbitterte Zivilisten Jagd auf die einstigen Helfershelfer der Deutschen und befriedigen ihre lange aufgestauten Rachegelüste. Allein in den Wochen unmittelbar nach der Befreiung von Paris (→25.8./S.132) werden über 11000 Kollaborateure, häufig ohne Gerichtsverfahren, hingerichtet. Vor allem die ehemaligen Mitarbeiter der deutschen Schutzstaffel finden keine Gnade.

Kollaborateure kleineren Kalibers müssen schmachvolle Demütigungen und Mißhandlungen über sich ergehen lassen. Die aufgebrachte Menge reißt ihnen nicht selten die Kleider vom Leib und treibt sie unter Beschimpfungen durch die Straßen. Frauen, die sich mit deutschen Soldaten eingelassen haben, wird der Kopf kahlgeschoren, oder man hängt ihnen Schilder mit der Aufschrift »Ich habe mit den Boches gehurt« um den Hals. Ist die Rachsucht erst mal gestillt, läßt man die kleineren Kollaborateure in den meisten Fällen laufen.

Umgeben von einer höhnenden Menschenmenge, wird eine kahlgeschorene Kollaborateurin gezwungen, in einen ihr vorgehaltenen Spiegel zu blicken

Französische Kollaborateure in Gefangenschaft (Paris)

Patrioten, die eine Kollaborateurin kahlscheren

Italien: Sabotage wird hart bestraft

12. August. Der Oberbefehlshaber der deutschen und faschistisch-italienischen Truppen in Italien, Albert Kesselring, befiehlt ein rücksichtsloses Vorgehen und scharfe Vergeltungsmaßnahmen gegen die Partisanen in Norditalien. Diese hatten in den vorangegangenen Wochen angesichts der bevorstehenden Befreiung durch die Alliierten ihre Tätigkeiten beträchtlich verstärkt und zahlreiche, z.T. großangelegte Sabotageaktionen durchgeführt.

Kesselring ordnet an, daß überall, wo bewaffneter Widerstand anzutreffen ist, Geiseln genommen werden sollen. Diesen droht die Erschießung, sobald in dem betreffenden Gebiet neue Sabotageaktionen stattfinden. Weiter wird befohlen, daß in Ortschaften, in denen auf Angehörige der deutschen Wehrmacht geschossen wird, ausnahmslos sämtliche Wohnhäuser niederzubrennen seien. Partisanenführer und Personen, die für Bluttaten gegen Deutsche verantwortlich sind, sollen öffentlich gehängt werden. Für Sabotagetaten wie Unterbrechung des Verkehrs, Beschädigung von Brücken und Straßen oder Ausstreuen von Nägeln und Glasscherben auf Verkehrswegen werden die Bewohner der betreffenden Gegenden oder Orte zur Rechenschaft gezogen.

Schweiz betont ihre Neutralität

1. August. Der Bundespräsident der Schweiz, Walter Stampfli, betont anläßlich des Nationalfeiertags in einer Rundfunkansprache, daß sein Land auch weiterhin an seinem neutralen Status festhalten werde.

Da sich die Kriegsgefahr den schweizerischen Grenzen nähere, so Stampfli, sei die Neutralität starkem Druck ausgesetzt. Wachsamkeit und Bereitschaft seien notwendig, um sich nicht überraschen zu lassen und gegebenenfalls den neutralen Status und damit die Lebens- und Existenzrechte der schweizerischen Bevölkerung zu verteidigen.

Bundesrat Eduard von Steiger erklärt, daß es für den Schweizer nicht die Frage sei, auf welcher Seite er fechten solle. Für ihn gäbe es nur eins: Kampf und bewaffneter Widerstand gegen jeden, der das Land angreifen wolle.

Der neue Staatspräsident Finnlands als Nachfolger von Risto Heikki Ryti und Oberbefehlshaber der Streitkräfte, Carl Gustaf Emil Freiherr von Mannerheim, begrüßt in der Hauptstadt Helsinki Mitglieder des finnischen Parlaments

Mannerheim wird Staatschef

Carl Gustaf Emil Freiherr von Mannerheim, neuer Staatschef Finnlands

1. August. Der finnische Staatspräsident Risto Heikki Ryti zieht die Konsequenzen aus der politischen und militärischen Krise, in der sich sein Land befindet (→21.6./S.99), und tritt zurück. Sein Nachfolger wird der Oberbefehlshaber der finnischen Streitkräfte, Carl Gustaf Emil Freiherr von Mannerheim.

Mit dem Rücktritt Rytis fühlt sich Finnland nicht mehr an die mit dem Deutschen Reich am 24. Juni getroffene Vereinbarung über die Fortsetzung der Waffenbrüderschaft gebunden. Mannerheim nimmt Kontakte zur UdSSR auf, die schließlich zum Abschluß eines Friedensvertrages führen (→19.9./S.153).

In der Slowakei bricht Revolte aus

29. August. Angesichts der sich nähernden sowjetischen Armee bricht in der mittleren Slowakei ein nationaler Aufstand gegen die deutsche Besatzungsmacht aus.

Die Revolte, die eigentlich für einen späteren Zeitpunkt geplant war, entzündet sich vorzeitig als Reaktion auf den Einmarsch deutscher Truppen in die Westslowakei. Der deutsche Führer und Reichskanzler Adolf Hitler hatte den Befehl zur militärischen Besetzung gegeben, da am 28. August meuternde slowakische Soldaten 22 deutsche Wehrmachtsoffiziere ermordet hatten und Hitler den Abfall des Bundesgenossen befürchtete.

Die Aufständischen setzen den deutschen Einheiten erbitterten Widerstand entgegen. Während das 1. Slowakische Armeekorps unter der Führung von Generalmajor Augustin Malar die einmarschierenden Truppen in schwere Kämpfe verwickelt, errichtet Oberstleutnant Jan Golian, Chef der revoltierenden Slowaken, in Neusohl (Banská Bystrica) eine eigene Verwaltung und nimmt Kontakt zu US-amerikanischen, britischen und sowjetischen Verbindungsoffizieren auf. Obwohl die Aufständischen keine nennenswerte militärische Unterstützung seitens der sowjetischen Armee erhalten und somit allein auf ihre eigenen, schlecht ausgerüsteten Kräfte angewiesen sind, setzen sie ihren Widerstand mehrere Wochen bis in den Oktober hinein fort.

Uneinigkeit über die Zukunft Polens

3. August. Stanisław Mikołajczyk, Ministerpräsident der polnischen Exilregierung in London, trifft zu Gesprächen mit dem sowjetischen Partei- und Staatschef Josef W. Stalin in Moskau ein. Die Verhandlungen, bei denen es um strittige Fragen über die zukünftige Gestaltung Polens geht, werden am 10. August ergebnislos abgebrochen.

Eine Einigung scheitert vor allem an zwei Punkten: Zum einen erklärt Stalin, daß er nicht das Kabinett Mikołajczyk, sondern das am →22. Juli (S.113) gegründete, kommunistisch orientierte »Lubliner Komitee« als rechtmäßige Regierung Polens betrachtet, und zum anderen besteht er auf der von der Exilregierung abgelehnten Westverschiebung der Landesgrenzen (→22.2./S.37).

Stanisław Mikołajczyk, Ministerpräsident der polnischen Exilregierung

Die polnische Heimatarmee erhebt sich in Warschau

1. August. In Warschau bricht ein Aufstand der polnischen Heimatarmee unter General Tadeusz Bór-Komorowski gegen die deutsche Besatzungsmacht aus. Obwohl die Rote Armee nur wenige Kilometer vor der Stadt steht, kommt sie den Aufständischen nicht zur Hilfe. Nach 64 Tagen erbittertsten Widerstands wird der nationale Freiheitskampf am →2. Oktober (S.168) von den Deutschen niedergeschlagen.

Bór hatte sich in Übereinstimmung mit der polnischen Exilregierung zum Losschlagen entschlossen, um dem Einmarsch der Roten Armee zuvorzukommen und die Stadt aus eigenen Kräften zu befreien. Nur darin sah er die Gewähr dafür, den

Soldaten der polnischen Heimatarmee (ausgerüstet mit britischen Waffen), die in Warschau in erbittertem Kampf gegen die deutsche Besatzungsmacht steht

Einfluß des von Moskau eingesetzten »Lubliner Komitees« (→22.7./S.113) zu schwächen und mit Hilfe der Westalliierten eine nicht von der UdSSR abhängige, »freie« polnische Regierung zu bilden. Der militärisch durchorganisierte Aufstand der polnischen Heimatarmee bringt anfänglich einige Erfolge. Deutsche Dienststellen und Kasernen werden besetzt, Waffen und zwei Panzer erobert. Doch dann schlagen die Deutschen gnadenlos zurück: SS-Obergruppenführer Erich von dem Bach-Zelewski geht mit äußerster Härte und brutalen Methoden gegen die Aufständischen vor und zwingt sie schließlich am 2. Oktober zur Kapitulation (→18.9./S.154).

Umsturz in Rumänien: Deutsche Wehrmachtsangehörige verbrennen in Bukarest belastendes Aktenmaterial, bevor sie sich der rumänischen Armee ergeben

Deutsche Soldaten, bewacht von rumänischen Posten, auf dem Weg in ein Kriegsgefangenenlager; sie wurden nach dem Umsturz festgenommen

Rumänien: Umsturz und Kriegserklärung

25. August. Rumänien erklärt dem Deutschen Reich den Krieg. Zwei Tage zuvor war der deutschfreundliche rumänische Ministerpräsident Ion Antonescu gestürzt worden, und König Michael I. hatte Constantin Sănătescu mit der Regierungsneubildung beauftragt.

Der Auslöser für die Wende in Rumänien ist die am 20. August von der Roten Armee aufgenommene Offensive gegen die deutsche Heeresgruppe Südukraine, die gegen rumänisches Staatsgebiet zielt. König Michael, der schon seit längerem Kontakte zu den Alliierten hat, hält es angesichts der militärischen Bedrohung für erforderlich, sofort Waffenstillstandsverhandlungen mit der UdSSR aufzunehmen.

Am 23. August bestellte er Antonescu zu sich und forderte ihn auf, Schritte zum Ausstieg aus dem Bündnis mit dem Deutschen Reich einzuleiten. Als Antonescu sich weigerte, ließ der König ihn verhaften. Unmittelbar danach beorderte er alle Kabinettsmitglieder in den Palast und befahl ihre Festnahme. Schließlich beauftragte er Sănătescu mit der Bildung einer neuen Regierung, die noch am selben Tag den Abbruch der diplomatischen Beziehungen zum Deutschen Reich erklärte. Das rumänische Volk und die Armee begrüßten den Machtwechsel und stellten sich hinter die Entscheidung des Königs.

Der deutsche Führer und Reichskanzler Adolf Hitler wollte diese Entwicklung nicht hinnehmen. In Unkenntnis der wahren Kräfteverhältnisse ordnete er an, daß der »Putsch der Generalsclique um den König niederzuschlagen« sei. Nachdem auf Befehl Hitlers am 24. August Bukarest von der deutschen Luftwaffe angegriffen wurde, erklärt Rumänien am 25. August dem Ex-Verbündeten den Krieg.

In den folgenden Tagen rückt die Rote Armee ungehindert vor, besetzt am 29. August Konstanza, am 30. Ploiesti und am 31. Bukarest.

Gebäude der deutschen Gesandtschaft in der rumänischen Hauptstadt

Streit in der Palästinafrage

10. August. Der ägyptische Ministerpräsident Mustafa Nahhas Pascha protestiert im Namen aller arabischen Staaten gegen die von US-amerikanischen Politikern wiederholt geforderte Schaffung eines jüdischen Gemeinwesens in Palästina.

In seiner Rede vor dem Parlament betont Pascha, daß Palästina ohne Rücksicht auf US-amerikanische Interessen arabisch bleiben müsse. Wörtlich erklärt er u.a.: »Die Parolen … zur Präsidentenwahl in den USA zeigen, daß die amerikanischen Politiker übereingekommen sind, Palästina den arabischen Eigentümern aus den Händen zu reißen. Ein solches Vorhaben erschüttert das Vertrauen … in die Zusicherungen,

Mustafa Nahhas Pascha (*15.6.1879), ägyptischer Politiker, seit 1927 Führer der Wafd-Partei; seit 1928 mit Unterbrechungen Ministerpräsident; 1936 führte er die schwierigen Verhandlungen über den britisch-ägyptischen Vertrag

die die USA hinsichtlich der Rechte der Völker… gemacht haben.«

Bereits im Frühjahr 1944 hatten Ägypten, Irak, Syrien, Libanon, Saudi-Arabien, Transjordanien und der Jemen den Vereinigten Staaten eine Protestnote zu ihrer Haltung in der Palästinafrage überreicht.

Nachfolger des Völkerbunds

21. August. In Dumbarton Oaks bei Washington treffen sich bis zum 7. Oktober Delegierte der USA, der Sowjetunion, Großbritanniens und Chinas, um über die Ablösung des Völkerbunds durch die »Vereinten Nationen« zu beraten.

Sie beschließen Grundsätze zum Aufbau der neuen Organisation. Hauptorgane sollen die Vollversammlung und der Sicherheitsrat sein. Die Vollversammlung, in der jedes Mitglied eine Stimme hat, darf Empfehlungen aussprechen und Resolutionen annehmen, besitzt jedoch keine Exekutivgewalt.

Diese liegt in den Händen des Sicherheitsrates, dem die vier verhandelnden Mächte USA, UdSSR, Großbritannien und China als ständige Mitglieder angehören. Dazu kommen sechs zeitweilige Mitglieder, die von der Vollversammlung für jeweils zwei Jahre in dieses Gremium gewählt werden. Über die Aufnahme Frankreichs als fünftes ständiges Mitglied wird zu diesem Zeitpunkt noch nicht entschieden.

Die Aufgabe des Sicherheitsrats besteht darin, alle Streitigkeiten innerhalb der Vereinten Nationen zu untersuchen und sie – notfalls auch mit Gewalt – zu regeln.

Uneinigkeit herrscht zum Abschluß der Konferenz u.a. über die Frage, ob neben der UdSSR auch die Ukraine und Weißrußland eine Stimme erhalten sollen.

Deutsche Flugabwehr im Einsatz gegen alliierte Bomber

7. August. Die Ausrüstung der deutschen Flugabwehr mit Geschützen und Scheinwerfern erreicht zahlenmäßig ihren Höchststand während des Krieges; viele der verwendeten Geräte sind jedoch veraltet und nicht mehr voll funktionstüchtig. Diese Tatsache hat fatale Folgen, weil die Alliierten ihre Luftüberlegenheit über deutschem Reichsgebiet immer mehr ausgebaut haben. Die Kampfkraft der deutschen Jagdabwehr hat infolge der Treibstoffknappheit (→12.5./S.83) in starkem Maße abgenommen, und so ist man zur Verteidigung gegen Luftangriffe auf die Flakartillerie angewiesen. Anfang August stehen 154 schwere, 644 mittlere und leichte Batterien sowie 376 Scheinwerferbatterien zur Verfügung. Die Leistungsfähigkeit der Geschütze ist jedoch nicht optimal. Zum Abschuß eines Bombers benötigt man im Schnitt 4940 Schuß der leichten und 3343 Schuß der schweren Flak – ein Kostenaufwand von 267 440 Reichsmark. Als Bedienungspersonal wird fast eine Million Flakhelfer eingesetzt; dazu zählen auch viele Frauen und Jugendliche ab 15 Jahren.

Frauen, die einen Ausbildungskurs als Luftwaffenhelferinnen absolvieren, üben die Handhabung eines Horchgerätes

Mit Hochdruck werden Waffen zur Verteidigung gegen Luftangriffe produziert, hier leichte Flakgeschütze

Ein Ausbilder erklärt den zukünftigen Luftwaffenhelferinnen die genaue Funktionsweise eines Flakfernrohrs

US-amerikanischer Bombenangriff auf die Raketenversuchsanstalt in Peenemünde

4. August. *Im Zuge eines Großangriffs der US-amerikanischen Luftwaffe auf mehrere Städte an der deutschen Nord- und Ostseeküste bombardiert ein Verband von »fliegenden Festungen« die deutsche Raketenversuchsanstalt in Peenemünde auf der Halbinsel Usedom vor der Odermündung.*
Der Angriff gilt in erster Linie den Versuchsanlagen für ferngelenkte Raketenwaffen. Die Schäden sind jedoch bei weitem nicht so groß wie im August 1943, *als bei einem Angriff der britischen Luftwaffe 735 Menschen ums Leben kamen. Das deutsche Raketenprogramm erleidet keine Beeinträchtigungen, da die Fertigung schon vor längerer Zeit in bombensichere Schächte und Stollen im Südharz mit Schwerpunkt im Raum Nordhausen verlegt worden war* *(Abb. links: Raketenversuchsanstalt in Peenemünde vor dem Angriff; Abb. rechts: Einige Gebäude sind nach dem Bombardement stark beschädigt)*

Die Rachejustiz des Volksgerichtshofs nach dem 20. Juli

8. August. Der erste Prozeß gegen Angeklagte, die an dem Attentat auf den deutschen Führer und Reichskanzler Adolf Hitler am →20. Juli (S.115) beteiligt waren, geht vor dem Volksgerichtshof in Berlin nach zweitägigen Verhandlungen zu Ende. Wie bereits von vornherein feststand, werden die acht Verschwörer zum Tode verurteilt.

Der Präsident des Volksgerichtshofs, Roland Freisler, übt in diesem wie auch in den folgenden Prozessen blinde Rachejustiz und überschüttet die häufig durch Folterungen gezeichneten Angeklagten mit wüsten Beschimpfungen und Demütigungen. Der »rasende Roland«, wie Freisler selbst in Parteikreisen genannt wird, ergeht sich in immer neuen Beleidigungen und betitelt die Angeklagten fortwährend mit Schmähwörtern wie »Lumpen«, »Verräter«, »feige Mörder« o. ä.

Beim ersten Prozeß stehen Erwin von Witzleben, Erich Hoepner, Hellmuth Stieff, Paul von Hase, Robert Bernardis, Peter Graf Yorck von Wartenburg, Albrecht von Hagen und Friedrich Karl Klausing vor Gericht. Ohne Gürtel und Hosenträger, unrasiert und ungepflegt mit sichtbaren Spuren von Mißhandlungen,

Erwin von Witzleben (vorne) und Paul von Hase, der Beteiligung am Hitler-Attentat angeklagt, vor dem Volksgerichtshof

müssen die Männer vor Freisler erscheinen. Trotz der entwürdigenden Behandlung und physischer Erschöpfung stehen die meisten, wie auch ein Großteil der ihnen nachfolgenden Leidensgenossen, die Prozedur in aufrechter Haltung durch. Yorck und Stieff bieten Freisler am ersten Verhandlungstag offen die Stirn. Stieff unterbricht Freisler und erklärt, daß er seine Tat für das deutsche Volk getan habe. Auch Yorck bekennt sich zur Tat und lehnt den Nationalsozialismus offen ab.

Alle acht Angeklagten werden zum Tode durch den Strang verurteilt und sofort in der Haftanstalt Plötzensee (→8.8./S.140) hingerichtet.

Freisler verkündet Todesurteile gegen acht Verschwörer

Der Präsident des Volksgerichtshofs, Roland Freisler, verkündet am 8. August die Todesurteile gegen die ersten acht Angeklagten, die der Beteiligung an dem Attentat auf den deutschen Führer und Reichskanzler Adolf Hitler am →20. Juli (S.115) beschuldigt werden. Das Urteil stand schon vor Beginn des zweitägigen Prozesses fest und wird sofort vollstreckt:

»Im Namen des deutschen Volkes! Eidbrüchige, ehrlose Ehrgeizlinge, Erwin von Witzleben, Erich Hoepner, Hellmuth Stieff, Paul von Hase, Robert Bernardis, Peter Graf Yorck von Wartenburg, Albrecht von Hagen, Friedrich Karl Klausing, verrieten, statt mannhaft, wie das ganze Volk dem Führer folgend, den Sieg zu erkämpfen, so wie noch niemand in unserer ganzen Geschichte das Opfer unserer Krieger, Volk, Führer und Reich. Den Meuchelmord an unserem Führer setzten sie ins Werk. Feige dachten sie, dem Feinde unser Volk auf Gnade und Ungnade auszuliefern, es selbst in dunkler Reaktion zu knechten. Verräter an allem, wofür wir leben und kämpfen, werden sie alle mit dem Tode bestraft. Ihr Vermögen verfällt dem Reich. Dieses Urteil des Volksgerichtshofs begründe ich wie folgt: Ein Schurkenwerk, das alle Schranken sprengt und jedes Maßes spottet, ist geschehen... Es ist die vermessene Begier, an die Stelle unserer inneren Freiheit die Knechtung durch die Reaktion zu setzen... Es ist die Treulosigkeit an dem Führer... Es ist der Mord an dem, der unser Leben mit seinen Sorgen Tag und Nacht führt... der Mord an dem, zu dem wir alle aufschauen, damit wir ihm nachmarschieren können in die Welt der Freiheit! Es ist der Verrat an sich, an allem, was im deutschen Volke ist, an den Toten des Krieges, an den Toten der Bewegung... Hier gibt es nur eins, den Tod. Wir stellen fest: Es ist die schimpflichste Tat, die je unsere Geschichte gesehen hat. Dafür gibt es nur die schimpflichste Art, den Tod zu erleiden, als Sühne: Den Tod durch den Strang. Wir kehren zurück in das Leben, in den Kampf. Wir haben keine Gemeinschaft mehr mit ihnen. Das Volk hat sich von ihnen befreit, ist rein geblieben... Wir grüßen alle: Heil Hitler! Wir kämpfen mit unserem Führer, ihm nach für Deutschland. Wir haben die Gefahr jetzt abgeschüttelt. Wir marschieren mit totaler Kraft hin zum totalen Sieg. Damit ist diese Sitzung des Volksgerichtshofs des Großdeutschen Reiches beendet.«

Roland Freisler (r.), Präsident des Volksgerichtshofs, in der Verhandlung

Die Urteilsverkündung

im Prozeß vor dem Volksgerichtshof

Berlin, 9. August.

Nach mehrstündiger Beratung verkündete am Dienstag im Prozeß gegen acht der aus dem Heere ausgestoßenen Verräter, die am Verbrechen des 20. Juli führend beteiligt waren, der Präsident des Volksgerichtshofes folgendes Urteil:

„Im Namen des deutschen Volkes! Eidbrüchige, ehrlose Ehrgeizlinge!

Erwin von Witzleben,
Erich Höppner,
Hellmuth Stieff,
Paul von Hase,
Robert Bernardis,
Peter Graf York von Wartenburg,
Albrecht von Hagen,
Friedrich Karl Klausing,

verrieten, statt mannhaft, wie das ganze deutsche Volk dem Führer folgend, den Sieg zu erkämpfen, so wie noch niemand in unserer ganzen Geschichte das Opfer unserer Krieger, Volk, Führer und Reich. Den Meuchelmord an unserem Führer setzten sie ins Werk. Feige dachten sie, dem Feinde unser Volk auf Gnade und Ungnade auszuliefern, es selbst in dunkeler Reaktion zu knechten. Verräter an allem, wofür wir leben und kämpfen, werden sie alle mit dem Tode bestraft. Ihr Vermögen verfällt dem Reich."

Die Urteilsbegründung

Zu seiner Urteilsbegründung entrollt der Präsident noch einmal ein Bild der furchtbaren Tat. Schaudernd erleben wir erneut, wie der erste Mord-Putsch-Gedanke in verbrecherischen Gehirnen aufkeimt, wie ein Schurke sich zum anderen fand, wie schließlich eine Clique von Reaktionären, Verbrechern und Mithelfern daranging, mit englischem Sprengstoff und englischem Zündwerk den Führer feige zu meucheln, Volk und Reich, Heimat und kämpfende Front zu vernichten.

Es ist ein entsetzenerregendes Bild menschlicher Verkommenheit, das sich in diesen beiden Tagen der Verhandlung enthüllt hat und das nun der Präsident bis in alle Einzelheiten nachzeichnet.

„Wovon wissen wir das alles?" — so fragt der Präsident am Schluß seiner Urteilsbegründung, und er antwortet: „Wir haben nur das festgestellt, was jeder der Angeklagten selbst in der Hauptverhandlung bekannt und eingestanden hat. Aber das, was wir feststellen, ist bei jedem von ihnen nur das Mindestmaß ihrer Schuld. Ihre wirkliche Schuld sprengt jedes Maß.

Der Verrat an unserem freien, starken deutschen Gemeinschaftsleben, an unserer Wesens- und Lebensart, die vermessene Begier, an die Stelle unserer inneren Freiheit die Knechtung und die Reaktion zu setzen, die moralische Selbstentmannung des Feiglings mitten im Kampf — das ist Hochverrat. Wenn jemand im Kriege unsere nationalsozialistische Lebensart zu vernichten trachtet, vernichtet er damit unsere kriegerische Kampfkraft. Es gibt niemanden, und erst recht niemanden, der Offizier war, der das nicht wüßte. Und so ist es klar: Es ist auch Landesverrat, ein Landesverrat furchtbarster Form. Uns alle, jeden einzelnen von uns, jede einzelne Familie, das ganze Volk in allen seinen Stämmen wollte dieser Verrat unseren Feinden als Knechte ausliefern.

Diese Tat ist der Verrat an den Toten des Krieges, ist der Verrat an den Toten der Bewegung, ist der Verrat an den Toten aller anderen Kämpfe der letzten 2000 Jahre, ist der Verrat an dem Tod aller Mütter, die in ihrer schwersten Stunde starben, damit junge Deutsche neu zur Welt kamen, ist der Verrat an unseren Kindern und Kindeskindern, ist der Verrat an allem, was wir haben, was wir sind, wofür wir leben und wofür wir kämpfen. Es ist der vollkommenste Verrat, den unsere Geschichte je gesehen hat.

Die Angeklagten können nicht erwarten, daß ihnen gegenüber irgendwie auch nur um ein Jota von dem Maß zurückgewichen wird, das unser Volk und unser Recht als das schwerste Maß der Dokumentierung von Schande kennt.

Als sich seinerzeit unser Reich das Gesetz schuf, wonach in Fällen besonders schimpflicher Tat die Vollstreckung der Todesstrafe durch den Strang erfolgen konnte, da hatte es eine furchtbare Terrortat im Jahre 1933 im Auge, die Terrortat, deren wir uns noch erinnern, die gleichfalls von großer Gefahr für das Leben unseres Volkes war. Wir sind uns heute sicher, daß diese Tat, unter deren Eindruck dieses Gesetz damals erlassen wurde, verblaßt gegenüber der Tat, die diese Angeklagten — zunächst diese acht — vollbracht haben. Und damit habe ich gesagt, was hier zu sagen ist.

Wir haben festgestellt, daß die Angeklagten Verrat begangen haben an allem, was wir sind, an allem, was wir haben und an allem, wofür wir leben und wofür wir kämpfen. Wir stellen fest: Hier gibt es nur eines: den Tod. Wir stellen fest: Es ist die schimpflichste Tat, die unsere Geschichte je gesehen hat. Dafür gibt es nur die schimpflichste Art, den Tod zu erleiden, als Sühne: den Tod durch den Strang."

Zeitungsbericht des »Völkischen Beobachters« über den Prozeß und die Urteilsverkündung gegen die ersten acht Widerstandskämpfer, die wegen Beteiligung an dem Bombenattentat auf Hitler vor dem Volksgerichtshof in Berlin standen

Erstem Verfahren folgt Prozeßlawine

8. August. Der Prozeß gegen die ersten acht Angeklagten wegen Beteiligung an dem Attentat auf den deutschen Führer und Reichskanzler Adolf Hitler (→ 20.7./S. 115) bildet den Auftakt zu einer Lawine von weiteren Verfahren. In den folgenden Wochen und Monaten werden mehrere hundert wirkliche oder vermeintliche Widerstandskämpfer des Hoch- und Landesverrats angeklagt, vor den Volksgerichtshof gestellt und dort abgeurteilt.

Die Prozesse finden im großen Saal des Kammergerichts in Berlin statt und werden – genauso wie die Hinrichtungen – auf Anweisung Hitlers gefilmt und auf Tonband aufgezeichnet, damit dieser sich die Leiden seiner Opfer in allen Einzelheiten ansehen und anhören kann.

Die nationalsozialistischen Racheprozesse finden unter dem Vorsitz des Präsidenten des Volksgerichtshofs, Roland Freisler, statt. Dieser läßt keine Gelegenheit aus, die Angeklagten zu beschimpfen und zu demütigen. Die durch Haft und Folterungen geschwächten und psychisch angeschlagenen Männer haben es nicht leicht, sich gegen den tobenden, brutalen Freisler zur Wehr zu setzen. Einigen der Widerstandskämpfer gelingt es aber doch, dem »rasenden Roland« (Parteijargon) entschieden entgegenzutreten.

Der Diplomat Hans von Haeften etwa entgegnet auf Freislers gebrüllte Frage, »weshalb er dem Führer verbrecherisch die Treue gebrochen« habe: »Weil ich den Führer für den Vollstrecker des Bösen in der Geschichte halte.« Erich Fellgiebel ruft dem Präsidenten nach der Urteilsverkündung zu, er möge sich mit dem Aufhängen beeilen, sonst werde er eher hängen. Als Freisler dem Rechtsanwalt Joseph Wirmer vor der Vollstreckung des Todesurteils ankündigt: »Bald werden Sie in der Hölle sein«, gibt dieser zurück: »Es wird mir ein Vergnügen sein, wenn Sie bald nachkommen, Herr Präsident.« Fritz-Dietlof Graf von der Schulenburg erklärt im Schlußwort: »Wir haben diese Tat auf uns genommen, um Deutschland vor einem namenlosen Elend zu bewahren. Ich bin mir klar, daß ich daraufhin gehenkt werde, bereue meine Tat aber nicht und hoffe, daß sie ein anderer in einem glücklicheren Augenblick durchführen wird.«

Hinrichtungen in Berlin-Plötzensee

8. August. Die wegen Beteiligung an der Verschwörung des → 20. Juli (S.115) vom Volksgerichtshof in Berlin zum Tode verurteilten Widerstandskämpfer werden noch am selben Tag hingerichtet. Auf persönlichen Befehl des deutschen Führers und Reichskanzlers Adolf Hitler, der einen möglichst demütigenden Tod wünscht, werden sie nicht erschossen, sondern nacheinander an Fleischerhaken erhängt.

Ohne geistlichen Beistand werden die Verurteilten mit auf den Rücken gefesselten Händen in den Hinrichtungsraum in der Haftanstalt Berlin-Plötzensee geschleppt. Dort legen ihnen die Henkersknechte die Schlingen um den Hals und üben ihr blutiges Amt aus. Die grauenvolle Szene wird auf Befehl Hitlers in allen Einzelheiten gefilmt und ihm noch am selben Abend vorgeführt.

Hinrichtungsstätte in der Haftanstalt Berlin-Plötzensee, in der die zum Tode verurteilten Verschwörer des 20. Juli an Fleischerhaken erhängt werden

Haft für Familien der Verschwörer

August. Kurz nach dem Anschlag auf den Führer und Reichskanzler Adolf Hitler (→ 20.7./S.115) hatte dieser verkündet, daß er nicht nur die Attentäter, sondern auch ihre Familien bis ins letzte Glied auslöschen wolle. Im Laufe des Monats August wird diese Drohung verwirklicht; zahlreiche Angehörige der Verschwörer des 20. Juli werden festgenommen und inhaftiert.

Betroffen sind u.a. die Familien Stauffenberg, Goerdeler, Tresckow, Hase, Moltke, Dohnanyi, Bonhoeffer und Leber. Nicht nur die Kinder und Ehefrauen der Widerstandskämpfer fallen der Sippenhaft zum Opfer, sondern auch die weitere Verwandtschaft und Bekanntschaft. Erwachsene wie Kinder müssen ihre Familiennamen ablegen und werden in Konzentrationslager bzw. Heime gesperrt.

Ernst Thälmann von SS-Männern in Buchenwald ermordet

18. August. Ernst Thälmann, ehemaliger Vorsitzender der Kommunistischen Partei Deutschlands (KPD), wird nach über elfjähriger Haft im Konzentrationslager (KZ) Buchenwald erschossen. Seine Ermordung geht vermutlich auf einen direkten Befehl des deutschen Führers und Reichskanzlers Adolf Hitler zurück und steht im Zusammenhang mit einer allgemeinen Säuberungsaktion, die nach dem Attentat vom → 20.

Juli (S.115) eingeleitet wurde. Der Öffentlichkeit wird mitgeteilt, Thälmann sei bei einem alliierten Bombenangriff auf das Konzentrationslager ums Leben gekommen.

Thälmann, am 16. April 1886 in Hamburg geboren, war seit 1903 Mitglied der Sozialdemokratischen Partei Deutschlands (SPD), trat 1917 zur USPD und 1920 zur KPD über. Von 1924 bis 1933 war er Abgeordneter im Reichstag. Im Oktober

1925 wurde er zum Vorsitzenden der KPD ernannt. Er übte dieses Amt aus, bis er am 3. März 1933 nach der nationalsozialistischen Machtübernahme verhaftet wurde. Zunächst ins Untersuchungsgefängnis Berlin-Moabit gebracht, leitete man ein Ermittlungsverfahren gegen ihn ein, das jedoch 1935 ergebnislos eingestellt wurde.

Danach kam Thälmann in »Schutzhaft«, wurde zunächst sechs Jahre

lang in Einzelhaft in Hannover gefangen gehalten und schließlich ins Gefängnis Bautzen verlegt.

In der Nacht vom 17. auf den 18. August 1944 trifft Thälmann in Buchenwald ein. Nach dem Bericht eines Augenzeugen wird er von Angehörigen der Schutzstaffel (SS) über den Hof des Konzentrationslagers zum Krematorium geführt, auf dem Weg von hinten niedergeschossen und anschließend verbrannt.

Ernst Thälmann (Foto: vor 1920), geboren am 16. April 1886 in Hamburg, ab 1903 Mitglied der SPD (linker Flügel), trat 1917 zur USPD über

Thälmann auf einer politischen Kundgebung (Foto: zwischen 1920 und 1925); er trat 1920 zur KPD über und gehört seit 1924 zur Parteiführung

Ernst Thälmann, der im September 1925 die Leitung der KPD übernahm, spricht zum Feiertag des 1. Mai 1932 im Lustgarten in Berlin-Mitte

Der KPD-Vorsitzende Thälmann im Hof des Untersuchungsgefängnisses Berlin-Moabit, wohin er nach seiner Verhaftung 1933 gebracht wurde

Generalfeldmarschall Hans Günther von Kluge, Oberbefehlshaber West

Freitod aus Furcht vor Verhaftung

19. August. Generalfeldmarschall Hans Günther von Kluge, Oberbefehlshaber West, begeht während einer Autofahrt von Frankreich ins Deutsche Reich Selbstmord durch Einnahme einer Giftkapsel.

Kluge war am 16. August seines Kommandos enthoben und nach Berlin zitiert worden, da er der Beteiligung an der Verschwörung vom → 20. Juli (S.115) verdächtigt wird. Um der Verhaftung und zu erwartenden Hinrichtung zu entgehen, nimmt er sich das Leben. Vorher schreibt Kluge, der zwar von der Verschwörung gewußt hat, eine Mitarbeit am Staatsstreich jedoch verweigerte, einen ehrfurchtsvollen Abschiedsbrief an den deutschen Führer und Reichskanzler Adolf Hitler.

Abschiedsbrief an Adolf Hitler

»Gestatten Sie, mein Führer, in aller Ehrerbietung … Sollte[n] Ihre neuen, heißersehnten Kampfmittel … nicht durchschlagen, dann, mein Führer, entschließen Sie sich, den Krieg zu beenden … Mein Führer! Ich habe stets Ihre Größe und Ihre Haltung in diesem gigantischen Kampf und Ihren eisernen Willen… bewundert. Wenn das Schicksal stärker ist als Ihr Wille und Ihr Genie, so ist das Fügung. Sie haben einen ehrlichen, ganz großen Kampf gekämpft … Ich scheide von Ihnen, mein Führer, … in dem Bewußtsein, meine Pflicht … getan zu haben. Heil mein Führer! von Kluge«

Anne Frank und ihre Familie festgenommen

4. August. Anne Frank wird zusammen mit ihrer Familie in ihrem Versteck in Amsterdam von der deutschen Geheimen Staatspolizei (Gestapo) entdeckt und ins Deutsche Reich deportiert. Das Tagebuch der 15jährigen, Tochter eines jüdischen Bankiers, das sie während der Zeit des Untertauchens geschrieben hat, wird nach Kriegsende veröffentlicht und erlangt als erschütterndes Dokument eines jüdischen Schicksals in der NS-Zeit Weltruhm.

Anne Frank wurde am 12. Juni 1929 in Frankfurt am Main geboren. Ihr Vater, Otto H. Frank, entstammte einer deutsch-jüdischen Familie. Nach der nationalsozialistischen Machtübernahme am 30. Januar 1933 entschloß sich die Familie Frank, gemeinsam mit den Töchtern Anne und der älteren Margot in die Niederlande zu emigrieren. Im Dezember 1933 siedelten sie nach Amsterdam über, wo Otto H. Frank einen Direktoren-

14. Juli 1942 bezog die vierköpfige Familie ein Hinterhaus in der Prinsengracht in Amsterdam. Die Familie van Daan mit dem damals 16jährigen Sohn Peter fand sich ebenfalls dort ein. Die sieben Menschen wohnten auf engstem Raum

Eingang zum Hinterhausversteck

Rückseite des Hauses, in dem sich die Familie Frank versteckt hielt

posten in einer Handelsfirma übernahm. Anne Frank besuchte zunächst die Montessori-Schule in der niederländischen Hauptstadt, mußte aber 1941 wegen der zunehmend härteren Rassenbestimmungen der deutschen Besatzungsmacht schließlich auf das jüdische Lyzeum überwechseln.

Als dem Vater die Verhaftung durch die deutsche Sicherheitspolizei und die Einweisung in ein Konzentrationslager drohten, entschloß er sich unterzutauchen. Am

in zwei kleineren und einem großen Zimmer mit einer Abstellkammer und einem Waschraum. Im November 1942 nahmen sie dann zusätzlich noch den jüdischen Zahnarzt Albert Dussel auf.

Das Hinterhaus-Versteck befand sich in einem Gebäude, das zur ehemaligen Firma von Otto H. Frank gehört. Nur die einheimischen Geschäftsleiter, die Angestellte und Vertraute Miep van Santen und ihr Ehemann sowie eine weitere Angestellte wußten

von den untergetauchten Personen. Anne Frank, die als 13jährige in das Versteck zog, führte während des über zweijährigen Aufenthalts ein Tagebuch, in dem sie das spannungsreiche Zusammenleben und ihre eigenen Empfindungen schildert. Ihre Gedanken schrieb sie in Briefen nieder, die an die fiktive »Kitty« gerichtet sind.

Mit einem für ihr Alter erstaunlichem Maß an Klugheit und Nachdenklichkeit setzt sie sich mit ihrer Situation als verfolgte Jüdin auseinander. Sie beschreibt ihre Freude über militärische Niederlagen der Deutschen, über die Kapitulation Italiens oder die Landung der Alliierten in der Normandie. An anderer Stelle wiederum beklagt sie ihr Schicksal als Jüdin. »Wer hat uns das auferlegt?« fragt sie, »wer hat uns bisher so leiden lassen?« Trotz allem glaubt sie an eine bessere Zukunft: »Einmal werden wir auch wieder Menschen und nicht allein Juden sein.«

Geprägt durch den Umstand, daß sie mit sieben anderen Personen tagein, tagaus auf engstem Raume zusammengesperrt war, entwickelte Anne Frank eine scharfe Beobachtungsgabe und ein Gespür für das menschliche Zusammenleben. Sie schildert die schwankenden Stimmungen, die Streitigkeiten unter den Bewohnern und ihre eigenen tiefen Depressionen.

Die letzte Tagebucheintragung stammt vom 1. August 1944. Drei Tage später, am 4. August, fällt die Gestapo in das Hinterhaus ein. Alle Versteckten werden verhaftet und in Konzentrationslager im Deutschen Reich überführt. Anne Frank stirbt im März 1945 im Konzentrationslager Bergen-Belsen. Als einziger der Untergetauchten überlebt ihr Vater; er wird 1945 von Soldaten der Roten Armee aus dem Konzentrationslager Auschwitz befreit.

Die niederländischen Freunde der Familie Frank finden nach der Verhaftung zwischen Büchern und Zeitschriften das Tagebuch. Es wird 1946 in holländischer Sprache und 1950 in deutscher Übersetzung publiziert. Das Buch erreicht eine Auflage von mehreren Millionen und ruft bei den Lesern weltweit Betroffenheit hervor.

Massenvergasung von Sinti und Roma

3. August. Im Vernichtungslager Auschwitz-Birkenau werden zwischen dem 1. und 3. August 6432 Sinti und Roma vergast.

Es sind die letzten von insgesamt 21 000 Angehörigen dieser ethnischen Minderheit, die aus allen Teilen Europas nach Auschwitz deportiert wurden. 10 718 von ihnen starben an den Lagerbedingungen, 17 wurden erschossen und 3833 in andere Lager umquartiert.

Die Sinti und Roma werden, ähnlich wie die Juden, vom nationalsozialistischen Regime verfolgt, verhaftet und ermordet. Bereits seit 1937 gelten sie als »Asoziale«, die nach dem Willen der Verantwortlichen von den »Deutschblütigen« abgesondert werden sollen. Nach Kriegsausbruch wurden sie in Sammel- und Arbeitslager eingewiesen. Ab 1940 – in großem Umfang ab 1942 – begannen die Deportationen der Sinti und Roma in die Konzentrations- und Vernichtungslager im Osten, wo sie den Massenermordungen in den Gaskammern zum Opfer fielen.

Vernichtungslager werden evakuiert

6. August. Seit Juli sind angesichts des Vorrückens der Roten Armee mehrere deutsche Konzentrationslager östlich der Weichsel aufgelöst worden. 27 000 Juden wurden bisher nach Westen deportiert und in die Lager Auschwitz, Dachau und Bergen-Belsen überführt.

Am → 23. Juli (S.113) hatten sowjetische Truppen das Vernichtungslager Lublin-Majdanek befreit und der Weltöffentlichkeit erstmals Beweise für den nationalsozialistischen Massenmord vorgelegt. Um die NS-Verbrechen zu vertuschen, befahlen die zentralen Behörden des Dritten Reiches daraufhin die Evakuierung der im Frontbereich gelegenen Lager und ordneten die Beseitigung aller Spuren an.

Die Verlegung bedeutet für viele Häftlinge den Tod. Sie sterben in den Waggons und auf den Todesmärschen an Hunger oder Erschöpfung oder werden von Kommandos der Schutzstaffel erschossen. Andere werden gleich nach ihrer Ankunft im neuen Lager vergast.

Keine Bomben auf »Todesfabriken«

20. August. 127 viermotorige US-Bomber fliegen einen Angriff auf das Gelände des deutschen Konzentrationslagers (KZ) Auschwitz-Birkenau. Gezielt zerstören sie die Werke zur Herstellung synthetischen Treibstoffs – die Vernichtungsanlagen bleiben unberührt.

Hätten die US-Maschinen ihre Bombenlast nur wenige Kilometer weiter abgeladen, so wäre die größte »Todesfabrik« des NS-Regimes mit ihren Gaskammern und Krematorien zerstört worden, und das Leben sehr vieler Menschen hätte vielleicht dadurch gerettet werden können.

Schon seit längerer Zeit haben jüdische Kreise die Alliierten wiederholt aufgefordert, die ihnen gut bekannten Vernichtungsanlagen in deutschen KZ zu bombardieren. Obwohl die alliierten Luftstreitkräfte im Laufe des Krieges bewiesen haben, daß derart gezielte Bombardierungen durchaus möglich sind, haben die Verantwortlichen aus letztlich unklaren Beweggründen nie einen derartigen Befehl gegeben.

»Berliner Illustrierte«; sie erscheint trotz Presseeinschränkungen weiter

Einschränkungen im Pressewesen

24. August. Der deutsche Reichspropagandaminister Joseph Goebbels verordnet in seiner Eigenschaft als Reichsbevollmächtigter für den totalen Kriegseinsatz (→ 25.7./S.122) Einschränkungen im Verlagswesen sowie in der Tages- und Wochenpresse. Ziel der Maßnahmen ist die

Weniger illustrierte Zeitschriften

Die »Berliner Illustrierte« kündigt ihren Lesern die Einschränkungen im Pressewesen an:

»An unsere Leser! Im Rahmen der Mobilisierung aller Kräfte für den totalen Kriegseinsatz haben auch die illustrierten Zeitschriften künftig Einschränkungen durchzuführen …

Die … Zeitschriften ›Münchner Illustrierte Presse‹, ›Kölnische Illustrierte Zeitung‹, ›Wiener Illustrierte‹, ›Hamburger Illustrierte‹, ›Stuttgarter Illustrierte‹ werden ab September für die Kriegsdauer den gesamten Inhalt der ›Berliner Illustrierten‹ – Bilder, Roman und sonstige Beiträge einschließlich Anzeigen – übernehmen.«

Freistellung von Arbeitskräften für Rüstung und Wehrmacht und die Entlastung von Post und Bahn. Zahlreiche Presseerzeugnisse werden ganz eingestellt. Die Tageszeitungen – bis auf ganz wenige Ausnahmen – dürfen bei sechs Ausgaben pro Woche nur noch einen Umfang von vier Seiten haben.

Riesencomputer aus den USA

7. August. *An der Harvard University (USA) stellt Howard Hathaway Aiken den von ihm selbst entwickelten ersten programmgesteuerten Computer der Vereinigten Staaten, den »MARK I« (Abb.), vor.*

Die 2,5 m hohe und 16 m lange Rechenanlage addiert und subtrahiert in einer Drittelsekunde, multipliziert und dividiert in sechs Sekunden und errechnet den Sinus von x in 88 Sekunden, wobei sie auf 23 Zahlenstellen genau ist. Nach Angaben des Erfinders kann sein Computer in 19 Stunden ein Problem lösen, für das vier Leute mit gewöhnlichen Bürorechenmaschinen einen Zeitraum von etwa drei Wochen bräuchten.

Stählerner Anzug für Taucher

Der stählerne »Tauchkoloß« (Abb.) ist eine im Deutschen Reich entwickelte technische Neuerung, die im militärischen, aber ebenso auch im zivilen Bereich für Unterwasserarbeiten eingesetzt werden kann.

In dem »Taucheranzug«, der von einem Kran ins Wasser gelassen wird, hat eine Person Platz. Mit Hilfe des Metallriesen können Arbeiten, etwa an Schiffswracks, in einer Tiefe bis zu 200 m durchgeführt werden. Kugelgelenke an Armen und Beinen sorgen für freie Beweglichkeit. Im Innern des Rumpfstückes befindet sich eine Reihe verschiedener Signalvorrichtungen, darunter ein Telefon und alle erforderlichen Meßapparate.

Auto 1944:

Zivile Automobilproduktion weltweit auf einem Tiefpunkt

Die Produktion und Neuentwicklung von zivilen Autos kommt 1944 praktisch zum Erliegen. Motorisierte Fahrzeuge werden fast ausschließlich für militärische Zwecke hergestellt und genutzt.

Als einziger Automobilhersteller präsentiert Volvo im Kriegsjahr 1944 noch neue Modelle. Die schwedische Kraftfahrzeugfirma stellt den »PV 444«, bekannt auch als Buckel-Volvo, und den »PV 60« vor. Beide Typen gehen jedoch erst 1947 in die Serienproduktion.

Das deutsche Volkswagenwerk hat die Herstellung des zivilen KdF- (»Kraft durch Freude«-)Wagens vollkommen eingestellt. Produziert werden lediglich die sog. Sonderkraftfahrzeuge für die Wehrmacht. Neben dem VW-Schwimmwagen ist der VW-Kübelwagen (»Typ 82«) mit zusätzlicher Schienenausrüstung (»VW schg«) zu nennen. Dieser kann wechselweise auf Straßen und Eisenbahnstrecken eingesetzt werden. Der Umbau von Straßen-

VW-Schwimmwagen, vom Volkswagenwerk für den militärischen Einsatz gebautes Sonderkraftfahrzeug

Britischer Jeep, umgerüstet für den Einsatz auf Schienen; Reifen für die Fahrt auf Straßen werden mitgeführt

auf Schieneneignung dauert lediglich rund 15 Minuten.

In Großbritannien arbeitet die Automobilfirma Morris an der Verbesserung des Kleinwagens Morris Minor. Die erste Ausfertigung des dem VW-Käfer ähnlichen Modells war im Dezember 1943 fertiggestellt worden. In der japanischen Automobilbranche sind keine Neuheiten in Sicht. Die Japaner, die sich darauf beschränken, ausländische Modelle nachzubauen, warten, bis neue KFZ-Typen auf den Weltmarkt kommen.

Urlaub und Freizeit 1944:

Urlaub und Freizeit werden vom NS-Regime abgeschafft

Die Bereiche Urlaub und Freizeit fallen 1944 im Deutschen Reich den Maßnahmen für den »totalen Kriegseinsatz« zum Opfer. Reisen, Ausflüge, Kultur- und Sportveranstaltungen werden verboten oder stark eingeschränkt. Die gesamte Zeit und Arbeitskraft der deutschen Bevölkerung soll nach dem Willen des NS-Regimes nur noch der Wehrmacht und der Rüstung zur Verfügung stehen.

Die freie Gestaltung des Urlaubs ist schon deshalb kaum möglich, weil es nur noch wenige Übernachtungsangebote in den Fremdenverkehrsorten gibt. Die Zimmer und Betten werden zum großen Teil als Lazarette für kranke bzw. verwundete Soldaten oder zur Unterbringung von Kindern im Rahmen der Kinderlandverschickung genutzt. Die Beherbergungsdauer für alle Urlaubswilligen wird im April auf höchstens zwei Wochen festgesetzt, wobei Fronturlauber in jedem Fall Vorrang haben sollen.

Doch nicht nur die Unterbringung ist ein Problem, sondern auch die Reise an den Urlaubsort. Die Benutzung von Verkehrsmitteln unterliegt der Zuteilung; sie ist nur auf Reichskleiderkarte möglich. Ab Juli

Heilkräutersammlung 1944: auch die Freizeit von Kindern und Jugendlichen wird staatlich kontrolliert und »in den Dienst des Vaterlandes gestellt«

sind schließlich private Reisen lediglich mit einer polizeilichen Sonderbewilligung erlaubt.

Ist Erholungsurlaub in der ersten Jahreshälfte noch eingeschränkt möglich, kommt im August das endgültige Aus: Der Reichsbevollmächtigte für den totalen Kriegseinsatz, Joseph Goebbels, erläßt eine Urlaubssperre, von der nur Frauen über 50 und Männer über 65 Jahren ausgenommen sind.

Im gleichen Zug setzt Goebbels auch die allgemeine Arbeitszeit auf mindestens 60 Stunden herauf. Jede Freizeit ist damit von vornherein praktisch abgeschafft.

Gleichzeitig kommt auf Anordnung von Goebbels das kulturelle und sportliche Leben ab August fast vollständig zum Erliegen. Theater, Opernhäuser, Ausstellungen u.ä. werden geschlossen – allein Film und Rundfunk sollen künftig der Unterhaltung dienen. Selbst die NS-Freizeitorganisation »Kraft durch Freude« (KdF), die seit 1933 unzählige Reisen, Wander- und auch Wochenendfahrten durchgeführt hat, bleibt nicht verschont. Im August gibt Goebbels die weitgehende Stillegung aller KdF-Aktivitäten bekannt.

Kulturelles Leben fällt dem Krieg zum Opfer

Sportwettkämpfe werden eingestellt

10. August. Der deutsche Reichspropagandaminister Joseph Goebbels, am → 25. Juli (S.122) zum Reichsbevollmächtigten für den totalen Kriegseinsatz ernannt, gibt Einschränkungen im Bereich der Kultur bekannt. Nahezu alle öffentlichen Veranstaltungen nicht kriegsgemäßen Charakters im Deutschen Reich werden verboten. Betroffen von dieser Maßnahme sind Theater- und Musikaufführungen, Galaempfänge, Ausstellungseröffnungen usw.

Das gesamte kulturelle Leben, so Goebbels, müsse den Erfordernissen des »totalen Krieges« angepaßt werden. Der Erlaß des Reichsbevoll-mächtigten hat in der erweiterten Form vom 24. August folgenden Wortlaut: »In Zukunft werden im wesentlichen nur noch Film und Rundfunk den Soldaten an der Front und der schaffenden Heimat Entspannung geben und kulturelle Werte vermitteln. Sie erfassen unter geringstem Aufwand an Menschen und Material die weitestmöglichen Kreise unseres Volkes. Im einzelnen wird angeordnet: Sämtliche Theater, Varietés, Kabaretts und Schauspielschulen sind bis 1. September 1944 zu schließen… Der private Schauspiel-, Gesang- und Tanzunterricht wird eingestellt. Alle Zirkusunter-nehmungen werden bis auf wenige… stillgelegt. Die freiwerdenden Kräfte werden, soweit sie kriegsverwendungsfähig sind, der kämpfenden Truppe zugeführt. Alle anderen finden in der Rüstungs- und Kriegsproduktion Verwendung. Alle Orchester, Musikschulen und Konservatorien stellen bis auf einige führende Klangkörper, die auch der Rundfunk zur Durchführung seiner Programme dringend benötigt, ihre künstlerische Tätigkeit ein. Auf dem Gebiet der bildenden Kunst werden Kunstausstellungen, Wettbewerbe, Akademien und Kunsthochschulen… stillgelegt.«

2. August. Noch bevor der deutsche Reichspropagandaminister und Reichsbevollmächtigte für den totalen Kriegseinsatz, Joseph Goebbels, am 10. August Einschränkungen im kulturellen Bereich und am → 24. August (S.142) im Pressewesen vornimmt, wendet er sich dem Sport zu. Goebbels ordnet an, daß für die Dauer des Krieges alle Reichsmeisterschaften ausnahmslos eingestellt werden. Damit entfallen u.a. auch die für den 6. August geplanten Meisterschaften im Schwimmen in Breslau, im Tennis und Segeln in Berlin sowie im Kanusport in Wien.

Neuer Revuefilm mit Marika Rökk

25. August. Der deutsche Spielfilm »Die Frau meiner Träume« (Regie: Georg Jacoby) mit Marika Rökk wird in Berlin uraufgeführt.

Das musikalische Lustspiel ist ein typischer »Rökk-Film«, in dem die Hauptdarstellerin ihre tänzerischen Qualitäten mit viel Temperament unter Beweis stellt. Der Film lebt von seinen zahlreichen Revuenummern – die Handlung ist eher banal: Marika Rökk spielt die Tanzdiva Julia Köster, die, des Theaterlebens müde, aus der Großstadt aufs Land flüchtet. Dort, in der Abgeschiedenheit eines Tiroler Dorfes, verliebt sich der etwas schüchterne Ingenieur Peter Groll, gespielt von Wolfgang Lukschy, in Julia. Als diese sich als Revuestar zu erkennen gibt, will Peter nichts mehr von ihr wissen. Am Ende aber führt die Sehnsucht die beiden Liebenden wieder zueinander, und sie können glücklich vereint ihre Hochzeit feiern.

»Die Frau meiner Träume« ist, gemessen an den strengen moralischen Maßstäben der NS-Zensur, ein recht gewagter Streifen. Gleich in der ersten Szene tritt die Rökk in einem mit roten Federn bestückten, schwarzen Minikleid auf und singt dabei, begleitet von einem verführerischen Augenaufschlag: »In der Nacht ist der Mensch nicht gern alleine.« Als sie schließlich auch noch in einem bis zum Nabel dekolletierten, enganliegenden Kleid auftritt, kommt Reichspropagandaminister Joseph Goebbels nicht umhin zu bemerken: »Das ist frivol – so tanzt eine deutsche Frau nicht.«

Marika Rökk (M.) tanzt als Julia Köster in dem farbenprächtigen deutschen Revuefilm »Die Frau meiner Träume«

Titelbild der »Illustrierten Film-Bühne«; das Blatt kündigt den neuen Revue- und Tanzfilm in großer Aufmachung an

Wolfgang Lukschy und Marika Rökk als Hauptdarsteller in »Die Frau meiner Träume«; Regie führte Georg Jacoby

Szenenbild aus »Die Frau meiner Träume«, einem leichten, flotten Unterhaltungsfilm mit klassischem Happy-End

Wertvolle Kunstschätze kommen wieder ans Tageslicht

6. August. Seit Italien zum Kriegsschauplatz geworden ist, haben Kunstexperten aus aller Welt wiederholt an die kriegführenden Mächte appelliert, die unersetzbaren Kunst- und Kulturdenkmäler des Landes vor der Zerstörung zu bewahren. Viele der historischen Meisterwerke gehen dessen ungeachtet bei den Kämpfen verloren – andere werden dank der Umsicht einiger Verantwortlicher gerettet.

Im August kann eine alliierte Kunstkommission zahlreiche Meisterwerke, vor allem Gemälde, in der Nähe von Florenz sicherstellen. Sie werden in Villen der Stadtumgebung gefunden, wo sie beim Kriegseintritt Italiens 1940 aus Sicherheitsgründen untergebracht worden waren. Die Deutschen hatten beim Abzug nur einen Teil der Kunstwerke mitgenommen – die wertvollsten hatten sie übersehen. Ein beachtlicher Fund wird am 6. August gemacht. In einer Villa nahe Florenz entdeckt ein US-Offizier unter den Bildern, die seine Soldaten als Schlafunterlagen benutzt hatten, ihm bekannte Gemälde. Ein Kunstexperte stellt fest, daß es sich u. a. um Werke von Sandro Botticelli, Peter Paul Rubens, Paolo Uccello, Fra Filippo Lippi und Andrea del Sarto handelt.

◁ △ *Selbst Heiligtümer werden für Kriegszwecke mißbraucht: Alliierte Soldaten finden im Kloster Montecassino deutsche Granaten, die fein säuberlich in einem Kirchenschrank aufgereiht worden sind*

△ *Sogar der Altar im Kloster Montecassino blieb nicht verschont; die Deutschen hatten hier während ihres Aufenthalts Konservendosen aufgestapelt und Munition gelagert*

◁ *Der britische General Lord Harold Alexander inspiziert die Gemälde italienischer Meister, die in einer Villa in der Nähe von Florenz versteckt worden waren*

Konzert nur mit Sondererlaubnis

14. August. Im Rahmen des diesjährigen Salzburger Theater- und Musiksommers findet wegen der Kriegsereignisse nur ein einziges Konzert statt. Die Wiener Philharmoniker (Dirigent: Wilhelm Furtwängler) spielen im Salzburger Festspielhaus die Symphonie Nr. 8 c-moll des Österreichers Anton Bruckner.

Das Konzert konnte erst durchgeführt werden, nachdem der Reichsbevollmächtigte für den totalen Kriegseinsatz, Joseph Goebbels, eine Sondererlaubnis erteilt hatte, denn der für August vorgesehene Musiksommer war – wie viele andere Kulturveranstaltungen – am 29. Juli von Goebbels abgesagt worden. Von den geplanten zwei Theater-, drei Opern- und zahlreichen Konzertaufführungen werden nur ein Konzert und eine Oper gespielt.

Inoffizielle Uraufführung

16. August. In Salzburg findet eine als Generalprobe deklarierte, nichtöffentliche Uraufführung der Oper »Die Liebe der Danae« von Richard Strauss statt. Die offizielle Aufführung im Rahmen des Salzburger Theater- und Musiksommers war mit Rücksicht auf die Kriegsereignisse abgesagt worden.

»Die Liebe der Danae« (Dirigent: Clemens Krauss; Inszenierung: Rudolf Hartmann; Bühnenbild und Kostüme: Emil Preetorius) kommt in Anwesenheit des 80jährigen Komponisten und zahlreicher geladener Gäste im Salzburger Festspielhaus auf die Bühne. Die Titelrolle der Danae singt Viorica Ursuleac, Hans Hotter den Jupiter und Horst Taubmann den König Midas.

Zu seiner letzten Oper, im Untertitel wird sie als eine »heitere Mythologie« bezeichnet, schrieb Strauss eine strahlende Musik und mächtige Chorszenen. Das Libretto von Joseph Gregor beruht auf einer Skizze von Hugo von Hofmannsthal.

Richard Strauss, der Komponist der Oper »Die Liebe der Danae«

»Le malentendu« von Albert Camus

24. August. »Das Mißverständnis« (»Le malentendu«), ein Schauspiel in drei Akten von Albert Camus, wird im Théâtre des Mathurins in Paris zur Uraufführung gebracht.

Camus gestaltet in dem Stück das Thema von der Heimkehr des verlorenen Sohnes. In einer Welt trostlosen menschlichen Daseins erwartet den Zurückkehrenden jedoch nicht das erwartete frohe Wiedererkennen, sondern der Tod.

Als Jan nach längerer Abwesenheit in sein Heimatdorf zurückkehrt, möchte er von seiner Mutter und seiner Schwester erkannt werden, ohne seinen Namen genannt zu haben. Die beiden Frauen aber ermorden den Sohn bzw. Bruder, ohne zu erkennen, wer er wirklich ist. Als sie ihren Irrtum begreifen, begehen sie beide Selbstmord.

September 1944

Mo	Di	Mi	Do	Fr	Sa	So
					1	2	3
4	5	6	7	8	9	10
11	12	13	14	15	16	17
18	19	20	21	22	23	24
25	26	27	28	29	30	

1. September, Freitag

Britische Truppen beginnen mit einem Angriff gegen die deutsche Frontlinie im Apennin (Italien) und durchbrechen in den folgenden Tagen das deutsche Verteidigungssystem an mehreren Punkten.

Zum letzten Mal wird eine deutsche »V 1« (→12.6./S.100) vom Boden abgeschossen. Ein Großteil der an der Westfront installierten Abschußrampen ist bereits in die Hände der vorrückenden alliierten Verbände gefallen.

Die Kommission zur Untersuchung der von Faschisten begangenen Verbrechen in Rom teilt mit, daß seit der Befreiung der italienischen Hauptstadt am →4. Juni (S.96) mehr als 1000 Verhaftungen vorgenommen worden sind.

2. September, Sonnabend

US-Finanzminister Henry Morgenthau jr. schlägt vor, das Deutsche Reich nach Kriegsende in ein Agrarland umzuwandeln. →S.151

Angesichts des Vormarsches der alliierten Truppen auf Belgien leitet die deutsche Wehrmacht die Überflutung weiter Gebiete Belgiens und der Niederlande ein. Auf diese Weise soll der Gegner vor der norddeutschen Tiefebene gestoppt werden (→10.5./S.84).

Die deutsche Reichsbehörde für Altmaterialerfassung gibt ein vorläufiges Ergebnis der Spinnstoff-, Wäsche- und Kleidersammlung bekannt. Danach gingen seit Anfang Mai rund 33 531 000 kg Altspinnstoffe bei den Sammelstellen ein. →S.160

3. September, Sonntag

Alliierte Truppen befreien die belgische Hauptstadt Brüssel. Am nächsten Tag ziehen sie in Antwerpen ein. →S.152

Prinz Bernhard der Niederlande übernimmt den Oberbefehl über die »Binnenlandse Strijdkrachten«, einen Zusammenschluß der Widerstandsgruppen »Orde Dienst« (nationale Rechte), »Knokploegen« (Katholiken und Calvinisten) und »Rad van Verzet« (nichtkommunistische Linke).

Auf der Dietrich-Eckart-Freilichtbühne in Berlin verliert der Hamburger Richard Vogt seinen Titel als Deutscher Halbschwergewichtsmeister der Berufsboxer durch eine Punktniederlage gegen den Berliner Heinz Seidler.

4. September, Montag

Der deutsche Führer und Reichskanzler Adolf Hitler empfängt in seinem Hauptquartier »Wolfsschanze« japanische Regierungsvertreter zu Gesprächen über Fragen der gemeinsamen Kriegführung.

Die finnischen Truppen stellen das Feuer gegen die Rote Armee ein. Die finnische Regierung entsendet zwei Tage später eine Verhandlungsdelegation nach Moskau (→19.9./S.153).

Etwa 100 russische Kriegsgefangene und Zwangsarbeiter, die der süddeutschen Widerstandsorganisation »Brüderliche Zusammenarbeit der Kriegsgefangenen« angehören, werden im Konzentrationslager Dachau erschossen.

Die Deutsche Reichsbahn stellt den Betrieb von 60 Schnell- und Eilzügen ein. Der Personenverkehr wird durch diese Maßnahme stark reduziert.

5. September, Dienstag

Der deutsche Generalfeldmarschall Gerd von Rundstedt wird erneut als Oberbefehlshaber an der Westfront eingesetzt, nachdem er am 2. Juli von diesem Posten enthoben worden war.

Die Sowjetunion erklärt Bulgarien den Krieg. Bulgarien war zwar am Vortag aus dem Dreimächtepakt ausgestiegen, hatte aber den endgültigen Bruch mit dem Deutschen Reich zunächst noch hinausgezögert (→8.9./S.153).

Alliierte Truppen erreichen auf breiter Front die niederländische Grenze. Sie stoßen nur auf geringen Widerstand deutscher Truppen.

Die schwedische Regierung erklärt in Stockholm, daß sie »Kriegsverbrechern«, die nach Schweden flüchten, kein Asyl gewähren werde (→29.9./S.151).

Aufgrund der Kämpfe in Südostfrankreich leitet die Schweiz eine Teilmobilisierung ihrer Grenztruppen ein.

Belgien, die Niederlande und Luxemburg einigen sich auf die Bildung einer Zollunion (Benelux).

Die Arbeit in der deutschen Kriegsmarine-Werft Lorient (Frankreich) endet mit dem Auslaufen des zuletzt dort instandgesetzten U-Bootes »U 155«.

In einem australischen Kriegsgefangenenlager wird ein Aufstand der internierten japanischen Soldaten von der Wachmannschaft niedergeschlagen. Bei den mehrstündigen Kämpfen kommen über 200 japanische Gefangene ums Leben.

6. September, Mittwoch

Aus Norwegen und Dänemark wird gemeldet, daß die Deutschen in Vorbereitung einer Evakuierung der beiden Länder mit der Zerstörung industrieller Anlagen beginnen. In den Hafenanlagen der dänischen Städte Esbjerg und Skagen werden Sprengladungen angebracht. In Norwegen wird die Zerstörung von Aluminium- und Kraftwerken eingeleitet.

US-amerikanische Truppen marschieren an der Westfront weiter vor und überqueren die Mosel.

Im Vernichtungslager Auschwitz trifft ein Transport niederländischer Juden ein. Darunter befinden sich auch Anne Frank und ihre Familie (→4.8./S.141).

Truppen der Roten Armee rücken bis an die Landesgrenze zwischen Rumänien und Jugoslawien vor.

7. September, Donnerstag

Der deutsche Reichspropagandaminister Joseph Goebbels verfügt in seiner Eigenschaft als Generalbevollmächtigter für den totalen Kriegseinsatz die Zusammenlegung bzw. Stillegung zahlreicher Hochschulen im Deutschen Reich.

In Anwesenheit des japanischen Kaisers Hirohito, des gesamten Kabinetts und aller führenden Persönlichkeiten Japans wird die sechstägige 85. Sondersitzung des Reichstags in Tokio mit dem Verlesen einer Erklärung eröffnet. Darin heißt es, daß Japan auf den Ausbau Großostasiens hinarbeite und Schulter an Schulter mit dem verbündeten Deutschen Reich bis zum baldigen siegreichen Ende kämpfen wolle.

Seit der Befreiung von Paris am →25. August (S.132) sind bislang rund 6000 Kollaborateure auf der Grundlage von vorbereiteten Listen verhaftet worden.

Zwei US-Versorgungsschiffe bringen 2,4 Millionen Pakete für Kriegsgefangene, 10 000 Ballen Kleider, 2000 Paar Schuhe sowie 420 Millionen Zigaretten in die schwedische Hafenstadt Göteborg. Die Waren sollen durch das Internationale Rote Kreuz an die in deutscher Gefangenschaft befindlichen alliierten Soldaten weitergeleitet werden.

8. September, Freitag

Die deutschen Widerstandskämpfer Carl Friedrich Goerdeler, Ulrich von Hassell, Joseph Wirmer, Paul Lejeune-Jung und Wilhelm Leuschner werden vom Volksgerichtshof in Berlin zum Tode verurteilt. →S.156

Nachdem sowjetische Truppen nach Bulgarien vorgedrungen sind, erklärt die Regierung des Landes dem Deutschen Reich den Krieg. →S.153

Das belgische Exilkabinett unter Ministerpräsident Hubert Pierlot kehrt nach Brüssel zurück (→3.9./S.152).

Die deutsche Wehrmacht setzt erstmals die »V 2«-Rakete gegen die britische Hauptstadt London ein. →S.156

9. September, Sonnabend

Charles de Gaulle, Chef der »Provisorischen Regierung der Französischen Republik«, bildet sein Kabinett um. →S.153

In Bombay kommt es zu einem Treffen zwischen Mohandas Karamchand, genannt Mahatma Gandhi, Sprecher der rund 300 Millionen Hindus in Indien, und dem Führer der Moslemliga, Mohammad Ali Dschinnah. Die beiden Politiker wollen über eine mögliche Zusammenarbeit zwischen Moslems und Hindus beraten. →S.154

Über Agram (Zagreb), die Hauptstadt des »Unabhängigen Staates Kroatien«, wird der Belagerungszustand verhängt. Das Regime von Staatschef Ante Pavelić ist in völliger Auflösung begriffen.

Der britische Premierminister Winston Churchill und US-Präsident Franklin Delano Roosevelt veranlassen den sowjetischen Partei- und Staatschef Josef W. Stalin zur Öffnung sowjetischer Flughäfen für die Benutzung durch britische und US-amerikanische Kampfflugzeuge.

Das klassische Ballett »Danses Concertantes« (Musik: Igor Strawinski; Choreographie: George Balanchine) wird von dem Ballet Russe de Monte Carlo in New York uraufgeführt. →S.163

11. September, Montag

Ein Spähtrupp US-amerikanischer Soldaten betritt nördlich von Trier erstmals deutsches Reichsgebiet. →S.154

Darmstadt wird bei einem schweren britischen Luftangriff erheblich verwüstet: 70 000 Einwohner werden obdachlos, etwa 12 000 Menschen verlieren bei den Bombardierungen ihr Leben.

Die deutsche Reichsfrauenführerin Gertrud Scholtz-Klink spricht auf einer Kundgebung vor Marinehelferinnen in Hamburg über die Pflichten von Frauen im Bereich der Wehrmacht. Unter dem Sammelbegriff »Weibliches Wehrmachtsgefolge« werden bis Kriegsende immer mehr Frauen und Mädchen zum Frontdienst verpflichtet. →S.156

US-Präsident Franklin Delano Roosevelt und der britische Premierminister Winston Churchill kommen in Quebec (Kanada) zu einer sechstägigen Konferenz zusammen. Der sog. Morgenthauplan zur Reagrarisierung des Deutschen Reiches (→2.9./S.151) wird von beiden grundsätzlich akzeptiert. →S.150

Ein Wirbelsturm in Nord- und Mittelmexiko fordert etwa 100 Todesopfer.

12. September, Dienstag

In London verabschieden Delegierte der USA, Großbritanniens und der UdSSR ein »Protokoll über die Besatzungszonen in Deutschland und die Verwaltung von Groß-Berlin«. →S.151

Rumänien unterzeichnet in Moskau einen Waffenstillstandsvertrag mit der UdSSR, den Vereinigten Staaten und Großbritannien. →S.153

Der jugoslawische König Peter II. Karadordević überträgt auf britischen Druck hin Josip Tito die alleinige Führung des Widerstands in Jugoslawien. →S.154

13. September, Mittwoch

Die deutsche Satirezeitschrift »Simplicissimus«, die sich seit 1933 immer mehr zu einem belanglosen Witzblatt entwickelt hat, stellt im 49. Jahrgang ihr Erscheinen ein. →S.163

14. September, Donnerstag

Der deutsche Reichspropagandaminister und Generalbevollmächtigte für den totalen Kriegseinsatz, Joseph Goebbels, gibt Maßnahmen zur Vereinfachung des Steuerwesens bekannt. →S.160

Auf Plakaten wird im Deutschen Reich die Bevölkerung vor Spionage gewarnt

pst !

Feind hört mit

September 1944

15. September, Freitag
Sowjetische Truppen marschieren in der bulgarischen Hauptstadt Sofia ein (→8.9./S.153).

Die »Provisorische Regierung der Französischen Republik« unter Charles de Gaulle erläßt einen Haftbefehl gegen den Staatschef des gestürzten Vichy-Regimes, Philippe Pétain, der im Deutschen Reich festgehalten wird (→17.8./S.130).

In der Nacht vom 15. auf den 16. September sprengen deutsche Kampfschwimmer die Hauptschleuse des Hafens von Antwerpen (Belgien). Damit ist er als Nachschubhafen der Alliierten für die folgenden Wochen unbrauchbar.

16. September, Sonnabend
In Dänemark beginnt ein fünftägiger Streik gegen die deutsche Besatzungsmacht. Daraufhin internieren die Behörden die gesamte dänische Polizei.

Ein Hurrikan, der seit dem 12. September im Nordosten der USA wütet, hat bislang 389 Menschenleben gefordert.

17. September, Sonntag
In der größten Luftlandeoperation des Zweiten Weltkrieges springen 35 000 alliierte Soldaten bei Arnheim und Nimwegen (Niederlande) hinter der deutschen Front ab, um die Rheinbrücken zu besetzen. Das alliierte Unternehmen schlägt zu großen Teilen fehl und wird für die deutsche Wehrmacht zum letzten Abwehrsieg dieses Krieges. →S.155

Der deutsche Führer und Reichskanzler Adolf Hitler erleidet eine Herzattacke. Er zeigt sich seit einiger Zeit nur noch selten in der Öffentlichkeit, da sein körperlicher und psychischer Verfall immer offensichtlicher wird. →S.157

Unter der Überschrift »Zu allem bereit und entschlossen« veröffentlicht der deutsche Reichspropagandaminister Joseph Goebbels in der Wochenzeitung »Das Reich« einen Artikel, in dem es u.a. heißt: »Der Volkskrieg um unser Leben ist auch eine Sache unseres ganzen Volkes. Vom Führer bis zum letzten Mann und bis zur letzten Frau, ja bis zum letzten Kind ist die Nation zu allem bereit. Die Schwachen mögen dahinsinken, aber die Starken bleiben.«

In der Wiener Staatsoper findet das erste einer Reihe von Konzerten statt, die trotz der kriegsbedingten Einstellung des deutschen Kulturbetriebs durchgeführt werden. Die Wiener Philharmoniker spielen hauptsächlich vor Verwundeten und vor Rüstungsarbeitern.

18. September, Montag
Die führenden Mitglieder der kommunistischen deutschen Untergrundbewegung, Bernhard Bästlein, Franz Jacob und Anton Saefkow, werden im Zuchthaus Brandenburg hingerichtet. →S.157

Der deutsche Führer und Reichskanzler Adolf Hitler empfängt in seinem Hauptquartier »Wolfsschanze« den Staatschef des »Unabhängigen Staates Kroatien«, Ante Pavelić.

Die westalliierten Luftstreitkräfte stellen ihre Versorgungsflüge für die polnische Heimatarmee ein, die in Warschau seit dem →1. August (S.135) in erbitterten Kämpfen gegen die deutsche Besatzung steht. →S.154

Die niederländischen Eisenbahner treten zur Behinderung der deutschen Transporte in einen Streik, den sie bis Kriegsende aufrechterhalten.

In Rom kommt es zu einem Fall von Lynchjustiz. Der frühere Direktor des berüchtigten Gefängnisses »Regina Coeli«, Donato Carretta, wird von einer aufgebrachten Menschenmenge halbtot getrampelt und im Tiber ertränkt. →S.153

19. September, Dienstag
Finnland unterzeichnet in Moskau einen Waffenstillstand mit der UdSSR. Es verpflichtet sich, alle Truppen hinter die Grenzen von 1940 zurückzunehmen und die noch auf finnischem Gebiet verbliebenen deutschen Streitkräfte zu entwaffnen und auszuliefern. →S.153

20. September, Mittwoch
Der Leiter der Abteilung Rundfunk im deutschen Reichspropagandaministerium, Hans Fritzsche, betont in einem Presseinterview die bedeutende Rolle, die dem Rundfunk zufällt, nachdem am 1. September sämtliche Theater-, Opern- und Varietébühnen ihren Spielbetrieb eingestellt haben. →S.161

Über 20 000 sowjetische Kinder und Jugendliche wurden seit dem 27. Mai in das Deutsche Reich verschleppt, um in der Rüstungsindustrie oder im Kriegsdienst eingesetzt zu werden.

21. September, Donnerstag
Deutsche Truppen beginnen mit der vollständigen Räumung des Peloponnes (Griechenland) (→4.10./S.170).

Die US-amerikanische Luftwaffe greift mit rund 500 Bombern die philippinische Hauptstadt Manila an.

Josip Tito, Führer des jugoslawischen Befreiungskomitees, begibt sich zu Geheimbesprechungen mit dem sowjetischen Staats- und Parteichef Josef W. Stalin nach Moskau.

Die Deutsche Lufthansa gibt einen ihrer letzten Flugpläne heraus; die Zielorte heißen: Tromsö, Königsberg, Budapest, Athen und Lissabon – zu einem Zeitpunkt, da die Luftherrschaft über dem Deutschen Reich weitgehend verloren ist.

22. September, Freitag
Die Rote Armee erobert die estnische Hauptstadt Reval. Die Deutschen verlieren damit den einzigen bisher in ihrem Besitz befindlichen Hafen am Finnischen Meerbusen.

Horia Sima, der Führer der faschistischen rumänischen Gegenregierung, kündigt in einer Rundfunkansprache an, daß er den Kampf an der Seite des Deutschen Reiches bis zum Sieg des nationalsozialistischen Europas fortsetzen werde.

Die finnische Regierung bricht die diplomatischen und wirtschaftlichen Beziehungen zu Japan ab.

In einem Aufsatz im »Deutschen Wochendienst« wird das deutsche Filmunternehmen Union Film AG aufgefordert, trotz des Mangels an Arbeitskräften und unzureichender Materialausstattung die Filmproduktion zu steigern.

In der Londoner »National Gallery« wird eine Ausstellungsreihe eröffnet, die Gemälde zu wichtigen Kampfereignissen des Zweiten Weltkrieges zeigt. Die erste Teilausstellung steht unter dem Titel »War at sea« (Seekrieg). →S.161

Der US-amerikanische Spielfilm »None but the Lonely Heart« (Nur das einsame Herz) mit Cary Grant nach einem Roman von Richard Llewellyn wird in den USA uraufgeführt. →S.163

23. September, Sonnabend
Im Konzentrationslager Kluga (Estland) kommt es einige Stunden vor der Befreiung des Lagers durch die Rote Armee zu einem Massenmord an 4000 Menschen.

Die Republik San Marino erklärt dem Deutschen Reich den Krieg.

Der US-amerikanische Erfolgsfilm »Arsenic and Old Lace« (Arsen und Spitzenhäubchen) wird uraufgeführt. Unter der Regie von Frank Capra spielt Cary Grant die Hauptrolle. →S.163

24. September, Sonntag
Eine ungarische Delegation begibt sich zu Waffenstillstandsverhandlungen mit der UdSSR nach Moskau (→31.12./S.205).

König Georg VI. von England überreicht als Ausdruck der Bewunderung des britischen Volkes für die Standhaftigkeit der Niederlande während des Zweiten Weltkrieges der niederländischen Königin Wilhelmina den Hosenbandorden. Sie ist die einzige ausländische Herrscherin und die dritte Frau, die den Orden erhält.

25. September, Montag
Ein Erlaß des deutschen Führers und Reichskanzlers Adolf Hitler über den deutschen »Volkssturm« ordnet die Erfassung aller waffenfähigen Männer zwischen 16 und 60 Jahren an. →S.158

26. September, Dienstag
In Montreal geht die zweite, zwölftägige Tagung der United Nations Relief and Rehabilitation Administration (Hilfs- und Wiederaufbauorganisation der Vereinten Nationen) zu Ende. Die internationale Organisation hat vor allem die Aufgabe, in den von den Alliierten befreiten Gebieten praktische Nahrungshilfe zu leisten. →S.151

In Berlin wird der Film »Musik in Salzburg« (Regie: Herbert Maisch) mit Lil Dagover und Willy Birgel uraufgeführt.

27. September, Mittwoch
Sowjetische und jugoslawische Truppen dringen in Albanien ein.

Die schwedische Regierung gibt dem Druck der Alliierten nach und beschließt den Abbruch jedes Handelsverkehrs mit dem Deutschen Reich.

Zum vierten Jahrestag des Abschlusses des Dreimächtepakts zwischen dem Deutschen Reich, Japan und Italien richten die Außenminister in Berlin, Tokio und Salò über Rundfunk Grußbotschaften an alle verbündeten Völker.

28. September, Donnerstag
Auf Veranlassung der deutschen Behörden wird mit dem Abtransport der im Konzentrationslager Theresienstadt inhaftierten Juden nach Auschwitz begonnen. →S.160

Auf Anordnung des deutschen Reichspropagandaministers und Generalbevollmächtigten für den totalen Kriegseinsatz, Joseph Goebbels, werden alle Gaststätten und Hotels, die nicht für die Versorgung der arbeitenden Bevölkerung notwendig sind, geschlossen.

US-General Dwight D. Eisenhower, der Oberbefehlshaber der alliierten Streitkräfte in Europa, richtet eine Proklamation an das deutsche Volk. Er weist darauf hin, daß jeder Deutsche in den von anglo-amerikanischen Streitkräften besetzten Gebieten widerspruchslos die Befehle der alliierten Militärverwaltung zu befolgen habe.

Die US-amerikanische Luftwaffe wirft über deutschem Reichsgebiet die millionste Tonne Bomben ab.

»Spionage im Pazifik«, ein US-amerikanischer Spielfilm mit Humphrey Bogart in der Hauptrolle, wird erstmals in der Schweiz gezeigt. Die Kinobesucher sehen die Originalfassung mit deutschen und französischen Untertiteln.

29. September, Freitag
US-Außenminister Cordell Hull warnt die neutralen Staaten vor einer Asylgewährung für Kriegsverbrecher. →S.151

Der US-Film »Tall in the Saddle« (Mit Büchse und Lasso) mit John Wayne und Ella Raines in den Hauptrollen wird in den Vereinigten Staaten uraufgeführt.

30. September, Sonnabend
Im gesamten Deutschen Reich einschließlich Österreichs und des Memelgebiets gibt es 28,4 Millionen zivile Arbeitskräfte (13,5 Millionen Männer, 14,9 Millionen Frauen). Dazu kommen 7,5 Millionen Zwangsarbeiter und Kriegsgefangene, die in der Landwirtschaft, der Industrie, im Handwerk und in anderen Bereichen arbeiten müssen.

Das Wetter im Monat September

Station	Mittlere Lufttemperatur (°C)	Niederschlag (mm)	Sonnenscheindauer (Std.)
Aachen	12,4 (14,5)	– (68)	– (160)
Berlin	14,2 (13,8)	24 (46)	187,5 (194)
Bremen	13,0 (14,0)	80 (60)	160,3 (164)
München	12,7 (13,4)	123 (84)	160,2 (176)
Wien	– (15,0)	– (56)	– (184)
Zürich	13,9 (13,5)	103 (101)	133 (166)

( ) Langjähriger Mittelwert für diesen Monat
– Wert nicht ermittelt

Titelseite der Monatszeitschrift »Der Flieger« vom September 1944: Wartung eines Kampfflugzeugs vom Typ Junkers »90 S«

Einzelpreis
RM 2.—

DeR Flieger

23. JAHRGANG
HEFT 9-12 / Sept.-Dez. 1944
Postversandort München

ÄLTESTE DEUTSCHE LUFTFAHRT-MONATSSCHRIFT

Roosevelt und Churchill beraten über Nachkriegspläne

11. September. US-Präsident Franklin Delano Roosevelt und der britische Premierminister Winston Churchill treffen zu einer sechstägigen Konferenz in Quebec zusammen. Neben einer Aussprache über die militärische Lage in Europa geht es vor allem um den von US-Finanzminister Henry Morgenthau jr. als Straffrieden für das Deutsche Reich vorgelegten Plan (→2.9./S.151).

Der »Morgenthau-Plan« sieht vor, das Deutsche Reich nach Kriegsende auf die Stufe eines Agrarlandes zurückzuführen und in politische und wirtschaftliche Bedeutungslosigkeit abzudrängen. Geplant ist neben einer völligen Entmilitarisierung die Stillegung bzw. Demontage von Industriewerken. Das Land soll 20 Jahre unter wirtschaftliche Kontrolle gestellt werden. Nach Abtretung Ostpreußens, Südschlesiens, des Saarlandes, des Gebietes zwischen Mosel und Rhein und der Bildung einer internationalen Zone, die das nördliche Rheinland, Westfalen, die Nordseeküste sowie die Häfen Bremen, Hamburg und Bremerhaven umfaßt, soll der Rest Deutschlands in zwei dezentralisierte Staaten aufgeteilt werden.

Während Roosevelt dem Plan grundsätzlich positiv gegenübersteht, äußert Churchill größte Bedenken. Da er jedoch zur Sicherung der britischen Nachkriegswirtschaft einen Kredit der Vereinigten Staaten erwartet, lenkt er ein. Am 15. September unterzeichnen beide Politiker einen Plan, der zwar in einigen

US-Präsident Franklin Delano Roosevelt (M.l.) und der britische Premierminister Winston Churchill (M.r.) in Quebec

Punkten abgemildert ist, aber grundlegend immer noch die Absicht verfolgt, das Deutsche Reich in ein Land zu verwandeln, das »in erster Linie einen landwirtschaftlichen und ländlichen Charakter hat«.

Die Unterzeichnung des Morgenthau-Plans stößt auf erbitterte Kritik seitens des britischen und des US-Außenministers, Robert Anthony Eden und Cordell Hull, sowie des US-Kriegsministers Henry Lewis Stimson. Dieser nennt Morgenthaus Friedensvorschläge »ein Verbrechen gegen die Zivilisation«.

Am 21. September gelangt das Nachkriegsprogramm durch eine Indiskretion an die Öffentlichkeit. Die Reaktionen sind überwiegend negativ, und Roosevelt sieht sich – sieben Wochen vor der Präsidentschaftswahl (→7.11./S.190) – gezwungen, am 22. September seine Unterschrift zurückzuziehen. Der Plan spielt daraufhin bei den alliierten Staaten keine Rolle mehr.

Dem deutschen Reichspropagandaminister Joseph Goebbels kommen Morgenthaus Vorschläge nur gelegen. Mit dem Hinweis auf das Schicksal, das die »internationale Judenclique unter Morgenthau« einem besiegten deutschen Volk zugedacht habe, gelingt es ihm, den Durchhaltewillen der kriegsmüden Deutschen noch einmal zu mobilisieren.

Pressekonferenz nach den Gesprächen von Quebec; Churchill (l.) teilt mit, daß die Verhandlungen in vollkommener Einigkeit stattgefunden hätten

Churchill (im Wagen hinten l.) bei der Abfahrt aus Quebec, wo er sich mit Roosevelt auf einen harten Straffrieden für das Deutsche Reich geeinigt hat

Das Deutsche Reich soll Agrarland werden

Der US-amerikanische Finanzminister Henry Morgenthau jr. legt am 2. September einen Plan über die mögliche Neuordnung des Deutschen Reiches nach Kriegsende vor. Er enthält folgende Kernpunkte:

»Entmilitarisierung Deutschlands: Es soll das Ziel der Alliierten sein, die vollständige Entmilitarisierung Deutschlands in kürzest möglicher Zeit nach der Kapitulation durchzuführen. Das bedeutet: vollständige Entwaffnung der deutschen Wehrmacht und des deutschen Volkes…, totale Zerstörung der gesamten deutschen Rüstungsindustrie und Abtransport oder Zerstörung der anderen Schlüsselindustrien, welche für die Wehrkraft grundlegend sind.
Die neuen Grenzen Deutschlands:
a) Polen soll denjenigen Teil Ostpreußens erhalten, welcher nicht an Rußland fällt, dazu den südlichen Teil von Schlesien.
b) Frankreich soll die Saar und die angrenzenden Gebiete erhalten, welche durch den Rhein und die Mosel begrenzt werden…
Aufteilung des neuen Deutsch-

lands: Der Restteil Deutschlands soll in zwei autonome, unabhängige Staaten… aufgeteilt werden…
Das Ruhrgebiet:… Hier liegt das Herz der deutschen industriellen Macht. Dieses Gebiet sollte nicht nur von allen dort augenblicklich

Henry Morgenthau (l.), US-Finanzminister, auf einer Pressekonferenz

bestehenden Industrien entblößt, sondern so geschwächt und kontrolliert werden, daß es in absehbarer Zeit kein Industriegebiet mehr werden kann…
Restitution und Reparation: Restitutionen und Reparationen… durch Rückerstattung des Eigentums, welches die Deutschen in den besetzten Gebieten geplündert haben, durch Abtretung deutscher Gebiete und deutscher Privatrechte… an die überfallenen Länder…, durch Abtransport und Verteilung der industriellen Anlagen und Ausrüstungen…, durch Zwangsarbeit Deutscher außerhalb Deutschlands, durch Beschlagnahme aller deutschen Guthaben… außerhalb Deutschlands…
Agrarprogramm: Aller Großgrundbesitz soll aufgehoben, unter die Bauern aufgeteilt und das Erbhofgesetz beseitigt werden…
Aufstellung eines Programms für die Bestrafung von Kriegsverbrechen und für die Behandlung nazistischer Organisationen.«

Erstes Zonenprotokoll in London vorgelegt

12. September. Die »Europäische Beratende Kommission« (European Advisory Commission = EAC), die sich aus Vertretern der Vereinigten Staaten, der Sowjetunion und Großbritanniens zusammensetzt, legt in London ein »Protokoll über die Besatzungszonen in Deutschland und die Verwaltung von Groß-Berlin« vor.
In diesem sog. Ersten Zonenprotokoll macht die EAC den Regierungen der alliierten Mächte folgenden Vorschlag für die Behandlung des Deutschen Reiches nach Kriegsende: »Deutschland wird innerhalb seiner Grenzen, wie sie am 31. Dezember 1937 bestanden, für Besatzungszwecke in drei Zonen aufgeteilt, die jeweils einer der drei Mächte zugeteilt werden, und in das Sondergebiet Berlin, welches unter eine Besatzungsbehörde der drei Mächte gestellt wird.« Die Demarkationslinie zwischen der Zone der UdSSR einerseits und den Zonen der Westmächte andererseits soll von Lübeck über

Helmstedt und Eisenach nach Hof verlaufen. Die Kommission folgt mit diesem Vorschlag einer Anregung von seiten der britischen Regierung vom Januar 1944.
Die EAC, die Ende 1943 geschaffen wurde und im Januar 1944 ihre Arbeit aufnahm, hat die Aufgabe, den alliierten Regierungen Vorschläge für eine Neuordnung Europas nach dem Krieg vorzulegen.

Obwohl die militärische Lage den baldigen Zusammenbruch des Deutschen Reiches erwarten läßt, hat die Kommission bislang nur wenig konkrete Arbeit geleistet. Entsprechend steht dann auch nicht das EAC-Protokoll im Vordergrund der britisch-US-amerikanischen Konferenz von Quebec (→ 11.9./S.150), sondern der weitaus brisantere Morgenthau-Plan.

Britisches EAC-Mitglied Strang

US-Vertreter John G. Winant

Hilfsorganisation tagt in Montreal

26. September. Im kanadischen Montreal geht die zweite Tagung der United Nations Relief and Rehabilitation Administration (UNRRA) zu Ende. Die Wiederaufbauorganisation war im November 1943 auf Initiative von US-Präsident Franklin Delano Roosevelt gegründet worden, um in der Nachkriegszeit praktische Hilfe für die Zivilbevölkerung in den von deutscher Besatzung befreiten Gebieten zu leisten.
Im Mittelpunkt der zwölftägigen Konferenz steht die Berichterstattung über die bisherige Tätigkeit und Finanzierungsfragen der UNRRA. Ihr Generaldirektor, Herbert Lehmann, gibt bekannt, daß von 45 Unterzeichnerstaaten bislang nur 30 ihre Beiträge gezahlt hätten. Insgesamt seien 8 Millionen US-Dollar eingegangen. Die Hauptaufgabe der UNRRA sieht Lehmann zur Zeit in der Nahrungsmittelversorgung vor allem der Staaten in Osteuropa und auf dem Balkan. Ebenso wichtig sei die Hilfe für Vertriebene und Flüchtlinge, um ihnen die Rückkehr in ihre Heimat zu ermöglichen.

Alliierte warnen neutrale Staaten

29. September. US-Außenminister Cordell Hull warnt im Namen der alliierten Nationen alle neutralen Staaten davor, Kriegsverbrechern Asyl zu gewähren. Hull erklärt, daß die Beziehungen der USA zu den in Frage kommenden Ländern empfindlich gestört würden, falls diese sich entschlössen, Führer der Achsenmächte aufzunehmen.
Seine Regierung, so der Außenminister, werde weiterhin Druck auf diejenigen Staaten ausüben, die sich noch nicht mit ausdrücklichen Worten von der Möglichkeit der Asylgewährung distanziert hätten.
Im weiteren äußert sich Hull zu der erst kürzlich aufgetauchten Frage, warum sich der Name des deutschen Führers und Reichskanzlers Adolf Hitler nicht auf der Liste der Kriegsverbrecher befindet, die von der alliierten Kommission für Kriegsverbrechen in London aufgestellt worden ist. Hull versichert, daß dieser Umstand keine Bedeutung habe und daß man alle nationalsozialistischen Kriegsverbrecher ihrer verdienten Strafe zuführen werde.

Alliierte Truppen in Brüssel

3. September. Alliierte Truppen überschreiten an mehreren Stellen die Grenze nach Belgien. Sie treffen nur auf schwachen deutschen Widerstand, rücken rasch in nordöstliche Richtung vor und erreichen noch am selben Tag die belgische Hauptstadt Brüssel.

Aufruf an die Bevölkerung

US- General Dwight D. Eisenhower, Oberbefehlshaber der alliierten Streitkräfte in Europa, richtet am 4. September folgende Botschaft an die belgische Bevölkerung:
»Führt eure Operationen gegen den Feind gemäß den Bestimmungen des Kriegsrechts. Falls von deutschen Truppen Grausamkeiten gegen euch verübt werden, ersuchen wir euch, alle verfügbaren Beweismittel zu sammeln, besonders die Namen und die Einheiten der Urheber dieser Grausamkeiten, um den alliierten Truppen zu ermöglichen, die Schuldigen gerichtlich zur Rechenschaft zu ziehen. Hütet euch davor, Gewalttätigkeiten zu begehen. Ihr habt nun den Auftrag, die Fabriken, Bergwerke und anderen industriellen Anlagen gegen Sabotageakte zu schützen.«

Starke US-amerikanische und britische Verbände betreten am Morgen des 3. September von Frankreich kommend belgischen Boden. Während die US-Truppen Richtung Charleroi marschieren, stoßen Panzerkräfte der 2. britischen Armee auf Brüssel vor. Am Vormittag besetzen sie Tournai, und wenige Stunden später erreichen sie die 80 km von der Grenze entfernt gelegene belgische Hauptstadt. Dort werden sie von der Bevölkerung mit großem Jubel und Begeisterung empfangen. Die Deutschen hatten die Stadt bereits am Tag zuvor geräumt und ihren Abmarsch sogar über Rundfunk bekanntgegeben. Ein Sprecher hatte verkündet: »Wir wissen sehr wohl, daß viele von euch das Eintreffen der britischen und amerikanischen Soldaten mit Ungeduld erwarten. Wir können uns auch vorstellen, wie ihr die Straßen füllen und ausrufen werdet: ›Endlich sind die Befreier da!‹ Deshalb möchte ich euch schon heute warnend sagen: Vergeßt nicht, daß wir wiederkommen werden.«
Der alliierte Vormarsch bleibt nicht in Brüssel stehen: Die Truppen rücken weiter nach Osten gegen deutsches Reichsgebiet und nach Norden in Richtung Niederlande vor. Am 4. September erreichen britische Verbände Antwerpen, am 6. September ziehen US-amerikanische Truppen in Lüttich ein.
Die Deutschen können eine – wenn auch schwache – Frontlinie aufbauen. Sie verläuft im Norden an der Schelde-Mündung bei Antwerpen, ostwärts bis zur Maas, dann südlich nach Aachen mit Anschluß an den Westwall, der bis in den Raum von Trier reicht. Im Süden erstreckt sich die Front über Metz und Belfort bis zur schweizerischen Grenze.

Befreiung von Brüssel: Die Bevölkerung der belgischen Hauptstadt bereitet den einziehenden britischen Panzertruppen einen jubelnden Empfang

Aktivitäten des Widerstands in Belgien

3. September. Als die Alliierten die belgische Grenze überschreiten, gehen die Widerstandsgruppen des Landes zum offenen Kampf gegen die deutsche Besatzungsmacht über. Ihr Anteil an der Befreiung Belgiens ist jedoch relativ gering, da nur ein kleiner Teil der Untergrundarmee mit Waffen und Munition ausgerüstet ist.
Bereits 1940, als deutsche Truppen Belgien besetzten, waren die ersten Widerstandsgruppen entstanden. Ihre Koordination lag ab 1942 bei der belgischen Exilregierung in London. Es lassen sich im wesentlichen zwei Richtungen unterscheiden: Die »Résistance Militaire« (militärischer Widerstand) und die »Résistance Civile« (ziviler Widerstand).
Der zivile Widerstand sah seine Hauptaufgabe im Aufbau einer Nachrichtenorganisation und einer Untergrundpresse. Bereits 1940 erschien die erste Widerstandszeitung »Libre Belgique«. Ihr folgten rund 300 verschiedene Untergrundzeitungen. Daneben wurde ein umfassendes Nachrichtensystem aufgebaut. Schon 1942 gab es 35 Informationsnetze, die teilweise einen sehr hohen technischen Standard aufwiesen und Mitteilungen im Lande bzw. nach London weiterleiteten.
Von den neben dem zivilen Widerstand entstandenen militärischen Untergrundgruppen sind als wichtigste Organisationen zu nennen die »L'Armée belge des Partisans du Front de l'Indépendance«, die »Mouvement national belge« und die »Légion belge«. Diese bewaffneten Gruppen verlegten sich auf Sabotageunternehmen und gingen ab Mitte 1944 auch zu direkten Angriffen auf deutsche Einrichtungen über. Da die belgische Exilregierung befürchtete, daß die Untergrundarmee im Lande militärisch und politisch zu stark werden könnte, sorgte sie in Absprache mit den Alliierten dafür, daß die Waffenlieferungen gedrosselt wurden. Infolgedessen hat die belgische Widerstandsbewegung keinen sonderlich großen Anteil an der Befreiung des eigenen Landes.

Hunderttausende von feiernden Menschen säumen die Straßen der belgischen Hauptstadt, als die britischen Panzerverbände am 3. September einrollen

Frontwechsel in Bulgarien

8. September. Nur wenige Tage nachdem Rumänien aus dem Bündnis mit dem Deutschen Reich ausgestiegen ist (→ 25.8./S.136), wechselt nun auch Bulgarien die Fronten.

Kimon S. Georgiew, Ministerpräsident der neuen, prosowjetisch orientierten Regierung Bulgariens, die durch einen Putsch an die Macht gekommen ist; Georgiew war bereits 1934/35 bulgarischer Ministerpräsident; seit 1943 gehörte er zu den führenden Mitgliedern der bulgarischen Widerstandsbewegung

Das Land übermittelt dem deutschen Führer und Reichskanzler Adolf Hitler die Kriegserklärung.

In Erwartung des Einmarsches sowjetischer Truppen hatte der bulgarische Ministerpräsident Iwan Bagrjanow bereits am 26. August offiziell erklärt, daß sein Land sich aus dem Krieg zurückziehen werde. Am 2. September erreichte die Rote Armee die bulgarische Grenze, und noch am selben Tag wurde in Sofia ein neues Kabinett unter Ministerpräsident Konstantin Murawjew mit demokratisch-westlicher Ausrichtung gebildet. Die neue Regierung erklärte am 4. September den Austritt aus dem Dreimächtepakt. Außerdem wurden die diplomatischen Beziehungen zur Regierung in Berlin abgebrochen und diese aufgefordert, sofort alle Truppen von bulgarischem Gebiet abzuziehen.

Trotzdem erfolgte am 5. September die Kriegserklärung der UdSSR an Bulgarien und der Einmarsch der 3. Ukrainischen Front der Roten Armee. Bulgarien wurde davon völlig überrascht, da es sich zwar seit 1941 mit Großbritannien und den USA, nicht aber mit der Sowjetunion im Kriegszustand befindet.

Um die sowjetische Aggression zu stoppen, entschließt sich Ministerpräsident Murawjew am 8. September zur Kriegserklärung an das Deutsche Reich, so daß sich Bulgarien zugleich mit dem Reich und der Sowjetunion im Krieg befindet. Murawjew richtet außerdem ein Waffenstillstandsgesuch an die Regierung in Moskau und gibt die Anweisung, der Roten Armee keinen Widerstand entgegenzusetzen.

In der Nacht vom 8. auf den 9. September führen moskautreue bulgarische Kommunisten einen Staatsstreich durch. Sie besetzen mit ihren Kampftruppen Sofia und andere Städte im Land. Murawjew wird gestürzt und Kimon S. Georgiew bildet als Ministerpräsident eine neue, prosowjetisch orientierte Regierung. Er leitet sofortige Waffenstillstandsverhandlungen mit der UdSSR ein.

Charles de Gaulle, Chef der »Provisorischen Französischen Regierung«

General de Gaulle bildet Kabinett um

9. September. General Charles de Gaulle, der als Chef der »Provisorischen Regierung der Französischen Republik« nach dem Einzug der Alliierten in Paris (→ 25.8./S.132) die Macht in Frankreich übernahm, stellt sein Kabinett um.

Unter Aufnahme von Republikanern, Kommunisten, Sozialisten und führenden Vertretern der innerfranzösischen Résistance bildet de Gaulle eine Regierung, die von der überwiegenden Mehrheit der Bevölkerung getragen wird.

Rumänien jetzt auf alliierter Seite

12. September. Die Waffenstillstandsverhandlungen zwischen den alliierten Staaten und Rumänien, das am → 25. August (S.136) dem Deutschen Reich den Krieg erklärt hatte, sind erfolgreich abgeschlossen. In Moskau wird ein entsprechender Vertrag von Sowjetmarschall Rodion J. Malinowski als Vertreter der alliierten Mächte und Abgesandten der rumänischen Regierung unterzeichnet.

In der Präambel der Urkunde heißt es, daß die Regierung und das Oberkommando Rumäniens mit ihrer Unterschrift die Niederlage im Krieg gegen die UdSSR, die Vereinigten Staaten, Großbritannien und deren Verbündete anerkennen.

Im einzelnen erklärt sich Rumänien bereit, alle militärischen Operationen gegen die UdSSR einzustellen, an der Seite der alliierten Mächte in den Krieg gegen das Deutsche Reich und Ungarn einzutreten und die Entwaffnung und Internierung der deutschen und ungarischen Wehrmacht einzuleiten. Der Vertrag garantiert die Unabhängigkeit und Souveränität Rumäniens. Die Gebiete Bukowina und Bessarabien fallen jedoch an die UdSSR. Dieser wird außerdem eine Wiedergutmachung im Gesamtwert von 300 Millionen US-Dollar gezahlt.

Finnland schließt Waffenstillstand

19. September. In Moskau unterzeichnet Finnland einen Waffenstillstandsvertrag mit der UdSSR. Angesichts der militärischen Bedrängnis durch die Truppen der Roten Armee sieht sich Ministerpräsident Antti Verner Hackzell gezwungen, die harten sowjetischen Friedensbedingungen anzunehmen.

In dem Abkommen verpflichtet sich Finnland, alle Kampfhandlungen gegen die Sowjetunion einzustellen und seine Truppen hinter die sowjetisch-finnische Grenze von 1940 zurückzuziehen. Der eisfreie Hafen Petschenga fällt an die UdSSR. Diese erhält außerdem das Pachtrecht für die Halbinsel Porkkala. Die finnische Regierung sagt ferner zu, alle deutschen Truppen, die sich noch im Lande befinden, zu entwaffnen und dem alliierten Oberkommando auszuliefern.

Ein alliierter Offizier und Gerichtsbeamte bemühen sich um Ordnung

Pietro Caruso empfängt vor seiner Hinrichtung die Sterbesakramente

Aufgebrachte Menschenmenge lyncht früheren Gefängnisdirektor

18. September. *Eine aufgebrachte Menschenmenge stürmt den Justizpalast von Rom, in dem das Gerichtsverfahren gegen den früheren Polizeidirektor der Stadt, Pietro Caruso, eröffnet werden soll. Caruso befindet sich noch nicht im Gerichtsgebäude. Dafür fällt der wütenden Menge der frühere Direktor des berüchtigten Gefängnisses »Regina Coeli«, Donato Carretta, der im Prozeß gegen Caruso aussagen soll, in die Hände. Die außer sich geratenen Menschen schlagen ihn zuerst halbtot, werfen ihn dann in den Tiber und ertränken ihn.*

Tito als alleiniger Führer anerkannt

12. September. Auf britischen Druck hin überträgt der jugoslawische König Peter II. Karadordević Josip Tito die alleinige Führung des Widerstands in Jugolawien. Er erteilt den Četnici-Partisanen unter der Führung des königstreuen Draža Mihailović den Befehl, sich den Einheiten Titos anzuschließen.

Für ein neues Jugoslawien

Josip Tito, Präsident des jugoslawischen Befreiungskomitees, hält am 12. September eine Rede über den Aufbau eines neuen jugoslawischen Staates; er sagt dazu u.a.:
»Unser Volk hat für seine Freiheit, seine Unabhängigkeit, für eine bessere und glücklichere Zukunft gekämpft ... Wenn wir auch dem Territorium nach unter unseren großen Verbündeten ein kleines Land sind, so haben wir doch durch unsere Taten bewiesen, daß unser Volk an Mut stark ist ... Wir gehen großen Tagen entgegen, großen Tagen der Freiheit, aber auch großen Tagen neuer Anstrengung, neuen Kampfes beim Aufbau unseres neuen Jugoslawiens ... Es lebe unser neues, demokratisches, föderatives und glückliches Jugoslawien!«

Damit ist der Machtkampf zwischen Mihailović und Tito, der das monarchistische Jugoslawien abschaffen will und für eine »Revolutionäre Union der jugoslawischen Völker« kämpft, endgültig zugunsten des letzteren entschieden.

Josip Tito, der Präsident des jugoslawischen Befreiungskomitees

US-amerikanischer Panzer, kurz bevor er in der Nähe von Trier die Mosel überquert; benutzt wird eine speziell für diesen Zweck installierte Pontonbrücke

Alliierte in Deutschland

11. September. Die ersten US-amerikanischen Soldaten betreten deutschen Boden. Ein Spähtrupp der 1. US-Armee überschreitet um 18.55 Uhr bei Stolzenburg in Luxemburg nördlich von Trier unbehelligt die deutsche Reichsgrenze.
Während die alliierten Truppen das Deutsche Reich direkt bedrohen und der Einmarsch auf breiter Linie bevorsteht, ist man auf deutscher Seite damit beschäftigt, die eigenen Streitkräfte zu reorganisieren. Es gelingt, eine Front entlang der Landesgrenze aufzubauen. Die Gesamtstärke der Heeresgruppen B und G beträgt 66 Divisionen, von denen jedoch nur 18 voll kampffähig sind. Hinter der Front wird der von der Schweiz bis nördlich von Aachen reichende Westwall als Verteidigungsanlage instandgesetzt.

Bildung Pakistans bleibt umstritten

9. September. In Bombay treffen Mohandas Karamchand, genannt Mahatma Gandhi, der Sprecher der etwa 300 Millionen Hindus in Indien, und der Führer der Moslemliga, Mohammad Ali Dschinnah, zusammen, um über die Bildung einer Einheitsfront der beiden Hauptparteien Indiens, Nationalkongreß und Moslemliga, zu beraten.
Die Gespräche scheitern an der Forderung Dschinnahs nach Bildung eines eigenen Moslemstaates (Pakistan), die der Vorstellung Gandhis von einem einheitlichen unabhängigen Indien entgegensteht.

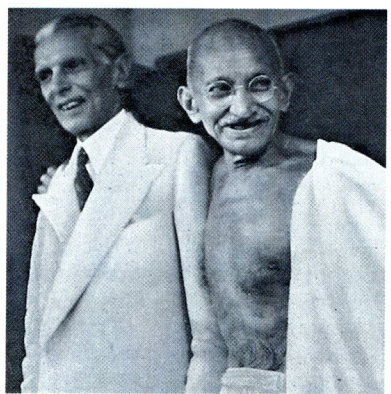

Gandhi (r.), Sprecher der Hindus, und Dschinnah, Führer der Moslems

Warschauer Aufstand vor Zusammenbruch

18. September. Der Aufstand der polnischen Heimatarmee, der am → 1. August (S.135) in Warschau gegen die deutsche Besatzungsmacht ausgebrochen war, neigt sich dem Ende zu. Die Westalliierten stellen ihre Versorgungsflüge ein, weil das Gebiet, das von den Aufständischen noch gehalten wird, zu klein geworden ist. Ein Großteil der abgeworfenen Behälter fällt in Stadtteile, die unter deutscher Kontrolle stehen.
Von den deutschen Truppen unter SS-Obergruppenführer Erich von dem Bach-Zelewski hart bedrängt und ohne Hilfe der Roten Armee, die direkt vor Warschau steht, wird die Lage der Aufständischen unter ihrem Führer Tadeusz Bór-Komorowski immer verzweifelter. Anfang September mußte Bór die Altstadt aufgeben, so daß sich nur noch das Stadtzentrum sowie die drei Enklaven Zoliborz im Norden, Mokotow und Czerniakow im Süden in den Händen der Aufständischen befinden. Überall in der Stadt wüten Brände, die nicht unter Kontrolle gebracht werden können. Rauch und die Ausdünstungen notdürftig vergrabener Menschenleichen und

Rotarmisten am Stadtrand Warschaus; sie helfen den Polen nicht

Tierkadaver verpesten die Luft. Die Versorgung mit Lebensmitteln und Wasser ist katastrophal, und nach Einstellung der Hilfsflüge durch die Alliierten besteht kaum noch Hoffnung für die kämpfenden Polen.
Am 21. September äußert sich der deutsche Reichsführer SS Heinrich Himmler in einer Rede vor den Befehlshabern der Wehrkreise zu der Situation in Warschau: »Wir führen seit fünf Wochen den Kampf um Warschau ... Der Kampf ist der härteste, den wir seit Kriegsbeginn durchgeführt haben ... Geschichtlich gesehen, ist es ein Segen, daß die Polen das machen. Über die fünf, sechs Wochen kommen wir hinweg. Dann aber ist Warschau, die Hauptstadt, der Kopf, die Intelligenz dieses ehemaligen 16-, 17-Millionenvolkes der Polen ausgelöscht ... Dann wird das polnische Problem geschichtlich für unsere Kinder und für alle, die nach uns kommen, ja schon für uns, kein großes Problem mehr sein.«

Alliierte Flugzeuge »parken« in den Niederlanden; sie warten auf ihren Einsatz im Raum Arnheim, wo sie insgesamt 35 000 Fallschirmjäger absetzen sollen

35 000 alliierte Fallschirmspringer landen bei Arnheim

17. September. Im Raum Arnheim/ Nimwegen/Eindhoven in den Niederlanden beginnt das größte Luftlandeunternehmen des Zweiten Weltkrieges. Die Alliierten setzen 35 000 Fallschirmspringer ab, die Brückenköpfe am Wilhelmina-Kanal und an Maas, Waal und Rhein errichten sollen, um dann den Rhein bei Arnheim zu überqueren und von Norden gegen das Ruhrgebiet vorzustoßen. Die alliierte Landeoperation scheitert jedoch und bedeutet einen letzten großen Abwehrsieg für die Kampfverbände der deutschen Seite. Die eigentliche Landung der Fallschirmtruppen geht reibungslos vor sich. Die 101. US-Luftlandedivision wird zwischen Veghel und Zon abgesetzt, die 82. US-Luftlandedivision südlich von Nimwegen und die 1. britische Luftlandedivision nördlich des Rheins bei Arnheim. Während die US-Einheiten wie geplant die wichtigsten Brücken einnehmen können, geraten die Briten in Schwierigkeiten. Es gelingt ihnen nicht, sich der Brücke bei Arnheim zu bemächtigen, und im Laufe der folgenden Tage werden sie immer stärker von dem deutschen II. SS-Panzerkorps bedrängt. Die US-Bodentruppen und eine am 21. September abgesetzte polnische Fallschirmjägerbrigade versuchen vergeblich, zu den eingeschlossenen Briten durchzudringen. Diese müssen sich am 25. September ergeben. Von über 10 000 bei Arnheim gelandeten Soldaten finden 8000 den Tod oder geraten in Gefangenschaft.

◁ *Brücke über den Lek in Arnheim; westlich der Stadt hat sich – bedrängt von dem deutschen II. SS-Panzerkorps – die 1. britische Luftlandedivision zusammengezogen. Die Landung der Briten nordwestlich von Arnheim war reibungslos vonstatten gegangen. Doch anstatt sofort die strategisch wichtige Brücke einzunehmen, entschließt sich der britische Oberbefehlshaber C. D. Frost, den Morgen auf dem rechten Flußufer abzuwarten. Die Deutschen nutzen diesen Aufschub, um ihre Kräfte zusammenzuziehen und die Briten am 18. September anzugreifen. Da die Alliierten den Bedrängten wegen des schlechten Wetters keine Lufthilfe leisten können und ihre Erdkampftruppen nicht durchkommen, muß C. D. Frost am 25. September kapitulieren*

6 km vor Arnheim: Soldaten der 1. britischen Luftlandedivision, die im Kampf gegen die Deutschen gefallen sind

»V-2«-Rakete gegen London

8. September. Von einer Startrampe bei Den Haag wird zum ersten Mal die in der deutschen Raketenversuchsanstalt Peenemünde entwickelte »V 2« (V = Vergeltungswaffe) in Richtung London abgeschossen. Die »V 2« ist die erste große ballistische Rakete der Welt.

Im Gegensatz zu der erstmals am → 12. Juni (S.100) eingesetzten »V 1« kann die »V 2« wegen ihrer enormen Geschwindigkeit (bis 5630 km/h) und ihrer Flughöhe (maximal 96 km) nicht abgefangen werden. Die einzige wirksame Verteidigung gegen die Rakete besteht in der Zerstörung der Abschußeinrichtungen.

Die 14 m hohe »V 2« kann rund eine Tonne Sprengstoff über eine Reichweite von nahezu 320 km transportieren. Auch ohne Gefechtskopf hinterläßt ihr Einschlag einen Krater von etwa 13 m Tiefe und 36 m Durchmesser. Die »V 2«, entwickelt unter Wernher Freiherr von Braun, ist der Vorläufer der Weltraum- und Interkontinentalraketen.

Die erste gegen Großbritannien eingesetzte neue deutsche »Wunderwaffe« schlägt etwa fünf Minuten nach ihrem Start in der Haveley Road im Londoner Vorort Chiswick ein. Der angepeilte Zielpunkt, die Londoner Feuerwehrwache in der Southwark Bridge Road, wird zwar um 10 km verfehlt, dafür werden sechs Wohnhäuser völlig zerstört und mehrere andere Gebäude beschädigt. Drei Menschen sterben, etwa 20 erleiden ernsthafte Verletzungen. Der Beschuß von London

und Südostengland mit der »V-2«-Rakete wird von der britischen wie von der deutschen Seite nicht offiziell kommentiert. Erst am → 8. November (S.191), zwei Monate nach dem ersten Abschuß, gibt der deutsche Reichspropagandaminister Joseph Goebbels bekannt, daß eine neue »Vergeltungswaffe« gegen Großbritannien eingesetzt wird. Daraufhin sieht sich auch der britische Premierminister Winston Churchill gezwungen, die Ursache der »mysteriösen« Explosionen der vergangenen Wochen aufzuklären. Bis Ende November gehen über 200 »V-2«-Raketen auf Großbritannien nieder, rund 100 davon in London. Etwa 600 Menschen sterben. Im Vergleich zu der Wirkung der alliierten Bombardements auf deutsches Gebiet ist die Zerstörungskraft der »V 2« aber insgesamt gering.

Deutsche ballistische Rakete »V 2«

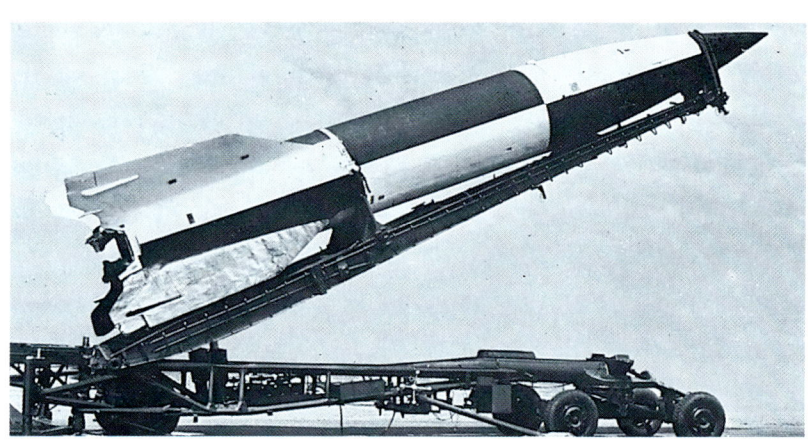

»V 2« auf einem Transportwagen; mit diesem wird sie waagerecht an ihren Bestimmungsort gefahren und dort mit Hilfe einer Kippvorrichtung aufgestellt

Todesurteile für fünf Verschwörer

8. September. Die deutschen Widerstandskämpfer Carl Friedrich Goerdeler (→18.7./S.114), Ulrich von Hassell, Wilhelm Leuschner, Joseph Wirmer und Paul Lejeune-Jung werden vom Volksgerichtshof in Berlin zum Tode verurteilt. Hassell, Wirmer und Lejeune-Jung werden noch am selben Tag im Hinrichtungsraum der Haftanstalt Berlin-Plötzensee gehängt; Leuschner wird am 29. September hingerichtet, Goerdeler am 2. Februar 1945.

Die Verurteilten gehörten zum Widerstandskreis um Claus Graf Schenk von Stauffenberg und wer-

Carl Friedrich Goerdeler, deutscher Widerstandskämpfer; aus Protest gegen die NS-Politik trat er 1937 von seinem Amt als Oberbürgermeister von Leipzig zurück; seit 1939 gehörte er zu den führenden Köpfen des zivilen, nichtkommunistischen Widerstands

Ulrich von Hassell, deutscher Widerstandskämpfer; wurde 1938 wegen seiner oppositionellen Haltung zum NS-Regime von seinem Posten als deutscher Botschafter in Rom entlassen; schloß sich später der Widerstandsgruppe um Goerdeler an

den alle der Beteiligung an dem Hitler-Attentat vom → 20. Juli (S.115) für schuldig befunden.

Der Präsident des Volksgerichtshofs, Roland Freisler, macht auch in diesem Prozeß seinem Ruf als Blutrichter, der seine Opfer mit Schmähungen überhäuft, bevor er sie in den Tod schickt, alle Ehre. Selbst der deutsche Justizminister Otto Georg Thierack äußert nach der Verhandlung Bedenken gegen Freislers Stil: »Leider redete er aber Leuschner als Viertelportion und Goerdeler als halbe Portion an und sprach von den Angeklagten als Würstchen. Darunter litt der Ernst dieser gewichtigen Versammlung erheblich. Wiederholte längere, nur auf Propagandawirkung abzielende Reden des Vorsitzers wirkten in diesem Kreise abstoßend... Es fehlt dem Präsidenten völlig an eiskalter, überlegener Zurückhaltung.«

Fraueneinsatz in der deutschen Wehrmacht

11. September. Die deutsche Reichsfrauenführerin Gertrud Scholtz-Klink hält vor Marinehelferinnen in Hamburg eine Rede über die Pflichten deutscher Frauen im Bereich der Wehrmacht.

Es sei, so stellt Frau Scholtz-Klink fest, nun der Augenblick gekommen, wo das Deutsche Reich für jeden über allem stehen müsse. Die Frauen müßten sich genauso wie die Waffenträger der Gesamtheit unterordnen. Sie seien die Treuhänder der gefallenen Helden und müßten das Vermächtnis der Toten hochhalten, denn diese seien für den deutschen Sieg gestorben.

Während die NS-Ideologie den Frauen ursprünglich nur Aufgaben im Bereich Mutterschaft und Familie zuwies, begann man, sie im Laufe des Krieges zunehmend für die Arbeit in der Rüstung und Wehrmacht einzusetzen.

1942 gab das Oberkommando der Wehrmacht Richtlinien für den »Fraueneinsatz im Bereich der Wehrmacht« heraus, in denen es u.a. heißt: »In steigender Zahl müssen heute Frauen im Dienste der Wehrmacht den Soldaten ersetzen, der an der Front gebraucht wird.« Mit Rücksicht auf die »frauliche Art« sei jedoch darauf zu achten, daß diese Maßnahmen keinesfalls zu einer »Militarisierung der Frau« führen dürften.

Diese Bedenken entfielen spätestens mit der Proklamation des »totalen Krieges«. Zunehmend wurden Frauen unter dem Sammelbegriff »Weibliches Wehrmachtsgefolge« als Nachrichtenhelferinnen, an Radargeräten, an Flakscheinwerfern und Geschützen, als Betreuungsschwestern und als Dolmetscherinnen eingesetzt. Besonders gefragt sind sie bei der Luftwaffe und der Marine. Hunderttausende stehen in der letzten Kriegsphase im Einsatz.

Hinrichtung von Führern der KPD

18. September. Bernhard Bästlein, Franz Jacob und Anton Saefkow, Mitglieder der kommunistischen deutschen Widerstandsbewegung, werden im Zuchthaus Brandenburg geköpft. Sie fallen der Vernichtungskampagne zum Opfer, die das nationalsozialistische Regime nach dem Attentat auf den deutschen Führer und Reichskanzler Adolf Hitler (→ 20.7./S.115) gegen alle Antifaschisten eingeleitet hatte.

Die drei Widerstandskämpfer hatten als Saefkow-Bästlein-Jacob-Gruppe von Berlin aus am Aufbau einer kommunistischen Untergrundorganisation gegen Hitler mitgewirkt und gehörten seit dem Frühjahr 1943 der illegalen Landesleitung der Kommunistischen Partei Deutschlands (KPD) an.

Obwohl es sowohl von kommunistischer als auch von bürgerlicher Seite größte Bedenken gegen eine Zusammenarbeit gab, kam es am 22. Juni 1944 in Berlin zu einem Treffen von Saefkow und Jacob mit den sozialdemokratischen Widerstandskämpfern Adolf Reichwein und Julius Leber. Diese waren von der Widerstandsgruppe »Kreisauer Kreis« (→ 19.1./S.22) mit der Kontaktaufnahme beauftragt worden. Es blieb jedoch bei diesem einen Treffen. Wenige Tage nach dem Gespräch, am → 4. Juli (S.114), wurden alle vier Politiker von der Geheimen Staatspolizei (Gestapo) verhaftet.

Kurz vor seinem gewaltsamen Tod schrieb Saefkow sein politisches Testament nieder. In fünf Punkten stellte er folgende Forderungen zur Beseitigung des Faschismus auf:

»Punkt 1: Rottet den Faschismus aus mit Stumpf und Stiel!...

Punkt 2: Wählt in allen Betrieben nicht Interessenvertretungen, sondern eure Machtorgane, gebt diesen betrieblichen, bewaffneten Schutz...

Punkt 3: Duldet nur eine Gewerkschaftsbewegung! Schafft einheitliche Klassengewerkschaften mit revolutionärer Gewerkschaftspolitik und Wahl aller Funktionäre durch die Mitgliedschaft...

Punkt 4: Sorgt für breiteste Demokratisierung. Baut das neue Deutschland auf der Grundlage der Volksausschüsse auf!...

Punkt 5: Dem Proletariat als aufsteigende herrschende Klasse gehört die Zukunft! Baut eure Macht... auf und gebt sie nie wieder frei...«

Hitler ist körperlich und psychisch am Ende

17. September. Der Gesundheitszustand des deutschen Führers und Reichskanzlers Adolf Hitler wird immer schlechter. Körperlich ein Greis, zeigt er sich kaum noch in der Öffentlichkeit. In der Presse erscheinen nur noch ältere oder retuschierte Fotos, die das Bild vom starken »Führer«, der die Staatsgeschäfte fest im Griff hat, aufrechterhalten sollen.

Unter dem Eindruck der Kriegsniederlagen ist Hitler etwa seit 1942 psychisch und körperlich immer mehr verfallen. Er leidet an Kopfschmerzen, Grippeanfällen, Magenkrämpfen und Schwindelgefühlen. Seine Körperhaltung ist gebeugt, das Zittern des linken Armes und Beines, an dem er bereits nach dem Novemberputsch 1923 litt, verstärkt sich zusehends.

Adolf Hitler (Aufnahme um 1940)

Hitler im Jahre 1942; mit ernstem und sorgenvollem Gesicht verfolgt er eine Rede im Reichstag (links: Reichsaußenminister Joachim von Ribbentrop)

Hitler reagiert noch jähzorniger auf Einwände und hält starrsinnig und verbissen selbst an den abwegigsten Entscheidungen fest. Wutanfälle wechseln sich mit depressiven Stimmungen ab.

Seit Hitler im Februar 1944 durch eine Schädigung des Glaskörpers im Auge vorübergehend schlecht sah, sind sein Mißtrauen und sein Argwohn gegen andere Menschen ins Krankhafte angewachsen.

Eine weitere Verschlechterung seines Zustandes tritt nach dem Attentat am → 20. Juli (S.115) ein. Kurze Zeit nach dem Anschlag beginnt Hitlers ganze linke Körperhälfte zu zittern, sein Gang wird schleppend. Alles, was er tut, geschieht im Zeitlupentempo. Zusätzlich machen sich Gleichge-

Hitler 1944 – ein gebeugter Mann

wichtsstörungen bemerkbar. Bei den wenigen kurzen Spaziergängen, zu denen er seinen Führerbunker noch verläßt, kommt es vor, daß er zur Seite wegtaumelt.

Im August befallen Hitler starke Kopfschmerzen, im September erkrankt er an Gelbsucht und leidet zusätzlich an Herzbeschwerden.

Medikamentenabhängig

Theo Morell, Leibarzt des deutschen Führers und Reichskanzlers Adolf Hitler, verabreicht seinem Patienten in den letzten Kriegsjahren eine zunehmende Menge an Arzneien, die diesen zum Medikamentenabhängigen machen. In den medizinischen Unterlagen Morells, die er nach Kriegsende den US-Dienststellen zur Verfügung stellt, werden u.a. folgende Arzneien aufgeführt, die Hitler von seinen Krankheiten heilen sollen: Vitamin A, D und Traubenzucker zur Appetitanregung und zur Stärkung der körperlichen Widerstandskraft; Dr. Kösters Antigas-Pillen und das Verdauungsmittel Euflat; Prostacrinum und Vitamultin-Ca zur Abwendung von Depressionen; zusätzlich Pervitin und Koffein enthaltende Vitamultin-Tabletten; gespritztes Testoviron und Tonophosphan, Herz- und Leberextrakte, das Kreislaufmittel Cardiazol und Kokain zur Anwendung gegen dauernde starke Kopfschmerzen.

Als der Führer die Nachricht von der alliierten Luftlandung bei Arnheim am → 17. September (S.155) erhält, erleidet er einen Herzanfall. Völlig geschwächt, apathisch und ohne Lebenswillen legt er sich ins Krankenbett und bekommt noch eine Stirnhöhlenentzündung.

Hitlers Verfall ist nicht mehr aufzuhalten. Am 1. Oktober verliert er bei einem Schwächeanfall kurzzeitig das Bewußtsein. Danach geht es gesundheitlich noch rascher bergab. Er kann sich nur mühsam und schleppend bewegen. Zitternd, aschfahl und mit blutunterlaufenen Augen bietet er ein erschreckendes Bild. Zuletzt erhält Hitler täglich Beruhigungs- und Aufputschmittel.

»Volkssturm« – das letzte Aufgebot des Deutschen Reiches

25. September. Ein Erlaß des deutschen Führers und Reichskanzlers Adolf Hitler bestimmt, daß alle waffenfähigen Männer im Alter von 16 bis 60 Jahren zum »Volkssturm« einberufen werden können, um den »Heimatboden« zu verteidigen. Mit der Aufstellung der ersten »Volkssturm«-Bataillone wird schließlich am 18. Oktober begonnen.

Die Organisation des »Volkssturms« liegt bei der Nationalsozialistischen Deutschen Arbeiterpartei, ihren Gauen und Gauleitern.

»Totaler Einsatz aller Deutschen«

Der Erlaß des deutschen Führers und Reichskanzlers Adolf Hitler über die Bildung des »Volkssturms« zur Reichsverteidigung wird mit folgendem Aufruf eingeleitet:

»Nach fünfjährigem schwersten Kampf steht infolge des Versagens aller unserer europäischen Verbündeten der Feind an einigen Fronten in der Nähe oder an den deutschen Grenzen. Er strengt seine Kräfte an, um unser Reich zu zerschlagen, das deutsche Volk und seine soziale Ordnung zu vernichten, sein letztes Ziel ist die Ausrottung des deutschen Menschen…

Dem uns bekannten totalen Vernichtungswillen unserer jüdisch-internationalen Feinde setzen wir den totalen Einsatz aller deutschen Menschen entgegen…

Zur Verstärkung der aktiven Kräfte unserer Wehrmacht und insbesondere zur Führung eines unerbittlichen Kampfes überall dort, wo der Feind den deutschen Boden betreten will, rufe ich daher alle waffenfähigen deutschen Männer zum Kampfeinsatz auf.«

Ein Bataillon des deutschen »Volkssturms«; alte Männer marschieren gemeinsam mit halbwüchsigen Jungen in den Kampf

Reichsminister Martin Bormann, Leiter der Parteikanzlei, soll die Rekrutierung übernehmen, Reichsführer SS Heinrich Himmler unterstützt die militärische Führung.

Als Aufgaben für den »Volkssturm« sind vorgesehen: Besatzung in Grenz- und Festungsbereichen, Verteidigung von Ortschaften, Bau und Sicherung von Panzersperren, Objektschutz, Bau- und Schanzarbeiten an der Front, Nachschubdienst, Einsatz als Räumungs- und Begleitkommando, als Panzerjägerkommando sowie Spreng- und Spezialkommando, Wehrmachtseinsatz.

Das Aufgebot des »Volkssturms« besteht in der Mehrzahl aus alten Männern und Jungen – die Männer der mittleren Jahrgänge sind bereits an der Front. Die Ausrüstung und Ausbildung dieser notdürftig zusammengestellten Kampftruppen ist völlig unzureichend.

Nach wenigen Stunden militärischer Schulung erhalten die Eingezogenen eine Armbinde mit dem Aufdruck »Deutscher Volkssturm – Wehrmacht« sowie ein Soldbuch und gelten damit bereits als reguläre Soldaten der deutschen Wehrmacht.

Ausgerüstet wird der »Volkssturm« mit Beutewaffen – italienische Karabiner, sowjetische, tschechische, italienische und französische Panzerabwehrkanonen – oder mit dem speziell für dieses letzte Aufgebot konstruierten einfachen und materialsparenden »Volksgewehr«. Häufig steht nicht einmal genügend Munition zur Verfügung. Viele der Männer kämpfen auch nur mit Panzerfäusten bewaffnet.

Beinahe eine Million deutscher Kinder, Greise und Kranker werden zum »Volkssturm« eingezogen. Häufig setzt man sie für militärisch sinnlose Aktionen ein. Zehntausende sterben auf diese Weise noch in den letzten Kriegsmonaten, werden verwundet oder geraten in Gefangenschaft. Der militärische Wert dieser Verbände ist gering.

Auch in der deutschen Bevölkerung bestehen Zweifel an der Effektivität dieser letzten Kampftruppen. In Spottversen heißt es:

»So wollen wir den Feind erwarten,/ des Führers letztes Aufgebot,/ durch Panzerschreck im Schrebergarten/ zum Reichsfamilienheldentod./ Wir hissen die zerfetzten Segel/ und wandern froh an Hitlers Stab/ Mit Mann und Maus und Kind und Kegel/ ins Massengrab, ins Massengrab.«

Anlegen einer Panzerfaust; die Handhabung der Waffe wird überall geübt

Bevölkerung übt Umgang mit Waffen

25. September. Nachdem der deutsche Führer und Reichskanzler Adolf Hitler die Bildung des »Volkssturms« zur Heimatverteidigung angeordnet hat, wird überall im Reich damit begonnen, alte Männer, Kinder und Frauen in die Bedienung von Waffen einzuweisen. Ob es sich um militärische Schulungen am Arbeitsplatz, um Wochenendkurse oder um Bedienungsanleitungen handelt, die in Zeitungen abgedruckt sind – überall bereitet man die Menschen darauf vor, die letzte Schlacht zu schlagen.

Besonders intensiv wird die Bevölkerung mit der Handhabung der Panzerfaust vertraut gemacht, denn diese ist häufig die einzige Waffe, die Zivilisten und Angehörigen des Volkssturms zu ihrer Verteidigung zur Verfügung steht.

In der Presse erscheinen mit dem Vermerk »Aufheben« bzw. »Ausschneiden« versehene Artikel, die im einzelnen die Bedienung der Panzerfaust erklären. »Jeder muß mit dem Gebrauch dieser Waffe bekannt sein«, heißt es etwa in der »Südhannoverschen Zeitung«, und dann folgt eine Liste mit Bedienungsratschlägen: »Du sollst den Feindpanzer nicht fürchten, sondern alles aufbieten, um ihn umzulegen... Nimm jede Gelegenheit wahr, mit der Panzerfaust zu üben... Sei mutig und unerschrocken,... auch der stärkste Panzer ist durch die Panzerfaust mit dem ersten Schuß zu erledigen.«

Essen und Trinken 1944:

Kalorienzufuhr anstelle von Gaumenfreuden

Obwohl selbst im Kriegsjahr 1944 im Deutschen Reich kaum jemand wirklich Hunger leidet, verschlechtert sich die Ernährungslage doch zunehmend. Die Sicherung der Kalorienzufuhr steht allgemein im Vordergrund – Gaumenfreuden werden Nebensache.

Bis 1943 war die Versorgung der deutschen Bevölkerung im großen und ganzen gesichert, da Nahrungsmittel aus den besetzten Gebieten abgezogen und ins Deutsche Reich transportiert wurden. Während das Volk in Polen, Griechenland, Frankreich, Belgien oder den Niederlanden hungert, kommen die Deutschen ganz gut zurecht. Erst als im Laufe des Jahres immer mehr Gebiete und damit »Nahrungsmittellager« verloren-

Kriegsrezept aus der Presse

»Senfkartoffeln: Von einer dunkelbraunen Mehlschwitze und Senfwürze bereite man, mit Knochenbrühe oder heißem Wasser verrührt, eine dicksämige Soße, unter die man in der Schale gekochte, in Scheiben geschnittene Kartoffeln rührt.«

gehen, verschlechtert sich die Versorgungslage beträchtlich.

Grundnahrungsmittel wie Brot, Mehl, Fett und auch Fleisch sind aber selbst 1944 allgemein noch ausreichend vorhanden. Der Tagesverbrauch bestimmter Lebensmittel pro Person sieht zum Ende des Jahres 1944 im Vergleich zum Vorkriegszeitraum wie folgt aus: Fleisch und Fisch: 96 g (163 g); Milch: 340 g (379 g); Butter: 21 g (23 g); Eier: 9 g (18 g); Margarine: 8 g (24 g); Kartoffeln: 573 g (486 g); Mehl: 318 g (282 g).

Allerdings gibt es große Unterschiede zwischen Stadt und Land. Während die Stadtbewohner mit ihren auf Karten zugeteilten Lebensmitteln mehr schlecht als recht auskommen, haben die Landbewohner wenig Nahrungssorgen. Eine gerechte Verteilung wird dadurch erschwert, daß ab Frühjahr 1944 verstärkt Verkehrseinrichtungen zum Ziel alliierter Bombenangriffe werden.

Die Qualität der Ernährung nimmt immer mehr ab. Meistens kommen Kartoffel- oder Mehlgerichte auf den Tisch. Vor allem fehlt es an allen Beilagen, die eine Mahlzeit schmackhaft machen. Das Angebot von Zwiebeln oder Knoblauch ist eine Seltenheit, die Vitaminspender Obst und Gemüse gibt es nur in geringen Mengen.

Der Staat versucht, Abhilfe zu schaffen, indem er alle Gartenbesitzer auffordert, ihre Blumenbeete und Parkanlagen umzugraben und Gemüse anzubauen. Auch bisher nicht genutzte Vitaminquellen, z.B. Waldfrüchte, sollen in die Ernährung mit einbezogen werden. Am 10. Februar erscheint in der »Karlsruher Zeitung« ein Bericht auf Anregung der Arbeitsgemeinschaft »Ernährung aus dem Walde«. Darin heißt es: »Das Gänseblümchen ist ein weitverbreitetes Wildgemüse. Seine stoffreichen Blütenstände stehen schon in den ersten Frühjahrswochen in großer Menge zur Verfügung. Sie werden samt den Stielen geerntet und liefern mit Mehl oder Kartoffeln sehr schmackhafte Gerichte, deren angenehmer milder Geschmack allgemeinen Beifall findet...« In den geheimen Lageberichten des Sicherheitsdienstes der Schutzstaffel wird die Reaktion zweier Hausfrauen auf diesen besonderen Menüvorschlag zitiert: »Es ist das beste, man pachtet eine Wiese und führt die Familie zum Essen ins Gras, dann sparen wir noch Kohlen und Gas...«

△ *Karge Auslagen in einem Schaufenster einer Metzgerei in Berlin; links auf der Tafel ist notiert, wie viele Lebensmittelkarten zum Erhalt bestimmter Wurstwaren berechtigen; während es bei der Versorgung mit Fleisch, Fisch, Fett, Obst und Gemüse beträchtliche Engpässe gibt, sind Mehl und Kartoffeln noch in ausreichenden Mengen vorhanden*

◁ *Reichsfleischkarte, die Wertcoupons enthält und zum Bezug bestimmter Mengen von Fleisch- und Wurstwaren berechtigt; die Gültigkeitsdauer von vier Wochen wird häufig verlängert; mit den zunehmenden Problemen bei der Lebensmittelversorgung wird auch das Verteilungssystem komplizierter*

Vereinfachungen im Steuerwesen

14. September. Joseph Goebbels, deutscher Reichspropagandaminister und Reichsbevollmächtigter für den totalen Kriegseinsatz, gibt Richtlinien für die Vereinfachung des Steuerwesens bekannt.

Alle Personen, deren Jahreseinkommen unter 12 000 Reichsmark liegt, brauchen für 1944/45 keine Einkommensteuererklärung abzugeben, sofern ihr Einkommen gegenüber 1943 nicht um mehr als 15% größer bzw. 10% kleiner geworden ist. Sie zahlen den gleichen Steuersatz wie im Vorjahr. Das gleiche gilt für die Gewinn- und Gewerbesteuererklärung, falls sich der Gewinn im Vergleich zum Vorjahr nicht um mehr als 15% nach oben oder 10% nach unten verändert hat.

Die Berechnung der Umsatzsteuer, für die es bislang vier verschiedene Sätze gab, erfolgt künftig nach einem Durchschnittssatz.

Ziel der Vereinfachungen ist es, den Verwaltungsapparat zu entlasten und den Steuerpflichtigen zeitraubende Berechnungen zu ersparen.

Textilsammlung »für den Endsieg«

2. September. Das Reichskommissariat der Nationalsozialistischen Deutschen Arbeiterpartei (NSDAP) für Altmaterialerfassung gibt das vorläufige Ergebnis der Spinnstoff-, Wäsche- und Kleidersammlung 1944 bekannt. Bislang sind insgesamt 33 531 000 kg Altspinnstoffe bei den dafür vorgesehenen Sammelstellen abgegeben worden.

Seit Anfang Mai hatte die NSDAP in der Presse, auf Plakaten und Versammlungen dazu aufgerufen, alle überschüssigen Kleider, Decken und sonstige Textilstoffe abzuliefern. Diese sollen erneut verarbeitet und laut Aufruf an »Soldaten, Rüstungsarbeiter und Fliegergeschädigte« weitergeleitet werden.

In der offiziellen Annonce heißt es pathetisch: »Die deutsche Schicksalsgemeinschaft wird sich auch bei dieser Sammlung bewähren, weil das nationalsozialistische Deutschland niemals versagt hat, wenn es zu außerordentlichen Leistungen aufgerufen wurde. Gebt darum freudig und großzügig zur ›Spinnstoff-, Wäsche- und Kleidersammlung 1944‹ als Baustein zum … Endsieg.«

Massendeportationen aus Theresienstadt

28. September. Auf Veranlassung der deutschen Behörden wird mit dem Abtransport der im Konzentrationslager (KZ) Theresienstadt inhaftierten Juden begonnen. Im Laufe der folgenden vier Wochen gehen elf Transporte mit über 18 000 Juden in das Vernichtungslager Auschwitz (→ 28.4./S.64). Ein Großteil von ihnen wird dort sofort vergast; nur etwa 2000 der Deportierten überleben den Krieg.

In dem seit 1941 bestehenden KZ Theresienstadt in Nordböhmen werden Juden untergebracht, die nicht sofort durch Gas ermordet werden sollen. Von den bislang etwa 150 000 in Theresienstadt eingewiesenen Juden wurden jedoch über die Hälfte in Vernichtungslager weitergeleitet, ein Viertel stirbt infolge der Lagerbedingungen.

Der Großteil der Theresienstädter Juden kommt aus der Tschechoslowakei und aus dem Deutschen Reich. Das Durchschnittsalter der Inhaftierten ist mit etwa 60 Jahren ungewöhnlich hoch. Nicht selten handelt es sich um ehemalige Bewohner von Altersheimen, die – unter dem Vorwand, in ein neues Heim zu kommen – nach Theresienstadt deportiert wurden.

Das Lager hat den Charakter eines Ghettos mit eigener jüdischer Lagerleitung, die jedoch vollständig der Willkürherrschaft der SS-Lagerführung untersteht.

Die Lebensbedingungen in Theresienstadt sind katastrophal. Bei ihrer Ankunft wird den Juden ein Großteil ihres Gepäcks abgenommen. Dann werden sie zu Hunderten in Baracken, baufälligen Häusern, auf Dachböden und in Kellern zusammengepfercht. Dicht an dicht müssen Gesunde, Kranke, Alte und Junge nebeneinander ihr Lager aufschlagen. Einige Glückliche verfügen über Strohsäcke, andere müssen auf dem nackten Boden schlafen. Fast alle sind unterernährt. Als Folge der äußerst schlechten hygienischen Bedingungen brechen unter den Lagerinsassen Seuchen, vor allem Typhus, aus. Eine medizinische Versorgung gibt es kaum, so daß besonders die alten und geschwächten Menschen, wenn sie einmal krank geworden sind, kaum noch eine Überlebenschance haben.

Trotz der grauenhaften Zustände ist es ein »Privileg«, nach Theresienstadt und nicht in eines der Vernichtungslager eingewiesen zu werden. Das Lager gilt als eine Art »Vorzeige-KZ«, das den Verbleib der Juden vor dem Ausland erklären soll. Im Juli 1943 hatte man sogar einer Delegation des schweizerischen Roten Kreuzes einen Besuch in dem Lager gestattet; es wurde kurz vor der Besichtigung extra hergerichtet.

»Arbeit macht frei« lautet die zynische Aufschrift über dem Eingangstor des Konzentrationslagers Theresienstadt, gelegen in Nordböhmen

Lagergeld, das innerhalb des Konzentrationslagers Theresienstadt als Zahlungsmittel Gültigkeit hat

Kriegsgemälde zur Landung der alliierten Invasionsarmee in der Normandie am 6. Juni

»The Life Line«, eines der Ausstellungsgemälde in der Londoner »National Gallery«

»War at sea« – Kriegsgemäldeausstellung in der Londoner »National Gallery« wird eröffnet

22. September. *In der Londoner »National Gallery« wird eine Gemäldeausstellung unter dem Titel »War at Sea« (Seekrieg) eröffnet. Dieser ersten Kriegsbilderausstellung sollen zwei weitere mit anderen Themenschwerpunkten folgen. Gezeigt werden die Werke offizieller britischer Kriegsmaler, die einige der wichtigsten Kampfereignisse und herausragende Gefechte des Zweiten Weltkriegs mit dem Pinsel für die Nachwelt festgehalten haben. Der britische Flottenadmiral Andrew Browne Cunningham hält eine feierliche Eröffnungsansprache, bevor die Seekampfbilder für das Publikum freigegeben werden.*

Die »War at sea«-Ausstellung umfaßt rund 50 Gemälde, die alle von dem Marinemaler der »Royal Yacht Squadron«, Norman Wilkinson, produziert wurden. Der Künstler hat neben allgemeinen Szenen des Seekriegs (»The End of an U-Boat«, »Atlantic Convoy«) auch einige spektakuläre Ereignisse festgehalten. Dazu gehört die Rettung des britischen Tankers »San Demetrio« durch einige Besatzungsmitglieder am 5. November 1940 und die alliierte Landeoperation an der Küste der Normandie am → 6. Juni 1944 (S. 90). Die Ausstellung findet breiten Anklang beim Publikum.

Rundfunk zur Entspannung an der Front und in der Heimat

20. September. Der Leiter der Abteilung Rundfunk im Reichspropagandaministerium, Hans Fritzsche, stellt in einem Interview mit der »Deutschen Allgemeinen Zeitung« die bedeutende Rolle des Rundfunks als Kulturträger heraus.

Nachdem der Generalbevollmächtigte für den totalen Kriegseinsatz im Deutschen Reich, Joseph Goebbels, mit Wirkung vom 1. September die Schließung aller Kulturinstitute verfügt hatte (→ 10.8./S.144), soll nun nach dem Willen der nationalsozialistischen Machthaber neben dem Film der Rundfunk »den Soldaten an der Front und der schaffenden Heimat Entspannung geben und kulturelle Werte vermitteln«. Die Radioprogramme sollen »in gewohnter Vielfalt« gesendet werden, denn, so erklärt Fritzsche, »künstlerische Erlebnisse, die im Konzertsaal einigen Tausend zugänglich sind«, können »über Rundfunk Millionen vermittelt werden«.

Fritzsche kündigt an, daß das bisherige Rundfunkangebot, bestehend aus aktuellen Meldungen, Nachrichten, Kommentaren, Korrespondentenberichten sowie Unterhaltungssendungen, beibehalten werden soll. Daneben sind außerdem Dichterlesungen, Opern-, Schauspiel- sowie Konzertabende vorgesehen.

Im einzelnen ist die Einführung einer Sendereihe »Bühne im Rundfunk« geplant, in deren Rahmen 14tägig am Freitagabend »ein bedeutendes Werk unserer Dichtkunst« unter Einsatz der »besten Kräfte des deutschen Theaters« über das Rundfunkprogramm im Reichsgebiet ausgestrahlt werden soll.

Weiterhin stellt Fritzsche eine Reihe »Unsterbliches Wort« in Aussicht, die entsprechend der Rundfunkserie »Unsterbliche Musik« zweimal im Monat im Radio läuft.

Zusätzlich zu diesen festen Sendereihen kündigt Fritzsche eine Erweiterung des »Zeitspiegels« an. Neben den Folgen »Der Hörer fragt, der Zeitspiegel antwortet« und »Europa-Film des Zeitspiegels« wird die Sendung »Aus deutschen Gauen« – ein Loblied auf die »deutsche Heimat« aufgenommen.

Feindsenderhören weit verbreitet

Obwohl per Verordnung vom 1. September 1939 das »absichtliche Abhören ausländischer Sender« im Deutschen Reich verboten ist, schalten immer mehr Deutsche einen »Feindsender« ein. Selbst die Androhung einer Zuchthaus- bzw. der Todesstrafe hält viele nicht davon ab, sich in verbotenen Radiosendungen über die militärische und politische Lage zu informieren.

Das Reichspropagandaministerium veröffentlicht wiederholt Merkblätter, in denen die erlaubten Sender aufgelistet sind; im September 1944 sind dies 40 Stationen. Grundsätzlich verboten sind alle ausländischen Programme, auch die der neutralen Staaten und Verbündeten.

Eine alte Frau verfolgt den »Drahtfunk«; ihr Interesse gilt nicht nur den Unterhaltungssendungen, sondern auch den Meldungen über Luftangriffe

Theater 1944:

Zeitgenössisches Theater im Bann des Existentialismus

Während es im Deutschen Reich eine bedeutende zeitgenössische Dramatik unter der NS-Herrschaft schon lange kaum mehr gibt und allenfalls noch Klassiker gespielt werden, kommen in Frankreich mit Werken von Jean-Paul Sartre, Albert Camus und Jean Anouilh auch weiterhin bedeutende Bühnenstücke zur Aufführung.

Das literarische Schaffen in Frankreich steht ganz im Zeichen des Existentialismus, der – wesentlich von Sartre geprägt – davon ausgeht, daß der Mensch zu absoluter Freiheit »verurteilt« ist und sich den Sinn seiner Existenz selber geben muß. Nachdem 1943 »Die Fliegen«, Sartres erstes existentialistisches Theaterstück, uraufgeführt worden war, folgt 1944 das Drama »Bei geschlossenen Türen«, das in der Erkenntnis gipfelt, daß gnadenlose Einsamkeit der Preis für die Freiheit ist. Im Bann der von Sartre repräsentierten literarischen Bewegung steht Camus, dessen zweites Drama »Das Mißverständnis« ebenfalls in diesem Jahr zur Uraufführung gelangt. Wie das Werk von Sartre ist auch Camus' Stück von einer pessimistischen Auffassung des menschlichen Daseins durchdrungen, begleitet von dem Versuch, einen Ausweg zu finden. Beide Autoren bedienen sich der durchaus klassischen Form des Dramas, während sie, was die inhaltliche Ausrichtung betrifft, nach neuen, vom Existentialismus geprägten Orientierungen suchen.

Noch ein Theaterereignis findet in Frankreich Beachtung – die am 4. Februar uraufgeführte »Antigone« von Jean Anouilh. Wie schon Sartre in »Die Fliegen«, bearbeitet auch Anouilh einen antiken Stoff. Der mythische Konflikt zwischen Rebellion (Antigone) und Staatsordnung (Kreon) gewinnt bei der Aufführung im besetzten Frankreich eine brisante Aktualität.

Ebenfalls im besetzten Frankreich wird am 14. März das surrealistische Drama »Wie man Wünsche am Schwanz packt« des spanischen Malers, Grafikers und Bildhauers Pablo Picasso aufgeführt. Obwohl dieses Stück nicht in die Weltliteratur eingeht, ist es der Beachtung wert. Bei der ersten Aufführung –

sie ist nicht öffentlich und findet in einer Pariser Privatwohnung statt -kommt die Crème der französischen Intellektuelen (u.a. Jean-Paul Sartre, Simone de Beauvoir, Albert Camus) zusammen, um das Stück gemeinsam zu lesen.

Während in Frankreich trotz Krieg und Besatzung das literarische Leben nicht erlahmt, schlagen sich im übrigen Europa wie auch in den Vereinigten Staaten die Auswir-

kungen der krisenhaften Weltsituation stärker nieder. Auf den Theaterbühnen findet äußerst wenig Aufsehenerregendes statt.

Im US-amerikanischen Chicago wird »Die Glasmenagerie« des 33jährigen Tennessee Williams uraufgeführt. Das psychologische Stück um die junge, verkrüppelte Laura spiegelt Williams pessimistisches Weltbild. Auf der Suche nach den Nachtseiten menschli-

Szenenbild aus dem Theaterstück »Die letzte Festung« von Werner Deubel, das im Deutschen Theater in Berlin uraufgeführt wird; das Bühnenwerk handelt von dem Major Gneisenau und dem Bürger Nettelbeck, die die Stadt Kolberg gegen die feindliche Übermacht und Mutlosigkeit in den eigenen Reihen halten; in den Hauptrollen Hans Jungbauer und Albin Skoda

Heute 20 h **Deutschsprachige Erstaufführung**

DIE FLIEGEN
Drama · von Jean-Paul Sartre

Regie: Leonard Steckel **Bühnenbild: Teo Otto**

... So wird es Pflicht sein, sich mit der Zürcher Aufführung der „Fliegen" auseinanderzusetzen. (Aus einer Vorbesprechung der NZZ).

Theaterankündigung in der »Neuen Zürcher Zeitung« vom 12. Oktober 1944: »Die Fliegen« (Les Mouches) von Jean-Paul Sartre wird im Schauspielhaus in Zürich zum ersten Mal in deutscher Sprache aufgeführt; das Stück handelt von der Unterdrückung eines Volkes und zeigt deren Überwindung auf

chen Daseins zeigt er die sozialen und seelischen Zwangssituationen des Individuums. »Die Glasmenagerie« steht am Anfang der Theaterkarriere von Tennessee Williams, einem der erfolgreichsten US-amerikanischen Dramatiker.

Im Deutschen Reich hat der Nationalsozialismus die Weiterentwicklung des Literatur- und Theaterlebens jäh unterbrochen. Zahlreiche Bühnenautoren, Regisseure und Schauspieler sind ins Ausland gegangen und mußten versuchen, sich in einem fremden Sprachgebiet einen neuen Wirkungskreis zu schaffen. Viele Bühnendichter verstummten ganz. Ohne einerseits eine Möglichkeit zu finden, die Vorgänge im nationalsozialistischen Deutschen Reich literarisch zu verarbeiten, sehen sie andererseits in dem Land ihres Exils mit seiner fremden Kultur, Geschichte und Sprache keine Grundlage für eine schriftstellerische Tätigkeit.

Zwei bedeutende Dichter, die in Charakter und künstlerischer Zielsetzung völlig verschieden sind, arbeiten im US-amerikanischen Exil weiter. Bert Brecht schreibt in der Emigration seine bekanntesten und erfolgreichsten Stücke, die nach Kriegsende und seiner Rückkehr auch in Deutschland aufgeführt werden. Ebenfalls in den Vereinigten Staaten schreibt Carl Zuckmayer an dem Drama »Des Teufels General«. Auch dieses Stück, das vom menschlichen Verstehen selbst angesichts des Nationalsozialismus im Dritten Reich handelt, wird nach Ende des Zweiten Weltkrieges mit großem Erfolg auf deutschen Bühnen gespielt.

Das offizielle Drama des Dritten Reiches hat nichts geschaffen, was der Würdigung wert wäre. Es ist gekennzeichnet von thematischer Enge, geistiger Armut und sprachlicher Aufgequollenheit. Während zu Beginn der NS-Herrschaft noch Klassiker auf die Bühne kamen, werden während des Krieges etwa »Don Carlos« oder »Wilhelm Tell« von Friedrich von Schiller aus dem Repertoire der Spielpläne genommen. Nur Thing- und Weihespiele, Liebes- und Familienstücke oder harmlose Komödien dürfen noch ungehindert aufgeführt werden.

Igor Strawinski (r.), Komponist des Balletts »Danses Concertantes«

Konzertante Tänze von Igor Strawinski

10. September. Das klassische Ballett »Danses Concertantes« (Musik von Igor Strawinski; Choreographie von George Balanchine) wird im City Center in New York uraufgeführt. Es tanzt das Ballet de Russe de Monte Carlo; die beiden Solorollen sind mit Alexandra Danilowa und Leon Danielian besetzt.
Strawinski hatte die Komposition, der kein literarischer oder dramatischer Stoff zugrunde liegt, ursprünglich für den Konzertsaal geschrieben. Später gab er Balanchine die Erlaubnis, die Musik für das Ballett tänzerisch umzusetzen.

C. Grant mal nicht als Schwerenöter

22. September. »None but the Lonely Hart« (Nur das einsame Herz), ein Spielfilm mit Cary Grant in der Hauptrolle, läuft in den US-amerikanischen Kinos an. Nach einem Roman von Richard Llewellyn hat Clifford Odets, der auch Regie führte, das Drehbuch geschrieben. Die Musik komponierte Hanns Eisler.
In Abkehr von seinem Image als Schwerenöter und elegantem Weltmann spielt Cary Grant den armen und chancenlosen Ernie Mott, der im London der 30er Jahre aufwächst. Der Film erzählt von der aussichtslosen Situation der armen Bevölkerung, die in den Slums der Großstadt zu Hause ist und vergeblich auf ein besseres Leben hofft.

Meisterwerk des schwarzen Humors

23. September. »Arsenic and Old Lace« (Arsen und Spitzenhäubchen), eine filmische Gruselkomödie von Frank Capra, wird in den USA uraufgeführt. Das Meisterwerk schwarzen Filmhumors mit Cary Grant in der Hauptrolle entwickelt sich zu einem Kinohit.
»Arsen und Spitzenhäubchen« war vorher schon am Broadway als Bühnenstück mit enormem Erfolg aufgeführt worden. Regisseur Capra entschloß sich, den Stoff zu verfilmen und wählte, da er seinen Lieblingsschauspieler James Stewart nicht gewinnen konnte, Cary Grant als Hauptdarsteller. Dieser ist in der Rolle des Mortimer Brewster zu sehen, der sich mit seiner verrückten Familie herumschlagen muß. Die beiden alten Tanten vergiften mit unschuldigen Minen ältere Herren, der Onkel hält sich für US-Präsident

Szene aus dem US-amerikanischen Erfolgsfilm »Arsen und Spitzenhäubchen« (Regie: Frank Capra); Cary Grant (r.) ist als Mortimer Brewster zu sehen

Franklin Delano Roosevelt, und Bruder Jonathan ist nicht nur verrückt, sondern auch noch ein Mörder. Mortimer stolpert von einer grotesken Situation in die nächste, bis seine ganze Wahnsinns-Familie schließlich dann in der Nervenklinik bzw. im Gefängnis landet.

Zum letzten Mal »Simplicissimus«

13. September. *Die bekannte politisch-satirische Wochenzeitschrift »Simplicissimus« (Abb.: Titelblatt der letzten Ausgabe) stellt – aus Papiermangel – im 49. Jahrgang ihr Erscheinen ein. Das einst bissige Streitblatt hatte jedoch bereits seit 1933 seine frühere Qualität eingebüßt und sich zu einer harmlosen Witzschrift gewandelt, die durchdrungen ist von der üblichen Propaganda des NS-Regimes.*
Am 1. April 1933 war der »Simplicissimus« mit einer Beilage erschienen, auf der Redaktion, Verlag und Druckerei versicherten, daß »die Zurücknahme des zeitweiligen Verbots unseres Blattes erfolgt ist, nachdem wir der Regierung gegenüber loyales Verhalten in bindender Form zugesagt haben. Hand in Hand damit ging eine Umstellung der Redaktion«.
Damit war der Niedergang der Satirezeitschrift eingeleitet. In den folgenden Jahren verlor man sich in Belanglosigkeiten; harmlose Witzzeichnungen fanden sich neben »gesunden« Erotikblättern zur Soldatenunterhaltung. In den Kriegsjahren erschienen dann zunehmend Propagandabeiträge für das NS-Regime begleitet von Hetzparolen auf die »Feindmächte«.

Oktober 1944

Mo	Di	Mi	Do	Fr	Sa	So
						1
2	3	4	5	6	7	8
9	10	11	12	13	14	15
16	17	18	19	20	21	22
23	24	25	26	27	28	29
30	31					

1. Oktober, Sonntag

Die Schweiz stellt auf alliierten Druck hin den Export von Kriegsmaterialien an alle kriegführenden Länder ein.

Das Deutsche Reich und die Slowakei schließen ein umfassendes Wirtschaftsabkommen für die Zeit vom 1. Oktober bis zum 31. Dezember 1944.

Anläßlich des Erntedankfestes wendet sich der deutsche Reichsminister für Ernährung und Landwirtschaft, Herbert Backe, in einer Rundfunkansprache an das deutsche Volk. →S.179

Das deutsche Reichskommissariat für Altmaterialverwertung erläßt eine Verordnung, die den Bezug von Papierwaren regelt: Die Abgabe von einem Kilogramm Altpapier berechtigt zum Kauf von fünf Bögen Briefpapier mit Umschlägen oder fünf Kilogramm Packpapier.

Die deutsche Produktionsstelle für Metallwaren und verwandte Industriezweige erläßt ein generelles Verbot für die Herstellung von Musikinstrumenten und Schallplatten.

Das US-Marinedepartement teilt mit, daß US-Schiffe keine argentinischen Häfen mehr anlaufen dürfen (→27.6./S.98).

In Brüssel finden die ersten Kriegsgerichtsverhandlungen im befreiten Belgien statt. Zwei belgische Kollaborateure, die während des Krieges im Auftrag der Deutschen Lastkraftwagen gefahren haben, werden zu jeweils 20 Jahren Zwangsarbeit verurteilt.

Aus dem mexikanischen Bundesstaat Veracruz wird eine Überschwemmungskatastrophe gemeldet. 500 Menschen fallen dem Unglück zum Opfer.

2. Oktober, Montag

Der in Warschau am →1. August (S.135) ausgebrochene Aufstand der polnischen Heimatarmee unter General Tadeusz Bór-Komorowski ist gescheitert. Die Aufständischen werden von den Deutschen zur Kapitulation gezwungen. →S.168

Britische Streitkräfte besetzen drei griechische Inseln zwischen Kreta und dem Peloponnes. Sie verstärken die neugewonnenen Positionen durch weitere Truppenlandungen (→4.10./S.170).

Der Führer des jugoslawischen Befreiungskomitees, Josip Tito, weist Lebensmittelhilfsangebote der Hilfs- und Wiederaufbauorganisation der Vereinten Nationen zurück. Er befürchtet, daß die internationale Organisation ihre Kontrollfunktion ausüben und sich in die innerstaatlichen Angelegenheiten Jugoslawiens einmischen könnte.

Der schwedische Ministerpräsident Per Albin Hansson bekräftigt den Neutralitätskurs seines Landes. Gleichzeitig fordert er eine Wehrkraftsteigerung, um Frieden und Freiheit in Schweden zu sichern.

Dem indischen Freiheitskämpfer Mohandas Karamchand, genannt Mahatma Gandhi, wird zu seinem 75. Geburtstag eine Spende des indischen Volkes in Höhe von über 600 000 Pfund Sterling überreicht. Gandhi will mit dem Geld die Ausbildung von Frauen und Kindern in indischen Dörfern fördern.

Der schwedische Spielfilm »Qualen« (Regie: Alf Sven Erik Sjöberg; Drehbuch: Ingmar Bergman), der das Lieben und Leiden eines halbwüchsigen Schülers schildert, wird uraufgeführt.

3. Oktober, Dienstag

Der deutsche Führer und Reichskanzler Adolf Hitler läßt Athen zur »offenen Stadt« erklären und befiehlt den Rückzug aus Griechenland (→4.10./S.170).

Die »Provisorische Französische Regierung« unter Ministerpräsident Charles de Gaulle kündigt sämtliche Handelsverträge mit anderen Ländern.

Der deutsche Düsenjäger »Me 262« greift erstmals in die Luftschlacht um das Deutsche Reich ein (→S.84).

4. Oktober, Mittwoch

Der deutsche Reichsminister für Volksaufklärung und Propaganda und Generalbevollmächtigte für den totalen Kriegseinsatz, Joseph Goebbels, hält eine Rede zur aktuellen Kriegslage. Darin erklärt er, daß jedes Haus einer Festung gleiche, wenn es dem Gegner, der bis jetzt nur »winzige Bruchstücke deutscher Gebietes« besetzt halte, zeitweilig gelingen sollte, hier oder dort auf den Boden des Vaterlandes vorzudringen. Ein »Wall von Leibern« werde dem »verhaßten Feind« Einhalt gebieten.

Britische Verbände landen an der Küste des Peloponnes und befreien die griechische Hafenstadt Patras. →S.170

Ein Sprecher des bulgarischen Justizministeriums gibt über Rundfunk die Errichtung von Tribunalen bekannt, die alle Personen, welche »durch Tat, Wort oder Schrift den nationalen Kurs des früheren Regimes in Bulgarien« unterstützt haben, mit dem Tode bestrafen sollen (→8.9./S.153).

Der Erwerb eines elektrischen Haushaltsgeräts oder eines Radios steht an erster Stelle der Wunschliste US-amerikanischer Bürger. Dies ergibt eine jetzt veröffentlichte Umfrage unter rund 5000 Familien in den USA. →S.171

5. Oktober, Donnerstag

In Alexandria (Ägypten) endet eine elftägige Konferenz, auf der Ägypten, Syrien, Libanon, Irak, Transjordanien, Jemen und Saudi-Arabien über die Schaffung einer arabischen Liga beraten haben.

Im Zeichen des »totalen Kriegseinsatzes« wird die Verleihung von Verdienstorden und Ehrenzeichen im Deutschen Reich stark eingeschränkt.

6. Oktober, Freitag

Die sowjetische 2. Ukrainische Armee dringt in Ungarn ein (→15.10./S.172).

Die Regierung der Niederlande gibt eine Erklärung über die Notlage des Landes ab. Infolge des Streiks der holländischen Eisenbahner seit dem 17. September ist die Lebensmittelversorgung fast vollständig zusammengebrochen.

Britische Kampfflugzeuge greifen über Belgien das neu im Einsatz befindliche deutsche Düsenflugzeug »Me 262« (»Schwalbe«) an. Die beinahe 800 km/h schnelle Maschine entkommt den gegnerischen Jägern mühelos.

In Paris wird eine Ausstellung mit Werken von Pablo Picasso, Joan Miró, Max Ernst, Paul Klee u.a. eröffnet.

7. Oktober, Sonnabend

Im deutschen Vernichtungslager Auschwitz scheitert der Aufstand einer Gruppe von Juden, die in den Krematorien arbeiten. Fast alle Beteiligten werden anschließend von der Schutzstaffel ermordet. →S.180

Bei dem bisher schwersten Tagesangriff auf das deutsche Reichsgebiet bombardieren über 3000 Flugzeuge der britischen und US-amerikanischen Luftwaffe gleichzeitig mehrere Städte.

8. Oktober, Sonntag

Im ganzen deutschen Reichsgebiet wird ein »Wehrertüchtigungstag« der Hitlerjugend veranstaltet. Nach offiziellen Angaben melden sich 70% des Jahrgangs 1928 als »Kriegsfreiwillige«.

Die Alliierten setzen eine neuartige »Propagandabombe« ein. Jede dieser Bomben enthält 80 000 Zeitungen im Kleinformat, die auf einem Gebiet von 10 km² ausgestreut werden (→21.5./S.80).

9. Oktober, Montag

Der britische Premierminister Winston Churchill und der sowjetische Partei- und Staatschef Josef W. Stalin treffen in Moskau zu einer bis zum 18. Oktober dauernden Konferenz zusammen. →S.171

Sowjetische Truppen beginnen mit der Belagerung von Memel in Litauen.

Die Luftwaffe der USA greift die japanischen Riukiuinseln im Pazifik an.

Die sowjetische Zeitung »Krieg und Arbeiterklasse« wirft dem Vatikan eine profaschistische Haltung vor.

Der deutsche Spielfilm »Seinerzeit zu meiner Zeit« (Regie: Boleslaw Barlog) mit Hannelore Schroth, Paul Klinger und Rolf Weih in den Hauptrollen wird in Berlin uraufgeführt.

10. Oktober, Dienstag

Eine Abordnung österreichischer Industrieller und Offiziere fordert Reichsstatthalter Baldur von Schirach auf, Wien zur »offenen Stadt« zu erklären.

Der deutsche Führer und Reichskanzler Adolf Hitler ordnet die Wiederaufnahme der Verleihung des »Deutschen Schutzwall-Ehrenzeichens« an, um die »Westwall-Aktion« an der deutschen Kriegsfront im Westen zu unterstützen.

US-amerikanische Trägerflugzeuge richten mehrtägige Angriffe auf das japanisch beherrschte Taiwan.

Der am 3. Juni mit großer Mehrheit zum Präsidenten von Kuba gewählte Ramón Grau San Martin tritt sein Amt an.

11. Oktober, Mittwoch

Britische Truppen und griechische Freischärler marschieren in Korinth (Griechenland) ein. 300 Angehörige der deutschen Schutzstaffel kommen in Gefangenschaft; sie müssen von den Briten vor der Lynchjustiz durch die Bevölkerung geschützt werden (→4.10./S.170).

Eine ungarische Delegation und Vertreter des sowjetischen Oberkommandos unterzeichnen in Moskau die Vorbedingungen für ein Waffenstillstandsabkommen (→15.10./S.172).

Die portugiesische Regierung versichert, daß sie Kriegsverbrechern kein Asyl gewähren werde (→29.9./S.151).

12. Oktober, Donnerstag

Freifranzösische Truppen nehmen die Stadt Bordeaux ein.

Die »Provisorische Regierung Frankreichs« unter Ministerpräsident Charles de Gaulle erläßt Haftbefehle gegen alle Minister des gestürzten Vichy-Regimes. Sie sollen wegen Zusammenarbeit mit den Deutschen angeklagt werden.

Die norwegische Widerstandsbewegung »Heimatfront« gibt in der illegalen Presse des Landes bekannt, daß sie zum »Losschlagen« gegen die deutschen Besatzungstruppen bereit sei. →S.172

Die 33jährige deutsche Schriftstellerin Luise Rinser, deren Romane von den Nationalsozialisten verboten worden sind, wird bei Salzburg von der Geheimen Staatspolizei verhaftet und der Wehrkraftzersetzung beschuldigt. →S.181

Im Zürcher Schauspielhaus findet die deutschsprachige Erstaufführung des Dramas »Die Fliegen« (Les Mouches) von Jean-Paul Sartre statt. →S.181

13. Oktober, Freitag

Die deutschen Truppen müssen Riga (Lettland) räumen und ziehen sich nach Kurland zurück.

Der britische Filmregisseur Alfred Hitchcock beendet die gut dreimonatigen Dreharbeiten zu seinem psychoanalytischen Film »Spellbound« (Ich kämpfe um dich) mit Ingrid Bergman und Gregory Peck in den Hauptrollen. Die Traumsequenzen des Films (Uraufführung 1945) basieren auf Designs des spanischen Malers Salvador Dalí.

*Der britische
Feldmarschall
Bernard Law
Montgomery und
fünf alliierte
Offiziere auf dem
Titelblatt der
»Illustrated London
News« vom
14. Oktober 1944
(Gemälde von
James Gunn)*

THE ILLUSTRATED LONDON NEWS

The World Copyright of all the Editorial Matter, both Illustrations and Letterpress, is Strictly Reserved in Great Britain, the British Dominions and Colonies, Europe, and the United States of America.

SATURDAY, OCTOBER 14, 1944.

FIELD-MARSHAL MONTGOMERY WITH MEMBERS OF HIS STAFF IN THE MESS-TENT:
BY JAMES GUNN.

FROM LEFT TO RIGHT : THE FIELD-MARSHAL ; LIEUT.-COLONEL CHRISTOPHER DAWNAY, O.B.E. (MILITARY ASSISTANT) ; (STANDING) CAPTAIN J. R. BONDURANT (U.S. ARMY) ; CAPTAIN J. R. HENDERSON, M.B.E. (A.D.C.) ; LIEUT.-COLONEL T. WARREN, CANADIAN ARMY (PERSONAL ASSISTANT TO THE C.-IN-C.) ; (IN FORE-GROUND) CAPTAIN N. W. CHAVASSE, M.C. (A.D.C.).

Recently Mr. James Gunn, the well-known portrait painter, stayed for three weeks with Field-Marshal Montgomery at his H.Q. and, in addition to a portrait of his host, included the above picture of Montgomery with five members of his personal staff sitting around a luncheon-table in the mess-tent. The famous Field-Marshal sits at the head of the table, in corduroy trousers and a short overcoat with fur collar. Under the table is a tame rabbit, which Mr. Gunn explained as part of the animal entourage, or menagerie, which he collects. Much has been heard of his canaries, but this is the first intimation of a pet rabbit. Whether, in his somewhat eccentric attire, Montgomery was wearing an old brown sweater he lost four years ago Mr. Gunn does not say, but he left it behind with most of his kit when he made a hasty withdrawal from Louvain in 1940, where he commanded a division. Some monks of Louvain found his kit-chest and buried it safely underground, and when he returned to the old Brabant city during the victorious onward march of his armies, they dug it out and returned it to him. The Field-Marshal is reported to have been wearing his old brown sweater. Among other contents of the kit-chest was a copy of " The Illustrated London News " containing a full-page portrait-group showing him as a Divisional Commander in 1940, with Field-Marshal Lord Gort, General Sir Alan Brooke, C.I.G.S., and other Generals.

14. Oktober, Sonnabend

Der deutsche Generalfeldmarschall Erwin Rommel begeht nahe Herrlingen (Gemeinde Blaustein) Selbstmord. Zwei vom deutschen Führer und Reichskanzler Adolf Hitler abgesandte Generäle hatten ihn vor die Wahl gestellt, Gift zu nehmen oder sich wegen Hochverrats aburteilen zu lassen. → S.177

Der Chef der »Provisorischen Französischen Regierung«, Charles de Gaulle, kritisiert, daß die Alliierten Frankreich keine Hilfe bei der Versorgung mit Nahrungsmitteln, Treibstoff und Rohmaterial zukommen ließen. Wörtlich sagt er: »Die Alliierten verfolgen ihre eigenen Interessen und ihre eigene Politik.«

Eine starke Streitmacht US-amerikanischer Bomber greift die unter japanischer Herrschaft stehende Insel Taiwan an. Damit erreicht der Luftkrieg im Pazifik einen neuen Höhepunkt.

15. Oktober, Sonntag

Der deutsche Reichsjustizminister Otto Georg Thierack ordnet eine Einschränkung der Zivilprozesse an, um Arbeitskräfte für die Rüstung und die Wehrmacht abziehen zu können. → S.178

Alfred Rosenberg, Reichsleiter der Nationalsozialistischen Deutschen Arbeiterpartei, hält eine Rede zum 100. Geburtstag Friedrich Nietzsches. Er bezeichnet den Philosophen als einen »gestrigen Bruder im Kampf um die Wiedergeburt einer großen deutschen Geistigkeit«.

Die ungarische Hauptstadt Budapest wird von deutschen Verbänden und ungarischen Faschisten (Pfeilkreuzerpartei) besetzt, nachdem der ungarische Reichsverweser Miklós Horthy im Rundfunk einen Waffenstillstand mit der Sowjetunion bekanntgegeben hat. → S.172

Die Hafenstadt Petschenga, die Finnland im Waffenstillstand vom → 19. September (S.153) an die UdSSR abgetreten hatte, wird von sowjetischen Truppen besetzt.

Die Explosion eines Munitionszuges in der Nähe von Schwarmstedt fordert annähernd 80 Menschenleben.

16. Oktober, Montag

Sowjetische Truppen dringen bei Goldap auf ostpreußisches Gebiet vor. Immer mehr Deutsche entschließen sich zur Flucht aus Ostpreußen. → S.174

Jeorjios Papandreu, der Ministerpräsident der griechischen Exilregierung, trifft in Athen ein und bildet am 20. Oktober eine neue griechische Regierung (→ 4.10./S.170).

Bei einem alliierten Bombenangriff auf Salzburg wird die Kuppel des Doms zerstört. Das Bauwerk war 1614 bis 1628 nach Plänen des italienischen Baumeisters Santino Solari errichtet worden.

Mit Beginn der 68. Zuteilungsperiode tritt im Deutschen Reich eine Senkung der Brotration in Kraft. Die Kürzung beträgt 200 g pro Normalverbraucher, so daß die Wochenration sich künftig auf 2225 g Brot beläuft (→ 1.10./S.179).

17. Oktober, Dienstag

Im Deutschen Reich regelt eine neue Verordnung die Haarlänge der Bevölkerung. Für männliche Jugendliche unter 18 Jahren ist der »soldatische Haarschnitt« obligatorisch. Allen Friseuren, die diese Regelung nicht beachten, wird mit dem Entzug weiterer Arbeitskräfte gedroht.

In Basel findet die deutschsprachige Premiere der Komödie »Jacobowsky und der Oberst« des Österreichers Franz Werfel statt. Das Stück wurde am → 14. März (S.58) in der englischen Fassung in New York uraufgeführt.

18. Oktober, Mittwoch

Die Rote Armee dringt über die Karpaten in die Tschechoslowakei ein.

Mit Beginn der Winterperiode ergeht ein erneuter Aufruf an sämtliche deutsche Haushalte, Gas, Strom und Kohlen zu sparen. → S.180

In Wien wird der Wasserverbrauch eingeschränkt. Die Haupthähne bleiben bis zu 15 Stunden täglich geschlossen.

19. Oktober, Donnerstag

Die USA beginnen eine Offensive zur Wiedereroberung der Philippinen. Dabei kommt es auch zu japanischen Kamikaze-Angriffen (→ 22.10./S.173).

Das Hauptquartier der alliierten Streitkräfte teilt die Pläne der Westmächte für die Verwaltung des Deutschen Reichs nach Kriegsende mit. → S.171

In Finnland wird die Gesellschaft »Für Frieden und Freundschaft mit der Sowjetunion« gegründet. Sie tritt für einen neuen Kurs Finnlands an der Seite der UdSSR ein (→ 19.9./S.153).

20. Oktober, Freitag

Die jugoslawische Hauptstadt Belgrad wird von der Roten Armee und jugoslawischen Truppen erobert. → S.172

Der Reichsstatthalter von Wien, Baldur von Schirach, lehnt es nach Rücksprache mit dem deutschen Führer und Reichskanzler Adolf Hitler ab, Wien zur »offenen Stadt« zu erklären und fordert die Verteidigung bis »zum letzten Stein«.

21. Oktober, Sonnabend

US-amerikanische Panzerverbände erobern als erste deutsche Großstadt Aachen. → S.176

Bei der Explosion eines Gastanks in Cleveland (USA) sterben 135 Menschen.

22. Oktober, Sonntag

Die viertägige See- und Luftschlacht mit US-Verbänden bei Leyte (Philippinen) bringt schwere Verluste für die japanischen Streitkräfte und besiegelt das Ende Japans als Seemacht. → S.173

Junge Offiziere und Studenten stürzen den guatemaltekischen Präsidenten Federico Ponce Vaidez und beenden die »Diktatur der 14 Jahre«. → S.180

Durch eine Regierungsverordnung werden in Ungarn sämtliche Juden männlichen Geschlechts im Alter zwischen 16 und 60 Jahren zum Wehrarbeitsdienst herangezogen.

Das aus London gesendete Radioprogramm »Les Français parlent aux Français« der französischen Widerstandsbewegung wird eingestellt.

23. Oktober, Montag

Die USA, die UdSSR und Großbritannien erkennen die »Provisorische Regierung der Französischen Republik« unter Charles de Gaulle an.

24. Oktober, Dienstag

Der mehrfache Deutsche Ringer-Meister im Halbschwergewicht, Werner Seelenbinder, der sich seit 1942 wegen Widerstandstätigkeiten in Haft befindet, wird hingerichtet. → S.181

Der deutsche Spielfilm »Das war mein Leben« (Regie: Paul Martin) mit Carl Raddatz, Leny Marenbach und Paul Dahlke wird in Berlin uraufgeführt.

25. Oktober, Mittwoch

Der deutsche Reichsführer SS Heinrich Himmler fordert ein schärferes Vorgehen gegen nicht linientreue Jugendgruppen. Er unterscheidet dabei zwischen kriminell-asozialen, politisch-oppositionellen und liberalistisch-individualistischen Gruppen. → S.180

Die 8. US-Luftflotte wirft 1656 t Bomben auf Treibstofflager in Hamburg.

Die USA, Großbritannien und die Sowjetunion erkennen Italien als vollberechtigtes Mitglied der Vereinten Nationen an und beschließen die Aufnahme diplomatischer Beziehungen.

26. Oktober, Donnerstag

Im französischen Toulouse tagt das neugegründete »Spanische Befreiungskomitee«, um über die Beseitigung des Franco-Regimes in Spanien zu beraten. In den letzten Wochen waren Gegner von Francisco Franco Bahamonde von Frankreich aus mehrfach auf spanisches Gebiet vorgedrungen und hatten einige Grenzorte erobert.

27. Oktober, Freitag

Der deutsche Reichspropagandaminister Joseph Goebbels hält über Rundfunk eine Rede zur militärischen Lage. Er erklärt, daß es zu den Grundsätzen des deutschen Volkes gehöre, das Vaterland »das Blut, die Ruhe und das ganze Sein zu opfern«. Dies seien die Tugenden derer, die den letzten Sieg davontragen würden.

Der britische Premierminister Winston Churchill fordert die Einigkeit von USA, UdSSR und Großbritannien, da nur so das nationalsozialistische Deutsche Reich besiegt werden könne.

Im kanadischen Montreal endet eine viertägige Empire-Luftfahrtkonferenz, an der Vertreter aus Großbritannien, Kanada, Australien, Neuseeland, Südafrika,

Indien, Neufundland und Südrhodesien teilnahmen. Die Delegierten befaßten sich mit zivilen Luftverkehrsfragen.

Der italienische Spielfilm »Kinder sehen uns an« (I bambini ci guardano) kommt in Italien zur Uraufführung. Geschildert wird das Schicksal eines vierjährigen Jungen, der das Opfer der gelösten Ehe seiner Eltern wird.

28. Oktober, Sonnabend

Bulgarien schließt einen Waffenstillstand mit der UdSSR, den USA und Großbritannien und verpflichtet sich zur Beteiligung am Krieg gegen das Deutsche Reich. → S.172

In Frankreich werden die Partisanenverbände und patriotischen Milizen gegen ihren Willen entwaffnet und aufgelöst.

29. Oktober, Sonntag

König Gustav V. von Schweden empfängt auf Schloß Drottningholm Vertreter der norwegischen Exilregierung zu Gesprächen über die aktuelle politische und militärische Lage in Norwegen.

Bei einem Luftangriff alliierter Flugzeuge auf Böhmen wird durch eine Bombe eine frühgeschichtliche Begräbnisstätte freigelegt. Nach Ansicht von Experten stammt das Grab von etwa 1500 v. Chr.

30. Oktober, Montag

Eine sowjetische Offensive der 2. Ukrainischen Front gegen Budapest bleibt in den südöstlichen Vororten stecken.

Die iranische Regierung erklärt, daß sie vor Kriegsende keine Erdölkonzessionen vergeben werde. → S.180

31. Oktober, Dienstag

Die letzten deutschen Einheiten verlassen Saloniki. Damit ist ganz Griechenland von deutschen Truppen geräumt (→ 4.10./S.170). Gleichzeitig beginnt der Rückzug aus Albanien.

Das Oberkommando der Roten Armee richtet einen Aufruf an die Bevölkerung Ungarns. Darin wird erklärt, daß die Sowjetunion nicht die Absicht habe, sich ungarisches Territorium anzueignen oder die bestehende gesellschaftliche Ordnung zu ändern (→15.10./S.172).

Nach Meinung des britischen Premierministers Winston Churchill wird der Krieg gegen das Deutsche Reich nicht vor dem Frühjahr 1945 beendet sein.

Prinz Hans Moritz von Liechtenstein wird in Regensburg mit Prinzessin Klothilde von Thurn und Taxis getraut.

Das Wetter im Monat Oktober

Station	Mittlere Lufttemperatur (°C)	Niederschlag (mm)	Sonnenscheindauer (Std.)
Aachen	9,0 (10,0)	— (64)	— (123)
Berlin	9,4 (8,8)	44 (58)	93,5 (123)
Bremen	9,0 (9,4)	50 (47)	70,5 (104)
München	7,8 (7,9)	80 (62)	94,7 (130)
Wien	— (9,6)	— (57)	— (118)
Zürich	8,9 (8,4)	52 (80)	92 (108)
( ) Langjähriger Mittelwert für diesen Monat — Wert nicht ermittelt			

Warschau: Aufstand zu Ende

2. Oktober. Der Warschauer Aufstand ist zu Ende – die Reste der bis zuletzt verbissen kämpfenden polnischen Heimatarmee (»Armia Krajowa« = AK) unter Tadeusz Bór-Komorowski ergeben sich dem deutschen SS-Obergruppenführer Erich von dem Bach-Zelewski.

Am → 1. August (S.135) hatten sich die Aufständischen gegen die deutsche Besatzungsmacht erhoben. Die polnische Heimatarmee wollte in Abstimmung mit der Londoner Exilregierung die polnische Hauptstadt aus eigener Kraft befreien. Damit wollten die nichtkommunistischen Kräfte Polens verhindern, daß der sowjetische Staats- und Parteichef Josef W. Stalin nach dem Einmarsch

General Bór-Komorowski, Führer der Aufständischen in Warschau

der Roten Armee in Warschau das moskauhörige »Lubliner Komitee« an die Regierung setzt.

Die sowjetischen Truppen standen nur wenige Kilometer vor Warschau, als der Aufstand ausbrach. Trotz mehrerer Hilferufe der AK lehnte Moskau jeden Beistand ab. Die Westalliierten, die Stalin bedrängten, den Aufständischen zur Hilfe zu kommen, warfen zur Unterstützung Waffen, Munition und Nahrungsmittel über der Stadt ab. Die Aktionen wurden dadurch erschwert, daß Stalin sich weigerte, westalliierten Flugzeugen die Benutzung sowjetischer Flughäfen zur Zwischenlandung zu gestatten. Dazu kam, daß die Abwurfgebiete mit der Zeit so klein wurden, daß zum Schluß neun von zehn Versorgungsbehältern auf deutsches Gebiet fielen. Die Flüge wurden am → 18. September (S.154) eingestellt.

Ohne Hilfe von außen hatte die polnische Heimatarmee trotz unglaublich zäher Verteidigung und unerschütterlichem Kampfgeist keine reelle Chance. Die AK-Mitglieder und die sie unterstützende Zivilbevölkerung sahen sich in Ausrüstung und Stärke überlegenen deutschen Kräften gegenüber, die zudem mit brutalen Methoden gegen die Aufständischen vorgingen.

Zu den schwärzesten Tagen des Aufstands zählte der 5. August, als deutsche Einheiten bei einem Vorstoß in das Aufstandsgebiet ein Blutbad anrichteten, dem etwa 15 000 Zivilisten zum Opfer fielen. Männer, Frauen und Kinder wurden zu Tausenden aus den Häusern geholt und erschossen; Soldaten drangen in Krankenhäuser ein und mißhandelten und ermordeten Patienten, Ärzte und Pflegepersonal.

Dieses Massaker war nur der Anfang der Leiden für die Warschauer Bevölkerung. Im Laufe der Erhebung wurden die Polen auf immer kleinerem Gebiet zusammengedrängt. Die Häuser lagen unter dem ständigen Beschuß deutscher Artillerie. Bald brach die gesamte Versorgung zusammen; Wasser und Nahrungsmittel wurden knapp, Licht, Gas und Kanalisation funktionierten z. T. überhaupt nicht mehr.

Die Polen mußten ein Stadtviertel nach dem anderen aufgeben. Ende September fielen Mokotow und Zolibor in die Gewalt der Deutschen. Als die AK nur noch einige Straßenzüge der Innenstadt hielt und keinerlei Hoffnung mehr auf Hilfe von außen bestand, entschloß sie sich aufzugeben. Am 2. Oktober wird die Kapitulationsurkunde – sie enthält im Gegensatz zu den vorangegangenen Grausamkeiten alles in allem faire Bedingungen – unterzeichnet. Die Kämpfer der AK geben ihre Waffen ab und gehen anschließend in deutsche Gefangenschaft.

Die Bilanz des 63tägigen Aufstands: 9000 AK-Soldaten werden gefangengenommen, 3000 tauchen unter, 16 000 sind gefallen, 6000 schwer verwundet. Rund 150 000 Zivilisten sind durch Bomben- und Artilleriebeschuß, durch Seuchen, Hunger und Massenexekutionen ums Leben gekommen. Auf deutscher Seite werden insgesamt 2000 Gefallene und 9000 Verwundete gezählt.

Abgesandte der polnischen Heimatarmee schreiten durch das zerstörte Warschau auf die deutschen Kampfstellungen zu, um die Kapitulation anzubieten

Polinnen in Warschau, die zu Tausenden in der Heimatarmee kämpften

»Zur Sicherheit« werden den AK-Unterhändlern die Augen verbunden

Ein polnischer Patriot, der sich im Kanalisationssystem Warschaus versteckt gehalten hatte, wird von deutschen Soldaten zum Herauskommen gezwungen

Deutsche Soldaten, die sich in einer Hausruine in Warschau verschanzt haben, im Feuergefecht mit den Kämpfern der polnischen Heimatarmee (AK)

Eine Frau, die mit hohem Fieber in einem Warschauer Keller aufgefunden wurde, wird in einem Liegestuhl zum Sammelplatz für Zivilgefangene getragen

Die Häuser der Warschauer Innenstadt liegen unter ständigem Beschuß der deutschen Artillerie; die Polen müssen ein Viertel nach dem anderen aufgeben

Der deutsche SS-Obergruppenführer Erich von dem Bach-Zelewski (r.) empfängt den polnischen General Bór-Komorowski (l.) zu Übergabeverhandlungen

Kapitulationsverhandlungen: Ein Dolmetscher übersetzt deutschen Offizieren die Übergabeforderungen Bór-Komorowskis, Führer der Aufständischen

169

Das griechische Festland wird von den Deutschen geräumt

4. Oktober. In den frühen Morgenstunden landen britische Truppen an der Küste des Peloponnes und befreien die griechische Hafenstadt Patras. Damit ist die Operation »Manna«, die Befreiung Griechenlands von der deutschen Besatzung, erfolgreich eingeleitet. Bis Ende des Monats bringen die Briten gemeinsam mit den nationalen Befreiungskämpfern das gesamte griechische Festland unter ihre Kontrolle.

Bereits am 3. Oktober hatte der deutsche Führer und Reichskanzler Adolf Hitler den Befehl gegeben, Griechenland mit Ausnahme einiger Inselstützpunkte zu räumen. Ein Großteil der Deutschen war schon im September abgezogen.

Die Briten rücken nach ihrer Landung von Patras aus rasch auf dem Peloponnes vor und besetzen am 8. Oktober Korinth. Am 12. Oktober wird Athen von den Deutschen verlassen, und am 13. Oktober ziehen die Briten in der Stadt ein.

Währenddessen hat die Armee der kommunistischen griechischen Befreiungsbewegung weite Teile des Landesinneren unter ihre Herrschaft gebracht. Als am 16. Oktober der Ministerpräsident der griechischen Exilregierung, Jeorjios Papandreu, in der griechischen Hauptstadt eintrifft, beginnt sich der in einen Bürgerkrieg mündende Machtkonflikt zwischen den Kommunisten und dem von der britischen Regierung unterstützten Papandreu abzuzeichnen (→ 3.12./S.200).

△ *Britische Kriegsschiffe im Piräus, dem Hafen von Athen; am 13. Oktober ziehen die Briten in die Stadt ein*

◁ *Der griechische Ministerpräsident Jeorjios Papandreu (r.) und General Sir Ronald Scobie, Oberbefehlshaber der britischen Invasionstruppen in Griechenland, steigen zum Hissen der Nationalflaggen auf die Akropolis*

Briten mit Blumen und Wein begrüßt

Griechenland, seit 1936 eine Diktatur unter Ioannis Metaxas, die zunehmend faschistische Züge trug, war 1940 von Italien besetzt worden, nachdem es eine Forderung von Ministerpräsident und Duce Benito Mussolini nach Einräumung von Stützpunkten abgelehnt hatte. Im folgenden Jahr besetzte auch die deutsche Wehrmacht im Rahmen ihres Balkanfeldzuges das Land.

Nachdem britische Truppen am 4. Oktober 1944 die griechische Hafenstadt Patras befreit haben, rücken sie, ohne auf nennenswerten deutschen Widerstand zu stoßen, rasch auf dem Peloponnes vor. Die griechische Bevölkerung feiert mit Begeisterung die Befreiung ihres Landes von der deutschen Besatzung. Ein Staffelkommandant der britischen Luftwaffe liefert einen eindrucksvollen Augenzeugenbericht über die Eroberung von Patras und den triumphalen Empfang durch das griechische Volk:

»Wir waren die erste Staffel der Royal Air Force, die seit der Invasion Griechenlands durch britische Truppen wieder nach Griechenland zurückkehren konnte. Wir trafen unmittelbar vor Patras ein, als der Sturm auf die letzten deutschen Verteidigungen begann. Wir schlossen uns den britischen Truppen an, die einige Stunden zuvor an der griechischen Küste gelandet waren, und nun begann ein Triumphzug durch das Gebiet des Peloponnes.

Die griechische Bevölkerung überbot sich an Herzlichkeit und Dankbarkeit. Das Letzte wurde aus den Kellern geholt, Wein, verstecktes Mehl, Mais, Früchte, und immer wieder Blumen und Blumen wurden uns zugeworfen.

In Patras selbst war die Begeisterung so überwältigend, daß wir in einigen Straßenzügen mit unseren leichten Panzern über die auf die Fahrstraße gelegten Teppiche rollen mußten. Diese Szenen, denen wir stumm und ergriffen gegenüberstanden, waren umso eindrucksvoller, als das furchtbare Elend, das die griechische Bevölkerung erlebt hat, deutlich seine Spuren hinterlassen hat. In Lumpen gekleidete und halbverhungerte Gestalten, blaßgesichtige und kränklich aussehende Kinder sieht man überall.

Trotzdem will man noch das Letzte hergeben, nur um uns eine Freude zu bereiten. Man sieht es fast als eine Beleidigung an, wenn wir von unseren ... Vorräten ... verteilen wollen.«

Die Bevölkerung Athens feiert die Befreiung der Stadt

Griechische Kinder begrüßen britische Truppen in Patras

Churchill und Stalin klären die Hegemonie in Südosteuropa

9. Oktober. Der britische Premierminister Winston Churchill trifft in Moskau ein, um bis zum 18. Oktober mit dem sowjetischen Staats-und Parteichef Josef W. Stalin über die britisch-sowjetischen Einflußzonen auf dem Balkan zu verhandeln. Churchill hatte auf die Konferenz gedrungen, da die Rote Armee mittlerweile Rumänien und Bulgarien besetzt hat, in Ungarn einmarschiert ist und vor den Grenzen von Jugoslawien und Griechenland steht. Der britische Regierungschef befürchtete, daß mit dem militärischen Vormarsch der sowjetische Einfluß in Europa übermächtig wird.

Die beiden Politiker einigen sich bereits am ersten Tag der Konferenz auf folgende Hegemonialaufteilung: 90% der Vorherrschaft in Rumänien und 75% in Bulgarien fallen an die UdSSR, dafür soll in Griechenland Großbritannien 90% des Einflusses ausüben. Für Jugoslawien genauso wie für Ungarn einigt man sich auf einen beiderseitigen Machteinfluß von jeweils 50%.

Über den Ablauf dieses Handels berichtet Churchill, der die Vorschläge auf einem Papier notiert und Stalin präsentiert: »Ich schob den Zettel Stalin zu … Eine kleine Pause trat

Stalin (Zeichnung von M. Kallem)

Churchill (Zeichnung: M. Kallem)

US-Botschafter William Averell Harriman

W. M. Molotow, sowjetischer Außenminister

Britischer Außenminister Robert A. Eden

ein. Dann ergriff er seinen Bleistift, machte einen großen Haken und schob uns das Blatt wieder zu. Die ganze Sache beanspruchte nicht mehr Zeit, als sie zu schildern … Das Papier lag in der Mitte des Tisches. Schließlich sagte ich: ›Könnte es nicht für äußerst zynisch gehalten werden, wenn wir den Anschein erweckten, über die für Millionen von Menschen so gravierenden Schicksalsfragen aus dem Stegreif entschieden zu haben? Lassen Sie uns das Papier verbrennen.‹ – ›Nein, heben Sie es auf‹, antwortete Stalin.«

US-Präsident Franklin Delano Roosevelt, der von dem US-Botschafter in Moskau, William Averell Harriman, über die britisch-sowjetische Absprache informiert wird, erklärt sich bereit, sie zu tolerieren. Er selbst möchte sich allerdings in Fragen, die Nachkriegsregelungen in Europa betreffen – ausgenommen das Deutsche Reich –, nicht binden.

Churchill kann mit dem Ergebnis der Moskauer Konferenz zufrieden sein. Griechenland ist seinem Einflußbereich zugesprochen worden, und mit Billigung Stalins kann er dort ungehindert mit der Niederschlagung der kommunistischen Kräfte beginnen (→3.12./S.200).

Wunschliste der US-Bürger nach dem Krieg

4. Oktober. Die US-amerikanische Nachrichtenagentur »United Press« veröffentlicht einen Bericht über die materiellen Wünsche, die sich die Bürger der Vereinigten Staaten nach Ende des Krieges am dringendsten erfüllen möchten:

»Seit die Vereinigten Staaten im Kriege sind, ist die Produktion von Artikeln, die für den Zivilverbrauch bestimmt sind, gedrosselt worden. Jetzt, da man in Amerika glaubt, das Ende des Krieges sei in Sicht, beginnen die Leute bereits von den vielen Dingen zu reden, die sie während der Kriegsjahre entbehren mußten und nach denen sie sich am meisten sehnen … Das Bureau für die Untersuchung der Zivilbedürfnisse hat sich die Mühe genommen, 4488 amerikanische Familien zu befragen, um festzustellen, nach welchen Artikeln nach dem Krieg die größte Nachfrage bestehen wird. Es stellte sich heraus, daß die folgenden Artikel – in der hier angeführten Reihenfolge – am meisten be-

gehrt sind: Waschmaschinen, elektrische Bügeleisen, Kühlschränke, Kochherde, elektrische Toaster, Radioapparate, Nähmaschinen, Staubsauger, elektrische Heizkör-

Kühlschränke; sie zählen zu den begehrtesten Produkten in den USA

per, elektrische Ventilatoren, Wasserwärmer. 42% der befragten 4488 Hausfrauen erklärten, daß sie entweder eine Waschmaschine oder ein Bügeleisen oder einen Kühlschrank kaufen würden, weil das alte in ihrem Besitz befindliche Stück nicht mehr gut genug sei, 56% der Familien besitzen diese Haushaltungsartikel nicht mehr … Gleichzeitig ergab sich bei der Umfrage, daß jede zehnte Familie den Wunsch hat, sich nach dem Kriege ein eigenes Haus zu kaufen oder zu bauen, bevor sie sich an die Anschaffung der oben erwähnten Haushaltungsgegenstände macht. 71% der angehenden Hausbesitzer haben bereits begonnen, sich für den Hauskauf das nötige Geld zusammenzusparen. Der Leiter des Bureaus für die Feststellung der Zivilbedürfnisse erklärte, momentan sei die Herstellung von Radios eines der größten Probleme.«

Alliierte Pläne für das Deutsche Reich

19. Oktober. Das Hauptquartier von US-General Dwight D. Eisenhower, Oberbefehlshaber der alliierten Truppen in Europa, veröffentlicht einen Katalog von Verwaltungsmaßnahmen, die nach der Besetzung des Deutschen Reiches zur Anwendung kommen sollen.

Danach wird mit der alliierten Machtübernahme auf deutschem Gebiet sofort jeder Reiseverkehr für die Zivilbevölkerung verboten. Post- und Telefondienst gehen in die Hände der Alliierten über, die Benutzung durch die Zivilbevölkerung ist nur in Ausnahmefällen gestattet. Alle Waffen und alle Radiosendestationen müssen binnen 48 Stunden nach der Besetzung ausgeliefert werden. Die deutsche Presse wird völlig stillgelegt. Das gesamte Eigentum des Deutschen Reiches und der Nationalsozialistischen Deutschen Arbeiterpartei wird beschlagnahmt. Politische Gefangene werden aus den Haftanstalten entlassen.

Norwegens Kampf gegen die Besatzer

12. Oktober. Nachdem Finnland aus dem Krieg an der Seite des Deutschen Reiches ausgeschieden ist, beginnt die Lage der deutschen Besatzungstruppen im benachbarten Norwegen kritisch zu werden. Die norwegische Widerstandsbewegung »Heimatfront« verstärkt – unterstützt von den Alliierten – ihre Aktionen gegen die Besatzer und gibt in

Vidkun Abraham Lauritz Quisling, seit 1942 Chef einer »nationalen Regierung« in Norwegen in Abhängigkeit vom deutschen Reichskommissar Josef Terboven; sein Name wird häufig als Synonym für Kollaboration schlechthin gebraucht

der illegalen Presse des Landes bekannt, daß sie zum »Losschlagen« bereit sei. Ausgerüstet mit Waffen und Munition aus Großbritannien, beginnen die Widerstandskämpfer mit der systematischen Zerstörung von Verkehrswegen und deutschen Brennstoffvorräten.
Aus Rache führen die Deutschen mit Unterstützung der Polizeikräfte des einheimischen Regimes wiederholt Massenverhaftungen durch.

Friedenspläne in Ungarn vereitelt

15. Oktober. Der ungarische Reichsverweser Miklós Horthy läßt über Radio Budapest einen Waffenstillstand mit der UdSSR verkünden. Die Deutschen, die den Frontenwechsel Horthys erwartet hatten, übernehmen daraufhin die Macht in der ungarischen Hauptstadt und zwingen den Reichsverweser, am 16. Oktober, seine Rundfunkerklärung vom Vortag zu widerrufen.
Als die Rote Armee Anfang Oktober nach Ungarn vorstieß, hatte Horthy beschlossen, sein Land endgültig aus dem Krieg herauszuführen. Am 11. Oktober unterzeichnete er einen geheimen Waffenstillstand mit der UdSSR. Gleichzeitig bereitete er einen Handstreich gegen die deutschen Besatzungskräfte, die in Budapest stationiert sind, vor.
Den Deutschen blieben Horthys Friedensbemühungen nicht verborgen. Sicherheitsdienst, Schutzstaffel (SS) und Wehrmacht wurden alarmiert, und zusammen mit der ungarischen faschistischen Pfeilkreuzlerpartei unter Ferenc Szálasi wurde ein Gegenputsch geplant.
Am 15. Oktober entschließt sich Horthy, von der Sowjetunion gedrängt, zum Handeln. Gegen Mittag läßt er über Rundfunk den Waffenstillstand mit der UdSSR bekanntge-

Der von den Deutschen eingesetzte ungarische Ministerpräsident und Reichsverweser Ferenc Szálasi (l.) nimmt die Meldung eines Wachsoldaten entgegen

ben. Plötzlich wird die Sendung unterbrochen, Pfeilkreuzler und deutsche SS haben das Rundfunkgebäude und andere Punkte der Hauptstadt besetzt. Eine Gegenproklamation wird verbreitet, die alle Ungarn zum weiteren Kampf an der Seite des Deutschen Reiches aufruft. In der folgenden Nacht stürmen SS-Verbände die Budapester Burg, die Residenz des Reichsverwesers. Horthy, dessen Sohn sich in deutscher Gewalt befindet, wird vor die Alternative gestellt, abzudanken oder seinen Sohn zu verlieren. So in die Enge

getrieben, unterschreibt er seine Demission, überträgt auf deutschen Wunsch Szálasi die Regierungsgeschäfte und widerruft seine Erklärung vom Vortag mit den Worten: »Die am 15. Oktober an die ungarische Nation erlasse Proklamation erkläre ich hiermit für nichtig. Gleichzeitig wiederhole ich den... Befehl, wonach die Truppen mit Begeisterung weiterzukämpfen haben, wie es die schwere Kampflage erfordert... Der liebe Gott möge ihren Weg und das Schicksal der ungarischen Nation begleiten.«

Deutsche Truppen ziehen aus Belgrad ab

20. Oktober. Die jugoslawische Hauptstadt Belgrad wird durch sowjetische und jugoslawische Truppen befreit. Die deutsche Korpsgruppe unter General Willi Schneckenburger mit Teilen von vier Divisionen und einer Brigade hatte sich schon im Verlauf der Nacht zuvor aus der Stadt zurückgezogen.
Bereits am 15. Oktober waren in Belgrad angesichts der bevorstehenden Befreiung Straßenkämpfe ausgebrochen, die sowohl der deutschen Korpsgruppe als auch dem 4. sowjetischen Gardekorps und den Partisanen vom 1. und 12. jugoslawischen Korps Verluste von mehreren tausend Mann brachten.
In der Nacht vom 19. auf den 20. Oktober konnten sich die Deutschen nicht mehr halten. Sie räumten Belgrad und zogen sich unter Nachhutgefechten über die Donau nach Norden zurück. In den folgenden Tagen zerschlagen sowjetische und jugo-

slawische Kräfte auch noch die letzten im Stadtgebiet verbliebenen deutschen Stützpunkte.
Mit der Befreiung Belgrads befinden sich die Partisanenkämpfe in Ju-

goslawien auf dem Höhepunkt. Bis Ende Oktober kontrollieren die Einheiten Josip Titos, Führer der Befreiungsarmee (→12.9./S.154), den größten Teil des Landes.

Josip Tito (r.), Führer der jugoslawischen Befreiungsarmee und Kämpfer für ein freies, unabhängiges Jugoslawien, mit Beratern in seinem Hauptquartier

Bulgarien schließt Waffenstillstand

28. Oktober. In Moskau wird ein Waffenstillstandsvertrag zwischen der Sowjetunion, Großbritannien und den Vereinigten Staaten einerseits und Bulgarien andererseits unterzeichnet. Vorausgegangen war die Kriegserklärung Bulgariens an das Deutsche Reich am → 8. September (S.153), nachdem die Truppen der Roten Armee auf bulgarisches Gebiet vorgedrungen waren.
Der Waffenstillstandsvertrag enthält als wichtigste Punkte:
▷ Bulgarien beendet die Kriegshandlungen gegen alle Vereinten Nationen und wird die deutschen Truppen entwaffnen und als Kriegsgefangene ausliefern
▷ Bulgarien stellt seine eigenen Streitkräfte in den Dienst des sowjetischen Oberkommandos
▷ In Bulgarien wird eine alliierte Kontrollkommission unter Vorsitz der UdSSR eingesetzt.

Schlacht um die Philippinen

22. Oktober. Bei Leyte (Philippinen) beginnt eine große See- und Luftschlacht; US-amerikanische und japanische Seeverbände liefern sich bis zum 25. Oktober vier Einzelschlachten in der Sibuya-See, in der Surigao-Straße, bei Kap Engaño und bei Samar. Am Ende der viertägigen Kämpfe haben die Japaner so schwere Schiffsverluste erlitten, daß sie als Seemacht bis Kriegsende keine Rolle mehr spielen.

Die Seeschlacht war am 20. Oktober eingeleitet worden, als die US-Amerikaner auf Leyte landeten, um von dort aus die gesamte Inselwelt der Philippinen zu erobern. Die Japaner wollen die Inselgruppe jedoch nicht aufgeben und mobilisieren ihre Seestreitmacht, um die feindlichen US-Truppen wieder zu vertreiben.

Am 22. Oktober wird die japanische Flotte mit neun Schlachtschiffen, vier Flugzeugträgern, 19 Kreuzern und 34 Zerstörern in Richtung auf die Philippinen geleitet. Ihnen steht eine US-amerikanische Übermacht der 7. (Admiral Thomas Kinkaid) und 3. Flotte (Admiral William Halsey) mit 32 Flugzeugträgern, zwölf Schlachtschiffen, 23 Kreuzern, 94 Zerstörern und 1000 Landungsschiffen gegenüber.

Die Japaner teilen ihre Seestreitkräfte in drei Gruppen auf. Zwei Abteilungen – die 2. (Vizeadmiral Takeo Kurita) und die 5. Flotte (Vizeadmiral Shoji Nischimura) – werden direkt in die Schlacht geschickt. Die dritte – unter Vizeadmiral Jizaburo Ozawa – ist als Köder gedacht und soll die 3. US-amerikanische Flotte aus dem Kampfgebiet weglocken.

Am 23. Oktober nähern sich die Japaner dem Golf von Leyte. Die 2. und 5. Flotte werden von US-Aufklärern entdeckt, von U-Booten angegriffen und erleiden beträchtliche Verluste. Lediglich das japanische »Köder«-Geschwader bleibt den US-Amerikanern verborgen.

Am 24. Oktober kommt es in der Sibuya-See zu der ersten größeren Schlacht. Kuritas Geschwader wird fünfmal von US-Bombern angegriffen. Mehrere Einheiten werden schwer beschädigt, das Riesenschlachtschiff »Musaschi« sinkt. Gegen Mitternacht erreicht Nischimura die Surigao-Straße, und es kommt zu einer Schlacht zwischen seinen Verbänden und der 7. US-Flotte. Nach vierstündigen erbitterten Kämpfen sind die japanischen

Kräfte vollkommen zerschlagen, die beiden Schlachtschiffe »Fuso« und »Yamaschiro« gesunken.

300 km weiter nördlich entbrennt am selben Tag die Schlacht am Kap Engaño zwischen Osawas »Köder«-Geschwader, das mittlerweile entdeckt worden ist, und Halseys 3. US-Flotte. Wie von den Japanern vorausgeplant, beginnt Halsey mit der Verfolgung und systematischen Vernichtung des beinahe wehrlosen japanischen Verbands.

Mittlerweile ist auch die vierte Teilschlacht – bei Samar – im Gange. Hier gelingt den Japanern unter Kurita die Überrumpelung des Gegners. Sie treffen auf die Restkräfte der 7. US-Flotte, deren Hauptmacht noch in der Surigao-Straße liegt. Die US-Amerikaner ziehen sich jedoch geschickt aus der Affäre. Die Verluste sind auf beiden Seiten etwa gleich groß. Kurita entschließt sich abzudrehen und entkommt mit vier seiner fünf Schlachtschiffe.

Die Seeschlacht bei Leyte ist zu Ende. Mit einem Verlust von 25 Schiffen ist Japans Seemacht zerschlagen. Die US-Amerikaner – sie haben sieben Schiffe verloren – können die Eroberung der Philippinen fast ungehindert fortsetzen.

US-amerikanische Soldaten in Schwimm-Panzern kurz vor der Insellandung; im Hintergrund ein durch einen Bombenangriff in Brand geratener Brückenkopf; die Japaner sind den technisch überlegen ausgerüsteten US-Landungstruppen auf Dauer nicht gewachsen und müssen eine Insel nach der anderen aufgeben

Ein US-amerikanischer Sherman-Panzer rollt durch ein kleines Dorf auf der Philippineninsel Leyte, wo die 6. US-Armee am 20. Oktober gelandet ist; dem Panzer folgen Infanteristen, ständig auf der Hut vor japanischen Scharfschützen, die sich möglicherweise in den Grashütten verborgen halten; um die US-Amerikaner wieder von Leyte zu vertreiben, greift die japanische Flotte vom 22. bis 25. Oktober die US-Landetruppen an; diese Großoffensive scheitert jedoch; die Angreifer verlieren drei Schlachtschiffe, vier Flugzeugträger, neun Kreuzer und neun Zerstörer; der Schlachtausgang besiegelt das Ende Japans als Seemacht; die Eroberung der gesamten Philippinen durch die US-Truppen ist nicht mehr zu verhindern

Jedes greifbare Fahrzeug wird für die Flucht aus den Ostgebieten eingesetzt

Flüchtlingsfamilie in Wriezen an der Oder, die sich aus Furcht vor der rasch vordringenden Roten Armee auf den Weg Richtung Westen begeben hat; vor allem viele Kinder, Alte und Kranke überleben die Strapazen der Flucht nicht

Ein Flüchtlingstreck versucht, sich mit einer weißen Fahne vor Luftangriffen oder Überfällen zu schützen; oft hilft dies jedoch nicht gegen das haßerfüllte Vorgehen der Rotarmisten gegen deutsche Zivilisten in den Ostgebieten

Der große Flüchtlingsstrom in Richtung Westen beginnt

16. Oktober. Nachdem sowjetische Truppenverbände in Ostpreußen eingedrungen sind und ihren antideutschen Rachegelüsten freien Lauf lassen, entschließt sich ein Großteil der Bevölkerung in dem betroffenen Gebiet zur Flucht.

Bereits im August des Jahres hatten deutsche Militärbefehlshaber der nationalsozialistischen Staatsführung nahegelegt, angesichts der sich rasch nähernden Front mit der Evakuierung der Bevölkerung aus Ostpreußen zu beginnen. In starrem Glauben an den deutschen Endsieg hatte Führer und Reichskanzler Adolf Hitler dieses Ansinnen jedoch kategorisch abgewiesen. Die Bevölkerung sollte in ihren Heimatorten bleiben, um die Front zu stärken und um nicht den Eindruck aufkommen zu lassen, die politische Führung rechne womöglich selber mit einer militärischen Niederlage.

Die NS-Propaganda tat alles, um die Bevölkerung Ostpreußens davon zu überzeugen, daß die sowjetische Armee allenfalls bis zu der Stadt Memel vorstoßen könne, spätestens dann aber von der deutschen Wehrmacht zurückgeschlagen werde. Im Vertrauen auf die Stärke des deutschen Militärs und den seit Juli 1944 errichteten »Ostwall« fühlten sich die Bauern an der Ostgrenze des Deutschen Reiches vor sowjetischen Angriffen sicher. Während im Westen viele Deutsche den Krieg im alliierten Bombenhagel zu spüren bekommen, herrschte in den ländlichen Gebieten Ostpreußens bislang ein beinahe noch friedliches Leben. Dies ändert sich schlagartig, als Mitte Oktober sowjetische Verbände zwischen Memel und Suwałki auf deutsches Gebiet vordringen und mit Plünderungen, Vergewaltigungen, Grausamkeiten und Morden Angst und Schrecken verbreiten. Obwohl es den deutschen Truppen im Verein mit »Volkssturm«-Männern gelingt, die Rotarmisten wieder zu vertreiben und den sowjetischen Vormarsch abzubremsen, wächst unter der Zivilbevölkerung die Furcht vor feindlichen Übergriffen. Viele beginnen zu ahnen, welches Schicksal sie erwartet. Zahlreiche Sowjetsoldaten üben, von Haß getrieben, grausame Vergeltung für die Brutalität, mit der deutsche Truppen und die nachfolgenden Einsatzkommandos der Schutzstaffel viele Jahre lang in den besetzten Ostgebieten vorgegangen sind. Ein Großteil von ihnen hat selbst Familienangehörige durch die nationalsozialistische Ausrottungspolitik verloren. Aufgepeitscht durch sowjetische Hetzpropaganda, ist für sie jeder Deutsche ein hassenswerter faschistischer Mörder.

Die Bevölkerung im deutschen Osten, die sich als erste zur Flucht entschließt, glaubt selbst im Herbst 1944 noch nicht an einen Zusammenbruch des Deutschen Reiches. Vielfach ist man der Ansicht, daß die sowjetischen Truppen bald wieder vertrieben sein würden und man dann in die Heimatorte zurückkehren könne. So ziehen viele Flüchtlinge zuerst einmal nur einige Kilometer weiter ins Binnenland und warten die Entwicklung ab. Kaum nähert sich die Front, zieht man ein Stückchen weiter. Auf diese Weise schwillt der Flüchtlingsstrom, der vor der Front hergetrieben wird, immer mehr an. Bald befinden sich Tausende in kilometerlangen Trecks auf der Flucht. Diejenigen, die einen Platz in den restlos überfüllten Eisenbahnzügen finden, haben noch die größten Chancen, den Westen zu erreichen. Die anderen machen sich zu Fuß mit Karren oder mit Pferdewagen auf den Weg. Viele sind den Strapazen der Flucht nicht gewachsen, fallen Hunger, Kälte, Krankheiten, Erschöpfung und sowjetischen Überfällen zum Opfer.

Ein Großteil der Ostdeutschen harrt im Heimatort aus, bis schon der Kanonendonner zu hören ist. Statt in den Herbstmonaten zu einer relativ sicheren Flucht aufzubrechen, warten sie ab und müssen sich schließlich im Winter bei Schnee und Kälte, verfolgt von den rasch vordringenden sowjetischen Truppen, auf den Weg Richtung Westen machen.

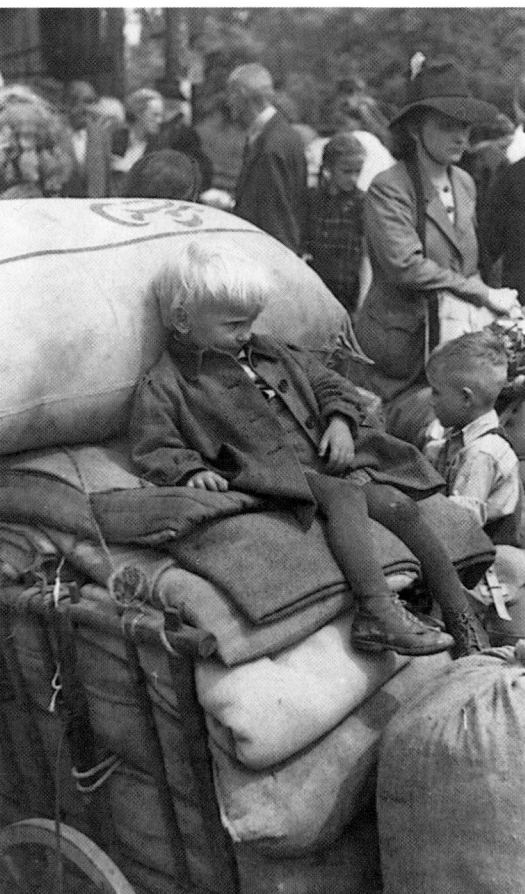

Eine Schwester der NS-Volkswohlfahrt führt eine alte, kranke Frau zu einem Sammelplatz, wo ein für die Evakuierung vorgesehener Omnibus wartet

Ein Kind ruht sich auf einem Leiterwagen aus, auf dem die letzte Habe transportiert wird; nur das Allernötigste kann auf der Flucht mitgenommen werden

Mit Booten der deutschen Kriegsmarine werden Letten zu einem auf offener See wartenden Dampfer gefahren, der sie in den Westen bringt

Rotarmisten üben grausame Vergeltung

Verbände der Roten Armee, die am 16. Oktober auf ostpreußisches Gebiet vordringen, üben grausame Rache an der deutschen Zivilbevölkerung. Mit Plünderungen, Brandstiftung, Mißhandlungen, massenhaften Vergewaltigungen und Morden verbreiten sie Angst und Schrecken unter der einheimischen Bevölkerung.

Im Rahmen ihrer Offensive brechen die Rotarmisten am 20. Oktober in Nemmersdorf (Kreis Gumbinnen) ein und richten ein Blutbad an. Männer, Frauen und Kinder – ihre Zahl wird auf 50 bis 80 geschätzt – werden ermordet, nachdem die meisten von ihnen vorher mißhandelt worden sind. Ein Augenzeuge der Grausamkeiten schildert später, welches Bild sich nach dem Massaker bot:

»Am Straßenrand und in den Höfen der Häuser lagen massenhaft Leichen von Zivilisten, die augenscheinlich nicht im Lauf der Kampfhandlungen durch verirrte Geschosse getötet, sondern planmäßig ermordet worden waren. Unter anderem sah ich zahlreiche Frauen, die man, nach der Lage der verschobenen und zerrissenen Kleidungsstücke zu urteilen, vergewaltigt und danach mit Genickschuß getötet hatte; zum Teil lagen daneben auch die ebenfalls getöteten Kinder.«

Ein deutscher Generalmajor, der ebenfalls bei den Ausschreitungen in Nemmersdorf wie auch anderen Ortschaften im Kreis Gumbinnen als Zeuge zugegen war, berichtet von den Überfällen:

»In einer größeren Anzahl von Ortschaften südlich Gumbinnen [wurde] die Zivilbevölkerung – z.T. unter Martern wie Annageln an Scheunentore – durch russische Soldaten erschossen. Eine große Anzahl von Frauen wurde vorher vergewaltigt. Dabei sind auch etwa 50 französische Kriegsgefangene durch russische Soldaten erschossen worden.«

Auch in Berichten der schweizerischen Presse wird wiederholt von den Grausamkeiten sowjetischer Soldaten, die oftmals unter starkem Alkoholeinfluß stehen, berichtet: »Die Lage wird nicht nur durch die erbitterten Kämpfe der regulären Truppen gekennzeichnet, sondern leider auch durch Verstümmelung und Hinrichtung der Gefangenen und die fast vollständige Ausrottung der deutschen bäuerlichen Bevölkerung.«

Die Schrecknisse von Nemmersdorf, die bekannt werden, als den deutschen Verbänden nach wenigen Tagen die Wiedereroberung gelingt, und die sich in anderen Orten nicht selten wiederholen, versetzen die Bevölkerung Ostpreußens in Panik. Viele Menschen packen schnell die notdürftigsten Sachen zusammen und verlassen fluchtartig ihre Heimatorte.

Sowjetarmee dringt in Ostpreußen ein

16. Oktober. Die 3. Weißrussische Front unter General Iwan D. Tschernjachowski leitet mit fünf Armeen von Litauen aus eine Offensive gegen die in Ostpreußen stationierte 4. deutsche Armee unter General Friedrich Hoßbach ein. Etwa 40 sowjetische Schützendivisionen dringen zusammen mit Panzerverbänden auf einer Breite von 140 km zwischen den Städten Memel und Suwalki nach Ostpreußen vor. Militärisches Ziel der Offensive ist die Eroberung von Königsberg.

Am 22. Oktober nehmen Panzerverbände der 11. sowjetischen Gardearmee die Städte Goldap, Eydtkau und Ebenrode ein. In den von den Rotarmisten eroberten Ortschaften kommt es in vielen Fällen zu Grausamkeiten, Plünderungen, Vergewaltigungen und Morden unter der deutschen Zivilbevölkerung.

Den deutschen Verbänden gelingt es, die sowjetischen Truppen bis Anfang November wieder aus dem Reichsgebiet zu vertreiben.

US-Truppen ziehen in das vollständig zerstörte Aachen ein

21. Oktober. Aachen fällt als erste deutsche Großstadt in die Hände der Alliierten. Nach mehrtägigen erbitterten Kämpfen ziehen Panzerverbände der 9. US-Armee in die vollkommen zerstörte Stadt ein.

Die Eroberung von Aachen bedeutet für die deutsche Seite nicht nur den Verlust einer Schlüsselstellung für die Verteidigung des Ruhrgebiets, sondern auch eine symbolische Niederlage. Der »Völkische Beobachter« stellt mit Bedauern fest, daß man mit Trauer daran denken müsse, daß der Feind nun den Dom beherrsche, in dem 37 deutsche Könige gekrönt worden seien.

Mit dem Einmarsch in Aachen haben die Alliierten eine Bresche in den zur Reichsverteidigung errichteten »Westwall« geschlagen. Nachdem Luftstreitkräfte und Artillerie ihr vorbereitendes Zerstörungswerk getan hatten, konnten US-Truppen die Stadt am 16. Oktober einkesseln. Der deutsche Führer und Reichskanzler Adolf Hitler gab den üblichen Befehl: Kampf bis zum letzten Mann. Die Militärbefehlshaber Aachens entschließen sich aber, den Krieg überleben zu wollen, und kapitulieren am 21. Oktober.

Die in der zerstörten Stadt zurückgebliebene Bevölkerung verhält sich gegenüber den US-Truppen weniger mit Ablehnung als eher mit abwartender Zurückhaltung. Ein britischer Korrespondent vergleicht Aachen mit einer »Geisterstadt«, in der man zur Zeit mehr Hunde und Katzen antreffe als Menschen.

△ *Bevor die US-Truppen am 21. Oktober in Aachen einziehen, verlassen Tausende von Einwohnern aus Angst vor den feindlichen Soldaten ihre Heimatstadt; andere verstecken sich in Häusern und Ruinen; wenn sie in die Hände der US-Soldaten fallen, werden sie in ein Lager nach Belgien gebracht und dort – bei guter Behandlung – interniert*

◁ *Das stark beschädigte Rathaus in der Innenstadt von Aachen; der zwischen 1358 und 1376 entstandene Bau ist mehrmals von Bomben getroffen worden; das gesamte Stadtgebiet Aachens ist ein einziges Trümmerfeld; kaum ein Gebäude blieb verschont*

Ein US-amerikanischer Infanterist geht vorsichtig durch die brennenden Straßen Aachens, immer auf der Hut vor möglichen deutschen Scharfschützen

US-amerikanische Soldaten haben zwei Kinder im Alter von 14 und 10 Jahren gestellt; die beiden werden beschuldigt, auf US-Amerikaner geschossen zu haben

Generalfeldmarschall Erwin Rommel erhält in Ulm ein feierliches Staatsbegräbnis; seine Sympathie für die Verschwörer des 20. Juli wird verschwiegen

Erzwungener Selbstmord

14. Oktober. Dem Rachefeldzug des deutschen Führers und Reichskanzlers Adolf Hitler nach dem mißglückten Attentat vom →20. Juli (S.115) fällt nun auch Generalfeldmarschall Erwin Rommel zum Opfer. Da man den populären deutschen Heerführer nicht öffentlich aburteilen möchte, wird er zum Selbstmord gezwungen.

Rommel hatte sich zwar immer geweigert, der Ermordung Hitlers zuzustimmen, sympathisierte aber dennoch mit den Verschwörern. Dies wurde bekannt, als zwei seiner Mitarbeiter nach dem Attentat verhaftet wurden und unter Folter Rommels Namen nannten.

Hitler entsendet daraufhin die beiden Generäle Wilhelm Burgdorf und Ernst Maisel nach Herrlingen (Gemeinde Blaustein), wo Rommel nach seiner Verwundung am 17. Juli einen Genesungsurlaub bei seiner Familie verbringt. Der Generalfeldmarschall wird vor die Alternative gestellt, entweder Selbstmord zu begehen und ein Staatsbegräbnis zu erhalten oder vom Volksgerichtshof in Berlin abgeurteilt und anschließend erhängt zu werden. Seiner Familie wird mit Sippenhaft gedroht.

Rommel entscheidet sich für den Selbstmord. Er verabschiedet sich von seiner Frau und seinem Sohn und nimmt auf der Autofahrt nach

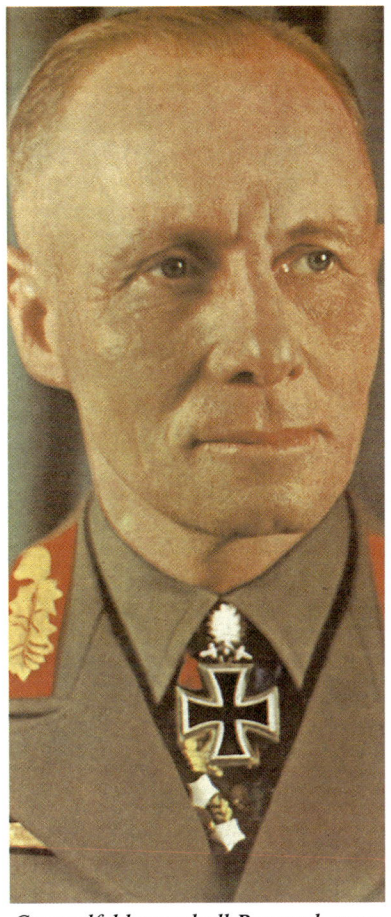

Generalfeldmarschall Rommel, populärster Heerführer des Krieges

Ulm das von Maisel und Burgdorf bereits mitgebrachte Gift.

Offiziell wird erklärt, Rommel sei im Zusammenhang mit seiner Verwundung an einer Embolie gestorben. Er erhält – wie angekündigt – ein feierliches Staatsbegräbnis mit allen militärischen Ehren und wird als führertreuer Held gepriesen.

Tagesbefehl zum Tod Rommels

Der deutsche Führer und Reichskanzler Adolf Hitler erläßt zum Tode des Generalfeldmarschalls Erwin Rommel, der auf seinen Befehl zum Selbstmord gezwungen wird, am 14. Oktober folgenden Tagesbefehl:

»Am 14. Oktober 1944 ist Generalfeldmarschall Rommel den Folgen der schweren Verletzungen, die er als Oberbefehlshaber einer Heeresgruppe im Westen bei einer Frontfahrt durch einen Kraftwagenunfall erlitten hatte, erlegen. Mit ihm ist einer unserer besten Heerführer dahingegangen. Sein Name ist im gegenwärtigen Schicksalskampf des deutschen Volkes der Begriff für hervorragende Tapferkeit ... geworden. Der zweijährige Heldenkampf des deutschen Afrikakorps unter seiner... Führung... hat seine äußere Anerkennung in der Verleihung des Eichenlaubes mit Schwertern und Brillanten zum Ritterkreuz des Eisernen Kreuzes... gefunden... Das Heer senkt vor diesem großen Soldaten in stolzer Trauer die Reichskriegsflagge. Sein Name ist in die Geschichte des deutschen Volkes eingegangen.«

Grabrede für den »toten Helden«

Generalfeldmarschall Gerd von Rundstedt hält die Trauerrede am Grab von Generalfeldmarschall Erwin Rommel, der wegen seiner oppositionellen Haltung gegenüber dem NS-Regime zum Selbstmord gezwungen wurde:

»Der Führer und Oberste Befehlshaber der Wehrmacht hat uns hierher berufen, um Abschied zu nehmen von seinem auf dem Felde der Ehre gebliebenen Generalfeldmarschall. Mit uns steht nicht nur die deutsche Wehrmacht, sondern das ganze deutsche Volk in ... tiefem Schmerz an der Bahre des toten Helden. Darüber hinaus wird auch die feindliche Welt die Achtung einem Gegner nicht versagen können, der in Ritterlichkeit und soldatischer Größe das Schwert geführt hat. Auf dem Schlachtfeld der Normandie zog sich Generalfeldmarschall Rommel bei einem Kraftfahrzeugunfall schwere Verletzungen zu. Ein hartes Schicksal riß ihn in dem Augenblick von seinem Platz, als der Kampf sich dem Höhepunkt näherte. Ein Leben besten deutschen Soldatentums hat seine Vollendung gefunden.«

Vom »Wüstenfuchs« zum Hitler-Gegner

Erwin Rommel, der von der NS-Führung ebenso wie von der deutschen Bevölkerung als der unbesiegbare »Wüstenfuchs« und »General in der Sonne« gefeiert wird, ist der wohl beliebteste deutsche Heerführer des Zweiten Weltkrieges. Lange Jahre diente er Führer und Reichskanzler Adolf Hitler als ergebener Soldat. Erst als er erkannte, daß Hitlers Machtbesessenheit das Deutsche Reich ins Verderben führt, gelangte er zu der Einsicht, daß sein Vaterland nur durch die Beseitigung Hitlers vor dem sicheren Untergang gerettet werden könne.

Seine größten militärischen Erfolge erzielte Rommel als Kommandant des deutschen Afrikakorps. Im Februar 1941 wurde er als Oberbefehlshaber nach Libyen versetzt, wo er die italienischen Streitkräfte unterstützen und die britischen Verbände nach Ägypten zurückdrängen sollte. Er erwies sich als meisterhafter Taktiker und fähiger Truppenführer und erwarb sich mit spektakulären Siegen seinen legendären Ruf als »Wüstenfuchs«. Mit der Eroberung von Tobruk am 21. Juni 1942 stand er auf dem Höhepunkt seiner Karriere. Danach erklärte Hitler Nordafrika zum Kriegsnebenschauplatz. Die deutschen Truppen erhielten kaum noch Unterstützung und mußten sich nach einigen Niederlagen zurückziehen. Im März 1943 wurde Rommel schließlich aus Afrika abberufen.

Erst wurde er in Italien eingesetzt und am →1. Januar 1944 (S.21) übernahm er den Oberbefehl über die Heeresgruppe B in Frankreich, wo er den »Atlantikwall« für den Fall einer Invasion befestigen sollte.

Hier erkannte Rommel, daß der Krieg für das Deutsche Reich verloren war. Er versuchte vergeblich, Hitler zu Friedensgesprächen zu bewegen (→15.7./ S.114) und nahm Kontakt zur militärischen Widerstandsbewegung auf. Dies führt schließlich dazu, daß Rommel am 14. Oktober auf Befehl Hitlers zum Selbstmord gezwungen wird.

Gesundheit 1944:

Engpässe in der medizinischen Versorgung

Die Lage im deutschen Gesundheitswesen verschlechtert sich zunehmend. Auf der einen Seite steigt die Zahl der Krankheits- und Verletzungsfälle an; auf der anderen Seite stehen immer weniger Fachkräfte, Krankenhausbetten, medizinische Geräte und Medikamente zur Verfügung.

In den ersten Kriegsjahren war die ärztliche Versorgung der Zivilbevölkerung noch weitestgehend gesichert. Eine entscheidende Verschlechterung tritt ein, als ein Großteil der Ärzte in den Militärdienst überwechseln muß und außerdem kaum noch Nachwuchs an den Hochschulen ausgebildet wird. Auch der Einsatz von Angehörigen des »Bundes Deutscher Mädel«, denen in 24stündigen Blitzkursen medizinische Grundkenntnisse vermittelt werden, kann die Lage kaum verbessern.

Die Anzahl der Krankheitsfälle unter der Zivilbevölkerung ist stark angestiegen. Unzureichende Ernährung, berufliche Überbeanspruchung, nervlich-seelische Belastungen und mangelhafte Hygiene erhöhen die Anfälligkeit für alle möglichen Leiden. Neben Magen- und Nierenbeschwerden sind es vor allem Infektionskrankheiten, die immer mehr um sich greifen. So werden in den ersten 47 Wochen des Jahres 1944 252 084 Diphtheriefälle und 263 895 Scharlachfälle gemeldet. 15 149 Menschen erkranken im gleichen Zeitraum an Typhus und Paratyphus und 6882 an der übertragbaren Ruhr (bei den genannten Zahlen handelt es sich lediglich um die offiziell registrierten Krankheitsfälle). Ungleich mehr Menschen sterben in den Konzentrationslagern, geschwächt durch Arbeit und unzulängliche Ernährung und praktisch ohne ärztliche Versorgung, an Seuchen, wobei der Typhus die meisten Opfer fordert.

Neben den zivilen Krankheitsfällen muß eine steigende Anzahl von direkten Kriegsopfern versorgt werden. Die Betroffenen sind zum einen die verwundeten Frontsoldaten und zum anderen die Opfer des Luftkrieges. Besondere Probleme bereitet die Versorgung der großen Zahl von Brandverletzten,

insbesondere durch die verheerend wirkenden Phosphorbomben.
Infolge der alliierten Luftangriffe auf deutsche Städte werden viele Krankenhäuser und Arztpraxen mitsamt ihrer Ausrüstung zerstört. Die Bettennot verschärft sich von Monat zu Monat, und selbst eine stationäre Behandlung wird immer schwieriger, weil elektrisches Licht, Gas, Wasser und Kanalisation nach den Bombenangriffen oft tagelang ausfallen.
Um dieser Misere zu begegnen, veranlaßt die NS-Führung die Errichtung von sog. Sonderkrankenhäusern auf dem Lande. Eine

Reihe von Spitälern mit einer Bettenzahl zwischen 500 und 800, ausgerüstet mit den wichtigsten ärztlichen Einrichtungen, wird nach einem Einheitsschema im Umkreis der großen Städte gebaut. Weitere Krankenbetten werden in bombensicheren Bunkern geschaffen. Unter der Erde, mit eigener Licht- und Kraftversorgung, entstehen Spitäler mit Krankenzimmern, Operationssälen und Versorgungseinrichtungen. Hier können die Ärzte die Kranken und Verletzten operieren, während über ihnen Bomben fallen und neue Opfer fordern.

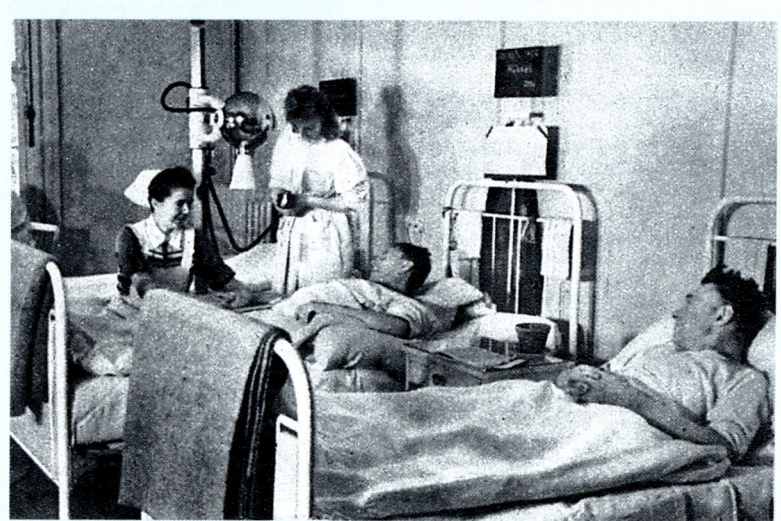

Krankenzimmer in einem sog. Sonderkrankenhaus; diese werden wegen der alliierten Luftangriffe gegen deutsche Großstädte auf dem Lande errichtet

Barackendorf im Wald, als Pflegestation für Kranke eingerichtet

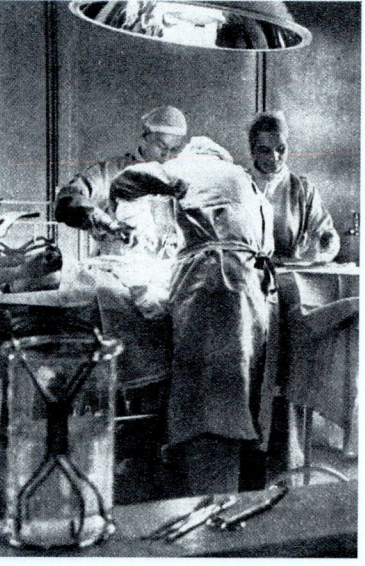

Operationssaal in einem der gut getarnten Sonderkrankenhäuser

Thierack schränkt Zivilprozesse ein

15. Oktober. Der deutsche Reichsjustizminister Otto Georg Thierack ordnet beträchtliche Einschränkungen im Bereich der zivilen Prozesse an. Dadurch soll Personal eingespart und für Rüstung oder Wehrmacht freigesetzt werden.
Zivilprozesse sollen nur noch durchgeführt werden, wenn ihre »Kriegsdringlichkeit« erwiesen ist. Dies ist dann der Fall, wenn die Lösung einer Rechtssache »von unmittelbarer Bedeutung … besonders für die Rüstungs- und Ernährungswirtschaft ist oder wenn ihre Durchführung die Beteiligten vor schweren unzumutbaren und nicht wiedergutzumachenden Nachteilen bewahren soll«.

Otto Georg Thierack, deutscher Reichsminister der Justiz (seit 1942)

Ehescheidungsprozesse finden der neuen Anordnung Thieracks zufolge nur noch statt, »wenn dies aus bevölkerungspolitischen Gründen unbedingt notwendig ist«. Auch mit Verfahren zur Feststellung der Vaterschaft und einer möglichen Unterhaltspflicht sollen sich die Gerichte nur noch in wenigen Ausnahmefällen beschäftigen.
Miet- und Pachtsachen gelten grundsätzlich als nicht kriegswichtig. Ebenso werden Todeserklärungen, Schuldenbefreiungen, Eintragungen in das Grundbuch und die verschiedenen Register zunächst einmal auf spätere Zeit verschoben. Thierack legt der deutschen Bevölkerung nahe, vor Einleitung einer Rechtshandlung ernsthaft zu prüfen, ob das Anliegen so kriegswichtig ist, daß ein Gericht unbedingt damit beschäftigt werden muß.

Für die Ernährung unentbehrliches Gemüse wird mit Eisen- und Straßenbahnen in die Städte gebracht

Mit Handkarren bringen Bäuerinnen Milch zu Sammelstellen, wo sie unter Kontrolle verteilt wird

Der Verkauf geht auf der Straße weiter, wenn das Geschäft durch einen Bombenangriff zerstört wurde

Ernährungslage im Deutschen Reich zunehmend kritisch

1. Oktober. Herbert Backe, Reichsminister für Ernährung und Landwirtschaft, nimmt den Erntedanktag zum Anlaß, um auf die kritischer werdende Ernährungslage im Deutschen Reich hinzuweisen. Im selben Zuge gibt er eine Senkung der

»Haltung muß fanatischer werden«
Der deutsche Reichsminister für Ernährung und Landwirtschaft, Herbert Backe, wendet sich am Erntedanktag in einer Rundfunkansprache an die Bevölkerung:
»Die Anforderungen, die an [die deutsche Landwirtschaft] gestellt werden, [können] nur erfüllt werden, wenn einerseits der Erzeuger ... den Anteil der Ablieferungen bei allen Hauptnahrungsmitteln ... erhöht und wenn gleichzeitig... auch der Verbraucher... Nahrungsmittel nur in dem Maße bezieht, wie er sie für seinen eigenen menschlichen Verbrauch auch benötigt. Beide Aufgaben: Mehrablieferung des Erzeugers und äußerste Sparsamkeit des Verbrauchers sind aber eine Frage der Haltung unseres Volkes. Diese Haltung... muß noch straffer werden, noch verantwortungsvoller, noch fanatischer.«

Brot- und Fettrationen für die 68. Zuteilungsperiode – sie ist gültig ab 16. Oktober – bekannt.
Die angespannte Ernährungslage ist vor allem darauf zurückzuführen, daß die deutschen Truppen Frankreich, Belgien, die Ukraine und andere besetzte Länder räumen mußten und damit aus diesen Gebieten keine Lebensmittel mehr für die eigene Versorgung abgezogen werden können. Das Deutsche Reich ist nun im wesentlichen auf selbsterzeugte Nahrungsmittel angewiesen. Die Hauptprobleme liegen dabei in der materiellen und personellen Ausstattung der Landwirtschaftsbetriebe: Die Versorgung der Bauern mit den notwendigen Düngemitteln ist um 60 bis 80% im Vergleich zur Vorkriegszeit gesunken. Da viele Landwirte zur Wehrmacht eingezogen wurden, gibt es Personallücken. Die Hauptarbeitslast verteilt sich auf die Bäuerinnen und auf ausländische Zwangsarbeiter.
Zu den Engpässen in der Nahrungsmittelerzeugung kommen Verteilungsprobleme, da die deutschen Verkehrseinrichtungen durch die fortdauernden alliierten Bombenangriffe erheblich beschädigt sind.

Angesichts der kritischen Versorgungslage wird mit Beginn der 68. Zuteilungsperiode die Brotration für Normalverbraucher um 200 g auf 2225 g pro Woche gesenkt. Die Butterration von 500 g für vier Wochen wird auf die Hälfte gekürzt. Als Ausgleich wird eine zusätzliche Ration Fleischwaren ausgeteilt. Sie stammt von Schweinen und Rindern, die geschlachtet werden mußten, weil Futtermittel für ihre Ernährung fehlten.

Schaufenstergestaltung in Kriegszeiten

Die Schaufenstergestaltung soll keine »unerfüllbaren Kaufwünsche« wecken und die »Vortäuschung von Warenfülle« vermeiden – so heißt es in den neuen Werberichtlinien, ausgestellt und herausgegeben vom Werberat der deutschen Wirtschaft.
Mit diesen Regelungen soll einem weitverbreiteten Ärgernis begeg-

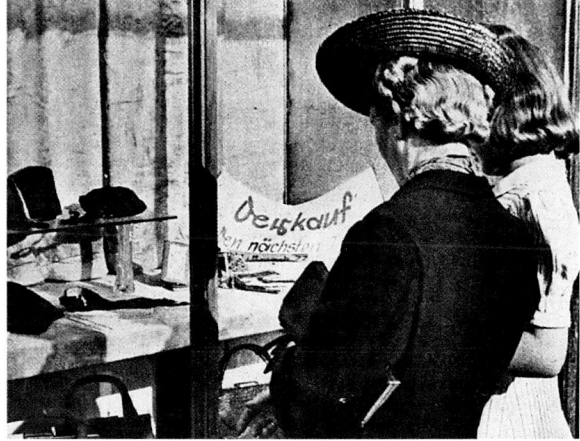

Zwei Frauen betrachten die spärlichen Auslagen in einem Schaufenster; erwerben können sie die begehrten Stücke vorerst allerdings nicht; ein Schild im Schaufenster verspricht jedoch, daß der Verkauf in wenigen Tagen wieder aufgenommen werden soll

net werden: Es kommt häufig vor, daß Kunden in einem Laden einen Artikel kaufen wollen, den sie soeben im Schaufenster gesehen haben. Drinnen müssen sie erfahren, daß es sich bei der Schaufensterware um unverkäufliche Ausstellungsstücke handelt. Mit diesen Zuständen soll nun Schluß sein. Vor allem Ausgebombten, so heißt es in den neuen Richtlinien des Werberats, sollen grundsätzlich auch Dekorationsstücke zum freien Verkauf angeboten werden. Viele Ladenbesitzer – vor allem in den Großstädten – sind von den Neuregelungen nicht mehr betroffen. Sie haben ihre Schaufenster schon seit längerem zugemauert, da die Glasscheiben bei den ständigen Bombenangriffen sowieso immer wieder zu Bruch gehen.

Häftlingsaufstand im KZ Auschwitz

7. Oktober. Im deutschen Vernichtungslager Auschwitz scheitert der Aufstand eines zur Bedienung der Krematorien eingesetzten jüdischen Sonderkommandos. Die meisten Beteiligten werden von der Schutzstaffel (SS) ermordet.

Der Entschluß, sich gegen die Lagerleitung zu erheben, war gefallen, als trotz aller Geheimhaltung bekannt wurde, daß die Häftlinge des Sonderkommandos nach und nach liquidiert werden sollen. Die SS will sich auf diese Weise Zeugen der Massenvergasung entledigen.

Von den ehemals rund 1000 Häftlingen des Sonderkommandos (Sommer 1944) waren etwa 200 im September vergast worden. Als am 7. Oktober die zweite Gruppe ermordet werden soll, bricht der Aufstand unter der Führung von Jankiel Handelsman los. Der Versuch, die Krematorien zu sprengen, gelingt lediglich in einem Fall; nur das Krematorium IV wird zerstört und brennt aus. Mehrere hundert Häftlinge, die sich an der Erhebung beteiligen, werden im Kampf getötet oder unmittelbar danach von den SS-Männern ermordet. Am 9. Oktober, nach dem Aufstand, zählt das Sonderkommando nur noch 212 Häftlinge.

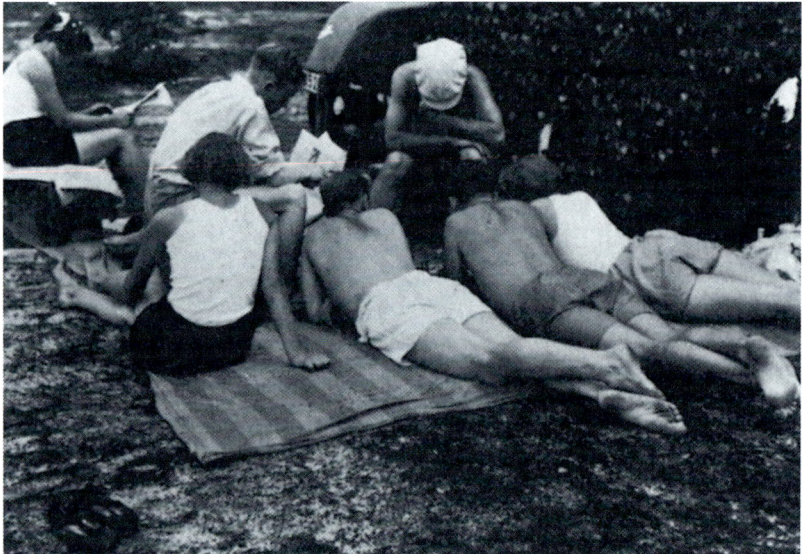

Illegales Treffen einer Gruppe der Naturfreunde-Jugend 1938; häufig kommen Zeitungen und Tarnschriften durch solche Zusammenkünfte in Umlauf

»Jugendcliquen« bekämpft

25. Oktober. Heinrich Himmler, Reichsführer der Schutzstaffel, äußert sich besorgt über das verstärkte Auftreten von jugendlichen »Cliquen« im Deutschen Reich. Diese zeigten eine staatsfeindliche Haltung und müßten bekämpft werden. Als Cliquen sind, laut Himmler, Zusammenschlüsse Jugendlicher außerhalb der Hitlerjugend zu bezeichnen. Diese trügen die unterschied- lichsten Namen wie z.B. »Mob«, »Schlurf«, »Meute«, »Platte«, »Blase« oder »Edelweißpiraten« und hätten z.T. eigene Erkennungszeichen, z.B. Totenkopfringe oder farbige Nadeln. Neben den »politisch-oppositionellen« weist Himmler auch auf die »liberalistisch-individualistischen« Cliquen hin, die eine Vorliebe für britische Ideale, Sprache, Jazz, Swingtanz usw. zeigten.

Guatemala: Revolte beendet Diktatur

22. Oktober. In Guatemala beendet eine Revolution die »Diktatur der 14 Jahre«. Eine dreiköpfige Revolutionsjunta übernimmt vorübergehend die Regierungsmacht und schreibt im Dezember 1944 allgemeine Wahlen aus.

Bereits Anfang Juli war es zu einer internen Militärrevolte gekommen: Staatspräsident Jorge Ubico Castañeda, der seit 1931 eine diktatorische Herrschaft der politischen und sozialen Unterdrückung ausgeübt hatte, war gestürzt worden; General Federico Ponce Vaidez wurde zum Präsidenten ernannt.

Aufgerüttelt durch den Umsturz, geriet nun das Volk in Aufruhr. Mit Juan José Arévalo an der Spitze kam es zu Streiks und Aufstandsbewegungen. Die revoltierende Bevölkerung fand Unterstützung bei Offizieren der Armee, und gemeinsam wird am 22. Oktober ein Staatsstreich gegen das Regime Ponce durchgeführt. Eine Revolutionsjunta – zwei Militärs und ein Zivilist – wird gebildet, die vorübergehend die Staatsgeschäfte übernimmt. Im Dezember finden Präsidentschaftswahlen statt, aus denen Arévalo mit einer überwältigenden Mehrheit eindeutig als Sieger hervorgeht.

»Der Kohlenklau hat seine Hände im Spiel«

18. Oktober. Mit Beginn der Winterperiode ergeht ein erneuter Aufruf an die Haushalte im Deutschen Reich, Gas, Strom und Kohlen zu sparen. Mindestens um 20% soll der private Verbrauch sinken, damit Energie für die kriegswichtige Rüstungsproduktion frei wird.

Mit staatlichen Zwangsmaßnahmen einerseits und Propagandafeldzügen andererseits wird versucht, die Bevölkerung zum konsequenten Energiesparen anzuhalten.

Reichsweit bekannt ist der in zahllosen Zeitungsannoncen abgebildete »Kohlenklau«. Der schwarzgerußte Bösewicht schafft gerade einen Sack Kohlen beiseite, und die Werbeanzeige fordert: »Faßt Kohlenklau, wo ihr ihn findet.« »Überall, wo Kohlen, Strom und Gas vergeudet werden«, so wird der Leser mahnend aufgeklärt, »hat Kohlenklau die Hände im Spiel. Indem er unsere Nachlässigkeit ausnutzt, gefährdet er die Kriegswirtschaft.«

Jagd auf Kohlenklau: Auf spielerische Art und Weise sollen Kinder genauso wie Erwachsene dazu angehalten werden, Kohlen und damit Energie zu sparen

Iranisches Erdöl unter Verschluß

30. Oktober. Die Regierung des Iran erklärt, daß sie vor Ende des Krieges keine Erdölkonzessionen vergeben werde. Diese Ankündigung stößt vor allem in der Sowjetunion auf Erbitterung, da sich die UdSSR intensiv um Erdölrechte auf nordiranischem Gebiet bemüht hatte.

Die sowjetische Presse leitet eine Hetzkampagne gegen den iranischen Ministerpräsidenten Mohammad Muragha os-Said ein, der als »unerwünschte Persönlichkeit« bezeichnet wird, die den freundschaftlichen Beziehungen zwischen der UdSSR und Iran im Wege stehe. Von US-amerikanischer Seite verlautet, daß man die Entscheidung der iranischen Regierung akzeptiere, aber erwarte, nach Kriegsende bei den Verhandlungen um die Vergabe von Erdölrechten berücksichtigt zu werden. Auch die britische Regierung meldet ihr dringendes Interesse an iranischem Erdöl an.

Sartres »Fliegen« in Zürich

12. Oktober. »Die Fliegen« (Les Mouches) von Jean-Paul Sartre wird im Züricher Schauspielhaus erstmals in deutscher Sprache aufgeführt. Die Uraufführung hatte am 3. Juni 1943 im Pariser Théâtre Sarah Bernhardt stattgefunden.

»Die Fliegen« ist eine moderne Bearbeitung des antiken Atriden-Mythos. Das Bühnenwerk um Orest, der mit dem Doppelmord am Mörder seines Vaters und seiner ehebrecherischen Mutter bewußt Verantwortung übernimmt und sich dadurch selbst befreit, ist als Aufforderung Sartres zu verstehen, sich politischer Unterdrückung nicht zu unterwerfen. Sartre wendet sich unter aktuellem Bezug auf die nationalsozialistische Gewaltherrschaft gegen Mutlosigkeit und Selbstaufgabe; er ruft im Sinne der »littérature engagée« zu bewußten, eigenverantwortlichen Entscheidungen auf.

Szenenbild aus dem dreiteiligen Drama »Die Fliegen« (l. Ernst Ginsberg; r. Maria Becker) des französischen Existentialisten Jean-Paul Sartre; bei der deutschsprachigen Erstaufführung im Züricher Schauspielhaus führte Leonard Steckel Regie

Werner Seelenbinder, mehrfacher Deutscher Ringer-Meister im Halbschwergewicht und NS-Gegner

Bekannter Ringer wird hingerichtet

24. Oktober. Der mehrfache Deutsche Ringer-Meister im Halbschwergewicht, Werner Seelenbinder, wird wegen seiner Zugehörigkeit zur illegalen Kommunistischen Partei Deutschlands (KPD) und wegen langjähriger Widerstandtätigkeiten gegen das nationalsozialistische Regime hingerichtet.

Seelenbinder hatte als Ringer zahlreiche Erfolge errungen. 1925 siegte er bei der 1. Internationalen Arbeiterolympiade, 1926 beim Arbeitersportturnier in Wien und 1928 bei der Spartakiade in Moskau. Sechsmal errang er in der Zeit zwischen 1933 und 1941 den Titel eines Deutschen Meisters im klassischen Stil, wurde zweimal Europameisterschaftsdritter und Vierter bei den Olympischen Spielen in Berlin 1936. Seelenbinder hatte seine Teilnahme an internationalen Sportwettkämpfen genutzt, um als Kurier für die KPD tätig zu werden. 1942 wurde er verhaftet und in ein Konzentrationslager eingeliefert. Das Todesurteil erging am 5. September.

Luise Rinser wird wegen »Wehrkraftzersetzung« verhaftet

Die deutsche Schriftstellerin Luise Rinser berichtet in ihrem autobiographischen Roman »Den Wolf umarmen« von ihrer Verhaftung durch die Geheime Staatspolizei am 12. Oktober. Bis Kriegsende wird sie im Untersuchungsgefängnis Traunstein festgehalten.

»Dann kam der Morgen des 12. Oktober 1944. Zwei Dorfgendarmen standen vor meinem Haus. Ich war eben dabei, Hausputz zu machen, zusammen mit Lisi, einem fünfzehnjährigen Dorfmädchen. Die Gendarmen gaben sich Mühe, mich nicht zu erschrecken. Sie sagten, es handle sich vermutlich um eine Zeugenaussage, und ich könne bald wieder heimgehen, ich brauchte mich also nicht einmal umzuziehen. Mir war nicht wohl dabei, aber ich dachte nicht ans Schlimmste … es war durchaus möglich, daß man mich als Zeugin brauchte. Ich wurde ins Dorfwirtshaus geführt. Gefrühstückt hatte ich noch nicht. Es war früh morgens. Klaus und seine Mutter waren nach Salzburg gefahren.

Dann las mir der eine der bekümmerten Gendarmen etwas vor, was zu verstehen, das heißt in Zusammenhang mit mir zu bringen, mir

Luise Rinser mit Söhnen Stephan und Christoph vor der Verhaftung

schwer fiel. Dennoch konnte ich nicht umhin, allmählich zu begreifen, daß ich verhört wurde.

Sie haben zu Angehörigen der deutschen Wehrmacht im Heimaturlaub defaitistische Reden geführt und ihnen geraten zu desertieren. (Stimmt)

Sie haben mit Staatsfeinden im Ausland korrespondiert. (Stimmt, wenn man Hesse als Staatsfeind sah.)

Sie haben verbotenen Umgang gehabt mit polnischen kriegsgefangenen Frauen im Lager Laufen und ihnen Schuhe und Seife gebracht. (Stimmt)

Sie haben kriegsgefangenen russischen Straßenarbeitern in Salzburg regelmäßig Zigaretten zugeworfen. (Stimmt)…

Sie haben defaitistische Nachrichten aus Feindsendern verbreitet und dadurch den Wehrwillen des deutschen Volks geschwächt. (Stimmt)

Sie haben mehrmals Besucher bei sich empfangen, die mit Ihnen staatsfeindliche Gespräche führten. (Stimmt)…

Sie haben einem hohen Würdenträger der Partei gegenüber von Nazischeißdreck gesprochen und sich geweigert, eine Erklärung darüber abzugeben. (Stimmt zum Teil. Nie-

mand hat je eine Erklärung dieser Art von mir erwartet.)

Sie haben sich geweigert, Ihre Kraft in den Dienst des Volks zu stellen und in der Fabrik bei Seebruck zu arbeiten. (Stimmt)…

Sie haben … Sie haben … Sie haben … Vier Seiten Anklage.

Ich leugnete alles. Aber dann kam erst die Bombe: Sie haben der Frau eines Offiziers gegenüber sich scharf abträglich über den Führer geäußert, vom verlorenen Krieg gesprochen und die Frau aufgefordert, ihren Mann zum Desertieren zu bewegen. (Stimmt)…

Das Verhör dauerte bis zwei Uhr nachmittags, also etwa sieben Stunden. Ich erinnere mich nicht mehr, wessen ich noch beschuldigt wurde. Zuletzt stand der eine der Gendarmen auf und ging telefonieren. Er kam bekümmert zurück: Im Namen des Führers (oder wie er sagte), Sie sind verhaftet wegen Wehrkraftzersetzung und Widerstands gegen den Staat… Jetzt zitterten mir die Knie. So also war das. Verhaftet war ich.«

November 1944

1. November, Mittwoch

Britische Truppen landen auf der Insel Walcheren in der Scheldemündung. Mit der Eroberung der Insel wollen sie von See her Zugang zum Hafen von Antwerpen (Belgien) bekommen. →S.192

Bei einer alliierten Luftoffensive gegen Köln sind seit dem 28. Oktober insgesamt 9000 t Bomben abgeworfen worden. Die ganze Stadt steht in Flammen.

Erstmals seit dem 18. April 1942 erscheint wieder ein US-amerikanisches Flugzeug über Tokio (→24.11./S.190).

Über Radio Paris fordert eine französische Untersuchungskommission für Kriegsverbrechen die Bevölkerung des Landes auf, genaue Listen mit den Namen aller Kriegsverbrecher und ihren Vergehen zu erstellen.

Der polnische Dokumentarfilm »Majdanek« über das gleichnamige deutsche Vernichtungslager bei Lublin, der vom Filmstudio der polnischen Armee produziert wurde, wird zum ersten Mal in der Öffentlichkeit vorgeführt. →S.194

2. November, Donnerstag

Die britische Regierung teilt der polnischen Exilregierung unter Ministerpräsident Stanisław Mikołajczyk im sog. Cadogan-Brief mit, daß sie keine Garantie für die Unabhängigkeit des polnischen Staates aussprechen könne, da es nicht gelungen sei, Mikołajczyk zum Verzicht auf die Gebiete östlich der Curzon-Linie zu bewegen (→24.11./S.193).

In Großbritannien kommt es zu heftigen Debatten über die Frage nach dem Zeitpunkt des Kriegsendes. Während die militärische Führungsspitze mit einer Beendigung der Kriegshandlungen vor dem Jahreswechsel rechnet, geht Premierminister Winston Churchill davon aus, daß sich die Kämpfe noch bis in das Jahr 1945 hinziehen werden.

In einem gewagten Unternehmen sprengen sechs britische »Mosquito«-Bomber aus 25 m Höhe das Hauptquartier der deutschen Geheimen Staatspolizei in Århus (Dänemark). →S.193

3. November, Freitag

Der Hafen von Antwerpen (Belgien) wird durch die Alliierten wiedereröffnet, nachdem er in einer mehrwöchigen Aktion von Minen befreit worden ist.

Nach Meldungen der deutschen Presse mußte der Einzelhandel des Deutschen Reiches im Laufe der Kriegsjahre bisher rund 45 % der Arbeitskräfte an die Wehrmacht und die Rüstungsindustrie abgeben. Andererseits ist der Arbeitsaufwand für die Verkaufsläden durch verlängerte Ladenzeiten und das komplizierte Markensystem wesentlich größer geworden.

Das griechische Verkehrsministerium gibt bekannt, daß vom Vorkriegsbestand der griechischen Eisenbahnen lediglich zehn Lokomotiven und 40 halbzerstörte Güterwagen übriggeblieben sind. Personenwagen sind überhaupt nicht mehr vorhanden.

Der Pariser Bevölkerung wird amtlich mitgeteilt, daß vor dem 1. Januar 1945 keine Kohle für Heizzwecke zur Verfügung stehen werde (→4.11./S.192).

4. November, Sonnabend

Bochum, im Ruhrgebiet und damit im Zentrum der deutschen Rüstungsindustrie gelegen, erleidet seinen schwersten von insgesamt 150 Bombenangriffen im Zweiten Weltkrieg. →S.186

Die 8. US-Luftflotte wirft 1030 t Bomben auf Treibstofflager in Hamburg.

Die Versorgungslage in den von der deutschen Besatzung befreiten Ländern Frankreich, Belgien und Niederlande ist katastrophal. Dies wird auf einer Pressekonferenz in London von Sprechern der drei Länder mitgeteilt. →S.192

Der spanische Staatschef Francisco Franco Bahamonde steckt in einem Presseinterview die politischen Positionen seines Regimes ab. Er bezeichnet Spanien außenpolitisch als neutral und innenpolitisch als eine sich auf Waffen stützende Demokratie.

5. November, Sonntag

Deutsche Truppen erobern die ostpreußische Stadt Goldap zurück, die am 22. Oktober von der Roten Armee eingenommen worden war (→16.10./S.174).

6. November, Montag

Die sowjetische Regierung lehnt das Ersuchen des schweizerischen Bundesrates ab, die diplomatischen Beziehungen zwischen den Regierungen beider Länder wiederaufzunehmen.

Der residierende britische Staatsminister im Nahen Osten, Walter Edward Guiness Baron Moyne of Bury St. Edmunds, wird in Kairo von zwei jüdischen Attentätern erschossen. Die beiden Männer, die zu der extremistischen jüdischen »Stern«-Gruppe gehören, wollen mit dem Mordanschlag gegen die britische Palästinapolitik protestieren. →S.192

Die italienische Regierung meldet die Bildung einer neuen italienischen Armee, die etwa sechs Divisionen stark ist und an der Seite der alliierten Streitkräfte in den Krieg eintreten soll.

Die »Provisorische Regierung Frankreichs« setzt alle Diskriminierungsgesetze gegen Juden außer Kraft. Die Durchführung dieser Maßnahme erweist sich jedoch in einigen Punkten als problematisch. Es handelt sich dabei vor allem um das Rückkehrrecht der Juden an ihre früheren Arbeitsplätze und in ihre Wohnungen sowie um die Rückgabe ihres konfiszierten Besitzes. →S.191

7. November, Dienstag

Franklin Delano Roosevelt geht erneut als Sieger aus den Präsidentschaftswahlen der USA hervor. →S.190

Die beiden Verkehrsknotenzonen Ludwigshafen-Aschaffenburg und Nürnberg-Treuchtlingen-München-Rosenheim werden von alliierten Kampfflugzeugen angegriffen.

Der deutsche Journalist und sowjetische Spion Richard Sorge wird nach dreijähriger Haft in Tokio hingerichtet. Sorge hatte als Korrespondent der »Frankfurter Zeitung«, seit 1933 Geheiminformationen in japanischen Regierungskreisen gesammelt und an die Sowjetunion weitergegeben. →S.191

Im Hotel »Rotes Haus« in Straßburg treffen sich führende deutsche Industrielle, um im Hinblick auf die bevorstehende militärische Niederlage des Deutschen Reiches die Vorbereitung der Nachkriegsproduktion zu planen.

Auf der Eisenbahnstrecke Obertürkheim-Untertürkheim bei Stuttgart stößt ein Vorortzug mit einem leeren Personenzug zusammen. Aus den Trümmern werden 40 Tote geborgen.

8. November, Mittwoch

US-amerikanische Truppen eröffnen bei Metz in Frankreich eine Offensive gegen die deutschen Truppen.

Der deutsche Reichspropagandaminister Joseph Goebbels berichtet erstmals offiziell über den Einsatz der »V 2«, die seit dem →8. September (S.156) vor allem auf London abgeschossen wird. →S.191

Rund 60 000 Personen, die der Kollaboration mit den Deutschen verdächtigt werden, befinden sich nach Mitteilung des belgischen Ministerpräsidenten Hubert Pierlot in seinem Land in Haft.

Beinahe die gesamte Infrastruktur Griechenlands ist von deutschen Truppen bei ihrem Abzug (→4.10./S.170) zerstört worden. Dies geht aus einem Bericht des britischen Außenministers Robert Anthony Eden hervor.

9. November, Donnerstag

Eine deutsche Patrouille eröffnet in Kopenhagen auf offener Straße das Feuer auf Passanten. Zehn Menschen sterben. Vermutlich handelt es sich bei der Aktion um eine Vergeltungsmaßnahme für den Tod von zwei deutschen Soldaten, die am 6. November von Widerstandskämpfern erschossen worden waren.

Die USA erkennen die neue Regierung Guatemalas an, die am →22. Oktober (S.180) die Macht übernommen hatte.

10. November, Freitag

In Köln werden 13 Mitglieder der deutschen Widerstandsorganisation »Edelweißpiraten« hingerichtet. →S.187

In Liverpool (Großbritannien) nimmt die bisher größte Penicillinfabrik der Welt ihre Produktion auf (→8.6./S.103).

7. November, Dienstag

Franklin Delano Roosevelt geht erneut als Sieger aus den Präsidentschaftswahlen der USA hervor. →S.190

Der britische Premierminister Winston Churchill trifft zu einem viertägigen Besuch in Paris ein, um mit Charles de Gaulle, Ministerpräsident der »Provisorischen Regierung der Französischen Republik«, über Nachkriegsfragen zu verhandeln. →S.190

Die Alliierten erkennen die moskaunahe albanische Regierung unter Ministerpräsident Enver Hoxha an. →S.193

Da die Straßenbahnen immer mehr zum innerstädtischen Güterverkehr herangezogen werden, verfügt der deutsche Reichsinnenminister Heinrich Himmler, daß »für die Dauer kriegsbedingter Verhältnisse« Schienenfahrzeuge grundsätzlich Vorfahrt haben.

11. November, Sonnabend

Der US-Soldat Eddi Slovik wird von einem Kriegsgericht wegen Fahnenflucht zum Tode verurteilt und am 31. Januar 1945 erschossen. Er ist der einzige von 40 000 US-Deserteuren, der wegen dieses Vergehens hingerichtet wird.

In Bern stellt der Ingenieur Karl Zanini eine Baumaschine vor, die nach seinen Angaben Bombardierungsschutt in vollwertiges Baumaterial umwandeln kann.

12. November, Sonntag

Statt der üblichen Erinnerungsfeierlichkeiten zum Jahrestag des Münchner Putsches vom 9. November 1923 läßt der deutsche Führer und Reichskanzler Adolf Hitler eine verspätete Proklamation verlesen. Darin verkündet er die vollständige Eingliederung der Wehrmacht in den Nationalsozialismus. →S.188

Das bereits am →3. April (S.67) durch Minen beschädigte deutsche Schlachtschiff »Tirpitz« wird im norwegischen Tromsöfjord durch einen britischen Bombenangriff versenkt. →S.188

13. November, Montag

In der britischen Presse mehren sich die Gerüchte, daß der deutsche Führer und Reichskanzler Adolf Hitler durch Reichsführer SS Heinrich Himmler von der ersten Machtposition im Deutschen Reich verdrängt worden ist. Über Hitler werden die verschiedensten Mutmaßungen angestellt, wobei von Krankheit, Flucht, Tod und Gefangenschaft die Rede ist. Die Gerüchte werden von deutscher Seite dementiert. →S.189

Die letzte der zahllosen repressiven Verordnungen gegen Juden im Deutschen Reich tritt in Kraft: Ihnen wird der Aufenthalt in Wärmehallen verboten.

Der deutsche Reichsminister für Ernährung und Landwirtschaft, Herbert Backe, führt mit dem 69. Verteilungsabschnitt eine neue Reichseierkarte ein.

14. November, Dienstag

In London legt die »Europäische Beratende Kommission« im sog. 2. Zonenprotokoll die Besatzungszonen im Nachkriegsdeutschland fest. Ein alliierter Kontrollrat ist als oberste Besatzungsinstanz vorgesehen. →S.191

Plakat des Volkssturms: Ab dem 25. September 1944 werden alle Männer zwischen 16 und 60 Jahren zum Dienst in dieser Kampforganisation herangezogen

Um Freiheit und Leben

Volkssturm

Freifranzösische Truppen besetzen die Republik Andorra mit der Begründung, daß Frankreich für die »Sicherheit im Pyrenäengebiet« sorgen müsse.

Der sowjetische General Andrei A. Wlassow gründet in Prag ein »Komitee zur Befreiung der Völker Rußlands« und beginnt mit der Aufstellung einer »Russischen Befreiungsarmee«. →S.193

Die Regierung der Schweiz teilt mit, daß sie selbst in Fällen drohender Lebensgefahr nicht allen Flüchtlingen ohne Prüfung Asyl gewähren könne.

15. November, Mittwoch

Durch ein Gesetz werden die rund 1000 reichsten Griechen mit einer in vier Raten zu entrichtenden Sondersteuer belegt, die etwa 1,5 Millionen Pfund Sterling einbringen soll.

Die Belieferung der jugoslawischen Befreiungsarmee unter Josip Tito mit Kriegsmaterialien erreicht einen Höhepunkt. In den vorangegangenen 48 Stunden transportierten 500 britische Flugzeuge 660 t Hilfsgüter in die von den Partisanen kontrollierten Gebiete.

Die französische Regierung überläßt vorübergehend dem alliierten Oberkommando unter US-General Dwight D. Eisenhower den Eiffelturm in Paris als Rundfunkstation.

Das Kriegsproduktionsamt der Vereinigten Staaten teilt mit, daß sich die täglichen Kriegskosten der USA auf rund 286 Millionen US-Dollar belaufen.

Das Schauspiel »La femme du boulanger« (Die Frau des Bäckers) von Marcel Pagnol wird im französischen Rundfunk uraufgeführt. →S.194

16. November, Donnerstag

Die Lebensmittel können im Deutschen Reich nicht mehr gleichmäßig verteilt werden, da das Transportsystem völlig überlastet ist. Dies geht aus einer Verlautbarung des Reichsernährungsstandes hervor (→1.10./S.179).

Die Regierung des »Unabhängigen Staates Kroatien« erläßt ein Gesetz, das jede öffentliche oder private Tätigkeit verbietet, die nicht direkt oder indirekt den Zwecken nationaler Verteidigung dient.

Der Film »Ein fröhliches Haus« wird in Berlin uraufgeführt. In den Hauptrollen sind Ursula Herking und Georg Thomalla zu sehen.

17. November, Freitag

US-Präsident Franklin Delano Roosevelt teilt auf eine Anfrage des Ministerpräsidenten der polnischen Exilregierung, Stanisław Mikołajczyk, mit, daß die USA keine Garantie für die Grenzen Polens übernehmen können (→24.11./S.193).

Die Mitglieder des weiblichen Arbeitsdienstes werden im gesamten Deutschen Reich künftig zur Bedienung der Scheinwerfer bei der Flak eingesetzt; die freiwerdenden Soldaten gehen an die Front (→11.9./S.156).

18. November, Sonnabend

Seit dem 2. November sind auf Anordnung Adolf Eichmanns, des Leiters der Abteilung Judenangelegenheiten im Reichssicherheitshauptamt in Berlin, etwa 38 000 Juden aus Budapest in die deutschen Konzentrationslager Ravensbrück, Buchenwald u.a. transportiert worden (→28.4./S.64). Etwa 4000 Menschen konnten durch Intervention des schwedischen Diplomaten Raoul Wallenberg gerettet werden.

Die gesamte deutsche Westfront verfügt lediglich über 775 einsatzbereite Panzer, während die Alliierten mit der zehnfachen Materialmenge operieren.

Die belgische Regierung bestimmt durch ein Dekret die Entwaffnung aller noch bestehenden Widerstandsgruppen. Diese Anordnung führt zu Streiks und allgemeiner Unruhe im Land.

19. November, Sonntag

Zur Eröffnung der »6. Kriegserzeugerschlacht« gibt der deutsche Reichsernährungsminister Herbert Backe »Richtlinien für die Arbeit im sechsten Kriegsjahr« für alle Landwirte heraus (→1.10./S.179).

Die britische Admiralität bestätigt offiziell, daß ein deutsches U-Boot seit August 1941 für die britische Flotte fährt. Der Kommandant von »U 570« war vor drei Jahren mitsamt seinem Boot übergelaufen und hat seither mit großem Erfolg gegen die deutsche Seemacht gekämpft.

20. November, Montag

Der deutsche Führer und Reichskanzler Adolf Hitler verläßt endgültig sein langjähriges Hauptquartier »Wolfsschanze« bei Rastenburg in Ostpreußen. Er zieht in den 1943 erbauten »Führerbunker« im Garten der Reichskanzlei in Berlin um. →S.189

Bisher sind insgesamt 210 deutsche Fernraketen »V 2« auf Großbritannien niedergegangen, 96 davon auf London. Durch den Einsatz der »Geheimwaffe« kamen bisher 456 Menschen ums Leben (→8.9./S.156; 8.11/S.191).

21. November, Dienstag

In Bolivien wird ein Putschversuch von Militärs gegen Staatspräsident Gualberto Villaroel, der seit dem 20. Dezember 1943 an der Macht ist, niedergeschlagen. Die Führer der Aufstandsbewegung werden festgenommen. →S.193

Über die Philippineninsel Leyte rast ein Taifun, der Häuser und Brücken wegreißt, Straßen überschwemmt und Bäche in Flüsse verwandelt. Die Naturgewalten zwingen die japanischen und US-amerikanischen Truppen zu einer Kampfpause (→22.10./S.173).

22. November, Buß- und Bettag

Die deutschen Soldaten werden von der Ostseeinsel Ösel (Estland) evakuiert, weil sie den Angriffen sowjetischer Land-, See- und Luftstreitkräfte nicht mehr länger standhalten können.

Der US-amerikanische Gewerkschaftsbund bekräftigt seine Haltung, vorerst keine Streiks auszurufen.

23. November, Donnerstag

Einheiten der 7. US-Armee unter dem Oberbefehl von General Alexander M. Patch erobern Straßburg und erreichen damit den Rhein.

24. November, Freitag

Die japanische Hauptstadt Tokio wird erstmals seit zweieinhalb Jahren wieder von US-amerikanischen Bombern angegriffen. →S.190

Der Ministerpräsident der polnischen Exilregierung, Stanisław Mikołajczyk, tritt zurück. Er hatte sich zur Anerkennung der »Curzon-Linie« als Ostgrenze Polens bereit erklärt und daraufhin die Unterstützung aller in der Exilregierung vertretenen Parteien verloren. →S.193

25. November, Sonnabend

Der deutsche Führer und Reichskanzler Adolf Hitler erläßt einen Durchhaltebefehl: Er ordnet »todesmutige Tapferkeit« für die Kommandoführungen auch in ausweglosen Situationen an. →S.189

In Berlin verkündet der deutsche Reichsminister für Volksaufklärung und Propaganda, Joseph Goebbels, in einer Rede: »Der Wille des deutschen Volkes, auszuhalten und zu kämpfen, bis es den Ansturm seiner Feinde endgültig abgeschlagen hat, verbindet sich mit seiner wachsenden militärischen Kraft zur Gestaltung einer für den Feind völlig veränderten Situation.«

26. November, Sonntag

Der deutsche Reichsführer SS Heinrich Himmler befiehlt, die Vergasungen im Vernichtungslager Auschwitz einzustellen und alle Spuren zu beseitigen. Die Häftlinge werden u.a. in die Lager Dachau und Bergen-Belsen verlegt. →S.187

US-Bomberverbände werfen 1993 t Bomben auf die Eisenbahnanlagen von Paderborn, Bielefeld, Hamm, Osnabrück, Hannover und Gütersloh. Außerdem wird die Ölraffinerie in Misburg bei Hannover bombardiert.

In der Sowjetunion wird das »Antifaschistische Büro Österreichischer Kriegsgefangener« gegründet. Die Organisation kämpft für eine Befreiung Österreichs von der deutschen Herrschaft.

27. November, Montag

Edward Reilly Stettinius wird neuer Außenminister der Vereinigten Staaten. Er löst den 73jährigen Cordell Hull ab, der aus Gesundheitsgründen zurücktritt.

Frankreich wird Mitglied der am 15. Dezember 1943 gegründeten »European Advisory Commission« (Europäische Beratende Kommission) (→14.11./S.191).

Der von der »Provisorischen Französischen Regierung« amnestierte Generalsekretär der Kommunistischen Partei Frankreichs, Maurice Thorez, der bei Kriegsbeginn in die UdSSR emigriert war, kehrt nach Paris zurück.

Bei einem alliierten Luftangriff wird der Kölner Dom von einer Sprengbombe getroffen und schwer beschädigt.

28. November, Dienstag

Durch ein Regierungsdekret werden alle Kräfte der griechischen Widerstandsbewegung gegen ihren Willen aufgelöst.

In Burton upon Trent (Großbritannien) explodiert ein Bombenlager der britischen Luftwaffe. 50 Menschen kommen bei der Detonation ums Leben.

29. November, Mittwoch

Am elften Jahrestag der Gründung der NS-Freizeitorganisation »Kraft durch Freude« richtet ihr Vorsitzender, Reichsorganisationsleiter Robert Ley, eine Grußbotschaft und ein feierliches Treuebekenntnis an den deutschen Führer und Reichskanzler Adolf Hitler.

Tomasz Arciszewski übernimmt nach dem Rücktritt von Stanisław Mikołajczyk das Amt des Ministerpräsidenten der polnischen Exilregierung in London (→24.11./S.193).

Die britische Regierung gibt bekannt, daß durch deutsche Luftangriffe seit Beginn des Zweiten Weltkrieges in England von 13 Millionen Häusern bisher 4 Millionen zerstört oder beschädigt worden sind.

Aus den USA wird ein Mangel an Zigaretten gemeldet. Der Engpaß resultiert daraus, daß große Mengen des beliebten Genußmittels an die Front geliefert werden. Ein beträchtlicher Teil der Ware, die im Land verbleibt, geht an den Schwarzmarkt und wird dem Verbraucher zu Wucherpreisen angeboten.

30. November, Donnerstag

In ganz Großbritannien wird der 70. Geburtstag von Premierminister Winston Churchill gefeiert. Dem Staatsmann wird die herzlichste Anerkennung von allen Seiten zuteil. →S.190

Die Verluste der deutschen Wehrmacht seit Kriegsbeginn im Jahre 1939 belaufen sich auf über dreieinhalb Millionen Soldaten. Rund die Hälfte ist gefallen, die andere Hälfte befindet sich in Kriegsgefangenschaft oder wird vermißt.

Im Rahmen der schlechten allgemeinen Versorgungslage im Deutschen Reich, die mit Hilfe von Zuteilungskarten staatlich verwaltet wird, tritt ein Erlaß in Kraft, der die Gültigkeit der Reichsseifenkarte für den Monat November vorerst bis zum 10. Dezember verlängert (→1.10./S.179).

Das Wetter im Monat November

Station	Mittlere Lufttemperatur (°C)	Niederschlag (mm)	Sonnenscheindauer (Std.)
Aachen	5,0 (6,0)	— (67)	— (62)
Berlin	4,9 (3,9)	104 (46)	39,1 (50)
Bremen	5,4 (5,3)	97 (60)	58,2 (50)
München	3,2 (3,0)	132 (53)	55,3 (54)
Wien	— (4,5)	— (53)	— (58)
Zürich	4,5 (3,3)	214 (72)	41 (51)

( ) Langjähriger Mittelwert für diesen Monat
— Wert nicht ermittelt

SCHWEIZERISCHE WINTERHILFE 1944

Bomben auf das Ruhrgebiet

4. November. Die Alliierten setzen ihre im Oktober eingeleitete Luftoffensive gegen das Ruhrgebiet als das Zentrum der deutschen Rüstungsindustrie fort: Bochum erleidet seinen bislang schwersten Bombenangriff im Zweiten Weltkrieg. Fast 700 britische Kampfflugzeuge werfen 2323 t Bomben auf die Stadt. 1300 Menschen kommen ums Leben, 70000 werden obdachlos.

Luftangriffe auf das Revier 1944
27. 3.: Essen 2834 t
21. 5.: Duisburg 2000 t
 6.10.: Dortmund
14.10.: Duisburg
15.10.: Duisburg
22.10.: Essen 4522 t
24.10.: Essen 3719 t
 4.11.: Bochum 2323 t
 6.11.: Gelsenkirchen
 9.11.: Wanne-Eickel 1315 t
12.11.: Dortmund 1122 t
15.11.: Dortmund 904 t
19.11.: Wanne-Eickel 1519 t
29.11.: Essen 1147 t
29.11.: Dortmund 1618 t
 1.12.: Duisburg 2270 t
13.12.: Essen 2354 t
17.12.: Duisburg 1767 t

Der Angriff richtet sich vor allem gegen den Bochumer Verein für Gußstahlfabrikation. Das Werk wird mit über 10000 Spreng- und mehr als 130000 Brandbomben belegt und ebenso wie die umliegenden Gebäude völlig zerstört.

Anfang Oktober hatten die alliierten Luftstreitkräfte mit der systematischen Bombardierung des Ruhrgebiets als Ballungszentrum und Waffenschmiede begonnen. Ziele der Angriffe sind vor allem Rüstungsbetriebe und Verkehrsanlagen. Oft werden die Bomben auch über Wohngebieten ausgeklinkt.

Der erste alliierte Großangriff gegen das Ruhrgebiet im Oktober wurde am 6. des Monats gegen Dortmund geführt. Rund 170000 Bomben fielen auf die Stadt; 1015 Menschen kamen ums Leben, 60000 wurden obdachlos. In der Nacht vom 14. auf den 15. Oktober lag Duisburg im alliierten Bombenhagel; am 22. und 24. Oktober war Essen Ziel schwerer feindlicher Luftangriffe.

Im November folgt zwei Tage nach der Bombardierung von Bochum ein schwerer Luftangriff auf Gelsenkirchen. Die Altstadt und mehrere Vororte werden in Schutt und Asche gelegt. Allein 1000 Sprengbomben treffen die Werksanlagen des Schalker Vereins. Im Laufe des November folgen noch mehrere Luftangriffe auf Wanne-Eickel, Dortmund, Essen und Duisburg.

Die fortwährenden Bombardierungen haben verheerende Auswirkungen auf die Zivilbevölkerung. Ein Großteil der Wohnhäuser, Kirchen, Krankenhäuser und anderer öffentlicher Gebäude wird zerstört. Die Strom-, Wasser- und Gasversorgung ist nur noch zeitweise gesichert. Ein Teil der Bevölkerung entschließt sich, das Ruhrgebiet zu verlassen.

Stadtviertel in Gelsenkirchen im Herbst 1944 nach einem schweren alliierten Luftangriff; ein Großteil der Wohnhäuser ist beschädigt oder zerstört

Gelsenkirchen im Herbst 1944; neben Wohnvierteln gelten die Bombenangriffe vor allem den Fabrikanlagen zur Herstellung von Rüstungsgütern

Nachdem die alliierten Luftstreitkräfte ihre Bomben abgeworfen haben, gleicht die Ruhrorter Straße in Duisburg einem Trümmerfeld; kaum ein Stein ist auf dem anderen geblieben

Claubergstraße in Duisburg nach einem Bombenangriff; fassungslos betrachten die Anwohner die verwüsteten Häuser

Ruinen, Trümmer und Geröll; so sieht es im Herbst 1944 in Dortmund aus; lediglich die großen Straßen wurden nach den Angriffen vom Schutt freigeräumt

KZ Auschwitz liquidiert

26. November. Da die Befreiung des deutschen Massenvernichtungslagers Auschwitz durch sowjetische Truppen bevorsteht, ordnet der deutsche Reichsführer SS Heinrich Himmler die Liquidierung des Lagers an. Er befiehlt die Einstellung der Vergasungen und die Zerstörung der Krematorien.

Ein Teil der technischen Einrichtungen aus den Gaskammern und Ofenanlagen wird demontiert und in das Konzentrationslager Groß-Rosen gebracht. Häftlingskommandos müssen die Gräben zur Verbrennung von Leichen und zur Aufnahme der Asche aus den Krematorien zuschütten und mit Grassoden abdecken. Große Mengen von Kleidungsstücken und Wertgegenständen, die man den Juden vor ihrer Ermordung abgenommen hatte, werden Richtung Westen ins Reichsinnere transportiert, alles was zurückbleibt wird vernichtet.

Die letzten Vergasungen in Auschwitz finden am 28. November statt. In der Folgezeit werden die überlebenden Juden zu Tausenden in Todesmärschen oder mit dem Zug in Konzentrationslager innerhalb des Deutschen Reiches verlegt. Die meisten Häftlinge kommen nach Bergen-Belsen, Dachau, Buchenwald, Flossenbürg, Mauthausen, Sachsenhausen und Stutthof.

Die Angaben über die Gesamtzahl der Menschen, die seit Mai 1942 in Auschwitz vergast wurden, schwanken stark. Rudolf Höß, bis 1943 Lagerkommandant von Auschwitz, spricht selbst einmal von 2,5 Millionen, dann wieder von 1,135 Millionen. Andere Schätzungen liegen bei bis zu 4 Millionen Opfern.

Heinrich Himmler, Reichsführer SS und Leiter der deutschen Polizei

Marktplatz in der Innenstadt von Dortmund; auch die Marienkirche (erbaut 1260–1280) ist durch mehrere Bombentreffer stark zerstört worden

13 Edelweißpiraten erhängt

10. November. Am Bahndamm in Köln-Ehrenfeld werden 13 Angehörige der jugendlichen Widerstandsgruppe »Edelweißpiraten« ohne Gerichtsverfahren von der Geheimen Staatspolizei öffentlich gehängt. Ihnen wird Mord, Raub und Schwarzhandel vorgeworfen.

Unter den Hingerichteten sind drei Jugendliche, die noch nicht 18 Jahre alt sind: Günther Schwarz und Barthel Schink sind 16, Gustav Bermel ist gerade 17 geworden.

Die Kölner Gruppe der Edelweißpiraten hatte sich einer Widerstandsgruppe aus desertierten Wehrmachtsangehörigen und geflüchteten ausländischen Zwangsarbeitern angeschlossen, die bewaffnete Angriffe auf Polizei und NS-Funktionäre verübte. Die Aufgabe der Jugendlichen bestand vor allem darin, die im Untergrund operierenden NS-Gegner mit Lebensmitteln zu versorgen. An einigen Sabotageakten auf Parteiführer und -dienststellen waren sie direkt beteiligt.

Die Kölner Edelweißpiraten zählen zu den radikalsten Vertretern dieser jugendlichen Protestbewegung. Ursprünglich hatten sich – vereinzelt ab 1933 und verstärkt seit 1936 – Jungen und Mädchen vor allem in den Städten am Rhein und im Ruhrgebiet unter dem Namen »Edelweißpiraten« zusammengeschlossen, um ihre Freizeit nach eigenem Geschmack zu gestalten und dem Drill der Hitlerjugend zu entfliehen. Mit ihrer kluftähnlichen Kleidung (karierte Hemden und weiße, halbhohe Kniestrümpfe), langen Haaren und einer Edelweißplakette als Erkennungszeichen hoben sie sich auch äußerlich von den regimetreuen Jugendorganisationen ab. Bald gingen einige Edelweißpiraten von bloßer Ablehnung zur offenen Opposition über. In ihren Liedern, auf Flugblättern und Maueraufschriften wiesen sie auf die Verbrechen der Nationalsozialisten hin und schreckten auch vor Sabotageaktionen und bewaffnetem Widerstand nicht zurück.

Wehrmacht voll auf NS-Linie

12. November. Im Münchner Zirkus Krone verliest Reichsführer SS Heinrich Himmler eine Proklamation des deutschen Führers und Reichskanzlers Adolf Hitler zum 21. Jahrestag des Marsches auf die Feldherrnhalle am 9. November 1923. Hitler, der seinen eigenen Worten zufolge aus Zeitgründen nicht zu der Kundgebung erscheint, verkündet in seinem Aufruf die vollständige Eingliederung der Wehrmacht in den Nationalsozialismus.

Stärke der deutschen Wehrmacht

(Angaben in Millionen)

Jahr	Heer	Luftwaffe	Marine	Insg.
1939	3,1	0,68	0,14	3,92
1940	4,15	0,98	0,15	5,28
1941	5,65	1,4	0,36	7,41
1942	6,5	1,9	0,58	8,98
1943	7,5	2,05	0,64	10,19
1944	7,85	2,12	0,78	10,75

Die letzten Schritte zur Gleichschaltung der deutschen Streitkräfte waren nach dem Attentat auf Hitler (→20.7./S.115) eingeleitet worden. Drei Tage nach dem Anschlag, am 23. Juli, hatte Reichsmarschall Hermann Göring als rangältester Wehrmachtsoffizier »als Zeichen unverbrüchlicher Treue zum Führer und engster Verbundenheit zwischen Wehrmacht und Partei« den »Deutschen Gruß« als militärische Ehrenbezeigung eingeführt. Ferner wurden alle Personen, die nicht auf der Linie der nationalsozialistischen Weltanschauung lagen, rücksichtslos aus der Wehrmacht entfernt.

Wesentliche Befugnisse des Heeres gingen an die Schutzstaffel (SS) und die Waffen-SS über – die Führung des militärischen Geheimdienstes, das Kriegsgefangenenwesen und der Oberbefehl über das Ersatzheer, die Reservetruppen der Wehrmacht. Den Abschluß der »Säuberungsaktion« in der Wehrmacht läßt Hitler am 12. November mit folgenden Worten verkünden: »[Der] Putschversuch am 20. Juli... wurde... zum Beginn einer gründlichen Überholung des gesamten Staatsapparates ... Die Reichskriegsflagge ist in diesen Tagen als Symbol der nationalsozialistischen Revolutions- und Staatsidee die Regimentsfahne der deutschen Wehrmacht geworden. Der Deutsche Gruß wurde eingeführt... Was mich aber nach diesem 20. Juli am tiefsten ergriffen... hat, ist die Erkenntnis, daß das Heer, die Marine und die Luftwaffe... in ihrer Gesamtheit, ohne daß dies leider vielleicht früher äußerlich so sichtbar geworden war, den nationalsozialistischen Geist schon so in sich aufgenommen hatten, daß so gut wie nichts mehr zu tun übrigblieb, außer die Unwürdigen aus der Partei, aus dem Staat und aus der Wehrmacht auszustoßen, um eine vollkommene Einheit der Auffassungen und des Willens von Partei, Volk, Staat und Wehrmacht herbeizuführen ... Die Antwort auf den Aufruf zum Ausbau der Reichsverteidigung ... war ein Symbol für die immer mehr in Erscheinung tretende deutsche Volksgemeinschaft.«

Wehrmachtsoldaten üben den »Deutschen Gruß«, der seit dem 23. Juli als militärische Ehrenbezeigung gilt; Reichsmarschall Hermann Göring hatte ihn kurz nach dem Attentat auf den deutschen Führer und Reichskanzler Adolf Hitler am 20. Juli eingeführt, um die Verbundenheit der Wehrmacht mit der NSDAP und Hitler zu demonstrieren

»Tirpitz« von Lancaster-Bombern versenkt

12. November. *Das im norwegischen Tromsöfjord liegende letzte große deutsche Schlachtschiff, die »Tirpitz« (42 900 Bruttoregistertonnen), wird von britischen Kampfflugzeugen versenkt. 21 Lancaster-Maschinen werfen Sechs-Tonnen-Bomben auf das Schiff. Sie erzielen zwei Volltreffer: Der eine vernichtet die Katapultvorrichtung für das Bordflugzeug, durchschlägt das Panzerdeck und explodiert; der andere trifft den Geschützturm »Cäsar«. In wenigen Minuten legt sich die »Tirpitz« auf die Seite und sinkt (Abb.: »Tirpitz« kieloben; die Steuerbord-Seite ragt aus dem Wasser). 28 Offiziere und 874 Matrosen kommen ums Leben, 880 werden gerettet.*
Nachdem das letzte einsatzfähige Schlachtschiff untergegangen ist, verliert die deutsche Marine für die letzten Kriegsmonate erheblich an Bedeutung.

Adolf Hitler muß die »Wolfsschanze« räumen

Durchhaltebefehl für die Wehrmacht

20. November. Der deutsche Führer und Reichskanzler Adolf Hitler verläßt endgültig sein durch den raschen sowjetischen Vormarsch bedrohtes Hauptquartier »Wolfsschanze« bei Rastenburg in Ostpreußen. Er zieht in den »Führerbunker« im Garten der Reichskanzlei in Berlin, um von dort aus den letzten deutschen Großangriff, die Ardennenoffensive, vorzubereiten.

Fast dreieinhalb Jahre, vom 24. Juni 1941 bis zum 20. November 1944, hatte Hitler – mit Unterbrechungen – in der »Wolfsschanze« zugebracht. Von hier leitete er das politische und militärische Geschehen, hielt Lagebesprechungen ab und empfing Staatsbesuche. Erst als er von allen Seiten bedrängt wird, sein langjähriges Hauptquartier zu verlassen, da beinahe täglich mit dem Eintreffen sowjetischer Verbände zu rechnen sei, entschließt sich der gesundheitlich schwer angeschlagene Hitler (→ 17.9./S.157), nach Berlin umzusiedeln.

Obwohl der Vormarsch der Roten Armee vorübergehend zum Stehen gekommen ist, rechnet auch Hitler nicht mehr damit, daß ein Zusammenbrechen der Ostfront auf Dauer zu verhindern ist. Er richtet sein Augenmerk nach Westen und plant, mit einer letzten Kraftanstrengung in den Ardennen (→ 16.12./S.202) die britischen und US-amerikanischen Kräfte zurückzuschlagen. Nach kurzem Aufenthalt in Berlin begibt sich Hitler zur Durchführung der Operation am 10. Dezember in das 1939 errichtete Führerhauptquartier »Adlerhorst« bei Ziegenheim in der Nähe von Bad Nauheim. Nach dem Scheitern der Ardennenoffensive kehrt er am 16. Januar 1945 nach Berlin zurück.

Führerhauptquartier »Wolfsschanze«

N

···· Innerer Drahtzaun
✠✠✠ Führersperrkreis

1 Führerbunker   5 Göring
2 Gästebunker   6 OKL
3 Lagebaracke   7 OKM
4 Bormann   8 Chef OKW

25. November. Der deutsche Führer und Reichskanzler Adolf Hitler fordert in einer Anweisung alle deutschen Truppen dazu auf, auch in aussichtslosen Situationen durchzuhalten und bis zum letzten Mann zu kämpfen. Er reagiert mit diesem Befehl auf die Tatsache, daß sich immer häufiger Kommandoführer der Wehrmacht angesichts einer eindeutigen gegnerischen Übermacht zur Kapitulation entschließen.

Wörtlich heißt es in der Anweisung Hitlers u.a.: »Tatkraft und Entschlußfreudigkeit, Charakterfestigkeit und Glaubensstärke und harte unbedingte Einsatzbereitschaft sind … unerläßliche Eigenschaften für den Kampf. Wer sie nicht … besitzt, kann nicht Führer sein und hat abzutreten. Ich befehle daher: Glaubt ein Truppenführer, … den Kampf aufgeben zu müssen, so hat er erst seine Offiziere, dann Unteroffiziere, danach die Mannschaft zu befragen, ob einer von ihnen den Auftrag erfüllen und den Kampf fortführen will. Ist dies der Fall, übergibt er diesem – ohne Rücksicht auf den Dienstgrad – die Befehlsgewalt.«

Britische Gerüchte über Machtwechsel im Deutschen Reich

13. November. Die Tatsache, daß sich der deutsche Führer und Reichskanzler Adolf Hitler schon seit vielen Wochen nicht mehr in der Öffentlichkeit gezeigt hat, führt in Großbritannien zu zahlreichen Gerüchten über den Gesundheitszustand Hitlers und eine mögliche Machtverschiebung im Deutschen Reich. Die Spekulationen flammen auf, nachdem die Proklamation Hitlers zum 21. Jahrestag des Marsches auf die Münchner Feldherrnhalle (→ 12.11./S.188) nicht von ihm selbst, sondern stellvertretend von Reichsführer SS Heinrich Himmler verlesen worden war, da Hitler angeblich keine Zeit hatte.

Ein schweizerischer Korrespondent berichtet aus Großbritannien von umlaufenden Gerüchten:

»In Kommentaren der Londoner Presse verdichtet sich die Ansicht, daß Hitler von Himmler, wenn auch nicht der Form, so doch der tatsächlichen Macht nach von der ersten Stelle im Staate verdrängt

worden ist. Man spekuliert auf Grund von Gerüchten, ärztlichen Gutachten und Berichten, deren Herkunft nicht weiter verifizierbar

ist, über die möglichen Gründe des beharrlichen Schweigens Hitlers. Es werden verschiedene Mutmaßungen angestellt, wobei von

Dieses Bild von der Ritterkreuz-Verleihung an den Belgier Léon Degrelle am 25. 9. veröffentlicht die »London News« als aktuellstes Hitler-Foto

Krankheit, Erschöpfung, Nervenzusammenbruch, Flucht, Tod und Gefangenschaft die Rede ist. In vielen Artikeln, die im Laufe dieser Tage in England veröffentlicht worden sind, werden diese Möglichkeiten erörtert, welche erklären sollen, weshalb Hitler dieses Jahr der traditionellen Münchener Feier am 9. November ferngeblieben ist. Die Tatsache selbst, daß der Text der gestrigen Proklamation Hitlers von Himmler verlesen wurde, hat den Gerüchten nur noch mehr Nahrung gegeben. Vielfach ist man der Meinung, daß die Proklamation nicht von Hitler selbst verfaßt sei. In einer Reihe von Kommentaren wird außerdem hervorgehoben, daß die Proklamation mehrmals von der Selbstaufopferung und dem möglichen Tode Hitlers spricht. Darin will man ein Anzeichen dafür sehen, daß möglicherweise Partei und Volk auf einen Wechsel in der höchsten deutschen Führung vorbereitet würden.«

Franklin Delano Roosevelt, in seinem Amt als US-Präsident bestätigt

Thomas E. Dewey, der republikanische Gegenkandidat von Roosevelt

Der britische Premierminister Winston Churchill (l.) und Charles de Gaulle, Ministerpräsident der »Provisorischen Französischen Regierung« in Paris

Roosevelt wieder Präsident

7. November. Der seit 1933 amtierende US-Präsident Franklin Delano Roosevelt wird zum dritten Mal hintereinander wiedergewählt. Er ist der erste von bislang 32 Präsidenten der Vereinigten Staaten, dem länger als acht Jahre die Führung der Staatsgeschäfte übertragen wird.

Der Demokrat Roosevelt kann 25 Millionen Wählerstimmen auf sich vereinen; 22 Millionen entfallen auf seinen Gegenkandidaten, den von der Republikanischen Partei aufgestellten Thomas Edmund Dewey.

Auch aus den gleichzeitig stattfindenden Wahlen für den Senat und das Repräsentantenhaus gehen die Demokraten als Sieger hervor. Im Repräsentantenhaus sind sie nun mit 218 Sitzen gegenüber 208 für die Republikaner vertreten, im Senat mit 58 gegenüber 37.

Die Wiederwahl Roosevelts bedeutet eine Bestätigung seiner Kriegspolitik. Sein Wahlerfolg ist um so erstaunlicher, als der kritische Gesundheitszustand des 62jährigen Präsidenten bekannt ist.

De Gaulle empfängt Churchill

10. November. Der britische Premierminister Winston Churchill trifft zu viertägigen Gesprächen mit Charles de Gaulle, Ministerpräsident der »Provisorischen Französischen Regierung«, in Paris ein. Vorausgegangen war die formelle Anerkennung der Regierung de Gaulles durch Großbritannien, die USA und die UdSSR am 23. Oktober.

De Gaulle trägt Churchill seine Forderungen an die Alliierten vor. Dazu gehören vor allem die Anerkennung Frankreichs als gleichberechtigter Partner, volles Mitspracherecht bei allen Nachkriegsfragen und eine französische Besatzungszone in Deutschland. Er verlangt ferner Kriegsmaterial für die französische Armee, damit diese mit voller Kraft am Endkampf gegen das Deutsche Reich teilnehmen kann.

Churchill stellt eine »weitestgehende Übereinstimmung« zwischen beiden Ländern fest und lädt Frankreich im Namen der Alliierten ein, der »Europäischen Beratenden Kommission« beizutreten.

US-Luftwaffe bombardiert Ziele in Tokio

24. November. US-amerikanische Langstreckenbomber vom Typ Boeing »B 29 Superfortress« greifen Industrieziele im Raum Tokio an. Es ist das erste Mal seit dem 18. April 1942, daß wieder US-Bomben auf die japanische Hauptstadt fallen.

Bereits am 1. November war – erstmals seit zweieinhalb Jahren – ein US-Flugzeug zu einem Erkundungsflug über Tokio erschienen. Es war eine von der Marianeninsel Saipan gestartete »F 13«, die Fotoaufklärer-Version der »B 29«.

Am 24. November erfolgt dann der Angriff. Von den insgesamt 111 in Saipan gestarteten Maschinen der 21. US-Air Force erreichen 88 den Raum Tokio, 23 Flugzeuge müssen bereits vorher umkehren.

Starke Westwinde und tiefliegende Wolkenbänke haben zur Folge, daß nur 24 »B 29« das Hauptziel, die Na-

kajimawerke bei Tokio, finden und dort ihre Bombenlast abwerfen. 125 japanische Jäger greifen den feindlichen Verband an, ein US-Bomber geht durch Abschuß verloren.

Dieser Angriff auf Tokio leitet die US-Luftoffensive gegen das japanische Kernland ein. Dazu wird von

US-amerikanischer Seite mitgeteilt: »Die Schlacht um Japan hat begonnen. Die systematische Vernichtung der japanischen Rüstungsproduktion … kann nun mit entschiedener Wucht weitergeführt werden, um das Kernland Japans für eine spätere Invasion vorzubereiten.«

Der neue US-amerikanische Langstreckenbomber »B 29 Superfortress«; er kommt Ende November bei den Angriffen gegen Japan zum Kampfeinsatz

Große Würdigungen zum 70. Geburtstag

30. November. In Großbritannien wird der 70. Geburtstag von Premierminister Winston Churchill zum Anlaß genommen, um ihn als großen Staatsmann zu feiern. Besondere Würdigung erfahren seine bedeutenden außenpolitischen Leistungen als Kriegspremier.

Vor allem die Presse ist voll des Lobes. So schreibt der »Daily Telegraph«: »Die Leistungen, die der Premier in den letzten fünf Jahren vollbrachte, haben ihm den ersten Platz unter den großen Männern unseres Landes gesichert«. Der »Daily Herald« stellt fest: »Nichts … kann uns blind machen gegen seine unsterblichen Verdienste.« und »News Chronicle« erklärt in patriotischem Ton: »Wir sind stolz auf unseren Winston Churchill. Er verkörpert die besten englischen Eigenschaften.«

Frankreich hebt Judengesetze auf

6. November. In Frankreich werden alle Diskriminierungsgesetze gegen Juden außer Kraft gesetzt. Die praktische Durchführung dieser Maßnahme erweist sich jedoch in einigen Punkten – vor allem was Besitzfragen anbelangt – als schwierig.

Ohne Probleme lassen sich die Verfügungen über das Tragen des Judensterns, die Verkehrsbeschränkungen, das Verbot des Besuchs von Restaurants und öffentlichen Telefonkabinen, der Ausschluß aus einer Reihe von freien Berufen und ähnliche Rassengesetze aufheben. Komplizierter gestaltet sich die Rückkehr der Juden an ihre früheren Arbeitsplätze in der Staatsverwaltung. Diese sind meist mit anderen Beamten besetzt worden, die nicht einfach entlassen werden können. Probleme gibt es auch bei der Rückgabe des konfiszierten oder zwangsweise verkauften Besitzes. Oftmals – wie z.B. bei Wertpapieren – ist es kaum mehr möglich, den ehemaligen Käufer oder gegenwärtigen Besitzer ausfindig zu machen.

EAC legt Zonenprotokoll vor

14. November. Die »Europäische Beratende Kommission« (European Advisory Commission = EAC) legt nach dem sog. 1. Zonenprotokoll (→12.9./S.151) das überarbeitete sog. 2. Zonenprotokoll vor. Die EAC, in der die USA, die UdSSR und

Frankreich wird Mitglied der EAC

Am 27. November wird Frankreich neben den USA, der UdSSR und Großbritannien als viertes vollwertiges Mitglied in die »Europäische Beratende Kommission« (European Advisory Commission = EAC) aufgenommen. Die am 15. Dezember 1943 gegründete EAC hat die Aufgabe, den alliierten Regierungen Vorschläge über künftige Besatzungszonen und mögliche Kontrollinstanzen im Nachkriegsdeutschland zur Diskussion vorzulegen.

Großbritannien mit je einem Mitglied vertreten sind, macht den alliierten Regierungen folgende Vorschläge über das Kontrollverfahren und die Einteilung von Besatzungszonen in Deutschland nach Kriegs-

Erstmals offizielle Berichte über »V 2«

8. November. Genau zwei Monate nach dem ersten Abschuß der deutschen Rakete »V 2« (→8.9./S.156) teilt Reichspropagandaminister Joseph Goebbels offiziell mit, daß nach der »V 1« (→12.6./S.100) seit längerem eine weitere Fernkampfwaffe gegen Großbritannien eingesetzt werde. Nach dieser Meldung sieht sich der britische Premierminister Winston Churchill, der bislang der Öffentlichkeit den Einsatz der »V 2« verschwiegen hatte, gezwungen, ebenfalls über die völlig neuartige Rakete zu informieren.

24 Stunden nach dem Bericht von Goebbels gibt Churchill vor dem Unterhaus in London die erste amtliche Erklärung über die deutsche Geheimwaffe ab. Er räumt ein, daß die »V 2« eine so hohe Geschwindigkeit erreicht, daß es nicht möglich ist, sie abzuwehren oder die Bevölkerung vorher zu warnen. Allerdings, so erklärt Churchill, seien die angerichteten Schäden bisher gering, und es werde dem Feind nicht gelingen, die britische Moral anzugreifen.

ende: Es werden drei Besatzungszonen gebildet; der Ostteil Deutschlands fällt an die Sowjetunion, Nordwestdeutschland an Großbritannien, und Südwestdeutschland mit Hessen und Bremen wird den USA zugesprochen. Großberlin zergliedert sich in drei Sektoren: Die UdSSR erhält die Bezirke Pankow, Weißensee, Prenzlauer Berg, Mitte, Lichtenberg, Friedrichshain, Treptow und Köpenick. Für Großbritannien sind Reinickendorf, Wedding, Spandau, Charlottenburg und Wilmersdorf vorgesehen, und den Vereinigten Staaten werden Zehlendorf, Steglitz, Tempelhof, Neukölln und Kreuzberg zugesprochen.

Als oberste Besatzungsinstanz schlägt die »Europäische Beratende Kommission« einen alliierten Kontrollrat vor, der sich aus den obersten Militärbefehlshabern der drei Besatzungsmächte zusammensetzt. Das 2. Zonenprotokoll der EAC bildet die Diskussionsgrundlage für die Konferenz von Jalta am 4. Februar 1945 und wird dort von den Staats- und Regierungschefs der USA, der Sowjetunion und Großbritanniens grundsätzlich bestätigt.

Richard Sorge lieferte der UdSSR Geheiminformationen aus Japan

Spion Rudolf Rößler; als »Lucy« in Luzern für die Sowjetunion tätig

Spion Sorge hingerichtet

7. November. Der deutsche Journalist Richard Sorge, der seit 1929 als Spion für die Sowjetunion im Fernen Osten tätig war und in Japan Geheiminformationen auf allerhöchster Ebene gesammelt hatte, wird nach dreijähriger Haft in Tokio hingerichtet.

Sorge (*4.10.1895, Baku) diente im Ersten Weltkrieg in der deutschen Armee, trat dann 1919

Spione im Dienste Moskaus

Die berühmtesten sowjetischen Spione im Zweiten Weltkrieg:
- Leopold Trepper »Grand Chef« in Paris
- Victor Sukolow »Petit Chef« in Brüssel
- Iwan Usdanski »Ida« in Rom
- Alexander Rado »Alex« in Genf
- Rudolf Rößler »Lucy« in Luzern
- Richard Sorge »Ika« in Tokio

der Kommunistischen Partei Deutschlands bei, wurde 1925 Mitglied der Kommunistischen Internationale und arbeitete seit 1929 als deren Agent in China. Seit 1933 war Sorge in Japan tätig. Getarnt als Korrespondent der »Frankfurter Zeitung«, baute er den ersten größeren ausländischen Spionagering im modernen

Japan auf. Er nutzte seine hervorragenden Kenntnisse der japanischen Politik und Kultur, um sich Zutritt zu den Kreisen japanischer Spitzendiplomaten zu verschaffen. Der deutsche Botschafter in Tokio, Eugen Ott, auf den Sorge einen starken Einfluß ausübte, führte ihn mit hochgestellten Politikern zusammen. Seine Informationen übermittelte Sorge per Funk oder per Mikrofilm über Schanghai oder Hongkong. Den Japanern gelang es nicht, den Geheimcode zu entschlüsseln.

Der erfolgreiche Spion berichtete seinen sowjetischen Auftraggebern u.a. über die Kampfbereitschaft der japanischen Armee, deren Stärke und politische Rolle, über Japans Pläne in China und die Beziehungen zu Großbritannien und den USA. Vier Wochen vor dem deutschen Einmarsch in die Sowjetunion im Juni 1941 meldete Sorge den Angriffstermin, doch Moskau ließ die Information unbeachtet. Im Oktober 1941 berichtete Sorge, daß die Japaner die Sowjetunion nicht angreifen würden. Dies war für die UdSSR wichtig zu wissen, da sie nun einen Teil ihrer Fernost-Armee nach Westen abziehen und zur Rettung Moskaus einsetzen konnte.

Am 16. Oktober 1941 wurden Sorge und sein Assistent in Tokio verhaftet. Nach Ablehnung des deutschen Auslieferungsantrags wurde er zum Tode verurteilt.

Walcheren von den Alliierten erobert

1. November. *In der Scheldemündung beginnt die alliierte Operation »Infatuate« mit dem Ziel, durch die Eroberung der niederländischen Insel Walcheren von See her Zugang zum Hafen von Antwerpen (Belgien) zu erlangen. Nach erbitterten Kämpfen, die hohe Verluste auf beiden Seiten fordern, muß die 70. deutsche Infanteriedivision unter Generalleutnant Wilhelm Daser am 6. November kapitulieren.*

Bevor die Alliierten den Versuch unternehmen, auf Walcheren zu landen (Abb.), werden die Deiche bombardiert. Da das Inselniveau unter dem Meeresspiegel liegt, wird beinahe die gesamte Landfläche überschwemmt. Erst danach erfolgt die Landung, an der britische, kanadische und niederländische Verbände beteiligt sind. Das britische Schlachtschiff »Warspite« und zwei Kanonenboote unterstützen mit Artilleriebeschuß das Landemanöver. Anschließend wird die Stadt Westkapelle eingenommen und ein Brückenkopf von 2,7 km Länge errichtet. Die Insel war von dem deutschen Führer und Reichskanzler Adolf Hitler zur Festung erklärt worden. Sie wird von den Deutschen erst nach starker Gegenwehr aufgegeben. Die Scheldemündung ist damit unter alliierter Kontrolle.

Versorgungsnot in Europa

4. November. Die Ernährungs- und Bekleidungslage in den von deutscher Besatzung befreiten Ländern Niederlande, Belgien und Frankreich ist katastrophal. Dies teilen Sprecher der drei Länder auf einer Pressekonferenz in London mit.

Die größte Not herrscht offensichtlich in den Niederlanden. Der holländische Vertreter berichtet, daß die Deutschen bei ihrem Rückzug aus den Städten und Dörfern alles, dessen sie habhaft werden konnten, mitgenommen hätten. Es herrsche Lebensmittel- und Kleidermangel. Auf Unverständnis der notleidenden Bevölkerung seines Landes stoße die Tatsache, daß die alliierten Behörden zwar die deutschen Kriegsgefangenen und niederländischen Kollaborateure mit vollen Rationen ernähren würden, das Volk dagegen jedoch hungern ließen.

Auch in Frankreich und Belgien ist die Versorgungslage kritisch. Die Not ist jedoch nicht ganz so drückend, da die Deutschen bei ihrem schnellen Rückzug keine Zeit für gründliche Plünderungen hatten.

In Belgien hofft man, daß die von den Alliierten versprochenen Nahrungsmittellieferungen (drei Wochen lang täglich 200 t Lebensmittel) die akute Not beseitigen.

In Frankreich verhindern Transportschwierigkeiten noch immer eine auch nur einigermaßen ausreichende Versorgung der Städte. Auf dem Land ist die Lage ungleich besser: So kosten z. B. Eier in Paris achtmal soviel wie in den umliegenden Gegenden. In ganz Frankreich herrscht Mangel an warmer Kleidung für die Winterzeit. Besorgniserregend sind vor allem die unzureichenden Vorräte an Heizmaterial.

Lord Moyne, britischer Staatsminister im Nahen Osten; er wird von jüdischen Extremisten ermordet

Mit Gewalt gegen die Mandatsmacht

6. November. Der residierende britische Staatsminister im Nahen Osten, Walter Edward Guiness Baron Moyne of Bury St. Edmunds, wird in Kairo von zwei jüdischen Terroristen ermordet. Die beiden Attentäter gehören der »Stern«-Gruppe an, einer Vereinigung extremer jüdischer Nationalisten. Ziel dieser Organisation ist die »Rettung der Juden durch Vertreibung der Engländer aus Palästina«.

Moyne wird von mehreren Schüssen getroffen, als er gerade sein Auto verläßt und sich zu seiner Wohnung begeben will. Er stirbt noch am selben Tag an seinen Verletzungen. Die beiden Attentäter versuchen, auf Fahrrädern zu entkommen, können jedoch bald verhaftet werden.

Der Anschlag wird von der britischen Regierung scharf verurteilt.

Wlassow gründet »Befreiungsarmee«

14. November. In Absprache mit dem deutschen Reichsführer SS Heinrich Himmler gründet der sowjetische General Andrei A. Wlassow in Prag ein »Komitee zur Befreiung der Völker Rußlands«. Wlassow, der 1942 in deutsche Kriegsgefangenschaft geraten war, beginnt mit der Aufstellung einer »Russischen Befreiungsarmee« aus Kriegs-

Andrei A. Wlassow, sowjetischer General, bot den Deutschen, nachdem sie ihn 1942 gefangengenommen hatten, seinen Dienst an; im Herbst 1944 beginnt er in Absprache mit Reichsführer SS Heinrich Himmler mit der Aufstellung einer »Russische Befreiungsarmee«

gefangenen und Zwangsarbeitern, die zur Unterstützung der deutschen Armee in den Kampf gegen die Sowjetunion eintreten soll. Bis Kriegsende kann er jedoch lediglich zwei Divisionen rekrutieren.

Wlassow hatte der NS-Führung bereits 1942 angeboten, eine antisowjetische Armee aufzustellen. Die Deutschen nutzten ihn aber damals nur für ihre Propagandazwecke und erinnern sich erst jetzt – in auswegloser militärischer Lage – wieder an Wlassows Hilfsangebot.

Putsch in Bolivien niedergeschlagen

21. November. In Bolivien schlägt ein Putsch gegen Staatspräsident Gualberto Villaroel, der seit dem 20. Dezember 1943 an der Macht ist, fehl. Die Aufständischen werden rasch gefaßt und verhaftet.

Die Putschisten unter der Führung von Oberst Meiliton Brito gehören zu den Anhangern der 1943 gestürzten Regierung von Präsident Enrique Peñaranda y del Castillo. Der Aufstand bricht in der Provinzhauptstadt Oruro aus. Die militärischen und zivilen Dienststellen werden besetzt, der Polizeichef entmachtet. Die Regierung des Landes leitet sofort Gegenmaßnahmen ein, und es gelingt ihr, den Aufstand am selben Tag niederzuschlagen.

Villaroel mahnt das Volk in einer Ansprache zur Ruhe und verhängt den Ausnahmezustand.

Albanische Partisanen, z. T. mit deutschen Waffen und Uniformen, in einem Vorort von Tirana, nachdem die deutschen Truppen abgezogen sind

Alliierte erkennen Hoxha an

10. November. Die im Mai von Oberst Enver Hoxha gebildete moskaunahe albanische Regierung wird von Großbritannien, den USA und der UdSSR als rechtmäßige Regierung Albaniens anerkannt.

Ähnlich wie in Jugoslawien waren in Albanien zwei große Widerstandsgruppen entstanden: Die kommunistische »Nationale Befreiungsbewegung« unter Enver Hoxha und eine konservativ-republikanische »Nationale Union«. Beide kämpften nicht nur gegen die deutschen Besat-

zungstruppen, sondern auch gegeneinander. Hoxha behielt schließlich die Oberhand von beiden und bildete im Mai 1944 eine provisorische albanische Regierung nach jugoslawischem Muster.

Nach seiner Anerkennung als Regierungschef kann Hoxha am 20. November in der Hauptstadt Tirana einziehen, die am 17. von den Deutschen im Rahmen ihres Rückzugs vom Balkan geräumt wurde. Am 30. November verläßt der letzte deutsche Soldat albanischen Boden.

Mikołajczyk muß sein Amt abgeben

24. November. Stanisław Mikołajczyk tritt als Ministerpräsident der polnischen Exilregierung in London zurück. Er und seine Bauernpartei hatten die Unterstützung aller Parteien in der Exilregierung verloren, da sie sich bereit erklärt hatten, im Konflikt um die sowjetisch-polnische Grenze nachzugeben und die »Curzon-Linie« (→22.2./S.37) als Ostgrenze Polens anzuerkennen.

Die strittige Polenfrage war auf der Moskauer Konferenz (→9.10./ S.171) zwischen dem sowjetischen Staats- und Parteichef Josef W. Stalin und dem britischen Premierminister Winston Churchill in Anwesenheit von Mikołajczyk diskutiert worden – ohne Einigung: Stalin beharrte auf der Westverschiebung Polens und verlangte, daß die künftige Regierung des Landes vom kommunistischen »Lubliner Komitee« (→22.7/S.113) gebildet wird; Mikołajczyk lehnte dieses Ansinnen ab. Von Churchill unter Druck gesetzt, versuchte er dann aber doch, in der Exilregierung einen Kompromiß durchzusetzen. Er stieß jedoch auf Widerstand und sieht sich schließlich zum Rücktritt gezwungen. Am 29. November bildet Tomasz Arciszewski eine neue Regierung, der die alliierten Staatsführer wegen ihres harten Kurses in der »Polenfrage« die Anerkennung entziehen.

Århus: Bomben auf Gestapo-Hauptsitz

2. November. *Britische Flugzeuge sprengen bei einem Präzisionsangriff den Hauptsitz der deutschen Geheimen Staatspolizei (Gestapo) in der dänischen Stadt Århus.*

Sechs »Mosquito«-Bomber werfen aus einer Höhe von nur 25 m im Abstand von zwei Sekunden Zeitzünderbomben auf ihr Ziel (Abb.: Gestapo-Gebäude im Moment der Explosion). Die deutsche Luftabwehr wird völlig überrascht.

Die britische Luftwaffe entschloß sich zur Durchführung des Unternehmens, nachdem man von der dänischen Untergrundbewegung erfahren hatte, daß die Gestapo in Århus Tausende von Dokumenten zusammengetragen hat, um zum entscheidenden Schlag gegen die Widerstandsgruppen auszuholen.

Dokumentarfilm über KZ Majdanek

1. November. Der polnische Dokumentarfilm »Majdanek« über das gleichnamige deutsche Vernichtungslager, das am → 23. Juli (S.113) von der Roten Armee befreit worden war, wird zum ersten Mal in der Öffentlichkeit gezeigt. Er ruft bei Millionen von Zuschauern in aller Welt tiefste Bestürzung hervor.

Der Film wurde vom Filmstudio der Polnischen Armee produziert, das sich zur Aufgabe gesetzt hat, die nationalsozialistischen Verbrechen filmisch festzuhalten, um der Welt über die Greueltaten zu berichten. Die polnischen Regisseure, Aleksander Ford und Jerzy Bossak, beschränken sich darauf, Fakten zu zeigen – Berge von Kleidung, Brillen, Ausweisen, die Todeskammern und Massengräber. Kommentare erübrigen sich angesichts dieser Schreckensbilder. Zu Wort kommen lediglich verschiedene Augenzeugen.

Pagnol-Stück im Radio uraufgeführt

15. November. Das Theaterstück »Die Frau des Bäckers« des französischen Schriftstellers, Filmautors und -regisseurs Marcel Pagnol wird im französischen Rundfunk uraufgeführt. Pagnol erzählt in dem für ihn typischen humorvoll-satirischen Ton eine Geschichte aus der Kleinbürgerwelt der Provence. Im Mittelpunkt steht die junge Bäckersfrau Aurélie, die sich an der Seite ihres Ehemanns langweilt und mit einem italienischen Hirten durchbrennt. Während sich die Dorfbewohner über den Skandal empören, weigert sich der Bäcker, den Ehebruch seiner Frau zur Kenntnis zu nehmen. Als sie zu ihm zurückkehrt, nimmt er sie ohne Vorwurf und Argwohn wieder auf. Aurélie wandelt sich angesichts dieser selbstlosen Güte zu einem neuen Menschen und lebt fortan voller Zufriedenheit an der Seite ihres Mannes.

Bebop – neue Klänge im Jazz

Während unter den Nationalsozialisten der Jazz als »Niggermusik« verpönt ist und Swing als »undeutsch« abgelehnt wird, geht die musikalische Entwicklung der Jazzmusik in den Vereinigten Staaten weiter. Ein neuer Stil setzt sich durch – der Bebop.

Die Anfänge des Bebop liegen in einer Zeit, da sich der Swing auf Erfolgskurs befindet und mittlerweile zu einem gigantischen Geschäft geworden ist. In bewußter Abkehr von dem kommerzialisierten Swing entwickelt sich zuerst in Kansas City, dann aber vor allem in den Musikertreffpunkten im New Yorker Farbigenviertel Harlem, besonders im »Minton's«, ein neuer Stil. Zu den wichtigsten Musikern, die hier zusammenkommen, gehören der Pianist Thelonius Monk, der Schlagzeuger Kenneth Spearman (»Kenny«) Clarke, der Gitarrist Charles (»Charlie«) Christian, der Trompeter Dizzy Gillespie und der Altsaxophonist Charlie (»Bird«) Parker. Eine Reihe von Swingmusikern hatte die Voraussetzungen für die Entstehung des Bebop geschaffen. Zu nennen sind neben Charlie Christian der Trompeter Roy Eldridge, der Pianist Clyde Hart, der Tenorsaxophonist Lester Willis Young, der Bassist Jimmy Blanton und der Schlagzeuger Jo Jones.

Der neue Bebop-Stil klingt zunächst ungewohnt in den Ohren der Jazzfreunde. Schnelle, nervöse Phrasen, die mitunter nur noch wie melodische Fetzen wirken, und »falsch« klingende verminderte Quinten stoßen erst mit der Zeit auf Zustimmung.

Eingerahmt werden die Bebop-Improvisationen von der Darstellung des Themas im Unisono am Anfang und am Schluß des Stükkes – im allgemeinen durch zwei Spieler, meist einen Trompeter und einen Saxophonisten.

Obwohl die Bebopmusiker auf verschiedenen Ebenen Neues schaffen, werden bestimmte Jazznormen eingehalten. So spielt sich z.B. noch viel im 4/4-Takt ab. Konventionelle Tonleitern und Harmonien herrschen vor.

Lange Zeit ignorieren die Medien die Existenz des Bebop, und auch die Plattenfirmen weigern sich, den neuen Stil zur Kenntnis zu nehmen. Der Bebop wird nicht selten als das endgültige Ende der Jazzmusik bezeichnet.

Hans Knappertsbusch; der 1888 in (Wuppertal-)Elberfeld geborene Dirigent erhielt 1935 Dirigierverbot; seit 1938 Leiter der Wiener Staatsoper

Musik 1944:

»Totaler Krieg« lähmt Musikleben

Das Musikleben im Deutschen Reich kommt durch die Kriegsereignisse praktisch völlig zum Erliegen: Die an allen Fronten sich abzeichnende Niederlage und die Mobilisierung der Bevölkerung für den »totalen Krieg« sowie die zunehmenden Terrormaßnahmen des nationalsozialistischen Regimes lassen keinen Raum für Kreativität. Durch die Zerstörung zahlreicher Konzertsäle, Theater und anderer Spielstätten bei alliierten Bombenangriffen ist die Aufrechterhaltung eines geordneten Spielbetriebes insgesamt nicht mehr möglich.

Auch die Salzburger Festspiele – seit 1920 ein Höhepunkt des Musiksommers – fallen weitgehend der Kriegslage zum Opfer. Propagandaminister Joseph Goebbels, der Anfang Juli zum »Reichsbevollmächtigten für den totalen Kriegseinsatz an der Heimatfront« ernannt wird, läßt die Festspiele am 29. Juli absagen. Auf Wunsch der regionalen Gauleitung finden jedoch für die Salzburger Bevölkerung zwei der geplanten Veranstaltungen statt: So wird die Oper »Die Liebe der Danae« des 80jährigen Komponisten Richard Strauss als »öffentliche Generalprobe« in Anwesenheit des Künstlers aufgeführt. Dirigent ist Clemens Krauss, Generalintendant der Bayerischen Staatsoper und Direktor der Salzburger Festspiele. Unter der Leitung von Wilhelm Furtwängler spielen zudem die Wiener Philharmoniker die Sinfonie Nr. 8 c-Moll von Anton Bruckner.

Das nach einem Entwurf von Hugo von Hofmannsthal von Joseph Gregor geschriebene Libretto zu »Die Liebe der Danae« vereinigt in »heiterer« Form zwei Mythen: Den Mythos von König Midas, unter dessen Berührung sich alles in Gold verwandelt, sowie den von der Königstochter Danae, die von Zeus begehrt wird. Zu einer Reihe von Verwirrungen kommt es, als Midas die Danae heiraten will.

Richard Strauss, Clemens Krauss und Wilhelm Furtwängler gehören zu der Gruppe von deutschen Künstlern, die sich – wenn auch nicht ohne Probleme – mit den Machthabern in Berlin arrangiert und durch ihren Namen zum inter-

Wilhelm Furtwängler (Bildmitte), einer der bekanntesten Dirigenten im Dritten Reich, beim Konzert in einer Fabrik

nationalen Prestige des Dritten Reiches beigetragen haben.

Zu den Komponisten, die Europa auf der Flucht vor den nationalistischen Rassenideologen oder wegen des Krieges verlassen haben, gehören neben Paul Hindemith z. B. Béla Bartók und Arnold Schönberg. Bartók, der seine Übersiedlung 1940 von Ungarn in die USA als einen »Sprung ins Ungewisse aus dem gewußten Unerträglichen« bezeich-

nete, hatte 1940 bis 1942 nicht komponieren können, da er als Komponist und Musiker entwurzelt war. Erst mit dem Auftrag zur Komposition eines Orchesterwerkes für die Sergei-Kussewizki-Stiftung 1943 löste er sich aus seiner Verbitterung; auch sein schlechter Gesundheitszustand verbesserte sich. Das Ergebnis einer intensiven Schaffensperiode von nur 55 Tagen, das »Konzert für Orchester«, wird am 1.

Dezember 1944 in Boston vom Bostoner Sinfonieorchester unter der Leitung von Sergei A. Kussewizki uraufgeführt.

Der gebürtige Österreicher Arnold Schönberg lebt seit 1933 im Exil in den Vereinigten Staaten. 1944 beginnt er die Kantate »Ein Überlebender aus Warschau«. Schönberg verarbeitet darin Berichte über den Aufstand der Juden im Warschauer Ghetto 1943.

Dezember 1944

Mo	Di	Mi	Do	Fr	Sa	So
				1	2	3
4	5	6	7	8	9	10
11	12	13	14	15	16	17
18	19	20	21	22	23	24
25	26	27	28	29	30	31

1. Dezember, Freitag

In Paris wird ein Gerichtsverfahren gegen zwölf Franzosen eröffnet, die während der deutschen Besatzungszeit mit der Geheimen Staatspolizei (Gestapo) zusammengearbeitet hatten.

Das 1943 im US-amerikanischen Exil entstandene »Konzert für Orchester« des ungarischen Komponisten Béla Bartók wird in Boston unter der Leitung von Sergei A. Kussewizki uraufgeführt.

Der deutsche Propagandafilm »Ein Blick zurück« mit Rudolf Forster und Hilde Weißner unter der Regie von Gerhard Menzel wird in Berlin uraufgeführt.

2. Dezember, Sonnabend

US-amerikanische Truppen unter dem Befehl von General George Smith Patton dringen in das Saartal ein.

Das faschistische Regime in Oberitalien setzt eigene Truppen ein, die an der Seite deutscher Verbände die Poebene gegen alliierte Streitkräfte verteidigen sollen.

3. Dezember, Sonntag

Der deutsche Führer und Reichskanzler Adolf Hitler erläßt eine Verfügung über die neuen militärischen Aufgaben des Reichsarbeitsdienstes, der zukünftig einen Teil der bisher vom Ersatzheer durchgeführten militärischen Ausbildung übernehmen soll.

Die deutsche Wehrmacht räumt ihre Stellungen bei Venlo (Niederlande).

In Griechenland bricht ein Aufstand der kommunistischen Befreiungsfront »Ellenikon Apelevtherikon Metopon« (EAM) gegen die Regierung von Ministerpräsident Jeorjios Papandreu aus. Direkter Anlaß des Bürgerkrieges ist die Anordnung Papandreus, daß der militärische Flügel der EAM zu entwaffnen sei. →S.200

Der französische Chemiker und Physiker Georges Claude, der 1902 ein nach ihm benanntes Verfahren zur Luftverflüssigung entwickelt hatte, wird in Paris verhaftet. Ihm wird vorgeworfen, während der Besatzungszeit mit den Deutschen zusammengearbeitet zu haben.

In den Vereinigten Staaten wird eine offizielle Studie über den Nachkriegshandel der USA mit Südamerika veröffentlicht. In dem Bericht wird davon ausgegangen, daß sich die US-Exportmöglichkeiten nach Südamerika für die ersten zehn Nachkriegsjahre auf rund sechs Milliarden US-Dollar belaufen werden.

4. Dezember, Montag

Der deutsche Führer und Reichskanzler Adolf Hitler empfängt Ferenc Szálasi, der

seit dem Putsch vom →15. Oktober (S.172) unter deutschem Schutz Staatschef von Ungarn ist, zu einer Unterredung über Fragen der militärischen, politischen und wirtschaftlichen Zusammenarbeit beider Länder.

Bei einem Angriff der britischen Luftwaffe in der Nacht vom 4. auf den 5. Dezember auf Heilbronn wird die Altstadt nahezu völlig zerstört. 7147 Menschen finden den Tod.

Ein polnisches Sondergericht in Lublin verurteilt fünf Funktionäre des am →23. Juli (S.113) befreiten Konzentrationslagers Majdanek zum Tode. Sie werden für die grausame Massenvernichtung von rund 1,5 Millionen Menschen mitverantwortlich gemacht.

Der chinesische Staatschef Chiang Kaishek nimmt zum zweiten Mal innerhalb von 14 Tagen eine Regierungsumbildung vor. Er reagiert damit auf eine sich zuspitzende Staatskrise, die sich an den militärischen Erfolgen japanischer Truppen in der chinesischen Provinz Kweitschou entzündet hatte.

Neuer Präsident des Internationalen Komitees vom Roten Kreuz wird Carl Jacob Burckhardt. Er löst Max Huber ab, der dieses Amt seit 1928 bekleidete. →S.207

5. Dezember, Dienstag

Britische Truppen ziehen in Ravenna ein und werden von der italienischen Bevölkerung mit Begeisterung begrüßt.

In Moskau wird eine ungarische Gegenregierung unter Generaloberst Béla Dálnoki-Miklós gebildet, die sich am 7. Dezember in Debrecen (Ungarn) niederläßt (→31.12./S.205).

Alle deutschen Frauen über 18 Jahren werden zur aktiven Verteidigung des Deutschen Reiches aufgerufen. Die NS-Frauenführerin Gertrud Scholtz-Klink gibt dazu die Parole aus: »Hilf dir selbst, so hilft dir Gott«. →S.206

Im Iran tritt ein Gesetz in Kraft, das es der Regierung in Teheran verbietet, in Zukunft ausländischen Regierungen oder Gesellschaften Ölkonzessionen zu gewähren. Die Ausbeute der iranischen Ölvorkommen soll allein durch einheimische Gesellschaften erfolgen dürfen (→30.10./S.180).

6. Dezember, Mittwoch

Japanische Streitkräfte landen auf der Philippineninsel Leyte und greifen US-amerikanische Flugzeugstützpunkte an. Sechs Tage später sind alle auf Leyte gelandeten Fallschirmjäger getötet oder gefangengenommen (→22.10./S.173).

Der Generaldirektor der Vereinigten Stahlwerke, Albert Vögler, wird von dem deutschen Führer und Reichskanzler Adolf Hitler zum Generalbevollmächtigten der Ruhrwirtschaft ernannt.

Der einstrahlige Düsenjäger Heinkel »He 162«, der den Beinamen »Salamander« trägt, startet in Wien zu seinem ersten Probeflug. Die Maschine soll serienmäßig produziert werden und die alliierten

Bombenangriffe stoppen. Sie kommt jedoch wegen des Treibstoffmangels vor Kriegsende nicht mehr zum Einsatz.

7. Dezember, Donnerstag

US-Bomber fliegen einen schweren Angriff auf das japanische Festland. Die US-Luftwaffe setzt dabei die speziell für den Luftkrieg gegen Japan entwickelte Boeing »B 29« (»Superfortress«) ein.

In Griechenland setzen britische Streitkräfte zur Bekämpfung des Aufstandes der kommunistischen Befreiungsarmee erstmals Artillerie ein. Gleichzeitig bombardieren Jagdflugzeuge die Stützpunkte der Rebellen (→3.12./S.200).

Im Deutschen Reich wird ein »Tag des deutschen Eisenbahners« abgehalten. Zu diesem Anlaß wird acht Eisenbahnern das Ritterkreuz zum Kriegsverdienstkreuz mit Schwertern verliehen.

In Chicago (USA) endet nach 37 Tagen die Internationale Luftfahrtkonferenz, ohne daß in den grundsätzlichen Fragen – Bildung einer Weltluftorganisation und Anerkennung einer allgemeinen Luftfreiheit – eine Einigung erzielt werden konnte. →S.207

8. Dezember, Freitag

Das im Vorjahr in der UdSSR gegründete »Nationalkomitee Freies Deutschland«, das auf einen Sturz des NS-Regimes hinarbeitet, fordert das deutsche Volk auf, den Krieg zu beenden. Die Proklamation trägt die Unterschriften von 50 kriegsgefangenen deutschen Generälen, darunter auch der ehemalige Oberbefehlshaber der 6. deutschen Armee, Generalfeldmarschall Friedrich Paulus. →S.205

Sowjetische Truppen beginnen eine Großoffensive zur Einkesselung der ungarischen Hauptstadt Budapest.

Die Vulkaninsel Iwo Jima im Pazifik wird von US-Verbänden angegriffen.

Ein heftiges Erdbeben, dessen Zentrum 150 km südöstlich von Tokio liegt, erschüttert das japanische Festland.

»Opfergang«, ein deutscher Spielfilm mit Carl Raddatz und Kristina Söderbaum wird in Hamburg uraufgeführt. Der Farbfilm erhält das Prädikat »künstlerisch besonders wertvoll«. →S.209

9. Dezember, Sonnabend

In Washington wird amtlich bekanntgegeben, daß die US-amerikanischen Streitkräfte seit Beginn des Krieges 13 418 Flugzeuge verloren haben.

10. Dezember, Sonntag

Der neuntägige Besuch des Ministerpräsidenten der »Provisorischen Französischen Regierung«, Charles de Gaulle, beim sowjetischen Partei- und Staatschef Josef W. Stalin in Moskau endet mit der Unterzeichnung eines französisch-sowjetischen Bündnisvertrages. →S.204

Der Vatikan erkennt die »Provisorische Regierung der Französischen Republik« von General Charles de Gaulle de jure an.

Der deutsche Führer und Reichskanzler Adolf Hitler verlegt sein Hauptquartier in den Taunus, um die Westoffensive zu planen (→20.11./S.189; 16.12./S.202).

Der Nobelpreis für Chemie des Jahres 1944 wird dem deutschen Chemiker Otto Hahn für die Entdeckung der Kernspaltung zugesprochen. →S.207

11. Dezember, Montag

Alliierte Bomberverbände fliegen einen schweren Angriff auf Frankfurt am Main.

Zum dritten Jahrestag des deutsch-italienisch-japanischen Waffenbündnisses wenden sich die Außenminister der Regierungen in Berlin, Salò und Tokio über Rundfunk an ihre Völker.

Der Austritt der Sozialisten aus dem italienischen Kabinett von Ministerpräsident Ivanoe Bonomi macht eine Regierungsumbildung erforderlich. Carlo Graf Sforza scheidet aus, und der Kommunist Palmiro Togliatti steigt zum stellvertretenden Ministerpräsidenten auf.

In Paris beginnt der Oberste Gerichtshof, der speziell zur Aburteilung der Minister und Beamten der gestürzten Regierung von Vichy gebildet worden ist, seine Tätigkeit. 68 Personen stehen unter der Anklage des Hochverrats.

Chile und die Sowjetunion nehmen diplomatische Beziehungen auf.

12. Dezember, Dienstag

In Wien beginnt der dritte Kongreß der »Union Nationaler Journalistenverbände«. Vertreter aus 22 Nationen debattieren drei Tage lang über allgemeine Fragen des »Weltkampfes« und über eine »Neugeburt Europas«. →S.207

Nicaragua und die Sowjetunion nehmen diplomatische Beziehungen auf.

13. Dezember, Mittwoch

Die deutschen Verbände ziehen sich angesichts der Angriffe alliierter Truppen aus dem Nordelsaß zurück.

Die Artillerieschlacht um die ungarische Hauptstadt Budapest erreicht ihren vorläufigen Höhepunkt. Von Norden, Osten und Süden feuern sowjetische Truppen aus rund 10 000 Geschützen ununterbrochen Granaten in die deutschen Befestigungsanlagen.

Im Alter von 78 Jahren stirbt in Neuilly-sur-Seine bei Paris der russische Maler und Grafiker Wassily Kandinsky. Er schuf im Jahre 1910 sein erstes abstraktes Werk und gründete verschiedene Künstlervereinigungen, darunter den »Blauen Reiter« in München.

14. Dezember, Donnerstag

In der Schweiz wird Bundesrat Eduard von Steiger als Nachfolger von Walter Stampfli zum Bundespräsidenten für das Jahr 1945 gewählt.

Alliierte Luftstreitkräfte fliegen Bombenangriffe auf Rangun (Birma) und Bangkok (Thailand).

Titelseite der
»Hamburger
Illustrierten« vom
4. Dezember 1944:
Durchhalteparolen
sollen den Glauben an
den deutschen
Endsieg erhalten

Hamburger Illustrierte

„ROLLBAHN FREI!"
steht auf der Granate, mit der hier ein Werfer geladen wird. Die Inschrift verkündet nicht nur das Ziel des Beschusses — sie zeigt zugleich, daß unsere Soldaten, die seit Monaten in härtestem Einsatz stehen, ihren Humor noch nicht verloren haben

Die halten durch!

Rauchgeschwärzt — aber erfolgreich
Die Mannschaft eines deutschen Sturmgeschützes, die in drei Minuten vier Sowjetpanzer T 34 abschoß und damit einen Einbruch verhütete. Vier Männer der Division „Großdeutschland", die eisern zusammenhielten und das Lachen nicht verlernten . . .
PK - Aufnahmen: ff - Kriegsberichter Niquille

15. Dezember, Freitag

Der britische Premierminister Winston Churchill unterstützt in einer Rede vor dem Unterhaus in London die sowjetischen Gebietsforderungen gegen Polen und dessen damit einhergehende Westverschiebung. →S.204

Chinesische Truppen erobern Bhamo in Birma (→18.12./S.204).

Helmut Käutners Spielfilm »Große Freiheit Nr. 7«, eine Geschichte aus dem Hamburger Hafen- und Nachtlokalmilieu mit Hans Albers als Hauptdarsteller, wird in Prag uraufgeführt, nachdem Reichspropagandaminister Joseph Goebbels den Film für das Deutsche Reich verboten hatte. Vorführungen sind nur im Ausland einschließlich des Protektorats Böhmen und Mähren zugelassen. →S.209

16. Dezember, Sonnabend

Die Ardennenoffensive, der letzte, vergebliche Versuch der Deutschen, den Ring der Alliierten im Westen zu durchbrechen, beginnt. →S.202

US-amerikanische Truppen landen mit 15 000 Mann auf der von Japanern besetzten Philippineninsel Mindoro und errichten drei feste Brückenköpfe.

Der Ministerpräsident der faschistischen italienischen Republik von Salò, Benito Mussolini, hält im Teatro Lirico in Mailand seine erste öffentliche Rede seit seinem Sturz im Juli 1943. Mussolini betont seine unerschütterliche Siegesgewißheit und bezeichnet sich als einzigen rechtmäßigen Führer Italiens.

Alle Pariser Nachtklubs und Tanzlokale bleiben bis Kriegsende geschlossen. Dies sieht eine Verordnung vor, die vom Innenministerium der »Provisorischen Regierung der Französischen Republik« herausgegeben wird.

Ein einmotoriges US-Flugzeug, in dem sich der bekannte Posaunist und Leiter der US-Luftwaffen-Big-Band, Glenn Miller, befindet, stürzt über dem Ärmelkanal ab. Der Musiker und sieben weitere Insassen kommen ums Leben. →S.209

17. Dezember, Sonntag

Ein schwerer Angriff der britischen Luftwaffe auf München fordert insgesamt 562 Menschenleben. →S.206

Eine Kampfgruppe der 1. SS-Panzerdivision »Leibstandarte Adolf Hitler« unter Obersturmführer Jochen Peiper eröffnet bei Malmedy in Belgien das Feuer auf eine Abteilung gefangener und z.T. verwundeter US-amerikanischer Soldaten. 71 Personen werden getötet.

In der Wüste des US-Bundesstaates Utah beginnt eine Bombereinheit der US-Luftwaffe mit Probeflügen und Abwurfübungen für den Einsatz der in den USA entwickelten Atombombe. →S.207

18. Dezember, Montag

Das deutsche Linienschiff »Schleswig-Holstein« wird im Hafen von Gotenhafen (Gdingen) von alliierten Bomben getroffen und brennt aus.

Der deutsche Führer und Reichskanzler Adolf Hitler stiftet eine neue militärische Auszeichnung, den »Warschau-Schild«, als Kampfabzeichen für alle, die in der Zeit vom 1. August bis zum →2. Oktober (S.168) an den »Kämpfen in Warschau ehrenvoll beteiligt waren«.

In Wien wird das »Provisorische Österreichische Nationalkomitee« gegründet, in dem die verschiedenen Widerstandsgruppen des Landes organisatorisch vereinigt werden. →S.205

Britisch-indischen Truppen gelingt es, in Birma eine einheitliche Frontlinie zu bilden und die Japaner aus dem Nordwesten des Landes zu verdrängen. →S.204

150 000 britische Dock- und Fabrikarbeiter demonstrieren gegen die Haltung ihrer Regierung im griechischen Bürgerkrieg. Sie fordern Premierminister Winston Churchill auf, sofort einen Waffenstillstand herbeizuführen (→3.12./S.200).

In Frankreich erscheint die erste Nummer der neuen Tageszeitung »Le Monde« in einer Auflage von 140 000 Exemplaren.

19. Dezember, Dienstag

In Addis Abeba wird ein Vertrag zwischen Großbritannien und Äthiopien unterzeichnet. Darin sagt Großbritannien dem afrikanischen Land materielle Hilfe zu und erkennt seine Unabhängigkeit an. Äthiopien verpflichtet sich, den Alliierten die Benutzung der Eisenbahn Addis Abeba-Dschibuti zu gestatten.

Aus London kommen neue Meldungen über Rudolf Heß, den ehemaligen Stellvertreter des deutschen Führers und Reichskanzlers Adolf Hitler, der 1941 als selbsternannter Friedensbote nach Großbritannien geflogen war und seitdem dort interniert ist. Der Geisteszustand von Heß soll sich in letzter Zeit stark verschlechtert haben; er leidet an Neurosen und Verfolgungswahn.

Der unter der Regie von Heinz Rühmann gedrehte deutsche Spielfilm »Der Engel mit dem Saitenspiel« mit Hertha Feiler, Susanne von Almassy und Hans Nielsen wird in Berlin uraufgeführt.

20. Dezember, Mittwoch

Die Evakuierung eines Großteils der Bevölkerung von Trier gemäß einem Erlaß vom 25. Oktober ist abgeschlossen. Von den ursprünglich rund 85 000 Einwohnern sind nur noch 3000 in der Stadt.

Mitglieder der dänischen Widerstandsbewegung zerstören die Kopenhagener Maschinenfabrik Astra, die Gasmotoren produziert und an die deutsche Besatzungsmacht geliefert hat.

21. Dezember, Donnerstag

Britische Flugzeuge bombardieren Eisenbahnanlagen in Köln und Bonn.

Von 13 deutschen Offizieren, die aus einem Kriegsgefangenenlager in Penkridge (Großbritannien) ausbrechen, werden zwölf noch am gleichen Tag wieder gefangengenommen. Einem der Wehrmachtsangehörigen gelingt die Flucht.

22. Dezember, Freitag

Nagoja, die drittgrößte Stadt Japans, wird von der US-amerikanischen Luftwaffe angegriffen. Etwa 100 Maschinen werfen ihre Bombenladungen auf zivile und militärische Ziele.

Vo Nguyên Giap gründet eine vietnamesische Volksarmee, deren vorrangige Aufgabe darin bestehen soll, das Land sowohl von den Japanern als auch von den Franzosen zu befreien.

Das Kriegsministerium der Vereinigten Staaten verfügt die sofortige Demobilisierung aller weiblichen Piloten der US-amerikanischen Luftwaffe. In der amtlichen Mitteilung heißt es, daß der Bestand an Flugpersonal so groß sei, daß auf weibliche Kräfte verzichtet werden könne.

Angelo Guiseppe Roncalli, der spätere Papst Johannes XXIII., wird von Papst Pius XII. zum Apostolischen Nuntius in Frankreich ernannt.

23. Dezember, Sonnabend

Nach einer Unterbrechung von viereinhalb Jahren erscheint in Paris erstmals wieder die europäische Ausgabe des »New York Herald Tribune«. Die letzte Nummer datiert vom 12. Juni 1940, zwei Tage vor dem Einmarsch deutscher Truppen in die französische Hauptstadt.

24. Dezember, Sonntag

Der Heilige Abend im sechsten Kriegsjahr wird in weiten Gebieten des Deutschen Reiches vom Heulen der Sirenen und in den Grenzgebieten vom Schlachtenlärm begleitet. Die noch nicht zerstörten Kirchen sind überfüllt. →S.210

Die ungarische Hauptstadt Budapest ist von sowjetischen Truppen eingekesselt.

Das US-Kriegsdepartement teilt mit, daß seit der Landung der Alliierten in der Normandie am →6. Juni (S.90) bis zum Heiligen Abend 800 000 deutsche Soldaten gefangengenommen wurden.

25. Dezember, 1. Weihnachtstag

Der deutsche Generalfeldmarschall Gerd von Rundstedt erklärt die deutsche Ardennenoffensive (→16.12./S.202) für gescheitert. Führer und Reichskanzler Adolf Hitler fordert jedoch, das aussichtslose Unternehmen fortzusetzen.

US-amerikanische Kampfflugzeuge greifen Brücken und Eisenbahnlinien im Gebiet von Koblenz und Bonn an.

26. Dezember, 2. Weihnachtstag

Die in Bastogne (Belgien) eingeschlossenen US-Truppen werden nach achttägiger Belagerung befreit (→S.203).

Alliierte Luftstreitkräfte unternehmen von Frankreich aus einen Angriff auf die deutschen Treibstoffwerke in Schlesien.

Im Civic Theatre in Chicago kommt das Schauspiel »Die Glasmenagerie« zur Uraufführung. Der US-amerikanische Dramatiker Tennessee Williams erringt mit diesem Theaterstück seinen ersten großen Bühnenerfolg. →S.209

27. Dezember, Mittwoch

Die deutsche Kriegsmarine führt ein neues Kampfabzeichen, den gestickten Sägefisch, ein. Die Auszeichnung wird an Soldaten verliehen, die sich freiwillig als Einzelkämpfer für einen Sondereinsatz gemeldet haben.

28. Dezember, Donnerstag

In der deutschen Wochenzeitschrift »Das Reich« nimmt Reichspropagandaminister Joseph Goebbels Stellung zu den Gerüchten über die Ursachen für das Ausbleiben von öffentlichen Auftritten des deutschen Führers und Reichskanzlers Adolf Hitler. Er bezeichnet Hitler nach wie vor als die größte Persönlichkeit, die derzeit Geschichte mache, und weist darauf hin, daß er auch durch den Krieg nicht »älter« geworden sei (→13.11./S.189).

Das Musical »On the Town« wird im Adelphi Theatre in New York uraufgeführt. Konzeption und Choreographie stammen von Jerome Robbins, die Musik komponierte Leonard Bernstein. Das Musical basiert auf dem Ballett »Fancy Free« (→18.4./S.70).

29. Dezember, Freitag

Starke US-Luftverbände greifen von Italien aus Ziele in Süddeutschland und Österreich an. Bombardiert werden vor allem Eisenbahn- und Industrieanlagen.

30. Dezember, Sonnabend

Der mexikanische Senat ermächtigt Präsident Manuel Avila Camacho, Truppen in Übersee zum Kampf gegen das Deutsche Reich und Japan einzusetzen.

In Paris erscheint der Gedichtband »La Diane française« des französischen Schriftstellers Louis Aragon.

31. Dezember, Sonntag

Die ungarische Gegenregierung unter Béla Dálnoki-Miklós erklärt dem Deutschen Reich den Krieg. →S.205

Martin Bormann, »Sekretär des Führers«, weist darauf hin, daß alle im Deutschen Reich und in den besetzten Gebieten beschlagnahmten Kunstwerke bei den Sachbearbeitern von Führer und Reichskanzler Adolf Hitler anzumelden seien, da dieser in Linz ein Museum errichten wolle. →S.209

Die deutsche Waffen-SS zählt Ende des Jahres 1944 fast eine Million Mitglieder.

Das griechische Kabinett unter Ministerpräsident Jeorjios Papandreu tritt zurück. Der griechische König Georg II. betraut daraufhin Erzbischof Damaskinos mit der Regentschaft. →S.201

Das Wetter im Monat Dezember

Station	Mittlere Lufttemperatur (°C)	Niederschlag (mm)	Sonnenscheindauer (Std.)
Aachen	1,7 (3,1)	— (62)	— (49)
Berlin	−0,8 (0,7)	30 (41)	48,9 (36)
Bremen	1,0 (2,2)	49 (54)	40,2 (33)
München	−2,0 (−0,7)	43 (44)	86,8 (41)
Wien	— (0,9)	— (51)	— (41)
Zürich	−0,1 (0,2)	82 (73)	36 (37)

( ) Langjähriger Mittelwert für diesen Monat
— Wert nicht ermittelt

Mädchenideal des 19. Jh. auf der Titelseite der britischen »Illustrated London News« (Weihnachtsausgabe) – »rein und jung und froh – aber nicht zu klug«

THE ILLUSTRATED LONDON NEWS
CHRISTMAS NUMBER 1944

"—— fair and young,
And fond—and not too wise."

(From a painting by George Remney (1734-1802).)

Die Briten beteiligen sich am Bürgerkrieg in Griechenland

3. Dezember. Nachdem die griechische Regierung unter dem sozialdemokratischen Ministerpräsidenten Jeorjios Papandreu am 1. Dezember die Auflösung und Entwaffnung aller Partisanenverbände verfügt hatte, bricht in Athen ein Aufstand der kommunistischen Befreiungsfront »Ellenikon Apelevtherikon Metopon« (EAM) und ihrer militärischen Abteilung »Ellenikon Laikon Apelevtherikon Straton« (ELAS) aus. Die Erhebung wird in einem 40 Tage dauernden blutigen Kampf

---

Kriegsrecht über Athen
Der Kommandant der britischen Streitkräfte in Griechenland, General Sir Ronald Scobie, verhängt am 4. Dezember über Athen das Kriegsrecht und verkündet dazu die nachfolgende Proklamation: »Gewisse Elemente der Minderheit haben ihre Absicht kundgetan, die gesamten Interessen Griechenlands durch inneren Zwist aufs Spiel zu setzen, wenn ihnen dies möglich ist. Die griechische Regierung sah sich in der Folge gezwungen, für Athen und den Piräus das Kriegsrecht zu verhängen, gemäß der griechischen Verfassung. Ich wiederhole, daß ich mit der großen Mehrheit der Griechen fest hinter der verfassungsmäßigen Regierung stehe und ihr … beistehen werde, bis ein griechischer Staat mit legalen Streitkräften errichtet werden kann und sich freie Wahlen durchführen lassen.«

---

von den in Griechenland stationierten britischen Truppen unter dem Befehl von General Sir Ronald Scobie im Verein mit regierungstreuen Verbänden niedergeschlagen.
Die ELAS-Anhänger besetzen in den ersten Tagen des Aufstands alle Polizeistationen in Athen und übernehmen die Kontrolle über die Straße Athen-Piräus. Bis Mitte des Monats gelingt es ihnen nach heftigen Straßenkämpfen, die zahlenmäßig unterlegenen Briten auf ein kleines Gebiet im Athener Stadtzentrum zusammenzudrängen. Erst als die Briten Verstärkung durch die 4. britische Division erhalten und die britische Luftwaffe die Hauptstützpunkte der ELAS mit Bomben belegt, gelingt es diesen nach und nach, die kommunistischen Verbände aus Athen herauszudrängen.

△ *Kampfszene in der Athener Innenstadt: britische Soldaten stoßen vorsichtig, immer wieder Deckung suchend, auf der Euripidhou-Straße vor; die britische Streitmacht unter dem Oberbefehl von General Sir Ronald Scobie ist mit einer Stärke von etwa 6000 Mann der bewaffneten kommunistischen Befreiungsfront ELAS zahlenmäßig beträchtlich unterlegen*

◁ *Britische Fallschirmjäger im Häuserkampf in Athen; die Briten sind von der kommunistischen griechischen Befreiungsarmee ELAS auf wenige kleine Gebiete in der Stadt zusammengedrängt worden; die Verbindungen untereinander sind z. T. abgerissen; zu ihrer Versorgung müssen sie sich den Weg zum Hafen von Piräus jedesmal unter blutigen Verlusten durch die Linien der ELAS bahnen*

◁ *ELAS-Anhänger, die in britische Hände gefallen sind, werden abtransportiert; sie wurden gefangengenommen, als britische Truppen mit Erfolg ein EAM-Gebäude stürmten; nachdem die Briten Truppenverstärkung aus Italien bekommen haben und die britische Luftwaffe die Bombardierung von ELAS-Stützpunkten einleitete, wendet sich das Blatt zu ihren Gunsten; die ELAS-Verbände sehen sich gezwungen, einen Stadtteil nach dem anderen zu räumen und sich allmählich aus der griechischen Hauptstadt und vom Piräus zurückzuziehen*

»Rebellen sind als Meuterer anzusehen«

8. Dezember. Der britische Premierminister Winston Churchill, der wegen des Einsatzes britischer Truppen gegen die kommunistische griechische Freiheitsbewegung von mehreren Seiten scharf kritisiert wird, rechtfertigt vor dem Unterhaus seine Griechenlandpolitik:

»Es wird uns zur Last gelegt, daß wir britische Truppen zur Entwaffnung von Freunden der Demokratie in Griechenland… einsetzen, um dadurch Volksbewegungen zu unterdrücken, die gegenüber dem Feinde wertvolle Hilfe leisteten…

Unsere Streitkräfte sind im Einverständnis und auf Aufforderung aller griechischen Parteien nach Griechenland gegangen, wobei wir die Versicherung abgaben, daß das absolute Recht des griechischen Volkes, seine eigene Zukunft zu bestimmen, nicht angetastet werden wird, wenn normale

ELAS-Kämpfer, die von den Briten gefangengenommen worden sind

und ruhige Zeiten wieder in das Land eingekehrt sind. Wir betrachten es als nicht vereinbar mit unserer Ehre, daß wir einfach den Dingen ihren freien Lauf lassen und Athen der Anarchie ausliefern. Ich habe deshalb auch General Scobie angewiesen, die erforderliche Gewalt anzuwenden, um die ELAS-Banden, mit denen Athen heute noch verseucht ist, zu vertreiben. Ich habe ihn ferner beauftragt, die volle Kontrolle über die durch den Bürgerkrieg bedrohten Gebiete auszuüben und dazu alle Mittel anzuwenden, die ihm notwendig erscheinen. Ich habe ebenfalls unseren Botschafter angewiesen, Papandreu, der sich aus dem Amt zurückziehen wollte, zu bewegen, auf seinem verantwortungsvollen Posten zu bleiben. Ich habe es für besser erachtet, zuerst Ruhe und Frieden in Athen wiederherzustellen, bevor ein politischer Wechsel in der Verwaltung des Landes vorgenommen wird… Mit aller Klarheit möchte ich hier zum Ausdruck bringen, daß die Aufständischen als Meuterer anzusehen sind. Sie stehen unter dem Befehl des Oberkommandierenden im Mittelmeer, denn als ehemalige Mitglieder der Guerilla- und Partisanenverbände haben sie die Verpflichtung übernommen, sich seinem Oberbefehl zu unterstellen… Niemand, der die Gesetze des Fair play achtet, wird uns beschuldigen können, … die freie Ausdrucksmöglichkeit eines nationalen Willens behindert zu haben.«

Omonia-Platz in Athen: Ein britischer Bote kehrt von einem Meldegang zum Hauptquartier seiner Einheit zurück; links ein Sherman-Panzer

Der britische Premierminister Winston Churchill (M.) und Erzbischof Damaskinos (l.) nach einer Konferenz in Athen; im Hintergrund die Leibwache

Papandreu gibt sein Amt ab

31. Dezember. Der griechische Ministerpräsident Jeorjios Papandreu tritt mit seinem gesamten Kabinett zurück. Am selben Tag betraut der griechische Exilkönig Georg II. den Erzbischof von Athen, Damaskinos, mit der Regentschaft. Dieser ernennt General Nikolaos Plastiras zum neuen Ministerpräsidenten.

Diese Regierungsumbildung soll zur Beendigung des Bürgerkriegs beitragen, der seit dem →3. Dezember (S.200) zwischen der kommunistischen Befreiungsfront »Ellenikon Apelevtherikon Metopon« (EAM) einerseits und britischen Verbänden sowie regierungstreuen Truppen andererseits ausgetragen wird. Die Kämpfe waren ausgebrochen, da die Kommunisten Machtansprüche gegen die Regierung Papandreu erhoben hatten. Der britische Premierminister Winston Churchill, der Griechenland zur Interessensphäre seines Landes zählt (→9.10./S.171), wollte nicht zulassen, daß es unter kommunistischen Einfluß gerät. Deshalb beauftragte er britische Truppen mit der Niederschlagung der Erhebung. Dieses Vorgehen trägt ihm nicht nur Widerspruch im eigenen Land ein, sondern wird auch international scharf kritisiert.

Um die Wogen zu glätten und den Bürgerkrieg zu beenden, sah Churchill sich gezwungen, nach einer politischen Lösung zu suchen. Am 24. Dezember reiste er in die griechische Hauptstadt. Dort gelang es ihm, am 26. Dezember neben den Regierungsvertretern auch Delegierte des

Erzbischof Damaskinos, vom König mit der Regentschaft betraut

militärischen Flügels der EAM an den Verhandlungstisch zu holen. Während eine Reihe von Konfliktpunkten ungeklärt blieb, gelangte man in der Streitfrage um die Monarchie zu einem Kompromiß: Erzbischof Damaskinos soll die Regentschaft übernehmen, bis in einer Volksabstimmung über die Rückkehr des Königs entschieden worden ist. Von Churchill unter Druck gesetzt, überträgt Georg II. am 31. Dezember alle Macht an Damaskinos. Am selben Tag gibt auch Ministerpäsident Papandreu, dessen Rücktrittsgesuch der König Anfang Dezember noch entschieden abgelehnt hatte, sein Amt ab.

Ardennenoffensive – Hitlers letzter Großangriff scheitert

16. Dezember. An der Westfront, zwischen Aachen und dem Norden Luxemburgs, beginnt auf einer Breite von etwa 100 km die deutsche Ardennenoffensive unter dem Decknamen »Wacht am Rhein«. Sie stellt den letzten Versuch des deutschen Führers und Reichskanzlers Adolf Hitler dar, im Westen die Initiative wiederzugewinnen und die alliierten Invasionstruppen zurückzuschlagen (→ 6.6./S.90). Nach Anfangserfolgen zeichnet sich jedoch bereits gegen Weihnachten das Scheitern der Operation ab.

Hitlers Angriffsplan sieht vor, von den Ardennen aus nach Nordwesten über die Maas vorzustoßen, Brüssel einzunehmen und dann Antwerpen zurückzuerobern. Damit soll gleichzeitig ein Keil zwischen die britischen und US-amerikanischen Einheiten getrieben werden, um die isolierten Truppenteile dann zerschlagen zu können.

Zur Durchführung des letzten deutschen Großangriffs wird am »Westwall« – beinahe unbemerkt vom Gegner – noch einmal eine schlag-

Straßenzug in Bastogne; die Stadt wird im Verlauf der Ardennenoffensive acht Tage lang belagert und wiederholt von der deutschen Luftwaffe angegriffen

kräftige Streitmacht zusammengezogen. Im Norden steht die 6. SS-Panzerarmee unter SS-Generaloberst Sepp Dietrich mit vier Panzer- und fünf Infanteriedivisionen, im Mittelabschnitt die 5. Panzerarmee unter General Hasso von Manteuffel mit drei Panzer- und vier Infanteriedivisionen und im Süden die 7. Armee unter General Erich Brandenberger mit vier Infanteriedivisionen. Das Luftkommando West stellt 1500 Jäger zur Verfügung.

Nach einer eiskalten Nacht bricht am frühen Morgen des 16. Dezember in den tief verschneiten Ardennen der deutsche Angriff los. Die in diesem Frontabschnitt relativ schwachen US-Verbände werden völlig überrascht. Die Deutschen können zwar am ersten Tag der Offensive ihre strategischen Ziele nicht erreichen, erzielen aber einige bedeutende Geländegewinne.

Die Alliierten erholen sich jedoch bald von dem ersten Schock, schicken Verstärkung in die Schlacht und holen zum Gegenschlag aus. In den Orten Bastogne und St. Vith, deren sofortige Einnahme aus verkehrsstrategischen Gründen unbedingt erforderlich gewesen wäre, igeln sich US-Verbände ein und halten den Angriffen stand.

Vor allem im Bereich der 6. SS-Panzerarmee gerät der deutsche Vormarsch bereits am dritten Tag ins Stocken. Eine entscheidende Wende bringt dann der 23. Dezember, als die Wetterlage nach einer Reihe neblig-trüber Tage den Einsatz der alliierten Luftstreitkräfte zuläßt. Deutsche Truppenansammlungen und wichtige Verkehrsknotenpunkte liegen im Bombenhagel.

Am 25. Dezember gelangt der deutsche Oberbefehlshaber West, Gerd von Rundstedt, zu der Überzeugung, daß die Ardennenoffensive zum Scheitern verurteilt ist. Seine Forderung, die Truppen auf den »Westwall« zurückzunehmen, wird aber von Hitler abgelehnt.

Auf Befehl aus Berlin versuchen die Deutschen unter größten Verlusten, ihre Stellungen zu behaupten, werden aber nach und nach zum Rückzug gezwungen, bis sie Mitte Januar 1945 stark dezimiert wieder ihre Ausgangsstellung am »Westwall« erreicht haben. Die Durchführung der Ardennenoffensive kostet noch einmal fast 20 000 deutsche und 30 000 alliierte Soldaten das Leben.

Einwohner flüchten aus ihrer Heimatstadt Bastogne in Belgien; um die Stadt, einen verkehrsstrategisch wichtigen Ort, werden die schwersten Kämpfe im Verlauf der Ardennenoffensive geführt; Soldaten der 101. US-Luftlandedivision (links im Bild) hatten sich in Bastogne eingeschlossen und werden während einer achttägigen Belagerung von einer Übermacht deutscher Truppen angegriffen; am 26. Dezember können die Eingeschlossenen von der 4. US-Panzerdivision befreit werden

Ein Symbol des deutschen Rückzugs – das völlig vereiste Geschütz haben die Deutschen in den verschneiten Wäldern der Ardennen zurücklassen müssen, als sie unter dem Druck alliierter Angriffe nach Osten abgezogen sind; diese letzte große deutsche Schlacht, mit der Hitler noch einmal das Steuer des schon verlorenen Krieges herumreißen wollte, endet mit einem Fiasko; nach verlustreichen Kämpfen erreichen die Deutschen Mitte Januar 1945 wieder ihre Ausgangsstellungen

US-Truppen können Bastogne halten

Die Schlacht in den unwegsamen Ardennen ist vor allem ein Kampf um Verkehrsverbindungen. Dabei spielt der Ort Bastogne eine besondere Rolle: Hier kreuzen sich drei Eisenbahnlinien und fünf Straßen.

Nach dem Plan des deutschen Führers und Reichskanzlers Adolf Hitler soll Bastogne sofort nach Beginn der Ardennenoffensive eingenommen werden. Doch die US-Amerikaner sind schneller: Die 10. US-Panzerdivision und die 101. US-Luftlandedivision unter dem Befehl von Brigadegeneral Anthony McAuliffe treffen kurz vor den Deutschen ein. General Hasso von Manteuffel ordnet daraufhin die Belagerung der Stadt an, der die US-Amerikaner acht Tage lang – bis zur Entsetzung am 26. Dezember – standhalten können.

Zunächst ist die Lage für McAuliffes Truppen äußerst kritisch. Die 18 000 Eingeschlossenen müssen sich gegen eine dreifache gegnerische Übermacht verteidigen. Am 22. Dezember wird ein deutscher Unterhändler mit der Aufforderung zur Kapitulation in die Stadt geschickt. Die schriftliche Antwort McAuliffes besteht nur aus einem einzigen Wort: »Nuts!« – was soviel heißen soll wie »Geht zum Teufel!«.

Am 23. Dezember bekommen die Amerikaner endlich die erwartete Hilfe aus der Luft. Da sich das Wetter aufgeklart hat, können Transportflugzeuge Munitions- und Lebensmittelnachschub abwerfen.

Hitler, dem das Widerstandsnest mitten in dem von Deutschen kontrollierten Gebiet ein Dorn im Auge ist, beordert Verstärkung nach Bastogne. Am 24. Dezember beginnt ein Angriff, der jedoch von dem taktisch klugen McAuliffe erfolgreich abgeschlagen wird.

Am 26. Dezember nähern sich die Befreier den Eingeschlossenen. Gerade als die Deutschen erneut angreifen, schlägt die 4. US-Panzerdivision einen Korridor nach Bastogne. Die Belagerung ist beendet.

Paris und Moskau schließen Beistandspakt

10. Dezember. Der neuntägige Besuch von General Charles de Gaulle, Chef der »Provisorischen Regierung der Französischen Republik«, bei dem sowjetischen Staats- und Parteichef Josef W. Stalin in Moskau endet mit der Unterzeichnung eines sowjetisch-französischen Bündnis- und Beistandspaktes.

De Gaulle, der seit dem 23. Oktober von den Alliierten als offizielles Staatsoberhaupt Frankreichs anerkannt wird, ist bestrebt, sein Land wieder in die Reihe der Großmächte zurückzuführen. Dazu will er sich nicht einseitig an die Westalliierten binden, sondern sucht auch den Kontakt zur Sowjetunion. Er war daher am 2. Dezember zu einem offiziellen Besuch nach Moskau gereist, wo er von Stalin mit allen einem Staatsoberhaupt gebührenden Ehren empfangen wurde, und trug dort seine Nachkriegswünsche vor: Verschiebung der Ostgrenze Frankreichs bis zum Rhein und Zuteilung einer französischen Besatzungs-

zone in Deutschland. Stalin wich jedoch allen konkreten Zusagen aus. Das entscheidende Ergebnis des Besuchs ist der Abschluß eines Bündnisvertrages zwischen beiden Ländern, in dem sich beide Partner zur

gemeinsamen Kriegführung gegen das Deutsche Reich – auch in zukünftigen Kriegen – verpflichten und eine enge Zusammenarbeit nach dem Sieg festlegen. Der Vertrag gilt zunächst für 20 Jahre.

Die Unterzeichnung eines Bündnisvertrages zwischen der UdSSR und Frankreich ist das Ergebnis der Gespräche zwischen Stalin (3. v. r.) und de Gaulle (h. r.)

W. Churchill (Gemälde von A. Pau) billigt die Westverschiebung Polens

Churchill akzeptiert Stalins Polenplan

15. Dezember. Der britische Premierminister Winston Churchill bezieht in einer Rede vor dem Unterhaus in London klare Stellung zu der strittigen Polenfrage. Er bezeichnet die Forderung der Sowjetunion nach Anerkennung der »Curzon-Linie« (→22.2./S.37) als polnische Ostgrenze und die damit verbundene Westverschiebung des Landes als rechtens und rügt die kompromißlose Haltung der polnischen Exilregierung (→24.11./S.193) dazu.

Die UdSSR habe, so der Premierminister, ein Recht darauf, sich gegen eventuelle künftige Angriffe aus dem Westen zu sichern. Auf der Moskauer Konferenz (→9.10./S.171) habe er sich mit dem sowjetischen Staats- und Parteichef Josef W. Stalin darauf geeinigt, daß Polen als Entschädigung für die abzugebenden östlichen Gebiete »im Norden ganz Ostpreußen südlich und westlich von Königsberg einschließlich Danzig erhalten« solle.

Zu der Bevölkerungsumsiedlung, die eine Westverschiebung Polens mit sich brächte, erklärt Churchill: »Von Osten nach Westen oder nach Norden wird es eine Umsiedlung mehrerer Millionen Menschen geben: Die Deutschen werden vertrieben werden... Man wünscht keine Vermischung der Bevölkerung.« Churchill fügt hinzu, daß im Deutschen Reich genug Platz für die Bevölkerung Ostpreußens sei, da ja schon sechs bis sieben Millionen Deutsche im Krieg gefallen seien.

Japaner aus Nordwesten Birmas verdrängt

18. Dezember. Von der Birmafront wird gemeldet, daß es den britisch-indischen Truppen in einer dreiwöchigen Offensive gelungen ist, die Japaner nach Südosten abzudrängen und erstmals eine beinahe einheitliche Frontlinie zu bilden. In einem großen Halbkreis schieben sich die Briten nun von Nordwesten und Norden her immer weiter an die drei japanischen Stützpunkte Monywa, Mandalay und Lashio heran.

Im Birmakrieg gab es bislang keine auch nur einigermaßen abgesteckte Front. Zahlreiche Einzelkämpfe und Partisanenaktivitäten fanden an den verschiedensten Standorten statt. Höhepunkt dieses zersplitterten Kampfgeschehens bildete das Unternehmen der britisch-indischen Luftlandearmee, die unter dem Befehl von Major General Orde C. Wingate in der Zeit von März bis Ende August 1944 an mehreren Stellen im Rücken der Japaner landete und mitten im Dschungel Birmas Stützpunkte errichtete.

Dank dieser militärischen Vorarbeit kann nun der Vorstoß der britisch-indischen Truppen durchgeführt werden. Zu Beginn des Monats überqueren die Verbände den Oberlauf des Chindwin, des zweitgrößten

Stroms Birmas, setzen sich nach Osten in Bewegung und rücken in drei Wochen durch das von Wingates Truppen erforschte und erschlossene Urwaldgelände rund 80 km weit durch Feindgebiet vor. Gleichzeitig setzen weiter südlich andere Verbände über den Chindwin. Im Nordosten werden das Erdölzentrum Indaw und die Verkehrs-

knotenpunkte Naba und Katha eingenommen. Der nördliche Frontabschnitt lehnt sich nun an den Irawadi, den Hauptstrom Birmas, an. Von Osten rücken zur selben Zeit chinesische Truppen vor, besetzen Bhamo (östlich von Katha gelegen) und stehen damit kurz vor der Vereinigung mit den verbündeten britisch-indischen Truppen.

Ein alliierter Transportkonvoi versucht, im Dschungel Birmas voranzukommen; den Pfad durch das unwegsame Gelände bahnt ein Raupenschlepper

Österreichisches Nationalkomitee

18. Dezember. In Wien wird das »Provisorische Österreichische Nationalkomitee« (POEN) gegründet, das die wichtigsten Widerstandsgruppen des Landes unter einer einheitlichen Leitung zusammenfaßt und die politische Führung der Bewegung übernehmen soll.

Dahinter steht der Gedanke, daß nur ein Zusammenschluß aller Gruppen mit einer zentralen Organisation dem österreichischen Widerstandskampf zu einer stärkeren Durchschlagskraft verhelfen kann. Außerdem hofft man, den Alliierten, die bislang nur wenig Vertrauen in die Seriosität des österreichischen Widerstands gezeigt hatten, mit der

Österreicher im Widerstand

Wegen ihrer Aktivitäten gegen die nationalsozialistische Herrschaft wurden u.a. hingerichtet:

▷ Rosa Hoffmann – wegen Aufbau einer kommunistischen Jugendorganisation zum Tode verurteilt; sie wird am 9. März 1943 in Berlin hingerichtet

▷ Karl Roman Scholz – Augustinerchorherr des Stiftes Klosterneuburg, Leiter der »Österreichischen Freiheitsbewegung«, am 10. Mai 1944 zusammen mit dem Widerstandskämpfer Karl Lederer in Wien hingerichtet

▷ Jakob Kastelic – Rechtsanwalt, neben Scholz und Lederer der dritte bedeutende Widerstandsführer in Wien, am 21. Juli 1944 in Berlin hingerichtet

▷ Robert Bernardis – Oberstleutnant im Generalstab, österreichischer Verbindungsmann beim Attentat vom →20. Juli (S.115), am 8. August 1944 hingerichtet

Bildung der POEN die Ernsthaftigkeit der nationalen Oppositionsbewegung beweisen zu können.

Dem Nationalkomitee untersteht die Organisation »O5«, in der die aktiven Teile der Widerstandsgruppen zusammengefaßt sind. »O5« steht für Ö (= Österreich) – der Buchstabe O und der fünfte Buchstabe des Alphabets, E. Die »O5« führt Sabotageaktionen durch, behindert Transporte, sprengt Verkehrswege usw. In Wien ist bald überall der Schriftzug »O5« als Forderung nach einem freien Österreich zu lesen.

Deutsche Militärfahrzeuge in Budapest, das unter sowjetischem Artilleriebeschuß liegt; am 31. Dezember erklärt Ungarn dem Deutschen Reich den Krieg

Ungarische Kriegserklärung

31. Dezember. Die ungarische Gegenregierung unter Generaloberst Béla Dálnoki-Miklós, die am 5. Dezember auf Veranlassung der Sowjetunion gegründet worden war, erklärt dem Deutschen Reich den Krieg. Drei Wochen später, am 20. Januar 1945, folgt in Moskau die Unterzeichnung eines Waffenstillstands zwischen Ungarn und der UdSSR, den Vereinigten Staaten und Großbritannien.

Ungarn hatte mit Reichsverweser Miklós Horthy an der Spitze schon seit längerer Zeit Anstrengungen unternommen, um aus dem Bündnis mit dem Deutschen Reich auszusteigen. Als Horthy am →15. Oktober (S.172) einen Waffenstillstand mit der UdSSR verkündete, ließ der deutsche Führer und Reichskanzler Adolf Hitler ihn verhaften und setzte eine faschistische Regierung unter Ferenc Szálasi ein.

General Dálnoki-Miklós, bis zu diesem Zeitpunkt Oberbefehlshaber der 1. ungarischen Armee, lief daraufhin am 16. Oktober zu den Sowjets über, um Horthys Friedensbemühungen fortzusetzen.

Am 5. Dezember trat er an die Spitze einer in Moskau unter sowjetischer Vormundschaft gegründeten ungarischen Gegenregierung (bis November 1945). Diese ließ sich am 7. Dezember in Debrecen nieder.

Mitglieder der ungarischen Gegenregierung, die am 5. Dezember in der UdSSR gebildet wurde; ganz links: Ministerpräsident General Béla Dálnoki-Miklós

»Deutsches Volk, beende den Krieg«

8. Dezember. Das 1943 in der UdSSR gegründete »Nationalkomitee Freies Deutschland« (NFD), das auf die Beseitigung des NS-Regimes hinarbeitet, appelliert an das deutsche Volk, sich gegen Führer und Reichskanzler Adolf Hitler zu erheben und den Krieg zu beenden. Der Aufruf des NFD trägt die Unterschriften von 50 kriegsgefangenen deutschen Generälen, dazu gehört auch der ehemalige Oberbefehlshaber der 6. Armee, Generalfeldmarschall Friedrich Paulus.

Der Appell wird in der NFD-Zeitung »Freies Deutschland« veröffentlicht und außerdem über den gleichnamigen Rundfunksender ausgestrahlt.

Die Zeitung »Freies Deutschland« erscheint in der UdSSR

Wörtlich heißt es u.a.: »In größter Besorgnis um die Zukunft unserer Nation und unseres Bodens, den wir glühend lieben, wenden wir uns an euch, deutsche Männer und Frauen, in der elften Stunde. Zusammen mit uns Generälen sind Hunderttausende von kriegsgefangenen Soldaten und Offizieren um die Existenz Deutschlands besorgt... Der Krieg ist für uns verloren. Das Resultat der politischen und militärischen Führung Hitlers für Deutschland sind Millionen von Toten, Krüppeln und Obdachlosen... Hungersnot, Kälte und Krankheiten drohen dem Lande. Trotzdem will Hitler den Krieg fortsetzen.« Der Aufruf des NFD schließt mit den folgenden Worten: »Deutsches Volk, steh auf zur rettenden Tat! Befreie dich selbst! Beende den Krieg!«

Frauen sollen das Reich verteidigen

5. Dezember. Die deutsche Reichsfrauenführerin Gertrud Scholtz-Klink fordert die deutschen Frauen auf, sich für die aktive Verteidigung des Reiches zur Verfügung zu stellen. Mit dem Einsatz von weiblichen Wehrmachtshelferinnen sollen Soldaten für den Frontdienst freigesetzt werden (→11.9./S.156).

Frau Scholtz-Klink appelliert an alle Frauen und Mädchen über 18 Jahren, freiwillig als Truppen- und Stabshelferinnen in den Dienst des Heeres, der Luftwaffe oder der Kriegsmarine einzutreten. Sie sollen sich sobald wie möglich bei den zuständigen Ortsgruppenleitern der Nationalsozialistischen Deutschen Arbeiterpartei (NSDAP) melden. Das erste Kontingent der Wehr-

Forderung nach Einsatz der Frauen

machtshelferinnen wird bei der Luftwaffe dienen, und zwar im Nachrichtenwesen, bei der Flakwaffe, auf Fliegerhorsten und Flugplätzen, bei der Bodenorganisation, im Wetterdienst sowie im Sanitäts- und Nachschubwesen.

In dem Aufruf der Reichsfrauenführerin heißt es u.a. wörtlich:
»Deutsche Frauen und Mädel! Der Haß der Feinde will unser deutsches Volk auslöschen…

Heute nun, wo jeder wehrfähige deutsche Mann sich seinem Vaterland stellt, wollen wir Frauen und Mädel alles tun, um Soldaten des Heimatgebietes restlos den Fronteinsatz zu ermöglichen… Wir treten an zur Wehrhilfe der deutschen Frauen und Mädel für die kämpfende Front. Unsere Parole heißt: Hilf dir selbst, so hilft dir Gott!«

Die zerstörte Innenstadt Münchens; neben Wohnhäusern sind auch zahlreiche historische Gebäude stark beschädigt

Britische Bomben auf Münchens Innenstadt

17. Dezember. Die Alliierten setzen ihre Luftangriffe gegen deutsches Reichsgebiet fort und bombardieren in der Nacht vom 17. auf den 18. Dezember das Stadtgebiet Münchens. Der Angriff wird von 180 Bombern der britischen Luftwaffe geflogen. Sie werfen fast 1000 t Spreng- und Brandbomben auf die dichtbesiedelten Innenbezirke der Stadt. 562 Menschen kommen ums Leben, viele tragen z.T. schwere Verletzungen davon. Daneben entstehen Schäden an zahlreichen öffentlichen Gebäuden. Getroffen werden u.a. das Prinz-Karl-Palais, das Deutsche Museum, das Alpine Museum, die Neue Pinakothek, die chirurgische Klinik, und die Augenklinik.

Nach schweren Luftangriffen im September 1942, im September und Oktober 1943 sowie im Juli, November und Dezember 1944 gleicht die Innenstadt Münchens einem Trümmerfeld. Hunderte von Menschen sind ums Leben gekommen, 200 000 bis 300 000 Einwohner obdachlos. Fast 100 000 Menschen sind im Zuge eines Reichsumquartierungsplans aus München in die Gaue Bayreuth und Schwaben evakuiert worden.

In München selber treten Versorgungsschwierigkeiten auf. Nach den Angriffen funktionieren die Strom-, Gas- und Wasserleitungen oft tagelang nicht. Die Menschen müssen sich an Straßenhydranten mit Wasser versorgen. Die NS-Volkswohl-

fahrt verteilt warme Mahlzeiten, um die größte Not zu lindern.

So wie in München sieht es auch in vielen anderen deutschen Großstädten aus. Während sich die US-Luftwaffe auf die Zerstörung strategisch wichtiger Ziele beschränkt, haben sich die Briten auf die Flächenbombardierung deutscher Städte spezialisiert. Premierminister Winston Churchill hatte zwar schon im Sommer 1944 Bedenken gegen diese Strategie geäußert, der Befehlshaber der britischen Bomberflotte, Luftmarschall Sir Arthur Travers Harris – er trägt den Spitznamen »Bomber-Harris« –, setzt aber seine Angriffe gegen Großstädte und damit gegen die Zivilbevölkerung fort.

Otto Hahn erhält den Nobelpreis für Chemie

10. Dezember. Erstmals seit 1939 findet in Oslo und Stockholm wieder eine Nobelpreisverleihung statt. Die angesehene Auszeichnung wird für das Jahr 1944 und rückwirkend ebenfalls für das Jahr 1943 vergeben. Die Preisträger sind:

▷ Physik: Otto Stern, USA (1943); Isidor Isaac Rabi, USA (1944)

▷ Chemie: George de Hevesy, Ungarn (1943); Otto Hahn, Deutsches Reich (1944)

▷ Medizin: Henrik Dam, Dänemark, und Edward Albert Doisy, USA (1943); Joseph Erlanger und Herbert Spencer Gasser, USA (1944)

▷ Literatur: Johannes Vilhelm Jensen, Dänemark (1944)

▷ Friedensnobelpreis: Internationales Komitee vom Roten Kreuz (1944)

Der einzige deutsche Nobelpreisträger, Otto Hahn, erfährt erst am 15. November 1945 – er befindet sich zu diesem Zeitpunkt in Großbritannien in Haft – von der Auszeichnung. Sie wird ihm zuerkannt, da ihm 1938 in Zusammenarbeit mit Lise Meitner und Friedrich Straßmann die erste Kernspaltung gelungen war.

Hahn befaßte sich bereits seit 1904 mit der Untersuchung radioaktiver Stoffe. 1905 ging er nach Montreal (Kanada) und arbeitete unter dem berühmten britischen Kernphysiker Ernest Rutherford, Lord Rutherford of Nelson. Ab 1907 arbeitete Otto Hahn in Berlin eng mit der öster-

Otto Hahn, Nobelpreisträger 1944; ihm gelang die erste Kernspaltung

reichisch-schwedischen Physikerin Lise Meitner zusammen und entdeckte mit ihr eine Anzahl radioaktiver Elemente.

Seit 1912 forscht er am Kaiser-Wilhelm-Institut für Chemie in Berlin, dessen Leiter er seit 1928 ist.

1938, kurz nachdem Lise Meitner als Jüdin das Deutsche Reich verlassen mußte, gelang Hahn nach gemeinsamer Vorarbeit Ende des Jahres zusammen mit Friedrich Straßmann erstmals eine Kernspaltung. Er beschoß Urankerne mit Neutronenstrahlen und stellte fest, daß dabei radioaktives Barium entstand. Hahn schloß daraus, daß das gegenüber dem Uran leichtere Barium nur durch ein Auseinanderbrechen der Uran-Atomkerne entstanden sein konnte. Die erste Kernspaltung hatte stattgefunden, der Schritt ins Atomzeitalter war getan.

Die revolutionäre Entdeckung, für die Hahn jetzt der Nobelpreis verliehen wird, bildet die Voraussetzung für den Bau der Atombombe, der in den USA schon so weit fortgeschritten ist, daß die neue Waffe noch im Krieg gegen Japan eingesetzt wird (→ 17.12./S.207).

USA üben Abwurf von Atombomben

17. Dezember. Im US-Bundesstaat Utah, 200 km westlich von Salt Lake City, beginnt sich die 509. Bombergruppe der 20. US Air Force für geheime Übungszwecke einzurichten. In dem weiträumigen Wüstengebiet sollen Probeflüge und Abwurfübungen im Zusammenhang mit der Atombombe durchgeführt werden, deren Bau ohne Wissen des US-amerikanischen Kongresses bereits seit 1941 betrieben wird.

Die 509. Gruppe ist eine völlig unabhängige US-Einheit mit höchster Geheimhaltungsstufe. Sie ist mit einer verbesserten Version des US-Langstreckenbombers »B 29« (»Superfortress«) ausgestattet. Die Bombenschützen sollen Abwürfe aus 9000 m Höhe üben und dabei eine einzige 4500-kg-Bombe auf Sicht abwerfen. Ihre Maschine muß bei der Explosion der Atombombe mindestens 13 km von ihrem Ziel entfernt sein, damit sie nicht von der enormen Druckwelle erfaßt wird. Um diese Distanz zu erreichen, haben die Piloten nur 43 sec Zeit.

Konferenz über Luftverkehr

7. Dezember. In Chicago (USA) geht eine seit dem 1. November tagende internationale Konferenz über zivile Luftverkehrsfragen zu Ende. In den grundsätzlichen Punkten – Bildung einer Weltluftorganisation und unbeschränkte Luftfreiheit – können die Delegierten aus 52 Nationen

keine Einigung erzielen. Differenzen bestehen vor allem zwischen den USA, die einen freien Wettbewerb anstreben, und Großbritannien, das eine internationale Luftbehörde mit weitreichenden Kompetenzen einsetzen will, um ein Weltmonopol der USA abzuwenden.

Delegierte verschiedener Länder unterzeichnen das Schlußdokument der internationalen Luftverkehrskonferenz, die am 7. Dezember in Chicago endet

Führungswechsel beim Roten Kreuz

4. Dezember. Der bisherige Vorsitzende des Internationalen Komitees vom Roten Kreuz in Genf, Max Huber, tritt aus Altersgründen zurück. Zum neuen Präsidenten wird Carl Jacob Burckhardt ernannt.

Huber gehörte dem Komitee seit 1923 an und führte nach dem Tode von Gustave Ador (1928) den Vorsitz. Der 70jährige gibt sein Amt mit Rücksicht auf sein Alter ab, kündigt jedoch an, weiterhin für bestimmte Aufgaben des Roten Kreuzes zur Verfügung zu stehen.

Der einstimmig zum neuen Präsidenten gewählte Carl Jacob Burckhardt ist seit 1933 Mitglied des Komitees und wirkte seit 1942 als Stellvertreter des Vorsitzenden.

Burckhardt hatte sich bisher vor allem der Organisation von Hilfsaktionen im Rahmen des Internationalen Roten Kreuzes gewidmet. Seine große Geschicklichkeit bei der Verhandlungsführung mit den sich mißtrauisch gegenüberstehenden verfeindeten Kriegsmächten befähigt ihn nach Ansicht der Organisation in besonderem Maße für seine neue, verantwortungsvolle Aufgabe.

NS-Journalisten debattieren in Wien

12. Dezember. In Wien beginnt der dreitägige dritte Kongreß der »Union Nationaler Journalistenverbände«. Die Tagung, an der Vertreter aus 22 Nationen teilnehmen, wird mit einer Rede von Otto Dietrich, dem deutschen Reichspressechef und wichtigsten Mitarbeiter des deutschen Führers und Reichskanzlers Adolf Hitler auf dem Gebiet der Öffentlichkeitsarbeit, eröffnet.

Hauptthemen auf diesem Treffen faschistischer Presseexperten sind der derzeitige »Weltkampf«, die »nationalsozialistische Revolution« und die »Neugeburt Europas«. Dietrich führt aus, daß nur ein nationalsozialistisches Deutsches Reich die Garantie für die »Rettung Europas vor den vereinigten Barbaren aus Ost und West« bieten würde. Es sei der »europäische Kern« und die »kontinentale Ordnungsmacht«. Dietrich schließt mit den folgenden Worten: »Wir ... kennen nichts mehr als den Kampf, und vor uns leuchtet groß die Zukunft unseres Volkes und die Neugeburt Europas.«

Verkehr 1944:

Deutsches Verkehrssystem steht vor dem Zusammenbruch

Als Folge der Kriegsereignisse spitzt sich die angespannte Lage im deutschen Verkehrswesen bis zum Ende des Jahres 1944 dramatisch zu. Während einerseits immer mehr Verkehrsanlagen durch alliierte Bombenangriffe zerstört werden, erfordern andererseits der militärische und zivile Güter- sowie der Personenverkehr ständig steigende Beförderungskapazitäten.

Haben die Alliierten in der ersten Hälfte des Jahres vorrangig Verkehrsziele in Frankreich und Belgien angegriffen, beginnen etwa ab September die Bombardierungen von Verkehrsanlagen im deutschen Reichsgebiet. Systematisch werden Eisenbahnknotenpunkte, Wasserwege, Straßen, Brücken und Flugplätze zerstört. Das Ziel besteht darin, militärische Transporte und Nachschublieferungen zu verhindern und die gesamte deutsche Kriegswirtschaft zum Erliegen zu bringen. Tatsächlich bereitet es der NS-Führung im Laufe des Jahres immer größere Schwierigkeiten, ihre Truppen an die vorgesehenen Einsatzorte zu verlegen. Als Folge der Verkehrsstörungen treten zusätzlich Probleme bei der Versorgung mit Lebensmitteln und zivilen Gebrauchsgütern auf. Da sich die alliierten Bombenangriffe auch gegen Treibstofflager und Hydrierwerke richten, erschwert der zunehmende Kraftstoffmangel die Lage in erheblichem Maße.

Während die Leistungsfähigkeit des Transsportsystems drastisch abnimmt, steigt gleichzeitig der Nutzungsbedarf. Im zivilen Bereich entsteht er vor allem durch die Bevölkerung der Großstädte, die angesichts der Bombenangriffe aufs Land umsiedeln will, und – zum Ende des Jahres – durch die Ostbevölkerung, die nach dem sowjetischen Einmarsch im Reichsgebiet nach Westen flieht.

Dazu kommen die rein militärischen Transporte und die vom NS-Regime veranlaßten Häftlingstransporte in Internierungs-, Konzentrations- oder Vernichtungslager sowie die Heranschaffung von ausländischen Zwangsarbeitern ins Deutsche Reich.

Zur Entlastung des Verkehrssystems, das vorrangig von der Eisenbahn getragen wird, ordnet die NS-Führung Einschränkungen im Bereich der »Vergnügungs«-Reisen an. Unter dem Motto »Räder müssen rollen für den Sieg« sind vom 17. Juli an Reisen auf Entfernungen über 100 km in Eil- und Personenzügen für Privatpersonen nur noch mit einer speziellen Bescheinigung möglich. Eine Sondergenehmigung wird nur dann erteilt, wenn der Reisezweck beruflicher Art ist oder wenn besonders wichtige private Gründe geltend gemacht werden können. Einmal im Jahr ist eine Reise zu Erholungszwecken – nach Abstempelung der Reichskleiderkarte – genehmigungsfrei erlaubt.

Behinderungen im Verkehrswesen gibt es jedoch nicht nur bei Überlandfahrten, sondern auch im innerstädtischen Bereich. Hier wird der öffentliche Personentransport fast ausschließlich mit Straßenbahnen durchgeführt. Da dieses Verkehrsmittel meist hoffnungslos

Menschenmassen auf dem völlig überlasteten Anhalter Bahnhof in Berlin

überfüllt ist und zudem für eine ordentliche Instandhaltung Arbeitskräfte und Material fehlen, mehren sich die Unfälle. Besonders gefährlich ist das »Trittbrettfahren«, das trotz nachhaltiger Warnungen immer stärker um sich greift. Ganze Menschentrauben hängen in den Hauptverkehrszeiten, oft noch mit Taschen und anderem Gepäck beladen, auf den Trittbrettern der Straßenbahnen und halten sich an Griffen, Türen, Fenstern oder auch anderen Verkehrsteilnehmern fest. Nicht selten geschehen schwere Unfälle und ein Trittbrettfahrer bezahlt sein riskantes Verhalten mit dem Leben oder trägt zumindest schwere Verletzungen davon.

Neben der Straßenbahn spielt im wesentlichen nur noch ein weiteres Verkehrsmittel im innerstädtischen Bereich eine größere Rolle – das Fahrrad. Doch selbst auf dieses Transportgerät hat der Staat ein Auge: Beschränkten sich die Behörden anfänglich darauf, die Besitzer aufzufordern, ihre Fahrräder zu schonen, da es an Ersatzteilen fehlt, werden nun öfter Zweiräder beschlagnahmt, weil sie für nicht kriegswichtige Fahrten benutzt wurden.

Überfüllte U-Bahnstation in Berlin; vor allem in den Hauptverkehrszeiten reichen die Beförderungskapazitäten im innerstädtischen Verkehr bei weitem nicht aus; viele Transportmittel sind zudem veraltet oder reparaturbedürftig

Glenn Miller, Posaunist und Leiter der U. S. Air Force Big Band

Flugzeugabsturz: Glenn Miller ist tot

16. Dezember. Ein einmotoriges US-Kurierflugzeug, in dem der weltberühmte Posaunist und Leiter der U.S. Air Force Big Band, Glenn Miller, als Passagier mitfliegt, stürzt – mit größter Wahrscheinlichkeit – über dem Ärmelkanal ab.

Die Maschine vom Typ Noordyun »C 64« startet um 13.45 Uhr vom US-Stützpunkt Twinwood Farms nahe der britischen Stadt Bedford. Der Hochdecker mit zwei Mann Besatzung und acht Passagieren, darunter Glenn Miller, an Bord ist auf dem Weg nach Paris. Kurz nachdem das Flugzeug Newhaven überflogen hat, bricht der Funkkontakt ab. Seitdem wird der populäre Tanz- und Swingmusiker vermißt.

Uraufführung der »Glasmenagerie«

26. Dezember. Im Civic Theatre in Chicago wird »Die Glasmenagerie« uraufgeführt. Der Autor, der US-amerikanische Dramatiker Tennessee Williams, erringt mit dem Schauspiel (Pulitzerpreis 1945) seinen ersten großen Bühnenerfolg.

Das Stück erzählt von der lebensängstlichen Laura, die gemeinsam mit ihrer Mutter und ihrem Bruder Tom in bescheidenen kleinbürgerlichen Verhältnissen lebt. Als Laura sich zum ersten Mal zaghaft einem Mann zuwendet, stellt sich heraus, daß dieser verlobt ist. Laura zieht sich nach diesem Erlebnis einsam und enttäuscht völlig in sich zurück.

Neu im deutschen Kino: »Opfergang«

8. Dezember. Der deutsche Spielfilm »Opfergang« (Regie: Veit Harlan) nach einer Novelle von Rudolf G. Binding wird in Hamburg uraufgeführt. Der Farbfilm wird mit dem Prädikat »künstlerisch besonders wertvoll« ausgezeichnet.

Im Mittelpunkt der gefühlvollen Ehe- und Liebesgeschichte steht ein klassisches Dreiecksverhältnis: Albrecht Froben (Carl Raddatz) liebt nicht nur seine frischgebackene Ehefau Oktavia (Irene von Meyendorff), sondern auch die schöne und geheimnisvolle Nachbarin Äls (Kristina Söderbaum). Bei dem Versuch, das Kind von Äls vor dem Typhustod zu retten, steckt Albrecht sich selbst an. Oktavia ist verzweifelt, doch ihre Opferbereitschaft erweist sich als stärker. Sie pflegt nicht nur ihren kranken Mann, sondern kümmert sich auch noch um dessen Geliebte. Äls stirbt und Albrecht, der nun erst die wahre Größe seiner Ehefrau erkennt, kehrt voll tiefster Reue zu ihr zurück.

Hans Albers – König auf der Reeperbahn

15. Dezember. *»Große Freiheit Nr. 7« (Regie: Helmut Käutner), eine melancholisch-poetische Filmgeschichte aus dem Hamburger Reeperbahn-Milieu mit Hans Albers als Sänger Hannes in der Hauptrolle, wird in Prag uraufgeführt.*

Der deutsche Reichspropagandaminister Joseph Goebbels hatte den Seemannsfilm für das Deutsche Reich verboten und eine Vorführung nur im Ausland einschließlich des Protektorats Böhmen und Mähren zugelassen. Goebbels störte sich vor allem an dem Prostituiertenmilieu, das seiner Ansicht nach nicht zum Bild der deutschen Frau paßt. Neben Hans Albers als Stimmungssänger Hannes und ungekröntem König der Reeperbahn sind in den Hauptrollen Ilse Werner, Hans Söhnker, Gustav Knuth und Hilde Hildebrand zu sehen (Abb.: Hans Albers singt als Hannes den berühmten Schlager »Auf der Reeperbahn nachts um halb eins«).

Geraubte Kunstschätze für Museum in Linz

31. Dezember. Der deutsche Führer und Reichskanzler Adolf Hitler plant die Errichtung eines Kunstmuseums in Linz und hat deshalb die Anweisung gegeben, überall in Europa Kunstschätze zu beschlagnahmen und ins Deutsche Reich abzutransportieren. Da ein Teil der geraubten Schätze nicht in den offiziellen Aufbewahrungslagern, sondern in privatem Besitz landet, richtet Martin Bormann, Sekretär Hitlers, in dieser Sache ein Mahnschreiben an Reichsinnenminister und Reichsführer SS Heinrich Himmler.

Bormann weist »noch einmal ausdrücklich« darauf hin, daß »alle... beschlagnahmten Kunstwerke, insbesondere alle Gemälde, kunstgewerblichen Gegenstände sowie Waffen...«, den für diese Aufgaben eingesetzten Sachbearbeitern des Führers zu melden« sind. »Wie ihnen bekannt ist«, heißt es in dem Schreiben, »werden diese Kunstwerke später zum Teil der Neuen Galerie in Linz, dem Linzer Waffenmuseum und dem Linzer Münzkabinett, zum Teil anderen... Galerien vom Führer zugewiesen.«

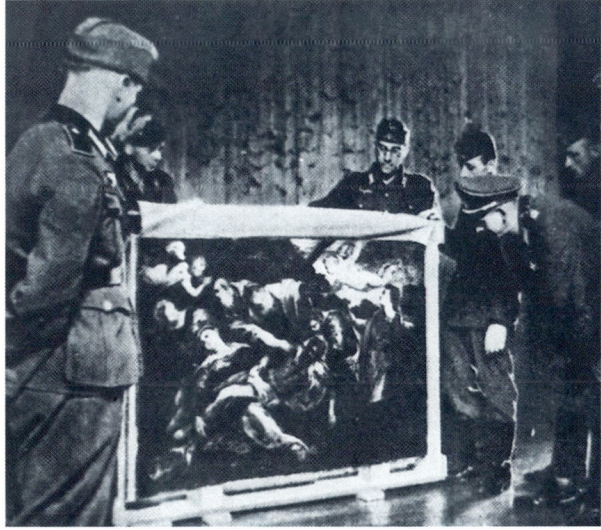

Ein Gemälde von Tintoretto wird begutachtet; in Nancy geraubt, soll es in einem deutschen Museum ausgestellt werden

Ein US-Offizier betrachtet Kunstgemälde, die von den Deutschen geraubt und in einer Mine versteckt wurden

209

»Fest des Friedens« wird vom »totalen Krieg« überschattet

24. Dezember. Das Weihnachtsfest im sechsten Kriegsjahr wird im Deutschen Reich vom Geheul der Sirenen und in den Grenzgebieten vom Schlachtenlärm begleitet. Das »Fest des Friedens« ist vom »totalen Krieg« überschattet.

Die Stimmung in der Bevölkerung ist trotz der Zuversicht verbreitenden Berichte der NS-Propaganda allgemein gedrückt. Nach den militärischen Niederlagen an der Ostfront und dem Vormarsch der Alliierten im Westen wachsen die Zweifel am deutschen Endsieg. Die Grauen des Krieges und die zunehmende Not haben viele Menschen zermürbt. Angst vor der ungewissen Zukunft greift immer mehr um sich.

Die Großzahl der Ehemänner und Väter ist zum Weihnachtsfest an der Front. Den Daheimgebliebenen gelingt es nur mit Mühe, ihre Not und Sorgen für einen kurzen Augenblick zu vergessen und zumindest ein wenig festlich-besinnliche Atmosphäre aufkommen zu lassen.

Die Weihnachtsgottesdienste finden in allen Teilen des Reiches großen Anklang. Die noch nicht vom Luftkrieg zerstörten Kirchen aller Bekenntnisse sind überfüllt.

Das Fest wird mit den bescheidensten Mitteln ausgerichtet. Als Sonderzuteilung erhält jeder Erwachsene zu Weihnachten zwei Eier zusätzlich, an Kinder und an Jugendliche werden außerdem jeweils 125 g Süßwaren extra ausgegeben.

Mit besinnlichen Bildern versucht die NS-Propaganda, das deutsche Volk trotz Kriegsnot auf Weihnachten einzustimmen

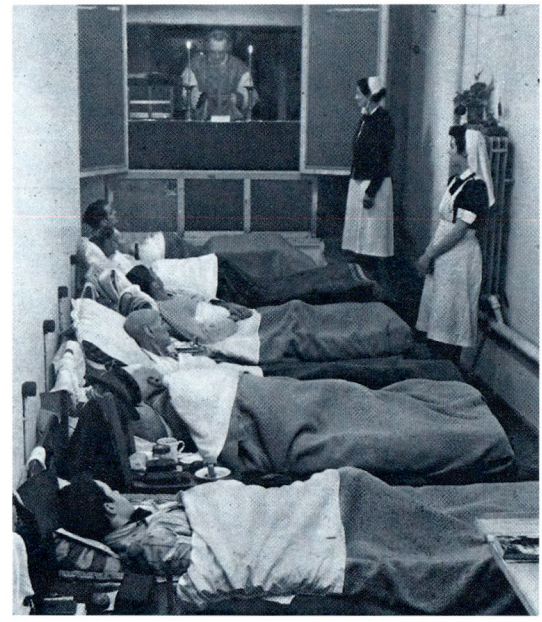

Weihnachtsmesse für Bombenopfer in einem unterirdischen Krankenhaus in Nimwegen (Niederlande)

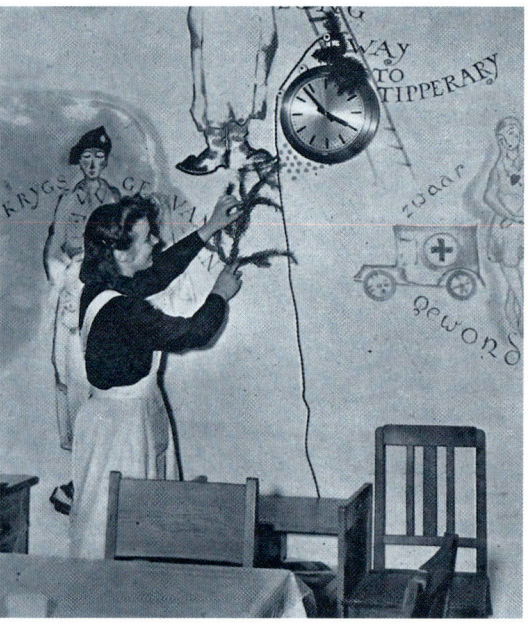

Eine Krankenschwester bringt im Eßsaal eines niederländischen Hospitals Weihnachtsschmuck an

Weihnachtsatmosphäre, so behauptet die NS-Presse, herrsche auch in den ostpreußischen Grenzstädten

Weihnachtsreden zum Thema Krieg

24. Dezember. Die derzeitige Kriegslage und das sich abzeichnende Ende der Kämpfe sind die Themen, auf die in den diesjährigen Weihnachtsansprachen eingegangen wird.

Der deutsche Reichspropagandaminister Joseph Goebbels führt in seiner Weihnachtsbotschaft an das deutsche Volk aus: »Wir haben ein Jahr hinter uns gebracht, wie es einzigartig ist in der deutschen Geschichte. Noch niemals hat unser Volk soviel an Schicksal zu ertragen, aber auch soviel an Heroismus zu beweisen gehabt, wie in diesem

Joseph Goebbels, seit 1933 deutscher Reichsminister für Volksaufklärung und Propaganda, Gauleiter von Berlin und am 25. Juli 1944 außerdem zum Reichsbevollmächtigten für den totalen Kriegseinsatz ernannt

Der britische König Georg VI., ursprünglich Albert; er bestieg 1936 nach Abdankung seines Bruders Eduard VIII. den Thron und nahm dabei den Namen seines Vaters an

Jahre… Das deutsche Volk zeigt in diesem Kriege eine Höhe seiner moralischen Widerstandskraft, die nur Bewunderung verdient. Sie ist das Unterpfand unseres schließlich kommenden Sieges.«

Der britische König Georg VI. richtet über Rundfunk folgende Worte an sein Volk und die verbündeten Nationen: »Bei diesem großen Fest sehnen wir uns vielleicht mehr als zu irgendeiner anderen Jahreszeit nach der Neugeburt der Freiheit und Ordnung unter allen Nationen, damit Glück und Eintracht einkehren und die Geißel des Krieges verbannt werde… Wenn wir auf die früheren Weihnachtstage dieses Krieges zurückblicken, so können wir gewiß sagen, daß die Dunkelheit immer mehr abnimmt. Die Lichter, welche die Deutschen in ganz Europa ausgelöscht haben, zuerst im Jahre 1914, dann 1939, werden langsam wieder angezündet werden.«

Nationalsozialistische Verklärung des Weihnachtsfests

Auch im Angesicht von Niederlagen und Zusammenbruch hält die NS-Propaganda unerschütterlich an der Verbreitung einer Heile-Welt-Vorstellung fest. Während die Soldaten an der Front sterben und Frauen und Kinder zuhause im Bombenhagel umkommen, liefert die deutsche Presse im Kriegswinter 1944 das kitschig-verklärte Bild einer besinnlichen Weihnacht an der Front. Da fehlt es weder am Tannenbaum noch an brennenden Kerzen und Geschenken oder am stimmungsvollen Schnee.

In denselben Tagen, in denen Soldaten der deutschen Wehrmacht in der Ardennenschlacht zu Tausenden in den Tod geschickt werden, erzählt ein Kriegsberichterstatter in der »Berliner Illustrierten Zeitung« vom romantischen Weihnachtsfest an der Front. Unter dem Titel »Vorfreude« (Abb.) fällt ihm dazu ein: »In 2000 Metern Höhe… bereitet eine deutsche Einheit die Weihnachtsfeier vor. Tannenduft erfüllt die Hütte am Hang, der durch

zwei Berglehnen von den Frontstellungen getrennt ist. Am Morgen brachte einer der Männer das Bäumchen vom Tale mit; und da jeder der Kameraden den Ehrgeiz hat, die kommende Feier stimmungsvoll gestalten zu helfen, wird es an Lichterglanz und festlichem Behang nicht fehlen. Und das Wichtigste, die Post aus der Heimat, ist auch bereits Gestalt geworden und tritt lächelnd über die Schwelle.«

Der »Gruß aus der Heimat« als schönstes Weihnachtsgeschenk gehört zu den beliebtesten Themen der deutschen Presse anläßlich des Festes. Im »Illustrierten Beobachter« erzählt eine rührselige Bildergeschichte, wie die Zeilen der fernen Braut den Frontsoldaten just am Heiligen Abend erreichen und ihm eine »ganz große Freude« bereiten, denn, so heißt es begleitend in sentimental-kitschigem Ton, sie haben »ein Stück Heimat gezaubert und das Band zwischen zwei Herzen mit Innigkeit fester geknüpft, hier wie in Millionen anderen Fällen«.

Neue Postwertzeichen 1944 im Deutschen Reich

Ausgabe für den Kameradschaftsblock der Reichspost; v. l. Postkutsche, Geländefahren, Postschutz, Segelflugwerkstätte, Zustellerin, Feldpostbeamter

*Landesschießen Ti-
rol (2 Werte)*

*Goldschmiede-Ge-
sellschaft (2 Werte)*

*1200 Jahre Stadt
Fulda*

*400 Jahre Universi-
tät Königsberg*

*Großer Preis von
Wien (2 Werte)*

*Zum 21. Jahrestag
des Hitler-Putsches*

*Zum 100. Geburts-
tag von Robert Koch*

*Wohltätigkeitssonderaus-
gabe zum Heldengedenk-
tag: Erstausgabe 11. März*

*Zehn Jahre Hilfswerk
»Mutter und Kind«*

*Zum 25. Jubiläum des
Deutschen Luftpost-
dienstes*

*Zum 11. Rennen um »Das
Braune Band« in München*

*Zum 55. Geburtstag
Adolf Hitlers*

*Zum 11. Jahrestag der
Machtergreifung*

*Zum »Tag der Brief-
marke«*

*Zu einer Arbeitsdienst-Ausstellung: »Ar-
beitsmaid« (l.) und »Arbeitsmann«*

213

Anhang

Die Regierungen des Deutschen Reichs (mit Österreich) und der Schweiz 1944

Neben den Staatsoberhäuptern des Deutschen Reichs (mit Österreich) und der Schweiz sind in der Zusammenstellung die einzelnen Kabinette des Jahres 1944 in chronologischer Reihenfolge enthalten. Hinter den Namen der wichtigsten Regierungsmitglieder steht in Klammern der Zeitraum ihrer Tätigkeit.

Deutsches Reich

Staatsform:
Nach dem Führergrundsatz aufgebauter Einheitsstaat (Diktatur)
Reichspräsident:
Adolf Hitler (NSDAP; 1934–1945)
Führer und Reichskanzler:
Adolf Hitler (NSDAP; 1933–1945)
Auswärtiges:
Joachim von Ribbentrop (NSDAP; 1938–1945)
Inneres:
Heinrich Himmler (NSDAP; 1943 bis 1945)
Finanzen:
Johann Ludwig Graf Schwerin von Krosigk (parteilos; 1932–1945)
Wirtschaft:
Walther Funk (NSDAP; 1938–1945)
Arbeit:
Franz Seldte (NSDAP; 1933–1945)
Justiz:
Otto Georg Thierack (NSDAP; 1942 bis 1945)
Volksaufklärung und Propaganda:
Joseph Goebbels (NSDAP; 1933–1945)
Chef des OKW:
Wilhelm Keitel (1938–1945)
Oberbefehlshaber des Heeres (mit Kabinettsrang):
Adolf Hitler (NSDAP; 1941–1945)
Oberbefehlshaber der Kriegsmarine:
Karl Dönitz (1943–1945)
Luftfahrt:
Hermann Göring (NSDAP; 1933–1945)
Oberbefehlshaber der Luftwaffe:
Hermann Göring (NSDAP; 1935–1945)
Rüstung und Kriegsproduktion:
Albert Speer (1942–1945)

Forsten:
Hermann Göring (NSDAP; 1934–1945)
Post:
Wilhelm Ohnesorge (NSDAP; 1937 bis 1945)
Verkehr:
Julius Dorpmüller (NSDAP; 1937 bis 1945)
Chef der Reichskanzlei (Minister):
Hans Heinrich Lammers (NSDAP; 1933–1945; ab 1937 als Reichsminister)
Reichspressechef:
Otto Dietrich (NSDAP; 1937–1945)
Ernährung:
Herbert Backe (NSDAP; beauftragt 1942–6. 4. 1944, 6. 4. 1944–1945)
Wissenschaft, Erziehung und Volksbildung:
Bernhard Rust (NSDAP; 1934–1945)
Besetzte Ostgebiete:
Alfred Rosenberg (1941–1945)
Reichsminister:
Hans Frank (NSDAP; 1934–1945), Hjalmar Schacht (parteilos; 1937–23. 7. 1944, vorläufig amtsenthoben am 22. 1. 1943), Konstantin Freiherr von Neurath (parteilos; 1939–1945), Arthur Seyß-Inquart (NSDAP; 1939–1945)
Chef der Präsidialkanzlei des Führers und Reichskanzlers:
Otto Meißner (NSDAP; 1934–1945; ab 1937 als Reichsminister)
Reichskommissar für den Arbeitsdienst:
Konstantin Hierl (NSDAP; 1934–1945)
Reichskommissar für den Sport:
Karl Ritter von Halt (kommissarisch ehrenamtlich Oktober 1944–1945)
Reichskommissar für die besetzten norwegischen Gebiete:
Josef Terboven (NSDAP; 1940–1945)

Reichskommissar für die niederländischen Gebiete:
Arthur Seyß-Inquart (NSDAP; 1940–1945)

Die Reichsstatthalter

Anhalt und Braunschweig:
Rudolf Jordan (1937–1945)
Baden:
Robert Wagner (1933–1945)
Bayern:
Franz Ritter von Epp (1933–1945)
Danzig-Westpreußen:
Albert Forster (1939–1945)
Hamburg:
Karl Kaufmann (1933–1945)
Hessen:
Jakob Sprenger (1933–1945)
Lippe und Schaumburg-Lippe:
Alfred Meyer (1933–1945)
Mecklenburg und Lübeck:
Friedrich Hildebrandt (1933–1945)
Oldenburg und Bremen:
Paul Wegener (1942–1945)
Preußen:
Adolf Hitler (1933–1945; mit der Ausübung der Geschäfte ist von 1935 bis 1945 Hermann Göring beauftragt)
Sachsen:
Martin Mutschmann (1933–1945)
Sudetenland:
Konrad Henlein (1939–1945)
Thüringen:
Fritz Sauckel (1933–1945)
Warthegau:
Arthur Greiser (1939–1945)
Württemberg:
Wilhelm Murr (1933–1945)

Deutsche Reichsstatthalter im 1938 an das Deutsche Reich angeschlossenen Österreich
Kärnten:
Friedrich Rainer (1941–1945)
Niederdonau:
Hugo Jury (1940–1945)
Oberdonau:
August Eigruber (1940–1945)
Salzburg:
Adolf Scheel (1941–1945)
Steiermark:
Siegfried Uiberreither (1940–1945)

Tirol – Vorarlberg:
Franz Hofer (1940–1945)
Westmark:
Josef Bürckel (1941–28. 9. 1944), Willi Stoehr (stellvertretend 29. 9. 1944 bis 1945)
Wien:
Baldur von Schirach (1940–1945)

Österreich

Staatsform:
Österreich wurde 1938 dem deutschen Reich eingegliedert. Am 1. Mai 1939 wurde die österreichische Landesregierung aufgelöst. Die Gaue Wien, Niederdonau, Oberdonau, Salzburg, Steiermark, Kärnten, Tirol-Vorarlberg sind Reichsgaue mit eigenen Reichsstatthaltern.

Schweiz

Staatsform:
Republik
Bundespräsident:
Walter Stampfli (freisinnig; 1944)
Politisches Departement (Äußeres):
Marcel Pilet-Golaz (freisinnig; 1940 bis 1945;
Departement des Inneren:
Philipp Etter (katholisch-konservativ; 1934–1959)
Justiz und Polizei:
Eduard von Steiger (BGB; 1941–1951)
Finanzen und Zölle:
Ernst Nobs (erster Sozialdemokrat im Bundesrat; 1943–1951)
Militär-Departement:
Karl Kobelt (freisinnig; 1941–1954)
Volkswirtschaftliches Departement:
Walter Stampfli (freisinnig; 1940–1947)
Post- und Eisenbahn-Departement:
Enrico Celio (katholisch-konservativ; 1940–1950)

Das Deutsche Reich (mit Österreich) und die Schweiz 1944 in Zahlen

Die Statistiken für das Deutsche Reich (einschließlich Österreich) und die Schweiz umfassen eine Auswahl von grundlegenden Daten. Es wurden vor allem Daten aufgenommen, die innerhalb der beiden Länder vergleichbar sind. Maßgebend für alle Angaben waren die amtlichen Statistiken. Die Zahlen beziehen sich, soweit nicht anders angemerkt, auf die jeweiligen Staatsgrenzen von 1944. Nicht in allen gesellschaftlichen Bereichen finden jährliche Erhebungen statt, so daß mitunter die Daten aus früheren Jahren aufgenommen werden mußten. Das Erhebungsdatum ist jeweils angegeben (unter der Rubrik »Stand«). Die aktuellen Zahlen des Jahres 1944 werden – wo möglich – durch einen Vergleich zum Vorjahr relativiert. Wichtige Zusatzinformationen zum Verständnis einzelner Daten sind in den Fußnoten enthalten.

Deutsches Reich (einschließlich Österreich)

Erhebungsgegenstand	Wert	Vergleich Vorjahr (%)	Stand
Fläche (km^2)	729 774[2]	–	17.5.1939[1]
Bevölkerung			
Wohnbevölkerung	69 865 000[2]	– 0,8	1944
männlich	38 762 000[3]	–	17.5.1939[1]
weiblich	40 614 000[3]	–	17.5.1939[1]
Ausländer	1 019 892[3]	–	17.5.1939[1]
Privathaushalte	20 335 000	–	17.5.1939[1]
Einpersonenhaushalte	1 984 000	–	17.5.1939[1]
Mehrpersonenhaushalte	18 351 000	–	17.5.1939[1]
Lebendgeborene	1 413 230[2]	–	1939[1]
Gestorbene	654 348[4]	–	1939[1]
Eheschließungen	774 163[2]	–	1939[1]
Ehescheidungen	61 789	–	1939[1]
Familienstand der Bevölkerung			
Ledige insgesamt	36 733 000	–	1939[1]
männlich	18 800 000	–	1939[1]
weiblich	17 933 000	–	1939[1]
Verheiratete	36 765 000	–	1939[1]
Verwitwete und Geschiedene	5 878 000	–	1939[1]
männlich	1 531 000	–	1939[1]
weiblich	4 347 000	–	1939[1]
Religionszugehörigkeit			
Christen			
römisch-katholisch	31 943 932	–	17.5.1939[1]
evangelische Landes- und Freikirchen	42 636 218	–	17.5.1939[1]
Gottgläubige	2 745 893	–	17.5.1939[1]
Sonstige	2 049 238	–	17.5.1939[1]
Altersgruppen			
unter 6 Jahren	7 736 700[5]	–	1939[1]
6 bis unter 10 Jahren	4 408 400[5]	–	1939[1]
10 bis unter 16 Jahren	7 469 900[5]	–	1939[1]
16 bis unter 20 Jahren	5 612 900[5]	–	1939[1]
20 bis unter 30 Jahren	11 487 800[5]	–	1939[1]
30 bis unter 40 Jahren	13 857 600[5]	–	1939[1]
40 bis unter 50 Jahren	10 518 500[5]	–	1939[1]
50 bis unter 60 Jahren	8 399 000[5]	–	1939[1]
60 bis unter 65 Jahren	3 601 800[5]	–	1939[1]
65 und darüber	6 282 700[5]	–	1939[1]

Erhebungsgegenstand	Wert	Vergleich Vorjahr (%)	Stand
Die zehn größten Städte			
Berlin	4 338 756	–	1939[1]
Hamburg	1 711 877	–	1939[1]
München	829 318	–	1939[1]
Köln	772 221	–	1939[1]
Leipzig	707 365	–	1939[1]
Essen	666 743	–	1939[1]
Dresden	630 216	–	1939[1]
Breslau	629 565	–	1939[1]
Frankfurt am Main	553 464	–	1939[1]
Dortmund	542 261	–	1939[1]
Erwerbstätigkeit			
Erwerbstätige	35 732 000	–	1939[1]
männlich	22 934 000	–	1939[1]
weiblich	12 798 000	–	1939[1]
nach Wirtschaftsbereichen			
Land- und Forstwirtschaft, Tierhaltung und Fischerei	8 946 000	–	1939[1]
Produzierendes Gewerbe	14 580 000	–	1939[1]
Handel und Verkehr	6 066 000	–	1939[1]
Sonstige	6 140 000	–	1939[1]
Ausländische Arbeitnehmer	302 000	–	1939[1]
Betriebe			
Landwirtschaftliche Betriebe	3 915 031	–	1939[1]
Industrie und Handwerk	2 152 557	–	1939[1]
Baugewerbe	266 803	–	1939[1]
Handel und Verkehr	1 757 380	–	1939[1]
Außenhandel			
Einfuhr (Mio. RM)	5 207 000	–	1939[1]
Ausfuhr (Mio. RM)	5 653 000	–	1939[1]
Ausfuhrüberschuß/ Einfuhrüberschuß (Mio. RM)	446 000		1939[1]
Verkehr			
Eisenbahnnetz (km)	72 562	–	1939[1]
Beförderte Personen (in 1000)	2 212,2	–	1939[1]
Beförderte Güter (in 1000 t)	568 800	–	1939[1]
Autobahn (km)	3 302,9	–	1939[1]
Bestand an Kraftfahrzeugen	3 786 367	–	1939[1]
davon Pkw	1 502 207	–	1939[1]
davon Lkw	403 223	–	1939[1]
Zulassung fabrikneuer Kfz	536 801	–	1939[1]
Binnenschiffe zum Gütertransport (Tragfähigkeit in t)	683 000		1939[1]
Beförderte Güter (t)	126 877 000		1939[1]
Handelsschiffe/Seeschiffahrt (BRT)	4 346 000		1939[1]
Beförderte Güter (t)	49 946 000		1939[1]
Luftverkehr			
Beförderte Personen	275 501	–	1939[1]
Beförderte Güter (t)	4 263	–	1939[1]
Bildung			
Schüler an			
Grundschulen/Hauptschulen	7 929 977	–	1936[1]
Realschulen	235 178	–	1936[1]
Gymnasien	672 073	–	1936[1]
Studenten	56 477	–	1939[1]
Rundfunk			
Hörfunkteilnehmer	12 431 721	–	1939[1]
Gesundheitswesen			
Ärzte	47 832[2]	–	1939[1]
Zahnärzte	35 891[2]	–	1939[1]
Krankenhäuser	4 606[2]	–	1939[1]

[1] Letzte verfügbare Angabe
[2] Gebietsstand: 31.12.1937
[3] Gebietsstand 17.5.1939 = Deutsches Reich und Österreich, ohne Memelland, Danzig, eingegliederte Ostgebiete, Eupen, Malmedy und Moresnet
[4] Gebietsstand 31.12.1937, ohne Sterbefälle von Wehrmachtsangehörigen
[5] Reichsgebiet Mitte 1939

Erhebungsgegenstand	Wert	Vergleich Vorjahr (%)	Stand
Sozialleistungen			
Mitglieder der gesetzlichen Krankenversicherung	23 983 279	–	1938[1]
Rentenversicherung der Arbeiter	3 645 539[2]	–	1938[1]
Rentenversicherung der Angestellten	463 092[2]	–	1938[1]
Knappschaftliche Rentenversicherung	415 323[2]	–	1938[1]
Empfänger von			
Arbeitslosengeld und -hilfe	65 482	–	1939[1]
Sozialhilfe	1 599 848	–	1939[1]
Finanzen und Steuern			
Schuldenlast des Staates in Mio. RM	30 676 100	–	31. 3. 1939[1]
Löhne und Gehälter			
Bruttostundenverdienst			
männlicher Facharbeiter (Rpf)	79,1	–	1939[1]
weiblicher Arbeiter (Rpf)	51,5	–	1939[1]
Preise			
Einzelhandelspreise ausgewählter Lebensmittel (RM)			
Butter, 1 kg	3,50	+ 10,8	1940[1]
Weizenmehl, 1 kg	0,45	+ 2,3	1940[1]
Schweinefleisch, 1 kg	1,60	– 1,8	1940[1]
Rindfleisch, 1 kg	1,70	+ 1,8	1940[1]
Eier, 1 Stück	0,12	± 0	1940[1]
Kartoffeln, 5 kg	0,50	+ 2,0	1940[1]
Vollmilch, 1 l	0,26	+ 13,0	1940[1]
Zucker, 1 kg	0,76	– 1,3	1940[1]
Index der Lebenshaltungskosten für 4-Personen-Arbeitnehmer-Haushalt mit mittlerem Einkommen (1938 = 100)	113	+ 2,7	1944

	Bremen	Berlin	Breslau / Kassel	Aa-chen[3]	Stuttgart	Mün-chen
Klimatische Verhältnisse						
Mittl. Lufttemperatur (°C)						
Januar	4,6	4,0	3,2/ 3,9	5,0	2,7	1,9
Februar	1,2	0,5	−0,6/−0,2	−0,1	−1,9	−3,6
März	2,6	1,9	0,8/ 2,1	2,2	0,9	−0,8
April	9,2	9,1	8,3/ 9,9	10,6	9,5	8,5
Mai	11,8	12,7	12,7/12,3	12,0	12,2	11,6
Juni	14,0	15,8	16,0/14,4	14,3	14,4	14,2
Juli	17,7	19,4	19,0/17,6	17,1	17,2	16,4
August	20,0	21,6	20,5/20,0	19,9	20,0	19,4
September	13,0	14,2	13,9/12,9	12,4	13,0	12,7
Oktober	9,0	9,4	9,9/ 9,4	9,0	8,7	7,8
November	5,4	4,9	4,2/ 4,7	5,0	4,0	3,2
Dezember	1,0	−0,8	−1,8/−0,3	−1,7	−0,2	−2,0
Eistage (Temp. unter 0°)						
Dezember	4	11	12/ 4	–	11	12
Januar	–	–	1/ –	–	2	3
Februar	1	5	7/ 6	9	12	16
März	–	–	−/ –	1	1	7
Niederschlagsmengen (mm)						
Januar	76	71	54/ 78	75	44	68
Februar	39	45	35/ 43	53	60	64
März	42	57	67/ 59	50	50	83
April	29	33	50/ 30	35	23	28
Mai	52	39	44/ 21	35	30	38
Juni	77	54	116/ 46	100	77	153

[1] Letzte verfügbare Angabe
[2] Gebietsstand: 31. 12. 1937
[3] Beobachtungen ab September im Moresnet-Dorf (190 m NN) 15 km SW Aachen (Ausweichstelle)

	Bremen	Berlin	Breslau / Kassel	Aa-chen[3]	Stuttgart	Mün-chen
Juli	122	54	82/175	102	115	150
August	28	18	59/ 35	46	52	139
September	80	24	36/ 50	–	89	123
Oktober	50	44	83/ 74	–	53	80
November	97	104	61/ 94	–	118	132
Dezember	49	30	35/ 68	–	57	43
Tage mit Schneedecke						
Dezember	1	3	17/ 2	–	1	3
Januar	1	1	5/ 3	–	7	8
Februar	5	13	23/ 20	8	25	25
März	1	8	13/ 14	11	15	31
Sonnentage (mind. 25 °C)						
Mai	3	4	3/ 4	4	4	2
Juni	1	8	3/ 3	2	3	2
Juli	8	14	12/ 7	3	7	4
August	23	21	20/ 21	13	18	15
Sonnenscheindauer (Std.)						
Januar	27,5	23,5	18,0/ 20,2	–	–	50,2
Februar	87,6	49,3	50,9/ 67,4	–	–	65,8
März	123,9	96,8	67,0/106,0	–	–	62,7
April	176,0	184,9	147,3/136,0	–	–	148,0
Mai	243,8	229,0	222,8/191,3	–	–	195,7
Juni	188,1	175,1	200,9/141,4	–	–	155,8
Juli	200,9	217,1	241,9/153,9	–	–	173,9
August	301,5	294,5	303,2/268,4	–	–	243,3
September	160,3	187,5	230,7/130,2	–	–	160,2
Oktober	70,5	93,5	77,3/ 63,0	–	–	94,7
November	58,2	39,1	35,4/ 32,9	–	–	55,3
Dezember	40,2	48,9	75,2/ 26,2	–	–	86,8

Schweiz

Erhebungsgegenstand	Wert	Vergleich Vorjahr (%)	Stand
Fläche (km²)	41 294,9	± 0,0	1944
Bevölkerung			
Wohnbevölkerung	4 361 500	+ 0,9	1944
männlich	2 060 399	–	1941[1]
weiblich	2 205 304	–	1941[1]
Einwohner je km²	105,6	+ 1,0	1944
Ausländer	223 554	–	1941[1]
Lebendgeborene	85 627	+ 3,1	1944
Gestorbene	52 336	+ 10,3	1944
Eheschließungen	34 765	– 2,6	1944
Ehescheidungen	3 138	– 2,3	1944
Familienstand der Bevölkerung			
Ledige insgesamt	2 196 757	–	1941[1]
männlich	1 098 483	–	1941[1]
weiblich	1 098 274	–	1941[1]
Verheiratete	1 748 486	–	1941[1]
Verwitwete und Geschiedene	320 460	–	1941[1]
männlich	88 270	–	1941[1]
weiblich	232 181	–	1941[1]
Religionszugehörigkeit			
Christen insgesamt	4 211 446	–	1941[1]
katholisch	1 754 204	–	1941[1]
evangelisch	2 457 242	–	1941[1]
sonstige			
Juden	19 429	–	1941[1]
andere, ohne Konfession	34 828	–	1941[1]

Erhebungsgegenstand	Wert	Vergleich Vorjahr (%)	Stand
Altersgruppen			
unter 5 Jahren	305 573	–	1941[1]
5 bis unter 15 Jahren	638 189	–	1941[1]
15 bis unter 20 Jahren	340 371	–	1941[1]
20 bis unter 30 Jahren	660 860	–	1941[1]
30 bis unter 40 Jahren	704 399	–	1941[1]
40 bis unter 50 Jahren	594 676	–	1941[1]
50 bis unter 60 Jahren	461 472	–	1941[1]
60 bis unter 70 Jahren	351 743	–	1941[1]
70 bis unter 80 Jahren	169 196	–	1941[1]
80 und darüber	39 278	–	1941[1]
Die zehn größten Städte			
Zürich	347 600	+ 1,8	1944
Basel	164 900	+ 1,0	1944
Bern	133 700	+ 1,4	1944
Genf	132 200	+ 2,2	1944
Lausanne	97 800	+ 2,5	1944
St. Gallen	63 100	+ 0,2	1944
Winterthur	60 400	+ 1,2	1944
Luzern	56 100	+ 1,4	1944
Biel	42 500	+ 1,4	1944
La Chaux-de-Fonds	31 500	− 0,3	1944
Erwerbstätigkeit			
Erwerbstätige	1 992 487	–	1941[1]
männlich	1 422 272	–	1941[1]
weiblich	570 215	–	1941[1]
nach Wirtschaftsbereichen			
Land- und Forstwirtschaft, Tierhaltung und Fischerei	414 936	–	1941[1]
Produzierendes Gewerbe	694 073	–	1941[1]
Handel und Verkehr	236 970	–	1941[1]
Sonstige	646 908	–	1941[1]
Ausländische Arbeitnehmer	113 896	–	1941[1]
Arbeitslose	8 380	+ 6,8	1944
Betriebe			
Landwirtschaftliche Betriebe	238 481	–	1939[1]
Industrie und Handwerk	99 686	–	1939[1]
Baugewerbe	16 396	–	1939[1]
Handel, Gastgewerbe und Reiseverkehr	112 750	–	1939[1]
Sonstige	15 597	–	1939[1]
Außenhandel			
Einfuhr in Mio. sFr	1 185	31,4	1944
Ausfuhr in Mio. sFr	1 131	− 30,5	1944
Einfuhrüberschuss in Mio. sFr	54	− 44,9	1944
Verkehr			
SBB-Eisenbahnnetz (km)	2 917	± 0,0	1944
Beförderte Personen (in 1000)	189 567	+ 7,1	1944
Beförderte Güter (in 1000 t)	18 226	− 11,7	1944
Bestand an Kraftfahrzeugen	39 221	+ 0,2	1944
davon Pkw	17 512	+ 2,9	1944
davon Lkw	19 879	− 1,8	1944
Luftverkehr			
Beförderte Personen	2 187	− 53,8	1944
Bildung			
Schüler an			
Primarschulen	441 476	+ 0,2	1944/45
Sekundar- und untere Mittelschulen	75 803	+ 1,8	1944/45
Gymnasien	12 884	+ 3,4	1944/45
Studenten	12 104	+ 2,7	1944/45
Rundfunk			
Hörfunkteilnehmer	819 502	+ 5,1	1944

Erhebungsgegenstand	Wert	Vergleich Vorjahr (%)	Stand
Gesundheitswesen			
Ärzte	3 695	+ 1,1	1944
Zahnärzte	1 598	+ 2,6	1944
Krankenhäuser	546	+ 1,5	1944
Sozialleistungen			
Mitglieder der gesetzlichen Krankenversicherung	2 395 994	+ 1,9	1944
Finanzen und Steuern			
Gesamtausgaben des Staates in Mio. sFr	530,5	+ 4,4	1944
Gesamteinnahmen des Staates in Mio. sFr	322,6	− 11,4	1944
Schuldenlast des Staates in Mio. sFr	6 700,4	+ 24,3	1944
Löhne und Gehälter			
Bruttostundenverdienst			
männlicher Arbeiter in sFr	1,88	+ 5,6	1944
weiblicher Arbeiter in sFr	1,06	+ 7,1	1944
Index der tariflichen Stundenlöhne in der gewerblichen Wirtschaft (1939 = 100)	137,7	+ 5,4	1944
Preise			
Einzelhandelspreise ausgewählter Lebensmittel in sFr			
Butter, 1 kg	7,85	+ 2,3	1944
Weizenmehl, 1 kg	1,58	± 0,0	1944
Schweinefleisch, 1 kg	6,85	+ 5,7	1944
Rindfleisch, 1 kg	4,96	+ 1,4	1944
Eier, 1 Stück	0,35	± 0,0	1944
Kartoffeln, 1 kg	0,31	± 0,0	1944
Vollmilch, 1 l	0,40	+ 2,6	1944
Zucker, 1 kg	1,22	± 0,0	1944
Index der Lebenshaltungskosten (1914 = 100)	208	+ 2,5	1944

	Zürich	Basel	Bern	Genf	Davos	Lugano
Klimatische Verhältnisse						
Mittl. Lufttemperatur (°C)						
Januar	2,2	2,6	0,3	1,8	−5,4	2,8
Februar	−1,6	−0,8	−2,4	−0,2	−8,2	3,1
März	1,9	2,6	1,5	4,0	−5,5	7,2
April	11,0	10,9	10,2	11,6	3,3	12,9
Mai	13,3	13,3	12,3	14,7	7,2	15,6
Juni	15,3	15,6	14,6	17,4	9,9	18,8
Juli	18,0	18,4	17,3	18,7	12,2	20,9
August	21,1	21,2	20,2	22,8	15,0	21,7
September	13,9	13,9	12,7	15,1	8,4	16,4
Oktober	8,9	8,6	7,3	9,1	3,1	11,0
November	4,5	5,1	3,3	5,7	−2,7	5,3
Dezember	−0,1	0,6	−1,0	1,4	−8,0	2,1
Niederschlagsmengen (mm)						
Januar	73	40	38	34	75	0
Februar	92	63	46	21	131	49
März	56	27	9	18	126	0,1
April	49	30	55	33	19	55
Mai	38	40	40	31	44	148
Juni	147	74	101	48	97	107
Juli	93	98	143	94	143	314
August	98	124	90	44	75	75
September	103	92	152	174	119	101
Oktober	52	69	89	107	84	377
November	214	136	155	165	205	42
Dezember	82	38	98	75	68	39

	Zürich	Basel	Bern	Genf	Davos	Lugano
Tage mit Schneefall	47	31	38	19	91	6
Tage mit Gewitter	20	16	17	16	13	18
Tage mit Nebel	33	43	54	27	4	5
Tage mit hellem Wetter	30	34	32	65	51	88
Tage mit trübem Wetter	192	166	171	136	151	90

Sonnenscheindauer (Std.)	Zürich	Basel	Bern	Genf	Davos	Lugano
Januar	58	71	81	71	119	148
Februar	40	40	46	51	100	159
März	92	104	115	186	103	255
April	167	156	179	228	155	198
Mai	215	229	235	295	189	225
Juni	185	178	214	279	154	210
Juli	188	207	222	298	169	252
August	256	234	272	301	193	239
September	133	115	125	153	129	136
Oktober	92	57	82	87	89	106
November	41	28	60	69	63	141
Dezember	36	58	47	54	101	114

Staatsoberhäupter und Regierungen ausgewählter Länder 1944

Die Einträge zu den wichtigsten Ländern des Jahres 1944 informieren über die Staatsform (hinter dem Ländernamen), Titel und Namen des Staatsoberhaupts sowie in Klammern dessen Regierungszeit. Es folgen – soweit vorhanden – die Regierungschefs, bei wichtigen Ländern auch die Außenminister des Jahres 1944; jeweils in Klammern stehen die Zeiträume der Amtsausübung. Eine Kurzdarstellung gibt – wo es sinnvoll erscheint – einen Einblick in die innen- und außenpolitische Situation des Landes. Über bewaffnete Konflikte und Unruhegebiete, auf die hier nicht näher eingegangen wird, informiert der Anhang »Kriege und Krisenherde des Jahres 1944« gesondert.

Abessinien (Äthiopien)
Kaiserreich; *Kaiser:* Haile Selassie I. (1930–1936, 1941–1974)
Abessinien ist am 1. Dezember 1942 in den Krieg gegen das Deutsche Reich eingetreten.

Afghanistan
Königreich; *König:* Mohammed Sahir (1933–1973)
Ministerpräsident: Sardar Muhammad Haschim Khan (1929–1946)

Ägypten
Königreich; *König:* Faruk I. (1936–1952)
Ministerpräsident: Mustafa Nahhas Pascha (1928, 1930, 1936/37, 1942–9. 10. 1944, 1950–1952), Ahmad Mahir Pascha (10. 10. 1944–1945)
Britischer Botschafter: Miles Wedderburn Lampson (1936–1946, zuvor britischer Oberkommissar 1933–1936)
Im Zweiten Weltkrieg bleibt Ägypten bis Februar 1945 neutral, obwohl deutsche und italienische Truppen zeitweise weit in ägyptisches Gebiet eingedrungen waren.

Albanien
Vom Deutschen Reich besetzt
Das Land steht 1943/44 unter deutscher Besetzung. Enver Hoxha, der Führer der albanischen Befreiungsbewegung, kämpft gegen die von der deutschen Besatzung abhängige Regierung. Am 20. November 1944 zieht Hoxha als neuer Ministerpräsident in Tirana ein.

Algerien
Französisches Nebenland; *Generalgouverneur:* Georges Catroux (1943–1944), Yves Chataigneau (8. 9. 1944–1948)
Algerien ist ein politisch und wirtschaftlich dem Mutterland angegliedertes französisches Nebenland.

Annam
Kaiserreich unter französischem Protektorat; *Kaiser:* Bao-Dai (1925–1945, danach Staatschef von Vietnam 1945/48/49–1955)
Annam ist als Kaiserreich unter französischem Protektorat Teil der Indochinesischen Union.

Argentinien
Bundesrepublik; *Präsident:* Pedro Pablo Ramírez (1943–24. 2. 1944), Edelmiro Fárrell (10. 3. 1944–1946)
Argentinien bleibt bis 1945 neutral.

Australien
Bundesstaat im britischen Empire; *Premierminister:* John Joseph Curtin (1941 bis 1945)
Britischer Generalgouverneur: Alexander Gore Arkwright Hore-Ruthven 1. Baron Gowrie of Canberra and of Orleton (1936–5. 9. 1944), Winston Joseph Dugan (Verweser 5. 9. 1944–1945, 1947)
Australien ist am 3. September 1939 in den Krieg gegen das Deutsche Reich eingetreten und beteiligt sich am Krieg gegen Japan.

Belgien
Königreich/vom Deutschen Reich besetzt; *König:* Leopold III. (1934–1944, seit 7. Juni 1944 deutscher Kriegsgefangener; unter dem Vorwurf der Kollaboration mit den Deutschen muß Leopold III. nach der Befreiung sein Amt seinem Bruder Karl überlassen, wird jedoch 1950/51 erneut König), Karl (20. 9. 1944–1950)
Ministerpräsident: Hubert Pierlot (katholisch; 1939–1945, seit 1940 im Exil in London)

Außenminister: Paul Henri Spaak (1936–1939, 1939–1944, seit 1940 in London, 1944–1949, 1954–1957, 1961–1966)
Von 1940 bis 1944 ist Belgien vom Deutschen Reich besetzt. Am 3. September 1944 rücken britische Panzerverbände in Brüssel ein, am 20. September trifft die Exilregierung in Brüssel ein. – Am 5. September bildet Belgien zusammen mit den Niederlanden und Luxemburg die Zollunion BENELUX.

Bhutan
Königreich; *König:* Jigme Wangchuk (1926–1952)
Das Land erkennt die britisch-indische Vormacht an (Kontrolle der Außenpolitik), regelt seine inneren Angelegenheiten jedoch selbständig.

Birma
Britische Kronkolonie (seit 1937, zuvor Teil von Britisch-Indien)
Generalgouverneur: Reginald Hugh Dorman-Smith (1941–1946)
Während des Zweiten Weltkriegs ist Birma von Japan besetzt.

Bolivien
Diktatur/Republik; *Präsident:* Gualberto Villaroel (1943–1946)
Bolivien ist am 7. April 1943 in den Krieg gegen das Deutsche Reich eingetreten.

Brasilien
Diktatur; *Präsident:* Getúlio Dornelles Vargas (1930–1945, 1951–1954)
Außenminister: Osvaldo Aranha (1938–24. 8. 1944), Pedro Leão Vellozo (24. 8. 1944–1946)
Brasilien ist am 25. August 1942 in den Krieg gegen das Deutsche Reich eingetreten.

Bulgarien
Königreich/Diktatur; *König:* Simeon II. (1943–1946 unter der Leitung eines Regentschaftsrats)
Ministerpräsident: Dobri Bozilow (1943–1. 6. 1944, Iwan Bagrjanow (1. 6.–2. 9. 1944), Konstantin Murawjew (2.–9. 9. 1944), Kimon S. Georgiew (2.–9. 9. 1944, 9. 9. 1944–1946)
Bulgarien hat sich 1941 dem Dreimächtepakt angeschlossen und ist von deutschen Truppen besetzt worden, hat der UdSSR jedoch nicht den Krieg erklärt. Durch die sowjetische Kriegserklärung

am 5. September 1944 und den Einmarsch der Roten Armee wird die Regierung völlig überrascht. Am 8. September erklärt sie dem Deutschen Reich den Krieg. Am 9. September kommt es zum Putsch der Vaterländischen Front, die einen Waffenstillstand erwirkt.

Chile
Republik; *Präsident:* Juan Antonio Rios Morales (1942–1946)

China
Republik; *Präsident:* Chiang Kai-shek (1928–1931, 1943–1949)
China befindet sich seit 1937 im Kriegszustand mit Japan.

Costa Rica
Republik; *Präsident:* Rafael Ángel Calderón Guardia (1940–8. 5. 1944), Teodoro Picado Michalski (8. 5. 1944–1948)

Dänemark
Königreich/vom Deutschen Reich besetzt; *König:* Christian X. (1912–1947)
Ministerpräsident: Erik Scavenius (1942 bis 1943, der Rücktritt wird vom König erst 1945 angenommen)
Dänemark steht seit 1940 unter der Besatzung des Deutschen Reichs, doch behalten die Dänen eigene Regierungsgewalt. Angesichts des zunehmenden Widerstands hat die Besatzungsmacht 1943 den Ausnahmezustand proklamiert. Die Führer des dänischen Widerstands haben sich in London im Dänischen Rat organisiert.

Dominikanische Republik
Republik; *Präsident:* Rafael Leonidas Trujillo y Molina (1930–1938, 1942 bis 1952)
Die Dominikanische Republik ist am 11. Dezember 1941 in den Krieg gegen das Deutsche Reich eingetreten.

Ecuador
Republik; *Präsident:* Carlos Alberto Arroyo del Río (1939, 1940–29. 5. 1944), José María Velasco Ibarra (1934/35, 31. 5. 1944–1947, 1952–1956, 1960/61)

El Salvador
Republik/Diktatur; *Präsident:* Maximiliano Hernández Martínez (1932–9. 5. 1944), Andrés Ignacio Menéndez (9. 5.–21. 10. 1944), Osmin Aguirre Salinas (21. 10. 1944–1945)

El Salvador ist am 12. Dezember 1941 in den Krieg gegen das Deutsche Reich eingetreten.

Finnland

Republik; *Präsident:* Risto Heikki Ryti (1940-1. 8. 1944, zuvor Ministerpräsident 1939/40), Carl Gustaf Emil Freiherr von Mannerheim (4. 8. 1944-1946, zuvor Reichsverweser 1918/19)
Ministerpräsident: Edwin Linkomies (1943-4. 8. 1944), Autti Verner Hackzell (8. 8.-22. 9. 1944), Urho Jonas Castrén (21. 9.-11. 11. 1944), Juho Kusti Paasikivi (1918, 11. 11. 1944-1946)
Nach dem deutschen Überfall auf die UdSSR nimmt Finnland von 1941 bis 1944 auf deutscher Seite am Krieg gegen die Sowjetunion teil. Im Waffenstillstand von Moskau am 19. September 1944 muß es außer den 1939/40 während des Finnisch-Sowjetischen Winterkriegs verlorenen Gebieten auch den Korridor zur Eismeerküste mit Petschenga abtreten und der UdSSR auf 50 Jahre die Halbinsel Porkkala als Flottenstützpunkt abtreten.

Frankreich

État Français/4. Republik; *Chef d'État:* Philippe Pétain (1940-1944/45)
Vorläufiger Staatspräsident: Charles de Gaulle (26. 8. 1944-1946)
Ministerpräsident: Charles de Gaulle (26. 8. 1944-1946)
Außenminister: Georges Bidault (9. 9. 1944-1944, 1947/48, 1953/54)
Das Französische Nationalkomitee unter Charles de Gaulle wird am 3. Juni 1944 zur »Provisorischen Regierung der Französischen Republik« umgewandelt. Der Einzug de Gaulles am 26. August in Paris markiert das Ende des État Français. Die Landung der Briten und US-Amerikaner an der Kanal- und Mittelmeerküste im Juni bzw. August führt zur Befreiung Frankreichs und zum Zusammenbruch des Vichy-Regimes.

Griechenland

Königreich/vom Deutschen Reich besetzt; *König:* Georg II. (1922-1924, 1935-1947, von 1941 bis 1946 in der Verbannung)
Regent: Erzbischof Damaskinos von Athen (31. 12. 1944-1946)
Ministerpräsident und Außenminister: Jeorjios Papandreu (20. 10.-31. 12. 1944, 1963, 1964/65)
Bis November 1944 ist der Abzug der deutschen Truppen aus Griechenland abgeschlossen. Am 16. Oktober kehrt die Exilregierung Jeorjios Papandreus nach Athen zurück, nachdem am 4. Oktober britische Truppen gelandet sind. Die Koalitionsregierung Papandreu zerbricht nach dem Austritt der kommunistischen Griechischen Befreiungsfront am 1. Dezember. In der Folgezeit kommt es zu Kämpfen mit den britischen Truppen (kommunistischer Dezemberaufstand).

Großbritannien

Königreich; *König:* Georg VI. (1936 bis 1952)
Premierminister: Winston Churchill (konservativ, 1940-1945, 1951-1955)
Außenminister: Robert Anthony Eden (1940-1945)

Guatemala

Diktatur/Republik; *Präsident:* Jorge Ubico Castañeda (1931-1. 7. 1944), Federico Ponce Vaidez (1. 7.-22. 10. 1944), Juan José Arévalo (19. 12. 1944-1951)
Guatemala ist am 11. Dezember 1941 in den Krieg gegen das Deutsche Reich eingetreten.

Haiti

Republik; *Präsident:* Elie Lescot (1941-1946)
Haiti ist am 11. Dezember 1941 in den Krieg gegen das Deutsche Reich eingetreten.

Honduras

Diktatur; *Präsident:* Tiburcio Carías Andino (1933-1948)
Honduras ist am 11. Dezember 1941 in den Krieg gegen das Deutsche Reich eingetreten.

Indien (Britisch-Indien)

Britisches Vizekönigreich; *Vizekönig:* Archibald Parcival Wavell Viscount Wavell of Cyrenaika and Winchester (1943-1947)

Indochinesische Union

Französisches Protektorat; *Generalgouverneur:* Jean Decoux (1940-1945)

Irak

Königreich; *König:* Faisal II. (1939-1958)
Ministerpräsident: Nuri As Said (1930, 1930-1932, 1938/39, 1939/40, 1941-3. 6. 1944, 1946/47, 1949, 1950-1952, 1954/55, 1955-1957, 1958), Hamdi Al Badschadschi (4. 6. 1944-1946)
Irak ist am 16. Januar 1943 in den Krieg gegen das Deutsche Reich eingetreten.

Iran

Kaiserreich; *Schah:* Mohammad Resa Pahlawi (1941-1979)
Ministerpräsident: Ali Zohaili (1942, 1943-6. 3. 1944), Mohammad Muragha os-Said (6. 4.-9. 11. 1944), Murteza Quly Khan Bajat (25. 11. 1944-1945)
Iran ist am 9. September 1943 in den Krieg gegen das Deutsche Reich eingetreten.

Irland (Eire)

Republik; *Premierminister:* Eamon de Valera (Fianna Fáil, 1921-1922, 1932-1948, 1951-1954, 1957-1959)
Irland ist Freistaat innerhalb des British Commonwealth.

Island

Republik; *Präsident:* Sveinn Björnsson (17. 6. 1944-1952, zuvor seit 1941 Reichsverweser)
Ministerpräsident: Björn Thordarson (1942-16. 9. 1944), Ólafur Thors (1942, 21. 10. 1944-1946, 1949/50, 1953-1956, 1959-1963)
Nach der durch Volksabstimmung am 17. Juni 1944 angenommenen Verfassung wird Island, das bis dahin in Personalunion mit Dänemark verbunden war, eine unabhängige parlamentarische Republik.

Italien

Königreich; *König:* Viktor Emanuel III. (1900-1946)
Generalstatthalter des Königreichs: Humbert II. (5. 6. 1944-1946, König 9. 5.-12. 6. 1946)
Ministerpräsident: Pietro Badoglio (1943-6./10. 6. 1944), Ivanoe Bonomi (1921/22, 9. 6. 1944-1945)
Außenminister: Pietro Badoglio (1943-6./10. 6. 1944), Ivanoe Bonomi (9. 6.-11. 12. 1944), Alcide de Gasperi (12. 12. 1944-1946, 1951-1953)
Ministerpräsident der faschistischen Republik von Salò am Gardasee: Benito Mussolini (1943-1945, zuvor italienischer Ministerpräsident 1922-1943)
Am 3. September 1943 wurde der Waffenstillstand zwischen Italien und den Alliierten abgeschlossen. Am 13. Oktober 1943 erklärte die Regierung Badoglio dem Deutschen Reich den Krieg. Nach der Befreiung Roms (4. Juni 1944) setzt König Viktor Emanuel III. seinen Sohn Humbert (II.) zum Statthalter ein und ersetzt die Regierung Badoglio durch ein Sechs-Parteien-Kabinett.

Japan

Kaiserreich; *Kaiser:* Hirohito (seit 1926)
Ministerpräsident: Hideki Todscho (1941-18. 7. 1944), Kunaiki Koiso (22. 7. 1944-1945)
Japan befindet sich seit 1937 mit China im Kriegszustand (Chinesisch-Japanischer Krieg bis 1945). 1941 hat es den Pazifikkrieg durch den Überfall auf die US-Flotte in Pearl Harbor eröffnet.

Jemen (Sana)

Königreich; *König:* Hamid Ad Din Jahja (1918-1948, davor Imam 1904-1918)

Jordanien

Siehe Transjordanien

Jugoslawien

Vom Deutschen Reich besetzt
1941 wurde das Königreich Jugoslawien von den Achsenmächten besetzt. Ebenfalls 1941 wurde der unabhängige Staat Kroatien proklamiert (siehe dort). Der Antifaschistische Rat der Nationalen Befreiung Jugoslawiens bildete 1943 eine provisorische Regierung unter Marschall Josip Tito. Am 12. September 1944 übernimmt Tito offiziell die Führung des Widerstands. Am 20. Oktober 1944 besetzt die Rote Armee Belgrad. Am 1. November 1944 einigen sich Tito und Ivan Šubašić, der Chef der jugoslawischen Exilregierung in London, auf die Bildung eines Koalitionskabinetts.

Kambodscha

Königreich unter französischem Protektorat; *König:* Norodom Sihanuk (1941-1955, danach Ministerpräsident)
Das Königreich Kambodscha ist ein zur Indochinesischen Union gehörendes französisches Protektorat.

Kanada

Parlamentarische Monarchie im britischen Commonwealth; *Premier- und Außenminister:* William Lyon Mackenzie King (liberal; 1921-1926, 1926-1930, 1935-1948)
Kanada ist am 10. September 1939 in den Krieg gegen das Deutsche Reich eingetreten.

Kirchenstaat

Siehe Vatikanstadt

Kolumbien

Republik; *Präsident:* Alfonso López Pumarejo (1934-1938, 1942-1945)
Kolumbien ist am 29. November 1943 in den Krieg gegen das Deutsche Reich eingetreten.

Korea

Japanisches Generalgouvernement Chosen (1910-1945); *Generalgouverneur:* Noboyuki Abe (1942-1945)

Kroatien

Republik; *Staatschef (Poglavnik):* Ante Pavelić (1941-1945)
Nach der Zerschlagung des Königreichs Jugoslawien durch die Achsenmächte hat Ante Pavelić, der Führer der faschistisch beeinflußten, terroristischen kroatischen Unabhängigkeitsbewegung Ustascha, am 10. April 1941 mit deutscher und italienischer Unterstützung den »Unabhängigen Staat Kroatien« ausgerufen.

Kuba

Republik; *Präsident:* Fulgencio Batista y Zaldívar (1940-10. 10. 1944, 1952-1958/59), Ramón Grau San Martin (1933/34, 10. 10. 1944-1948)
Kuba ist am 11. Dezember 1941 in den Krieg gegen das Deutsche Reich eingetreten.

Kuwait

Emirat unter britischem Protektorat; *Emir:* Scheich Ahmad (1921-1950)

Laos

Königreich unter französischem Protektorat; *König:* Sisavong Vong (1904-1959)
Laos ist ein seit 1893 zur Indochinesischen Union gehörendes französisches Protektorat. Auf japanischen Druck hin mußte Frankreich 1941 laotische Gebiete, die es 1907 erhalten hatte, an Thailand zurückgeben.

Libanon

Republik; *Präsident:* Bischara Bey al-Churi (1943-1952)
Nach der Besetzung Libanons durch britische Truppen 1941 versprach das Freie Frankreich dem französischen Völkerbundsmandat Libanon die Unabhängigkeit. Die Aufhebung des Mandats wird 1944 erreicht, 1946 räumen die britischen und französischen Truppen das Land.

Liberia

Republik; *Präsident:* William Tubman (1943-1971)
Liberia tritt am 27. Januar 1944 in den Krieg gegen das Deutsche Reich ein.

Liechtenstein

Fürstentum; *Fürst:* Franz Joseph II. (seit 1938)

Luxemburg

Großherzogtum; *Großherzogin:* Charlotte (1919-1964)
Ministerpräsident: Pierre Dupong (1937-1953)
Außenminister: Joseph Bech (1937-1958)
Nach dem Beginn der deutschen Westoffensive am 10. Mai 1940 ging unter Verletzung der Neutralität Luxemburgs, der Niederlande und Belgiens die Regierung ins Exil, Luxemburg wurde dem Gau Moselland eingegliedert. Im November 1944 kehrt die Regierung zurück.

Mandschukuo

Kaiserreich unter japanischem Protektorat; *Kaiser:* Engk'e Erdemtü (1932/34–1945, als P'u I letzter Kaiser von China 1908–1912)

Marokko

Sultanat unter französischem Protektorat; *Sultan:* Sidi Muhammad V. Ibu Jusuf (1927–1955, 1955–1957, König 1957–1961)
Großwesir: Muhammad al-Muqri (1917–1955)
Französischer Resident: Gabriel Puaux (1943–1946)
1939 hat Frankreich durch das Verbot aller Parteien die Unabhängigkeitsbewegung stark geschwächt.

Mexiko

Bundesrepublik; *Präsident:* Manuel Ávila Camacho (1940–1946)
Mexiko ist am 22. Mai 1942 in den Krieg gegen das Deutsche Reich eingetreten.

Monaco

Fürstentum; *Fürst:* Ludwig II. (1922–1949)

Mongolische Volksrepublik

Volksrepublik; *Präsident:* Gonchighigin Bumatsende (1940–1953)
Ministerpräsident: Korlin Tschoibalsan (1924–1952)
Von 1937 bis 1945 sind Teile der Inneren Mongolei unter japanischem Einfluß als Innermongolische Föderation autonom.

Nepal

Königreich; *König:* Tribhuwan Bir Bikram Schah (1911–1950, 1952–1955)
Ministerpräsident: Maharadscha Sri Dschuddha Schamscher Rana (1931–1945)

Neuseeland

Dominion im britischen Commonwealth; *Premierminister:* Peter Fraser (1940–1949)
Britischer Generalgouverneur: Cyril Newall (1940/41–1946)
Am 3. September 1939 ist Neuseeland in den Krieg gegen das Deutsche Reich eingetreten.

Nicaragua

Diktatur; *Präsident:* Anastasio Somoza García (1937–1947, 1950–1956, ab 1944 als Diktator)
Nicaragua ist am 11. Dezember 1941 in den Krieg gegen das Deutsche Reich eingetreten.

Niederlande

Königreich/vom Deutschen Reich besetzt; *(Königin:* Wilhelmina, 1890–1948)
(Ministerpräsident: Pieter Sjoerds Gerbrandy, 1940–1945, im Exil in London)
(Außenminister: Eelco Nicolaas van Kleffens, 1939–1946, seit Mai 1940 im Exil in London)
Reichskommissar für die niederländischen Gebiete: Arthur Seyß-Inquart (NSDAP; 1940–1945)
Unter Verletzung der Neutralität der Niederlande, Belgiens und Luxemburgs hat am 10. Mai 1940 die deutsche Westoffensive begonnen, Königin und Kabinett sind ins Exil nach London ausgewichen. Neben der deutschen Militärregierung besteht eine deutsche Zivilregierung unter Arthur Seyß-Inquart. – Am 17. September 1944 beginnt die Luftlandung der Alliierten bei Arnheim. In Erwartung der baldigen Befreiung treten die niederländischen Eisenbahner in einen Streik, der bis Kriegsende aufrechterhalten wird.

Nordirland

Teil von Großbritannien; *Ministerpräsident:* Basil Stanlake Brooke (1943–1963)

Norwegen

Königreich/vom Deutschen Reich besetzt; *(König im Exil in London:* Håkon VII., 1905–1957)
Reichskommissar für die besetzten norwegischen Gebiete: Josef Terboven (1940–1945)
Leiter des Verwaltungsrats (ab 1942 der Nationalregierung): Vidkun Abraham Lauritz Quisling (1940–1945)
1940 haben deutsche Truppen Norwegen besetzt.

Oman

Sultanat; *Sultan:* Said bin Taimur (1932–1970)

Palästina

Britisches Völkerbundsmandat; *Oberkommissar:* Harold MacMichael (1938 bis Juli 1944), John Standish Surtees Prendergast Vereker, 6. Viscount Gort (20. 7. 1944–1946)

Panama

Republik; *Präsident:* Ricardo Adolfo de la Guardia (1941–1945)
Am 19. Januar 1942 ist Panama in den Krieg gegen das Deutsche Reich eingetreten.

Papst

Siehe Vatikanstadt

Paraguay

Republik; *Präsident:* Higino Moríñigo (1940–1948)

Persien

Siehe Iran

Peru

Republik; *Präsident:* Manuel Prado y Ugarteche (1939–1945)

Philippinen

Von Japan besetzt
Die Philippinen, ein Gouvernement der USA, wurden 1941 von Japan besetzt. Ab Oktober 1944 erobern die USA das Land zurück.

Polen

Republik; *Präsident im Exil in London:* Władysław Raczkiewicz (1939–1945/47)
Ministerpräsident der Exilregierung in London: Stanisław Mikołajczyk (1943–24. 11. 1944), Tomasz Arciszewski (29. 11. 1944–1945/47)
Am 21. Juli 1944 bildet der kommunistisch geführte Landesnationalrat unter Bolesław Bierut das Lubliner Komitee, die erste – von der Sowjetunion getragene – Nachkriegsregierung auf polnischem Boden. Das Lubliner Komitee übernimmt in den Gebieten, die von der Roten Armee freigekämpft worden sind, die Regierungsgewalt.

Portugal

Diktatur; *Präsident:* António Óscar de Fragoso Carmona (1926–1951)
Ministerpräsident: António de Oliveira Salazar (1932–1968)
Außenminister: António de Oliveira Salazar (1936–1947)

Rumänien

Königreich/Militärdiktatur; *König:* Michael I. (1927–1930, 1940–1947)
Ministerpräsident: Ion Antonescu (1940–23. 8. 1944), Constantin Sänätescu (Anfang September 1944 bis 2. 12. 1944), Nicolae Rädescu (7. 12. 1944–1945)
Außenminister: Mihai Antonescu (1941–23. 8. 1944), Constantin Visoianu (5. 11. 1944–1945)
1940 wurde König Karl II. von General Ion Antonescu zur Abdankung gezwungen. Antonescu rief Karls Sohn Michael I. zum König aus und proklamierte den profaschistischen »Nationalen Staat der Legionäre«, der dem Dreimächtepakt beitrat. 1940 wurden deutsche Truppen im Land stationiert.
Am 20. August 1944 stoßen sowjetische Truppen in das Kerngebiet Rumäniens vor. Am 23. August entläßt König Michael I. Ion Antonescu als Ministerpräsidenten und läßt ihn gefangennehmen. Ein deutscher Luftangriff auf Bukarest führt am 25. August zur Kriegserklärung Rumäniens an das Deutsche Reich. Am 2. September wird die 1938 suspendierte Verfassung wieder in Kraft gesetzt.

Sansibar

Sultanat unter britischem Protektorat; *Sultan:* Chalifa II. (1911–1960)

Saudi-Arabien

Königreich; *König:* Abd Al Asis Ibn Saud (1932–1953)

Schweden

Königreich; *König:* Gustav V. (1907–1950)
Ministerpräsident: Per Albin Hansson (Sozialist; 1932–1936, 1936–1946)
Außenminister: Christian Günther (1939–1945)
Schweden wahrt während des Zweiten Weltkrieges Neutralität.

Siam

Siehe Thailand

Sowjetunion

Siehe UdSSR

Spanien

Republik; *Staatspräsident und Vorsitzender des Ministeriums:* Francisco Franco Bahamonde (1936–1975)
Spanien ist während des Zweiten Weltkrieges offiziell neutral.

Südafrikanische Union

Dominion im britischen Commonwealth; *Ministerpräsident und Außenminister:* Jan Christiaan Smuts (1919–1924, 1939–1948)
Britischer Administrator: Nicolaas Jacobus de Wet (1943–1945)

Syrien

Republik; *Französischer Generaldelegierter:* Yves Chataigneau (1943–1944), General Beynet (1944–1946)
Staatspräsident: Schukri Al Kuwwatli (1943–1949)
1941 marschierten britische und freifranzösische Truppen in das Vichy-treue französische Völkerbundsmandat Syrien ein. Am 1. Januar 1944 gewährt die französische Exilregierung dem Land seine Unabhängigkeit.

Thailand

Königreich; *König:* Mahidol Ananda (1935–1946)
Ministerpräsident: Luang Pobul Songgram (1938–24. 7. 1944, 1948–1957), Nai Khuang Aphaiwong (August 1944 bis 1945, 1946)

Tibet

Autonomer Staat unter der Herrschaft eines Dalai-Lama; *14. Dalai-Lama:* Tenzin Gjatso (1935 geboren und gefunden, 1939 inthronisiert, im Exil ab 1950)
7. Pantschen-Lama: Tschökji Gjaltsen (seit 1938)

Transjordanien

Emirat unter britischem Protektorat; *Emir:* Abd Allah Ibn Al Husain (1921–1946, König 1946–1951)
Ministerpräsident: Taufik Pascha Abu 'l-Huda (1939–1945, 1948–1950)

Tschechoslowakei

Deutsches Reichsprotektorat; *Reichsprotektor:* Wilhelm Frick (1943–1945)
(Ministerpräsident im Exil in London: Jan Šrámek, 1940–1945)
(Außenminister im Exil in London: Jan Masaryk, 1940–1945)
Am 18. August 1944 überschreitet die Rote Armee im Rahmen ihres Vormarsches die tschechoslowakische Grenze. Ein Aufstand gegen die deutsche Besatzung im Industriegebiet von Neusohl (Banská Býstrica) wird von deutschen Truppen niedergeschlagen.

Tunesien

Französisches Protektorat; *Bei:* Muhammad Al Amin (1943–1957)
Französischer Generalresident: Emmanuel Mast (1943–1947)

Türkei

Republik; *Präsident:* Ismet Inönü (1938–1950, zuvor Ministerpräsident 1923–1937)
Ministerpräsident: Sükrü Saracoglu (1942–1946)
Außenminister: Numan Menemencioglu (1942–15. 6. 1944), Sükrü Saracoglu (15. 6.–13. 9. 1944), Hasan Saka (13. 9. 1944–1947)

UdSSR

Republik; *Parteichef:* Josef W. Stalin (1922–1953)
Präsident (Vorsitzender des Präsidiums des Obersten Sowjets): Michail I. Kalinin (1919/1923–1946)
Ministerpräsident (Vorsitzender des Rats der Volkskommissare): Josef W. Stalin (1941–1953)
Außenminister: Wjatscheslaw M. Molotow (1939–1949)

Die sowjetische Rote Armee rückt im Kriegsjahr 1944 auf der ganzen Front nach Westen vor (siehe den Anhang Kriege und Krisenherde).

Ungarn

Königreich/Diktatur; *König:* Otto II. (1922–1944/45) lebt in Bayern
Reichsverweser (Diktator): Miklós Horthy (1920–16. 10. 1944), Ferenc Szálasi (16. 10. 1944–1945)
Ministerpräsident: Miklós Kállay (1942–19. 3. 1944), Döme Sztojay (19. 3. 1944–16. 10. 1944), Ferenc Szálasi (16. 10. 1944–1945)

Ministerpräsident der Debrecener Gegenregierung: Béla Dálnoki-Miklós (5. 12. 1944–1945)
Ungarn hat am 27. Juni 1941 der Sowjetunion den Krieg erklärt. Am 19. März 1944 besetzen deutsche Truppen das Land. Nach dem Eindringen der Roten Armee in Ungarn schließt Horthy am 11. Oktober in Moskau einen Präliminarwaffenstillstand, den er auf deutschen Druck hin am 16. Oktober jedoch widerrufen muß; Horthy tritt am selben Tag zurück. Sein Nachfolger, Szálasi, kann sich nur mit Hilfe der Deutschen halten. Am 5. Dezember bildet Generaloberst Béla Dál-

noki-Miklós in den sowjetisch besetzten Landesteilen eine Gegenregierung.

Uruguay

Republik; *Präsident:* Juan José de Amézaga (1943–1947)

USA

Bundesrepublik; *32. Präsident:* Franklin Delano Roosevelt (Demokrat; 1933–1945)
Vizepräsident: Henry Agard Wallace (1941–1945)
Außenminister: Cordell Hull (1933–27.

11. 1944), Edward Reilly Stettinius (27. 11. 1944–1945)

Vatikanstadt

Absolute Monarchie; *Papst:* Pius XII. (1939–1958)
Kardinalstaatssekretär: Luigi Maglione (1939–22. 8. 1944, ein neuer Kardinalstaatssekretär wird danach nicht mehr ernannt)

Venezuela

Republik; *Präsident:* Isaías Medina Angarita (1941–1945)

Kriege und Krisenherde des Jahres 1944

Die herausragenden politischen und militärischen Krisensituationen des Jahres 1944 werden – alphabetisch nach Ländern geordnet – im Überblick dargestellt. Internationale Kriege und Krisenherde sind dem alphabetischen Länderverzeichnis vorangestellt.

Zweiter Weltkrieg

Die nationale und internationale Politik steht 1944 im Zeichen des Zweiten Weltkriegs. Folgende Staaten treten 1944 in den Krieg mit dem Deutschen Reich ein bzw. befinden sich schon im Kriegszustand (in Klammern Jahr des Kriegseintritts):
Polen (1939)
Großbritannien (1939)
Australien (1939)
Britisch-Indien (1939)
Neuseeland (1939)
Frankreich (1939)
Südafrikanische Union (1939)
Kanada (1939)
Norwegen (1940)
Dänemark (1940)
Niederlande (1940)
Belgien (1940)
Luxemburg (1940)
Jugoslawien (1941)
Griechenland (1941)
UdSSR (1941)
China (1941)
USA (1941)
Kuba (1941)
Dominikanische Republik (1941)
Guatemala (1941)
Costa Rica (1944)
Nicaragua (1941)
Haiti (1941)
Honduras (1941)
El Salvador (1941)
Panama (1941)
Mexiko (1941)
Brasilien (1942)
Äthiopien (1942)
Irak (1943)
Bolivien (1943)
Iran (1943)
Italien (1943)
Kolumbien (1943)
Liberia (27. 1. 1944)
San Marino (21. 9. 1944)
Rumänien (25. 8. 1944)
Bulgarien (8. 9. 1944)
Ungarn/Gegenregierung (31. 12. 1944)

Die entscheidenden politisch-militärischen Ereignisse im Kriegsjahr 1944 sind das Vorrücken der Roten Armee im Osten und die Landung der Alliierten in

der Normandie. Bis zum Jahresende sind mit Ausnahme von Kroatien und der Slowakei alle östlichen Satellitenstaaten vom Deutschen Reich abgefallen. Mit dem Rückzug aus Südosteuropa verlieren die Deutschen zugleich kriegswichtige Rohstoffquellen. Der Offensive der Alliierten im Westen setzt die deutsche Kriegsleitung die Ardennenoffensive entgegen – ohne Erfolg. An allen Fronten, auch in Italien, befinden sich die Truppen der deutschen Wehrmacht 1944 auf dem Rückmarsch.

Sowjetische Großoffensive um Leningrad
Am 14. Januar beginnt die sowjetische Großoffensive gegen die deutsche Heeresgruppe Nord. Die Leningrader und die Wolchow-, wenig später auch die 2. Baltische Front der Roten Armee befreien bis zum 28. Januar Leningrad von der Blockade durch die Deutschen und vertreiben diese aus dem Leningrader und Nowgoroder Gebiet.

Rote Armee befreit Odessa und Krim
Das Schwergewicht des sowjetischen Winterfeldzugs liegt in der Ukraine, wo die 1., 2., 3. und 4. Ukrainische Front in mehreren Operationen den deutschen Heeresgruppen Süd und A vernichtende Niederlage zufügen. Die Rote Armee stößt dabei auf einer Frontbreite von 1400 km zwischen 250 und 400 km weit vor, überschreitet die Flüsse Bug, Dnjestr und Pruth und an einigen Stellen die Grenzen zu Rumänien und der Tschechoslowakei. Am 10. April befreit die Rote Armee Odessa, bis zum 12. Mai die Halbinsel Krim.

Deutsche besetzen Ungarn
Einheiten der deutschen Wehrmacht und der Schutzstaffel besetzen am 19. März alle Schlüsselstellen in Verwaltung, Regierung und Militär in Ungarn. Die Geheime Staatspolizei bildet in Budapest eine Leitstelle, von der aus die Deportation der bisher relativ sicher lebenden Juden in Vernichtungslager organisiert wird. »Legitimiert« werden diese Maßnahmen vom ungarischen Reichsverweser Miklós Horthy, der unter deutschem Druck der Besetzung zugestimmt hatte.

Sowjetischer Vormarsch in Osteuropa
Am 22. Juni beginnt die Rote Armee ihren Sommer-Herbst-Feldzug, in dessen Verlauf die deutschen Truppen fast völlig aus dem Gebiet der Sowjetunion vertrieben werden. In einer gemeinsamen strategischen Operation gehen mehrere sowjetische Fronten am 22./23. Juni zum Angriff über und bringen der deutschen Heeresgruppe Mitte eine vernichtende Niederlage bei. In mehreren Kesseln – in Witebsk, bei Bobruisk und westlich von Minsk – wird der Hauptteil von drei deutschen Armeen, darunter eine Panzerarmee, bis Mitte Juli vernichtet. Die dadurch entstandene Bresche erleichtert die Fortsetzung der sowjetischen Offensive, so daß sich die Angriffsbreite auf 1300 km erweitert. Bis Anfang August sind Belorußland, der größte Teil Litauens und Teile Polens befreit. Fast gleichzeitig gewinnen die Sowjets die Westukraine zurück (August). Im Baltikum erobert die Rote Armee im September Estland. Am 10. Oktober wird die deutsche Heeresgruppe Nord mit 35 Divisionen in Kurland von Ostpreußen abgeschnitten.

Umsturz in Rumänien
Die Befreiung Südosteuropas, das als Lebensmittel- und Rohstoffreservoir für das Deutsche Reich große kriegswirtschaftliche Bedeutung besitzt, beginnt mit der sowjetischen Operation von Jassy-Kischinjow (20.–29. 8), bei der mehrere deutsche Divisionen eingekesselt und vernichtet werden. Am 23. August erheben sich die unter der Führung der Kommunistischen Partei zusammengeschlossenen antifaschistischen Kräfte in Rumänien zum Volksaufstand und verhaften die Regierung Ion Antonescu. Zwei Tage später erklärt Rumänien dem Deutschen Reich den Krieg. Am 30. August erreichen sowjetische Truppen das Erdölgebiet von Ploiesti, einen Tag darauf die rumänische Hauptstadt Bukarest.

Frontwechsel Bulgariens
Am 5. September erfolgt die Kriegserklärung der Sowjetunion an Bulgarien. Nach dem erfolgreichen Vordringen der sowjetischen Verbände in Bulgarien am 8. September ein Staatsstreich der Kommunisten und des Zveno-Offiziersverbands statt. Die neue Regierung der Vaterländischen Front schließt am 28. Oktober einen Waffenstillstand mit der UdSSR, den USA und Großbritannien und verpflichtet sich zur Beteiligung am Krieg gegen das Deutsche Reich.

Szálasi stürzt Horthy
Im Oktober putscht der Führer der ungarischen Faschisten, Ferenc Szálasi, gegen den ungarischen Reichsverweser Miklós Horthy, der einen Waffenstillstand mit den Alliierten schließen wollte. Während Szálasi die letzten Kräfte Ungarns zum Widerstand auf der Seite des Deutschen Reichs mobilisiert, besetzen die Sowjets schrittweise das Land. Bis Ende Oktober erreichen sie den Theiß, am 24. Dezember schließen sie Budapest ein. Während der Kämpfe tritt im sowjetisch besetzten Teil des Landes, in Debrecen, eine provisorische Nationalversammlung zusammen; die von ihr eingesetzte Regierung erklärt dem Deutschen Reich am 31. Dezember den Krieg.

Südosteuropa befreit
Am 28. September setzt die sowjetische Offensive gegen Belgrad ein, unterstützt von bulgarischen, rumänischen und jugoslawischen Verbänden. Am 20. Oktober erobern sowjetische und jugoslawische Truppen Belgrad.
Unter verlustreichen Kämpfen mit den griechischen, albanischen und jugoslawischen Volksbefreiungsarmeen und Partisankräften ziehen sich die deutschen Truppen aus Griechenland, Albanien und großen Teilen Jugoslawiens zurück. Bis Ende Dezember sind mit Ausnahme der Slowakei und Kroatiens alle östlichen Satellitenstaaten vom Deutschen Reich abgefallen.

Partisanenkampf
Unter dem Eindruck der sowjetischen Siege wird der Partisanenkampf verstärkt. In Bulgarien, Rumänien, Polen, der Slowakei und Jugoslawien geht der Widerstand 1944/45 in bewaffnete Volksaufstände über.

Landung der Alliierten in der Normandie
Am 6. Juni beginnt die Großlandung der westlichen Alliierten in der Normandie. Die Errichtung einer zweiten Front im Westen war eine wesentliche Forderung der UdSSR.
Während am ersten Invasionstag die US-Truppen nur mit Mühe zwei kleine Brückenköpfe behaupten können, errichten Briten und Kanadier in kurzer Zeit eine Front von 30 km Länge und zehn Kilometern Tiefe. Da die deutsche Reichsführung an einen Scheinangriff glaubt und die eigentliche Invasion im Raum von Calais erwartet, werden die deutschen Truppen zunächst nicht verstärkt. US-Truppen nehmen bis Ende Juni die Halbinsel

Cotentin ein, am 31. Juli erfolgt bei Avranches der Ausbruch aus dem inzwischen stark erweiterten Landeraum. Bis zu diesem Zeitpunkt sind mehr als eine Million alliierter Soldaten in Frankreich gelandet und stoßen auf Paris, Belgien und den Rhein vor.

De Gaulle in Paris
Nachdem die deutschen Hauptkräfte am 19. August eingeschlossen sind (Kessel von Falaise), bricht der deutsche Widerstand westlich der Seine zusammen. Der 1942 auf deutschen Druck zum französischen Ministerpräsidenten ernannte Pierre Laval wurde am 17. August verhaftet, weil die Deutschen seinen Übertritt zu den Alliierten befürchteten. US-Truppen und die Truppen von Charles de Gaulle, dem Chef der französischen Exilregierung, rücken am 25. August in Paris ein; das Vichy-Regime bricht zusammen.

Alliierte Invasion in Südfrankreich
Am 15. August landen die Alliierten östlich von Toulon und Marseille (Eroberung am 28. 8.), stoßen durch das Rhônetal nach Norden vor und erreichen am 3. September Lyon, das die französischen Widerstandskämpfer aus eigener Kraft befreit hatten. Mitte September kommt der breite Vormarsch der Alliierten auf der Linie Antwerpen–Aachen–Nancy–Belfort zum Stehen.

Alliierte erobern Antwerpen und Brüssel
Am 3. September erobern die Briten Brüssel, einen Tag später Antwerpen, das der wichtigste alliierte Nachschubhafen wird. Der Versuch der Alliierten, am 17. September bei Arnheim und Nimwegen Waal und Lek zu überqueren, wird in einer verlustreichen Schlacht von den Deutschen vereitelt. Am 21. Oktober gelingt es US-Truppen, als erste deutsche Großstadt Aachen einzunehmen. Am 23. Dezember besetzen französische und US-Einheiten Straßburg und Metz.

Deutsche Ardennenoffensive
Am 16. Dezember beginnt die deutsche Ardennenoffensive, der letzte – vergebliche – Versuch der Deutschen, den Ring der Alliierten im Westen zu durchbrechen. Der Operationsplan sieht als erstes die Eroberung des alliierten Nachschubhafens Antwerpen vor, danach sollen die alliierten Truppen in Belgien und den Niederlanden eingeschlossen und zur Kapitulation gezwungen werden. Angesichts der militärischen Überlegenheit der Alliierten ist das Scheitern der Ardennenoffensive, für die von allen Fronten die letzten Reserven zusammengezogen werden, abzusehen. Trotzdem befiehlt der deutsche Führer und Reichskanzler Adolf Hitler nach dem mißlungenen er-

sten Angriff am 31. Dezember einen weiteren, bei dem vor allem die deutsche Luftwaffe erhebliche Verluste hinnehmen muß. Am 3. Januar 1945 gehen die Westalliierten zur Gegenoffensive über und schlagen die deutschen Truppenverbände zurück.

Italien: Alliierte erobern Rom
Italien bleibt auch 1944 ein Nebenkriegsschauplatz. Am 22. Januar landen US-Truppen bei Anzio und Nettuno südlich von Rom im Rücken der deutschen Front. Ihnen gelingt es jedoch in drei verlustreichen Schlachten im Februar/März um Montecassino nicht, zum Landeraum durchzustoßen. Da der Widerstand der Deutschen im Kloster Montecassino aussichtslos ist, befiehlt Generalfeldmarschall Albert Kesselring den Rückzug. Am 18. Mai nehmen die Alliierten Cassino ein. Am 4. Juni besetzen sie Rom, das die Deutschen beim Rückzug als »offene Stadt« nicht zerstört haben.
Im Herbst stabilisiert sich die deutsche Verteidigung auf der Linie La Spezia–Apennin–Rimini. Großen Anteil an der Befreiung Italiens haben Partisanen und antifaschistischen Widerstandskämpfer (Generalstreik im Herbst).

Kriegsschauplatz Skandinavien
Am 10. Juni eröffnet die Rote Armee die Offensive gegen die finnischen Truppen, die bis Ende des Monats nach Finnland zurückgeworfen werden. Am 19. September unterzeichnet Finnland den Waffenstillstand mit der Sowjetunion. Im weiteren Verlauf des Jahres vertreiben finnische Verbände die deutschen Truppen aus dem Norden des Landes.
Im Oktober zieht sich die 20. deutsche Gebirgsarmee aus der Nordkalotte zurück. Am 15. Oktober erobern die Sowjets Petschenga (UdSSR) und am 25. Oktober die Stadt Kirkenes an der norwegisch-sowjetischen Grenze und befreien Teile Nordnorwegens. Unterdessen verstärkt sich in Dänemark und Norwegen der Widerstandskampf gegen die deutschen Besatzer.

Luftkrieg über Europa
Die britisch-US-amerikanischen Fernfliegerkräfte, die ihre Abwurftechnik weiterentwickelt haben, setzen ihr vor allem gegen die Zivilbevölkerung gerichtetes Städtebombardement fort (»Big Week« ab 20. Februar), während die deutsche Luftverteidigung immer wirkungsloser wird.
Am 12. Mai beginnen die Alliierten ihre Luftoffensive zur Zerschlagung der deutschen Treibstoff- und Rüstungsindustrie (Merseburg, Tröglitz, Böhlau u.a.). Für die deutsche Kriegführung ist neben dem Nachschub an Waffen und Munition der

künstlich hergestellte Treibstoff – nach dem Verlust der rumänischen und sowjetischen Erdölfelder – von großer Bedeutung. Ohne genügend Treibstoff können die geschwächten deutschen Armeen den Ansturm der Alliierten auf die »Festung Europa« nicht aufhalten.
Das Deutsche Reich seinerseits beginnt am 21. Januar mit der letzten Bomberoffensive gegen die Zivilbevölkerung Londons (»Operation Steinbock«). Am 12. Juni wird die als »Vergeltungswaffe« apostrophierte deutsche »V 1« erstmals gegen London eingesetzt. Am 8. September wird die erste von über 3000 gestarteten »V 2« abgeschossen.

Die Lage in Asien und im Pazifik
Die alliierte See- und Luftüberlegenheit in Asien und im Pazifik verhindert die zusammenhängende Verteidigung der Inselgruppen durch Japan. Im Januar/Februar besetzen US-Einheiten wichtige Inseln der Marshallgruppe, im Juni/Juli der Marianen. Ein japanischer Entlastungsangriff endet in der See-Luft-Schlacht im Philippinengraben (19.–20. 6.) mit dem Verlust von drei Flugzeugträgern. Mit der Landung auf der Malukuinsel Morotai am 15. September und im September/Oktober auf den Westkarolinen bereiten die USA den Angriff auf die Philippinen vor, deren Besetzung die für Japan lebenswichtigen Rohstoff-, insbesondere Erdölzufuhren aus Indonesien abschneiden soll. Die nach der Landung von US-Einheiten auf Leyte (20. 10.) eingesetzten japanischen Seestreitkräfte verlieren innerhalb weniger Tage vier Flugzeugträger, drei Schlachtschiffe, zehn Kreuzer und neun Zerstörer. Die japanische Kriegsflotte büßt damit endgültig ihre operative Kampfkraft ein.
Im November beginnen die auf der Insel Saipan (Marianen) stationierten US-Bomber, die sog. Fliegenden Festungen, das gesamte japanische Mutterland und besonders die Hauptstadt Tokio zu bombardieren.

Attentat auf Hitler mißlingt

Bei einem Bombenattentat von Oberst Claus Graf Schenk von Stauffenberg auf den deutschen Führer und Reichskanzler Adolf Hitler im Führerhauptquartier »Wolfschanze« in Ostpreußen am 20. Juli werden vier Personen getötet, Hitler selbst wird nur leicht verletzt.
Im Zusammenhang mit dem gescheiterten Attentat werden 180 bis 200 Menschen hingerichtet. Die deutschen Widerstandskämpfer hatten geplant, nach Hitlers Tod zur Verhinderung eines Bürgerkriegs den inneren Notstand auszurufen, unter dem Stichwort »Walküre« alle

wichtigen Stellungen durch das Ersatzheer besetzen zu lassen und die Schutzstaffel und andere NS-Organisationen auszuschalten. Gleichzeitig sollte die Regierungsübernahme per Rundfunk proklamiert werden.
Stauffenberg, der 1943 zum Chef des Stabs im Allgemeinen Heeresamt ernannt worden war und damit als einziger Angehöriger der Widerstandsbewegung um Generaloberst Ludwig Beck, Generalfeldmarschall Erwin von Witzleben und dem ehemaligen Oberbürgermeister von Leipzig, Carl Friedrich Goerdeler, direkten Zugang zu Hitler hatte, wird noch in der Nacht zum 21. Juli zusammen mit Oberst Albrecht Mertz von Quirnheim, Oberleutnant Werner Karl von Haeften, General Friedrich Olbricht sowie Ludwig Beck erschossen.

Aufstand in Warschau

In Warschau bricht am 1. August ein Aufstand der national-polnischen Heimatarmee unter General Tadeusz Bór-Komorowski aus. Die Aufständischen werden am 2. Oktober nach massivem militärischem Einsatz der deutschen Wehrmacht und von Straf-Sondereinheiten der SS sowie nach Massenexekutionen und der Zerstörung weiter Teile Warschaus zur Kapitulation gezwungen.
Als sowjetische Truppen die Vorstädte von Warschau erreicht hatten, beschloß die polnische Untergrundbewegung den Aufstand. Sie hoffte auf sowjetische Unterstützung, hatte jedoch keinen Kontakt mit sowjetischem Militär. Der sowjetische Regierungs- und Parteichef Josef W. Stalin verweigerte aus politischen Gründen seine Hilfe. Erst nach massiven Vorstellungen der westlichen Alliierten versuchten drei sowjetische Divisionen Ende September, als die Lage der Aufständischen bereits hoffnungslos war, vergeblich, in Warschau einzudringen. US-amerikanische, später auch sowjetische Flugzeuge warfen Waffen, Munition und Lebensmittel über Warschau ab.
Der Aufstand kostete 16 000 Mitglieder der polnischen Heimatarmee das Leben; unter der Zivilbevölkerung sind 150 000 Tote zu beklagen.
Am 22. Juli hat sich in Chełm bei Lublin das »Polnische Komitee der Nationalen Befreiung« (Lubliner Komitee) als Regierung in den von der sowjetischen Roten Armee befreiten Gebieten konstituiert. Es stützt sich auf die Nationalräte und Bürgermilizen, die nun in den befreiten Gebieten gebildet werden, sowie auf die Kader der Partisanen-Volksarmee. Die regulären polnischen Streitkräfte, die während der Befreiung an der Seite der Roten Armee gekämpft haben, beteiligen sich ebenfalls an der Regierung.

Ausgewählte Neuerscheinungen auf dem Buchmarkt 1944

Die Auswahl berücksichtigt Neuerscheinungen des Jahres 1944 von literarischem oder wissenschaftlichem Wert. Innerhalb der einzelnen Länder sind die erschienenen Werke alphabetisch nach Autoren geordnet (siehe auch den Übersichtsartikel »Literatur« auf S. 59).

Argentinien

Jorge Luis Borges
Fiktionen
(Ficciones)
Erzählungen
Die Erzählungen, die Jorge Luis Borges (1899–1986) unter dem Titel »Fiktionen« veröffentlicht, bringen dem Autor Weltruhm. Gemeinsam ist allen Geschichten eine Behandlung der Wirklichkeit, die zwischen Realität und Fiktion nicht unterscheidet und in vielem an Franz Kafka erinnert, den der Autor ins Argentinische übersetzte. Thema der »Fiktionen« ist die Verstrickung des Menschen in einem Labyrinth aus Unwissenheit, Schuld und Verhängnis. – Die deutsche Übersetzung erscheint 1959.

Deutsches Reich

Alfred Neumann
Es waren ihrer sechs
Roman
Im Neuen Verlag in Stockholm veröffentlicht der im Exil lebende Alfred Neumann (1895–1952) den Roman »Es waren ihrer sechs«, in dem er das Schicksal der Geschwister Hans und Sophie Scholl und der mit ihnen 1943 hingerichteten Mitglieder der Widerstandsgruppe »Weiße Rose« literarisch verarbeitet. Der NS-Staat wird als »Kriminalstaat« dargestellt: »Der kriminelle Antisozialismus wurde Staatsform. Die Summe aller schlechten, verderbten, verderblichen, gefährlichen und unseligen Triebe, das Verbrechen proklamierte: L'état c'est moi.«

Anna Seghers
Transit
(Visado de transito)
Roman
Bei der Edición Nuevo mundo in Mexiko erscheint der Roman »Transit« von Anna Seghers (1900–1986) in spanischer Sprache; die deutsche Übersetzung erscheint 1948. »Transit« gilt als eines der bedeutendsten Werke über das Schicksal von Emigranten während des Zweiten Weltkriegs. Transit steht für das Visum, das der Emigrant braucht, um von Marseille mit einem Schiff nach Übersee zu fliehen; »Transit« ist zugleich Chiffre für die gefährdete Existenz der Exilierten: »Alles war auf der Flucht, alles war nur vorübergehend, aber wir wußten noch nicht, ob dieser Zustand bis morgen dauern würde oder noch ein paar Wochen oder Jahre oder unser ganzes Leben.« Hauptperson des Romans ist Seidler, ein junger Deutscher, dem die Flucht aus einem Konzentrationslager gelungen ist und der um eines Transitvisums nach Mexiko willen die Existenz eines verstorbenen Schriftstellers angenommen hat. Als Marie, die Witwe des Toten, ebenfalls in Marseille auftaucht, kommt es zu Komplikationen, weil sich Seidler nicht entschließen kann, Marie die Wahrheit zu sagen. Er will Ma-

rie nach Mexiko begleiten, begreift jedoch vor der Abfahrt, daß es sinnlos ist, immer von einem Ort zum nächsten zu flüchten. Er findet seine neue Identität als Arbeiter auf einer Farm in der Nähe von Marseille.

Frankreich

Colette
Gigi
(Gigi)
Roman
In Lausanne in der Schweiz erscheint der Roman »Gigi« der inzwischen über 70jährigen Erfolgsautorin Colette (eigentlich Sidonie Gabrielle Colette; 1873–1954). Gigi, ein uneheliches Mädchen, wird von Tante und Großmutter auf ein Leben als Kokotte vorbereitet. Als Gaston, ein Industriellensohn, der 16jährigen den Vorschlag macht, seine Mätresse zu werden, lehnt sie ab. Doch der reiche junge Mann kommt unter einem Vorwand wieder, und nun hat sie ihre Meinung geändert; Gaston hält um Gigis Hand an. – Die deutsche Übersetzung erscheint 1953.

Jean Genet
Notre-Dame-des-fleurs
(Notre-Dame-des-fleurs)
Roman
Der im Milieu von Homosexuellen, Prostituierten, Zuhältern und Gaunern des Pariser Viertels Montmartre spielende Roman »Notre-Dame-des-fleurs«, das erste erzählerische Werk von Jean Genet (1910–1986), entstand 1942 im Gefängnis von Fresnes. Notre-Dame ist ein jugendlicher Mörder, der zum Tod verurteilt und hingerichtet wird. Hauptfigur des Romans ist jedoch nicht Notre-Dame, sondern Louis Culafroy, dessen Neigung zur Homosexualität und Aufstieg zum bekanntesten Strichjungen von Montmartre geschildert wird. – Die deutsche Übersetzung des Romans, der wegen angeblich pornographischer Stellen mehrmals die Gerichte beschäftigt, erscheint erst 1960.

Elsa Triolet
Der erste Riß kostet zweihundert Franken
(Le Premier accroc coûte deux cent francs)
Novellen
Elsa Triolet (1896–1970), die Frau des Widerstandskämpfers und Dichters Louis Aragon, veröffentlicht den Novellenband »Der erste Riß kostet zweihundert Franken«. Thema der vier Geschichten – außer der im Titel genannten sind das »Die Liebenden von Avignon«, »Das Privatleben oder Alexis Slavsky« und »Vergrabene Hefte unter einem Pfirsichbaum« – ist der Kampf der Résistance gegen die deutsche Besatzungsmacht. Im selben Jahr wird Elsa Triolet für »Der erste Riß kostet zweihundert Franken« mit dem Prix Goncourt ausgezeichnet.

Großbritannien

Leslie Poles Hartley
Das Goldregenhaus
(The Shrimp and the Anemone)
Roman
»Das Goldregenhaus« von Leslie Poles Hartley (1895–1972) ist der erste Teil einer Romantrilogie über die tragische Schicksalsgemeinschaft zweier Geschwister, des sensiblen Eustace und seiner tonangebenden älteren Schwester Hilda. 1946 folgt der Roman »Der sechste Himmel«, 1947 »Eustace und Hilda«. Das Werk ist zugleich ein bedeutendes Zeitgemälde der Verhältnisse in Großbritannien im frühen 20. Jahrhundert. – Die deutsche Übersetzung von »Das Goldregenhaus« und »Der sechste Himmel« erscheint 1948, die Übersetzung von »Eustace und Hilda« 1949.

Haiti

Jacques Roumain
Herr über den Tau
(Gouverneurs de la rosée)
Roman
Jacques Roumain (1907–1944), Gründer der Kommunistischen Partei Haitis, ist einer der Hauptvertreter der sog. Indigenisten, einer Gruppe haitianischer Schriftsteller, die das Leben der einheimischen Bauern darstellen. In seinem Hauptwerk, dem nach seinem Tod herausgegebenen Roman »Herr über den Tau«, schildert er die Bräuche und Überlieferungen Haitis mit ihren heidnisch-afrikanischen und christlichen Elementen und übt zugleich Kritik an der Ausbeutung der Farbigen durch die Weißen. – Die deutsche Übersetzung erscheint 1947.

Irland

Joyce Cary
Des Pudels Kern
(The Horse's Mouth)
Roman
»Des Pudels Kern« ist Joyce Carys (1888–1957) bekanntester Roman und zugleich der letzte Teil einer Trilogie, die 1941 mit »Frau Mondays Verwandlung« begann und 1942 mit »Im Schatten des Lebens« fortgesetzt wurde. In jedem der Romane ist eine andere Gestalt Ich-Erzähler und Hauptperson, im ersten Teil Sara Monday, eine einfache, lebenslustige Frau, die sich als Köchin und Dienstmädchen durchs Leben schlägt; im zweiten Teil der Anwalt Thomas Wilcher, der ehemalige Arbeitgeber und Geliebte von Sara; in »Des Pudels Kern« der Maler Gulley Jimson, ebenfalls ein früherer Geliebter von Sara. Das Gesamtwerk ergibt drei Porträts von grundverschiedenen Menschen und zugleich ein Panorama von vier Jahrzehnten britischer Geschichte bis zum Ausbruch des Zweiten Weltkriegs.

Italien

Curzio Malaparte
Kaputt
(Kaputt)
Roman
Curzio Malaparte (1898–1957), Sohn eines Deutschen und einer Italienerin, kämpfte im Ersten Weltkrieg als Freiwilliger, wandte sich nach diplomatischer

Tätigkeit in Paris und Warschau dem Journalismus zu und leitete von 1928 bis 1931 die Zeitschrift »La Stampa«. 1933 wurde er wegen seiner Kritik am Faschismus für fünf Jahre auf die Liparischen Inseln verbannt. Von 1941 bis 1943 bereiste er als neutraler Kriegsberichterstatter die Ostfront. Sein Roman »Kaputt« ist ein desillusionierendes Zeugnis dieser Zeit. In seinem zweiten großen Erfolgsroman, »Die Haut« (1949), verarbeitete er literarisch den italienischen Befreiungskampf (1943/44) und die Besetzung Neapels durch US-Truppen. Die beiden realistischen Romane riefen beim Erscheinen Empörung hervor. Man unterstellte dem Autor verfälschende Effekthascherei und wollte ihm sein moralisches Anliegen nicht abnehmen: Die Anprangerung der Absurdität des Krieges, der die Menschenseele »faulen« lasse. – Die deutsche Übersetzung von »Kaputt« erscheint im Jahr 1951.

Schweden

Pär Fabian Lagerkvist
Der Zwerg
(Dvärgen)
Roman
Der Roman »Der Zwerg« von Pär Fabian Lagerkvist (1891–1974), Literaturnobelpreisträger 1951, ist eine Allegorie der Grausamkeit im NS-System und des Mordens während des Zweiten Weltkriegs: Ein am Hof eines Renaissancefürsten lebender Zwerg, ausgestattet mit einem kalten, den meisten anderen Menschen überlegenen Verstand, wird aufgrund seiner Andersartigkeit von Verbrechen zu Verbrechen, von Mord zu Mord getrieben und ist dabei ein nützliches Werkzeug in der Hand des Fürsten. – Die deutsche Übersetzung erscheint 1946.

Spanien

Carmen Laforet
Nada
(Nada)
Roman
Das in diesem Jahr erscheinende Erstlingswerk von Carmen Laforet (*1921), der Roman »Nada«, wird ebenfalls 1944 mit dem erstmals verliehenen Premio Nadal ausgezeichnet, dem höchstdotierten spanischen Verlegerpreis. Die Handlung von »Nada«: Ein junges, sensibles und verschlossenes, aber erlebnisbereites Mädchen wohnt während des Studiums in Barcelona im Haus von Verwandten. Ihre Illusionen vom Leben, von Freiheit und Liebe, verfliegen während dieses Aufenthalts in einem Haus, in dem sich die Menschen hassen und quälen. – Die deutsche Übersetzung erscheint 1952.

UdSSR

Konstantin M. Simonow
Tage und Nächte
(Dni i noči)
Roman
Konstantin M. Simonows (1915–1979) Kurzroman »Tage und Nächte« wird in der Sowjetunion einer der populärsten Romane über den Zweiten Weltkrieg; der Autor wird dafür 1946 mit dem Stalin-Preis ausgezeichnet. Geschildert wird der siegreiche Kampf um Stalingrad (Wolgograd) 1942/43. – Die deutsche Übersetzung erscheint 1947.

Uraufführungen Schauspiel, Oper, Operette und Ballett 1944

Die bedeutendsten Uraufführungen aus Schauspiel, Oper, Operette und Ballett sind alphabetisch nach Autoren/Komponisten geordnet (siehe auch die Übersichtsartikel »Theater« auf S. 162 und »Musik« auf S. 195).

Deutsches Reich

Richard Strauss
Die Liebe der Danae
Heitere Mythologie in drei Akten
Nach einem Entwurf Hugo von Hofmannsthals (1874–1929) schrieb Joseph Gregor das Libretto zu »Die Liebe der Danae«, der letzten Oper von Richard Strauss (1864–1949). Das im Untertitel als »heitere Mythologie« bezeichnete Werk sollte ursprünglich im Rahmen der Salzburger Festspiele uraufgeführt werden. Wegen der Kriegsereignisse kommt es jedoch nur zu einer als Generalprobe deklarierten nichtöffentlichen Uraufführung in Gegenwart des Komponisten am 16. August 1944 in Salzburg. Erst am 14. August 1952 findet die öffentliche Uraufführung anläßlich der Salzburger Festspiele unter der Leitung von Clemens Krauss statt. Thema der Oper ist der Sieg der Liebe über das Geld: König Midas, einst ein armer Eseltreiber, macht alles, was er berührt, zu Gold, muß dafür aber Jupiter seine Gestalt »leihen«. Als er Danae, die Tochter des verschuldeten Königs Pollux, heiraten will, kommt es zu großen Verwirrungen, da Jupiter die Königstochter ebenfalls begehrt.

Frankreich

Jean Anouilh
Antigone
(Antigone)
Drama
In dem Drama »Antigone«, das am 4. Februar 1944 im Théâtre de l'Atelier in Paris uraufgeführt wird, lehnt sich Jean Anouilh (1910–1987) zwar inhaltlich eng an die gleichnamige Tragödie des Sophokles an, unterstreicht jedoch durch Anachronismen, moderne Kostümierung und Verwendung der Alltagssprache des 20. Jahrhunderts die Distanz zur Antike. Die wichtigste Veränderung ist jedoch, daß Anouilh den tödlichen Konflikt, in den Kreon, der König von Theben, und Antigone, die Tochter des Ödipus, verwickelt werden, nicht mehr als Gegensatz von göttlicher und menschlicher Norm auffaßt. Antigone, die gegen Kreons ausdrücklichen Befehl ihren Bruder bestattet, folgt in einer götterlosen Welt nicht mehr einem göttlichen Gebot, sondern ihrem eigenen Selbst, das sich gegen die Staatsräson auflehnt. Antigone ist nicht bereit und fähig zum Kompromiß, sie verachtet das »kleine Glück«, das den Kompromiß belohnt.

Albert Camus
Das Mißverständnis
(Le malentendu)
Schauspiel in drei Akten
Albert Camus (1913–1960) gestaltet in dem Drama »Das Mißverständnis«, das am 24. August 1944 im Théâtre des Mathurins in Paris uraufgeführt wird, die Fabel von der Rückkehr des verlorenen Sohns. Nach 20jähriger Abwesenheit kehrt Jan, reich geworden, nach Böhmen zurück, wo er sich inkognito im Gasthof seiner Mutter und Schwester einquartiert. Er will von ihnen erkannt werden, ohne seinen Namen nennen zu müssen. Mutter und Schwester haben sich jedoch darauf verlegt, Reisende zu ermorden und auszuplündern, um Geld für eine Flucht aus ihrer trostlosen Situation zu erhalten. Sie ermorden auch Jan. Als sie unter seinen Papieren den Reisepaß entdecken, begehen sie beide Selbstmord. – Die deutsche Erstaufführung findet am 5. November 1950 in Stuttgart statt.

Jean-Paul Sartre
Bei geschlossenen Türen
(Huis clos)
Drama in einem Akt
Am 27. Mai 1944 wird im Théâtre du Vieux-Colombier das Erfolgsdrama »Bei geschlossenen Türen« von Jean-Paul Sartre (1905–1980), Literaturnobelpreisträger 1964 (abgelehnt), uraufgeführt. Drei Menschen, ein Deserteur, eine Lesbierin und eine Kindesmörderin, werden zusammen in einen Raum gesperrt, der die Hölle symbolisiert. Die Qualen, denen sie hier ausgesetzt sind, kommen jedoch nicht von außen, sondern die drei Menschen peinigen sich gegenseitig. Das Stück gipfelt in der Erkenntnis: »Die Hölle, das sind die anderen.« – Die deutschsprachige Erstaufführung findet im April 1949 in Hamburg statt.

Österreich

Franz Werfel
Jacobowsky und der Oberst
Komödie einer Tragödie in drei Akten
Das im besetzten Frankreich des Jahres 1940 spielende Flüchtlingsstück »Jacobowsky und der Oberst« ist die einzige Komödie Franz Werfels (1890–1945). Am 14. März 1944 wird das Stück in der englischsprachigen Fassung am Martin Beck Theatre in New York uraufgeführt; die deutschsprachige Premiere findet am 17. Oktober 1944 am Stadttheater Basel statt. Die Hauptgestalten sind der polnisch-jüdische Händler Jacobowsky und der Oberst Stjerbinsky, ein Offizier der geschlagenen polnischen Armee, der wichtige Papiere nach London bringen soll. Wie in den meisten anderen Dramen Werfels verkörpert dieses Gegensatzpaar unterschiedliche ethisch-philosophische Verhaltensweisen gegenüber der Wirklichkeit. Oberst Stjerbinsky ist eine ironisch gezeichnete aristokratisch-militärische »Heldengestalt«, während der dem Oberst geistig weit überlegene Zivilist Jacobowsky wegen seiner Intelligenz auch den gefährlichsten Situationen gewachsen ist und ihnen daher mit Gleichmut begegnen kann.

USA

Leonard Bernstein
Fancy Free
(Fancy Free)
Ballett in einem Akt
Am 18. April 1944 bringt das Ballet Theatre im Metropolitan Opera House in New York Leonard Bernsteins (* 1918) Ballett »Fancy Free« zur Uraufführung. Es wird nach »Rodeo« (1942) das populärste US-amerikanische Ballett. Jerome Robbins schrieb das Libretto – drei Matrosen flirten während eines Kurzaufenthalts in New York mit drei Mädchen – und besorgte die Choreographie, wobei er Jitterbug-Schritte und Bewegungen modischer Gesellschaftstänze verwendete. Das Bühnenbild schuf Oliver Smith, die Kostüme entwarf Kermit Love.

Tennessee Williams
Die Glasmenagerie
(The Glass Menagerie)
Schauspiel in zwei Teilen
Tennessee Williams (1911–1983) erringt seinen ersten großen Bühnenerfolg mit dem Schauspiel »Die Glasmenagerie«, das am 26. Dezember 1944 im Civic Theatre in Chicago uraufgeführt wird. In diesem von Henrik Ibsen und August Strindberg beeinflußten, sich naturalistischer Stilmittel bedienenden Drama entwickelt sich die Handlung aus den Erinnerungen des Matrosen Tom an das frustrierende Kleinbürgerdasein seiner Jugend. Seine Mutter flüchtete sich in Jugenderinnerungen, er selbst träumte von Abenteuern, und die durch einen Gehfehler behinderte Schwester Laura isolierte sich immer mehr von der Außenwelt, »bis sie einem Stück ihrer Glassammlung glich, zu erlesen und zu zerbrechlich, um vom Sims heruntergenommen zu werden«. Als Tom einmal einen Arbeitskollegen nach Hause mitbringt, der auf Lauras Schwärmerei eingeht, sie küßt, dann aber aus Angst vor ihrer Bewunderung zurückstößt, vereinsamt Laura endgültig. – Die deutschsprachige Erstaufführung findet am 17. Oktober 1946 in Basel statt.

Filme 1944

Die neuen Filme des Jahres 1944 sind im Länderalphabet entsprechend der Nationalität der Regisseure und hier wiederum alphabetisch nach Regisseuren aufgeführt. Bei ausländischen Filmen steht unter dem deutschen Titel der Originaltitel (siehe auch den Übersichtartikel »Film« auf S. 70).

Deutsches Reich

Carl Froelich
Familie Buchholz
Neigungsehe
Am 3. März 1944 wird in Berlin Carl Froelichs Familienlustspiel »Familie Buchholz« uraufgeführt. Hauptdarsteller dieser im Jahre 1880 in Berlin spielenden Komödie sind Henny Porten als schriftstellernde Gattin des Fabrikanten Buchholz (Paul Westermeier) sowie Käthe Dyckhoff und Marianne Simson als ihre beiden Töchter, die sie an den richtigen Mann bringen will. Der als »künstlerisch wertvoll, volkstümlich wertvoll« ausgezeichnete Film wird ein großer Erfolg. Am 24. März wird der zweite Teil unter dem Titel »Neigungsehe« in Berlin uraufgeführt.

Veit Harlan
Opfergang
Carl Raddatz spielt in Veit Harlans Farbfilm »Opfergang«, der am 8. Dezember 1944 in Hamburg uraufgeführt wird, einen Mann zwischen zwei Frauen: Ein Ehemann steckt sich beim Versuch, das Kind seiner schönen und geheimnisvollen Nachbarin und Geliebten (Kristina Söderbaum) vor dem Typhustod zu retten, selbst an. Seine Frau (Irene von Meyendorff) steht während dieser Krankheit nicht nur ihrem Mann, sondern auch seiner Geliebten bei. Als die Geliebte stirbt, werden die Ehegatten wieder glücklich vereint. Der Streifen erhält das Prädikat »künstlerisch besonders wertvoll«.

Georg Jacoby
Die Frau meiner Träume
Marika Rökk ist »Die Frau meiner Träume« in Georg Jacobys gleichnamigem Farbfilm, der am 25. August 1944 in Berlin uraufgeführt wird. Sie spielt einen Revuestar, der in einem abgeschiedenen Dorf in Tirol Ruhe sucht. Hier verliebt sich ein Ingenieur (Wolfgang Lukschy) in sie, zieht sich jedoch zurück, als ihr Inkognito gelüftet wird. Zum Schluß werden die beiden aber doch noch ein Paar.

Helmut Käutner
Große Freiheit Nr. 7
Hans Albers ist der Hauptdarsteller in Helmut Käutners Film »Große Freiheit Nr. 7«, einer Geschichte aus dem Hamburger Hafen- und Nachtlokalmilieu. Der 1943/44 hergestellte Film wird am 15. Dezember 1944 in Prag uraufgeführt, nachdem ihn die Filmprüfstelle für das Deutsche Reich verboten und Vorführungen nur im Ausland einschließlich des Protektorats Böhmen und Mähren zugelassen hat. In weiteren Hauptrollen sind neben Albers Ilse Werner, Hans Söhnker, Gustav Knuth, Günther Lüders, Hilde Hildebrand, Ethel Reschke, Kurt Wieschala und Helmut Käutner zu sehen. Bekannte Lieder dieses Films sind »La Paloma« und »Beim erstenmal, da tut's noch weh«.

Helmut Weiß
Die Feuerzangenbowle
Die Kleinstadtschulkomödie »Die Feuerzangenbowle« von Helmut Weiß ist nach »So ein Flegel« von R(obert) A(dolf) Stemmle (1934) die zweite Verfilmung von Heinrich Spoerls Roman »Die Feuerzangenbowle: Eine Lausbüberei in der Kleinstadt« (1933), der noch immer zu den meistgelesenen Werken der zeitgenössischen deutschen Unterhaltungsliteratur zählt. Der als »künstlerisch wertvoll« ausgezeichnete Film wird am 28. Januar 1944 in Berlin uraufgeführt. Unter der Regie von Weiß spielen Heinz Rühmann, der schon 1934 in der Hauptrolle zu sehen war, Karin Himboldt, Hilde Sessak, Erich Ponto, Paul Henckels, Hans Leibelt, Max Gülstorff, Hans Richter u. a. Die Filmmusik komponierte Werner Bochmann.

Großbritannien

Laurence Olivier
Heinrich V.
(Henry V)
Laurence Oliviers »Heinrich V.« mit dem Regisseur selbst in der Titelrolle ist die Verfilmung des gleichnamigen Schauspiels von William Shakespeare.
Das Drehbuch hält sich streng an die Vorlage, der Film gilt als eine der gelungensten Shakespeare-Adaptionen überhaupt. In weiteren Hauptrollen sind Leo Genn, Felix Aylmer und Harcourt Williams zu sehen.

Österreich

Géza von Bolváry
Schrammeln
Unter dem Titel »Schrammeln« verfilmt Géza von Bolváry die Geschichte des Wiener Schrammelquartetts um die Brüder Josef und Johann Schrammel. Die Hauptdarsteller sind Marte Harell, Paul Hörbiger, Hans Moser und Hans Holt. Der Film wird am 3. März 1944 in Wien uraufgeführt und erhält das Prädikat »künstlerisch wertvoll, volkstümlich wertvoll«.

Schweden

Alf Sven Erik Sjöberg
Raserei
(Hets)
Mit dem Film »Raserei« erringt Alf Sven Erik Sjöberg einen internationalen Erfolg. Das Drehbuch, verfaßt von Ingmar Bergman, erzählt die Geschichte eines Gymnasiasten (Alf Kjellin), der von einem sadistischen Lehrer (Stig Järrel) gequält wird und ein junges Mädchen (Mai Zetterling) liebt, das seinerseits eine Beziehung zu einem Sadisten unterhält. Als der Schüler das Mädchen eines Tages tot auffindet, wird der Lehrer im Nebenzimmer entdeckt. Die polizeiliche Untersuchung ergibt, daß das Mädchen Selbstmord begangen hat und der Lehrer an ihrem Tod nicht schuldig ist. Allerdings ist offensichtlich, daß er die moralische Verantwortung für diesen Selbstmord trägt.

UdSSR

Sergei M. Eisenstein
Iwan der Schreckliche
(Iwan Grosny)
Sergei M. Eisenstein stellt den ersten Teil des historischen Films »Iwan der Schreckliche« über den ersten russischen Zaren fertig. Die Hauptrolle spielt Nikolai K. Tscherkassow; die Musik komponierte Sergei S. Prokofjew. Dem Film wird von der Kritik zuviel Pathos vorgeworfen; der Regisseur äußert sich zu diesen Vorwürfen wie folgt: »Üblicherweise wird versucht, die historische Persönlichkeit, den historischen Helden ›zugänglich‹ zu machen, ihn als eine ganz gewöhnliche Person zu porträtieren, die die ganz gewöhnlichen Züge anderer Leute trägt ... Für unseren Film über Iwan wünschten wir einen anderen Ton. Wir wollten die majestätische Bedeutung dieser Gestalt deutlich machen. Und das führte uns dazu, majestätische Formen zu verwenden.« Der zweite Teil des als Trilogie geplanten Monumentalwerks wird 1946 von der Kommunistischen Partei der Sowjetunion verdammt.
Bis 1917 war Eisenstein, der aus einem bürgerlichen Elternhaus stammte, apolitisch geblieben. Als 1918 der Bürgerkrieg zwischen Bürgerlichen, Monarchisten und Revolutionären ausbrach, trat er jedoch in die Rote Armee ein. 1920 wurde er Bühnenbildner am Proletkulttheater, 1923 Regieassistent von Wsewolod E. Mejerchold und wandte sich 1924 ganz dem Film als Mittel revolutionärer Propaganda zu. Im Mittelpunkt seiner frühen Filme, in denen er den revolutionären Kampf der russischen Arbeiterschaft gestaltete – »Panzerkreuzer Potemkin« (1925), »Oktober« (1928), »Das Alte und das Neue« (1929) –, steht nicht das Individuum, sondern das Kollektiv. Durch ihre Metaphern, krasse Realistik und spannungserzeugende Montagetechnik wurden seine Filme wegweisend für den modernen internationalen Film. Später wandte er sich nationalen geschichtlichen Themen zu.

USA

Frank Capra
Arsen und Spitzenhäubchen
(Arsenic and Old Lace)
Frank Capras filmische Gruselkomödie »Arsen und Spitzenhäubchen« wurde bereits 1941 gedreht, gelangt aus innenpolitischen Gründen erst 1944 zur Uraufführung. Der Schriftsteller Mortimer (Cary Grant) entdeckt kurz nach seiner Heirat mit der hübschen Elaine (Priscilla Lane), daß seine beiden alten Tanten Abby (Josephine Hull) und Martha (Jean Adair) Massenmörderinnen sind, die alte Herren mit Arsenic von ihrer Einsamkeit erlösen. Die Leichen verscharrt Mortimers Bruder (John Alexander) im Keller des Hauses. Die beiden Alten werden nach vielen grotesken Streichen entlarvt.

Fred Zinnemann
Das siebte Kreuz
(The Seventh Cross)
Fred Zinnemanns »Das siebte Kreuz« ist die Verfilmung des gleichnamigen Romans, mit dem Anna Seghers Weltruhm erlangt hat. Geschildert wird das Schicksal von sieben Häftlingen, die aus einem Konzentrationslager ausbrechen und an sieben Kreuzen sterben sollen. Nur einem gelingt durch die Solidarität der anderen die Flucht, das siebte Kreuz bleibt leer. Das siebte Kreuz wird zum Symbol der Hoffnung und des Widerstands. Die Hauptrollen spielen Spencer Tracy, Signe Hasso und Hume Cronyn; in weiteren Rollen sind deutsche Emigranten zu sehen, darunter Helene Weigel.

Sportereignisse und -rekorde des Jahres 1944

Die Aufstellung erfaßt Rekorde, Sieger und Meister in wichtigen Sportarten. Aufgenommen wurden nur solche Wettbewerbe, die in den vergangenen Jahren bereits regelmäßig ausgetragen worden sind oder ab 1944 kontinuierlich zu den Sportprogrammen gehörten. Sportarten in alphabetischer Reihenfolge.

Automobilsport

1944 keine internationalen Rennen	

Boxen/Schwergewicht

Weltmeister	
Joe Louis (USA)	1944 keine Titelkämpfe

Eiskunstlauf

	Herren (Düsseldorf)	Damen (München)
Deutsche Meister (8./9. 1.)	Horst Faber (München)	Marta Musilek (Wien)

Fußball

Länderspiele	
	1944 werden keine Länderspiele ausgetragen.

Landesmeister	
Deutschland	Dresdner SC – Luftwaffen-SV Hamburg 4:0 (Berlin, 18. 6.)
Österreich	Vienna Wien
Schweiz	Lausanne Sports
Belgien	FC Antwerpen
Dänemark	Frem Kopenhagen
England	nicht ausgetragen
Finnland	IFK Vaasa
Frankreich	Regionalmannschaft Artois
Holland	de Volewycker's Amsterdam
Italien	La Spezia (inoffiziell)
Jugoslawien	nicht ausgetragen
Norwegen	nicht ausgetragen
Schottland	nicht ausgetragen
Schweden	Malmö FF
Spanien	FC Valencia

Landespokal	
Deutschland	nicht ausgetragen
Österreich	nicht ausgetragen
Schweiz	Lausanne Sports – FC Basel 3:0
England	nicht ausgetragen
Frankreich	Region Nancy-Lorraine – Region Champagne 4:0
Holland	Willem II Tilburg
Schottland	nicht ausgetragen
Schweden	Malmö FF
Spanien	Atletico Bilbao – FC Valencia 2:0

Gewichtheben/Schwergewicht

Weltrekorde	Dreikampf	Drücken	Reißen	Stoßen
Steve Stanko (USA)	454,0 kg	146,0 kg		172,5 kg
John Davis (USA)		146,0 kg		
Reginald Walker (GBR)			135,0 kg	

[1] Yardstrecke: 220 y = 201,17 m
[2] inoffiziell, auch rückwirkend nicht anerkannt

Leichtathletik

Deutsche Meisterschaften

1944 nicht ausgetragen

Weltrekorde (Stand: 31. 12. 1944)

Disziplin	Name (Land)	Leistung	Datum	Ort
Männer				
100 m	Jesse Owens (USA)	10,2	20.06.1936	Chicago
200 m (Gerade)	Jesse Owens (USA)	20,3[1]	25.05.1935	Ann Arbor
200 m (Kurve)[2]	Jesse Owens (USA)	20,7	05.08.1936	Berlin
400 m	Rudolf Harbig (GER)	46,0	12.08.1939	Frankfurt
800 m	Rudolf Harbig (GER)	1:46,6	15.07.1939	Mailand
1000 m	Rudolf Harbig (GER)	2:21,5	24.05.1941	Dresden
1500 m	Gunder Hägg (SWE)	3:43,0	07.07.1944	Göteborg
Meile	Arne Andersson (SWE)	4:01,6	18.07.1944	Malmö
3000 m	Gunder Hägg (SWE)	8:01,2	28.08.1942	Stockholm
5000 m	Gunder Hägg (SWE)	13:58,2	20.09.1942	Göteborg
10 000 m	Viljo Heino (FIN)	29:35,4	25.08.1944	Helsinki
110 m Hürden	Forrest Towns (USA)	13,7	27.08.1936	Oslo
400 m Hürden	Glenn Hardin (USA)	50,6	26.07.1934	Stockholm
3000 m Hindernis[2]	Erik Elmsäter (SWE)	8:59,6	04.08.1944	Stockholm
4 × 100 m	USA	39,8	09.08.1936	Berlin
4 × 400 m	USA	3:08,2	07.08.1932	Los Angeles
Hochsprung	Lester Steers (USA)	2,11	17.06.1941	Los Angeles
Stabhochsprung	Cornelius Warmerdam (USA)	4,77	23.05.1942	Modesto
Weitsprung	Jesse Owens (USA)	8,13	25.05.1935	Ann Arbor
Dreisprung	Naota Tajima (JAP)	16,00	06.08.1936	Berlin
Kugelstoßen	Jack Torrance (USA)	17,40	05.08.1934	Oslo
Diskuswurf	Adolfo Consolini (ITA)	53,34	26.10.1941	Mailand
Hammerwurf	Erwin Blask (GER)	59,00	27.08.1938	Stockholm
Speerwurf	Yrjö Nikkanen (FIN)	78,70	16.10.1938	Kotka
Zehnkampf	Glenn Morris (USA)	7900	7./8.08.36	Berlin
Frauen				
100 m	Stanislawa Walasiewicz (POL)	11,6	01.08.1937	Berlin
	Francina Blankers (HOL)	11,5[2]	05.09.1943	Amsterdam
200 m	Stanislawa Walasiewicz (POL)	23,6	15.08.1935	Warschau
400 m[2]	Nellie Halstead (GBR)	56,8	09.07.1932	London
800 m	Anna Larsson (SWE)	2:15,9	28.08.1944	Stockholm
1500 m[2]	Jewdokija Wassilewa (URS)	4:45,2	13.09.1937	Moskau
80 m Hürden	Claudia Testoni (ITA)	11,3	23.07.1939	Garmisch
4 × 100 m	Deutschland	46,4	08.08.1936	Berlin
Hochsprung	Fanny Blankers-Koen (HOL)	1,71	30.05.1943	Amsterdam
Weitsprung	Fanny Blankers-Koen (HOL)	6,25	19.09.1943	Leiden
Kugelstoßen	Gisela Mauermayer (GER)	14,38	15.07.1934	Warschau
Diskuswurf	Gisela Mauermayer (GER)	48,31	11.07.1936	Dresden
	Nina Dumbadse (URS)	49,88[2]	14.08.1944	Moskau
Speerwurf	Anneliese Steinhäuer (GER)	47,24	21.06.1942	Frankfurt/M.
Fünfkampf	Gisela Mauermayer (GER)	3921	16./17.07.38	Stuttgart

Deutsche Rekorde (Stand: 31. 12. 1944)

Disziplin	Name (Ort)	Leistung	Datum	Ort
Männer				
100 m	Arthur Jonath (Bochum)	10,3	05.06.1932	Bochum
200 m	Helmut Körnig (Berlin)	20,9	19.08.1928	Berlin
400 m	Rudolf Harbig (Dresden)	46,0	12.08.1939	Frankfurt
800 m	Rudolf Harbig (Dresden)	1:46,6	15.07.1939	Mailand
1000 m	Rudolf Harbig (Dresden)	2:21,5	24.04.1941	Dresden
1500 m	Ludwig Kaindl (München)	3:50,2	20.08.1939	Köln
3000 m	Friedrich Schaumburg (Berlin)	8:17,2	16.09.1936	Stockholm

Disziplin	Name (Land)	Leistung	Datum	Ort
5000 m	Hermann Eberlein (München)	14:27,2	09.07.1939	Berlin
10 000 m	Max Syring (Wittenberg)	30:06,6	13.07.1940	Jena
110 m Hürden	Erwin Wegner (Berlin)	14,5	02.07.1935	Weißenfels
400 m Hürden	Friedrich-Wilhelm Hölling (Breslau)	51,6	09.07.1939	Berlin
3000 m Hindernis	Ludwig Kaindl (München)	9:06,8	08.07.1939	Berlin
4 × 100 m	Nationalstaffel	40,1	29.07.1939	Berlin
	SC Charlottenburg	40,8	22.07.1929	Breslau
4 × 400 m	Nationalstaffel	3:11,8	09.08.1936	Berlin
	Luftwaffen-SV Berlin	3:15,0	20.08.1939	Görlitz
Hochsprung	Hermann Nacke (Kiel)	2,01	20.08.1944	Kiel
Stabhochsprung	Rudolf Glötzner (Weiden)	4,14	16.03.1939	Duisbug
Weitsprung	Luz Long (Leipzig)	7,90	01.08.1937	Berlin
Dreisprung	Heinz Wöllner (Leipzig)	15,27	06.08.1936	Berlin
Kugelstoßen	Heinrich Trippe (Berlin)	16,60	14.09.1941	Turin
Diskuswurf	Willy Schröder (Magdeburg)	53,10	28.04.1935	Magdeburg
Hammerwurf	Erwin Blask (Berlin)	59,00	27.08.1938	Stockholm
Speerwurf	Gerhard Stöck (Berlin)	73,96	25.08.1935	Berlin
Zehnkampf	Hans Heinrich Sievert (Hamburg)	8790,46	7./8.7.1934	Hamburg
Frauen				
100 m	Käthe Krauß (Dresden)	11,8	04.08.1935	Berlin
	Marie Dollinger (Nürnberg)	11,8	04.08.1935	Berlin
200 m	Käthe Krauß (Dresden)	24,4	16.09.1938	Wien
800 m	Lina Radke (Breslau)	2:16,8	02.08.1928	Breslau
80 m Hürden	Erika Biess (Berlin)	11,4	28.07.1940	Parma
4 × 100 m	Nationalstaffel	46,4	08.08.1936	Berlin
	SC Charlottenburg	48,1	18.06.1936	Berlin
Hochsprung	Feodora zu Solms (Wünsdorf)	1,64	18.09.1938	Wien
Weitsprung	Christel Schulz (Münster)	6,12	30.07.1939	Berlin
Kugelstoßen	Gisela Mauermayer (München)	14,38	15.07.1934	Warschau
Diskuswurf	Gisela Mauermayer (München)	48,31	11.07.1936	Berlin
Speerwurf	Anneliese Steinheuer (Köln)	47,24	21.06.1942	Frankfurt
Fünfkampf	Gisela Mauermayer (München)	418	16./17.07. 1938	Stuttgart

Pferdesport

Disziplin/Turnier	Sieger (Land)	Pferd (Gestüt)	Datum
Galopprennen			
Deutsches Derby	nicht ausgetragen		
Prix de l'Arc de Triomphe	nicht ausgetragen		
Trabrennen			
Deutsches Derby	J. Mills	Hamton (Straßlach)	
Prix d'Amerique	nicht ausgetragen		
Turniersport			
Springreiten			
Deutsches Derby	nicht ausgetragen		

Radsport

Weltmeisterschaften
1944 nicht ausgetragen

Rundfahrten
1944 finden keine Rundfahrten statt.

Schwimmen

Deutsche Meisterschaften
1944 nicht ausgetragen

Weltrekorde

Disziplin	Name (Land)	Leistung	Datum	Ort
Männer				
Freistil 100 m	Alan Ford (USA)	55,9	13.04.1944	Newhaven
Freistil 200 m	William Smith (USA)	2:06,2	12.02.1944	Columbus
Freistil 400 m	William Smith (USA)	4:38,5	13.05.1941	Honolulu
Freistil 800 m	William Smith (USA)	9:50,9	24.07.1941	Honolulu
Freistil 1500 m	Tomikatsu Amano (JAP)	18:58,8	10.08.1938	Tokio
Freistil 4 × 100 m	USA	3:50,8	18.03.1942	Newhaven
Freistil 4 × 200 m	Japan	8:51,5	11.08.1936	Berlin
Brust 100 m	Dick Hough (USA)	1:07,3	15.04.1939	Newhaven
Brust 200 m	Alfred Nakache (FRA)	2:36,8	06.07.1941	Marseille
Rücken 100 m	Adolphe Kiefer (USA)	1:04,8	18.01.1936	Detroit
Rücken 200 m	Adolphe Kiefer (USA)	2:19,3	04.03.1944	Annapolis
Frauen				
Freistil 100 m	Willie den Ouden (HOL)	1:04,6	27.02.1936	Amsterdam
Freistil 200 m	Ragnhild Hveger (DAN)	2:21,7	11.09.1938	Århus
Freistil 400 m	Ragnhild Hveger (DAN)	5:00,1	15.09.1940	Kopenhagen
Freistil 800 m	Ragnhild Hveger (DAN)	10:52,5	13.08.1941	Kopenhagen
Freistil 1500 m	Ragnhild Hveger (DAN)	20:57,0	20.08.1941	Kopenhagen
Freistil 4 × 100 m	Dänemark	4:27,6	07.08.1938	Kopenhagen
Brust 100 m	Gisela Graß (GER)	1:19,3	22.04.1944	Leipzig
Brust 200 m	Anni Kappell (GER)	2:55,5	19.03.1941	Düsseldorf
Rücken 100 m	Cornelia Kint (HOL)	1:10,9	22.09.1939	Rotterdam
Rücken 200 m	Cornelia Kint (HOL)	2:38,8	29.11.1939	Rotterdam

Deutsche Rekorde

Disziplin	Name (Land)	Leistung	Datum	Ort
Männer				
Freistil 100 m	Helmut Fischer (Bremen)	56,8	26.04.1936	Berlin
Freistil 200 m	Werner Plath (Berlin)	2:12,6	27.02.1937	Berlin
Freistil 400 m	Werner Plath (Berlin)	4:47,6	26.03.1939	Bremen
Freistil 800 m	Werner Plath (Berlin)	10:21,7	21.07.1940	Budapest
Freistil 1500 m	Heinz Arendt (Berlin)	19:50,7	11.07.1937	Berlin
Freistil 4 × 100 m	Bremischer SV	4:03,4	26.10.1935	Norderney
Freistil 4 × 200 m	Bremischer SV	9:16,4	27.10.1935	Norderney
Brust 100 m	Joachim Balke (Bremen)	1:09,5	13.11.1938	Bremen
Brust 200 m	Joachim Balke (Bremen)	2:37,4	23.03.1939	Bremen
Rücken 100 m	Heinz Schlauch (Erfurt)	1:06,8	06.02.1938	Duisburg
Rücken 200 m	Heinz Schlauch (Erfurt)	2:29,8	08.02.1938	Kopenhagen

Das Rekordproblem: Seit der Mensch sportliche Leistungen registriert und vergleicht – und das geschieht überschaubar seit rund 100 Jahren –, gibt es das Problem der genauen Feststellung der Rekorde. Weltrekorde z. B. wurden zuerst privat aufgezeichnet. Später übernahmen internationale und nationale Verbände diese Aufgaben und gaben Höchstleistungen durch ihre Anerkennung den offiziellen Charakter. Probleme bei der Anerkennung der Rekorde gab es, weil nationale Verbände häufig im Ausland erzielte Rekorde nicht anerkannten oder Rekorde von Sportlern, die nicht zu einem Weltverband gehörten, ignorierten. Zudem wurden in einigen Fällen aufgrund sprachlicher Mißverständnisse und falscher Umrechnungen (z. B. yards in Meter, inches in Zentimeter) Weltrekorde anerkannt, die in Wirklichkeit gar keine waren. Bis 1912 sind etwa 95% aller Weltrekorde das Ergebnis privater Recherchen. Von 1912 bis 1945 halten einige Höchstleistungen den heutigen Maßstäben nicht stand – das bedeutet, daß einige offizielle Weltrekorde falsch und mehr oder weniger »privat« registrierte die richtigen sind. In den Rekordlisten des Jahres 1944 sind also inoffizielle deutsche und Weltrekorde genauso verzeichnet wie die offiziellen, sofern sie der Nachprüfung standhalten.

Schwimmen (Forts.)

Disziplin	Name (Land)	Leistung	Datum	Ort
Frauen				
Freistil 100 m	Gisela Arendt (Berlin)	1:06,6	10.08.1936	Berlin
Freistil 200 m	Gisela Arendt (Berlin)	2:35,3	29.08.1937	Gera
Freistil 400 m	Inge Schmitz (Spandau)	5:41,4	28.07.1938	Breslau
Freistil 800 m	Ruth Halbsguth (Berlin)	12:16,2	05.09.1937	Berlin
Freistil 1500 m	Wera Schäferkordt (Düsseldorf)	23:29,4	11.08.1940	Düsseldorf
Freistil 4 × 100 m	Nixe Charlottenburg	4:56,0	30.08.1936	Berlin
Brust 100 m	Gisela Graß (Leipzig)	1:19,3	22.04.1944	Leipzig
Brust 200 m	Anni Kapell (Mönchengladbach)	2:55,5	19.03.1941	Düsseldorf
Rücken 100 m	Erna Westhelle (Mönchengladbach)	1:15,0	28.11.1943	Leipzig
Rücken 200 m	Erna Westhelle (Mönchengladbach)	2:49,5	13.02.1944	Hamburg

Ski alpin

	Herren	Damen
Deutsche Meister		
Abfahrt	Hans Nogler	Mirl Fischer
Slalom	Engele Haider	Miri Fischer
Kombination	Engele Haider	Mirl Fischer

Schweizer Meister

Abfahrt	Peter Kaufmann	Hedi Schlunegger
Slalom	Otto von Allmen	Antonia Meyer
Kombination	Otto von Allmen	E. Paroni-Gasche

Tennis

Meisterschaften	Ort	Datum
Wimbledon	nicht ausgetragen	
US Open	Forest Hills (Einzel, Mixed) Chestnut Hill (Doppel)	
French Open	nicht ausgetragen	
Australian Open	nicht ausgetragen	
Internationale Deutsche	nicht ausgetragen	
Daviscup-Endspiel	nicht ausgetragen	

US Open	Sieger (Land) – Endspielgegner (Land)		Ergebnis
Herren	Frank Parker (USA) – Bill Talbert (USA)		6:4, 3:6, 6:3, 6:3
Damen	Pauline Betz (USA) – Margaret Osborne (USA)		6:3, 8:6
Herren-Doppel	Bob Falkenburg (USA)/ Don McNeill (USA) –	Francisco Segura (ECU)/ Bill Talbert (USA)	7:5, 6:4, 3:6, 6:1
Damen-Doppel	Louise Brough (USA)/ Margaret Osborne (USA) –	Pauline Betz (USA)/ Doris Hart (USA)	4:6, 6:4, 6:3
Mixed	Bill Talbert (USA)/ Margaret Osborne (USA) –	Don McNeill (USA)/ Dorothy Bundy (USA)	6:2, 6:3

Abkürzungen zu den Sportseiten

AFG	Afghanistan	DOM	Dominikanische Republik	IND	Indien	NIC	Nicaragua	SIN	Singapur
ARG	Argentinien			IRA	Persien (Iran)	NOR	Norwegen	SPA	Spanien
AUS	Australien	ECU	Ecuador	IRK	Irak	NSE	Neuseeland	SUI	Schweiz
BEL	Belgien	EGY	Ägypten	IRL	Irland	PAN	Panama	SWE	Schweden
BOL	Bolivien	ETH	Äthiopien	ISL	Island	PAR	Paraguay	THA	Thailand
BRA	Brasilien	FIN	Finnland	ITA	Italien	PER	Peru	TUN	Tunesien
BUL	Bulgarien	FRA	Frankreich	JAP	Japan	PHI	Philippinen	TUR	Türkei
CAN	Kanada	GBR	Großbritannien	LIB	Libanon	POL	Polen	UNG	Ungarn
CHI	Chile	GER	Deutschland	LIE	Liechtenstein	POR	Portugal	URS	UdSSR, Sowjetunion
CHN	China	GRE	Griechenland	LUX	Luxemburg	PUR	Puerto Rico	URU	Uruguay
COL	Kolumbien	GUA	Guatemala	MCO	Monaco	RUM	Rumänien	USA	Vereinigte Staaten von Amerika
COS	Costa Rica	HAI	Haiti	MEX	Mexiko	SAF	Südafrika		
ČSR	Tschechoslowakei	HOL	Niederlande	MON	Mongolei	SAL	El Salvador	VEN	Venezuela
CUB	Kuba	HON	Honduras	NEP	Nepal	SAN	San Marino	YUG	Jugoslawien
DAN	Dänemark								

Nekrolog 1944

Bekannte Persönlichkeiten aus allen Bereichen des gesellschaftlichen Lebens, die im Jahr 1944 gestorben sind, werden – alphabetisch geordnet – in Kurzbiographien dargestellt.

Gustav Bauer

deutscher Politiker (*6. 1. 1870, Darkehmen), stirbt am 16. September 1944 in Berlin.
Der Sozialdemokrat Bauer gehörte von 1912 bis 1925 dem Reichstag bzw. der Weimarer Nationalversammlung an. Als Nachfolger Philipp Scheidemanns (SPD) wurde er am 21. Juni 1919 Reichsministerpräsident und nach dem Inkrafttreten der Weimarer Verfassung am 14. August 1919 Reichskanzler. Während seiner Ministerpräsidentschaft wurde am 28. Juni 1919 der Versailler Vertrag unterzeichnet. Im Zusammenhang mit dem Kapp-Putsch trat er am 26. März 1920 als Reichskanzler zurück. Unter Hermann Müller (SPD) war er 1920 zunächst Reichsschatzminister, dann Reichsverkehrsminister. Unter Joseph Wirth (Zentrum) war er 1921/22 Reichsvizekanzler und Reichsschatzminister. 1925 wurde er wegen seiner guten Beziehungen zu dem der Bestechung angeklagten Julius Barmat aus seiner Partei ausgeschlossen.

Józef Beck

polnischer Politiker (*4. 10. 1894, Warschau), stirbt am 5. Juni 1944 in Stăneşti in Rumänien.
Beck, Offizier im Ersten Weltkrieg, arbeitete als Mitglied der sog. Gruppe der Obersten nach dem Staatsstreich von Marschall Jósef Klemens Piłsudski, der 1926 ein autoritäres Regime errichtete, eng mit diesem zusammen. Als Außenminister von 1932 bis zum deutschen Überfall auf Polen 1939 unterzeichnete er die Nichtangriffsverträge mit der Sowjetunion (1932) und mit dem Deutschen Reich (1934). Nach dem Tod Piłsudskis (1935) verfolgte er dessen außenpolitische Leitlinie weiter, derzufolge sich nur ein starkes Polen zwischen dem westlichen Nachbarn Deutsches Reich und dem östlichen Nachbarn UdSSR behaupten könne, und strebte – erfolglos – die Schaffung eines Mächteblocks in Ostmitteleuropa unter polnischer Führung an.

Ludwig Beck

deutscher General (*29. 6. 1880, Wiesbaden-Biebrich), wird am Abend des 20. Juli 1944 nach dem gescheiterten Attentat auf den deutschen Führer und Reichskanzler Adolf Hitler in Berlin erschossen.
Beck, Generalstabsoffizier im Ersten Weltkrieg, wurde 1935 Chef des Generalstabs des Heeres. Während der Sudetenkrise im Sommer 1938 wandte er sich gegen die Pläne Hitlers zur Zerschlagung der Tschechoslowakei und trat am 18. August 1938 als Generalstabschef zurück. In der Folgezeit gehörte er zum Zentrum des liberal-konservativen Widerstandsbewegung. An den Vorbereitungen für das Attentat vom 20. Juli 1944 war er maßgeblich beteiligt.

Rudolf Breitscheid

deutscher sozialdemokratischer Politiker (*2. 11. 1874, Köln), kommt am 24. August 1944 bei einem Bombenangriff auf das Konzentrationslager Buchenwald ums Leben.
Breitscheid, nach der Novemberrevolution 1918/19 preußischer Innenminister, war von 1920 bis 1933 Mitglied des Reichstags, wo er die sozialdemokratische Fraktion leitete. Von 1926 bis 1930 gehörte er der deutschen Völkerbundskommission an. Nach der Machtergreifung durch die Nationalsozialisten emigrierte er 1933 über die Schweiz nach Frankreich. 1940 lieferte ihn die französische Vichy-Regierung an die Geheime Staatspolizei aus.

Karl Bröger

deutscher Arbeiterdichter (*10. 3. 1886, Nürnberg), stirbt am 4. Mai 1944 in Erlangen. Die NS-Machthaber ordnen ein Staatsbegräbnis an. Bröger, aus einer Arbeiterfamilie stammend und sozialistischer Pazifist mit Betonung des Nationalen, wurde 1933 als Sozialdemokrat drei Monate im Konzentrationslager Dachau inhaftiert. Auf Grund der anschließenden Polizeiüberwachung machte er den Machthabern einige Zugeständnisse. Sein autobiographischer Roman »Der Held im Schatten« (1919) schildert seinen Aufstieg aus dem Proletariat.

Joseph Caillaux

französischer Finanzfachmann und Politiker (*30. 3. 1863, Le Mans), stirbt am 22. November 1944 in Mamers (Sarthe).
Caillaux wurde 1892 Professor der Finanzwissenschaft in Paris und 1898 radikaler Abgeordneter im französischen Parlament. In den Kabinetten Pierre Waldeck-Rousseau (1899–1902), Georges Benjamin Clemenceau (1906–1909) und Ernest Monis (1911) war er Finanzminister. Die von ihm erstrebte Einführung der Einkommensteuer scheiterte am Widerstand der Hochfinanz. Als Ministerpräsident und Innenminister 1911/12 schloß er mit dem Deutschen Reich das Marokko-Kongo-Abkommen. 1913 wurde er erneut Finanzminister unter Gaston Doumergue (bis 1914). Als die Tageszeitung »Le Figaro« eine Verleumdungskampagne gegen Caillaux startete, erschoß die Frau des Ministers 1914 den Chefredakteur Gaston Calmette in der Redaktion des konservativen Blatts, nachdem dieser sich geweigert hatte, ihr Briefe auszuhändigen, die ihr Mann ihr vor Jahren geschrieben hatte. Caillaux trat als Minister zurück, war jedoch wenig später wieder im Amt. Seine Frau wurde freigesprochen.
Während des Ersten Weltkriegs setzte er seine Bemühungen um eine Verständigung mit dem Deutschen Reich fort und

wurde deshalb 1918 auf Betreiben von Ministerpräsident Clemenceau verhaftet. 1920 wurde er wegen Begünstigung defätistischer Stimmungen angeklagt, wegen Mangels an Beweisen freigesprochen, aber aus Paris verbannt. Nach seiner Begnadigung war er 1925 erneut Finanzminister unter Paul Painlevé und 1926 unter Aristide Briand.

Galeazzo Ciano, Graf von Cortellazzo

italienischer Diplomat und Politiker, Außenminister von 1936 bis 1943 (*18. 3. 1903, Livorno), wird am 11. Januar 1944 in Verona hingerichtet.
Ciano heiratete 1930 Edda Mussolini, die Tochter des italienischen Ministerpräsidenten und Duce Benito Mussolini. 1933 wurde er Pressechef Mussolinis und übernahm 1934 die Leitung des Staatssekretariats für Presse und Propaganda, das 1935 in ein Ministerium umgewandelt wurde. Als Nachfolger Mussolinis im Amt des Außenministers begründete er ab 1936 die sog. Achse Berlin–Rom und befürwortete die Unterstützung der Faschisten im Spanischen Bürgerkrieg. Kurz vor Ausbruch des Zweiten Weltkriegs stimmte er dem italienischen Einmarsch in Albanien zu, das in Personalunion mit Italien verbunden wurde. Er kritisierte jedoch zugleich die enge Bindung Italiens an das Deutsche Reich; am 2. September 1939 erklärte sich sein Land als »nicht kriegführend«. 1940 war Ciano mitverantwortlich für den italienischen Angriff auf Griechenland. Ab 1942 kritisierte er offen die Kriegspolitik Mussolinis; 1943 wurde er als Außenminister entlassen. Im selben Jahr stimmte er im Faschistischen Großrat für den Sturz Mussolinis. Auf seiner Flucht ins Deutsche Reich wurde er verhaftet und an Italien ausgeliefert, wo Mussolini inzwischen eine Gegenregierung gebildet hatte. Zusammen mit anderen ehemaligen Faschisten, die 1943 gegen Mussolini gestimmt hatten, wird er in Verona erschossen.

Eduard Dietl

deutscher Generaloberst (*21. 6. 1890, Bad Aibling), stirbt am 23. Juni 1944 bei Graz.
Dietl besetzte mit der 3. Gebirgsjägerdivision im April 1940 die norwegische Stadt Narvik. Als am 28. Mai die alliierten Streitkräfte nach 14tägigen Kämpfen nach Narvik eindrangen, konnte sich Dietl an der Erzbahn zwischen Narvik und Schweden halten. Am 8. Juni besetzte die »Gruppe Dietl« erneut Narvik, zwei Tage später kapitulierte auf Weisung von König Håkon VII. der Befehlshaber der norwegischen Streitkräfte in Nordnorwegen.

Josef Maria Eder

österreichischer Fotochemiker (*16. 3. 1855, Krems), stirbt am 18. Oktober 1944 in Kitzbühel.
Eder wurde 1880 Professor in Wien und leitete von 1888 bis 1922 die staatliche Lehr- und Versuchsanstalt für Fotografie und Reproduktionsverfahren (Graphische Lehr- und Versuchsanstalt) in Wien.

Von Bedeutung sind Eders Arbeiten über die chemischen Wirkungen des Lichts und seine Untersuchungen zur Fotometrie (Lichtmessung), Röntgenstrahlenfotografie, Sensitometrie (Meßverfahren zur Bestimmung der Eigenschaften fotografischer Materialien) und orthochromatischen Sensibilisierung (Erweiterung der Farbempfindlichkeit fotografischer Emulsionen bis Gelb und Orange).

Heinrich Flottmann

deutscher Maschinenindustrieller und Erfinder (*24. 12. 1875, Bochum), stirbt am 28. Februar 1944 in Erlangen.
Flottmann erfand einen pneumatischen Bohrhammer mit Kugelsteuerung und selbsttätiger Umsetzung, den er 1904 patentieren ließ. Der nach ihm benannte Flottmann-Bohrhammer findet im Berg- und Tiefbau, im Steinbruchbetrieb und bei Gesteinsarbeiten Anwendung.

Jean Giraudoux

französischer Dramatiker und Romancier (*29. 10. 1882, Bellac/Haute-Vienne), stirbt am 31. Januar 1944 in Paris. Als Dramatiker wurde Giraudoux schon bekannt während seiner Tätigkeiten als Diplomat in Rußland und im Orient, als Generalinspekteur der französischen Auslandsvertretungen und als Propagandaminister zu Beginn des Zweiten Weltkriegs. In idealistischer Manier verband er klassizistisch-humanistische und spätromantische Ideen zu einer neuen dramatischen Form, die skeptisch und zugleich ironisch politische oder menschliche Probleme aufgreift, oft in antikisierender Verkleidung: »Amphitryon 38« (1929), »Judith« (1931), »Intermezzo« (1933), »Der trojanische Krieg findet nicht statt« (1935), »Elektra« (1937), »Impromptu« (1937), »Undine« (1939), »Sodom und Gomorrha« (1943), »Die Irre von Chaillot« (1945). Darüber hinaus verfaßte er die Romane »Suzanne und der Pazifik« (1921), »Siegfried oder Die zwei Leben des Jacques Forestier« (1922), »Eglantine« (1927), »Die Abenteuer des Jérôme Bardini« (1930) und »Kampf mit dem Engel« (1934).

Bruno Granichstaedten

österreichischer Operettenkomponist (*1. 9. 1879, Wien), stirbt am 20. Mai 1944 in New York.
Granichstaedten komponierte die Musik zu 16 Operetten, darunter »Auf Befehl der Kaiserin« (1915), »Der Orlow« (1925) und »Eveline«. Darüber hinaus schrieb er Filmmusiken und komponierte Schlager.

Max Halbe

deutscher Dramatiker und Erzähler (*4. 10. 1865, Güttland bei Danzig), stirbt am 30. November 1944 auf Gut Neuötting in Oberbayern.
Der größte Theatererfolg des naturalistischen Dramatikers Halbe war das Pubertätsdrama »Jugend«, das 1893 in Berlin uraufgeführt wurde. Das Stück thematisiert den Konflikt zwischen Triebhaftigkeit und Moral, Natur und Zwang und prangert die moralische Fehlhaltung der Erwachsenenwelt gegenüber der Jugend

an, die nichts anderes sein will als unschuldige »Jugend« jenseits von Konventionen und Vorurteilen. Weitere Dramen: »Mutter Erde« (1897), »Der Strom« (1904), »Die Insel der Seligen« (1906), »Der Ring des Gauklers« (1911). Halbe verfaßte auch psychologische Romane um Liebe und Ehe.

Rudolf Harbig
deutscher Leichtathlet (*8. 11. 1913, Dresden), fällt am 5. März 1944.
Harbig war einer der bedeutendsten Mittelstreckenläufer seiner Zeit. 1939 stellte er Weltrekorde über 400 m (46,0 sec) und 800 m (1:46,6 min) auf. Der Weltrekord über 800 m bleibt bis 1955 bestehen.

Wolf Graf von Helldorf
deutscher Politiker (*14. 10. 1896, Merseburg), wird am 15. August 1944 nach dem gescheiterten Attentat auf den deutschen Führer und Reichskanzler Adolf Hitler vom 20. Juli 1944 in Berlin hingerichtet.
Helldorf, Offizier im Ersten Weltkrieg, war nach der Novemberrevolution Mitglied in rechtsradikalen Freikorps, nahm 1920 am Kapp-Putsch teil und schloß sich später den Nationalsozialisten an. Als Polizeipräsident von Berlin (seit 1935) sollte er am 20. Juli 1944 die Verhaftung der NS-Machthaber leiten.

Max Jacob
französischer Dichter, Maler und Kunsttheoretiker (*11. 7. 1876, Quimper), stirbt am 5. März 1944 im deutschen Konzentrationslager Drancy bei Paris.
Jacob, zum Katholizismus konvertierter Jude, war einer der ersten surrealistischen Dichter. Dichtung war für ihn ein Schrei, »gehüllt in die Form«. Jedes Kunstwerk sollte stilisiert sein und einer besonderen Atmosphäre angehören: »Es muß vom Leser abgehoben sein, ... angesiedelt in einem fernen Raum, umgeben von einer lebendigen Welt in einem Jenseits, das die Erde widerspiegelt.« Von seinen Werken wurden u. a. die Prosagedichte »Der Würfelbecher« (1917), die Komödie »Isabella und Pantalon« (1923) und die »Ratschläge für einen jungen Dichter« (postum 1945) ins Deutsche übersetzt.

Willy Jaeckel
deutscher Maler und Grafiker (*10. 2. 1888, Breslau), kommt am 30. Januar 1944 in Berlin bei einem Bombenangriff ums Leben.
Jaeckel, Vertreter des Expressionismus, fand unter dem Eindruck des Ersten Weltkriegs zu seinen Hauptthemen: Anklage gegen den Krieg und Glaube an Gott. Sein Gemälde »Sturmangriff« (1914) und die Litho-Folge »Memento« (1914/15) wurden ihrer drastischen Darstellung wegen verboten. Jaeckel prangerte den Krieg allerdings als eine Art Naturgewalt an, den Ausweg aus dem Völkermord suchte er im Glauben an Gott. Nach dem Krieg standen religiöse Themen im Vordergrund (243 Kaltnadelradierungen zu dem Thema »Mensch – Gott – Gottmensch«, 1919–1923). Darüber hinaus schuf Jaeckel Illustrationen zu Werken der Weltliteratur (Walt Whitmans »Grashalme«, 1920, Dante Alighieris »Die göttliche Komödie«, 1924/25, Johann Wolfgang von Goethes »Faust«, 1924). Die Nationalsozialisten verfemten seine Arbeiten. Zahlreiche seiner Werke werden im Krieg vernichtet.

Wassily Kandinsky

russischer Maler, Grafiker und Kunsttheoretiker (*4. 12. 1866, Moskau), stirbt am 13. Dezember 1944 in Neuilly-sur-Seine in Frankreich.
Kandinsky, ein Hauptvertreter der abstrakten Kunst, kam 1896 nach München, wo er u. a. Schüler Franz von Stucks war und sich mit Alexej von Jawlensky befreundete. Von 1903 bis 1907 reiste er nach Frankreich, Italien und Tunis, kehrte dann nach München zurück und wurde 1909 Vorsitzender der Neuen Künstlervereinigung. 1910 malte er sein erstes ungegenständliches (Aquarell-)Bild und wurde damit zum Mitbegründer der abstrakten Kunst. 1911 gründete er mit Franz Marc in München die Redaktion »Der Blaue Reiter«. 1912 veröffentlichte er die Schrift »Über das Geistige in der Kunst«, in der er seine Auffassung begründete, die konkreten Gegenstände seien nur als etwas Zufälliges gegenüber dem Geistigen zu betrachten. 1914, beim Ausbruch des Ersten Weltkriegs, kehrte er nach Rußland zurück und wurde nach der Oktoberrevolution Professor an der Kunstakademie in Moskau. 1921 siedelte er wieder in das Deutsche Reich über, weil er den sowjetischen Bemühungen um eine realistische Kunst verständnislos gegenüberstand. In selben Jahr begann die strenge Geometrisierung seiner Bilder. 1922 erhielt er eine Professur am Bauhaus in Weimar und nahm 1928 die deutsche Staatsbürgerschaft an. 1926 erschien »Punkt und Linie zur Fläche: Beitrag zur Analyse der malerischen Elemente«, eine grundlegende Schrift über den Schaffensprozeß abstrakter Kunst. Nach der Machtübernahme der Nationalsozialisten im Deutschen Reich 1933 emigrierte Kandinsky nach Frankreich. Seine Werke wurden als »entartet« diffamiert und beschlagnahmt.

Hans Kloepfer
österreichischer Mundartdichter (*18. 8. 1867, Eibiswald/Steiermark), stirbt am 27. Juni 1944 in Köflach in der Steiermark.
Kloepfer, Arzt und seiner steirischen Heimat verbunden, schrieb Erzählungen (»Aus dem Sumtale«, 1922; »Eibiswald«, 1933; »Steirische Geschichten«, 1937) und Gedichte (»Gedichte in steirischer Mundart«, 1924; »Joahrlauf«, 1937). Darüber hinaus verfaßte er die Autobiographie »Aus dem Bilderbuch meines Lebens« (1936).

Hans Günther von Kluge
deutscher Generalfeldmarschall (*30. 10. 1882, Posen), begeht nach dem gescheiterten Attentat auf den deutschen Führer und Reichskanzler Adolf Hitler vom 20. Juli 1944 am 18. August 1944 bei Metz Selbstmord.
Kluge war am 17. August 1944 wegen Mitwisserschaft und Vorbereitung des Attentats als Chef der Heeresgruppe B abgesetzt worden. Er hatte 1939/40 die 4. Armee im Polenfeldzug und im West- und Ostfeldzug geleitet. Seit Juli 1944 war er Oberbefehlshaber der Heeresgruppe B an der Invasionsfront der Alliierten in der Normandie.

Leo Freiherr von König
deutscher Maler (*28. 2. 1871, Braunschweig), stirbt am 19. April 1944 in Tutzing am Starnberger See.
König, Schüler der Berliner Akademie und der Académie Julian in Paris, war ein Vertreter des Impressionismus. Bekannt wurden vor allem seine Bildnisse bedeutender Künstler (Gerhart Hauptmann, Ernst Barlach, Emil Nolde, Käthe Kollwitz, Eugen d'Albert).

Isolde Kurz

deutsche Schriftstellerin (*21. 12. 1853, Stuttgart), stirbt am 5. April 1944 in Tübingen.
Isolde Kurz, Tochter des Schriftstellers Hermann Kurz, lebte von 1877 bis 1913 in Florenz, wo sie mit den Malern Arnold Böcklin und Hans von Marées, dem Bildhauer Adolf von Hildebrand und dem Essayisten Karl Hillebrand freundschaftlich verkehrte. In ihren dem poetischen Realismus Paul von Heyses verpflichteten Erzählungen und Novellen ist sie Südeuropa, vor allem der italienischen Renaissance, verbunden (»Florentiner Novellen«, 1890; »Italienische Erzählungen«, 1895; »Nächte von Fondi«, 1922), während ihre Lyrik von der schwäbisch-romantischen Dichtung des 19. Jahrhunderts geprägt ist.

Wilhelm Leuschner
deutscher Gewerkschafter und SPD-Politiker (*15. 6. 1890, Bayreuth), wird am 29. September 1944 nach dem gescheiterten Attentat auf den deutschen Führer und Reichskanzler Adolf Hitler vom 20. Juli 1944 in Berlin hingerichtet.
Leuschner war von 1928 bis 1933 hessischer Innenminister. 1933/34 saß er im Konzentrationslager Lichtenberg. Danach beschäftigte er als Leiter einer kleinen Fabrik Gesinnungsfreunde und hielt Kontakt zu oppositionellen Gewerkschaftern. In der sog. Regierung des 20. Juli war er als Vizekanzler vorgesehen. Nach dem gescheiterten Attentat stellte er sich freiwillig, nachdem man seine Frau als Geisel verhaftet hatte. Er wurde vom Volksgerichtshof unter Roland Freisler zum Tode verurteilt.

Aristide Maillol
französischer Bildhauer, Maler und Grafiker (*8. 12. 1861, Banyuls-sur-Mer/Pyrénées-Orientales), stirbt am 27. September 1944 in Banyuls-sur-Mer.
Maillol gilt nach Auguste Rodin als Hauptmeister der europäischen Plastik in der ersten Hälfte des 20. Jahrhunderts. Er begann mit Wandteppichen unter dem Einfluß des Jugendstils und widmete sich ab 1900 ganz der Bildhauerei. Hauptthema seiner Werke ist der kraftvolle, sinnenfreudige Frauenakt in ruhiger Haltung und enger Naturverbundenheit. Darüber hinaus schuf er bedeutende Holzschnittfolgen zu klassischen Werken der römischen Antike.

Filippo Tommaso Marinetti
italienischer Schriftsteller (*22. 12. 1876, Alexandria), stirbt am 2. Dezember 1944 in Bellagio. Marinetti wurde mit der Veröffentlichung seines Manifests von 1909 zum Begründer des Futurismus. Der Schöpfer dieser literarischen, bildkünstlerischen, architektonischen und musikalischen Stilrichtung bekannte sich in dem Essay »Futurismus und Faschismus« (1924) ganz zum italienischen Faschismus. Schon 1909 hatte er Thesen propagiert, die der Ideologie des Faschismus entgegenkommen: »Wir wollen preisen die Angriffsbewegung, die fiebrige Schlaflosigkeit, den Laufschritt, den Salto mortale, die Ohrfeige und den Faustschlag!« und »Wir wollen den Krieg verherrlichen, diese einzige Hygiene der Welt, den Militarismus, den Patriotismus, die Vernichtungstat der Freien!« Seine dichterische Theorie setzt Marinetti in zahlreichen Gedichten, Erzählwerken und Dramen um.

Glenn Miller
US-amerikanischer Posaunist und Orchesterleiter (*1. 3. 1904, Clarinda/Iowa), kommt am 16. Dezember 1944 bei einem Flugzeugabsturz zwischen Großbritannien und Frankreich ums Leben.
Glenn Miller, ein Meister publikumswirksamer Tanzmusik mit Jazzcharakter, errang mit seiner 1937 gegründeten Band und dem sog. Glenn-Miller-Sound – vier Saxophone und führende Klarinette – Weltruhm.

Piet Mondrian

niederländischer Maler (*7. 3. 1872, Amersfoort), stirbt am 1. Februar 1944 im Exil in New York.
Mondrian zählt zu den Begründern der abstrakten Malerei und gilt als einer der Hauptmeister der niederländischen Konstruktivisten.
1917 gründete er mit Theo van Doesburg die Kunstzeitschrift und die Gruppe »De Stijl«. Die malerischen Grundlagen dieser Künstlervereinigung waren die völlige Abstraktion und die Beschränkung der künstlerischen Mittel auf die gerade Linie und den rechten Winkel sowie die drei primären Nichtfarben Schwarz, Grau und Weiß. Ab 1918 verband Mondrian diese Rechtecke durch ein Gerüst von schwarzen Linien (»Komposition mit Rot, Gelb und Blau«, 1921). Er verstand seine Gemälde als Ausdruck einer Lebenshaltung, die Malerei sollte dem Leben den Weg zur wahren Harmonie weisen. 1940 floh er vor den Nationalsozialisten in die USA nach New York, wo eine neue Farbigkeit die schwarzen Linien zunehmend verdrängte.

Edvard Munch
norwegischer Maler (*12. 12. 1863, Løten/Hedmark), stirbt am 23. April 1944 auf Hof Ekeby bei Oslo.
Die Tragödien von Munchs Kindheit und Jugend – Krankheit, Tod, Melancholie – sind ein immer wiederkehrendes Motiv seines Werks: 1868 starb seine Mutter, 1877 seine Lieblingsschwester Sophie als 15jährige an Tuberkulose, 1889 sein Vater, 1895 sein erst 30 Jahre alter Bruder. »Ich male nicht, was ich sehe, sondern was ich sah« und: »Kunst ist Kristallisation.« – Diese beiden Sätze gelten als Schlüssel zum Werk Munchs. Entschlossen, Maler zu werden, verließ Munch – nach autodidaktischen Anfängen – 1881

die Technische Hochschule und begann seine künstlerische Ausbildung bei dem spätklassizistischen Bildhauer Julius Middelthun (erstes »Selbstbildnis« 1881/82) sowie bei Frits Thaulow und Christian Krohg in Kristiania (Oslo). Unter dem Einfluß von Krohg erhielt er Zugang zu den radikalen Naturalisten, der sog. Kristiania-Boheme.

Der künstlerische Durchbruch gelang Munch 1886 mit der Erstfassung des Gemäldes »Das kranke Kind«, in dem sich der Bruch mit dem Naturalismus andeutet. Obwohl sich Munch bald vom Naturalismus distanzierte und bei seinen Künstlerfreunden mehr und mehr auf Ablehnung stieß, befürworteten diese 1889 sein Gesuch um ein staatliches Stipendium. Im selben Jahr erhielt er entscheidende Anregungen während seines ersten Aufenthalts in Paris, wo er einen Zeichenkurs bei Léon Joseph Florentin Bonnat machte und die alten Meister und den Impressionismus studierte.

Um 1890 ging Munch zu expressiv-symbolistischer Gestaltung über, beeinflußt vom französischen Nachimpressionismus und Symbolismus und vom frühen Jugendstil, der vor allem in der suggestiven Verwendung der Linie als bestimmendes Bildelement spürbar wird. Thematisch begann er zu einer oft angsterfüllten Weltsicht zu neigen. Auf Einladung des Vereins Berliner Künstler kam er 1892 in die deutsche Reichshauptstadt, wo er in einem Kreis von Intellektuellen, Malern, Dichtern und Künstlern verkehrte. Die erste große Munch-Ausstellung 1893 in Berlin führte zu einem Skandal, wurde geschlossen – und gab den Anstoß zur Gründung der Berliner Secession, bei der Munch 1902 die 22 Bilder seines »Lebensfrieses« ausstellte. Dieser heute auf mehrere Sammlungen verteilte Gemäldezyklus gilt als die zentrale Schöpfung Munchs. Er umfaßt Werke, die den vier Themen »Keimen der Liebe«, »Blühen und Vergehen der Liebe«, »Lebensangst« und »Tod« zugeordnet sind und zum Teil in mehreren Fassungen vorliegen. Von 1895 bis 1897 malte Munch überwiegend in Paris, pendelte zwischen Norwegen, Frankreich, Italien und dem Deutschen Reich und verbrachte die Sommermonate dieser Zeit und auch später in dem kleinen Fischer- und Badeort Åsgårdstrand am Oslofjord. Von 1906 bis 1908 lebte er im Deutschen Reich; 1908 kehrte er nach einer Nervenkrise und vorübergehendem Kuraufenthalt in Kopenhagen nach Norwegen zurück, wo er nach der Ausstellung von 200 Bildern im Jahre 1909 die ihm bis dahin versagte allgemeine Anerkennung fand und Aufträge in ausreichender Zahl erhielt. Bis 1916 schuf er die Fresken für die Aula der Osloer Universität (darunter »Die Sonne« und »Die Forscher«). 1916 erwarb Munch den Hof Ekeby bei Oslo als Alterssitz. 1921/22 schuf er die Fresken für den Speisesaal der Schokoladenfabrik Freia in Oslo. 1937 wurden 82 seiner Werke im Deutschen Reich als »entartet« beschlagnahmt.

Kaj Munk

dänischer Schriftsteller und Pfarrer (*13. 1. 1898, Maribo), wird am 4. Januar 1944 in Hørbylunde Skov vermutlich von Mitgliedern der Geheimen Staatspolizei ermordet. Nachdem er in seiner Predigt am 1. Januar zum aktiven Widerstand gegen die deutsche Besatzung aufgerufen hatte,

dringen am 4. Januar »Unbekannte« in seine Wohnung ein, verschleppen und töten ihn. Trotz Verbots finden im ganzen Land Trauergottesdienste statt.

Munk, Pfarrer der westjütländischen Gemeinde Vedersø, trat als Lyriker, Dramatiker und Essayist sowie als Verfasser von Reiseschilderungen und Predigten hervor und gilt als einer der bedeutendsten dänischen Dramatiker des 20. Jahrhunderts. Sein Hauptwerk ist das bühnenwirksame Drama »Das Wort« (1932), in dem er seinem Vertrauen in die Macht des Glaubens Ausdruck verlieh. Spätere Werke entstanden unter dem Eindruck des aktuellen politischen Geschehens; während der deutschen Besatzung wurden sie zum Teil heimlich verbreitet.

Friedrich Olbricht

deutscher General (*4. 10. 1888, Leisnig), wird am 20. Juli 1944 nach dem gescheiterten Attentat auf den deutschen Führer und Reichskanzler Adolf Hitler in Berlin standrechtlich erschossen.

Olbricht, seit 1940 Chef des Allgemeinen Heeresamts im Oberkommando des Heeres, sollte in der sog. Regierung des 20. Juli das Reichskriegsministerium übernehmen.

Maurice Paléologue

französischer Diplomat und Schriftsteller (*13. 1. 1859, Paris), stirbt am 23. November 1944 in Paris.

Paléologue war von 1907 bis 1912 Gesandter in der bulgarischen Hauptstadt Sofia und von 1914 bis 1917 Botschafter in der damaligen russischen Hauptstadt Petersburg (Leningrad). Bekannt wurden seine historischen Werke »Am Zarenhofe während des Weltkrieges« (1922), »Cavour« (1926) und »Alexander I.« (1937). 1928 wurde er in die Académie française berufen.

E. O. Plauen

eigentlich Erich Ohser, deutscher Zeichner und Karikaturist (*18. 3. 1903, Untergettengrün = Gettengrün/Landkreis Oelsnitz), begeht am 6. April 1944 in NS-Haft in Berlin Selbstmord. Plauen wurde bekannt durch die Bilderserie »Vater und Sohn«, die ab 1928 in der sozialdemokratischen »Vorwärts« und ab 1933 in der »Berliner Illustrirten Zeitung« erschien. Später veröffentlichte er Zeichnungen unter dem Titel »Am Rande des Weltgeschehens«. Als er sich offen zu seiner antinationalsozialistischen Haltung bekannte, wurde er verhaftet.

Jean Prévost

französischer Schriftsteller (*13. 6. 1901, Saint-Pierre-lès-Nemours/Seine-et-Marne), fällt am 1. August 1944 als Widerstandskämpfer bei Sassenage im Departement Isère.

Prévost vertrat in Essays (»Plaisirs des sports«, 1925) und Romanen einen Kult der Sportlichkeit und Männlichkeit und beschrieb die Freuden und Leiden einfacher Menschen. »Les Frères Bouquinquant« (1930) gilt als eines der Hauptwerke des populistischen Romans.

Resa Pahlawi

eigentlich Resa Khan, Schah von Persien bzw. Iran von 1925 bis 1941 (*16. 3. 1878, Alascht/Masanderan), stirbt am 26. Juli 1944 in Johannesburg in Südafrika.

Resa Khan stieg vom einfachen Soldaten zum höchsten persischen Offizier der Kosakenbrigade auf, war 1920/21 Ministerpräsident und wurde nach einem Staatsstreich 1921 Kriegsminister und Oberbefehlshaber der Armee. Als Ministerpräsident von 1923 bis 1925 zog er alle Macht an sich, baute eine starke Zentralregierung und eine schlagkräftige Armee auf und ließ mehrere Aufstände unterdrücken. 1925 setzte das Parlament den seit 1923 außer Landes weilenden Ahmad Schah, den letzten persischen Herrscher der Kadscharen-Dynastie, ab; Resa Khan wurde als Resa Pahlawi Schah von Persien und begründete die Dynastie Pahlawi, die bis 1979 an der Macht bleibt. Resa Pahlawi regierte als Gewaltherrscher, der jede Opposition unterdrückte. Er führte eine Agrarreform durch, die den Großgrundbesitz begünstigte, und wurde selbst der größte Großgrundbesitzer seines Landes, das er 1934 offiziell in Iran umbenannte. Zugleich führte er wirtschaftliche und gesellschaftliche Reformen durch, die die Modernisierung Irans nach europäischem Vorbild unter Wahrung islamischer Elemente vorantrieben (Verwaltung, Eisenbahnbau, Ölindustrie, Sozialrecht, Eröffnung der Universität Teheran, westliche Kleidung für Männer, Verbot des Schleiers für Frauen). Im Zweiten Weltkrieg blieb Resa Pahlawi offiziell neutral, doch besetzten nach dem deutschen Überfall auf die UdSSR 1941 britische und sowjetische Truppen das Land und erzwangen wegen seiner Sympathien für die Achsenmächte seine Abdankung und Verbannung zugunsten seines Sohns Mohammad Resa Pahlawi.

Romain Rolland

französischer Romancier, Dramatiker und Biograph, Literaturnobelpreisträger 1915 (*29. 1. 1866, Clamecy/Nièvre), stirbt am 30. Dezember 1944 in Vézelay.

Rolland begann als Dramatiker und forderte ein Theater, in welchem dem Volk Kunst auf moralischer und historischer Grundlage faßbar nahegebracht werden sollte. In seinen großen Biographien (Ludwig van Beethoven, Michelangelo, Lew N. Graf Tolstoi) stellte er sein Ideal der moralischen Aktion dar. In seinem erfolgreichen Roman »Jean-Christophe« (1904 bis 1912) ist die Titelfigur ein genialer Musiker, der Züge von Ludwig van Beethoven und Richard Wagner trägt. Seine pazifistische Grundhaltung brachte er in den Biographien Mohandas Karamchands, genannt Mahatma Gandhi, Ramakrishnas und Vivekanandas zum Ausdruck.

Erwin Rommel

deutscher Generalfeldmarschall (*15. 11. 1891, Heidenheim an der Brenz), begeht nach dem gescheiterten Attentat auf den deutschen Führer und Reichskanzler Adolf Hitler vom 20. Juli 1944 am 14. Oktober 1944 nahe Herrlingen (Gemeinde Blaustein) Selbstmord, nachdem er von Hitler vor die Alternative Selbstmord oder Volksgerichtshofsverfahren gestellt worden ist. Hitler ordnet für den legendenumwobenen Offizier ein Staatsbegräbnis an, um die Hintergründe seines Todes vor der Öffentlichkeit zu verbergen. Die Witwe und der Sohn Rommels müssen an der Feier teilnehmen.

Rommel erwarb sich seinen Ruf als »Wüstenfuchs« als Kommandeur des deutschen Afrikakorps, mit dem er bis zum 13. April 1941 innerhalb weniger Wochen die gesamte Cyrenaika (Libyen) einschließlich der ägyptischen Grenzstadt Sollum von den Briten zurückeroberte. Am 23. Oktober 1943 eröffnete die 8. britische Armee unter General Bernard Law Montgomery mit weit überlegenen Kräften die Großoffensive gegen die deutsch-italienische Panzerarmee in der Al-Alamain-Stellung. Gegen Hitlers Befehl »Halten um jeden Preis« leitete Rommel am 4. November den weiträumigen Rückzug ein. Im Frühjahr 1943 wurde er Kommandeur der Heeresgruppe Afrika, wurde jedoch bereits am 9. März von Hitler abberufen, weil er das längerfristige Halten des Brückenkopfes in Tunesien für fragwürdig hielt. Am 1. Januar 1944 übernahm er als Oberbefehlshaber der Heeresgruppe B das Kommando über alle deutschen Streitkräfte im Westen nördlich der Loire. Am 17. Juli wurde er bei einem Fliegerangriff schwer verletzt. Sein Nachfolger wurde Hans Günther von Kluge.

Jacques Roumain

haitianischer Schriftsteller und Ethnologe (*4. 6. 1907, Port-au-Prince), stirbt am 18. August 1944 in Port-au-Prince.

Roumain, Gründer der Kommunistischen Partei Haitis, war einer der Hauptvertreter der sog. Indigenisten, einer Gruppe haitianischer Schriftsteller, die das Leben der einheimischen Bauern darstellten. In seinem Hauptwerk, dem nach seinem Tod herausgegebenen Roman »Herr über den Tau« (1944), schildert Roumain die Bräuche und Überlieferungen Haitis mit ihren heidnisch-afrikanischen und christlichen Elementen und übt zugleich Kritik an der Ausbeutung der Farbigen durch die Weißen.

Antoine de Saint-Exupéry

französischer Schriftsteller, (*29. 6. 1900, Lyon), kehrt am 31. Juli 1944 von einem Aufklärungsflug, zu dem er in Korsika aufgestiegen ist, nicht mehr zurück.

Nach dem Militärdienst bei der französischen Luftwaffe betätigte sich Saint-Exupéry als Berufsflieger für private Linien in Europa und Übersee; zu Beginn des Zweiten Weltkriegs wurde er Test- und Kampfpilot. 1940 trat er in die US-Air Force ein und unternahm Aufklärungsflüge für die Alliierten. Saint-Exupérys Romane, Tagebücher und meditative Essays schildern nicht nur seine Abenteuer als Flieger, sondern vermitteln auch eine eigene Lebensphilosophie, die die Technik als Chance für bessere Beziehungen zwischen den Menschen ansieht und unter Heldenhaftigkeit eine aufopferungsbereite, humane Brüderlichkeit und Freundschaft versteht. In dem Roman »Südkurier« (1929) überdenkt Jacques Bernis, Kurierpilot einer der ersten transatlantischen Postfluglinien, sein Leben und kommt zu dem Schluß, daß nicht die Liebe das »Hauptwort« im Leben sei, sondern daß die Existenz nur durch Pflichterfüllung bis hin zur Selbstaufgabe ihre Rechtfertigung finden könne: »Leben heißt, sich angesichts des Todes bewähren.« Weitere bekannte Werke: »Nachtflug« (1931); »Wind, Sand und Sterne« (1939); »Flug nach Arras« (1942); »Der kleine Prinz« (1943).

Erich Salomon

deutscher Fotograf (* 28. 4. 1886, Berlin), stirbt am 7. Juli 1944 im Konzentrationslager Auschwitz. Salomon war einer der Pioniere der Fotoreportage. Er verwendete u. a. Kleinbildkameras, die kurze Belichtungszeiten für Schnappschüsse z. B. im Reichstag ermöglichten. Bekannt wurde vor allem das Sammelwerk »Berühmte Zeitgenossen in unbewachten Augenblicken« (1931).

Jakob Schaffner

schweizerischer Schriftsteller (* 14. 11. 1875, Basel), kommt am 25. September 1944 in Straßburg bei einem Fliegerangriff ums Leben.
Schaffner stellte in realistischen, autobiographisch bestimmten Romanen unter dem Einfluß von Gottfried Keller, Friedrich Nietzsche und Fjodor M. Dostojewski die Welt des Bauern- und Kleinbürgertums seiner Heimat dar (»Konrad Pilater«, 1910). Als sein Hauptwerk gilt die »Johannes«-Trilogie (»Johannes«, 1922; »Die Jünglingszeit des Johannes Schattenhold«, 1930; »Eine deutsche Wanderschaft«, 1933).

Friedrich Werner Graf von der Schulenburg

deutscher Diplomat und Widerstandskämpfer (* 20. 11. 1875, Kemberg), wird am 10. November 1944 nach dem gescheiterten Attentat auf den deutschen Führer und Reichskanzler Adolf Hitler vom 20. Juli 1944 in Berlin-Plötzensee hingerichtet.
Schulenburg war von 1934 bis 1941 deutscher Botschafter in Moskau. In der sog. Regierung des 20. Juli war er als Reichsaußenminister vorgesehen.

Fritz-Dietlof Graf von der Schulenburg

deutscher Widerstandskämpfer (* 5. 9. 1902, London), wird am 10. August 1944 nach dem gescheiterten Attentat auf den deutschen Führer und Reichskanzler Adolf Hitler vom 20. Juli 1944 in Berlin-Plötzensee hingerichtet. Am selben Tag war er vom Volksgerichtshof zum Tode verurteilt worden.
Schulenburg, der »Rote Zar«, war von 1932 bis 1940 Mitglied der Nationalsozialistischen Deutschen Arbeiterpartei. Von

1937 bis 1939 war er stellvertretender Polizeipräsident von Berlin. An der Vorbereitung des Attentats auf Hitler war er maßgeblich beteiligt.

Edmund Schultheß

schweizerischer freisinniger Politiker (* 2. 3. 1868, Villnachern/Kanton Aargau), stirbt am 22. April 1944 in Bern.
Schultheß leitete als Bundesrat von 1912 bis 1935 das Volkswirtschaftsdepartement. 1917, 1921, 1928 und 1933 war er turnusmäßig Bundespräsident.

Sergius

eigentlich Iwan N. Stragorodski, Patriarch von Moskau und ganz Rußland seit 1943 (* 23. 1. 1867, Arsamas), stirbt am 15. Mai 1944 in Moskau. Sergius wurde 1917 Metropolit von Nischni Nowgorod und 1925 Leiter der russisch-orthodoxen Kirche (Patriarchatsverweser). 1926 wurde er u. a. wegen konspirativer Korrespondenz mit Weißgardisten vorübergehend verhaftet. 1927 gab er dem Drängen der sowjetischen Regierung nach und versuchte die Gläubigen auf einen Kompromiß mit dem Arbeiter-und-Bauern-Staat als legitimer Obrigkeit zu verpflichten, um das Überleben der Kirche zu sichern: »Wir wollen Rechtgläubige sein und zugleich die Sowjetunion als unsere irdische Heimat anerkennen.« 1943 stimmte der sowjetische Partei- und Staatschef Josef W. Stalin mit Rücksicht auf die patriotischen Kräfte während des Kriegs der Wiedererrichtung des Patriarchats zu. Am 9. September 1943 wurde Sergius einstimmig zum Patriarchen von Moskau und ganz Rußland gewählt. Drei Tage später fand mit großem Propagandaaufwand seine Amtseinführung statt.

Richard Sorge

deutscher Journalist und Geheimagent (* 4. 10. 1895, Baku), wird am 7. November 1944 in Tokio nach seiner Verurteilung hingerichtet.
Sorge, Mitglied der Kommunistischen Partei Deutschlands seit 1919, spionierte für die Sowjetunion ab 1929 in China und ab 1933 in Japan. Der sowjetische Partei- und Staatschef Josef W. Stalin nahm seine frühzeitigen Warnungen vor einem deutschen Angriff auf die UdSSR nicht ernst. 1941 wurde Sorge in Japan verhaftet.

Berthold Graf Schenk von Stauffenberg

deutscher Jurist und Widerstandskämpfer (* 15. 3. 1905, Stuttgart), wird am 10. August 1944 nach dem gescheiterten Attentat auf den deutschen Führer und Reichskanzler Adolf Hitler vom 20. Juli

1944 in Berlin hingerichtet. Am selben Tag war er vom Volksgerichtshof zum Tode verurteilt worden.
Stauffenberg, ab 1939 Völkerrechtsberater bei der Seekriegsleitung, war beteiligt an den Vorbereitungen für das Attentat.

Claus Graf Schenk von Stauffenberg

deutscher Offizier und Widerstandskämpfer (* 15. 11. 1907, Schloß Jettingen bei Günzburg), wird am 20. Juli 1944 nach dem gescheiterten Attentat auf den deutschen Führer und Reichskanzler Adolf Hitler in Berlin standrechtlich erschossen.
Stauffenberg arbeitete von 1940 bis 1943 in der Organisationsabteilung des Generalstabs des Heeres und wurde im Oktober 1943 Stabschef beim Allgemeinen Heeresamt und am 1. Juli 1944 als Oberst Stabschef beim Befehlshaber des Ersatzheeres. Aufgrund seiner Dienststellung hatte er unmittelbaren Zugang zum Hauptquartier Hitlers, wo er am 20. Juli selbst die Bombe zündete, die Hitler töten sollte. In der Kabinettsliste der sog. Regierung des 20. Juli war Stauffenberg als Staatssekretär im Reichskriegsministerium vorgesehen.

Pehr Evind Svinhufvud

finnischer Politiker, Staatspräsident von 1931 bis 1937 (* 15. 12. 1861, Sääksmäki = Valkeakoski/Häme), stirbt am 29. Februar 1944 in Luumäki (Kymi). Svinhufvud verbrachte die Jahre von 1914 bis 1917, als Finnland noch russisches Großfürstentum war, in der Verbannung in Sibirien. Während des finnischen Unabhängigkeitskampfs nach der Februar- und der Oktoberrevolution in Rußland wurde er am 27. November 1917 zum Reichsverweser gewählt. Am 6. Dezember 1917 erfolgte die Unabhängigkeitserklärung Finnlands von der Sowjetunion. Als Ministerpräsident 1930/31 unterstützte Svinhufvud die antikommunistische Lapua-Bauernbewegung. Von 1931 bis 1937 war er Präsident der Republik.

Ernst Thälmann

deutscher KPD-Politiker (* 16. 4. 1886, Hamburg), wird am 18. August 1944 im Konzentrationslager Buchenwald durch Angehörige der SS ermordet.
Thälmann, Mitglied des Reichstags von 1924 bis 1933, Kandidat für die Reichspräsidentenwahlen 1925 und 1932 und

Führer der Kommunistischen Partei Deutschlands (KPD) ab 1925, war eine der führenden politischen Persönlichkeiten der Weimarer Republik. Nach der Machtergreifung durch die Nationalsozialisten wurde er am 3. März 1933 festgenommen und saß seitdem in Einzelhaft.

Hugo Thimig

österreichischer Schauspieler (* 16. 6. 1854, Dresden), stirbt am 24. September 1944 in Wien.
Thimig kam 1874 als jugendlicher Komiker an das Wiener Burgtheater, dem er bis 1917 angehörte – ab 1897 als Regisseur und von 1912 bis 1917 als Direktor. Ab 1923 wirkte er auch an Max Reinhardts Theater in der Josefstadt. Er galt als hervorragender Charakterkomiker (Musikus Miller in »Kabale und Liebe« von Friedrich von Schiller, Dorfrichter Adam in »Der zerbrochene Krug« von Heinrich von Kleist).

Jakob Baron von Uexküll

baltischer Biologe, Umwelt- und Verhaltensforscher (* 8. 9. 1864, Gut Keblas/Estland), stirbt am 25. Juli 1944 auf Capri. Uexküll wurde 1926 Professor in Hamburg und richtete dort das Institut für Umweltforschung ein. Ausgehend von der Nervenphysiologie niederer Meerestiere und Frösche stellte er eine eigene Umweltlehre auf. Danach hat jede Tierart eine spezifische und ihr allein passende Umwelt, da die Struktur der Sinnesorgane und des Instinktapparats einer gleichsinnigen Struktur der Umwelt entspricht, in der sich das Tier bewegt. Uexküll veröffentlichte u. a. »Umwelt und Innenwelt der Tiere« (1909) und »Theoretische Biologie« (1920).

Werner Wehrli

schweizerischer Komponist (* 8. 1. 1892, Aarau), stirbt am 27. Juni 1944 in Luzern. Wehrli komponierte Orchester-, kammermusikalische, Klavier- und Orgelwerke, Bühnen- und Festspielmusiken, Chorwerke und Lieder. Stilistisch stand er zwischen Spätromantik und Moderne.

Erwin von Witzleben

deutscher Generalfeldmarschall (4. 12. 1881, Breslau), wird am 8. August 1944 nach dem gescheiterten Attentat auf den deutschen Führer und Reichskanzler Adolf Hitler vom 20. Juli 1944 in Berlin-Plötzensee hingerichtet.
Witzleben, mit Ludwig Beck einer der Führer des militärischen Widerstands gegen Hitler, war 1941/42 Oberbefehlshaber West. In der Kabinettsliste der sog. Regierung des 20. Juli war er als Oberbefehlshaber der Wehrmacht vorgesehen.

Personenregister

Das Personenregister enthält alle in diesem Buch genannten Personen (nicht berücksichtigt sind mythologische Gestalten und fiktive Persönlichkeiten sowie Eintragungen im Anhang mit Ausnahme des Nekrologs). Herrscher und Angehörige regierender Häuser sind alphabetisch nach den Ländern ihrer Herkunft geordnet. Kursive Zahlen verweisen auf Abbildungen.

Sachregister

*Das Sachregister enthält Suchwörter zu den in den einzelnen Artikeln
behandelten Ereignissen sowie Hinweise auf die im Anhang erfaßten Daten und
Entwicklungen. Kalendariumseinträge sind nicht in das Register aufgenommen.
Während politische Ereignisse im Ausland unter den betreffenden Ländernamen
zu finden sind (Beispiel » Warschauer Aufstand« unter »Polen«), wird das
politische Geschehen im Deutschen Reich unter den entsprechenden
Schlagwörtern erfaßt. Begriffe zu herausragenden Ereignissen des Jahres sind
ebenso direkt zu finden (Beispiel: »Zweiter Weltkrieg« eben dort). Ereignisse und
Begriffe, die einem großen Themenbereich (außer Politik) zuzuordnen sind, sind
unter einem Oberbegriff aufgelistet (Beispiel: »Düsenflugzeuge« unter
»Luftfahrt«).*